融会贯通·工程软件

M aster Engineering Software

A User's Guide to
midas Civil
Bridge Engineering Software　(2nd Edition)

桥梁工程软件
midas Civil
使用指南
第2版

葛俊颖　编著

人民交通出版社

北 京

内 容 提 要

本书主要介绍midas Civil软件在桥梁工程计算中的应用,主要内容包括建模、静力分析、动力分析、非线性分析、稳定分析、桥梁抗震以及桥梁活载加载等,书中附有大量的实例操作步骤与方法,并对一些分析的理论知识作了简单的介绍。

本书可供从事桥梁工程分析计算的专业技术人员参考,也可作为大学本科生和研究生学习使用midas Civil软件进行桥梁结构分析的参考书。

图书在版编目(CIP)数据

桥梁工程软件midas Civil使用指南／葛俊颖编著
. — 2版. — 北京:人民交通出版社股份有限公司,
2024.11

ISBN 978-7-114-19554-9

Ⅰ.①桥… Ⅱ.①葛… Ⅲ.①桥梁工程—应用软件—指南 Ⅳ.①U44-39

中国国家版本馆CIP数据核字(2024)第107809号

Qiaoliang Gongcheng Ruanjian midas Civil Shiyong Zhinan

书　名:	**桥梁工程软件midas Civil使用指南(第2版)**
著 作 者:	葛俊颖
责任编辑:	李　梦
责任校对:	龙　雪
责任印制:	刘高彤
出版发行:	人民交通出版社
地　　址:	(100011)北京市朝阳区安定门外外馆斜街3号
网　　址:	http://www.ccpcl.com.cn
销售电话:	(010)85285857
总 经 销:	人民交通出版社发行部
经　　销:	各地新华书店
印　　刷:	北京市密东印刷有限公司
开　　本:	787×1092　1/16
印　　张:	42.5
字　　数:	1033千
版　　次:	2013年6月　第1版
	2024年11月　第2版
印　　次:	2024年11月　第2版　第1次印刷　总第9次印刷
书　　号:	ISBN 978-7-114-19554-9
定　　价:	138.00元

(有印刷、装订质量问题的图书,由本社负责调换)

PREFACE 第2版前言

本书第1版自2013年出版以来，收到了许多读者的来信，非常感谢读者朋友的肯定、鼓励和建议。midas Civil软件版本的更新速度很快，功能也越来越丰富。为了让读者更好地利用本书学习新版midas Civil软件，我们组织石家庄铁道大学的老师和研究生在第1版的基础上进行了诸多修订，主要修订内容如下：

（1）根据新版软件对全书进行全面修订，对操作命令、对话框以及实例等都进行了更新。

（2）补充了对软件部分新功能的介绍。

（3）根据读者建议，删除了第1版中不常用或论述模糊、不准确的部分内容，并对讲解不够细致的地方进行了重写和补充。

本书第2版主要编写人员如下：第1章和第5章由马正昆编写；第2章由郎虹宇、杨玉轩、郭文杰编写；第3章由曹磊编写；第4章由周保延编写；第6章由汪航舟编写；第7章由刘云龙编写；第8章由廖国安编写；第9章～第14章由葛俊颖编写。全书由葛俊颖修正定稿。

由于作者水平有限，书中若有差错之处，敬请读者批评指正。请将意见和建议发送到邮箱 gejygejy@163.com，作者在此预先对您表示感谢！

作　者
2024年3月

PREFACE 第1版前言

　　midas Civil 程序是 MIDAS 系列软件产品之一,它主要用于桥梁结构的分析与设计,能够解决各种桥型分析设计中遇到的问题。虽然这是一款韩国的软件,但是经过北京迈达斯技术有限公司多年的努力,该软件已经成为国内桥梁工程技术人员熟悉和喜爱的分析计算软件之一。

　　本书编写的初衷是介绍 midas Civil 程序在桥梁工程计算中的应用。对初学者可以从本书的实例开始学习,并逐步了解一些背景知识。对有限元及桥梁工程非常熟悉、将 midas Civil 作为工具软件的读者,本书中的一些参数设置方法及所用理论的介绍将会让您获益。

　　本书以 midas Civil 2010 和 midas Civil 2011 的版本为蓝本,主要内容包括建模、静力分析、动力分析、非线性分析、稳定分析、桥梁抗震以及桥梁活载加载等内容,由于篇幅的限制,书中没有详细阐述设计相关的内容。书中对必要的力学知识和技术背景做了简要介绍,并配有大量实例分析,以方便读者学习和加深对分析计算的理解。

　　本书在编写过程中参考了大量的文献资料,其中最主要的是北京迈达斯技术有限公司的培训资料,在此对北京迈达斯技术有限公司资料的作者表示深深的谢意! 非常感谢北京迈达斯技术有限公司桂满树先生和公司技术人员审阅全书并提出了宝贵意见!

　　本书第4章、第5章由中铁十八局集团有限公司李先编写,其余各章由石家庄铁道大学葛俊颖编写。全书由葛俊颖统稿。

　　由于时间紧迫和作者水平有限,书中难免存在错漏,恳请广大同行和读者批评指正! 如果发现了错误或问题以及有改进或阐明问题的建议,请写信给我,我预先感谢你们所花费的时间和有兴趣所做的一切! 联系邮箱:gejygejy@163.com。

作　者

2013 年 3 月

CONTENTS 目录

第 1 章

midas Civil 有限元分析的基本过程

1.1 软件概况

midas Civil 是一款通用的空间有限元分析软件，可适用于桥梁结构、地下结构、工业与民用建筑、飞机场、大坝、港口等工程结构的分析与设计。特别是针对桥梁结构，midas Civil 结合国内的规范与习惯，在建模、分析、后处理、设计等方面提供了很多的便利的功能，目前已被公路、铁路行业的各大设计院所采用。

midas Civil 的主要功能特点如下：

（1）提供菜单、表格、文本、导入 CAD 和部分其他程序文件等灵活多样的建模功能，并尽可能使鼠标在画面上的移动量达到最少，从而使用户的工作效率达到最高。

（2）提供刚构桥、板形桥、箱形暗渠、顶推法桥梁、悬臂法桥梁、移动支架/满堂支架法桥梁、悬索桥、斜拉桥等的建模助手。

（3）提供中国、美国、英国、德国、日本、韩国等国家的材料和截面数据库，以及混凝土收缩、徐变规范和移动荷载规范。

（4）提供桁架、一般梁/变截面梁、平面应力/平面应变、只受拉/只受压、间隙、钩、索、加劲板轴对称、板（厚板/薄板、面内/面外厚度、正交各向异性）、实体单元（六面体、楔形、四面体）等工程实际时所需的各种有限元模型。

（5）提供静力分析（线性静力分析、热应力分析）、动力分析（自由振动分析、反应谱分析、时程分析）、静力弹塑性分析、动力弹塑性分析、动力边界非线性分析、几何非线性分析（P-Delta 分析、大位移分析）、优化索力、屈曲分析、移动荷载分析（影响线/影响面分析）、支座沉降分析、热传导分析（热传导、热对流、热辐射）、水化热分析（温度应力、管冷）、施工阶段分析、联合截面施工阶段分析等功能。

（6）在后处理中，可以根据设计规范自动生成荷载组合，也可以添加和修改荷载组合。

（7）可以输出各种反力、位移、内力和应力的图形、表格和文本。提供静力和动力分析的动画文件；提供移动荷载追踪器的功能，可找出指定单元发生最大内力（位移等）时，移动荷载作用的位置；提供局部方向内力的合力功能，可将板单元或实体单元上任意位置的接点力组合成内力。

（8）可在进行结构分析后对多种形式的梁、柱截面进行设计和验算。

1.2 基本过程

所谓有限元就是用于建立分析模型数据、表达结构构建特性的元素，它是由连续的结构构建按有限元法划分而成的，它必须充分反映结构受力特性。有限元结构分析模型由节点、单元及边界条件三要素构成，其中节点用来确定构件的位置，单元用来表达结构构件的元素，边界条件用来表达结构与相邻结构或大地之间的连接方式。结构本来是连续的，有限元法将其离散成单元，各个单元只通过节点（或边界条件）连接。

通常有限元软件都由三个大的模块组成：前处理模块、求解模块和后处理模块。

前处理模块用来建立结构有限元模型，包括确定单元的种类、材料特性、几何特性、单元之间的连接处理等。有的软件在前处理中可以建立几何模型（基本元素为点、线、面和体）和有限元模型，因为最终参与计算的是有限元模型，所以几何模型还必须通过网格划分得到有限元模型。midas Civil 的前处理只能建立有限元模型，即便从 AutoCAD 导入的 DXF 格式的几何模型也直接转换成了有限元模型。DXF文件导入前应将块、面域炸开,圆弧用多段线代替,这样才能导入;一般的线和非闭合的多段线导入后默认为梁单元,闭合的多段线导入后默认为板单元。

求解模块一般包含边界条件的施加、求解器的选择、荷载施加策略及一些求解选项的设置。

后处理模块用来将分析的结果按要求输出,比如得到位移、应力的云图、荷载-位移曲线等。

midas Civil有两个模式,一个是前处理模式,另一个是后处理模式。前处理模式中包括了建模、材料和截面定义、荷载施加、边界条件施加、分析选项设置和求解等内容。模型修改必须在前处理模式下进行。后处理模式包括计算结果的输出等内容。

第1.5节将以一个简单模型为例,详细介绍midas Civil模型建立、运行分析和后处理过程,使初学者对midas Civil的使用有一个初步的认识。

1.3　用户界面

midas Civil是一个全集成有限元分析软件,所有分析模块使用统一的前后处理用户界面,易学易用,友好的交互式图形界面实现所有建模和后处理功能。图1-1为midas Civil用户界面。midas Civil强大的前、后处理及求解功能在后续的章节中会陆续介绍。

图1-1　midas Civil用户界面

midas Civil的操作通常可以使用主菜单、树形菜单、工具条、关联菜单(浮动菜单)、表格和MCT命令,虽然可以有多种选择,但其功能是一样或相似的。对于初学者,为了了解操作环境和功能,最好使用主菜单。对软件有了一定了解之后,使用工具条和关联菜单就会获得更佳效果。

1.3.1　主菜单

主菜单内包含了midas Civil所有功能区和快捷键,主要包括的功能区有文件、视图、结构、节点/单元、特性、边界、荷载、分析、结果、预应力混凝土(PSC)、推倒分析法(Pushover)、设计、查询、工具和帮助。各菜单的主要功能如下。

（1）文件

文件位于左上角的单独分区,包括一个下拉菜单与多个快捷键,其功能主要有文件的建立、保存、打印、数据互换、其他模式的文件导入等。

（2）视图

包括模型视觉表现方法的调整功能、选择功能、激活/钝化和改变显示模式等功能。

（3）结构

包括各种结构类型的参数插入、建模助手、坐标系/平面、组的建立和检查结构。

（4）节点/单元

包括节点的建立、移动、复制等，单元的建立、分割、网格划分，以及参数修改等功能。

（5）特性

包括材料、时间依存性材料、塑性材料、截面和阻尼的特性及特性表格的调用。

（6）边界

包括支撑边界、连接形式、释放/偏心和Misc.以及边界表格的调用。

（7）荷载

包括各种荷载类型、荷载工况和荷载组合的建立、结构荷载和质量、梁荷载、压力荷载及初始荷载。

（8）分析

包括分析过程中所需的各种控制数据的输入，包括分析运行功能、移动荷载分析、水化热分析和几何分析所需数据的输入功能等。

（9）结果

包括荷载组合条件的输入、分析结果的图形处理、查询及分析功能和结果表格的调用等。

（10）PSC

包括设计参数、PSC设计及其数据、结果等。

（11）Pushover

Pushover是一种非线性静力分析方法，包括整体控制、荷载工况、特性、运行、结果和表格等。

（12）设计

基于各种参数和设计规范的数据和设计功能。

（13）查询

包括节点或者单元的输入状态及属性的查询功能。

（14）工具

包括单位体系及初期操作环境的设定、MCT命令窗口、材料目录表的生成、动态计算书、截面特性值计算器的运行功能等。

（15）帮助（位于最右边）

包括在线帮助功能及连接midas IT主页的功能等。

点击菜单上的命令即可切换到与之对应的展开界面(图1-2即为视图、结构、结果的展开界面)，界面中可以看到对应的进一步操作命令，由文字和图案共同显示，命令显示黑色为激活状态，表示可以直接执行；命令显示灰色为非激活状态，表示不可执行。某些显示为非激活状态的命令，表示需要先决条件或切换到相应视图状态才能使用。在介绍到后面章节的具体命令操作时会加以说明。

图1-2 视图、结构、结果的展开界面

点击帮助菜单中的"目录"项,或直接按下其快捷键F1就会启动在线帮助手册,可以在其中选择索引、在线手册目录列表或搜索。在线帮助手册中给出了midas Civil各种功能数据对话框填写方法和命令的详细说明,是学习和使用midas Civil时的主要参考。也正是因为在线帮助手册中对midas Civil的各种功能有详细的解释,本书在这些方面尽量不重复在线帮助手册的内容。学习和使用midas Civil另外还可参考其随机用户手册。

1.3.2 树形菜单

树形菜单分为树形菜单和树形菜单2,可以分别从主界面的左侧和右侧调出(**主菜单>工具>用户自定义>树形菜单2**),从建立模型、分析到进行设计的过程中的基本所有命令都以阶梯结构显示(按照一定的排序)。无论熟练用户还是初学者,都可以通过树形菜单就所需的内容得到指示或打开相关的对话窗口,从而可以有效而准确地进行操作。树形菜单使用的频率比较高,其有四个选项卡,分别是表格、工作、组和计算书(图1-3)。

图1-3 树形菜单的四个选项卡

　　树形菜单的第一个选项卡为"表格"树,包含了所有可用电子表格显示的数据。midas Civil的一个很好的功能就是可以通过表格和微软的Excel进行数据的交换。这里表格细分为结构表格、分析结果表格、设计表格和查询表格四项,关于这些表格使用的详细说明可参见在线帮助手册中的"表格工具"一节,介绍得非常详细。模型的有些部分既可以在主菜单或树形菜单的菜单项中用命令建立,也可以用表格的方式按一定的格式填写数据来建立。本书的后续章节介绍了表格的使用,并给出了实例。

　　树形菜单的第二个选项卡为"工作"树,用户所有完成的建模操作都在这里显示,包括结构(节点、单元)、特性值(材料和截面等)、边界条件以及静力荷载等。在工作树中可以一目了然地对目前的模型数据输入状况进行确认,并提供了可以对其进行修改的拖放(Drag & Drop)方式的建模功能。

　　树形菜单的第三个选项卡为"组"树,包含了结构组、边界组、荷载组和钢束组。所谓组就是一些数据项的集合。以结构组为例,结构组就是一些节点和单元的集合,我们可以在一个模型中定义多个组,并给每个组命名。比如我们可以将箱梁的顶板上节点和单元定义在一个结构组中,命名为"顶板",将腹板上的节点和单元定义在一个名字为"腹板"的结构组中等。这样我们就可以很方便地通过组来进行操作,比如想选择顶板上的节点和单元,就可以通过选择顶板组来完成,而没必要一点一点地选择。书的后续章节还会对组加以说明。

　　树形菜单第四个选项卡为"计算书"树,包括动态计算书、图形、表格和文本的编辑修改。可以进行动态计算书的格式设置、单位设置以及数据库的调用,对图形和表格进行自定义,对计算书的文本内容以及格式进行编辑等。

1.3.3　图标菜单和工具条

　　为了能够快速地执行经常使用的功能,midas Civil提供将各项功能形象化的图标菜单。图1-4所示为经常使用的工具条。工具条横置于主菜单之下,由数个分部组成,每个分部可用鼠标单独拉出,任意放置,使用**工具>用户定制**功能可以选择和编辑工具条上的各项内容,将鼠标移动到该图标的位置,会出现相应文字提示。

图1-4　图标菜单

　　工具条中增、减图标按钮的方法(图1-5)为:右击工具条中空白部分,可看到下拉菜单,选择用户定义,可得到自定义界面,选择"工具栏"选项,勾选想要添加的项目或取消勾选想要删除的项目即可实现工具栏的自定义。

图1-5 定制工具条

1.3.4 关联菜单

关联菜单又称为浮动菜单,是为了让软件使用者能够做到最少地移动鼠标,而提供的通过在操作窗口点击鼠标的右键来显示与操作内容相关的各项功能的菜单系统。在不同的模式下,在操作窗口点击鼠标的右键得到的关联菜单是不同的。

1.3.5 工作面板

midas Civil将不同分析种类的操作流程以及必选步骤和可选步骤,以菜单的形式列在工作面板上,便于选择输入数据。让用户能够更加简单快速地进行高级分析,以及进行其他类型分析。工作面板与树形菜单在其窗口的下方有切换按钮,可用鼠标将其浮动拖出,放置于任意位置。工作面板有工作面板、分析和用户定义三个选项(图1-6),通过工作面板窗口上方的下拉条切换。

工作面板的分析项中,对一些高级分析功能的操作流程和输入项目都添加了详细的说明,在进行高级分析时就不会遗漏比选步骤,可提高工作效率。目前midas Civil的工作面板中提供了静力弹塑性分析(Pushover Analysis)、非线性时程分析、时程分析、材料非线性分析等高级分析功能。

图1-6 工作面板中的分析项

用户可自定义工作面板,将分析步骤数据按照一定格式制作成文本文件,导入到工作面板中即可。

1.3.6 模型显示窗口

在模型显示窗口GUI(Graphic User Interface)中可进行建模、结果分析的操作。模型窗口可以将几个窗口同时展现在一个画面中。由于各窗口的运用都是相互独立的,因此各窗口可以使用不同的坐标系来建模。另外,因各窗口所使用的是相同的数据库,所以在任何一个窗口中的操作内容都可以同时在其他窗口上得到反映。

在模型显示窗口中,不仅可以展示一般形态的模型,而且还可以将模型和分析结果通过使用去除隐藏线、调整明暗、照明、颜色分离处理等功能展示渲染画面。另外,它所提供的动态查看功能能够展示各种动态的视觉效果。诸如边走边看建筑物,或者进入模型内部来查看模型的输入状态或各种分析结果。关于视图效果方面的详细操作及说明请参见在线帮助手册中的视图部分。

1.3.7 状态条

为提高工作效率,midas Civil在状态条上提供各种坐标系状况、单位变更、过滤选择、快速查询、单元捕捉状态调整等内容的目前状态信息。除了显示上述信息,还可以在状态条的某些功能上进行命令操作,如可以在图1-7所示的单位下拉条上直接更改单位体系,还可以在图1-7最右侧的单元捕捉控制中选择单元的捕捉点,图中设置成了捕捉单元的三分点,默认是二分点。

图1-7 状态条设置

类似于工具条,对状态条上的某一图标的功能有疑问时,只要将鼠标移到该图标的位置,就会出现简单的文字提示,然后再根据这个简单提示到在线帮助手册中搜索操作方法。

1.3.8 信息窗口

信息窗口有命令信息、分析信息两个选项,如图1-8所示。命令信息窗口用来显示在建模和分析过程中的各种提示、警告或者错误信息。分析信息窗口用来显示有关求解的一些信息,如单元和节点数量、进行的是什么分析等。

图1-8 信息窗口

1.3.9 表格窗口

表格窗口是将各种输入的数据和分析结果以电子表格形式呈现的窗口,有节点表格、单元表格、材料表格等。在表格窗口中可以提供各种数据的输入、追加输入、编辑功能、按属性整理功能、查询功能等,也可以与微软的Excel或其他一般的数据库软件进行互换。关于表格窗口的具体使用方法请参照在线帮助手册中的表格工具一节。本书有些例题也使用了表格。

1.3.10 鼠标的使用

鼠标的操作方式包括单击左键、单击右键、双击左键和拖拽等。

单击左键用来选择菜单项、激活命令、点击按钮和选择视图对象等。单击右键会弹出浮动的快捷菜单,例如,在模型窗口单击右键会弹出关联菜单,在工具条上单击右键会弹出添加工具条菜单等。双击左键一般用来在树形菜单中执行命令。按住鼠标左键然后拖动,多用来执行拖放(Drag & Drop)功能。

将鼠标停留在模型的单元上会出现该单元的一些特性信息(图1-9),停留在节点上会出现节点的坐标和节点编号信息。

图1-9 将鼠标停留在单元上时显示的信息

在模型窗口中向前和向后滚动鼠标滑轮可以缩放模型。

另外,midas Civil的鼠标编辑功能非常有用,可以简单地用鼠标直接在画面上输入材料或复制距离等数据,取代用键盘输入数据的方式。鼠标编辑功能在后面的例题中有说明。

1.4 操作环境设定

1.4.1 单位体系设定

midas Civil可以在前处理和后处理模式下对单位体系进行任意变更。一般在初次使用时设定为自己最常使用的单位体系,下次再启动软件仍然是上次的设置。在设定或变更单位体系时,可以使用**工具>单位体系**,也可以使用主界面下端的状态条的单位变更功能。图1-10所示为单位体系设定的对话框。

主界面下端的状态条的单位变更功能是更改单位体系的快捷方式。一般在建模过程和查看结果时,用此功能改变单位。

1.4.2 参数设置

建筑物的大小或使用材料的特点一般根据项目的不同而不同。因此,在项目刚开始时要事先对操作环境进行设定。midas Civil可以通过**主菜单>工具>首选项**对程序运用中所需的基本数据进行事先设定。图1-11所示为执行命令后弹出的对话框,使用对话框左侧的菜单树查看或者修改参数。

图1-10 设定单位体系

图1-11 参数设置对话框

菜单树中包含使用环境和输出格式两项,其中使用环境包含的子项有一般、视图、容许误差、材料和截面、楼面荷载数据库、结果、设计/荷载规范、通知和帮助以及图形,输出格式包含的子项有尺寸和其他、内力以及荷载。图1-11中左侧选择了使用环境中的"一般",则对话框的右侧就出现"一般"对应的设置项。各个子项的说明请参见在线帮助手册和用户手册。

1.4.3 其他设置

其他设置包括坐标系、栅格、捕捉、显示等的设置。

(1)坐标系设置

midas Civil的坐标系包括全局(整体)坐标系、单元坐标系、节点坐标系和用户自定义坐标系,关于坐标系的详细说明请参见本书的第2.1节内容。

可以用**视图>坐标系**命令在用户坐标系(UCS)和全局坐标系(GCS)之间切换。单元坐标系可以用命令**节点/单元>修改参数**中进行坐标轴的设置。节点坐标系通过命令**边界>节点局部坐标轴**来定义或设定。

(2)轴网(栅格)设置

栅格上的点鼠标很容易捕捉到,设定栅格的大小对建立节点和单元比较方便,也可以设置最初模型边界的大小。操作命令为**视图>轴线>点格/轴线**进行定义。点格在每个方向上是等距的,而轴网间距在每个方向上则可以不等。

midas Civil的在线帮助手册中有关于轴网定义的详细解释。

(3)显示设置

执行的命令为**视图>显示**,如图1-12所示。

显示设置对话框可以将输入的节点和单元编号、材料特性、截面类型、边界条件、荷载等信息显示在屏幕上。

(4)显示选项设置

显示选项用于修改在模型窗口中显示的图形、字符串或符号的表现形式,如颜色、字体等。可以从**视图>显示>显示选项**或从图1-12所示显示对话框中的 显示控制选项 按钮来执行,显示选项对话框如图1-13所示。

显示选项中的设定值会注册到Windows的注册表中,因此即使结束或重新启动程序,这些值也将保持不变。显示及显示选项的详细说明请参见在线帮助。

图1-12　显示设置对话框

图1-13　显示选项设置对话框

（5）捕捉设置

捕捉是在使用鼠标输入节点或单元时，鼠标的击点会自动移动到离该点最近的栅格、节点或单元位置上的功能。midas Civil 提供的捕捉功能包括点格捕捉、轴网捕捉、节点捕捉、单元捕捉、全部捕捉和解除捕捉，如图1-14所示。可以通过**视图>捕捉**来执行捕捉的设置。

单元捕捉位置可以设定，比如捕捉三分点、七分点等。设置单元捕捉位置在图1-7所示的状态条中。

图1-14　捕捉菜单

1.4.4　选择功能

对节点和单元进行编辑修改会用到midas Civil 的选择功能。常用的执行选择命令的方式是在工具条中点击选择按钮，图1-15就是选择工具条中的按钮。

图1-15　选择（解除选择）工具条

选择在有限元程序中是非常重要的功能，midas Civil 的选择功能是比较完善的，表1-1给出了各种选择功能的解释。

选择与解除选择命令说明　　　　　　　　　表1-1

图标	命令名称	命令说明
	组	进入树形菜单的组选项卡，然后对要选的组点击右键选择
	目录和前次	可切换到前次打开的工作目录或前次打开的对话框
	点选	用鼠标左键单击选择一个对象，对选中的对象再点击就是解除选择
	窗口选择	用选择框一次选择一个或多个对象，左框选和右框选效果不同

图标	命令名称	命令说明
	多边形选择	用多边形框一次选择一个或多个对象
	全选	对模型窗口上的所有对象进行选择
	上次选择	选择与上次选择同样的对象
	选择新建	选择刚刚新建立的所有对象
	窗口解除选择	用四边形框解除刚选择的对象
	多边解除选择	用多边形框解除刚选择的对象
	解除全选	解除所有选择
	按属性选节点	按节点的相同属性、种类、组等分类进行选择的功能,比如可在其后输入节点号再回车就选择了节点
	按属性选单元	按单元的相同属性、种类、组等分类进行选择的功能,比如可在其后输入单元号再回车就选择了单元

1.4.5 激活和钝化功能

软件的激活和钝化功能主要用于两个方面:一是在前后处理器中用来显示或隐藏部分单元,以便建模或观察模型时更方便,钝化的单元和节点并不是被删除了,只是不显示在模型中,被钝化的单元和节点仍然参与计算;二是在施工阶段分析时,用来模拟施工过程。

图1-16 激活和钝化按钮　在程序的工具条中有激活和钝化的按钮,如图1-16所示。

1.5 文件系统

midas Civil所使用的文件种类多达20多种,下面仅介绍其中的主要文件种类及用途。为叙述方便,将文件的扩展名称为某某格式,比如fn. mct被称为mct格式文件,fn表示文件名。

1.5.1 数据文件

数据文件主要包括mcb和mct格式。

格式为mcb的文件为二进制文件,存盘操作即可产生,前处理模式下的建模成果及一些求解设置全部被保存在该格式文件中。

格式为mct的文件为文本文件,可以通过MCT命令窗口或文本编辑器(或其他纯文本编辑器)对其进行修改,该文件包含的也是前处理模式下的建模成果及一些求解设置,但因为是以命令形式保存,其文件规模要比mcb文件小很多。该文件可在**文件>导出>midas/Civil MCT文件**菜单中生成,通过**文件>导入>midas/Civil MCT文件**将文件中的命令执行而生成midas Civil的模型数据。关于mct命令说明请参考在线帮助手册和本书第6章内容。

另外还可以通过**文件>模型数据文本结果**输出 mdl 格式文件,弹出的对话框如图 1-17 所示。该类型文件为文本文件,文件中包含图中对话框选择的数据。

图 1-17　模型数据文本文件对话框

1.5.2　分析结果文件

静力分析过程中生成的结果数据会被保存在 fn. ca1 中,时间依存性分析过程中所生成的各时间段分析结果会被保存在 fn. ca2 中,移动荷载分析和影响线(影响面)分析过程中生成的所有数据会被保存在 fn. ca3 中,几何非线性分析过程中生成的所有数据会被保存在 fn. ca4 中,施工阶段分析过程中所生成的所有数据会被保存在 fn. ca6 中,在结构分析进行的过程中输出的各种信息及相关数据会被保存在 fn. out 中。

1.5.3　图形文件

模型窗口的图形数据可以 EMF(Enhanced Meta File)的格式被保存起来,通过**文件>图形文件>EMF 文件**而生成,通过**工具>转换图元文件为 DXF 文件**实现文件格式的转换。

还可以通过**文件>图形文件**将模型窗口中的模型或后处理模式下的计算结果云图等输出为 bmp、jpg、dxf 和 dwg 等多种格式文件。

1.5.4　数据互换用文件

midas Civil 可以导入 mct 文件以及用其他软件建立的如 dxf、s2k 和 std 等格式文件,可以实现和 AutoCAD、SAP2000 以及 STAAD 等的数据交换。

1.5.5　其他文件

文件 fn. bom 保存建模中所有构件的重量数据和材料目录。文件 fn. sgs 保存 midas Civil 的地震加速度和反应谱生成模块所算出的地震数据。文件 fn. spd 是保存地震反应谱分析中所需的反应谱数据的文件。文件 fn. thd 是保存时间依存性分析中所需的时间荷载函数相关数据的文件。复杂建模助手输入的数据以*. wzd 格式的文件保存。

1.6 数据输入

midas Civil 所有数据的输入是通过对话框、表格窗口、MCT命令窗口、模型窗口来进行的。对话框是键盘、鼠标两者并用,表格窗口和MCT命令窗口主要是用键盘,而模型窗口主要是用鼠标。

在对话框将输入点从一个输入栏移到另一个输入栏时可使用键盘的 Tab 键,或直接用鼠标指定。表格窗口是可以一目了然地了解所有输入资料和设计结果,并可进行重新输入或进行修改的电子表格形式的窗口。MCT命令窗口是使用文本形式的命令输入数据来建模的特殊功能。

midas Civil 为了用户的方便提供了多种数据的输入方式,以下是需要注意的问题及技巧:

(1)在一个数据输入栏中同时输入几个数字的数据时,使用逗号或空格来间隔。

(2)在输入位置数据或构件的截面和材料时,可以通过在模型窗口用鼠标左键简单指定输入的对象来取代输入。

(3)在输入长度或具有方向性的增量时,可以使用鼠标编辑功能在模型窗口用鼠标指定输入对象的起点和终点来取代直接在键盘上的输入。

(4)在输入长度数据时,如果需反复输入相同的长度,只要输入"反复次数@长度"即可。例如将"20, 25, 22.3, 22.3, 22.3, 22.3, 22.3, 88"写成"20, 25, 5@22.3,88"。

(5)将选择的数据直接用键盘输入时,如果要输入的节点号或单元号是连续的号码或者以一定的增量增加,就可以简单地以"开始号 to(t)结束号"或"开始号 to(t)结束号 by 增量"的形式来输入。例如,可将"21, 22,…, 54, 55, 56"写成"21 to 56"或"21 t 56",将"35, 40, 45, 50, 55, 60"写成"35 to 60 by 5"或"35 t 60 by 5"。

(6)可以输入计算式,工学上使用的大部分计算符号和括号都可以使用。

1.7 分析实例

某计算跨径为32m的预应力混凝土箱形等截面简支梁,截面形式如图1-18所示,有四个板式橡胶支座支撑,有同侧的两个支座限制了梁顺桥和横桥两个方向的水平位移,另外两个仅限制梁的横桥向位移,计算其在自重作用下的内力、位移及应力。

在进行分析之前,无论多么简单的问题,我们都应该对所要分析的问题做出总体规划,包括力学模型的简化、单元类型的选择、是否考虑材料非线性、是否大变形、是动力分析还是静力分析、是否考虑稳定、荷载的特点等。该例题虽然有四个支座,但受力明确,力学模型即为简支梁,又由于是"细长"构件,所以可以选择梁单元,当然考虑到箱梁是薄壁构件,也可用板单元模拟,若还需要精确分析结构的应力分布情况,采用实体单元模拟更合适些;例题是预应力混凝土构件,若只计算在正常使用阶段的受力情况,可以采用线弹性材料,而不考虑材料的非线性问题;显然该简支梁是小变形构件,不必考虑几何非线性;此问题显然是静力分析问题;稳定也不必考虑;荷载包括结构自重、预应力和活载,如果仅计算结构在活载作用下的反应,则不考虑自重及预应力的作用。本例仅考虑自重。

图1-18 实例1箱形截面(尺寸单位:m)

经过分析,我们可以确定以下内容:采用三维梁单元模拟该桥,采用静力分析,材料为线弹性,荷载这里仅考虑结构自重。下面使用midas Civil进行分析。

1)启动midas Civil

如图1-1所示,启动软件后先执行**文件>新项目**或点新项目的图标按钮。midas Civil界面中有最上面的主菜单和左侧的"树形菜单",二者功能大部分相同,用户可以根据喜好任意选择来进行模型的定义。在此例题中,我们为了便于读者尽快熟悉midas Civil的操作过程,简化了一些不必要的操作。

2)定义材料

操作过程如图1-19所示。

图1-19 定义材料特性

3)定义箱梁截面

操作过程如图1-20所示,定义截面前要将力和长度的单位分别改成N和m,改单位在

图1-1所示界面的最下方偏右的位置。更改的单位可以任意,可依方便输入数据为准。但若从AutoCAD等外部程序导入模型时必须与原单位一致。

图1-20　定义截面数据

4)建立模型

在此拟用三维梁单元建立模型,所以模型中仅包含节点和空间的线单元。建立模型的方法可以直接在midas Civil中先建立节点再建立单元,也可以在AutoCAD中建立线,然后导入midas Civil中。

直接建立模型的过程如下:

(1)执行**节点/单元>建立节点**,填写第1节点的坐标(0,0,0)后点击"适用",再建立第2节点(32,0,0)。点击右侧工具栏中的"对齐"以显示所有节点。

(2)执行**节点/单元>建立单元**,操作过程如图1-21所示。注意图中第[4]步可以用鼠标在图上点取的方法实现。显示带截面的图则用到上方工具条中的"消隐"功能。

(3)现在模型中只有一个单元,需要划分单元。方法是:先选择要划分的单元(用工具条中的点选或框选),然后分割单元,分割的份数这里选择20份。一般分割的份数越多计算越准确,但计算速度越慢,如图1-22所示。需要注意的是,虽然带截面显示,但模型中的单元本质是"线"单元,其截面仅用来计算其截面的面积、惯性矩、剪切面积等几何特性,带截面显示的功能可以让我们形象地看到模型的渲染效果,避免将截面定义错误。

从AutoCAD中导入模型的方法为:

(1)先在AutoCAD中建立几何模型,对本例题即是一根线,长度32,单位设定为m。这根线最好一个端点为坐标原点,另一个点坐标为(32,0,0)。这样定义的好处是导入midas Civil后,节点的坐标比较规整,操作方便。最后将模型存成DXF格式。在导入AutoCAD中建立的单元时,注意检查导入的模型是否有重复节点或节点间距过小、重叠的单元等情况,以避免导入的模型不正确。线框模型导入 midas Civil 时默认为梁单元,闭合的四边形多段线和 3DFACE 建立的平面导入时默认为板单元。

图 1-21 直接建立模型

图 1-22 划分单元

（2）按图 1-23 所示进行操作,导入>AutoCAD DXF 文件后,得到如图 1-24 所示对话框。

（3）在"导入 DXF 文件"对话框中依次填写下列内容:DXF 文件名、模型所在图层、材料和截面号、放大系数和旋转角度。如果在 CAD 中的单位和 midas Civil 中一致,则不需放大系数。因为是一条线,所以也不需旋转模型。在 midas Civil 中,一般将 Z 轴的负向作为重力方向。

（4）模型导入后,即可进行网格划分等操作。

图1-23 导入CAD模型

图1-24 导入DXF文件

在建立、复制节点和单元或者输入荷载等建模过程中，需输入坐标、距离、节点或单元的编号等数据，此时可使用鼠标点击输入的方式来代替传统的键盘输入方式。用鼠标点击一下输入栏，其变为草绿色时，即可使用鼠标编辑功能。对于大部分前处理工作都可使用鼠标编辑功能，用户手册或例题资料中的"🖑"标志即表示该处可使用鼠标编辑功能。为使用鼠标编辑功能需将捕捉功能激活，根据需要也可定义用户坐标系。

5)给模型加边界条件

因为是空间的梁单元，作为简支梁应该约束梁左端的三个平动自由度和两个转动自由度，以负Z轴作为重力方向、X轴为梁长方向的话，应该不约束绕Y轴的转动自由度R_y。梁右端约束Y和Z方向的平动自由度，以及绕X和Z的转动自由度。

操作方法:边界>一般支撑。执行得到如图1-25所示对话框，先选择节点，然后选择如上所述的边界条件，施加边界条件。注意这里的坐标轴为单元坐标轴。

图1-25 定义边界条件

如果是二维平面内的结构,需约束不需要的自由度,对此可通过选择结构类型简单地处理。操作路径:**主菜单>结构>结构类型**。然后选择合适的平面。

6)施加自重荷载

在midas Civil中施加荷载前必须首先定义荷载工况,施加的荷载必须属于某一个荷载工况,以便在计算完成之后进行荷载(工况)的组合。自重属于静力荷载,所以要定义静力荷载工况。方式是**主菜单>荷载>静力荷载工况**,执行得到如图1-26所示对话框。荷载工况的说明可不填写,若填写,只是起到注释作用。

图1-26 定义静力荷载工况

施加自重荷载的方法:执行**主菜单>荷载>自重**,然后按图1-27所示填写即可。荷载组这里选择"默认值"。midas Civil中的荷载组的主要作用是:通过将荷载分组可以实现在不同的时间施加不同的荷载(主要用于施工过程分析)。自重方向为负 Z 向,所以自重系数为 Z 向处填写 -1。然后点击添加、关闭。

图1-27 施加自重荷载

在施加完静力荷载后就可以进行静力分析了。

7)求解

midas Civil只有两种模式:前处理和后处理。前处理包括建模和施加荷载等,后处理查看结果。经过上面的前处理过程,前面做的一些工作会显示在如图1-28所示的树形菜单的"工作"选项卡中。

图1-28　前处理后的情况

执行**主菜单>分析>运行分析**,即可进行分析。

8)查看结果

进行完结构分析后自动进入后处理模式🔓,若此时想再修改模型必须转换到前处理模式🔒。

查看结构分析的结果主要是反力、位移、应力和内力的查看,可以查看某一个荷载工况的这些结果,也可以定义荷载组合再查看组合后的结果。这里仅一个荷载工况。查看结果的功能较多,这里仅给出位移结果。

执行**主菜单>结果>变形>位移等值线**,即可看到位移结果(图1-29)。

图1-29　位移等值线

1.8　小结

通过上面的例题我们可以看到,midas Civil操作过程比较方便。通过主菜单、树形菜单和工具条比较容易完成复杂的分析过程。本书为了叙述方便,许多命令只给出了通过主菜单来执行的操作方法,实际上许多命令可以通过主菜单、树形菜单、工具条、关联菜单、表格或MCT命令来执行,本书会在后续章节中陆续提及,这些执行命令的途径有时使用起来很方便,读者也会通过对midas Civil的逐渐熟悉而很快掌握。

学习midas Civil最好的方法是多练习、上机操作。在官方网站和互联网的技术论坛中有很多学习实例,读者能够比较轻松地找到。

midas Civil建模功能

2.1 midas Civil 坐标系

midas Civil 软件使用中会用到几个坐标系:全局坐标系、单元坐标系、节点坐标系和用户自定义坐标系。

全局坐标系是由 X、Y、Z 三轴满足右手螺旋法则的空间直角坐标系,用大写 X、Y、Z 表示三个轴的方向。通常利用该坐标系表达节点坐标、节点位移、节点反力及相关于节点的其他输入数据。启动 midas Civil 软件,在系统界面视窗区,将自动生成基准点即全局坐标系的原点 $X=0$、$Y=0$、$Z=0$ 和全局坐标系统。其中 Z 轴的方向平行于重力加速度方向并与其反向。因此利用软件建立结构的计算模型时,建议做到结构的垂直方向与全局坐标系的 Z 轴平行建模,将有利于结构分析。

单元坐标系是局部坐标系,是由 x、y、z 三轴满足右手螺旋法则的空间直角坐标系统,可用小写 x、y、z 表示三个轴的方向。通常利用该坐标系表达单元内力、单元应力及相关于单元的其他输入输出数据。单元坐标系与单元的类型密切相关,本书将在单元介绍部分予以说明。

结构端部节点的约束(支撑)方向、弹簧支撑方向及节点的强制位移方向同全局坐标系的坐标轴方向不吻合时,通常采用节点坐标系。节点坐标系也是由 x、y、z 三轴满足右手螺旋法则的空间直角坐标系统,可用小写 x、y、z 表示三个轴的方向。可以通过边界条件中的"节点局部坐标轴"来定义节点坐标系。

绝大多数实际结构的平面和立面是比较复杂的,但再复杂的平面和立面,也都是由规则的几何体组成的。因此用户可以为各几何体分别建立坐标系,在各自的坐标系上分别建模。用户坐标系是快速建立复杂模型的有效手段。通过**主菜单>视图>坐标系**可以在用户坐标系(UCS)和全局坐标系(GCS)之间切换。此外,将 UCS x-y 平面与格栅一起使用设定格栅线的格栅点可提供高效的建模环境。

定义用户坐标系的方法在 midas Civil 的在线帮助手册中有详细说明,操作路径为**主菜单>结构>UCS**[图 2-1a)]。下面仅给出一个实例:定义用户坐标系使 XY 平面绕 Z 轴转动 45°。其操作流程如下:执行**主菜单>结构>UCS>X-Y 平面**,输入旋转角度 45°[图 2-1b)],此时若在用户坐标系下定义 3 号节点(5,0,0)就会得到如图 2-2 所示的情况。

a)定义用户坐标系菜单   b)定义用户坐标系对话框

图 2-1　定义用户坐标系

图2-2 用户坐标系例子

在全局坐标系、单元坐标系、节点坐标系和用户自定义坐标系中,全局坐标系是整体坐标系,不可改变;单元坐标系主要用于单元计算结果的输入与输出,可以通过改变单元β角等方法改变;节点坐标系用来施加边界条件;用户坐标系用来建模。

2.2 midas Civil单元介绍

这里只介绍桥梁工程中常用的单元。

2.2.1 桁架单元

1)单元介绍

桁架单元是线单元,在midas Civil软件里,所谓的线单元就是指杆单元、只受拉单元、只受压单元、梁单元及变截面梁单元的总称。平面单元(板形单元)是指平面应力单元、板单元、平面应变单元、轴对称单元及墙体单元等。

桁架单元是空间二力杆,它只能传递轴向的拉力和压力。通常利用该单元做空间桁架结构或交叉支撑结构的受力分析。一个单元有两个节点,每个节点有三个平动自由度。对于桁架单元、只受拉单元及只受压单元等只具有轴向刚度的单元而言,只有单元坐标系的x轴有意义,它是确定结构变形的基准,但利用y、z轴可确定桁架截面在视窗上的方向。midas Civil软件可利用β角来表示单元坐标系的y、z轴方向。

线单元的单元坐标系里,x轴的方向将平行于节点I和节点J的连线方向。至于一个单元的两个节点哪个是I节点,哪个是J节点,可以通过显示单元的单元坐标系来确定(工具条中的显示框为),一般建立线单元时先点取的点为I节点。如果单元坐标系的x轴平行于全局坐标系的 Z 轴(即竖直杆件),β 角是全局坐标系 X 轴与单元坐标系 z 轴间的夹角。该角度的正负符号是,以单元坐标系的 x 轴为旋转轴依据右手螺旋法则来确定。如果单元坐标系的 x 轴与全局坐标系的 Z 轴不相互平行时,β 角是全局坐标系的 Z 轴与单元坐标系的 x、z 轴所构成的平面间的夹角。图 2-3 给出了 β 角的概念,**这个概念适用于所有线单元**。可以通过工具条中的消隐来显示杆件的截面是否方向正确,如果不正确就通过更改 β 角来更改。修改操作通过**主菜单>模型>单元>修改单元参数**中的"单元坐标轴方向"进行。

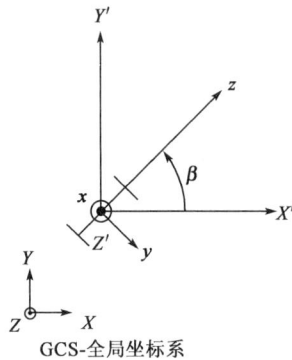

GCS-全局坐标系

a)竖直构件(单元坐标系的 x 轴平行于全局坐标系的 Z 轴)

X'-通过节点 I 平行于全局坐标系 X 轴的轴;Y'-通过节点 I 平行于全局坐标系 Y 轴的轴;Z'-通过节点 I 平行于全局坐标系 Z 轴的轴

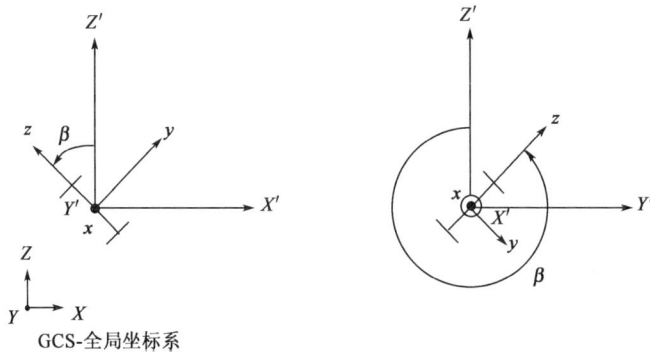

GCS-全局坐标系

b)水平或倾斜构件(单元坐标系的 x 轴与全局坐标系的 Z 轴不相互平行)

图 2-3   β 角的概念

2)单元相关功能

桁架单元可以被施加初拉力荷载,可以是体内预加力也可以是体外预加力。施加方法见预应力荷载部分的相关内容。

3)应用实例——平面桁架的建立

建立模型前,首先定义材料和截面,然后建立节点再建立桁架单元。操作过程如下:

(1)定义材料。定义方法同前,这里选择的材料为 Q235 钢材。

(2)定义截面。定义过程如图 2-4 所示,这里定义了 110mm×10mm 的等边角钢。因为是选取的数据库中的角钢,所以单位可以不预先改动。

(3)建立节点。首先更改单位,力的单位用 N,长度单位用 m。然后通过电子表格导入节点坐标。方法:执行**主菜单>节点/单元>节点表格**,将预先填写好的电子表格数据粘贴进来。填写时注意 X、Y、Z 坐标的排列格式要同 midas Civil 格式,粘贴的位置也很重要(图 2-5)。

图2-4　定义角钢截面

图2-5　导入节点坐标

除了有节点表格还有其他表格,如单元表格等。这些表格中的内容可以拷贝到Excel中,修改后再粘贴回来,有时这样操作比在midas Civil中修改模型快不少。

在此只导入了7个节点的坐标,另外7个通过复制的方法得到。方法:**主菜单>节点/单元>移动复制**,选择所有节点,然后按图2-6操作。

图 2-6　复制节点

（4）建立单元。点取图 2-6 所示的树形菜单中的"单元"选项卡，或在视图区点**右键>单元>建立**，即可看到单元建立的树形菜单。操作过程如图 2-7 所示，注意图中第 5 步是：先点一下节点连接框，变成淡绿色后，依次点取要连接的节点。

图 2-7　建立桁架

(5)定义成二维平面。因为是平面桁架,可以减少一些自由度。方法:**主菜单>结构>结构类型>XZ平面**。

(6)边界条件。按简支梁考虑,则约束1节点的X、Z平动自由度,约束7节点的Z平动自由度。

(7)定义荷载工况,施加荷载并求解(略)。

(8)查看结果。桁架单元是二力杆,其内力输出的结果就是轴力,应力输出的是轴向应力,以使杆件受拉为正,受压为负。

2.2.2 只受拉单元

只受拉单元的节点自由度和单元坐标系与普通桁架单元相同。

只受拉单元有三种:一是只受拉桁架单元,二是钩单元,三是索单元。它们都只能传递轴向拉力。索单元可以模拟随张拉力大小刚度发生改变的索结构。

只受拉桁架单元没有初始拉间隙,或称初始拉间隙为零,即一旦承受拉力就起作用;钩单元具有一定的初始拉间隙,或称初始拉间隙大于零,即承受拉力且其拉变形值大于这个初始拉间隙后才起作用。图2-8给出了间隙的示意图。

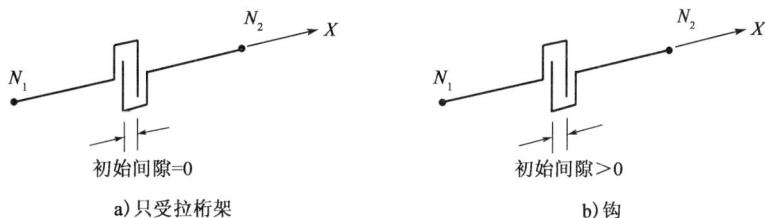

a)只受拉桁架　　　　　　　　　b)钩

图2-8　只受拉桁架和钩的初始间隙

如图2-9所示,在定义只受拉桁架时,可以填写最大容许压力和极限拉力,即只受拉桁架单元可以容许承受一定的压力荷载。定义钩时,可以填写拉间隙的大小。若为索单元,可以输入单元无应力索长L_u,或索的初拉力,或水平力。

图2-9　只受拉单元建立对话框

在几何非线性分析时,索单元按弹性悬链线索单元进行分析。索单元定义时需要输入索进行非线性分析时的初始刚度属性,用于构建大位移分析用的初始拉力,可以通过三种方式来输入这个初始刚度属性,即无应力索长 L_u、初拉力(一般是无施工阶段定义时采用,默认作用方式为体内力,关于体内力和体外力请参见第8.1.3节相关内容)和水平力。无论哪种输入方式,在进行非线性分析后,程序在后处理结果表格"索单元信息"中都以无应力索长 L_u 的方式给出。索单元进行非线性分析后会输出索的各项基本信息,包括无应力长度、索单元长度和荷载作用下索结构的伸长量以及索的垂度值等。注意作线性分析时,定义的索单元将转换为等效桁架单元,索单元定义时输入的初拉力等初始刚度属性对于线性分析不起作用。

只受拉桁架单元和钩单元都是非线性单元,作静力分析的结构中包含非线性单元或非线性边界时需要进行迭代计算。作线性分析时,定义的索单元将转换为等效桁架单元;作几何非线性分析时(需要单独选项控制),定义的索单元自动转化为弹性悬索单元。索的等效桁架单元的随张拉力而变化的等效轴向刚度由一般弹性刚度和下垂(sag)刚度组成,即轴向刚度可以考虑对垂度影响的一次性修正,而非迭代求解。几何非线性分析时的索结构的刚度需要通过多次迭代得到精确的刚度值。

在非线性分析和斜拉桥部分还有这些单元的实例应用和论述。

2.2.3 只受压单元

只受压单元的节点自由度和单元坐标系与普通桁架单元相同。

只受压单元有两种:一是只受压桁架单元,二是间隙单元。它们都只能传递轴向压力。

只受压桁架单元没有初始间隙,或称初始间隙为零,即一旦承受压力就起作用;间隙单元具有一定的初始间隙,或称初始间隙大于零,即承受压力且其压变形值大于这个初始间隙后才起作用。

在定义只受压桁架时,可以填写最大容许张力和极限压力,即只受压桁架单元可以容许承受一定的拉力荷载。定义间隙单元时,可以填写初始间隙的大小。

只受压桁架单元、间隙单元都是非线性单元。

2.2.4 梁单元

1)单元介绍

该单元由2个节点构成,每个节点有3个平动、3个转动和翘曲共7个自由度,是"等截面或变截面三维梁单元",它具有拉、压、剪、弯、扭的变形刚度(依据Timoshenko Beam Theory)。梁单元与桁架单元具有相同的单元坐标系,β角的定义也相同。

当梁截面面积沿长度范围内不发生变化(等截面梁)时,只需定义一个截面特性;当梁截面面积沿长度范围内发生变化(变截面梁)时,需要分别定义两端的截面特性。

利用midas Civil软件分析变截面梁时,截面面积、有效抗剪面积及截面的抗扭刚度都是单元轴向 x 轴的线性函数。而截面抗弯惯性矩沿 x 轴方向可由用户选择为1次、2次、3次函数。使用该单元时,如果想忽略该单元剪切变形的影响,可以在输入单元截面特性值时,不输入其有效剪切面积。

梁单元上作用的荷载有跨中集中荷载、分布荷载、温度荷载及预应力荷载等。

梁单元使用了Timoshenko Beam Theory(梁变形以前垂直于构件中性轴的截面,梁变形以后仍然保持平面,但不一定垂直于变形后的中性轴),该理论考虑了梁的剪切变形的影响。

当截面边长大于梁轴长度的1/5时,剪切变形对结构内力影响较大。这时应该采用板单元,并细分单元,以得到精确的计算结果。

梁的抗扭刚度(Torsional Resistance)不能使用截面的极惯性矩(Polar Moment of Inertia)计算(圆形、圆筒形截面的抗扭刚度同截面的极惯性矩一致),通常截面抗扭刚度采用试验方法确定。因此当结构上扭转变形较大时,应特别注意抗扭刚度的输入是否正确。

2)单元相关功能

(1)释放梁端约束

midas Civil的梁单元各个节点之间默认是刚接,如想铰接、滑动或滚动,则可以通过释放梁端约束(自由度)的方法实现。比如图2-10a)所示的桥梁,两端为简支悬臂梁,中间带挂梁,其力学图示如图2-10b)所示,那么就可以通过这个功能建立模型,需要在中跨两个铰接点处释放面内的旋转自由度。中间铰两侧单元只释放一侧单元的一个节点的自由度即可。

a)桥梁简图

b)力学图示

图2-10 简支悬臂梁

释放合适的旋转自由度即可得到铰接连接,释放平动自由度可以使单元在该节点处"滑动",同时释放一个平动和一个转动自由度即可得到"滚动"效果。

释放梁端约束的操作方法:**主菜单>边界>释放梁端部约束**。释放时要先选好节点。

(2)梁端部刚域

在钢结构构件的节点处往往有节点板,该节点处的刚度相对要连接的杆件很大,同时有可能各个杆件的轴线不交于一点(图2-11)。钢或钢筋混凝土柱与梁刚性连接时,角隅处存在梁柱效应,刚度很大,梁、柱变形时此处的交角基本不会变化,而用线单元建模时一般将梁、柱的轴线相连交于轴线延长线上(尽管截面可以有偏心),交点即节点,从而考虑不了这种梁柱的"重叠"(图2-12)。有限元处理此问题的方法就是设置梁端部刚域或梁端部偏移,让连接处一定区域内杆件的刚度非常大。

图2-11 节点刚域及偏心

图2-12 节点端部偏移

i_{off}-i端偏移量;j_{off}-j端偏移量

操作方法1：**主菜单>边界>设定梁端部刚域**。

操作方法2：**主菜单>边界>刚域效果**。

这两种方法中第一种是用户定义"刚域"范围或梁端部偏移量（节点偏心），第二种方法是程序根据梁柱的尺寸自动考虑刚域效应。两种方法的具体操作方法及注意事项在程序的在线帮助中有详细说明，此部分内容本书第3章也有进一步说明。

（3）预加力荷载

预加力荷载包括：初拉力、梁单元预应力荷载和钢束预应力荷载。桁架单元可以施加初拉力以及体外类型的初拉力荷载。

操作方法1：**主菜单>荷载>温度/预应力>初拉力**。

操作方法2：**主菜单>荷载>温度/预应力>体外类型荷载工况**。

梁单元预应力荷载就是预应力钢筋张拉的等效荷载。

操作方法：**主菜单>荷载>温度/预应力>梁单元预应力荷载**。

钢束预应力荷载需要定义钢束的空间形状、分配给的单元及张拉应力等，用这种方法可以考虑预应力的损失，是对梁单元的预应力荷载进行较准确的计算方法。本书后续章节给出了这种方法的操作例题。

（4）温度梯度与梁截面温度荷载

温度梯度用于输入梁或板单元顶面和底面的温度差，单元顶面和底面之间的温度根据此温度差按直线线性变化。温度梯度分析适用于具有弯曲刚度的单元，如梁和板单元。

温度梯度操作方法：从主菜单中选择**荷载>温度/预应力>温度梯度**。

截面内部的温度分布为非均匀分布时，可以利用梁截面温度功能输入温度荷载。midas Civil不仅可以沿截面高度分段输入温度，而且可以输入沿截面横向的温度变化。与温度梯度的功能相比，温度梯度适用于上、下缘温度差在截面内呈线性分布的情况。但是对于钢混凝土组合梁桥、预应力混凝土箱形梁桥等，通常截面内的温度并非线性分布，因此需要沿高度输入不同的温度，而且对于用梁单元模拟的组合截面需输入考虑材料特性（弹性模量、热膨胀系数）差异的温度荷载。故截面内温度非均匀分布或者为组合截面时，利用梁截面温度的功能可以更真实地模拟截面内实际的温度分布情况。midas Civil程序中的温度计算考虑了温度自应力。

梁截面温度荷载操作方法：**主菜单>荷载>温度/预应力>梁截面温度**。

关于梁温度荷载的一些具体事项可参见在线帮助，本书第9章也有操作实例。

3）应用实例——贝雷梁模型

在桥梁的现浇施工中，经常用贝雷梁和钢管立柱作成梁式支架。这里用梁单元模拟一个梁式支架用来承受浇筑混凝土箱梁腹板的荷载。梁高1.6m，腹板宽0.5m，跨径30m。横向用两排单层普通型贝雷梁，纵桥向用9节，每节贝雷梁长3m，共27m长。两侧支点附近的梁体用在桥墩上加支撑的方法施工。标准贝雷梁节段图如图2-13所示。

贝雷梁的上下弦杆为10号双槽截面，斜杆和竖杆为8号工字钢截面，长度方向销孔之间的中心距离为3m，高度方向销孔之间的中心距离为1.4m。贝雷梁各个节点之间采用焊接连接，所以应用梁单元模拟弦杆、竖杆和斜杆，节点处还要考虑刚域效应。各个节段之间在上下弦杆端头用销子连接,所以需要释放转动自由度。

图2-13 贝雷梁(尺寸单位:mm)

(1)导入 AutoCAD DXF 文件

首先在 AutoCAD 中建立一个节段贝雷梁的 DXF 格式的线框模型,然后导入 midas Civil。如图2-14所示,以贝雷梁杆件的轴线为基准建立线框模型,在 AutoCAD 中建立模型时注意线段的方向要统一,比如连线时按先左端点后右端点、先上端点后下端点的顺序,这样导入 midas Civil 后单元局部坐标系统一,截面的方向一致从而修改方便。模型的节点坐标最好是整数,比如让下弦杆左端点节点坐标为坐标原点,这样便于修改模型或与后来导入的模型衔接(DXF 文件可以多次导入,也可以将其他模型合并)。在AutoCAD 中线框模型在 *XY* 平面内,导入时要让模型绕 *X* 轴旋转90°角,以符合 midas Civil 习惯。注意导入前要更改 midas Civil 单位,或在导入时用缩放功能。线框模型导入 midas Civil 时默认为梁单元,闭合的四边形多段线和 3DFACE 建立的平面导入时默认为板单元。

具体操作:**文件>导入>AutoCAD DXF 文件**,然后按图2-15操作。

(2)定义材料

材料还可以从其他模型中导入。操作方法:**主菜单>特性>材料特性值**,然后按图2-16操作。

a) 贝雷梁原型

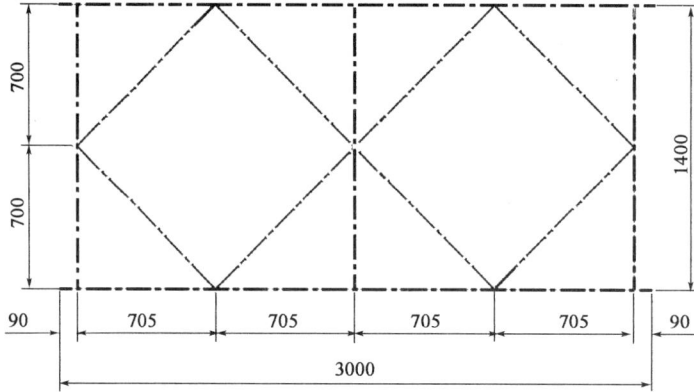

b) 贝雷梁的CAD线框模型(尺寸单位：mm)

图 2-14　在 AutoCAD 中建立线框模型

图 2-15　导入 DXF 模型

图2-16 材料导入

将定义的材料应用于模型,操作方法为选择需要应用的单元,左键长按树形菜单中的某材料数据,将其拉入模型窗口后松开鼠标即可,如图2-17所示。

图2-17 材料应用

(3)定义截面

截面也可以从其他模型中导入。操作方法:**主菜单>特性>截面特性值**,然后按图2-18操作。

图2-18 从其他模型导入截面

也可以用图2-19所示的方法直接定义截面,将截面应用于单元的方式与材料的应用相同。

图2-19 直接定义截面

导入截面后如发现有的杆件截面方向不对,可以通过更改单元的β角、参考点或参考向量的方法来修改。

操作方法:选择截面方向错误的单元,**右键点击视图区>单元>修改单元参数**(图2-20、图2-21),得到浮动菜单。这个浮动菜单与树形菜单、主菜单之间很多功能一样。所以修改单元参数也可以用主菜单和树形菜单中的相关单元功能完成。图2-21显示的是修改β角的方法。参考点和参考向量实际上是定义线单元的方向点,即单元坐标系中z轴指向的点。

图2-20 右击视图区得到的浮动菜单

图2-21 修改单元方向

(4)定义刚域效果

如图 2-13 和图 2-14a)所示,腹杆(斜杆和竖杆)之间的连接有节点板,可将节点板范围内的杆件部分定义成刚域;腹杆与上下弦杆的连接是"重叠",将重叠部分定义成刚域。

操作方法:**主菜单>边界>梁端刚域**,然后按图 2-22 所示的顺序操作,完成刚域设定后,刚域部分用绿线示出。依次将各节点处定义刚域,可批量设置。注意 I 节点和 J 节点的选择,可显示单元局部坐标轴,其正方向为由 I 节点指向 J 节点。

图 2-22 刚域设定

图 2-22 中选择的是单元坐标系。

(5)释放梁端约束

一个节点两侧单元仅一个单元释放公用节点处的自由度即可。因为以后要通过拷贝得到桥长方向的其他杆件,所以仅释放图 2-23 所示右侧上下短弦杆的右节点 M_y 自由度(即绕单元坐标系 y 轴转动的自由度)即可。操作方法:**主菜单>边界>释放梁端部约束**,然后按图 2-23 操作。

操作完成后,释放端会出现一个绿色的小圆圈,表示释放成功。

(6)完成整个模型

通过单元的移动/复制功能完成其他 8 节段贝雷梁的建模。注意:图 2-24 所示的最右侧短弦杆右节点处要加约束条件,释放此点自由度计算时会出现此点 M_y 没有约束的警告,所以应删除此点的自由度释放。

图2-23 释放旋转自由度

图2-24 复制完成整个模型

（7）施加边界条件

选择下弦杆的最左节点，约束其三个平动自由度和 R_x 与 R_z 两个转动自由度；选择下弦杆的最右节点，约束其 D_y、D_z 平动自由度和 R_x、R_z 两个转动自由度。施加边界条件后的模型如图2-25所示，这里是按简支梁施加的边界条件。

图2-25　施加边界条件后的模型正视图

（8）施加荷载

假设箱梁腹板混凝土荷载直接作用在上弦杆上，略掉了模板重量及施工荷载，考虑有4排贝雷梁承受腹板荷载，施加均布荷载在上弦杆上即可。每排贝雷梁承受的均布荷载大小为：

$$q = \frac{1}{4} \times 1.6\mathrm{m} \times 0.5\mathrm{m} \times 26\mathrm{kN/m^3} = 5.2\mathrm{kN/m}$$

将此均布荷载按梁单元荷载施加。具体步骤如下：

①首先定义荷载工况。点击**主菜单>荷载>静力荷载工况**，在此定义了两个静力荷载工况，如图2-26所示。在图2-26中，荷载类型有很多种，定义成哪种荷载类型将影响按相关规范自动荷载组合的情况，因为自动生成荷载组合的依据为静力荷载的类型，所以当用户使用自动生成的荷载组合时，需要在此正确选择荷载工况类型。在此将浇筑的混凝土腹板重量和贝雷梁自重分别定义，计算结果将可以看到两种荷载单独计算结果，也可自定义荷载组合（荷载组合系数可以自己设定），然后看组合的计算结果。

图2-26　定义静力荷载工况

②施加钢结构自重。点击**主菜单>荷载>自重**，选择荷载工况为"自重"，在Z方向填-1，然后点击"添加"按钮。

③施加梁单元荷载。先修改单位为kN和m，然后点击**主菜单>荷载>单元**，即可施加梁单元荷载，再按如图2-27所示的顺序操作。

图2-27 定义梁单元荷载

（9）求解

点击**主菜单>分析>运行分析**菜单或点击按钮 🔲 运行分析图标。

（10）查看结果

查看位移：**主菜单>结果>变形>位移等值线**。如图2-28所示，查看的是在混凝土腹板重量作用下的结构位移，单位在图2-28的右下角处。

图2-28 位移等值线

查看内力:**主菜单>结果>内力>梁单元内力**。梁单元的内力包括弯矩、剪力和扭矩,结果对应单元坐标系。

查看应力:**主菜单>结果>应力>梁单元应力**。因为所有杆件都是细长的,截面刚度相对较小,虽然用的是梁单元模拟,但是弯曲应力较小,各个杆件的总应力主要由轴向应力提供。所以对由特别细长杆件组成的结构,无论节点是否焊接(往往认为钢结构的焊接节点为刚接点,而螺栓连接的节点为铰接点,确定刚接点还是铰接点主要看节点所连接的杆件在该点处有无相对转动),用桁架单元模拟往往误差也是可以接受的。

查看细部结果:**主菜单>结果>梁单元>梁单元详细分析**,如图2-29所示。

图2-29 梁单元细部

表2-1给出了没有定义刚域及梁端约束与定义时结构的位移、应力对比,表中数据仅为在混凝土箱梁腹板重力作用下的数值,组合应力是指弯矩+轴力引起的应力和,拉应力为正,压应力为负。由表中数值可知,对由细长杆件组成的桁架结构,加刚域及释放自由度效果不明显。

刚域与释放梁端约束对计算结果的影响   表2-1

项目	刚域+释放自由度	仅刚域	仅释放销子处自由度	不做任何处理
跨中最大竖向位移(mm)	74.4	74	74.6	74.3
跨中下弦杆组合应力(MPa)	162.9	163.5	161.4	162.0
跨中下弦杆轴力引起的应力(MPa)	134.1	133.9	134.3	134.1
跨中上弦杆组合应力(MPa)	−157.1	−158.2	−155.4	−156.3
跨中上弦杆轴力引起的应力(MPa)	−132.8	−132.8	−132.9	−133.0
支点竖杆组合应力(MPa)	−180.1	−180.5	−162.0	−162.3
支点竖杆轴力引起的应力(MPa)	−83.0	−83.2	−83.1	−83.3
支点斜杆组合应力(MPa)	94.4	92.9	80.7	79.6
支点斜杆轴力引起的应力(MPa)	57.2	57.1	57.7	57.7

实际的贝雷梁整体位移还包括销子与销孔之间的缝隙引起的位移。

2.2.5 板单元

1)单元介绍

板单元由同一平面上的3~4个节点构成,具有面内和面外刚度(面内抗压、抗拉及抗剪刚度和厚度方向的抗弯及抗剪刚度),在工程中可以利用它解决平面张拉、平面压缩、平面剪切及平板沿厚度方向的弯曲、剪切等结构问题。

midas Civil软件所采用的板单元,根据平面外刚度不同,可以划分成薄板单元(Kichhoff理论)和厚板单元(Mindlin-Reissner理论)两种,都属于小挠度弹性板单元。薄板(一般指厚宽比小于1/10的板)中横向剪切应力对变形的影响较小,而厚板中横向剪切应力对变形的影响较大。midas Civil的厚板单元考虑了横向剪切变形的影响,对薄板单元和厚板单元都能计算出比较准确的结果。

板单元需要输入板的厚度。板的厚度包括面内厚度和面外厚度。"面内厚度"是为了计算平面内的刚度(In-Plane Stiffness)而输入的厚度,"面外厚度"是为了计算平面外的刚度(Out-of-Plane Stiffness)而输入的厚度。一般对于实心板单元的面内、面外厚度取相同值,对于空心板单元就需要分别输入厚度。当程序计算板单元的自重时,采用的是面内厚度。如果用户只输入了面外厚度,程序取用该值。

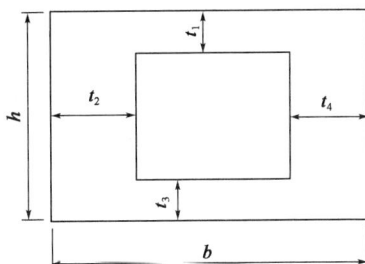

图2-30 空心板面内、面外厚度计算

如图2-30所示,空心板的面内、面外厚度计算如下。

根据面积等效原理,面内厚度t_i为:

$$t_i = \frac{b \times t_1 + b \times t_3 + (t_2 + t_4) \times (h - t_1 - t_3)}{b} \tag{2-1}$$

根据刚度等效原理,面外厚度t_o为:

$$\frac{bt_o^3}{12} = \frac{bh^3}{12} - \frac{(b - t_2 - t_4) \times (h - t_1 - t_3)^3}{12} \tag{2-2}$$

板单元的自由度是以单元坐标系为基准,每个节点具有x、y、z轴方向的平动自由度和绕x、y轴旋转的旋转位移自由度。单元坐标系的方向类似于平面应力单元的坐标系统(图2-31)。

a)四边形单元的单元坐标系

图 2-31

b)三角形单元的单元坐标系

图2-31　板单元的单元坐标系

3节点三角形板单元仅有1个高斯积分点,每个节点的应力均通过该高斯积分点的应力外推计算而得。4节点四边形板单元有4个高斯积分点,每个节点的应力均通过这4个高斯积分点的应力外推计算而得。利用四边形单元(4个点单元)划分结构,可得到较为精确的位移及应力的分析值;利用三角形单元(3个点单元)划分结构,虽然可以得到较精确的位移分析值,但得到的应力值的计算误差较大。所以为了得到精确的分析结果,通常采用四边形单元作为结构主单元,而三角形单元作为不同尺度单元间的过渡型单元。为了得到较好的计算结果和计算效率,利用板单元模拟具有曲面(带有曲率的面)的结构时,相邻单元间的夹角不得超过10°,当计算精度要求较高时,其夹角尽可能在2°~3°之间。

板单元长边与短边距离的比值,称为形状比(图2-32)。评价计算结果以应力为主时,形状比不要小于1/3;评价计算结果以位移为主时,形状比不要小于1/5。应力集中部位或计算精度要求较高的部位的有限元形状尽可能选用接近正方形的单元,同时要求详细划分局部结构。

$$形状比 = \frac{\min(h_1, h_2)}{\max(h_1, h_2)} \qquad 形状比 = \frac{\sqrt{3}}{2} \times \frac{h_2}{h_1}$$

图2-32　四边形和三角形单元的形状比

按以下方式输出板单元的单元内力及应力,其符号及方向依据单元坐标系或整体坐标系。

(1)在节点处输出单元内力(图2-33)。

(2)在节点和单元中心处输出单位长度内力(图2-34)。

(3)在节点及单元中心处输出截面上部和截面下部的应力(图2-35)。

a) 四边形单元的节点内力

b) 三角形单元的节点内力

图2-33　板单元的各节点处的内力输出位置及符号规定

● 输出的单位长度内力值

a) 输出内力位置

b) 在内力输出位置上单位长度内作用的平面内力

图　2-34

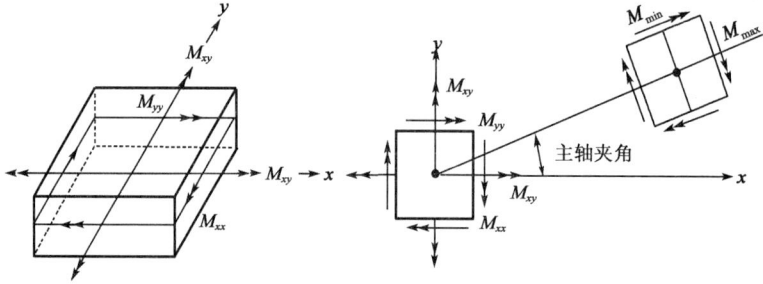

c) 在内力输出位置上单位长度内作用的平面外弯矩

图 2-34 板单元的单位长度内力输出及符号规定

• 单元应力输出位置

（上/下截面单元中心和节点）

a) 应力输出位置

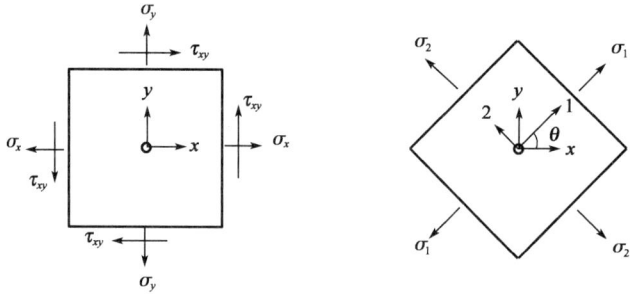

b) 输出应力值的符号规定

图 2-35 板单元的单元应力输出位置及输出值的符号规定

σ_x-单元坐标系上 x 轴方向轴应力；σ_y-单元坐标系上 y 轴方向轴应力；τ_{xy}-单元坐标系上 x-y 平面上的剪应力；σ_1-最大主应力，$\sigma_1 = \dfrac{\sigma_x + \sigma_y}{2} + \sqrt{\left(\dfrac{\sigma_x - \sigma_y}{2}\right)^2 + \tau_{xy}^2}$；$\sigma_2$-最小主应力，$\sigma_2 = \dfrac{\sigma_x + \sigma_y}{2} - \sqrt{\left(\dfrac{\sigma_x - \sigma_y}{2}\right)^2 + \tau_{xy}^2}$；$\theta$-最大主应力方向与单元坐标系 x 轴的夹角；

注意：在图 2-33～图 2-35 中，输出的单元内力和应力依据单元坐标系，箭头指向为正(+)。

2) 单元相关功能

板单元可以输入压力荷载、温度梯度荷载。

可以将压力荷载作用在板、平面应力、平面应变、轴对称或实体单元的边缘或表面，也可以修改或删除先前输入的压力荷载。

压力荷载可以按均匀分布或线性分布输入，程序将自动转换为等效节点力。

板单元的压力荷载可以以全局坐标系或单元坐标系为基准输入，也可以按指定方向输入。当作用在面上时，荷载方向与给定坐标系的某一轴一致；当作用在边上时，荷载方向垂直于边(平面内方向)。荷载作用方向由外向边为正(+),反之为负(-)。作用在边上的荷载按线荷载输入。

板单元的压力荷载情况如图2-36所示。

a)压力荷载垂直作用于板、平面应力、平面应变、轴对称单元的边缘　　b)压力荷载垂直作用于板单元的表面

图2-36　板单元的压力荷载

压力荷载操作方法:**主菜单>荷载>压力荷载**,如图2-37所示。

a)在面上施加压力荷载　　b)在线上施加压力荷载

图2-37　施加压力荷载

温度梯度荷载的施加及注意事项请参见梁单元及软件的在线帮助手册。

3)应用实例——变截面钢箱梁建模

图2-38所示为某变截面连续钢箱梁桥的支点和跨中横断面,支点梁高3m,跨中截面梁高1.8m,桥梁跨径为48m+64m+48m,边腹板为斜腹板,顶板和底板上有闭口和开口的加劲肋,腹板上有开口加劲肋。梁底线按圆曲线变化,曲线半径为300m。本例只建立中跨的一半模型,其余部分可以通过镜像和拷贝完成。

a)支点截面

b)跨中截面

图2-38 变截面钢箱梁的支点和跨中截面(尺寸单位:mm)

本例只是练习用板单元建立模型,例题中没有给出详细的尺寸,读者建立大致形状即可。

建模思路:先用梁单元建立支点或跨中截面的线框模型,然后拉伸成板,再用投影的方法得到梁底曲线。因为是在曲面上投影,而且边腹板为倾斜,所以先建立跨中截面即最低截面为好。顶板及腹板的加劲肋用板单元模拟,底板因为要投影,所以其上的加劲肋不宜用板单元,这里拟用梁单元模拟加劲肋,那么需要在AutoCAD中事先找好加劲肋在横截面上的位置,将图2-38b)所示的底板分成多段,实线和虚线的公用端点就是加劲肋的位置。

图2-38b)中的线(梁单元)沿着顺桥向拉伸即可得到面(板单元),那么顶板、顶板加劲肋(包括开口和闭口)、腹板、腹板加劲肋和底板都用板单元模拟;底板上的加劲肋用空间梁单元模拟,在图2-38b)中即为实线和虚线的公用端点,拉伸后得到线(梁单元)。

(1)在AutoCAD中建立图2-38b)所示的线框,注意横肋是不沿顺桥方向拉伸的。为了在midas Civil中准确定位和便于旋转,在AutoCAD中建立模型时底板中心的坐标为(0,0,0)。然后导入midas Civil,即首先在midas Civil中将长度单位改为mm,导入时注意需要将模型绕X轴旋转90°,如图2-39所示。操作方法:**主菜单>文件>导入>AutoCAD DXF文件**。

(2)将较长的梁单元分割成合适大小,以便拉伸后板单元接近正方形。先选择较长的梁单元,然后执行**主菜单>节点/单元>分割**。

(3)定义材料。

(4)定义板的厚度。操作方法:**主菜单>特性>厚度**,如图2-40所示。

图2-39　导入DXF格式线框模型

图2-40　定义板的厚度

（5）扩展单元。可以根据板的厚度不同分别扩展，也可以全部扩展然后修改厚度。这里选择后者，如图2-41所示。操作方法：**主菜单>节点/单元>扩展**。

（6）建立翼缘板下横向加劲肋并沿顺桥向拷贝，如图2-42所示。

图 2-41　扩展单元

图 2-42　建立并复制翼缘板下横向加劲肋

　　建立操作:**主菜单>节点/单元>建立单元**。在树形菜单中执行单元类型选择**板>4 节点薄板>选择材料>选择厚度**,然后点击节点连接的空白处,变成淡绿色,再用鼠标依次点选单元的四个节点即可,顺时针或逆时针均可。

　　拷贝操作:**主菜单>节点/单元>移动复制**。在树形菜单中执行形式选择**复制>等间距>dx=0,dy=2000,dz=0>复制16次>选择复制单元属性**。

　　实际的钢箱梁桥的箱内也有横隔板,建立方法基本同翼缘板下横向加劲肋。

(7)建立梁底板曲面。

方法是将底板上的节点投影到圆柱面上,单元就会投影到柱面上。因为两个边腹板是斜的,投影的方向也就是倾斜的,而底板上的其他节点是垂直投影(注意不是柱面的法向),所以分三次投影——两个边腹板和底板。

首先,按图2-43所示选择底板上除了两端之外的所有节点(加亮显示的节点被选中)。将视图调整到如图2-43所示的形式,这时框选图示节点,就是将在桥梁行车方向上所有被框住的节点选中,选择**节点/单元>投影**。图2-43的第[4]步骤中,P_1和P_2点的Z坐标本来应该是−300,但是因为半径也是300,这样$Y=32$m的点无法投影,也就是说必须让被投影的点与投影后的点之间有一定的距离,所以选为−300.001m。

图2-43 将底板中间部分节点投影到柱面上

其次,选择底板与左边腹板的公用节点,然后沿着腹板的倾斜方向投影到柱面上,腹板的倾斜方向可以通过查询斜腹板上的两点得到,如图2-44所示。与投影底板中间部分节点不同,图2-44中选择左腹板最底下的一系列节点,改变投影方向为(0.2979987,0,−1.8),然后点"适用"按钮。右侧腹板最下方的节点投影与此类似,只是投影方向为(−0.2979987,0,−1.8)。投影完成后的梁体如图2-45所示。

从图2-45中可以看到,梁高较高的梁体腹板的单元形状不好,应该进行细分。细分的方法:先选择要细分的单元,执行**主菜单>节点/单元>分割**,按合适的份数对平面单元进行分割;因高度不同,各单元在高度方向上分割的份数不同,不同分割份数之间预留一部分过渡段单元,用**主菜单>节点/单元>自动网格**来划分过渡段单元,如图2-46所示。

图2-44　斜腹板的投影

图2-45　投影后的梁体

图2-46　部分网格重新划分

（8）底板加劲肋的建立。

如前所述,因为要将底板上节点投影到圆柱面上,所以底板上的加劲肋没有用板单元模拟,而是要用梁单元模拟。当然,若是等截面的箱梁,所有构件均可以用板单元模拟。

建立加劲肋梁单元的截面,开口加劲肋即是矩形截面,闭口加劲肋是槽形截面。定义这两种截面的方法如图2-47所示。操作路径:**主菜单>特性>截面特性值**。

图2-47 定义加劲肋截面

在图2-47中,闭口加劲肋的偏心选择中-上部,开口加劲肋的偏心选择中-下部。建立梁单元可以直接在节点上连线,但是注意单元的 β 角为180°,或先按默认建立再修改闭口加劲肋单元的 β 角为180°,如图2-48所示。

图2-48 修改梁单元的 β 角

(9)修改板单元的厚度。

首先选择要更改厚度参数的单元,然后点开树形菜单的"工作"选项卡,左键点住厚度特性,直接拖拉到视图区即可。

2.2.6 实体单元

1)单元介绍

分别利用4个节点、6个节点和8个节点构成三维实体单元(Solid Element),可以为四面体、三棱柱和六面体等立体形状,而且每个节点都只具有3个坐标轴方向的平动自由度。实体单元应用了非协调性等参数理论,若单元的形状为矩形,使用非协调弯曲模式可显著地改善单元在平面内的弯曲性能;对于非矩形的六面体单元,这种改善也有体现。利用六面体单元(8节点)划分结构,可以得到较为精确的位移及应力的分析结果;利用四面体(4节点)或三棱柱(6节点)单元划分结构,虽然可得到较精确的位移结果,但得到的应力值的误差较大。所以为了得到较精确的分析结果,通常采用六面体单元作为结构的主单元,利用四面体单元或三棱柱单元作为不同尺寸单元间的过渡型单元。

实际工程中可以利用实体单元做实体(Solid Structure)结构和厚板壳(Thick Shell)结构的受力分析。

该单元的自由度是依据全局坐标系为基准,每个节点具有X、Y、Z轴方向的线性位移自由度。其单元坐标系是由x、y、z三轴构成的,是满足右手螺旋法则的空间直角坐标系。它是以单元的中心为原点,把编号为1的平面看作是板单元时,该单元的坐标方向就作为实体单元的坐标轴的方向。图2-49给出了常用的六面体单元的节点编号顺序及平面编号。

图2-49 六面体单元的节点编号顺序及平面编号

4节点四面体单元仅有1个高斯积分点,6节点五面体单元有6个高斯积分点,8节点六面体单元有8个高斯积分点。体单元每个节点和单元中心处的应力均通过其所有的高斯积分点应力外推计算而得。

在**结果>局部方向内力的合力**中选择处于同一个平面内的一些实体单元的面,程序将输出这些面上的合力。按以下方式输出三维实体单元的单元内力及应力,其符号及方向依据单元坐标系或全局坐标系。

(1)在节点处输出节点单元内力(图2-50)。

图2-50 实体单元的节点内力输出位置及输出值的符号规定

注:输出的单元内力依据全局坐标系,以箭头指向为正(+)。

（2）在节点和单元中心处输出三维应力（图2-51）。

a)轴向应力和剪应力   b)主应力

图2-51　实体单元节点应力输出位置及输出值的符号规定

σ_{xx}-单元坐标系 x 轴方向的轴向应力；σ_{yy}-单元坐标系 y 轴方向的轴向应力；σ_{zz}-单元坐标系 z 轴方向的轴向应力；$\sigma_{xz} = \sigma_{zx}$-单元坐标系 x-z 轴方向的剪应力；$\sigma_{xy} = \sigma_{yx}$-单元坐标系 x-y 轴方向的剪应力；$\sigma_{yz} = \sigma_{zy}$-单元坐标系 y-z 轴方向的剪应力；σ_1、σ_2、σ_3-主轴 1、2、3 轴方向的主应力

2）单元相关功能

实体单元可以输入垂直于单元表面的压力荷载，如图2-52所示。图中箭头指向为正压力方向。

图2-52　作用于三维实体单元表面上的压力荷载

3）应用实例——弯箱梁桥建模

某钢筋混凝土曲线连续箱梁桥，其截面形式如图2-53所示。桥中线曲线半径为300m，桥型布置为 30m+30m+30m，如图2-54所示。本例要建立该桥的实体模型。

图 2-53 箱形截面(尺寸单位:m)

图 2-54 三跨连续曲线箱梁桥的平面布置

建模思路:首先建立箱梁截面的板单元模型,然后旋转成实体单元;施加边界条件需要定义节点坐标系。

（1）在 AutoCAD 中建立如图 2-53 所示的截面,然后保存为 DXF 格式。画图时让底板底边的中点为坐标原点。

（2）导入截面,绕 X 轴、绕 Z 轴各转 $90°$ 角,使截面在 YZ 平面内。

（3）将截面划分网格,点击**主菜单>节点/单元>自动网格**。如图 2-55 所示,网格尺寸选 $0.2\mathrm{m}$。

图 2-55 网格划分

（4）扩展单元。先将视图转换到 XY 平面，点击**主菜单>节点/单元>扩展**，如图2-56所示。

图2-56　扩展单元

在图2-56中的树形菜单上，扩展类型为**平面单元>实体单元**，原目标删除，生成形式为旋转、等角度，复制次数为90次，旋转角度为梁长增加0.5m的角度，即 $360/(2\pi D)$，这里 $D=600$，旋转轴为 Z 轴，第一点（此时即曲线中心点）中填（0，-300，0），选择"适用"。这样就得到了桥梁的一半模型，即45m长。

实际曲线桥梁的腹板和底板是变厚的，但本例是按等厚度建立的模型。如考虑变厚，则应先分段旋转再调整厚度渐变段的节点坐标。

（5）施加边界条件。建模结束以后输入边界条件（参照图2-54）。因为弯桥支座的可移动方向与曲线的切线方向一致，所以需要先定义该支座节点的局部坐标系，然后再输入边界条件。

首先为了显示所输入的边界条件和节点坐标系，在"显示"里面进行相关设定。

①点击 ▣ 显示。

②**边界> 一般支承**为"✓"。

③**节点> 节点局部坐标轴**为"✓"。

④点击 确认 。

其次定义各支座的节点坐标系，此处仅举一个节点的例子：

①可根据图纸中所给的尺寸找出支座所在的单元，并将其单独激活，在"边界"中选择"节点局部坐标轴"，如图2-57所示。

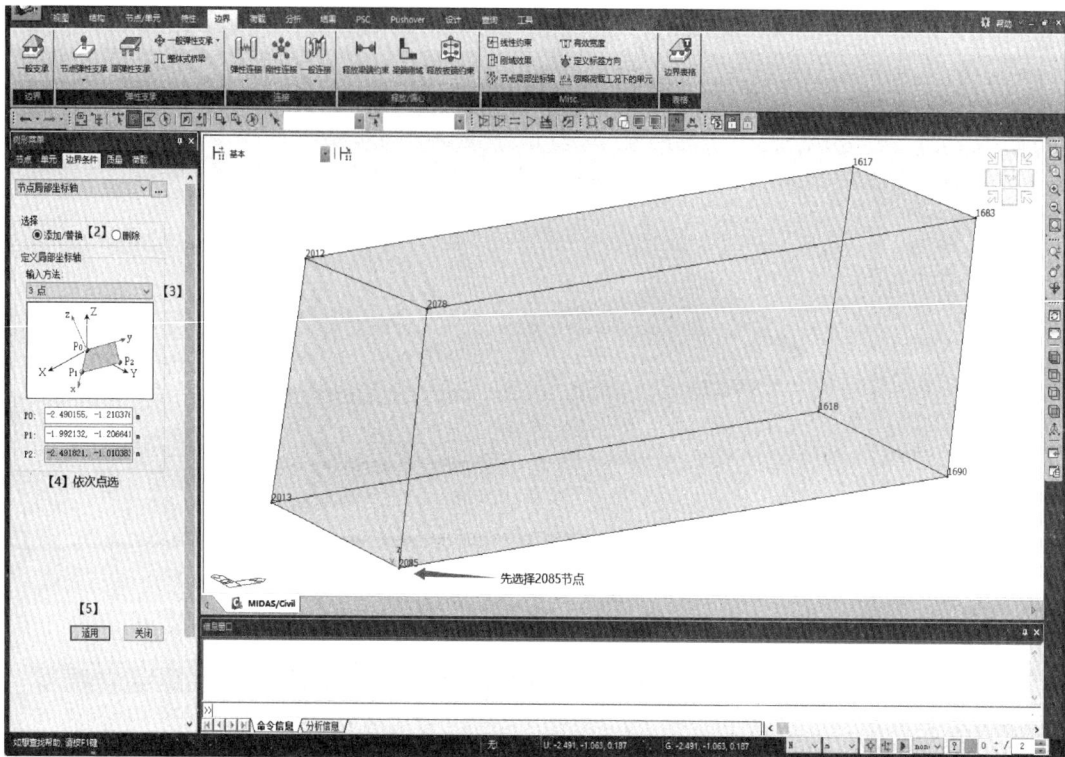

图2-57　定义节点局部坐标轴

②确认选择"添加/替换"。

③在"定义局部坐标轴的输入方法"里选择"3点"。

④点击"P0"输入栏变成绿色以后连续指定节点2085，1690，2013。点击 适用(A) 。这里2085(P0)为需要施加支撑的节点，1690(P1)为节点坐标系的x轴方向，2013(P2)为xy平面内的点。

⑤定义了2085节点的节点坐标系，如还有其他节点的节点坐标系与其相同，用 单选指定这些节点。

⑥点击 适用(A) 。

最后用**主菜单>边界>一般支撑**即可施加边界条件，施加方法如同全局坐标系一样，但这时支撑的方向是按节点坐标系指定的。

2.2.7　不同单元类型之间的连接

当模型中出现两种及以上的单元类型时，由于各个单元类型的节点自由度数不尽相同，此时就存在单元的连接问题，即自由度不协调的问题。比如板单元没有绕其单元坐标系z轴的旋转自由度，如与三维梁单元连接，那么其公用节点处对梁单元来讲就是缺少一个旋转约束而成铰接；同理由于实体单元没有旋转自由度，当板单元与实体单元连接，则很容易导致某个方向出现铰行为；而梁单元和实体单元连接时，三个方向都会出现铰行为(图2-58)。

处理自由度不协调的问题可以使用设置虚拟单元的方法，下面列举两个例子。

图2-58 梁、板分别与实体单元直接连接

例如,对于图2-59所示的结构,可以设置两个虚拟的梁单元,伸到两个分离的节点上,并释放这两个虚拟梁单元的转动自由度。梁单元中的弯矩就会以拉力和压力形成的力矩的方式传递到与之相连的节点上。在实体单元和梁单元重叠的位置处也许有不实际的额外刚度,因为此处的材料有双倍的强度和密度,建模时要注意将这种影响控制在一个可允许的范围内,比较明智的处理方法是不把这些传递的单元设置在模型应力比较集中的区域。同样,用虚拟梁单元也可以模拟板壳和实体单元的连接,如图2-60所示。

图2-59 用虚拟梁单元消除梁与实体单元的
自由度不协调

图2-60 用虚拟梁单元处理板壳
和实体单元的连接

midas Civil在分析菜单的主控数据中可以自动考虑上述问题。关于自由度不协调的问题和自由度释放的进一步解释可参考midas Civil程序在线帮助手册中的"建立单元"一节内容。

2.3 midas Civil材料定义

2.3.1 一般材料定义

计算单元的刚度时需要输入材料特性和截面特性(或厚度)。midas Civil可以分析各向同性和正交各向异性材料的结构。在进行静力材料非线性分析时,需要定义塑性材料模型。

这里的一般材料是指工程中常用的处于线弹性阶段属性的材料。点击**主菜单>特性>材料特性值**命令,弹出材料和截面对话框(图2-61)。

图2-61 材料和截面对话框

可以添加新材料，编辑、删除和复制已经定义的材料，也可以从其他模型中导入材料。添加新材料时，需要给出材料编号、材料名称和类型。如图2-62所示，弹性数据中可以选择设计类型（混凝土、钢材、组合材料、用户定义）。这里选择的材料仅用于分析，设计时可另外选择材料。选择材料设计类型后可以选择国内外规范中的材料标准。正交各向异性材料定义只能在弹性数据中选择用户定义，并且不能选择规范。

a)各向同性材料   b)正交各向异性材料

图2-62 材料数据填写

材料的物理性不因方向不同而有所变化的特性称为各向同性，因方向的不同而有变化的特性称为各向异性。各向异性但对于正交平面对称的特性称为正交各向异性。例如，加固材料中使用的玻璃纤维属于正交各向异性材料。

正交各向异性材料在正交三轴具有不同的弹性模量、线膨胀系数、剪切系数以及泊松比。此类材料一般需要通过试验来获得具体的特性值。

使用正交各向异性材料时,需要注意的事项如下:

(1)材料特性以单元的局部坐标轴为基准。当输入各向特性时,需要确认单元的方向。

(2)不同单元类型适用的弹性模量成分如下:

线单元(桁架、梁):局部坐标轴 x 方向;

二维单元(板、平面):局部坐标轴 x、y 方向;

三维单元(实体):局部坐标轴 x、y、z 方向。

(3)正交各向异性材料的泊松比要满足以下条件:

$$\frac{v_{xy}}{E_x} = \frac{v_{yx}}{E_y}, \frac{v_{xz}}{E_x} = \frac{v_{zx}}{E_z}, \frac{v_{yz}}{E_y} = \frac{v_{zy}}{E_z} \tag{2-3}$$

式中: E_x、E_y、E_z——弹性模量;

v_{xy}、v_{yx}、v_{yz}、v_{zy}、v_{zx}、v_{xz}——泊松比。

正交各向异性材料一般用于以下情况:

(1)因配筋不同,局部坐标轴 x、y 的刚度不同的墙体;

(2)因加固处理导致局部坐标轴 x、y 的刚度不同的桥面板。

我国规范中的剪切模量和泊松比取值为:

(1)《混凝土结构设计规范》(GB 50010—2010):剪切模量为 $0.4 \times$ 弹性模量,泊松比为 0.2。

(2)《公路钢筋混凝土及预应力混凝土桥涵设计规范》(JTG 3362—2018):剪切模量为 $0.4 \times$ 弹性模量,泊松比为 0.2。

(3)《钢结构设计标准》(GB 50017—2017):剪切模量为 79000N/mm²,泊松比为 0.3。

(4)《公路钢结构桥梁设计规范》(JTG D64—2015):剪切模量为 0.790×10^5MPa,泊松比为 0.3。

线膨胀系数用于温度应力分析。

2.3.2 高级材料属性定义

1)时间依存材料

混凝土材料可以指定与时间相关的属性,主要用于考虑混凝土徐变、收缩以及强度和弹性模量等龄期效应的水化热分析和施工阶段分析。

(1)时间依存材料(徐变/收缩)函数

当有试验数据可用时,用户可自定义混凝土材料随时间的变化特性(徐变和收缩)函数。

从主菜单中选择**特性 > 用户定义**即可设置时间依存材料(徐变和收缩)函数。

弹出时间依存材料(徐变和收缩)函数对话框后点击添加,弹出如图2-63所示对话框。需要填写用户自己命名的函数名称。徐变数据形式有三个选项:徐变度、柔度函数和徐变系数。

徐变度:在不变的单位应力作用下的应变(不包含瞬时弹性应变)。

柔度系数:在不变的单位应力作用下的应变(包含瞬时弹性应变)。柔度系数=瞬时弹性应变+徐变度。

徐变系数:是徐变与弹性应变的比。徐变系数=徐变度×开始加载时的弹性模量。

徐变数据也可以导入,将经常使用的徐变系数存储为文件,当需要时导入使用。文件扩展名为 .TDM,数据格式请参见 midas Civil 的在线帮助手册。

填写时间(以天为单位)和徐变度(柔度系数或徐变系数)的值,即可在如图2-63所示的对话框中画出函数曲线。

图 2-63　添加/编辑/显示时间依存材料函数对话框

自定义收缩函数的输入与此类似。

（2）时间依存材料(徐变/收缩)函数

用户无法自定义时,可根据国内外规范定义混凝土材料随时间的变化特性(徐变/收缩),这是最常用的方法。

从主菜单中选择**模型 >徐变/收缩**即可设置时间依存材料(徐变/收缩)函数。

在弹出的对话框中点击添加,出现如图 2-64 所示的对话框。需要填写名称和依据不同规范而异的参数。

图 2-64　添加/编辑时间依存材料对话框

在图 2-64 所示的对话框中可以选择的规范较多,用户可以根据工程实际选择。规范不同,需要填写的数据也不尽相同,参数的取值可参考相应规范。

（3）时间依存材料(抗压强度)函数

用户可依据设计规范或自定义混凝土材料的抗压强度或弹性模量随时间变化的曲线。

从主菜单中选择**模型 >抗压强度**即可设置时间依存材料(抗压强度)函数。

在弹出的对话框中点击添加,出现如图 2-65 所示的对话框。需要填写名称和依据不同规范而异的参数。

图2-65　添加/编辑时间依存材料(抗压强度)

（4）时间依存材料连接

在定义了混凝土的收缩、徐变、强度及弹性模量发展等时间依存特性之后，还需要将这些特性与已经定义的材料连接，才能起作用。操作方法：

从主菜单中选择**特性>材料连接**即可设置时间依存材料连接。

弹出如图2-66所示的对话框，在徐变和收缩中选择用户命名的收缩、徐变特性名称，在强度进展中选择用户自命名的抗压强度和弹性模量随时间发展的特性名称。如以前没有定义这些特性，还可以即时定义：点击徐变和收缩或强度进展后的 ... 按钮即可弹出相应的定义对话框。

然后选择已定义的材料名称：左击要选择的材料名称，然后点 > 按钮即可选择到右边的"选择的材料"中。再点击 添加/编辑 ，定义完成后点击"关闭"。

图2-66　时间依存材料
连接

（5）修改单元的材料时间依存特性值

修改各单元的理论厚度值或者体积与面积比。当不同的单元使用了同一种时间依存材料，或使用了变截面单元时，需要分别计算各截面的理论厚度或体积与表面积的比值时（为了方便，建模时一般都是先将所有单元定义成一个非零理论厚度，然后在这里修改），此功能特别方便。

> 注意：在此输入的构件理论厚度不适用于施工阶段联合截面，应在施工阶段联合截面对话框中直接输入。

操作之前应先选择要修改的单元。

操作命令：

从主菜单中选择**特性>修改特性**即可修改单元的材料时间依存特性值。

从树形菜单的菜单表单中选择**模型>单元>修改单元的材料时间依存特性**。

在修改单元的材料时间依存特性中有两个选择：一是修改构件的理论厚度，二是修改体积与表面积比（图2-67）。

a)修改构件理论厚度　　　　　b)修改体积与表面积比

图2-67　修改单元的材料时间依存特性

在图2-67a)中选自动计算(由程序自动计算各构件的理论厚度)时,周长(u)的计算公式中 L_0 为外轮廓周长, L_i 为内轮廓周长, a 为要考虑内轮廓周长的比例系数。

2)塑性材料定义

塑性材料用在材料非线性分析中,目前的 midas Civil 版本中,静力材料非线性功能仅适用于梁单元、板单元、实体单元、平面应力和平面应变单元。

midas Civil 提供6种塑性材料模型:特雷斯卡(Tresca)、范米塞斯(von Mises)、莫尔-库仑(Mohr-Coulomb)、德鲁克-普拉格(Drucker-Prager)、砌体和塑性损伤模型。其中特雷斯卡和范米塞斯这两种模型适用于具有塑性不可压缩性的可锻金属材料。莫尔-库仑和德鲁克-普拉格这两种模型适用于脆性材料,例如混凝土、岩石、土壤等,这两类材料的特性是具有体积塑性应变。

操作命令:从主菜单选择**特性>塑性材料**。

图2-68所示为定义钢材塑性材料的对话框,需要填写初始单轴屈服应力和硬化相关数据,如不勾选"硬化",则为理想弹塑性材料。这里的组合则是将各向同性硬化和随动硬化两种硬化方式进行组合。

图2-69所示为定义混凝土和岩土塑性材料的对话框,需要填写初始内聚力(黏聚力)、初始摩擦角(内摩擦角)和硬化相关数据。

a)特雷斯卡各向同性硬化

b)特雷斯卡随动硬化

c)范米塞斯各向同性硬化

d)范米塞斯随动硬化

图2-68 钢材塑性材料定义

a)莫尔-库仑材料

b)德鲁克-普拉格材料

图2-69 混凝土和岩土塑性材料定义

3)塑性材料定义说明

(1)弹塑性与非线性概念

土木工程中常用的钢材和混凝土等建筑材料一般都是弹塑性材料。弹塑性材料其进入塑性的特征是:当荷载卸去以后存在不可恢复的永久变形。弹性变形在卸载后是完全可以恢复的,塑性变形在卸载后是完全不可以恢复的。线性材料指其应力-应变关系曲线是一条直线,非线性材料指其应力-应变关系曲线是一条曲线。非线性材料和弹塑性材料是不同的概念,弹塑性材料一般是材料非线性的。

(2)硬化概念

工程中大多数材料都存在一个比较明显的极限应力 σ_{s0},应力低于 σ_{s0} 时,材料一般保持为线弹性。如应力达到 σ_{s0} 以后,应力不再增加,而材料变形继续增加,即变形处于不定的流动状态,如图 2-70a)所示,则称材料为理想弹塑性材料。如应力达到 σ_{s0} 以后,再增加变形,应力也必须增加,如图 2-70b)所示,则称材料是塑性硬化材料。

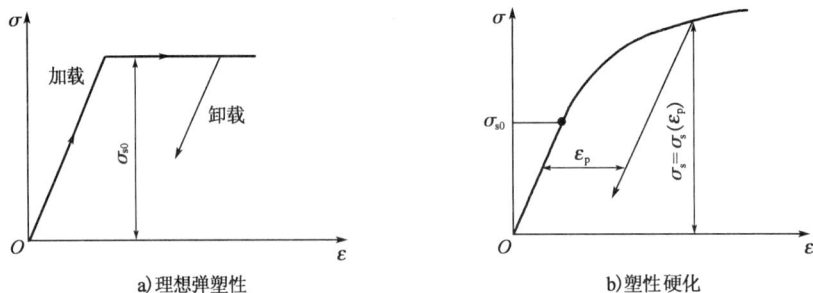

图 2-70　弹塑性加载曲线

对于塑性硬化材料,在一个方向(例如拉伸)加载进入塑性以后,在 $\sigma_s = \sigma_{r1}$ 时卸载,并反方向(压缩)加载,直至进入新的塑性,新的屈服应力为 σ_{s1}。如果 $|\sigma_{s1}| = \sigma_{r1}$,则称材料为各向同性硬化的。如果 $\sigma_{r1} - \sigma_{s1} = 2\sigma_{s0}$,则称材料为随动(运动)硬化的。如果处于上述情况之间,即 $|\sigma_{s1}| < \sigma_{r1}$,同时 $\sigma_{r1} - \sigma_{s1} > 2\sigma_{s0}$,则称材料为混合硬化的(组合)。各种不同情况的硬化表示如图 2-71 所示。

图 2-71　各重硬化塑性的特征

（3）屈服准则

屈服准则是在一般（空间）应力状态规定材料开始塑性变形时的应力状态的准则。在应力空间上将各个方向的屈服点绘成一个曲面就是屈服面。

对于金属材料,通常采用的屈服准则有范米塞斯(von Mises)准则和特雷斯卡(Tresca)准则;对于混凝土和岩土材料常用的屈服准则有莫尔-库仑(Mohr-Coulomb)和德鲁克-普拉格(Drucker-Prager)准则。

①von Mises准则

在三维应力空间,von Mises屈服面函数可以表示为:

$$\frac{1}{6}\left[(\sigma_1-\sigma_2)^2+(\sigma_2-\sigma_3)^2+(\sigma_3-\sigma_1)^2\right]-\frac{1}{3}\sigma_{s0}^2=0 \tag{2-4}$$

式中,σ_1、σ_2、σ_3是三个主应力。式(2-4)的几何意义是:在三维主应力空间内,初始屈服面是以$\sigma_1=\sigma_2=\sigma_3$为轴线的圆柱面(图2-72)。

图2-72　von Mises和Tresca屈服准则

②Tresca准则

在三维应力空间,Tresca屈服面函数可以表示为:

$$\left[(\sigma_1-\sigma_2)^2-\sigma_{s0}^2\right]\left[(\sigma_2-\sigma_3)^2-\sigma_{s0}^2\right]\left[(\sigma_3-\sigma_1)^2-\sigma_{s0}^2\right]=0 \tag{2-5}$$

式(2-5)的几何意义是:在三维主应力空间内,初始屈服面是以$\sigma_1=\sigma_2=\sigma_3$为轴线并内接于von Mises圆柱面的正六棱柱面(图2-72)。此式的力学意义是:当最大剪应力等于初始剪切屈服应力时,材料开始进入塑性变形。在midas Civil中,该准则适用于模拟延性材料,其屈服标准为材料的最大剪切应力达到规定的限值时认为材料发生屈服。

③Mohr-Coulomb准则

Mohr-Coulomb准则的屈服函数为:

$$\tau=c-\sigma_n\tan\varphi \tag{2-6}$$

或写成:

$$\sigma_1-\sigma_3+(\sigma_1+\sigma_3)\sin\varphi-2c\cos\varphi=0 \tag{2-7}$$

式中:τ——剪切应力;

c——黏聚力（内聚力）;

σ_n——法向应力,即面上的正应力;

φ——内摩擦角。

莫尔-库仑准则的概念为:当任意面上的剪切应力和平均正应力达到临界组合时,材料发生屈服。式(2-7)是在主应力空间的锥形表面,在 π 平面(过原点且垂直于 $\sigma_1 = \sigma_2 = \sigma_3$ 的平面)上的屈服轨迹是不规则的六边形(图 2-73)。

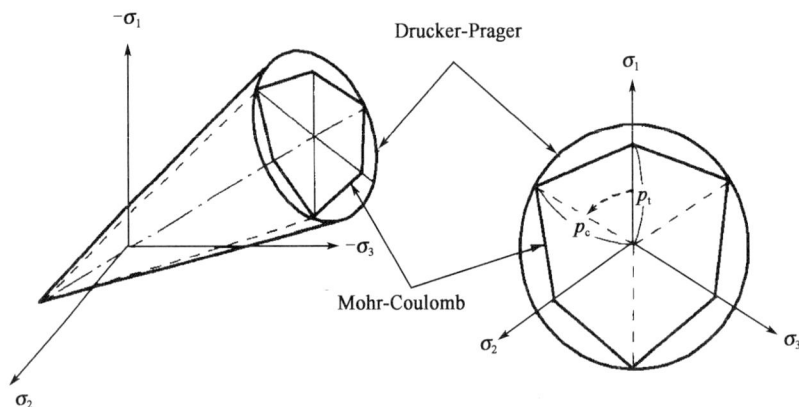

图 2-73　Mohr-Coulomb 和 Drucker-Prager 屈服准则

④Drucker-Prager 准则

Drucker-Prager 准则通过改进 von Mises 准则,并结合压力的影响而得。屈服函数是一个光滑的圆锥方程。

$$\frac{2\sin\varphi}{\sqrt{3}\,(3-\sin\varphi)}I_1 + \sqrt{J_2} - \frac{6c\cos\varphi}{\sqrt{3}\,(3-\sin\varphi)} = 0 \tag{2-8}$$

式中:I_1——第一应力常量;

J_2——第二偏差应力常量。

(4)硬化法则

硬化法则是用来规定材料进入塑性变形后的后继屈服函数(又称"加载函数"或"加载曲面")在应力空间中变化的规则。对于理想弹塑性材料,因无硬化效应,显然后继屈服面与初始屈服面相同。对于硬化材料,与图 2-71 所示的不同硬化特征相对应,通常采用的硬化法则有:

①各向同性硬化法则

此法则规定,当材料进入塑性变形以后,加载曲面在各个方向均匀地向外扩张,但其形状、中心及其在应力空间中的方位均保持不变。各向同性硬化法则主要适用于单调加载情形。如用于卸载情形,它只适合于反向屈服应力 σ_{s1} 数值上等于应力反转点 σ_{r1} 的材料。

②随动硬化法则

此法则规定材料在进入塑性以后,加载曲面在应力空间作一刚体移动,但其形状、大小和方位均保持不变。如用于单调加载情形,它应该和各向同性硬化法则等价。如用于卸载和反向屈服情形,它只适合于 $\sigma_{r1} - \sigma_{s1} = 2\sigma_{s0}$ 的材料。

③混合硬化法则

为了适应材料一般硬化特性的要求,同时考虑各向同性硬化和随动硬化两种法则,产生了混合硬化法则。该法则主要用于反向加载和循环加载情况。

在各向同性硬化和随动硬化法则中,用到材料的塑性模量,又称之为硬化系数,其计算公式为:

$$E_{p} = \frac{EE_{t}}{E - E_{t}} \qquad (2\text{-}9)$$

式中: E——材料的杨氏模量;

　　E_{t}——材料的切向模量,即 $d\sigma/d\varepsilon$。

在混合硬化法则中,用到混合硬化参数 M(midas Civil中又称为"滞回系数"),是表现各向同性硬化在全部硬化过程中所占的比例,是介于–1和1之间的材料参数,$M<0$ 是为了适应软化的情况,在midas Civil中 M 是介于0和1之间的参数。如令 $M=1$,混合法则就退化成各向同性硬化法则;$M=0$ 时就成为随动硬化法则。所以在midas Civil中硬化定义成"组合"即混合硬化时,滞回系数是可以填写的,而其他两种法则滞回系数是不用填写的。

(5)midas Civil塑性材料参数填写说明

使用塑性材料应先定义塑性材料,再按图2-62定义弹性材料特性数据,然后在图2-62中的"塑性材料名称"中填写定义的塑性材料名称。

如果选择Tresca或者von Mises模型,则输入初始单轴屈服应力,在工程上一般不再区分屈服点应力和比例极限应力,认为二者相同,为了安全起见也可以输入钢材的设计强度。

如果选择Mohr-Coulomb或者Drucker-Prager模型,则输入初始内聚力和初始摩擦角。初始内聚力即材料的黏聚力,初始摩擦角即材料的内摩擦角,两者应该根据试验测试得出,没有条件时按相关规范及手册取值。

滞回系数代表硬化的程度,其取值方法在前面已经说明。

硬化系数为材料屈服后的切线刚度,计算公式为式(2-9)。

(6)使用材料非线性本构模型时的注意事项

程序目前提供的用于静力材料非线性分析的非线性本构模型有von Mises、Tresca、Mohr-Coulomb、Drucker-Prager、砌体和塑性损伤模型六种。前四个模型都可以定义为各向同性硬化和随动硬化特性。但是随动硬化特性一般用于钢材等延性材料上,因此一般用于von Mises、Tresca本构模型中,在Mohr-Coulomb、Drucker-Prager等脆性本构模型中很少使用。

目前midas Civil程序中的硬化特性用双折线定义,混合硬化的应力路径如图2-74所示。

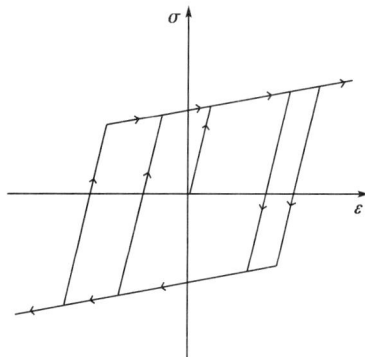

图2-74　钢材混合硬化的应力路径

虽然钢材一般采用完全塑性本构模型(即理想弹塑性模型),但是要注意屈服后刚度为零容易造成不收敛。

混凝土等脆性材料的受拉和受压特性不同,一般受拉区段应使用裂缝模型。目前midas Civil程序中没有提供裂缝模型和混凝土受压时非线性硬化模型。

2.3.3　材料表格

材料表格允许用户以电子表格形式输入或修改单元的材料特性(包括单元的材料时间依存特性,如构件的理论厚度)。

midas Civil程序中的表格工具提供了各种强大的内置功能,并且其最大的优势在于可以和Excel实现数据的双向交换。表格的内置功能可以参见在线帮助手册中的**Appendix>表格工具**。操作路径:**主菜单>特性>特性表格**。

2.4 截面定义

对于桁架、只受拉、只受压、索、间隙、钩、梁单元等线单元,有限元分析模型中缺少截面信息,所以其截面数据需要用户给定。对于板单元,模型中缺少厚度信息,其厚度需要用户给定。实体单元根据空间布置的节点包围而成,几何信息全面,不需要输入截面和厚度数据。

对桁架、只受拉、只受压、索、间隙、钩等单元,截面特性是指其截面面积。使用这些单元进行结构分析时,在计算过程中仅使用截面面积数据,但为了显示截面形状(消隐功能)同时也要输入截面尺寸数据。

对于梁单元,截面特性是指其截面面积、抗弯惯性矩、抗扭惯性矩、有效剪切面积和截面面积矩等。

midas Civil可以利用以下三种方法输入截面特性:

(1)只输入截面的主要尺寸或导入截面,程序自动计算截面特性。

(2)选用规范数据库中的标准截面,程序自动计算截面特性。

(3)用户直接输入截面特性值。

截面特性中的数据计算依据的是单元坐标系。

2.4.1 普通截面类型

点击**主菜单>特性>截面特性值>截面**命令,弹出材料和截面对话框(图2-61)。再点击添加或编辑就弹出截面数据对话框。点击导入可以从其他模型中导入截面。也可以删除和复制截面定义方法。

在截面数据对话框中有数据库/用户、数值、组合截面、型钢组合、设计截面、变截面、组合梁截面和钢梁等选项卡,本节只介绍前五种截面定义方法。

在截面数据对话框中首先要填写截面号,这是用户自己设定的截面ID号,默认从1开始,该号在一个完整的计算分析中相当于所定义截面的身份证号码,具有唯一性,编号不能重复,但可以不连续,如同前述材料号一样。截面名称必须填写,也是用户自己定义的名字,可以是中文。

1)数据库/用户选项卡

选择第一个选项卡数据库/用户,然后在截面号的右侧下拉条中[图2-75a)],选择截面形状。

在数据库/用户中选择数据库,就包含了许多国家标准的型钢截面,比如绝大多数的中国标准型钢截面都可以找到,不用自己再定义截面数据。若选择用户,那么读者就可以自定义截面数据(参照对话框中的图形输入)。先选择数据库,然后选择一种数据库中的截面,这时再点用户,那么截面的尺寸虽然仍然是刚才选择的数据库中的截面数据,但此时可以编辑,这种功能有时比较方便。

定义双角钢或双槽钢截面时,若想改变角钢或槽钢间距"C"值,可在列表中指定截面形状并选择用户自定义,然后从"读取单一角钢(或槽钢)的截面数据"中选择单角钢(或槽钢)的数据及截面名称,或直接输入截面的主要尺寸。

2)数值选项卡

选择第二个选项卡数值,然后在截面号的右侧下拉条中[图2-75b)]选择截面形状。与第一个选项卡不同,这里没有标准数据库截面可选,全部需要自定义截面尺寸,然后点击按钮 计算截面特性值 计算截面特性。此时的截面形状比数据库/用户选项卡少了冷轧槽钢、直立、U形加劲肋、带肋箱形、带肋管形和倒T形截面,但是多了一个任意截面。若选择了任意截面,那么就可从截面特性值计算器(SPC)中导入截面。如图2-76所示,点击 导入SEC文件 按钮,导入*.sec格式的截面文件(在SPC中定义)。导入截面后,对话框中将显示导入的截面形状和特性值。SPC将在后面章节说明。选择了任意截面时,还可以直接输入截面特性值,midas关于截面特性值的计算方法与说明可参见在线帮助手册中的**特性>截面特性**部分。

a)数据库/用户选项卡下拉条　　　b)数值选项卡下拉条

图2-75　截面形状选择

3)组合截面选项卡

选择第三个选项卡组合截面,然后在截面号的右侧下拉条中选择组合截面形状。这里所谓的组合截面就是钢混凝土组合截面,包括桥梁中较常使用的钢管混凝土(图2-77)等。

图2-76　从SPC导入截面　　　图2-77　定义钢管混凝土截面

在定义钢混凝土组合截面时需要参照对话框中的图形输入混凝土截面和钢材截面的外形尺寸。在钢材数据中可以选择数据库和用户，即可以从数据库（含多国标准）中选择标准的钢材截面，也可以自定义钢材截面。

单击图 2-77 所示的 从数据库中选择材料... 按钮，选择材料数据库中的某一国家的钢材和混凝土的材料特性，以下各项将由程序自动计算：

（1）E_s/E_c：钢材与混凝土弹性模量之比。

（2）D_s/D_c：钢材与混凝土质量（重度）之比。

（3）P_s：钢材泊松比。

（4）P_c：混凝土泊松比。

用户也可以不从数据库中选择材料，自己填写上述各项值。

混凝土刚度折减系数：换算刚度时，混凝土截面刚度的折减值，一般取 0.8 ~ 1.0。混凝土截面刚度折减就是弹性模量的折减，是考虑混凝土长期效应和混凝土徐变的影响，混凝土的弹性模量随时间的增长是降低的。在施工计算中，对于新浇筑或龄期较短的混凝土，一般不予折减；在设计计算中，要考虑长期效应，混凝土刚度折减系数一般取 0.85。

在 midas Civil 中，计算钢混凝土截面刚度时，只能将混凝土截面换算为等效钢材截面。所谓等效就是作用力合力等效与重力等效。混凝土截面的面积等效为原来的 E_c/E_s 倍，其合力作用位置不变，并据此计算等效后的总的截面特性。之所以等效，就是因为计算所用的力学公式要求截面是匀质的。

4）型钢组合选项卡

选择第四个选项卡型钢组合，然后在截面号的右侧下拉条中选择组合截面形状。这里所谓的型钢组合就是两种型钢的组合截面。midas Civil 里给出的型钢组合包括了土木工程常用的型钢组合形式。用户需要填写截面 1 数据和截面 2 数据，即两种型钢的截面数据。两种型钢都可以从数据库中选择标准型钢或自己定义。

5）设计截面选项卡

选择第五个选项卡设计截面，然后在截面号的右侧下拉条中选择截面形状，再根据对话框中给出的图形填写截面数据。这里所谓的设计截面就是混凝土梁常用的截面，包括多种形式的箱形、T形、工形、空心板、设计用数值截面和钢腹板箱梁截面等。本书在第1章的实例中使用了这种截面，这里只对一些选项作出解释。

为了计算设计截面抗剪能力弱的区域的剪力，需要用户给出腹板的厚度及部位。

（1）剪切验算：用户需要输入 Z_1 和 Z_3 的数值或选择自动。选择"自动"时，将验算设计截面对话框上所示的腹板的上端（Z_1）和下端（Z_3）位置处的剪力。Z_1 和 Z_3 的值是从截面的下缘向上起算的，例如，对于单箱单室的箱形截面，$Z_1=HO_3$，$Z_3=HI_4+HI_5$（图 2-78），Z_2 是截面质心高度（从截面下缘向上起算）。各种设计截面的 Z_1 和 Z_3 值的规定详见软件的在线帮助手册相关内容（截面上的加深的虚线）。

（2）腹板厚度，抗剪用最小：输入计算剪力引起的应力时所需的腹板最小厚度，需要输入或自动计算对抗剪有效的单元坐标系 y 轴方向的厚度 t_1、t_2 和 t_3。

①t_1：剪切位置 Z_1 处所有腹板厚度之和。

②t_2：剪切位置 Z_2 处所有腹板厚度之和。

③t_3:剪切位置Z_3处所有腹板厚度之和。

图2-78　设计截面中的单箱单室截面数据填写

(3)抗扭用最小:输入计算扭矩引起的应力时所需的腹板的最小厚度,可以是用户自己输入或程序自动计算。

(4)计算截面特性值网格尺寸:输入计算设计截面特性时划分的网格的大小,网格越小计算越精确。

(5)表格输入:表格输入按钮可以让用户以表格的形式输入截面数据。设计截面需要输入的项目较多,以表格输入将更加方便,且可以复制到Excel表格里面。

从下拉条中选择的设计截面种类为设计用数值截面时,可以选择定义坐标(图2-79)或从数据库和SPC导入的方法定义混凝土梁截面。定义坐标的方法中先定义外和内多边形数量,然后点击"生成多边形数量"按钮,接下来从下面的下拉条中选择外多边形或内多边形并为其输入关键点坐标。一般先定义截面最外的框,然后再定义内框,即内多边形1、内多边形2等,内框不能再相互包含。

6)考虑剪切变形

在此勾选考虑剪切变形只对梁单元有效,包括单元坐标系中的y和z向的剪切变形。如前所述,midas Civil中的梁单元依据铁摩辛柯梁理论(Timoshenko Beam Theory),可以考虑横向剪切变形的影响。

没有输入有效剪切面积时,程序忽略该方向的剪切变形。

7)截面偏心

线单元的有限元模型是连接两个节点的一条线,需要指定其截面。在模型窗口中显示的节点连线是以截面哪个位置(图 2-80)为基准生成的是可以改变的,即所谓修改截面偏心问题。节点间的连线永远是在偏心后的位置上,默认不加偏心,此时节点在截面形心位置;如加了偏心,则截面形心的位置就是偏离节点及其连线的。截面偏心的本质是在节点和截面形心之间加了一个刚臂。

图 2-79　根据坐标定义截面

图 2-80　截面位置示意图

更改截面的偏心不会改变截面特性值,但会影响杆件的相对位置、截面重心位置等从而影响荷载作用位置,最终影响计算结果。截面偏心影响荷载作用位置,但荷载形式不同规定也不一样,这要求在使用截面偏心时特别注意。因为节点荷载是以节点为基准的,不管截面偏心位置如何,节点荷载始终作用在相应节点位置,即偏心后的位置,这导致产生距中性轴偏心距离的弯矩。而对以单元为基准的荷载例如梁单元荷载、温度荷载是永远施加在单元的中心线上的,不管截面偏心位置如何,梁单元荷载始终作用在单元中性轴位置。对梁单元荷载来说截面偏心的设置也会对计算结果产生影响。

偏心的默认值为截面质心,若要修改偏心的位置,可点击"修改偏心"按钮来实现(图 2-81)。使用消隐功能确认生成的截面形状。

图 2-81　修改截面偏心对话框

(1)横向偏心:指定截面横向的偏心位置。选择"尺寸"的话,会显示在"偏心"中指定的位置。如果想将偏心指定为横向任意位置,选择"用户",输入至"参考点"的相应距离即可。对于一般等截面只设定 I 端即可,故只有 I 端会被激活,对于变截面则 I、J 端都会被激活。

(2)竖向偏心:指定截面竖向的偏心位置。变截面时可激活 J 端。

输入至参考点距离时,对话框中的中心位置不起作用,而是以用户偏心参考点为准:

当用户偏心参考点设置为质心时,从质心向外为正(+)。当用户偏心参考点设置为边界时,从边界向内为正(+)。

2.4.2 变截面

线单元模型中任意两个节点处的I截面和J截面是可以变化的,但两端的截面必须是截面形状相同的,用户需要输入两端的截面名称和相关数据。可以选择的两端的截面形状有前述的数据库/用户、数值、设计截面、钢梁截面和下节要介绍的组合梁截面所对应的截面(图2-82)。当选择了数据库/用户和数值对应的截面形状时,除任意截面需要用户直接输入两端截面特性值外,用户可选择数值、用户和数据库来输入两端截面。当选择设计截面和组合梁截面对应的截面形状时,用户可以直接输入截面几何尺寸外,还可以选择导入I截面和J截面,以及添加加劲肋,但是这里导入的是在本模型事先定义的设计截面和组合梁截面对应的截面形状,不是从外部其他模型导入截面。

图2-82 变截面可选的截面形状

用户一旦输入变截面构件两端的截面尺寸,即认为截面特性沿构件长度方向从I端到J端是变化的。程序默认为横截面积、有效抗剪面积和扭转惯性矩沿单元局部坐标系x轴方向从I端到J端按线性变化;而抗弯惯性矩在截面改变方向上可以选择按线性、抛物线和三次曲线变化。所以,定义变截面数据时,还要输入对单元局部坐标系y/z轴的抗弯惯性矩沿单元长度方向的变化规律,可以选择一次方程、二次方程和三次方程。

注意,关于抗弯惯性矩的变化规律即选择方程的次数,需要根据抗弯惯性矩的计算公式(在线帮助手册的截面部分)确定。例如,对于矩形截面,当宽度(B)是常数,高度(H)是变量时,则对y轴的惯性矩($= BH^3/12$)由公式可以看出是按三次曲线变化的(面积是按线性变化的),而对z轴的惯性矩($= B^3H/12$)由公式可以看出是线性变化。也就是说,此时应选择I_{yy}的变化(y轴变化) = "三次方程", I_{zz}的变化(z轴变化) = "一次方程"。但是对于复杂的截面,比如单箱单室设计截面,方程的次数是比较难以确定的,此时次数近似确定即可,前提是必须要定义变截面组。下面说明变截面组的定义。

用户定义了变截面后,建立单元时选择了该变截面,对每个单元来讲,其两个节点处的截面就是刚定义的I截面和J截面,这样就会出现图2-83所示呈锯齿状单元的情况。而建模的本意是建立图2-84所示的光滑模型,即让模型最左端为I截面、最右端为J截面,要改变图2-83所示的情况,还必须定义变截面组。

图2-83 没有定义变截面组的情况

图2-84 定义变截面组后的情况

定义变截面的操作路径:**主菜单>特性>变截面组**。

变截面组的功能将一些被定义为具有相同变截面特性的单元(比如图2-83所示的单元)组成一个组,使其与单一的单元无关。原来单一构件的I端和J端变为变截面组的I端和J端。程序将自动计算内部各点的截面特性值。

总之可以看出,"变截面"只能定义一个单元的截面变化规律,"变截面组"能够定义一组单元(多个连续单元)的具有相同变化规律的变截面梁。定义变截面组时,首先要先针对一组单元定义一个变截面,这个变截面的 *I* 端截面形式为这一组单元 *I* 端截面形式,这个变截面的 *J* 端截面形式采用的这一组单元 *J* 端的截面形式,然后将这个变截面赋予这一组单元。

下面列举一个实例说明。

(1)定义变截面。操作过程:**主菜单>特性>截面特性值>截面**,在弹出的材料和截面对话框中点击"添加",弹出截面数据对话框,选择"变截面"选项卡。输入截面号和名称,在截面号右侧的下拉条中选择"实腹长方形截面",在名称右侧选择"用户";然后填写截面 *I* 的尺寸为 $H=1$、$B=0.6$,截面 *J* 的尺寸为 $H=2$、$B=0.6$。*y* 轴变化选三次方程,*z* 轴变化选择一次方程。在截面偏心选择中-上部。

(2)建立节点。在坐标原点建立节点1,然后用移动/复制节点功能向 *X* 方向等间距复制9个节点,选择该节点,形式选择复制,等间距 $dx=1,dy=0,dz=0$,复制次数为9,然后点适用。

(3)建立单元。在树形菜单上方选单元,下拉条中选建立单元,点击节点连接下方编辑框,确认交叉分割单元被勾选,然后在模型窗口中点节点1和节点10,就建立了9个单元。截面为刚才定义的变截面。此时显示截面(点"消隐"按钮)就会看到9个单元呈现成锯齿状。

(4)定义变截面组。点击**主菜单>特性>变截面组**,定义组名称,点击单元列表下方编辑框,然后选择所有单元(一个变截面组内必须是同一类变截面的单元),单元列表中就会出现选定的单元编号。在截面形状的变化中,*z* 轴选多项式,其后的次数填1.8,其他不变。点"添加"按钮就会在该按钮之上的列表中添加了一个变截面组,同时得到如图2-84所示的情况。在刚才添加的列表中点变截面组的名称,再点 [转换为变截面] 按钮就会将该变截面组删除,同时为组内的每一个单元定义一个变截面。

"变截面组"对话框中的多项式,指该变截面组的截面在梁高(*z* 轴)和梁宽(*y* 轴)两个方向上变化曲线次数(如2次曲线变化,输入2即可),截面的各个部位均按此曲线次数变化。在组内两端点之间的单元可以按任意次数的抛物线变化梁高和梁宽,比如上例中就定义了高度方向的1.8次抛物线。

实际工程中的桥梁变截面区,截面的各个部位并不是都以相同的曲线次数来变化的,大部分是以不同的曲线次数来变化的。例如:上翼缘板为等厚度,下部翼缘板厚度以2次曲线变化,且腹板厚度是线性变化的情况。这种情况,仅仅使用"变截面组"的功能是不够的,还要用户将变截面组转换成变截面后,手动进行细部尺寸数据修改才能接近于实际的模型。使用"PSC桥梁建模助手"就可以使截面的各个部位都以不同的次数来变化,能够建立出更接近于实际情况的模型。

现在说明为什么只要定义了变截面组,那么在定义变截面时的 *y* 轴变化和 *z* 轴变化选择的方程次数是无关紧要的:如果模型中只有一个长度不是很长的变截面单元,也就是该单元的两个节点距离较近,截面变化不大,此时梁截面对 *y*、*z* 两个轴的抗弯惯性矩变化也不会很大,无论方程的次数是一次、二次还是三次;变截面组就是相当于为该组中所有单元都定义了各自的变截面,那么对组内各个单元来讲,单元长度都不是很长,所以方程的次数也就没有多大关系了,显然单元划分得越小越好。

如果PSC截面(设计截面)设置了截面刚度调整系数,变截面组转换为变截面时,会自动按I端和J端的输入值内插计算各变截面位置的刚度调整系数。但是,对于截面有效宽度系数、设计截面和施工阶段组合截面的钢筋信息,需要重新设置并赋予各变截面。

2.4.3　组合梁截面

组合梁截面用于模拟由多片纵梁组成的组合梁中单片纵梁的截面特性,所以定义截面时对话框中显示的是单片纵梁形状。组合梁截面中的截面类型有:钢-箱形、钢-工字形、钢-槽形、组合-工字形、组合-T形、组合-PSC、组合-一般和用户自定义,如图2-85所示。前几种为钢混凝土组合,其他带"组合"二字的为混凝土梁和混凝土板的组合梁。"组合-PSC"可以导入前述"设计截面"选项卡中定义的截面作为组合前截面。"组合-一般"可以导入通过SPC(截面特性计算器)按不同材料特性定义的组合截面。"用户自定义"可导入"数据库/用户""数值""变截面"选项卡中预先定义的截面,作为组合前、后的截面。

图2-85　组合截面定义对话框

1)钢混凝土组合截面刚度

midas Civil按照换算截面特性计算钢混凝土组合梁的刚度,得到荷载作用下的内力和变形,对每个位置的正应力进行全截面积分得到该位置的轴力和弯矩。钢混凝土组合梁计算组合截面刚度时,将混凝土换算为钢材来计算。

对于混凝土板下面有多个钢梁的组合结构,考虑混凝土板整体性时,计算截面横向抗弯惯性矩使用的参数包括梁数量(在整个混凝土板宽度范围内钢梁的数量)、板宽度t_c(多个钢梁上混凝土板的整个宽度)和钢梁之间的中心距(CTC)。

钢混凝土组合梁联合后单纵梁(考虑整体再等效到单梁)截面特性I_{xx}的公式为:

$$I_{xx} = I_{xx\text{-单梁}} + \left(\frac{\text{板宽度} \times t_c^3}{6} \times \frac{G_c/G_s}{\text{梁数量}} \right) \tag{2-10}$$

式中:G_c——混凝土的剪切弹性模量;

G_s——钢材的剪切弹性模量。

钢混凝土组合梁联合后单纵梁(考虑整体再等效到单梁)截面特性 I_{zz} 的计算公式为:

$$I_{zz} = I_{zz\text{-}单梁} + \cfrac{板宽度 \times t_c \times \left(\cfrac{板宽度}{4}\right)^2 \times \cfrac{E_c}{E_s} + 2 \times A_{单梁} \times \sum_{n=1}^{梁数量}\left(\cfrac{n-1}{2} \times CTC\right)^2}{梁数量} \tag{2-11}$$

式中:E_c——混凝土的弹性模量;

E_s——钢材的弹性模量;

$A_{单梁}$——单个钢梁的截面面积;

n——钢梁的根数。

而其他联合后截面特性如 A、I_{yy} 计算时的混凝土板宽度由 B_c(对应于一个钢梁的有效混凝土板的宽度)决定。

计算钢混凝土组合梁联合后截面的 I_{xx} 时,采用的弹性模量比并不是 E_s/E_c,是剪切弹性模量比 G_s/G_c,在数据库中选择材料时,自动会取用相应的泊松比。当用户直接输入多个弹性模量比时,泊松比自动取0。

钢-箱形、钢-工字形和钢-槽形类型的钢混凝土组合梁可定义多个弹性模量比,并在不同荷载工况下能够使用不同弹性模量比。这样不通过施工阶段分析也能够近似考虑混凝土收缩/徐变对联合截面特性的影响(弹性模量的变化引起截面特性的变化)。

定义多个弹性模量比就是除正常的弹性模量比外,增加了与"长期"和"收缩"对应的弹性模量比。定义后,可查看"长期""收缩"所对应的截面特性值,且自动生成"长期""收缩"命名的边界组名称。可与"分配边界转换给荷载工况/分析"功能配合使用。"分配边界转换给荷载工况/分析"功能允许在一个模型不同的荷载工况条件下采用不同的边界条件。该功能的执行命令为**分析>分配边界转换给荷载工况/分析…**。这样就可以在不同的荷载工况下采用不同的截面特性值(在截面特性调整系数中体现,详见第2.4.5节)。

在定义组合-工字形等组合类型截面时,材料参数中的下角标gd代表混凝土梁,sb代表混凝土板。

2)组合梁截面功能介绍

组合梁截面的功能比较强大,可以模拟钢混凝土组合结构和混凝土与混凝土组合结构(简称"混混组合结构"),用施工阶段联合截面模拟其结构的施工过程。强大的SPC组合截面定义功能,可以定义任意形状的组合截面(详见第2.4.4节内容),因此可以准确地对组合梁结构进行施工阶段分析以及成桥状态下的静力、动力分析。还可以用于T梁、箱梁翼缘加长、旧桥加固(混凝土梁加钢板或混凝土结构加厚补强),也可以在组合后截面的混凝土板上配筋。

施工阶段联合截面(在施工过程中实现联合)可以使用这里定义的组合梁截面,也可以自定义联合前的截面,然后在施工阶段再组合。例如预弯组合梁可用施工阶段联合截面中的自定义组合截面功能来实现。预弯组合梁结构亦简称为预弯梁,是利用配置在混凝土里的钢梁的自身变形,对混凝土施加预应力的型钢混凝土结构。预弯组合梁一般由预弯曲的工字形钢梁,一、二期混凝土组成的组合结构(图2-86)。关于施工阶段联合截面内容在

图2-86　预弯组合梁

第8章施工阶段分析中介绍。

用户可使用梁截面温度荷载功能可定义组合梁截面的温度梯度,并通过用户定义材料特性的方法,定义不同作用区域的材料特性。该功能可参考第9章温度荷载的内容。

剪力键的模拟可以采用连接单元。

2.4.4 自定义截面——截面特性值计算器(SPC)

特殊截面可以通过程序自带的截面特性计算器(SPC)功能来计算截面特性值,并导入到程序中定义新的截面。SPC是有效、快速计算复杂截面特性的工具。SPC是Sectional Property Calculator的简称,其各种功能简化了截面数据的输入,主要有:

(1)输入(Import)功能可以导入AutoCAD的DXF文件。

(2)SPC可以对输入的截面进行完全自动的网格划分。

(3)能够计算由不同材料组成的组合截面。

命令:**工具 > 截面特性计算器…**。

启动SPC的另外一种方法是直接在midas Civil的安装目录中运行spc.exe程序,该程序可以独立于midas运行。

启动后的界面如图2-87所示。关于SPC操作的详细说明请参见midas Civil安装目录下的随机文件(例如 C:\Program Files\MIDAS\midas Civil\SPC_Manual.pdf),本书只给出了操作的注意事项以及操作例题。

图2-87 SPC界面

一般截面可通过生成Plane形式截面来计算截面特性,薄壁结构可采用Line形式生成截面并计算截面特性,如图2-88所示。

a)生成Plane截面的过程　　　　　　b)生成Line截面的过程

图2-88　截面生成过程

1)SPC的设置

单位体系、显示/隐藏模型信息、设定颜色等可在工具条里点击进行设定,或者在Tools>Setting进行设定。设定的内容主要是单位体系、指定容许误差、显示选项和颜色设定等。若是从AutoCAD中导入DXF格式的截面,则单位一定要与画图时一致。

2)SPC注意事项

(1)尽量采用midas Civil数据库中提供的规则截面,利用midas Civil的截面特性计算功能计算截面特性值比SPC更好一些。

(2)对于Plane形式的截面,程序将近似计算抗扭刚度,这样会导致计算结果有可能比实际的抗扭刚度小,用户可通过加大网格划分密度方法来提高结果的精确度。

(3)对于Line形式的截面,如薄壁截面,线的厚度很薄时几乎可以准确地计算其抗扭刚度。但是如果是闭合截面(无开口截面),这种计算方式会导致其抗扭刚度的计算结果随着线厚度的增加而相对变小,所以对于不是薄壁截面的闭合截面应尽量避免使用Line方式计算截面特性。而对于薄壁闭合构件通常建议使用Line形式截面模拟。使用Plane也可以准确计算薄壁截面的各项截面特性值,但因为Plane截面定义时需要已知截面的内外轮廓线,因此对于一些截面壁厚很薄的截面,可能因为无法得到很好的网格划分而无法计算截面特性,即使可以计算截面特性,过细的网格划分在计算截面特性时会占用很长的时间,因此比较而言,对于薄壁截面建议使用Line截面来模拟。

(4)用Line形式模拟薄壁闭合截面时,对闭合部分一定要使用Model>Curve>Closed loop>Register指定闭合,才可通过生成截面计算截面特性值,否则计算得到的抗扭刚度值是按非闭合薄壁截面计算方法得到的抗扭刚度计算值。

(5)SPC可以在一个窗口里任意地建立多个截面,并分别进行分析,且可根据名称、位置、截面特性值等方便地对截面进行搜索及排列。

(6)SPC的建模窗口为x-y平面,构件的纵向为z轴。由SPC输出的midas Civil的文件中,程序会自动转换坐标轴。但是当用户在midas Civil中手工直接输入利用SPC计算的截面特性值时,应注意相对应的坐标轴。

(7)将AutoCAD DXF文件正常导入(Import)SPC中时,DXF的截面必须是在x-y平面内。

（8）由多个部分构成的 Plane 截面（需先行生成截面），程序默认将内部设为非使用区域（即挖空），如图2-89所示。若不是空心截面，则可利用 Model>Section>Change Domain State 功能，将默认的非使用范围设定为使用区域。调出此菜单，选择要定义的截面后点击 Apply 按钮。接下来程序会按照选择的截面所包含的各部分的顺序亮显询问是否使用。如要使用亮显的部分，则在操作窗口中点击鼠标左键（LB），如不使用则点击鼠标右键（RB）。如需选用全部的区域，直接按 Enter 键即可，放弃则按 ESC 键。图2-89上方的英文为 SPC 的命令提示。

图2-89　改变 Plane 截面的使用区域

（9）当截面由不同材料组成时（超过2种材料），用户需先定义材料名称和特性值（Model>Material），然后用 Model>Section> Assign Domain Material 为各区域选择材料，用 Property>Calculate Composite Property 计算截面特性。在赋予各区域材料特性时，应选择某个材料为基本材料，一般选择混凝土。

（10）若对截面的某些参数进行修改，例如改变其使用区域、旋转截面，修改线的厚度等会使以前计算的特性值无效。所以更改之后用户需利用 Property>Calculate Section Property 菜单重新计算截面特性。

（11）midas Civil 后处理中查看梁单元的应力时，可以输出截面的上缘和下缘的应力结果，并用计算点1~4加以区分。目前 SPC 在自动输出数值型截面的应力计算点1~4时，采用的输出原则是：形心轴上下两侧截面控制点（point）所处截面最宽位置，如图2-90所示的鱼腹截面，根据这个原则输出的是图示的1~4点位置的应力，即默认计算位置并非截面上、下缘位置。无论采用哪种原则来输出截面应力计算点位置，都要求截面轮廓线条不宜过长，尽量细化截面轮廓，尤其是对曲线轮廓的截面。因为由 SPC 计算得出的应力计算点1~4都具有可以人为修改的功能，因此在使用前要先确认应力计算点位置再执行计算分析。

图2-90　默认的鱼腹式截面的计算点

（12）目前版本的 SPC，Plane 形式截面和 Line 形式截面都可以导出 Section（*.sec）文件。Line 截面可以在 midas Civil 中的**主菜单>特性>截面特性值>数值>任意截面**中导入，而 Plane

截面除可以在任意截面中导入外，还可以在**主菜单>特性>截面特性值>设计截面>设计用数值截面**中导入，此时需要指定设计用参数。

3）Plane形式截面生成操作例题

Plane形式截面生成的步骤如图2-88所示。可以直接在SPC中建立截面轮廓，但比较受欢迎的方式还是从DXF格式文件中导入截面的轮廓。导入DXF文件的步骤如下：

（1）在启动SPC时或在Tools>Setting中选择与要导入的AutoCAD DXF文件中一致的单位体系。

（2）执行File>import>AutoCAD DXF命令导入DXF文件。

（3）在Model>Curve>Intersect中进行交叉计算，以避免在AutoCAD中还存在没有被分割的线段。

（4）如果DXF文件中有圆曲线且有直线与之相切时，导入过程中因为圆曲线转换为折线，使原来的切线与圆曲线（已转换为多边形）不能相交，此时应使用SPC中延伸的功能使其相交。

（5）用Model>Section>Generate生成截面，并定义截面名称。

（6）用Property>Calculate Section Property计算截面特性值，也可在上一步直接计算。

（7）保存并导出Section文件。

下面举例说明Plane截面的生成和导出。本例要生成的是图2-90所示的鱼腹式截面。操作步骤如下：

（1）在AutoCAD中建立鱼腹梁截面的线框模型，存成DXF格式。

（2）启动SPC，设置长度单位为cm。

（3）执行File>Import>AutoCAD DXF命令导入刚才建立的鱼腹梁DXF文件，如图2-91所示。曲线以多段线代替，多段线的数量可由Setting对话框中的分割角度（Angle Step）控制。

图2-91　导入鱼腹式截面

（4）通过建立的轮廓线生成Plane截面。执行Model>Section>Generate命令，命令执行后在窗口左侧出现截面生成对话框（图2-92）。在对话框中，Type选择为Plane，填写截面的名称（Name），其他默认即可。为了生成截面须选择决定截面形状的线，Select按钮 默认是处于执行状态的，可以点选也可以窗口选择。被选择的线会高亮显示，同时在信息窗口会提示选择了多少个对象。选好后点击"Apply"按钮完成Plane截面创建（图2-93）。若在截面生成对话框中勾选Calculate Properties Now，在Plane截面里程序会自动计算并生成适当大小的网格后生成截面的特性值，若想控制网格的大小在这里计算截面特性值是不行的，须在下一步中指定。

图2-92　截面生成对话框　　　　　　　　　　　　　图2-93　生成后的鱼腹梁截面

（5）计算截面特性并导出Section文件。执行Property>Calculate Section Property得到截面特性计算对话框（图2-94），按图填写Mesh Size为10cm，选择截面再点击"Apply"按钮完成网格划分并计算了截面特性。网格如图2-95所示。通过执行Property>Display Section Property或Property>List Section Property可以查看或列表显示截面特性的值。

图2-94　截面特性计算对话框　　　　　　　　　　　图2-95　生成后的鱼腹梁截面网格

（6）输出截面。点击Export按钮，按图2-96填写和选择，最后点"Apply"按钮即可。

（7）在 midas Civil 中导入并修改应力计算点位置。在添加截面时选择"数值"选项卡，截面类型中选择"任意截面"，然后点击"从SPC导入"按钮，导入刚定义的鱼腹梁截面，如图2-97所示。在图中可以注意到，导入截面的3、4应力计算点没有在截面的下缘，用户可以通过更改图示y_3、z_3、y_4和z_4数值的方法更改其位置。

图2-96　截面输出　　　图2-97　修改应力计算点位置

鱼腹梁截面可以采用上述方法定义，也可以采用"根据坐标定义"的方法（如图2-79所示）。实际上对于很多midas Civil中没有提供的特殊截面，都可以用"根据坐标定义"的方法。

4）Line形式截面生成操作例题

本例用Line形式模拟由三个工字钢截面组成的分离式截面。分离式截面在钢结构中比较常见，如型钢组合截面，这种截面在SPC中模拟时，可使用Line形式截面进行模拟，因为Plane形式截面在模拟分离式截面时无法导出截面的SEC文件。Line形式截面导出的SEC文件，只能在midas Civil中的任意数值型截面中导入，且在单元消隐显示时只能显示Line中心线形状，不能显示截面厚度。操作步骤如下：

（1）启动SPC，设置长度单位为mm。

（2）先建立一个工字钢截面，执行Model>Curve>Create>Line。建立上翼缘，按图2-98a)所示填写和选择数据；建立腹板，按图2-98b)所示填写和选择数据；建立下翼缘，按图2-98c)所示填写和选择数据。一定要注意线的宽度对齐位置（Alignment）的选择。

a)建立上翼缘　　b)建立腹板　　c)建立下翼缘

图2-98　建立模型

（3）拷贝建立的工字钢截面。执行Model>Curve>Translate，然后按图2-99所示填写和选择数据。

（4）生成Line形式的截面。执行Model>Section>Generate，选择决定截面形状的刚刚建立的所有的线。在如图2-100所示的生成截面的对话框里将Type选定为Line，Name栏输入分离式工字钢。为了在生成截面的同时计算截面特性值，需选择Calculate Properties Now，然后点击"Apply"按钮。

图2-99　拷贝模型　　　图2-100　生成Line形式的截面

（5）输出截面。点击Export按钮■，选择输出格式为midas Section File，选择截面，给出文件名，按"Apply"按钮即可。

（6）将文件导入到midas Civil中，重新计算截面特性。在添加截面时选择"数值"选项卡，截面类型中选择"任意截面"，然后点击从SPC导入按钮。如图2-101所示，选择FEM重新计算截面特性，以获得剪切面积S_{ax}、S_{ay}和抗弯惯性矩等的精确计算值。"FEM"表示按照截面网格积分法重新计算截面特性，"方程"表示按照薄壁闭合截面简化公式计算截面特性。

Line形式截面与Plane形式截面相比劣势在于：

（1）SPC中无法提供剪切面积S_{ax}和S_{ay}，导入到midas Civil中需要采用FEM法重新计算截面特性才可以得到剪切面积。

（2）不能显示截面的实际厚度形状。

（3）截面定义比较复杂，要求指定每条线的线宽，对于闭合箱体部分必须准确定义闭合曲线，否则抗扭惯性矩计算错误。

（4）无法模拟组合截面。

（5）截面无法进行设计验算。

相比Plane形式的截面，Line形式截面的优势在

图2-101　导入Line形式SPC截面

于截面特性计算简便,不会出现计算量大而死机的情况。Line形式可以模拟分离式截面,而新版的SPC中Plane形式也可以模拟分离式截面。

为了比较从SPC导入的截面与在midas Civil中按标准截面之间的截面特性的差别,本节按并排三个工字钢(没有分离,单工字钢的截面与上例完全相同)在SPC中重新建立,同时在midas Civil按型钢组合中的H型钢+板建立同样的截面。图2-102是其截面特性的比较,这里在SPC中建立Line形式截面时没有按闭合截面考虑,可见其抗扭刚度差别很大。

a)按H型钢+板建立的截面特性　　　　b)导入的Line形式截面特性

图2-102　标准截面特性与Line形式截面特性的比较

5)在SPC建立任意形状的组合截面的方法

本例在SPC中建立哑铃形截面,钢管外径为1000mm,钢管及钢板壁厚均为16mm,考虑钢材和混凝土两种材料。操作步骤如下:

(1)在AutoCAD中建立哑铃形截面,存成DXF格式文件。建立的线框模型及其尺寸如图2-103所示,$C_1 \sim C_6$为线段的编号,其中C_2和C_5为竖线C_3和C_4之间的圆弧,C_1和C_2围成上圆形,C_5和C_6围成下圆形。

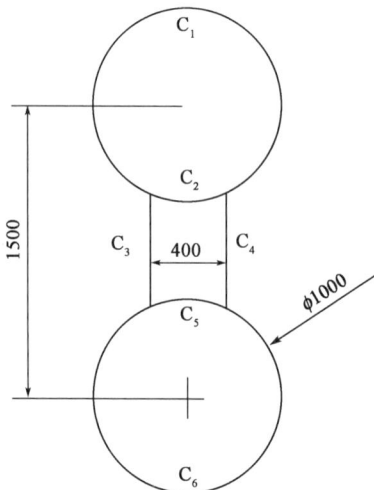

图2-103　哑铃形截面的线框模型(尺寸单位:mm)

（2）启动SPC，此时会出现图2-104所示的设置对话框，长度单位设为mm，将Angle Step设为5。DXF文件中的圆形曲线，导入SPC后被代之以折线（多边形），为了让多边形更接近于圆形，这里设置了较小的分割角度（Angle Step）。

（3）执行 File>Import>AutoCAD DXF 命令导入刚才建立的哑铃形DXF格式截面。

（4）指定线宽。对Line指定线宽用于模拟钢板厚度，这里所用线宽均为16mm，命令为 Model>Curve>Change Width。在 Auto CAD中画图时，圆的直径为500mm，这里应该将钢管的线宽度对齐位置Alignment设为Left，中间钢板的Alignment设为中心。

（5）指定闭合曲线。命令：Model>Curve>Closed Loop>Register。如果 Line 部分不是闭合曲线，还要通过定义闭合曲线功能将 Line 截面的闭合部分定义为闭合曲线。这里先指定如图2-103所示的线段1、3、4和6为闭合曲线，再指定2、3、4和5为闭合曲线。按住 Ctrl 键再依次选取各个线段可以达到选择多条线段的目的。对本例不指定闭合也可以，误差不大。

图2-104　SPC的设置对话框

（6）定义材料参数。命令：Model>Material。如图2-105所示，图中弹性模量和重度是没有单位的，只要保证几种材料的弹性模量比和重度比正确输入即可，可以不输入各参数的实际值（为了防止混乱，输入准确实际值最好，并按图2-104中的单位输入）。这里将混凝土作为基准材料，将其弹性模量和重度都设定为1，而钢材的弹性模量（Modulus of Elasticity）设为5.97，重度（Density）设为3.41，泊松比（Poisson's Ratio）输入实际值。建模时这里定义的截面对应的单元材料应该是这里的基准材料。实际计算时，基准材料最好定义为钢材，因为对换算截面程序将混凝土换算成钢材。

（7）定义组合截面参数。命令：Model>Section>Composite Section>Generate。如图2-106所示，按图输入组合截面的名称、子截面数量（最多3个）和组合截面换算截面特性计算时的基准材料。

图2-105　定义材料

图2-106　定义组合截面参数

（8）分别定义组合截面的各个子截面。命令：Model>Section>Composite Section>Add Part。子截面数量限定为最多3个，这里定义子截面时需要特别注意要按施工顺序编号。

采用 Line 形式定义钢管及钢板部分:选择所有线段,Part ID 为 1,Part Name 为"钢板",材料为钢材,点击 Apply。采用 Plane 形式截面定义核心混凝土:首先,选择两个钢管的所有线(即图 2-103 所示的 1、2、5 和 6 线段),Part ID 为 2,Part Name 为"内核混凝土1",材料为混凝土,点击 Apply。其次,选择图 2-103 所示的 2、3、4 和 5 线段,Part ID 为 3,Part Name 为"内核混凝土2",材料为混凝土,点击 Apply。各个子截面的定义如图 2-107 所示。

图 2-107 定义组合截面的各个子截面

(9)计算组合截面的截面特性。命令:Property>Calculate Composite Property。设定组合截面特性计算的网格尺寸,以较薄位置构件的宽度或厚度作为计算特性用网格尺寸。同时在信息窗口会给出如下提示信息:如果截面是分离式的组合截面,则组合截面的剪切面积、抗扭惯矩计算是错误的,需要用户准确计算这几个参数然后在截面特性或施工阶段联合截面特性中手动修改。注意:内核混凝土的特性计算按 DXF 图给出的尺寸计算,没有扣除钢管壁厚。

(10)导出组合截面文件。命令:Model>Section>Composite Section>Export。导出类型为 midas 截面文件(后缀.sec),选择组合截面的保存位置,点击组合截面的任意位置,最后点击 Apply。

(11)导入刚建立的组合截面。命令:**主菜单>特性>截面特性值>组合梁截面>组合-一般**。在 midas Civil 的联合截面中,选择"组合-一般",导入刚刚生成的组合截面 SEC 文件,如图 2-108 所示。由组合-一般生成的组合梁截面,在定义施工阶段联合截面时,可以自动生成联合截面各子截面的相对位置关系和构件理论厚度。

再全部用 Plane 形式子截面(钢板和混凝土内核两个子截面即可,所有钢板为一个闭合的面)建立上面的哑铃形截面,得到的截面几何特性值如图 2-109 所示,与图 2-108 比较,两者在计算结果上稍有差别。

图2-108 在midas Civil"组合-一般"中
导入组合截面sec文件

图2-109 用全Plane形式子截面组合的
截面特性

对哑铃形钢管混凝土结构只需要进行成桥分析(不做分阶段施工分析)时,可直接使用程序中提供的标准截面来定义:把哑铃形截面分为3个部分(2个钢管混凝土截面、1个缀板截面),分别定义各个部分的截面后,在相应位置上建立平行的3根梁单元。再把3根梁单元在各个对应节点处用刚性"弹性连接"连接成整体即可。如进行分阶段施工分析,也可以采用这种方法,但需分别将各部定义施工阶段联合截面。还可以将这三部分截面在施工阶段联合截面中联合(联合形式须为用户),此时仅建立单根梁模型即可。

特别需要注意,使用SPC建立的截面输出时一定要查看其截面特性是否合理正确,特别是剪切面积和抗扭惯矩若为0则表示截面可能有问题(这种问题在midas Civil主程序中较难被发现),需要返回细分网格重新定义。

注意:《公路钢管混凝土拱桥设计规范》(JTG/T D65-06—2015)第4.3.3条规定,哑铃形钢管混凝土主拱计算时,腹腔内(即中间缀板内)的混凝土不应计入主拱截面受力,而仅计算其自重的影响。

2.4.5 截面管理器

进入截面管理器的命令:**主菜单>特性>截面管理器**。"截面管理器"功能可自动计算考虑钢筋以及预应力钢筋的换算截面特性,优化了PSC截面、联合截面的定义钢筋的方法,并可任意指定截面的应力输出点的坐标。截面管理器有四种模式:刚度、钢筋、应力点和截面横坡。关于截面管理器对话框中各项的含义请参见midas Civil的在线帮助手册。

1)刚度模式
如果用midas Civil计算的截面几何特性需要修正,可用刚度功能。
刚度模式有两个功能,一是针对多种截面(数据库、设计截面、变截面、组合梁截面),自动计算考虑钢筋以及预应力钢筋后的换算截面特性,并能够查看梁单元各个位置(i、1/4、2/4、3/4、j)的换算截面特性以及钢筋、预应力钢筋的具体布置位置;二是用刚度调整系数来调整线单元(桁架单元、只受拉单元、只受压单元、索单元、间隙单元、钩单元、梁单元)的截面特性。定义的截面必须赋给了单元。

新截面特性=原截面特性×截面特性调整系数，用考虑钢筋以及预应力钢筋后的新的换算截面特性除以原来没有考虑的截面特性可以得到刚度调整系数。刚度调整系数可以手动输入然后点击"添加/替换"按钮，还可以用Excel表的形式修改。图2-110为截面刚度调整系数对话框，点击图右下方的"显示刚度"按钮可以弹出换算截面的刚度数据框。

图2-110　截面管理器刚度模式对话框

需要注意：在此定义的截面特性调整系数，只对计算位移和内力时起作用，在计算应力时采用原来的截面特性值。如果计算应力时要考虑截面特性调整系数时，在主菜单的**分析>主控数据**对话框里选择"在应力计算中考虑截面刚度调整系数"选项即可。

另外因为截面特性调整系数可以定义在不同的边界组中，还可以实现下面两个功能：一是相同的截面在不同的荷载工况下可以有不同的截面特性，二是相同的截面在不同的施工阶段可以有不同的截面特性。

midas Civil可以将一个或多个边界条件定义在一个命名的边界组中，以实现组中的边界条件同时施加或同时失效的功能，在树形菜单的"组"选项卡中定义各种组，包括边界组。在使用边界组之前，需要先定义边界组及其名称，然后可以直接使用该边界组名称进行选择或激活该边界组。另外，还可以根据需要定义结构组、荷载组和钢束组，组的功能主要用于选择、激活或钝化以及桥梁施工阶段的分析计算中。

这里给出一个实例来实现不同荷载工况截面特性不同的功能。有一由工字形钢梁和混凝土板组成的叠合简支梁，求其在短期和长期荷载作用下的变形情况。考虑两个荷载工况：一是施工刚结束，二是结构施工结束较长时间。操作步骤如下：

（1）定义组合梁截面。设置长度单位为m，其他参数的填写和取值如图2-111所示。

图2-111　定义截面

在图2-111中,材料中点击按钮 从数据库中选择材料... ,钢材选择GB 12(S)中的Q235,混凝土选取JTG 3362-18(RC)中的C50。考虑长期效应,混凝土的弹性模量乘0.85。对直线简支梁(包括直线连续梁),混凝土的收缩只是影响其体积的减小,而对截面的刚度影响微乎其微,所以在E_s/E_c(收缩)中仍然填写不变的弹性模量比。点击"确认",就会自动生成两个边界组——分别命名为"徐变1"和"收缩1",后面数字是自动加上的截面号。

(2)定义材料。因为在联合截面中要将混凝土换算为钢材,所以这里仅定义钢材一种材料即可,定义为GB 12(S)中的Q235。注意在定义组合梁截面时,虽然指定了材料数据,但那仅是为了计算弹性模量比和比重比,仅影响截面的几何特性,这里必须重新定义钢材材料。可以在树形菜单中使用拖放功能给联合截面单元赋予相应的钢材材料。

(3)建立有限元模型。定义一个计算跨度为16m的简支梁,单元数量为20个。仅定义了一种截面,单元的截面默认为1,模型如图2-112所示。

图2-112　简支梁(单片)模型

(4)给模型施加简支梁的边界条件。因为是非施工阶段分析,不存在边界组的激活与钝化,而且是在所有荷载工况中起作用,这里的边界组名称选择"默认值"。若是其他考虑施工阶段分析复杂模型,还需要再定义边界组。

(5)定义两种荷载工况,一种命名为短期荷载,另一种命名为长期荷载。荷载类型均为恒荷载即可。

(6)在不同的荷载工况中施加荷载。施加荷载时注意要选择不同的荷载工况名称,这里仅考虑自重,自重系数$Z=-1$。

(7)截面刚度调整系数设定。执行命令为:**主菜单>特性>截面管理器>刚度…**。如图2-113所示,选择单元号(点一下即可)、边界组名称,填写调整系数,勾选"叠合后",点击"添加/替换"按钮。

图2-113　截面特性调整系数对话框

　　图2-113中的各个单元的叠合后调整系数是在定义完组合梁截面后自动生成的,若不是组合梁截面则需要用户自己填写。对于组合梁截面采用此功能时,可对于叠合前、叠合后进行特性调整。勾选"叠合前"只针对联合前截面采用调整系数。勾选"叠合后"只针对联合后截面采用调整系数。当同时勾选了前、后选项时,对于叠合前、后截面均采用调整系数。对"I = J"只有选择了变截面时,才被激活。可对于I/J端分别定义刚度调整系数。

　　(8)将截面调整系数分配给不同的荷载工况。命令为:**主菜单>分析>分配边界给工况**。如图2-114所示,在数据选择中勾选"截面特性值调整系数",在边界组列表中选择边界组,给出名称,点击 添加/替换 按钮,最后在边界组组合中为不同的静力荷载工况选择适当的边界组组合。这里可以看到,在移动荷载分析、支座沉降分析、时程/反应谱/特征值分析和Pushover分析和时程非线性静力分析等静力荷载工况中都可以改变边界组,即不同的荷载工况采用不同的边界条件。

图2-114　分配截面调整系数给荷载工况

因为在前面联合截面定义中,收缩对截面特性的影响没有考虑,刚好相当于短期效应,所以这里就将自动生成的"收缩1"边界组定义在了短期效应计算中。在图2-113中可看到,将自动生成的两个边界组(对应两组截面刚度调整系数)都指定给了相同的截面号1,这时必须将这两个边界组(以截面刚度调整系数实现)分配给不同的荷载工况,否则报错。

(9)执行分析。从计算结果可以看出,两个荷载工况下的计算结果不同,说明截面特性调整系数起了作用。

本例中将考虑长期效应的混凝土的弹性模量乘以0.85,若要用这种方法近似考虑徐变/收缩对结构的影响,用户可以自己计算调整系数,然后施加。考虑徐变/收缩对结构的影响的精确算法还是定义混凝土的时间依存特性,在本书的施工阶段联合截面中有实例说明。

2)钢筋模式

截面钢筋功能用来输入设计截面以及组合梁截面的普通钢筋数据和竖向预应力钢筋数据,包括纵向(顺桥向)钢筋、抗剪钢筋、腹板竖向预应力钢筋、抗扭钢筋(抗扭箍筋和抗扭纵筋)等。输入的纵向钢筋,反映在计算截面刚度和截面设计中,还可以考虑钢筋对混凝土的收缩/徐变的影响,即在施工阶段分析控制中,勾选时变效应控制中的考虑普通钢筋的约束效应。

对应命令:从主菜单中选择**特性>截面管理器>钢筋…**。

钢筋模式提供更方便的普通钢筋的输入方法(点、直线、弧、圆、多段线类型)。关于截面钢筋定义中参数的含义请参见midas Civil在线帮助手册中的相关内容。截面钢筋对话框如图2-115所示。在截面抗剪钢筋定义[图2-115b)]时需要注意如下问题。

a)纵向钢筋输入

b)截面抗剪钢筋输入

图2-115 截面管理器钢筋模式

(1)弯起钢筋需要输入的是该截面处弯起钢筋的间距(横桥向间距)、弯起角度、弯起钢筋面积。实际的梁其各个断面的弯起钢筋数量和面积是有差别的,并且许多弯起钢筋是由纵向钢筋弯起的,如果需要较精确模拟各个截面的弯起钢筋情况,必须定义足够多的截面,再分别定义这些截面上的弯起钢筋和纵向钢筋。若在同一截面的高度上有多根弯起钢筋,那么要填写的弯起角度和弯起钢筋的面积是这些钢筋的综合效果,原则是竖向合力相同。对斜截面抗剪需要按规范计算,参见《公路钢筋混凝土及预应力混凝土桥涵设计规范》(JTG 3362—2018)第5.2.9条和图5.2.9。

(2)竖向预应力钢筋的效应折减系数一般按《公路钢筋混凝土及预应力混凝土桥涵设计规范》(JTG 3362—2018)第5.2.9条及条文说明取0.6,主要是考虑目前我国由于施工工艺等的原因导致竖向预应力钢筋的预应力损失较大,永存预应力按调查统计约为有效预应力的60%。

(3)抗扭钢筋包括抗扭箍筋和抗扭纵筋,A_{wt}中输入抗扭箍筋单肢面积,A_{lt}中输入抗扭纵筋面积(起抗扭作用),间距为抗扭箍筋的间距。对于纵向抗扭钢筋不包含在设计截面纵向钢筋数据中,而是要在抗扭钢筋中单独定义。在设计截面纵向钢筋中输入的是仅提供抗弯作用的纵向钢筋数据,同样在抗扭钢筋中定义的箍筋数据也仅用来验算剪扭构件的抗扭和抗剪承载力。

(4)在抗剪箍筋数据定义中输入的是提高斜截面抗剪承载能力的箍筋数据。

(5)对于所有的箍筋数据输入的都是单肢箍筋截面积,程序计算时会按双肢箍筋进行计算。因此对截面可能配置多肢箍筋的情况要先将多肢箍筋面积按双肢箍筋面积进行换算后输入换算后的单肢箍筋面积。

程序在输入普通钢筋数据时,是针对截面名称输入的,即一个截面名称所对应的所有单元钢筋数据都是相同的。如需要输入不同间距的箍筋,对尺寸形状都相同的截面定义不同的名称后,分别输入不同的钢筋数据即可。

截面钢筋数据定义完成后,在分析中如果要考虑普通钢筋对截面刚度的影响以及对结构承载能力的影响还要在**分析>主控数据**中勾选"在PSC截面刚度计算中时考虑普通钢筋",如图2-116所示。否则程序在计算过程中不考虑纵向普通钢筋对截面刚度和结构承载能力的影响。

图2-116　主控数据设置

　　输入的纵向钢筋,反映在计算截面刚度和截面设计中,同时可以考虑钢筋对混凝土的收缩/徐变的影响。考虑普通钢筋对混凝土收缩、徐变的影响,主要是施工过程当中的问题。midas Civil程序通过"施工阶段分析控制数据"中的"考虑普通钢筋的约束效果"选项决定是否考虑普通钢筋对混凝土收缩、徐变的影响。

　　使用钢筋模式功能输入普通钢筋的数据(纵向、抗剪)时,特别是对变截面梁,需要每个截面名称一对一地输入钢筋数据。而利用PSC建模助手(**主菜单>结构>建模助手功能区>PSC桥梁**),用户不仅可以非常快捷地建立变截面梁,而且输入普通钢筋数据也是非常方便的,只需按各个梁段(坐标)输入不同的钢筋数据即可。

　　联合截面的配筋请参见第8.6.9节。

　　3)应力点模式

　　应力点模式可针对多种截面(数据库、设计截面、变截面、组合梁截面),任意定义应力输出点坐标。如图2-117所示,在应力点模式下,先选取"目标截面和单元"栏中的截面,然后就可以定义附加应力点(坐标输入或在"捕捉"勾选情况下直接在截面上拾取)。程序自动定义的应力点号字体为红色,用户定义的附加应力点号字体为蓝色。

图2-117　截面管理器应力点模式

　　用图2-117所示截面作为一简支梁的截面,施加荷载并计算,然后查看应力点的结果,如图2-118(点选视图区下面的"截面")。应力点结果查看命令:**主菜单>结果>详细功能区>梁单元>梁单元详细分析**。

图 2-118　截面附加应力点应力

4)截面横坡模式

这里定义的截面横坡是用于定义"梁截面温度"荷载(命令为**主菜单>荷载>温度/预应力>梁截面温度**)时,确定温度参考点的位置(图2-119)。

a)不考虑截面横坡

b)考虑截面横坡

图 2-119　截面横坡对截面温度参考点位置确定的影响

如图2-120所示,截面上的线段都有自动编号,定义梁截面温度荷载时若考虑截面横坡,则需将"顶部横坡线"和"底部横坡线"都指定,然后点击"适用"按钮。

图2-120　截面横坡设置

2.4.6　板刚度调整系数

板刚度调整系数用来定义板单元面内刚度和面外刚度的调整系数,命令为:**主菜单>特性>截面功能区/板刚度调整系数**,如图2-121所示。

2.4.7　合力截面

计算某个区域内梁单元截面合力的命令为:**主菜单>特性>截面功能区/合力截面**(图2-122)。查看合力图的命令为:**主菜单>结果>内力>合力图**(图2-123)。

图2-121　板刚度调整系数　　　图2-122　截面合力　　　图2-123　截面合力图对话框

图2-122中，"模式"即为选择单元的模式，有结构组、多边形选择和单元选择三个选项，选择的单元必须是连续连接的，不能有间断。"分度数"为选择的连续单元要划分为几个虚拟梁。"定义虚拟截面"分组框内，给定名称，点击添加按钮即可得到虚拟梁的两端截面，其他内容均为辅助功能。该功能实际上是将一些单元组合在一起定义为虚拟梁，然后查看其合力。

2.4.8 厚度及厚度表格

厚度用来输入平面单元（平面应力单元，板单元）的厚度数据，可以选择不带和带加劲肋，带加劲肋定义程序会将加劲肋数据换算为板厚。执行的命令包括：

从主菜单中选择**特性>截面特性值>厚度…**。

从树形菜单的菜单表单中选择**结构表格>特性值>厚度**。

在图标菜单中单击厚度按钮 ⬚。

关于厚度的定义请参见在线帮助手册及本书2.2.5节中的板单元部分。

厚度表格是用电子表格来定义、修改或增删厚度数据，可以实现与Excel的数据交换。

2.4.9 截面表格

截面表格功能使用需要执行命令**特性>特性表格>截面**或从树形菜单的表格表单中选择**表格>结构表格>特性值>截面**，可以用电子表格显示截面数据，如图2-124所示。

	号	类型	形状	名称	面积 (m^2)	Asy (m^2)	Asz (m^2)	Ixx (m^4)	Iyy (m^4)	Izz (m^4)	Cyp (m)	Cym (m)	Czp (m)	Czm (m)	Qyb (m^2)	Qzb (m^2)	周长(外) (m)	周长(内) (m)
▶	1	数据库/用	SR	圆形截面	0.0314	0.0283	0.0283	0.0002	0.0001	0.0001	0.1000	0.1000	0.1000	0.1000	0.0033	0.0033	0.6283	0.0000
＊																		

◀ ▶ \总表\数据库/用户\数值\组合截面\型钢组合\变截面\设计截面\施工\联合截面/ ◀

图2-124 截面表格

图2-124中下方可以选择总表和按截面数据定义的方法分类的各分表格。不管截面如何定义，总表描述已定义的所有截面特性，要修改或增加截面数据，不能在总表中，要使用按截面数据定义的方法分类的各分表格。可以在Excel中按各个分表格数据格式填写数据，然后通过拷贝、粘贴的方式导入截面分表格中，截面分表格中的数据也可以拷贝到Excel中。为了确定格式，一般可先定义一个截面，再将截面分表格中的数据拷贝到Excel中，然后修改和增删，最后粘贴至截面分表格中。

2.5 节点和单元的直接建立

midas Civil软件具有CAD程序的大部分功能，可以像画图一样非常容易地建立节点和单元，还可以直接或间接从其他CAD软件或有限元软件导入模型。

2.5.1 节点建立与修改

节点的操作命令如图2-125所示，包括建立、删除、复制和移动、旋转、投影、镜像等。节点操作的菜单可以从**主菜单>节点/单元、树形菜单>节点**或在模型窗口点击右键从**关联菜单>节点**中得到。图2-125中左侧即为各种命令的工具条图标，可以在点击**主菜单>节点/单元**后，在节点功能区找到它们，图中右侧为这些命令的快捷键。

图2-126为节点建立的对话框，是执行节点建立命令后得到的，位于树形菜单中。图中最上方有单元、边界条件、质量和荷载选项卡，可以从这里点击它们来直接进入单元、边界条件、质量和荷载的有关操作。点击图中"建立节点"右侧的下拉小三角，可以从这里切换其他

节点操作命令。点击图中建立节点右侧的按钮 ▦ 将显示节点表格,可进入到用表格建立节点的方式。类似的快捷执行命令的方式在midas Civil中很多,常用会对提高建模速度有很大的帮助。

图2-125 节点操作菜单 图2-126 建立节点对话框

建立节点可以直接输入坐标,选择复制次数,在距离中输入增量再点击"适用"按钮就可以建立多个节点,按图中填写(10)则建立了11个节点,原始节点为坐标原点,向X方向复制了10次,每次距离为1.2m。点击节点坐标输入栏显示为浅绿色时,表示这里的输入可以使用鼠标编辑功能,设置好捕捉点的方式(**主菜单>视图>轴线/捕捉功能区>轴线>点格**)或已经有建立好的单元(可以捕捉单元的分割点,在状态条中设置)就能让鼠标捕捉到点,这样就可以用鼠标左键在模型窗口中直接拾取点来建立节点。

直接输入坐标建立节点时,默认坐标系是全局(整体)坐标系。有时通过定义用户坐标系建立模型是非常方便的,先定义(**主菜单>结构>坐标系/平面功能区>UCS**)再转换到用户坐标系(在视图工具条中点击用户坐标系的图标按钮 ▦ ucs ,**主菜单>视图>轴线/捕捉>坐标系>UCS**)时,输入的坐标就是按用户坐标系确定的。

用户还可以用复制已有节点、分割已有节点(在两个节点间按相等或不相等的间距生成新的节点)等方法来建立新的节点,另外在复制单元的同时程序会自动生成构成单元的节点。节点建立过程中可能会出现节点号不连续的情况,这时可以通过对选择节点进行重新编号或紧凑节点编号来进行编辑。

其他节点的操作命令执行方式在软件的在线帮助手册中都有详细说明,这些命令大多也会在本书的后续章节中陆续用到,这里不再阐述。

2.5.2 单元建立与修改

在midas Civil中直接建立单元时主要使用两种方法:一是先建立节点,再利用刚建立的节点建立单元;二是使用栅格同时建立节点和单元。第二种方法因其效率较高而常被采用。这两种方法都需要先启动单元建立命令再操作。

单元的操作命令如图2-127所示,包括建立、建立曲线并分割成线单元、建立转换的直线单元、建立偏心单元、删除、复制和移动、旋转、扩展、镜像等。单元操作的菜单可以从**主菜单>节点/单元>单元功能区>建立单元、树形菜单>单元>建立单元**或在模型窗口点击右键从**关联菜单>单元**中得到,图中左侧即为各种命令的工具条图标,可以从工具条中找到它们,图中右侧部分为这些命令的快捷键。

在图2-128中，与节点建立时的对话框相似，单元对话框菜单最上方也可以跳转到节点、边界条件、荷载和质量操作的选项卡，从"建立单元"右侧的下拉小三角可以从这里切换其他单元操作命令。建立的单元类型默认为"一般梁/变截面梁"，可以点击其右侧的下拉小三角然后选择建立其他类型的单元，如桁架单元、板单元等。

✏️	建立(E)...	Alt+1
🖊️	建立曲线并分割成线单元(L)...	
📏	建立转换直线单元(C)...	
📐	建立偏心单元...	
✖️	删除(D)...	Alt+2
📋	复制和移动(T)...	Alt+3
🔄	旋转(R)...	Alt+4
📤	扩展(x)...	Alt+5
🪞	镜像(M)...	Alt+6
✂️	分割(v)...	Alt+7
🔗	合并(g)...	
✖️	交叉位置分割单元(I)...	Alt+8
📝	修改单元参数(P)...	Alt+9
🔢	紧缩单元号(b)...	Alt+0
🔢	重编单元号(n)...	
📄	单元起始号(S)...	
📊	单元表格(E)...	Ctrl+Alt+M
📝	编辑单元...	
📋	单元详细表格(T)...	

图2-127 单元操作菜单

图2-128 建立单元对话框

建立单元要确定其材料类型，可以在材料名称下方点击下拉小三角再选择已经建立的不同的材料名称。若此时还没有建立材料，则可以有两个选择：一是此时不建立材料，而所有单元都用默认的1号材料（此时1号材料也没有建立，但可使用材料号1），等到建立了材料后，在计算之前到树形菜单的工作树中拖放材料类型到模型区已选单元的方式修改单元材料；二是单击材料名称后的按钮⋯，此时就建立材料，点击后就会出现材料定义对话框。与前面确定单元的材料类型操作相似，为所建单元选择截面号。

建立桁架单元等线单元时，为了确定其截面的方位可以选择Beta(β)角、参考点和参考向量三种方式中的任一种，默认是用β角来确定截面方位（本章可参考单元类型介绍部分），β角的值，一般默认为零（如截面方向有误再修改β角的值）。单击节点连接的空白区域后其底色变为浅绿色，说明可以用鼠标编辑功能，然后到图形窗口点击捕捉点就可建立单元。也可以输入节点的坐标来确定单元要连接的节点。

建立线单元和平面单元均可以用鼠标编辑功能直接在模型窗口中选择节点或其他捕捉点，但是用"建立"命令建立实体单元必须有空间立体的节点才能建立。直接在 midas Civil 中建立单元常用的方法，还有复制、分割、镜像和扩展等。目前，midas Civil 软件提供平面单元的网格划分功能，网格划分可以生成平面单元。需要注意的是：使用镜像功能复制单元时，新生成的单元的局部坐标系方向与源单元的局部坐标系方向相反。因此需要调整单元的局部坐标系方向使得输出的单元内力方向统一。

用扩展命令是建立板特别是实体单元常用的方法。扩展命令的扩展类型包括节点→线单元、线单元→平面单元和平面单元→实体单元,即可以从节点扩展成线单元,从线单元扩展成面单元,从面单元扩展成实体单元。扩展的方式包括复制和移动、旋转和投影。

其他单元的操作命令执行方式在软件的在线帮助中都有详细说明,这些命令大多也会在本书的后续章节中陆续用到,这里不再阐述。

2.5.3　结构组

为了调取、修改、显示和输出一些具有相同或相似特征的构件,将组成该构件的一些节点和单元定义成一个结构组,也可以编辑和删除已建立的结构组。对复杂的模型,当分析和设计中需要反复使用某些单元和节点时,可以将其定义为一个结构组,然后可以直接使用该结构组名称进行选择(选择属性),或只激活该结构组(激活属性)。该功能可以用于定义桥梁各施工阶段的结构。

在生成结构组之前,需要先定义结构组的名称并选择组内的节点和单元,然后在树形菜单的组树中使用拖放功能给节点和单元赋予相应的结构组。定义结构组的命令可以从主菜单中选择**结构>组>结构**中定义结构组或在树形菜单中选择**组>定义结构组**,也可以利用其他方式定义。在 midas Civil 的桥梁建模助手中可自动生成预应力箱形桥梁的各结构组。在 AutoCAD 的 DXF 文件中不同的层导入 midas Civil 后自动成为不同的结构组。

2.5.4　平面单元的网格划分功能

midas Civil 中可以通过自动网格划分得到平面单元,网格划分能力的强弱是评判现代有限元软件功能的一个重要指标。目前 midas Civil 只能对平面单元划分网格,其他单元可用单元的分割功能达到细分单元的目的。

网格划分有两种方式:自动网格平面区域和映射网格4节点区域。网格只能对平面而不能对曲面进行划分。

1)自动网格平面区域

执行命令:**主菜单>节点/单元>自动网格平面区域**。弹出的对话框如图2-129a)所示。

划分方法(如何围成待划分区域)有三个选择:节点、线单元和平面单元。选择节点(逆时针或顺时针点取均可)时,用至少3个节点定义要生成平面单元的平面区域;选择线单元时,就是要对线单元围成的平面区域划分平面单元网格;选择平面单元时,就是对平面单元进行自动网格划分。也就是说采用自动网格平面区域的方法时,模型窗口中要有节点、线单元或平面单元,至少要有节点来定义平面区域。选择的节点、线单元或平面单元的编号出现在划分方法下方的编辑框内。

网格类型有四边形、四边形+三角形和三角形三种。对平面单元的网格首选是仅有四边形,划分困难时可选择四边形+三角形的形式。如两种类型都不可行时,可以就划分的平面区域进行调整。比如可将要划分的、具有不规则形状的大区域分成数个小区域,让这些小区域中的大多数形状比较规则,再选择四边形或四边形+三角形的类型分别划分网格,这样做的目的是尽量避免三角形网格的生成。三角形网格的优点是对任何不规则的形状都可以划分网格。

a)自动网格平面区域　　　　b)映射网格4节点区域

图2-129　网格划分

勾选"考虑内部区域划分"时,如果划分区域内有其他内部区域,相应的内部区域也会生成网格。图2-130为勾选与否的区别示例。该项默认是不勾选的。

图2-130　内部区域网格划分与否的不同

勾选"考虑内部节点划分"(默认是勾选的),划分网格时会考虑划分区域内的节点,即将这些节点作为区域内平面单元的节点。内部节点可以选择让程序自动识别划分区域内的所有节点或用户指定划分区域内需要考虑的节点。要划分网格的平面区域内节点的位置是任意的,这样就可以人为控制在划分后的网格中哪里有节点。例如,一个矩形截面钢筋混凝土梁(图2-131),要求用实体单元模拟混凝土、用桁架单元模拟钢筋。我们可以这样做:

(1)建立8个节点,位置为矩形截面的4个角点和4根钢筋所在位置的节点。

(2)用矩形的4个角点节点定义划分区域,对截面区域进行自动网格划分,确认勾选考虑内部节点划分选项,在这里选择自动划分即可。

(3)通过拉伸平面单元得到实体单元(扩展命令,由平面到实体,确认实体单元的材料为混凝土材料),同时也得到了一系列钢筋上的节点,连接钢筋位置上的节点得到用桁架单元模拟的钢筋(选择钢筋的材料)。

图2-131 钢筋混凝土梁横断面及其网格

勾选考虑内部线划分,划分单元时会将划分区域内的线单元也进行划分,线单元的分割根据划分平面网格时输入的分割份数或长度确定。

勾选考虑边界上耦合,程序会自动考虑相邻板单元的单元耦合,即将相邻板单元共节点,如图2-132所示。有限元各个单元之间是由节点连接的,边界不耦合会使相邻板单元之间不共用节点,造成两部分是不相连的结果。

a)边界处理前　　　　　　b)边界不耦合　　　　　　c)边界耦合

图2-132 网格划分时边界处理

网格尺寸即平面单元边的大小,程序给出两种确定方法供选择其一:一是选择长度,那么就需要输入一个单元边长度的参考值,划分单元的边长与该值相等或接近;二是选择分割,那么需要输入划分区域边线分割的份数,所有边线无论长短均按此份数分割,区域内线单元的分割份数也是按此份数分割。若划分区域各边线长度相差较多,或区域内的线单元长度与区域边线长度相差较多而又需考虑该线单元的划分,则应该选择按长度确定网格尺寸,若选择按分割份数确定网格尺寸就会出现网格大小相差悬殊的情况。有时我们也可以利用网格悬殊这点来给应力集中的区域加密网格,例如有一块上面有一个三角形洞的板,需要对该板进行网格划分。三角形洞附近存在应力集中,应力变化幅度较大而需要较密网格,同时其他部位不需加密网格以减少单元的数量。此时,网格尺寸可以用分割的方法控制,分割份数为8,为了让内部线划分时单元大小比较接近,划分前将长的线单元分成了2份,效果如图2-133所示。如再优化图2-133中的网格可以在洞口周边加一圈合适长度的辅助短线,此时注意勾选考虑内部线划分选项。

2）映射网格4节点区域

映射网格4节点区域使用时可以不用预先定义节点、线单元或平面单元，只要让鼠标能够捕捉4个能围成4节点区域的点即可。4个角点按顺时针或逆时针点取均可，但必须按顺序点取，即不能既顺时针又逆时针点取。点取的顺序决定四个角点的编号顺序依次为1、2、3、4，边用角点号码表示，比如连接1和2点的边命名为1-2等。

参数栏中有两个参数：分割和斜率。分割后面的编辑框要填写1-2边和1-4边的分割份数，对边的分割份数相同。1-2边（含3-4边）和1-4边（含2-3边）按份数分割，但每份的长度可以不同并且是渐变的，渐变的程度用斜率控制，如图2-134所示，斜率=最长份长度/最短份长度，图中斜率=5，最短份靠近1号角点。斜率=1表示等长度划分。

图2-133　控制网格划分

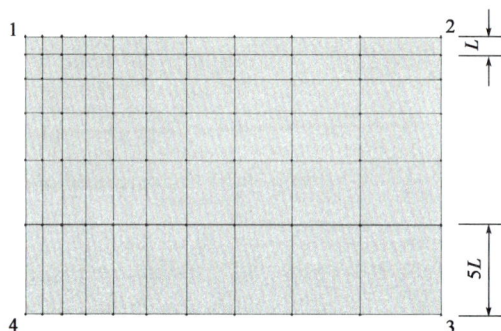

图2-134　映射网格划分

L -最短份的长度

从图2-134可以看到用非1的斜率进行映射网格划分会出现形状不好的单元（可通过手工再修改），这种划分的好处是可以控制网格的疏密。

2.5.5　模型导入、导出与数据合并

midas Civil 具有从其他软件导入模型和导出模型到其他软件的功能，还可以与其他模型合并数据文件。

如图2-135a）所示，midas Civil 可以导入 AutoCAD 的 DXF 文件来建立线或板单元、从Sap2000 和 STAAD 中导入有限元模型或导入 MCT 命令文件建立模型。若导入前模型窗口中已有模型，则导入的模型可以添加到既有的模型中。

如图2-135b）所示，midas Civil 可以导出自身模型成 MCT 文件、AutoCAD 的 DXF 文件、midas GTS 文件和 CDN 文件。还有一个非常重要的功能是将杆系单元（即梁单元）转化为实体模型或板模型（图2-135），转换成板模型时需要特殊的截面如设计截面才可以。转化为实体单元后的文件扩展名为 .mcs，转化为板单元后的文件扩展名为 .mcp，图2-136所示为导出模型对话框。然后利用 midas FEA NX 软件打开（**几何>工具>线框→实体，几何>工具>线框→板**）。

导出 IFC 文件是为了建立 BIM 模型。另外在 midas Civil 软件安装时选择了 Revit 和 Tekla，就会在安装目录中出现 midas link for Revit Structure 和 midas link for Tekla Structure 两个文件夹，内有连接程序可以根据需要安装。

a)导入模型菜单　　　　　　　　　　b)导出模型菜单

图2-135　导入和导出模型菜单

a)梁单元转实体单元对话框　　　　　　b)梁单元转板单元对话框

图2-136　将梁单元转化成实体单元或板单元

合并数据文件的功能可以实现模型的组装——不同的人员或相同人员在不同的时间分别建立模型的一部分,然后再组装,这样往往可以提高建模效率,注意不能合并荷载数据。命令为:**文件>合并数据文件**。

2.5.6　对象信息查询与检查

建立的节点、单元信息和其他信息可以用主菜单上的查询菜单进行查询,可查询的项目如图2-137所示。将光标停留在节点或单元上也可看到节点或单元的基本信息。

图2-137　查询菜单

2.5.7　检查结构数据

通过主菜单命令**结构>检查结构**可以调出如图2-138所示的"检查结构"功能区。比较复杂的模型,特别是从CAD软件导入的模型和经过复制、移动或其他操作的模型,比较容易出现单元重复、重叠等错误现象。midas Civil提供的检查重复单元功能,可以实现在同一位置存在两个及以上单元时检查并删除重叠的单元。

图2-138　结构数据检查菜单

本来应该是一个点,但由于建模误差出现了节点距离很近的两个或更多的点,可以用节点合并功能(图2-125中的合并节点),并选择合并范围。

平面或实体类型单元中与相邻单元不连接的边(不同边上节点不耦合),即自由边。显示自由边功能用显示自由边来检查平面单元中的建模错误。

实体类型单元中与相邻单元不连接的面(不同面上节点不耦合),即自由面。显示自由面功能是用显示自由面来检查实体单元的建模错误。

根据视图方向,板单元垂直于单元坐标系 z 轴的两个面将显示两种不同的颜色。用户可以使用检查单元局部坐标轴功能来方便地查看板单元的单元坐标轴,而不必分别查看每个单元的单元坐标轴。

2.5.8　建模注意事项

模型与实际结构的符合程度将直接影响到结构分析的准确性,所以选择正确地反映实际结构受力特征的单元类型和建模方法,是建立结构模型最关键的因素。通常,结构分析的目的不同,则所选择的单元类型和建模方法就可以不同。为了能够正确使用midas Civil的单元来建模,本节介绍土木工程中常用单元的通常用途及注意事项。

1)节点建立注意事项

确定节点的位置时主要考虑的事项有结构的几何形状、结构的材料和截面形状等。通常需要在下列位置设置节点:

(1)需要得到分析结果的点。

(2)输入荷载时所需要的位置。

(3)刚度(截面或厚度)发生变化的位置及区域界线。

(4)材料发生变化的位置及区域界线。

(5)应力集中的地方及区域界线。

(6)结构的边界。

(7)结构的形状发生变化的位置或界线。

2)单元建立注意事项

对板单元和实体单元,单元的大小、单元的形状及单元的分布将直接影响结构的分析结果。因此,确定平面单元和实体单元的大小及布置方法时,在应力集中的地方或要求计算精确度较高的地方应细分单元。同时考虑好应力等高线的分布情况,尽可能做到按应力等高线来确定单元的疏密程度。通常需要细分单元的位置有以下几点:

(1)洞口位置等几何形状不连续的地方。

(2)荷载变化较大的位置,特别是集中荷载作用点附近。

(3)刚度或其他物理性质改变的位置。

(4)有不规则的边界条件的位置。

(5)可能发生应力集中的位置。

(6)对单元内力及单元应力的精度要求较高的部位。

确定单元的大小及形状时应考虑以下几个基本事项：

(1)单元的大小及形状尽可能保持一致。

(2)相邻两单元的大小值差尽量不超过1/2单元尺寸。

(3)计算应力时，单元尽量选用4节点单元（平面单元）或8节点单元（实体单元），这时单元的形状比尽量选用1:1，当不得已时单元的形状比可采用1:3。仅计算单元的刚度或计算单元的位移时，形状比可采用到1:5。理想单元形状对四边形单元而言其内夹角为90°，对三角形单元而言其内夹角为60°。

(4)对四边形单元而言，节点尽可能做到在同一个平面上。不得已存在高差时，高差值对四边形长边之比不得超过1:100。

3)普通桁架单元使用注意事项

在实际工程中主要使用普通桁架单元模拟承受轴向拉力和压力的桁架结构，另外还可模拟忽略下垂（Sagging）效果的悬索结构、在实体单元中模拟钢筋等，也可作为弹簧使用，普通桁架单元作为弹簧使用时，其刚度 $k = EA/l$，其中 E 为弹性模量，A 为截面面积，l 为杆件长度。

桁架单元没有弯曲刚度，在其连接点上不存在旋转自由度。当只有桁架单元相连接时，应注意不要形成不稳定结构。该单元在与具有旋转刚度的其他单元相连接时，midas Civil将自动锁定相应的旋转自由度，没有必要做防止发生奇异的特定措施。

4)只受拉和只受压单元使用注意事项

可以使用只受拉单元作忽略下垂（Sagging）效果的悬索结构或长细比较大而不能传递压力的结构杆件。可以利用只受压单元作为结构间接触面或地基与基础的接触面的连接单元来进行结构分析。对承受预应力的结构可以给单元输入预拉荷载值。索单元是随内力的变化，几何刚度发生变化的单元，是非线性单元。荷载组合是将结果叠加的，所以需要将只受拉、只受压和索单元转换成等效桁架单元才能进行荷载组合。

移动荷载分析时程序会自动将索单元转换为等效桁架单元进行线性分析。在几何非线性分析时，索单元按弹性悬链线索单元进行分析。在建立索单元时，可输入索的初拉力（或无应力索长 L_u、水平力），用于构建大位移分析用的初始拉力。当同时输入**荷载>初始荷载>大位移>几何刚度初始荷载**时，几何刚度初始荷载起控制作用。两种方法虽然均适用于大位移分析，但程序内初始拉力是按荷载处理（一般情况下适用于斜拉索或吊杆的模拟），几何刚度初始荷载是按初始刚度处理的，其分析结果会不同。

当采用只受拉或只受压单元时，需注意随荷载大小和方向的不同，有可能单元的刚度不能发挥其作用。当只受拉单元的拉力小于容许最大拉力时，等同于桁架单元。但拉力大于容许最大拉力或受压时，单元刚度变成0且退出工作。相反，只受压单元的压力小于容许最大压力时，等同于桁架单元。但压力大于容许最大压力或受拉时，单元刚度变成0且退出工作。所以，采用此类单元时很容易发生奇异，要特别注意他们的受力情况。

只受拉单元与只受压单元属于非线性弹性单元，具有非线性特性，分析过程中需要进行迭代分析并判断收敛性。非线性分析是通过近似分析方法计算与前一步骤的位移比或内力比来判断其收敛性的,分析过程中将自动生成位移增量、荷载增量、能量增量等。midas Civil程序通过位移增量来判断是否收敛,当位移增量小于特定值(收敛误差)时,认为收敛。通常收敛误差取1/1000 ~ 1/100,程序默认取用1/1000。

只受拉(索)和只受压单元适用于一般线性分析、线性以及非线性施工阶段分析、材料非线性、几何非线性分析。但不能用于屈曲分析、P-Delta分析、Pushover分析、水化热分析。当进行特征值分析、反应谱分析、时程分析、移动荷载分析、支座沉降分析时,这些单元将自动转换成普通桁架单元进行分析。

只受拉和只受压单元没有弯曲刚度,在其连接点上不存在旋转自由度。当仅有只受拉或只受压单元相连接时,应注意不要形成不稳定结构。该单元在与具有旋转刚度的其他单元相连接时,midas Civil将自动锁定相应的旋转自由度,没有必要做防止发生奇异的特定措施。

5)梁单元使用注意事项

在工程中通常使用梁单元作等截面或变截面的细长结构骨架(构件长度远大于截面尺度)的受力分析。由于梁单元上的每个节点都有6(7)个自由度,也可以利用它作为具有不同自由度的单元连接处的荷载传递单元。

梁单元具有抗拉、抗压、抗剪、抗扭刚度。使用该单元时,如果想忽略该单元剪切变形的影响,可以在输入单元截面特性值时,不输入其有效剪切面积。当结构的扭转变形较大时,应特别注意抗扭刚度的输入是否正确。

在梁单元介绍一节中已经说明,midas Civil程序对梁单元使用了Timoshenko梁理论,该理论考虑了梁的剪切变形的影响。对高跨比不太小的深梁,剪切变形将引起梁的附加挠度,并使原来垂直于中面的截面变形后不再与中面垂直,且发生翘曲(Timoshenko梁仍然认为是平面),这就是考虑剪切变形的原因。当然剪切变形对结构影响不大时也可用Timoshenko梁模拟。当截面边长大于梁轴长度的1/5时,剪切变形对结构内力影响较大,翘曲明显,这时应该采用板单元,并细分单元,以得到精确的计算结果。

梁单元或桁架单元都是属于线单元,它们把单元的截面特性理想化到单元的中和轴上。当采用这种单元时,没有考虑构件连接处的刚性域效果以及构件之间的中和轴偏离影响效果等。若想要考虑到这些效果的影响,可以利用设置梁端偏心(刚域)的方法或采用调整几何约束条件的方法。

构件两端高度有变化时,可使用变截面单元。当构件是曲线梁时,应增加划分单元的个数,减小每个单元的长度,以提高计算精度。

当梁端部是铰接或利用槽孔(Slot Hole)连接时,应利用程序的释放梁端约束功能,以模拟节点的实际约束条件。但应注意几个梁单元以铰连接的形式相遇在一个节点上时,为了避免出现奇异(Singular Error),须对其中一个梁不释放梁端约束,对其他所有的梁都释放梁端旋转约束。

当节点自由度不同的单元相连接时,可把刚梁(Rigid Beam)单元(即刚度很大的梁单元)设置到节点上,能有效地防止发生奇异。所设置的刚梁的刚度可取相邻单元刚度的10^5 ~ 10^8倍。

在第2.2.7节中说明了梁单元与实体单元连接时的位移协调问题,也需要特别注意。

用梁单元模拟特别细长的结构,当长度与截面高之比趋于无穷大时,会出现所谓"剪切锁定(Shear Locking)"问题,但实际的桥梁结构一般不满足这个条件,一般不会出现该问题。

6)板单元使用注意事项

在工程中一般使用板单元作压力容器、挡土墙及桥梁板等结构的受力分析。板单元有薄板和厚板之分,其形状有四边形及三角形两种,具有平面内抗压、抗拉及抗剪刚度和厚度方向的抗弯及抗剪刚度。

在板单元介绍一节,对板单元做了较多的说明,这里再强调的是:

(1)选用板单元时为了得到较好的计算结果和计算效率,尽可能使用4节点单元。利用板单元模拟具有曲面(带有曲率的面)的结构时,相邻单元间的夹角不得超过10°,当计算精度要求较高时,其夹角尽可能在2°~3°之间。

(2)应力集中部位或计算精度要求较高的部位的单元形状尽可能选用接近正方形的单元,同时要求详细划分局部结构。

(3)理论上当板单元主要承受面外弯矩荷载时可选用薄板,当需要考虑面外剪切变形时可选用厚板理论。如果还是很难选择板类型时,可使用简化方法判断,即板单元模型的长边长度与厚度之比不超过10时选用厚板,反之则选择薄板单元。但通常情况下,用厚板的情况较多(误差仅为2%)。

(4)板单元的大小会影响分析结果的精度。避免板单元模型的剪切锁定问题,提高面内弯曲性能的方法是加密网格,加密到什么程度要看计算结果是否合理。剪力锁定仅影响受弯曲荷载的完全积分线性单元的行为。在受轴向或剪切荷载时,这些单元的功能表现很好。

7)实体单元使用及注意事项

实体单元可用作三维空间结构的受力分析,可以模拟实体结构或厚壳结构。按照单元的形状不同可分为四面体锥形单元、三棱柱单元和六面体单元等。

受压荷载方向可垂直于单元平面方向或者平行于全局坐标系的 X、Y、Z 轴方向输入数据。

实体单元没有旋转刚度,在连接点处没有旋转自由度。实体单元与其他没有旋转自由度的单元相互连接时,节点处将要发生奇异。midas Civil采用自动约束旋转自由度的方法解决了这一问题。实体单元同具有旋转刚度的梁单元或板单元连接时,应使用刚体约束条件(主节点和从属节点功能)或者刚体梁单元,保证单元间的连续性,以防止奇异的发生。

单元的理想形状比根据单元的种类、单元的几何形状及结构形式的不同而不同,形状比接近1时单元形状较为理想。如果单元形状为六面体时,尽可能做到内夹角为90°。实际情况下,难以达到这样的要求时可采用局部优化形状比的方法,即对一些应力集中现象较大或需要结果精度较高的部位,尽可能做到采用正六面体的有限单元。

单元的尺寸越小,其收敛性能越好。

实体单元应用了非协调性等参数理论。Wilson E提出的非协调等参元可以用来解决完全积分一阶单元的剪力锁定问题,对改进计算精度和提高计算效率很有意义。在弯曲问题中,用非协调模式可以得到与二次单元相当的结果,但是计算成本却明显降低。然而,它们对单元的扭曲很敏感,所以必须保证单元扭曲是非常小的。在弯曲不重要的情况下,如一般的岩土问题,则不能使用非协调弯曲模式,midas Civil的单元模式不能更改,所以用实体单元模拟岩土材料是不太合适的。

2.5.9 建模实例——实体单元建立预应力混凝土T梁

本节实例仅给出了建模思路及较复杂步骤的操作过程,对简单的操作步骤以及前面例题已经使用的操作步骤不再详述。

计算跨度32m的公路预应力简支T梁,横向共5片,边梁与中梁截面不同,跨中截面与支点附近截面不同。本例仅用实体单元建立1片中梁的模型,并考虑用桁架单元模拟预应力钢筋。中梁截面如图2-139所示,采用支点截面的梁长为两端各1m,从支点截面过渡到跨中截面的过渡段两端各2m,梁长32.6m。

a)中梁跨中截面   b)中梁支点截面

图2-139 T梁中梁截面尺寸(尺寸单位:cm)

需要说明的是,midas Civil的实体建模功能不是很强大,一般对这种公路桥梁采用梁格法用梁单元建立模型。这里用实体单元建模,只是为了锻炼建模技巧。

在建立较复杂的模型前,一定要先做规划,要考虑哪些因素、如何安排建立顺序、如何建立既准确又快速等。

操作步骤如下:

(1)在AutoCAD中建立如图2-140所示的半截面,并存成DXF格式,截面的右下角的点的坐标设置为(0,0,0)。将该点的坐标设置为坐标原点出于这样的考虑:一是导入midas Civil后各个节点的坐标比较整,小数点后没有冗长的数字;二是考虑按坐标建立其他节点时或再次导入其他模型(或合并模型)时比较容易。图中的截面是跨中截面与支点截面的重叠,之所以这样建立主要是考虑以后有些交点是要用到的。建立一半的原因就是考虑结构完全对称,以后可以做镜像操作完成另外一半。图中实心粗线为跨中截面线框,虚线为支点截面线框,细线为辅助线,目的是得到交点,以备建模时利用。

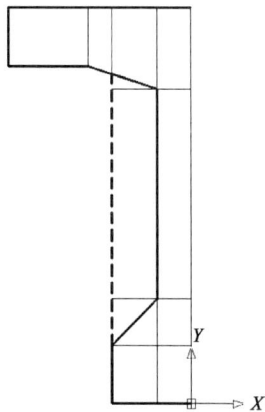

图2-140 辅助线框截面

(2)将刚才建立的DXF文件导入midas Civil中,注意单位要统一(以下尺寸单位均按m计),模型导入时要设置绕X轴旋转90°。

(3)在YZ平面内建立预应力钢筋模型,为了让图形显示清晰,这里只建立一条预应力钢筋。如果实际中有多条预应力钢筋,完全可以按这里的方法建立。

本例假设预应力钢筋的形状为圆形曲线,所以可使用命令**节点/单元>在曲线上建立直**

线单元,如图2-141所示。该命令可以建立圆弧、二次抛物线、三次曲线等。这里需要按坐标用
三个点建立圆弧,三个点的坐标可以在AutoCAD中建立辅助圆弧再量
取,这三点坐标分别为(0,0,1)、(0,16.3,0.15)和(0,32.6,1)。如实际
的预应力钢筋形状比较复杂,可以用多段短线的方法或按坐标输入(可
用表格法)或从AutoCAD中导入。分割数量取130份(线段长约
0.25m)。因为对称建立完成后可以删除一半,这样我们只建立四分之
一模型即可。建立的预应力钢筋的单元类型为桁架单元。

(4)选择中面外的节点和线单元并将其钝化(目的是隐藏不显
示),钝化的工具条按钮为 。然后将剩下的*XZ*平面上的线单元向*Y*
方向(即顺桥向)按距离16.3m拷贝一次,拷贝时勾选交叉分割节点
和单元。

(5)按图2-142a)所示建立5条线单元,注意勾选交叉分割节点和
单元。用节点/单元>投影>将节点投影在直线上将预应力钢筋上的
节点在这5根线上投影,方向为法向,勾选分割交叉杆系单元,投影的
节点分割刚建立的5根线。分5次投影,每次只能在一根线上投影,
下次投影可用上次选择功能选择钢筋上的节点,如图2-142b)所示。

图2-141　建立曲线对话框

a)建立5条线

b)在线上投影节点

图2-142　建立网格区域内的节点

(6)网格划分。为了得到图2-143所示的截面变化位置,将*XZ*平面的截面线框单元分别
向图示位置拷贝,距离分别为1m和3m。为了得到图2-144所示截面变化位置的竖向排列的
节点,划分网格时要分区域划分,将刚才拷贝的线单元作为区域边线。拷贝时注意交叉分割
单元。有的区域内网格比较规整,可用直接建立板单元的方法;对其他区域的网格用自动网
格平面区域的方法,考虑内部节点划分和边界上的耦合,注意不要选择内部线的划分(因为
这里的辅助线较多)。划分时网格尺寸为0.26m,网格划分后如图2-144所示。在网格划分
时对一些内部节点可以采取合并等处理措施,以便更好地划分网格。

图2-143　截面变化位置及预应力钢筋

图 2-144 T 梁中面网格(1/2)

(7)先激活所有单元,再删除做辅助用的线单元,模型中只剩下预应力钢筋单元、XZ 平面上的线单元和板单元(网格用板单元建立),然后钝化预应力钢筋单元。

(8)扩展板单元成实体单元,得到腹板一部分。所以将板单元向图 2-140 所示的截面左侧扩展 0.15m(跨中腹板宽度的一半),将支点附近等厚度腹板部分再向左侧扩展 0.2m,如图 2-145 所示。扩展时原目标选择移动。生成形式为复制和移动,方向为法向。

图 2-145 腹板一部及下马蹄一部

(9)建立腹板变化段。选择如图 2-145 所示"加亮选择的板单元",并将其用单元扩展命令扩展到图 2-145 所示的 3 个加黑节点定义的平面上,生成形式选择**投影>将节点投影在平面上**。扩展时原目标选择移动,方向向量为(-1,0,0)。然后再将腹板变厚段最下层的板单元向 X=-0.35 平面扩展投影,得到如图 2-146 所示模型,方向向量为(-1,0,0),即正 X 方向。

(10)完成腹板变厚段的下马蹄建模。在图 2-146 所示位置新建板单元,并将其扩展投影到 3 个加黑节点定义的平面上,方向为正 Z 向,即向量(0,0,1)。如图 2-147 所示,图中有一块无法用 8 节点或 6 节点体单元建立,只能用四面体单元建立。

图 2-146 变厚腹板操作

图 2-147 腹板变厚段下马蹄建立

（11）完成腹板变厚及支点处等厚段翼缘板的建立。

首先，将 XZ 平面上的线单元拷贝到 $Y=3$ 的平面（即腹板变厚起点平面）。按图2-148a）所示新建水平的板单元，并将其扩展投影到图中3个加黑节点定义的平面上，方向为正 Z 向，得到如图2-148b）所示的模型。复制线单元的目的是得到第3个加黑节点。

a)建立前　　　　　　　　　　　　　b)建立后

图2-148　腹板变厚段翼缘板下部的建立

其次，将 XZ 平面上的翼缘板划分网格（这里可以直接建立板单元，单元划分后如图2-149所示），并将这时建立的板单元向顺桥向拉伸（即将板扩展成体），每次拉伸的距离为0.25m。注意不是所有的拉伸距离都是0.25m，距离不同时需要单独拉伸，与既有节点应该重合但没有重合时可能需要设置合并时的容许误差。扩展时原目标选择移动。

图2-149　翼缘板截面网格

（12）完成T梁建立。

首先，完成T梁四分之一的其他部分。至此只剩下跨中截面的下马蹄未建立。下马蹄的下部建立用如第8步的扩展复制的方法；上部6节点体单元用手工建立，也可用第9步的扩展投影法建立，但有些单元必须用手工建立。

其次，用镜像单元的方法得到完整的T梁。删除除预应力钢筋外的所有线单元和板单元。检查模型是否有重复单元。最后模型如图2-150所示。

图2-150　单片T梁实体模型

单片T梁建立完成后,用给桁架单元施加初拉力的方法施加预应力。施加预应力后,T梁上拱,如图2-151所示。

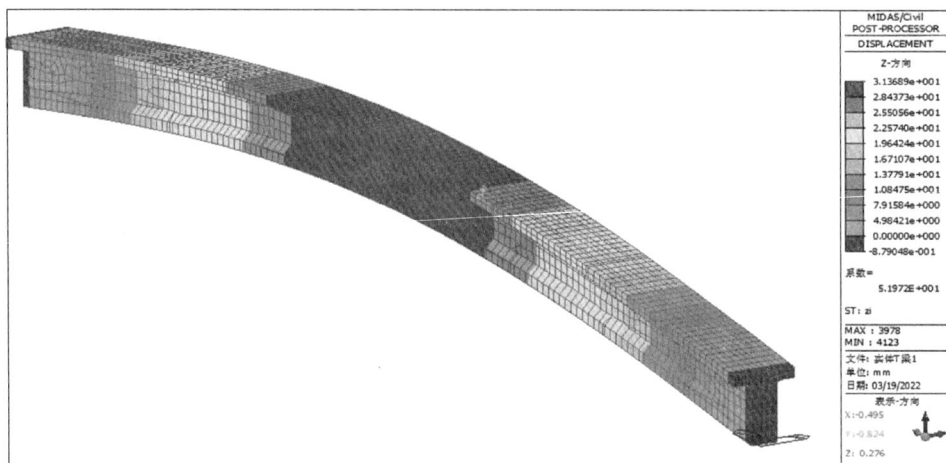

图2-151　单片T梁上拱度云图

模型共有实体单元5548个,桁架单元130个。midas Civil计算实体单元的速度也是非常快的。

2.6　midas Civil建模助手

建模助手是midas Civil提供的快速建模的功能,为一些典型的结构模型提供了简便快捷的建模手段。图2-152给出了建模助手功能区。

图2-152　midas Civil建模助手功能区

本节仅介绍建模助手中的一部分内容,斜拉桥建模助手将在第14章中介绍,悬臂法桥梁等包括施工阶段分析的建模助手将在第8章施工阶段分析中介绍,单箱多室箱梁梁格法助手等活载加载相关建模助手将在第7章桥梁活载加载中介绍。关于建模助手中各参数的详细说明可参考软件的在线帮助手册,这里介绍注意问题并给出部分实例。建模助手所能建立的模型绝大多数可以用手工实现,其建立的模型也可以用手工方法修改。

2.6.1　梁和柱建模助手

用梁建模助手可在同一条直线上自动生成一系列水平梁单元。各个单元可以定义各自的材料和截面,可选择是否自动赋予每个节点以简支边界条件,可以选择模型插入点,可以输入梁的布置方向(即输入梁绕全局坐标系的X、Y、Z坐标轴旋转的角度α、β、γ)。插入点是指所建立的梁的原点在全局坐标系(用户坐标系)下的位置,可以输入坐标或用鼠标编辑的方法在模型窗口中点击确定位置。梁的原点可以指定,该点在建模助手窗口中显示为红色。

用柱建模助手可沿同一条直线自动生成一系列竖直的梁单元。可选择底部节点的支承条件(铰支、固定或无),其他选项与梁建模助手相同。

2.6.2 拱建模助手

用拱建模助手可自动生成由一系列梁单元组成的拱结构。常用的实际桥梁拱轴线的线形有三种:圆曲线、抛物线和悬链线。拱建模助手提供的拱的类型包括圆、等投影间距抛物线(抛物线线形1)、等间距抛物线(抛物线线形2)、等投影间距椭圆(椭圆形1)、等间距椭圆(椭圆形2)、等投影间距悬链线(悬链线1)、等间距悬链线(悬链线2)等,另外还可以用一元二次方程和一元三次方程定义拱轴线(图2-153)。在悬链线拱中需要输入拱轴系数,拱轴系数是拱脚恒载强度(荷载集度)与拱顶恒载强度的比值。

图2-153 拱建模助手中可选的拱轴线线形

2.6.3 框架建模助手

使用框架建模助手可在三维空间内自动生成由梁单元组成的二维平面框架。下面举例说明框架建模助手的使用方法。要求在 XY 平面内建立一个框架: X 方向有5根纵梁,各纵梁间距为1m; Y 方向有6根横梁,各横梁间距为2m。

(1)建立框架纵横梁的节点方阵。如图2-154所示,开始时框架节点方阵只能建在 XZ 平面内。将长度单位设置为m。在图2-154a)所示的输入选项卡左边的距离中输入1,重复中输入4,然后点击添加 X 坐标按钮;在右边的距离中输入2,重复中输入5,然后点击添加 Z 坐标按钮。这样就建立了5×6的节点方阵。

(2)根据节点方阵建立框架。在图2-154b)所示的"编辑"选项卡中,需要填写框架纵横梁的材料和截面,如果之前没有建立材料和截面特性,可以在这里建立。建立材料和截面可分别点击其后的 ... 按钮。选择单元的 β 角为0,然后点击"生成框架"按钮。

(3)在模型窗口中插入刚建立的框架。在图2-154c)所示的插入选项卡中,在默认的情况下,框架位图的左下角节点显示为红色,表示该点为原点,该点是可以改变的。插入点的坐标表示的就是原点在模型窗口坐标系中的位置。该位置也可以通过鼠标编辑的功能在模型窗口中点取节点或栅格点得到(即先在插入点坐标编辑框中点一下左键,底色变成淡绿后,将鼠标移到模型窗口点取)。因为要求是将框架建立在 XY 平面内,现在框架是在 XZ 平面内,所以需要将模型绕 X 轴旋转90°。其他默认,最后点击"确认"即可。

a)建立节点方阵　　　　　　　　b)建立框架　　　　　　　c)在模型中插入框架的设置

图2-154　首先建立节点方阵

建立模型后纵横梁的截面方向有可能出现问题,此时可以通过更改单元的 β 角或其他单元参数来修正。

2.6.4　桁架建模助手

用桁架建模助手可自动生成由梁单元和桁架单元组成的桁架结构(上弦、下弦为梁单元,竖杆和斜腹杆为桁架单元)。

在"类型"下的两个下拉框中,左边的用来选择桁架形式,右边的用来选择腹杆的形式。桁架的可选形式如图2-155a)所示,腹杆的可选形式如图2-155b)所示。

a)桁架可选形式　　　　　　b)腹杆可选形式

图2-155　选择桁架及其腹杆的形式

下面举例说明桁架建模助手的使用,要求建立一斜吊杆的拱结构。斜吊杆的拱桥的整体刚度大于竖吊杆的拱结构,内力分配更均匀,可节省材料,但是斜吊杆与拱肋和系梁的连

接构造稍显复杂,施工时相对烦琐些。操作步骤如下:

(1)设置长度单位为m,建立拱的上弦杆截面为箱形,下弦杆截面为实心矩形,材料为C50混凝土。斜吊杆的截面为实心圆形,材料为Q345钢。

(2)启动桁架建模助手,在输入选项卡中选择桁架的形式为拱形桁架,腹杆的形式选择X形。L为桁架半跨的长度,这里输入25(m)。H_2为桁架跨中高度,这里输入5(m)。节间数量为半跨的节间数量,这里填6。选择对称选项,若为非对称则只建立一半的桁架,这在图2-156所示的对话框位图中有显示(这里是显示即所得)。勾选"使用外侧-外侧尺寸"时,高度方向尺寸为上、下弦构件外边缘间距离,这里不勾选,如图2-156a)所示。

(3)点击进入编辑选项卡,如图2-156b)所示。勾选"插入""竖杆"会在各个节间加入竖杆,这里不勾选此项。若之前没有定义材料和截面的话,可以在这里定义,建立材料和截面可分别点击其后的 ⋯ 按钮即可弹出材料和截面定义对话框。为上弦杆(拱)、下弦杆(系梁)和吊杆(腹杆)选择合适的截面和材料,如图2-156b)所示。合并连续的单元选项是在没有竖杆的情况下,合并因分配给竖杆的节点而分离的上弦和下弦,对拱形桁架没有此问题。

(4)点击插入选项卡,如图2-156c)所示。其中多数选项的含义前面已经说明,这里不再赘述。在插入选项卡中,可以为选定(在Use下打勾)单元的某个节点释放梁端约束,在这里将拱脚与系梁的连接处释放了梁端约束,如图2-157所示。释放的梁端约束默认是M_y。操作方法是点击图2-157a)左侧的分配按钮,弹出分配释放梁端约束对话框[图2-157b)],每个单元有两行(每个节点对应一行),勾选"释放梁单元约束",然后在Use栏下对应单元的对应节点处打钩即可完成该节点的自由度释放。

a)输入选项卡　　　　　b)编辑选项卡　　　　　c)插入选项卡

图2-156　桁架建模助手实例

a)输入选项卡　　　　　　b)分配释放梁端约束对话框

图2-157　释放梁端约束

(5)点击"确认",得到图2-158所示的模型。如在空间上有多个拱架,可以通过拷贝完成。

图2-158　拱桥模型

2.6.5　板建模助手

用板建模助手可自动生成由板单元组成的矩形、圆形或半圆形板结构(在图2-159输入选项卡中的类型1中选择),板单元上可有一个矩形或圆形孔洞(在图2-159编辑选项卡中的类型2中选择)。生成的板单元的节点与原模型窗口上的梁单元相交时,将自动分割梁单元。当板上有孔洞时,网格大小的控制只能用分割单元尺寸,不容易控制网格的疏密。

a)输入选项卡　　　　　　b)编辑选项卡

图2-159　板建模助手

2.6.6 壳建模助手

用壳建模助手可自动生成由板单元组成的棱锥、棱锥台、圆台、圆柱、球形或半球形壳结构。现举例说明壳建模助手的应用:建立图2-160所示的储藏容器。

a)建立半球形顶盖   b)建立圆柱形墙壁   c)完成的模型

图2-160 用壳建模助手建立储藏容器

操作步骤如下:

(1)先建立半球形顶盖。如图2-160a)所示,选择类型为半球形,半径270cm,圆的分割数量为20,高度方向分割数量为6。如果现在不想定义材料,可以先随便输入一个编号,后面操作时注意要编辑好材料。在插入选项卡中各项均选择默认,插入点为(0,0,0),原点为(0,−270,0),最后点击"确认"按钮。

(2)建立圆柱形墙壁。如图2-160b)所示,将圆台的 R_1 和 R_2 的值均填写为270cm,高度420cm,圆的分割数量为20,高度方向分割数量为12。这里注意,为了与半球形顶盖相衔接(连接处共用节点),圆柱形中圆的分割数量一定要与半球形中圆的分割数量一致。在插入选项卡中:原点要与半球形一致,为(0,−270,0)。插入点为(0,0,−420)。其他各项均选择默认值。点击"确认"即可得到如图2-160c)所示的模型。

2.6.7 PSC(预应力混凝土)桥梁建模助手

使用PSC桥梁建模助手可以快速建立预应力混凝土桥梁的模型,包括桥跨布置信息、截面信息、普通(纵向和抗剪)钢筋信息、边界条件信息和有效宽度信息等,但是预应力钢筋的信息需要手工建立。可用截面类型包括设计截面中的单箱单室、双室、单箱三室、单箱多室、单箱多室2、T形、钢腹板箱梁类型,对于非对称截面仅适用于T形截面。该建模助手的特点是建立的预应力混凝土桥梁截面中腹板、顶板和底板分别可以不同次数变化其厚度(变截面组功能无法解决此问题),以便建立出更精确的模型,还可以自动生成有效宽度信息。

PSC桥梁建模助手命令为:**主菜单>结构>建模助手功能区>PSC桥梁**。

PSC桥梁建模助手需要完成以下五个方面的信息填写,如图2-161所示。

图 2-161　PSC桥梁建模助手

1)跨度信息

在使用PSC桥梁建模助手之前,首先要确定桥梁的跨度信息(端部及中间支承的数量及位置、跨径等)。但这些信息程序是不能自动识别的,需用户自己定义。也就是需要先将桥梁的线模型建立好,即节点、单元和支撑情况(边界条件)必须先定义。在这里组成桥梁的梁单元必须方向一致,即所有梁单元的单元坐标系方向要一致。一个完整桥梁模型的所有单元必须是连续的,中间不能断开。

如图2-162所示为跨度信息对话框。

首先要填写梁的名称。分配单元有两种定义方式:一是在模型窗口中选择单元,二是直接添加单元号(用空格或逗号隔开)。选好单元或填好单元号后,点击按钮 添加/替换 ,即可在下面的列表中显示单元信息,包括单元号、单元长度和支撑。支撑中的 I、J 指的是单元的 I、J 两端有无一般支撑条件,I 端有则显示 I,J 端有则显示 J,都没有则显示无。选择单元时支撑条件就会自动读入,如果这里修改了支撑条件,那么模型窗口中模型的边界条件是不会改变的,此处的支撑条件修改只影响跨度的计算。

图 2-162　跨度信息对话框

分配单元中的跨度可由单元长度自动计算,也可以用户定义(即精确跨度)。用单元长度计算跨度时根据中间支撑条件确定跨度,从端点到第一个支撑点算为一跨,各个支撑点之间都算一跨。勾选"精确跨度"后,可以输入用户自定义的跨度,每跨跨度可以和用单元长度计算跨度不同,但跨度数要与用单元长度计算跨度中一致。第 n 跨尾端到梁起始端的距离在用户自定义跨度信息后,都将按式(2-12)来计算,如图2-163所示,定义变截面梁以及钢筋信息的输入、有效宽度系数的计算等都要用到该值。

图 2-163　从梁起端到某截面的距离计算图示

$$L_n' = (L_{m1} + L_{m2} + \cdots + L_{mn-1}) + [L_n - (L_{s1} + L_{s2} + \cdots + L_{sn-1})] \times \frac{L_{mn}}{L_{sn}} \qquad (2\text{-}12)$$

式中:L'_n——用户自定义的跨度信息后,梁起始端到第n跨尾端的距离;

L_n——按梁单元长度计算跨度时,梁起始端到第n跨尾端的距离;

L_{mi}——第i跨的按单元长度计算的跨度,即该跨单元长度之和;

L_{si}——第i跨的用户定义跨度,该跨没有自定义跨度时等于L_{mi}。

多片梁的内部方向选项是为在计算T形梁截面的有效宽度系数时,区分两侧翼缘的位置,即T形截面的外侧和内侧翼缘方向。在此选择质心至桥梁内侧的方向即可。

点击"添加"按钮,就会将上述跨度信息添加到梁信息栏中。最后关闭跨度信息对话框。

2)截面和钢筋

在此定义变截面梁和输入普通钢筋数据。使用PSC桥梁建模助手,可以使截面的各个部位(比如顶板、底板和腹板)都以不同的规律变化,所以能够建立出更精确的模型。使用前述截面管理器中的截面钢筋功能输入普通钢筋的数据(纵向、抗剪)时,是对每个截面一对一地输入钢筋数据的。特别是对变截面梁来说,用户将要进行重复的数据输入工作。而使用PSC桥梁建模助手,只输入一次钢筋数据,然后利用此数据程序自动进行单元分割,自动生成每个变截面相应的钢筋数据。

截面和钢筋对话框的截面选项卡如图2-164所示。

图2-164 截面和钢筋对话框的截面选项卡(单箱双室截面)

首先,选择梁名称,即在跨度信息对话框中定义的梁名称。通过梁名称可将跨度信息对话框中定义的所有信息传递过来。若之前没有定义跨度信息,可以点击梁名称右侧的 ⋯ 按钮,弹出图2-162所示的跨度信息对话框来定义。

其次,选择标准截面,即选择之前定义的PSC桥梁的一个典型截面。如还没有定义标准截面,可以点击其右侧的按钮 ⋯ ,进入截面定义对话框来定义。

再次,需要逐个填写各个控制截面的各项截面信息。对变截面梁,其控制截面是指截面变化规律发生变化的截面,比如直线和曲线的交界截面、腹板厚度发生变化的截面等。因为变化规律不同,所以高度、宽度、上翼缘厚度、下翼缘厚度、外腹板厚度和内腹板厚度都有自己相对独立的控制截面,当然它们的控制截面数量也是不同的。每个控制截面都需要填写参考线、距离、尺寸、曲线类型、指数型和对称面距离等内容,对上下翼缘厚度表单还有加腋变化选项需要选择。

控制截面的位置是通过先确定参考线,然后给出参考线到该截面的距离来确定的。midas Civil默认的参考线为梁的起始与终结截面和有边界条件的截面,编号从梁起端(一般为模型窗口左端)开始到梁终端依次为 S_1、S_2、$\cdots$。尺寸即该截面的高度(对应高度表单)、宽度(对应宽度表单)和上翼缘厚度(对应上翼缘厚度表单)等的数值。曲线类型是当前位置至下一个位置的曲线变化类型(曲线或直线)。指数型数据中填写曲线变化次数。对称面距离的计算比较烦琐,将在下面的实例中介绍。勾选加腋变化选项时,上下翼缘厚度变化的同时,加腋(倒角)长度也变化(图2-165),我国桥梁建模通常不勾选此选项。

a)勾选加腋变化时倒角长度随着翼缘厚度变化   b)不勾选加腋变化时倒角长度不变,仅位置改变

图2-165　加腋(倒角)变化

点击图2-164中的 另存为... 按钮可以将这里填写的截面信息存入*. wzd文件。如果模型窗口中还有其他模型并在截面信息中有了定义,那么可以使用 复制当前截面信息给其它梁... 将刚才定义的截面信息拷贝到其他梁。如果标准截面为单箱多室截面,则会像图2-164所示的那样有内腹板宽度表单。

截面和钢筋对话框的钢筋选项卡又分为纵向钢筋表单和抗剪钢筋表单,纵向钢筋表单如图2-166所示。

图2-166　纵向钢筋表单

在纵向钢筋表单中的三个要点:首先选择梁名称;其次定义纵向钢筋的开始点与结束点,以确定其在顺桥向的位置;最后填写纵向钢筋在梁截面上的数量、位置以及间距等信息。

纵筋的开始点位置可以由参考点以及参考点至开始点的距离确定。参考点可以是支点(即支座位置)也可以是某跨跨长比例点,分别对应下拉条中的支座i和跨度i。当选择跨度i时,其后的 $0.5L$ 被激活,如图2-166所示,可以选择跨度i的起点或跨中某一位置作为参考点。纵筋的结束点位置确定方法与开始点相同,如结束点的参考点与开始点的参考点是同

一点时,勾选"适用开始点"选项即可。关于纵筋的参数设定请参见在线帮助手册。

开始点和结束点截面相同的顶板和底板纵向钢筋可以一起在图2-166所示的"纵筋定义栏"中定义,然后再点击"添加"按钮,将"纵筋定义栏"中的所有钢筋作为一个"组"加入"纵筋列表中"。

截面和钢筋对话框的钢筋选项卡中抗剪钢筋表单如图2-167所示。

图2-167　抗剪钢筋表单

抗剪钢筋表单与纵向钢筋表单的填写方法基本一样,不同的仅是钢筋定义栏内容。抗剪钢筋中弯起钢筋、腹板钢筋、抗扭钢筋和箍筋等的定义方法与注意事项请参看软件的在线帮助手册以及第2.4.5节截面管理器中钢筋模式的内容。

现举例说明截面和钢筋对话框的使用方法。如图2-168所示为一三跨连续梁的一部分(没有边跨现浇段),两个中间支点。中跨长为50m,两边跨长均为25m。标准截面(在此用梁端截面作为标准截面)如图1-18所示,为单箱单室箱形截面。桥梁支点截面的高度为6.0m,梁端截面和跨中截面高度均为3.1m,支点两侧各有1m长的梁段是等高的,其余截面的高度按二次抛物线规律变化。顶板厚度是不变化的。底板厚度和梁高的变化规律相同,一部分等厚,其余按二次抛物线规律变化。腹板厚度在支点附近较厚,到跨中附近变薄,中间直线过渡,这样在每个支点两侧各有两个截面发生腹板厚度的变化。

图2-168　等截面模型

操作步骤如下:

(1)建立桥梁的梁单元模型,单元长度为8×3m+2×1m+16×3m+2×1m+8×3m,各单元的截面为图1-18所示的截面,截面偏心为中上。按图2-162建立边界条件,填写跨度信息对话框内容。

(2)启动截面和钢筋对话框。首先确定该对话框中截面选项卡的高度、宽度、上翼缘厚度、下翼缘厚度和外腹板厚度等各个表单的控制截面。对高度表单,有2个梁端截面、4个支点附近梁底直线与曲线的过渡截面和1个跨中截面,共7个控制截面。对宽度和上翼缘厚度表单,各有2个梁端截面为控制截面。对下翼缘板厚度表单,控制截面与高度表单的相同。对外腹板厚度表单,共有10个控制截面,每个支点两侧各有2个梁端截面。

（3）高度表单填写，如图2-169所示。本例参考线采用程序默认，有 $S_1 \sim S_4$ 共4个，每个控制截面可以选其中任意一个参考线，但注意对每个控制截面参考线选取不同，那么距离也相应不同。尺寸填写控制截面的高度。曲线类型和指数型分别填写从本控制截面到下一控制截面间的梁底曲线类型和曲线方程次数。曲线类型为直线的填写直线，不要填写一次曲线。

图2-169　变截面梁截面和钢筋定义的高度表单

对称面距离栏中的数据也是控制从本控制截面到下一控制截面间的梁底曲线的。其填写方法如下：

①对桥梁两端的控制截面填写0即可。

②本控制截面到下一控制截面间是直线变化的，不用填写。

③本控制截面到下一控制截面高度是由高到低变化的，填写从参考线到下一控制截面间的距离。

④本控制截面到下一控制截面高度是由低到高变化的，填写从参考线到本控制截面间的距离。

图2-170给出了高度表单定义完成后的效果。

图2-170　变截面梁高度表单定义完成后效果(尺寸单位:m)

（4）宽度和上翼缘厚度表单填写。这两个表单中控制截面都是两个梁端截面，表单数据填写一样。图2-171为上翼缘厚度表单的填写数据。

	参考线	距离(m)	尺寸(m)	曲线类型	指数型	对称面距离(m)	加腋插入
1	S1	0.00	0.30	直线	1.0	0.00	☐
2	S4	0.00	0.30	直线	1.0	0.00	☐
3							☐

图2-171　截面选项卡的上翼缘厚度表单数据

（5）下翼缘厚度表单填写。该表单的控制截面与高度表单相同,填写方法也相同,只是尺寸数据不同,表单数据如图2-172所示。

	参考线	距离(m)	尺寸(m)	曲线类型	指数型	对称面距离(m)	加腋插入
1	S1	0.00	0.40	曲线	2.0	0.00	□
2	S1	24.00	0.80	直线	1.0	2.00	□
3	S1	26.00	0.80	曲线	2.0	50.00	□
4	S1	50.00	0.40	曲线	2.0	50.00	□
5	S2	49.00	0.80	直线	1.0	2.00	□
6	S3	1.00	0.80	曲线	2.0	25.00	□
7	S4	0.00	0.40	曲线	2.0	0.00	□
8							☐

图2-172　截面选项卡的下翼缘厚度表单数据

（6）外腹板厚度表单填写。该表单的控制截面有10个,数据填写方法与宽度表单相同,表单数据如图2-173所示。图2-174所示为截面选项卡定义完成后的梁段局部。

	参考线	距离(m)	尺寸(m)	曲线类型	指数型	对称面距离(m)
1	S1	0.00	0.50	直线	1.0	0.00
2	S1	15.00	0.50	直线	1.0	0.00
3	S1	21.00	0.70	直线	1.0	0.00
4	S2	4.00	0.70	直线	1.0	0.00
5	S2	10.00	0.50	直线	1.0	0.00
6	S2	40.00	0.50	直线	1.0	0.00
7	S2	46.00	0.70	直线	1.0	0.00
8	S3	4.00	0.70	直线	1.0	0.00
9	S3	10.00	0.50	直线	1.0	0.00
10	S4	0.00	0.50	直线	1.0	0.00
11						

图2-173　截面选项卡的外腹板厚度表单数据

图2-174　变截面梁部分梁段效果图(腹板、底板和梁高都变化)

（7）纵向钢筋表单填写。本桥的普通纵向钢筋有顶板钢筋和底板钢筋,全部通长。定义后的表单数据如图2-166所示。

（8）抗剪钢筋表单填写。抗剪钢筋表单内容包括弯起钢筋、腹板钢筋、抗扭钢筋、闭合截面的闭合箍筋(即截面管理器中钢筋模式的"箍筋内表面包围的截面核芯面积")和箍筋数据的填写。在预应力混凝土箱形截面中:

①由于有预应力弯筋,普通弯起钢筋一般不设置。

②腹板钢筋是竖向预应力钢筋,提供竖向压应力,对抵抗主拉应力和防止腹板开裂有帮助,一般都设置。

③抗扭钢筋包括抗扭箍筋和抗扭纵筋,实际桥梁一般不单独设置抗扭钢筋,但是这里是

为了按规范计算截面的抗扭能力。本例由于混凝土箱形截面是大型的闭合截面，其本身的抗扭能力已经很大，所以这里不考虑抗扭钢筋的作用。

④闭合截面的闭合箍筋所对应数据也是为截面抗扭而填写，同样由于是大型箱形截面，没有绕整个截面闭合的箍筋存在，但是没有输入箍筋内表面包围的截面核芯面积（即闭合截面的闭合箍筋）计算用数据时，箱形截面的保护层厚度程序默认取值为腹板厚度的1/2，T形截面的保护层厚度默认取值为0。本例采用0.03m。

⑤对于箍筋的布置，本例是在每个腹板上配双肢箍筋。

本例抗剪钢筋的数据填写如图2-175所示。开始点和结束点为桥梁的两个端面。

□ 弯起钢筋						
距离	0.000	m	角度	0.000 [deg]	Aw	0.000 m^2
☑ 腹板钢筋						
距离	0.500	m	角度	72.000 [deg]	Ap	0.002 m^2
Pe	400.000	kN	剪力折减系数		0.600	
□ 抗扭钢筋						
距离	0.000	m	Awt	0.000 m^2	Alt	0.000 m^2
☑ 闭合截面的闭合箍筋						
保护层厚度	0.030	m	□ 包括翼缘/悬臂			
☑ 箍筋						
距离	0.200	m	Aw	0.001 m^2	m^2	

图2-175　抗剪钢筋表单数据

（9）点击图2-169中的 另存为... 按钮可以将这里填写的截面及钢筋信息存入*.wzd文件。点击"确定"按钮完成截面及钢筋的定义。

输入完成的钢筋数据也可在**特性>截面管理器>钢筋**模式对话框中查看，如图2-176所示。在图2-175中默认的小数点位数较少，有些较小的数据显示为0，而在图2-176中默认的小数点位数较多，可以完整显示数据。

图2-176　截面管理器中钢筋对话框

需要注意的是,建模助手建立的模型数据都会在树形菜单的工作选项卡中显示,此时与手工建立的模型没有区别,手工建立的模型注意事项在此仍然适用。比如这里用建模助手建立的截面钢筋数据,在分析中如果要考虑其对截面刚度的影响以及对结构承载能力的影响还要在**分析>主控数据**中勾选"在PSC截面刚度计算中考虑普通钢筋",否则程序在计算过程中不考虑纵向普通钢筋对截面刚度和结构承载能力的影响。

3)有效宽度

T形和箱形截面梁受弯时,由于剪力滞效应,翼缘板和顶板同高度上的正应力是不均匀的,离腹板越远则越小。这种在同一纤维层上沿翼缘宽度变化的法向应力,需要高等材料力学方法求解。在有限元方法中,用梁单元无法考虑剪力滞问题,但可以用板单元或实体单元求解这种问题。为了在计算中应用初等材料力学方法求解,或在有限元中用梁单元求解,往往采用翼缘有效宽度(或称翼缘计算宽度)的方法,即令翼缘有效宽度内的法向应力体积等于原翼缘全宽的法向应力体积,并按有效宽度内的翼缘任意纤维层的法向应力值与同一纤维层的腹板内的应力值相同,来确定翼缘有效宽度。为了计算方便,在实际计算时,有效宽度按规范给出的公式进行计算。也可以这样认为:T形和箱形截面梁在抗弯计算中,若翼缘板和顶板只考虑有效宽度内的部分,其他部分不计入抗弯计算,此时就可以用初等材料力学理论计算。

在midas Civil中,在梁单元中考虑有效宽度的方法有两种:第一种方法是手动计算每个梁单元的I_y系数(考虑有效宽度后与未考虑有效宽度时抗弯惯性矩I_{yy}之比)、z_top系数和z_bot系数(考虑有效宽度后中性轴位置修正系数,如图2-177所示),执行**边界>有效宽度系数**,如图2-177所示为系数中输入刚计算的三个系数。第二种方法是利用PSC桥梁建模助手自动计算有效宽度系数。

PSC桥梁建模助手自动计算有效宽度采用的公式来自《公路钢筋混凝土及预应力混凝土桥涵设计规范》(JTG 3362—2018)中的相关规定。该建模助手可以自动计算有效宽度的截面类型包括设计截面中的对称箱形截面和对称T形截面。定义的有效宽度系数仅对程序中弯矩M_y引起的正应力Sbz和Sig-xx分析结果有影响,对其他分析结果没有影响。图2-178所示为PSC桥梁建模助手自动计算有效宽度系数的对话框。

图2-177　有效宽度系数定义　　　　图2-178　PSC桥梁建模助手中有效宽度计算

图2-178中,比例系数是对于计算出来的有效宽度乘比例系数,有效宽度乘比例系数结果如果大于全宽的部分取全宽。选择单元后点击 显示计算结果… 按钮可以让考虑有效宽度后计算的惯性矩等结果以文本格式保存和输出。点击"确定"按钮,就会执行有效宽度的计算并作为边界条件施加到模型上。

4)设计用数值截面翼缘宽度

用户采用设计截面中的"设计用数值截面"时,且需要计算有效宽度时,需要定义"设计用数值截面的翼缘宽度"来自动生成设计用数值截面的翼缘宽度。

如图2-179所示,定义"设计用数值截面的翼缘宽度"时,首先在图左侧"目标截面和单元"栏中选择定义好的设计用数值截面;其次在图右侧"翼缘"表单中定义上翼缘和下翼缘(分别是顶板上边线和底板下边线),在"腹板"表单中定义各腹板的左右侧边线;最后点击"生成翼缘宽度"按钮完成"设计用数值截面的翼缘宽度"定义。确认定义的设计用数值截面已经赋给了相应单元后,还要执行PSC桥梁建模助手中的"有效宽度"计算(图2-178)才能在结构分析计算中起作用。

图2-179　设计用数值截面的翼缘宽度

注意:所有的线条不能重复定义,同一翼缘或腹板线必须连续(如果为多条线段组成,按下"shift"键进行多选),腹板线的延长线必须与翼缘线交叉。

图2-179中的"腹板与翼缘交叉方向"有两个选择,即"竖直"和"腹板斜率"。其含义是,过外腹板线最上边的端点,沿着竖直还是沿着腹板的倾斜方向,向上或向下延伸与顶板上边线或底板下边线相交,然后用该交点确定翼板宽度。一般情况下选"竖直"更合理。

5)钢束模板

可以用来定义沿单元长度方向的钢束模板,以单元自身坐标系为基准,建立钢束形状,并指定给相关单元。标准形状或一些固定形状的钢束可以使用钢束模板功能方便地输入,钢束数量不多时该方法是不错的选择。

如图2-180所示,指定"分配单元"后会出现单元列表,这些单元必须是连续的;然后用图中右侧的系列按钮操作,点其中的"添加"就会弹出如图2-181所示的需要添加的钢束内容,包括平弯(平面xy)和竖弯(高程xz)曲线的选择与信息。

图2-180　钢束模板对话框

图2-181　钢束模板输入向导

程序提供了多种定义预应力钢束形状的方法,其中**主菜单>工具>钢束形状生成器**和**主菜单>结构>钢束快速生成器**都提供了更高效地从CAD导入的功能,将在后续章节中展开介绍。这里的钢束模板的详细填写说明请参考程序在线帮助手册。

2.6.8 横向分析模型建模助手

桥面较宽时,荷载作用在桥上会有横向弯曲等问题,T梁或箱梁桥的翼缘板以及箱梁的顶板需要在横桥向单独设计计算。横向分析模型建模助手可以根据桥梁的纵向梁单元模型自动生成横向分析模型。选择纵向模型的任意位置,利用该位置的截面数据自动生成二维横向分析模型。可以输入作用在横向分析模型上的荷载(恒荷载、移动荷载及其他荷载),定义横向模型的预应力钢筋和普通钢筋。

使用该建模助手前,需要先建立桥梁的梁单元模型,定义好单元截面和材料。现以一个实例来说明该建模助手的使用方法,实例模型窗口中有一个是横向有5片T梁的简支梁梁格模型,如图2-182所示(注意是PSC-T形或PSC箱形,PSC-工形不支持)。T梁的梁格模型中用设计截面中的T形截面建立5片T梁,其横梁用矩形截面建立,T梁与横梁交叉处共用节点。T梁的梁格模型在此仅仅为了说明横向分析建模助手的使用,没有考虑中梁与边梁的差别以及跨中截面与支点截面的变化。

图2-182　T梁模型和箱梁模型在同一模型窗口

横向分析模型建模助手如图2-183所示。启动横向分析模型建模助手后,需要做以下工作:

图2-183　横向分析模型建模助手

(1)确定需要计算的截面的位置。先选择单元以及单元的I端还是J端截面,然后点击"添加"按钮,此时选择位置的列表中就会显示刚才的选择情况,点一下列表的一行,就会在"横向模型视图"中显示该截面的线框横向计算模型。

对于T形截面的梁格模型,要建立多个T形梁截面组成的全截面横向分析模型。此时要勾选"梁格模型"选项来生成全截面(即包含横向的所有T梁)模型,但此选项仅适用于截面为PSC-T形类型。勾选此项后,按顺序依次选择组成全截面的单元,然后点击添加即可。本例这里选择了T梁格的5个跨中单元的J端截面。

列表中的数据部分表示为×,说明还没有输入完生成横向分析模型的数据。输入所有表单(模型、荷载、钢束和钢筋)中的相应数据后,点击按钮 完成数据输入 ,列表中的数据处将会显示0,说明可以生成横向模型了。

(2)模型表单填写。纵向长度指选定截面在纵桥向的长度,一般选单位长度即可。边界条件是指横桥向腹板的支撑情况,边界生成在每个腹板的下端,最左侧生成的是横桥向固定铰支座,其他位置生成的是横向滑动支座。边界条件可选支撑或弹簧,选支撑则所有支座的横向和竖向约束都是完全刚性的,选弹簧则支座的横向和竖向是弹性的支撑,需输入刚度系数,该刚度系数需要考虑各腹板之间的相互影响,按空间计算取得。本例仅计算桥面板的受力情况,选择的是支撑。按图2-183输入桥面铺装、防护墙、中央分隔带的尺寸,程序将根据在这里输入的数据计算各个部分的荷载。修改截面偏心来设定是否设置横向模型的上、下翼缘截面偏心,如果横向模型有必要输入预应力钢筋时,软件的在线帮助中建议上部翼缘的偏心设置为中心-上。勾选考虑翼缘和腹板连接节点的刚域效果,以使计算更接近实际。

(3)荷载表单填写。按图2-184所示填写荷载表单。

图2-184 荷载表单

注意:活荷载轮载P的计算需要考虑车轮接触面和轮载的分布宽度,外悬臂板和内部单向板的分布宽度计算方法不同,可参考《公路钢筋混凝土及预应力混凝土桥涵设计规范》(JTG 3362—2018)第4.2条中桥面板计算的内容。这里没有考虑混凝土的收缩/徐变以及横向风力的影响。

(4)钢束和钢筋表单填写。按图2-185所示填写钢束与钢筋表单。这里的钢束指横向预应力钢筋,对于多片T梁的公路桥梁一般没有横向预应力,在高速铁路的横向4片T梁中,为了保证横隔板和桥面连成整体,采用施加横向预应力的构造措施。这里为了说明横向预应力的施加方法,考虑了横向"钢束"。首先勾选"钢束"选项,再选择"钢束特性值",如果需要定义钢束特性值,点击右侧 ⋯ 按钮。数量指输入预应力钢筋的数量(在模型表单输入的纵向长度范围内的钢束数量)。预应力荷载可输入应力或内力,选内力时是指钢束数量总的张拉力。张拉位置可选单端张拉和两端张拉。曲线类型可选样条或圆弧,通过钢束关键点坐标来输入钢束形状和长度。插入点是指钢束的起点,X轴方向是指钢束长度方向,这里单元是指上翼缘板的单元。填写钢束关键点Z坐标时,其0点按模型表单中设置的上部翼缘的偏心设置(中心-上)。钢束的填写说明可参考在线帮助手册关于该建模助手中的内容以及**主菜单>荷载>温度/预应力>预应力**的有关内容。

图2-185 钢束和钢筋表单

普通钢筋也是指横向钢筋。首先填写分配的单元,可以在图2-186所示的横向模型视图中用 框选或单选单元,然后点击 即可。选好直径、数量和纵向间距后点击"添加"按钮。

图2-186 横向模型视图

（5）完成数据输入。点击图2-185中的 另存为... 按钮可以将填写的信息存入*. wzd文件。所有数据输入结束后，在左上侧选择的位置一栏中，选中数据要赋予的单元序号，再点击对话框中的 完成数据输入 按钮，此时数据栏处将显示O,点击对话框下端 导出横向分析模型文件 按钮，将生成横向分析模型。新生成的模型保存在与原模型相同的文件夹里，文件名为(原模型名称)_(单元号)-(I或J端).mcb。打开此文件计算即可。

2.6.9 钢筋混凝土板型桥梁建模助手

该建模助手可以通过输入一些基本数据自动生成采用板单元建模的钢筋混凝土板形桥影响面分析模型。下面通过一个实例来说明其用法。操作步骤如下：

（1）建立材料为C50混凝土，长度单位设置为m。

（2）启动钢筋混凝土板型桥梁建模助手对话框。该对话框共有3个选项卡：顺桥向、横桥向和荷载。

（3）填写顺桥向选项卡，如图2-187所示。

图2-187 顺桥向选项卡

该实例为3×20m曲线板桥,中轴线曲线半径为200m。模型建立在XY平面内,倾斜角的含义与斜桥一样,为梁端部断面与Y轴的夹角,这里取为0。

边界条件可有两种定义方式:一是定义成一般支撑(选图2-187中的固定支座),二是弹性连接。选择一般支撑时,弹性连接单元刚度的数据是不可用的,此时可以选择顺桥向固定支座(即约束桥轴向平动位移)设置在哪个桥台或桥墩上;可以选择其他支座的约束方向,即支撑点的局部坐标轴方向,如果这里定义不对可以在建立完模型后手工修改约束方向。选择弹性连接时,可以定义弹性连接单元的长度(即板上的支点到桥墩台支座垫石顶面的距离),可以选择单元在其三个单元坐标轴的刚度(注意是单元的局部坐标系,这里无法精确更改单元局部坐标系的方向,可以建立完模型后再手工修改)。

(4)填写横桥向选项卡,如图2-188所示。

图2-188　横桥向选项卡

首先选择横桥向类型,这里选择两边对称的第一类型。各个结构尺寸数据按图2-188所示填写。横桥向固定支座位置(从左起)的填写:首先这项对一般支撑才有意义;其次横桥向支座的数量由n控制(n的含义见图2-188);第三这里要填写的是所有墩台上约束横桥向平动位移的支座位置。

(5)填写荷载选项卡,如图2-189所示。

首先选择移动荷载规范,我国规范有《公路工程技术标准》(JTG B01—2014)、《城市桥梁设计规范》(CJJ 11—2011)和《铁路桥涵设计规范》(TB 10002—2017)。勾选考虑荷载安全系数用于承载能力极限状态分析,勾选不考虑荷载安全系数用于正常使用极限状态分析,两者可以同时勾选。

其他各项按图2-189所示填写,荷载的问题将在第4章介绍。

(6)手工修改模型数据,完成模型建立。

图2-189 荷载选项卡

手工修改的数据包括支座约束方向、弹性连接单元局部坐标系方向和板截面偏心等,修改后点击"确定"按钮,最后的模型如图2-190所示。建模助手自动考虑了按影响面加载的移动荷载、板上下面的温差引起的温度梯度和支座沉降。

图2-190 建立的板单元曲线桥模型

2.6.10 钢筋混凝土刚架桥/暗渠建模助手

输入一些基本数据,利用该建模助手程序将自动生成一般钢筋混凝土刚架桥、地下刚架桥、π形(斜腿)刚架桥以及地下暗渠等结构的分析模型,单元类型为板单元。下面利用该建模助手建立一个斜腿刚架桥模型,步骤如下:

(1)定义材料,设置长度单位为m。

(2)启动钢筋混凝土刚架桥/箱形暗渠建模助手对话框,该对话框中有3个选项卡,分别为顺桥向、横桥向和荷载。

(3)填写顺桥向选项卡,如图2-191所示。

图2-191　顺桥向选项卡

斜腿刚架桥的梁和斜腿均为板单元,实际中斜腿往往由杆件组成,可以在模型建立后再通过模型的修改来达到目的。

(4)填写横桥向选项卡,如图2-192所示。

图2-192　横桥向选项卡

(5)填写荷载选项卡,如图2-193所示。

图2-193　荷载选项卡

因为是刚架结构,支座沉降、合龙温度与一年中最高(最低)温度的差值、截面温度梯度和混凝土的收缩都会在结构中产生可观的应力。活载产生的土压力往往按换算为一定厚度的土层来考虑。

(6)模型修改,完成模型的建立。修改的内容一般包括支撑条件和斜腿的形式等内容。图2-194所示为建立的模型。

图2-194　斜腿刚架桥模型

2.6.11　地铁车站建模助手

地铁车站建模助手建模步骤如下:

(1)定义材料数据。

(2)启动建模助手对话框,该对话框共有2个选项卡:几何尺寸和荷载。

(3)填写几何尺寸选项卡,如图2-195所示。

图2-195　地铁车站建模助手几何尺寸选项卡

图2-195左上角的位图给出了地铁车站的常见竖向布局,h_1为车站上方覆土厚度,$H_1 \sim H_n$为层高,$W_1 \sim W_n$为墙间距,首先应该填写这些布局的总体尺寸。"宽度"中输入$W_1 \sim W_n$,"高度"中输入$H_1 \sim H_n$,数据间用英文逗号隔开。填写好上述数据后,点选图右上方的"实际形状"和"详细设定"按钮就会在左边位图区显示刚定义的布局。

填写"厚度"以及"边界条件"分组框内的数据。边界条件的定义在第3章介绍。这里的弹性支撑刚度是单位面积土体上的压缩刚度。

"承托尺寸"分组框内定义节点细节,其中的方格数据代表了节点的位置,如23就代表位图第2行第3列交点处的节点,点击它然后填写W、H、G_w和G_h,再点击"定义"按钮就完成了节点承托定义。

(4)填写荷载选项卡,如图2-196所示。

图2-196　地铁车站建模助手荷载选项卡

在图2-196中,勾选"考虑荷载安全系数"用于承载能力极限状态分析,勾选"不考虑荷载安全系数"用于正常使用极限状态分析,两者可以同时勾选。填写各项荷载数据,点击"确认"按钮后完成地铁车站模型的建立。建立的模型中自动包含了很多项荷载组合,该建模助手没有提供荷载组合对应规范名称,若与实际所选规范有冲突可以手工修改。荷载组合的查看命令为**主菜单>结果>荷载组合**。

2.6.12 组合桥建模助手

利用组合桥建模助手可以自动计算组合梁截面(包括钢-箱形、钢-工字形、组合-工字形、组合-T形、组合-PSC等截面类型)有效宽度系数,其截面应力计算将自动采用考虑有效宽度后的截面抗弯惯性矩(I_{yy}),可以指定新惯性矩及中性轴与原惯性矩及中性轴之比的比例系数,生成数据在**树形菜单>工作>边界条件>有效宽度系数**中可以查到。

1)跨度信息

跨度信息的定义与签署PSC桥梁建模助手中基本一样。如图2-197所示,填写用户自定的"梁名称",然后在模型窗口选择单元或直接输入单元号以后,点击 添加/替换 按钮,梁单元的单元号、单元长度、支承位置信息将会以表格的形式列出。如果被选单元的I端有一般支承条件,支承一栏会显示I。被选单元不是一般支承条件而是其他的边界条件时,就需用户在相应位置(I/J)中选择一项来补充支承一栏的信息。所有梁单元的单元坐标系的x轴方向要一致。修改单元坐标轴或者删除单元后,全部的跨度信息将会被删除,用户需要再次进行定义跨度信息。

图2-197　组合桥建模助手跨度信息

程序自动根据单元长度和边界条件计算跨度,如需修改就勾选"精确跨度"后填写后面的对应跨度数据。

在计算梁截面的有效宽度系数时,需要明确区分内外两侧翼缘的位置,即悬臂翼缘方向和内侧翼缘方向。因此用户需给出内侧翼缘的方向。在"多片梁的内部方向"分组框中,对单梁模型选"无";横向多片梁时,对边梁按单元局部坐标系选择+y或-y,对中梁选"两者"。

点击 添加 按钮完成跨度信息的定义。

2)有效宽度

如图2-198所示,选择设计规范、截面类型(自动),填写剪力钉间距和比例系数。最后有效宽度等于计算值乘比例系数,若结果大于全宽则取全宽。点击"确认"就定义完有效宽度系数。

> 注意:这里计算的有效宽度系数只适用于受弯为主的组合梁,压弯共同作用(如斜拉桥主梁)组合梁不适用。

2.6.13 钢梁桥建模助手

可根据《公路钢结构桥梁设计规范》(JTG D64—2015)自动计算钢梁截面(箱形、工形截面类型)有效宽度系数。其截面应力计算将自动采用考虑有效宽度后的截面抗弯惯性矩

(I_{yy})，可以指定新惯性矩及中性轴与原惯性矩及中性轴之比的比例系数，生成数据在**树形菜单>工作>边界条件>有效宽度系数**中可以查到。

1)跨度信息

同上节"组合桥建模助手"，仅在"多片梁的内部方向"分组框中，"两者"和"无"不可选择。

2)有效宽度

可按规范同时考虑剪力滞和局部稳定影响的受压翼缘有效截面宽度，考虑剪力滞影响的受弯构件受拉或受压翼缘有效截面宽度，如图2-199所示。

图2-198　组合桥建模助手有效宽度

图2-199　钢梁桥建模助手

2.7　小结

midas Civil 的建模是直接建立有限元模型的，不存在几何模型，但是从本章内容可以看出其建模功能还是比较强大的。本书在叙述操作命令时，一般都是从主菜单开始，但 midas Civil 执行操作命令还可以从树形菜单、浮动菜单和工具条等开始。读者学习 midas Civil 建模需要经常练习来逐步熟悉其建模理念。

第 3 章

边界条件

3.1 支承边界条件

图 3-1 所示为 midas Civil 边界条件的菜单。这里将边界条件分为三类：一是结构在基础上的支承，即支承边界条件；二是结构内部各部分之间的连接单元；三是其他边界条件。

图 3-1　midas Civil 的边界条件菜单

3.1.1　节点坐标系

结构端部节点的约束(支撑)方向、弹簧支撑方向及节点强制位移方向与全局坐标系的坐标轴方向不吻合时，通常可采用节点坐标系。操作命令为**边界条件>节点局部坐标轴**。如图 3-2 所示，定义节点坐标系可以通过旋转全局坐标系(角度)、三点、向量和线向量四种方法来完成。节点坐标系是定义在节点上的，定义时首先要选择节点。定义了节点坐标系的节点，定义其边界条件时按节点坐标系来确定支承方向或连接单元的方向，即在赋予了节点坐标系的节点上输入约束条件时，程序内部自动将节点坐标系作为参照坐标系。

a)角度法　　b)三点法　　c)向量法　　d)线向量法

图 3-2　定义节点坐标系

在图 3-2a)中，旋转角度以逆时针为正。先填写绕 X 轴转动的角度，得到 $x'y'z'$ 坐标系；再填写绕新的 y' 轴的旋转角度，得到 $x''y''z''$ 坐标系；最后填写绕 z'' 旋转的角度。如没有绕某个轴旋转则填写 0。比如节点坐标系仅要求绕整体坐标系 Z 轴旋转 45°，则绕 X 轴转动的角度为 0°，绕 y' 旋转角度为 0°，绕 z'' 旋转的角度为 45°即可。

在图 3-2b)中，要输入三点 P_0、P_1 和 P_2 的坐标，这三点不一定就是节点，但若是节点，则可以用鼠标编辑功能在模型窗口中直接点选节点。P_0 点将作为节点局部坐标系原点的坐标，

P_1为节点局部坐标系x轴上任意一点的坐标,P_2用来确定节点局部坐标系y轴的正方向。P_1和P_2连线方向与要得到的节点局部坐标系y轴的正方向的夹角小于90°即可,矢量P_1P_2不一定平行于节点局部坐标系y轴。

在图3-2c)中,通过两个矢量方向来确定节点局部坐标系。V_1是以节点局部坐标系原点为起点的x轴方向的矢量,V_2用来确定节点局部坐标系y轴的正方向。V_2不一定与要得到的节点局部坐标系y轴的正方向平行,只要方向与其夹角小于90°即可。

在图3-2d)中,通过方向与参考线向量来定义节点局部坐标轴。这里的"方向"可以是节点局部坐标轴的x、y或z的正向,其指向并垂直于参考线,同时其下一个局部坐标轴(x的下一个是y,y的下一个是z,z的下一个是x)的正向与参考线向量正向同向。参考线向量正向由P_0指向P_1,或选择某个整体坐标系方向。如图3-3所示为一个以整体坐标系Z方向作为参考线向量的例子。本例"方向"为默认的局部坐标x轴,指向并垂直于参考线即整体坐标系Z轴,节点局部坐标y的正向与"整体Z"同向。

a)定义参考线　　　　　　b)更改节点局部坐标后效果

图3-3　使用线向量法实例

定义了节点坐标系的节点,其节点反力可以依据整体坐标系输出,也可以按节点坐标系输出。如图3-4所示,用**结果>反力**查看,勾选"局部坐标系(如果已定义)",或用**结果>结果表格>反力**查看,选择图形显示区底部的"反力(局部)",都可以按节点坐标系输出反力。

3.1.2　一般支承

一般支承往往是用来约束边界节点的位移,也可用来约束结构内节点的某些自由度,以达到某种特殊目的。

如图3-5所示的结构,用三维梁单元来模拟,荷载只有面内荷载。从图中可以看到,该计算模型如不考虑面外的倾覆问题,则只能在整体(全局)坐标系XZ平面内移动,是一个二维问题,这样我们就可以用一般支承功能约束所有节点的Y方向的平动自由度和绕X、Z轴转动的旋转自由度。当然也可以用**结构>结构类型>X-Z平面**命令来达到同样的目的。

图 3-4　局部坐标系下的反力查询

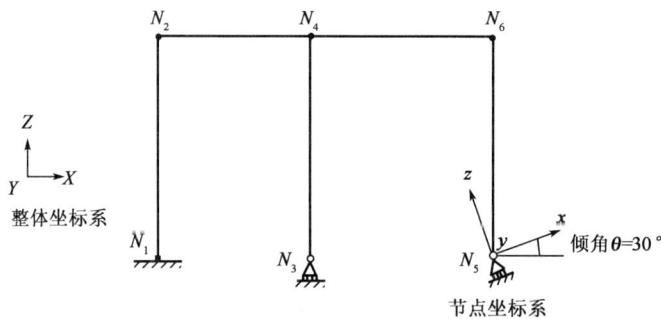

图 3-5　一般支承实例

将三维结构设置成二维结构后，那么每个节点就只有三个自由度：X 和 Z 方向的平动以及绕 Y 的转动自由度。节点 N_1 处是固定支座，利用一般支承功能约束该节点 X、Z 方向（整体坐标系）的平动以及绕 Y 的转动自由度。节点 N_3 处是活动铰支座，仅约束其 Z 方向的平动。N_5 处也是活动铰支座，但是该铰支座的活动方向与整体坐标系的 X 轴形成一个倾斜角。因此对该节点赋予约束条件时，在该节点上首先设置如图 3-5 所示的平行于支座活动方向的节点坐标系，而后利用一般支承功能约束沿节点坐标系 Z 方向的平动自由度。按角度法定义 N_5 的节点坐标系，在绕 y' 旋转角度处填写 $-30°$，其他两个角度填写 $0°$ 即可。

也可以用一般支撑表格的方法定义一般支承边界条件。如图 3-6 所示，首先填写要施加一般支承边界条件的节点号，再依次填写 X、Y、Z 方向的平动以及绕它们转动的约束情况，R_w 是翘曲自由度，约束填写 1，不约束填写 0，组是指该边界条件所在的边界组名称。若要施加边界条件的节点定义了节点坐标系,则此时填写的约束情况是在节点坐标系下的。图3-6所示即为图3-5对应的支撑表格。

节点	D_x	D_y	D_z	R_x	R_y	R_z	R_w(tonf/m)	组
1	1	0	1	0	1	0	0	默认
3	0	0	1	0	0	0	0	默认
5	0	0	1	0	0	0	0	默认
*								

图3-6　一般支承表格

3.1.3　节点弹性支承

节点弹性支承为节点提供各个方向的(整体坐标系或节点坐标系)弹性支承和阻尼。节点弹性支承分为线性、只受压、只受拉和多折线性4个类型。选择线性可为节点提供x、y、z(节点坐标系,若没有在该节点定义节点坐标系,则为整体坐标系,下同)方向的平动以及绕它们转动的弹性约束和阻尼(仅限选择线性时),各个弹性约束的刚度值及阻尼常数要求用户自己输入,输入0即表示没有约束和阻尼。选择只受压(只受拉)则可为节点提供x、y、z方向的平动约束,但是当支反力为拉力(压力)时,该约束不起作用,相当于没有约束。选择只受压(只受拉)时需要用户输入刚度值和约束方向。约束方向可以用坐标轴的正负方向表示,也可用向量表示,比如向量$(1,0,0)$表示在x正向施加约束,向量$(0,0,-10)$表示在z轴负向施加约束。选择只受压(只受拉)时注意约束方向很关键,例如用只受压节点弹性支承模拟现浇支架时,混凝土重力方向为$-z$,则只受压约束的方向应选择为$-z$向,即地基在$-z$向,此时支承才是受压的。

选择多折线性时,约束的刚度值可以是由多折线定义的,即可以是非线性的刚度(但是为弹性)。此时刚度由变形–内力函数确定,如图3-7为两个函数填写实例,类型中选"内力"定义的就是力–位移函数曲线,选"弯矩"那定义的就是弯矩–转角函数曲线。多折线分为非对称和对称两种类型:非对称时可以输入多个点,各点的水平轴(位移轴)坐标要求依次增大,而各点竖轴的坐标要大于等于前面点的坐标值;对称时同样可以输入多个点(对称点为原点),同样要求各点的水平轴坐标依次增大且大于0,而各点竖轴的坐标要大于等于前面点的坐标值。定义多折线刚度时,超出给出的点定义范围部分的刚度保持最后一个刚度的斜率。多折线类型是一个方向的平动或绕一个轴的转动刚度,所以与只受压(只受拉)类型一样也需要定义方向。

也可以用节点弹性支承表格来定义同样的边界条件,如图3-8所示,首先填写节点号,类型可以是一次方程(即线性)、只受压、只受拉和多线性,选择不同的类型填写的数据也不一样,在表中列出了所有数据项,不用填写的数据显示为灰色,例如当选择多线性时,SDx等刚度值是灰色的,不可填写。

通常在整体坐标系下输入节点的弹性支承方向,如果节点已经定义了节点坐标系,则以节点坐标系为参照坐标输入弹性支承的方向。

a)非对称多折线性刚度

b)对称多折线性刚度

图3-7 节点非线性弹性支撑

节点	类型	SDx (kN/mm)	SDy (kN/mm)	SDz (kN/mm)	SRx (kN*mm/[rad])	SRy (kN*mm/[rad])	SRz (kN*mm/[rad])	刚度 (kN/mm)	方向	X (mm)	Y (mm)	Z (mm)	变形-内力函数	组
2	多线性	0.0000	0.0000	0.0000	0.00	0.00	0.00	0.00	Dz(-)	0.00	0.00	0.00	多折线示例	默认
3	多线性	0.0000	0.0000	0.0000	0.00	0.00	0.00	0.00	Dz(-)	0.00	0.00	0.00	多折线示例	默认
*														

一次方程
只受压
只受拉
多线性

图3-8 节点弹性支承表格

3.1.4 一般弹性支承

考虑各约束之间的耦合效果时可采用一般弹性支承,使用一般弹性支承前首先要通过**边界>定义一般弹性支承类型**来进行定义类型。定义了节点局部坐标系时,自由度的方向为局部坐标系方向,否则为整体坐标系方向。

对于柱式下部结构,如果想用弹性支承来进行模拟其对上部结构的作用,而且计算要求考虑柱的弹性约束耦合效果时可以应用一般弹性支承的功能来实现。定义支撑刚度时可参考式(3-1)来定义。式中对角线以外的非零值即是考虑了某些自由度的相互影响、相互关联的效果。

$$K = \begin{bmatrix} \dfrac{EA}{L} & 0 & 0 & 0 & 0 & 0 \\ & \dfrac{12EI_z}{L^3} & 0 & 0 & 0 & \dfrac{6EI_z}{L^2} \\ & & \dfrac{12EI_y}{L^3} & 0 & -\dfrac{6EI_y}{L^2} & 0 \\ & & & \dfrac{GJ}{L} & 0 & 0 \\ & 对称 & & & \dfrac{4EI_y}{L} & 0 \\ & & & & & \dfrac{4EI_z}{L} \end{bmatrix} \qquad (3-1)$$

式中：E——柱材料的弹性模量；

G——柱材料的剪切弹性模量；

I_y、I_z——柱截面抗弯惯性矩，使用时注意方向；

J——柱截面抗扭惯性矩；

A——柱截面面积；

L——柱长。

除了刚度矩阵，一般弹性支承还支持质量矩阵和阻尼矩阵的输入。

为更精确更好地模拟下部结构以及基础影响，可以增建下部结构和基础模型，并且考虑上下部结构的连接（如支座）、考虑地基的影响（比如对桩基础，用节点弹性支承考虑桩土相互作用，或直接建立桩和土单元）。

3.1.5　面弹性支承

面弹性支承是通过输入单位面积对应的弹簧刚度和阻尼，自动生成杆系（需要定义宽度）、板或实体单元的多节点弹性支承或弹性连接单元。例如，对于板单元（或实体单元）类型的地基基础等构件定义边界条件时，需要对所有与地基接触的节点定义弹性支承边界条件。此时，每个单元的大小都将影响每个弹簧的刚度。手动定义弹簧单元是非常不方便的。可通过此功能只输入单位面积对应的地基弹性刚度和阻尼，即可自动生成多节点的弹性支撑，并自动计算每个弹簧的刚度和阻尼常数。

面弹性支承有两类：一是转换为节点弹性支承，二是分布弹性支承。二者的区别是，选择前者则自动将节点弹性支承或弹性连接定义在已有的节点上，并且自动转换为节点弹性支承或弹性连接；选择后者时才是真正的"面"弹性支承，面弹簧可定义在单元上，即非节点处也有弹性支承。如图3-9所示，在相同荷载作用下，两种类型约束导致结构的变形是不同的，但是当节点间的距离较小、单元尺寸较小时，两者的差别不大。

a)节点弹性支承　　　　b)分布弹性支承

图3-9　面弹性支承的两种类型

选择转换为节点弹性支承后又有两个选择,一是节点弹性支承,二是弹性连接。前者与前述节点弹性支承完全相同;后者是定义了一个弹性连接单元,单元的两个节点中一个是被约束节点,另一个在地基上固结,详细内容可参考下节所述的弹性连接。

下面列举实例说明面弹性支承的用法。

实例1是一个1m×1m×1m的混凝土块(是其他结构的基础),置于地面上,地基反力系数(基床系数)为60000kN/m³。表3-1给出了非岩石地基的地基反力系数,模拟地基作用时可参考。模拟该混凝土块与地基的连接步骤如下:

地基反力系数(基床系数) 表3-1

地基种类	地基反力系数(kN/m³)	地基种类	地基反力系数(kN/m³)
软弱黏土	12000 ~ 24000	黏土砾砂	48000 ~ 96000
中性黏土	24000 ~ 48000	黏土中密砂	32000 ~ 80000
硬黏土	48000 ~ 112000	密砂	64000 ~ 130000
松散砂	4800 ~ 16000	硬密砂	80000 ~ 190000
中密砂	9600 ~ 80000	泥砾砂	80000 ~ 190000
中性泥砂土	24000 ~ 48000		

(1)执行命令**边界>面弹性支承**,得到如图3-10所示的对话框。

a)   b)

图3-10　面弹性支承实例1

(2)面弹性支承的类型选择了转换为节点弹性支承中的节点弹性支承。当然也可以选择分布弹性支承,或转换为节点弹性支承中的弹性连接。

(3)先选择实体单元(可以一次选多个),然后在面弹性支承的单元类型中选择实体

（面），这样仅从右边的下拉条中选择合适的面即可。选中的面会像图3-11所示的那样显示出虚框线（没有文字说明）。在单元类型中选择实体（节点）也可，但需要选择所有需要施加约束的节点，而且这些节点必须在一个或几个单元的面上，一旦某个面上选择了一个节点，那其余的节点也必须都选上，稍显麻烦。

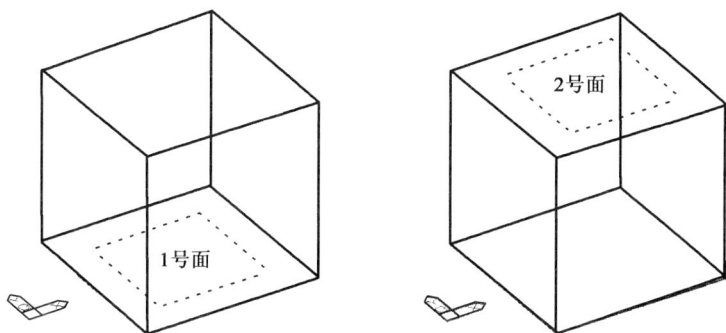

图3-11　实体单元面号

（4）弹性支承类型选择只受压，对直接置于地基上的基础应该选择只受压类型。

（5）支承方向选择了1号面的正法向，其效果相当于在向量(0,0,-1)方向施加了约束。平面单元的法线方向根据节点输入次序按右手法则确定，实体单元的正法向定义为远离单元表面的方向。

（6）基床系数填地基反力系数60000kN/m³。单击适用，完成约束的施加。

上面的操作在树形菜单的工作选项卡中显示为如图3-10a)所示的节点弹性支承。其刚度自动计算后为15000kN/m。刚度的计算方法如图3-12所示，图中一块方形板（或实体单元的面）置于地基上，用四个节点弹性支承模拟地基反力时，每个节点的有效面积为方板的四分之一。刚度 K 的计算方法为：

$$K = 基床系数 \times 有效截面面积 \tag{3-2}$$

图3-12　节点有效截面面积

此例中接触面为1m×1m，共4个节点支承，则每个节点下的弹簧刚度为：$K = 60000 \times (0.5 \times 0.5) = 15000$。

若面弹性支承的类型选择的是分布弹性支承，则树形菜单的工作选项卡中显示为面弹性支撑，其面弹性支承表格如图3-13所示。

单元	类型	分布类型	局部坐标轴	面	边	宽度(m)	弹簧类型	基床系数和(kN/m^3)	组
1	实体单元	实体(面)		面 #1			只受压	60000.00	默认
*									

MIDAS/Civil   面弹性支承

图 3-13　面弹性支撑表格

实例2为一梁置于地基上,用分布弹性支承模拟地基的支承作用。操作步骤如下:

(1)执行命令**边界>面弹性支承**,得到如图3-14所示的对话框。

明确了支承方向的参照坐标系

图 3-14　面弹性支承实例2

(2)选择"分布弹性支承",单元截面中类型为杆系,弹性支承方向为局部坐标系z轴方向,宽度为0.5m,弹簧类型为只受压,基床系数为80000kN/m³。对杆系单元要输入支承的宽度,在此为接触面的宽度。在分布弹性支承中,支承的方向明确为局部坐标系,在此即单元坐标系。所以若需要支承的杆系单元的单元坐标系不同,则需要分别定义分布弹性支承。

当选择转换为节点弹性支承中的"节点弹性支承"或"弹性连接"时,计算结果与分布弹性支承计算结果稍有差异。用分布弹性支承模拟地基,实际上地基就是弹性地基,使用的是文克尔(Winkler)弹簧模型。

3.1.6　整体式桥梁弹簧支承

如图3-15所示,整体式桥梁弹簧支承有桥台弹性支承和桥墩弹性支承两种类型。"桥台弹性支承"中可以用线单元、板单元或实体单元模拟两侧"桥台",台后填土对结构的作用采用只受压弹性支承来模拟,也就是用只受压土弹簧模拟被动土压力;底部的线弹性支撑来模拟下面桩的作用,包括水平、竖向和扭转弹簧。"桥墩弹性支承"中的桩(Pile)只能用梁单元模拟,节点处布置竖向和水平弹性支撑,其中竖向为线性节点弹性支承,水平向定义为对称的非线性节点弹性支承。

图3-15　整体式桥梁弹簧支承

这里定义的弹性支承的刚度,程序会以节点弹性支承的方式显示,并可在节点弹性支承表格中查询。使用此功能需特别注意参数数据的单位。

整体式桥梁弹簧支承的参数填写说明以及计算公式在程序的在线帮助中给出了详细的介绍。与此不同,国内定义土弹簧计算刚度,一般都采用简单方便的m法。关于用m法计算土弹簧刚度的方法可参见第10.4节内容。

3.1.7　弹性支承注意事项

上述涉及的弹性支承一般用来模拟地基对桥梁结构的作用,下面是一些注意事项:

(1)在分析阶段需要装配各构件的刚度矩阵,有时节点的某一自由度方向上由于缺少刚度成分而可能出现奇异(Singular Error)。为了防止发生这种错误,可在该方向上设置弹性支承,其刚度大小取为0.0001~0.001倍的其他典型弹性支承的刚度值。midas Civil软件为了防止上述奇异,自动赋值刚度大小,不影响计算精度范围内的弹性支承。即便如此,最好还是在整个结构缺乏约束的方向施加必要的约束,施加此约束节点的原则也是尽量不影响计算精度。

(2)在面弹性支承中,弹性支承的刚度可以由基床系数与有效支承面积的乘积来确定,在计算节点弹性支承的刚度时可以参考该方法。表3-1给出了一些常见非岩石地基的地基反力系数范围,具体取值应该由试验确定,在没有条件时可以参考附近地质勘探报告以及相关规范确定,或根据实际情况参考表中数值。比如地基对结构的影响非常重要,此时可以按表取基床系数的中值或下限以保证安全。

(3)弹性地基一般可由相互独立的土弹簧模拟,对直接置于地面或浅埋扩大基础,用面弹性支承或节点弹性支承比较合适。通常情况下,用非线性弹性支承更能反映地基作用的实际。桩基顶部的平动位移和转角是耦合的,并且其顶部变形受本身刚度以及地基的影响较大。若不建立桩模型,而用一般弹性支承模拟桩基时,各刚度计算要考虑桩基本身,也要考虑地基情况。另外,模拟桩基较好的方法是建立桩模型,其以节点弹性支承模拟地基的水平作用和竖向作用,但支承刚度的计算需要根据相关规范确定。用弹性支承的方法模拟群桩时,要考虑群桩效应,也可以将群桩作为复合地基考虑。

3.2　连接单元

连接单元主要用于结构与基础、结构两部分之间或杆件与杆件间连接的特殊单元,也称为边界单元。在midas Civil中连接单元主要有弹性连接单元和一般连接单元。弹性连接单元是把两个节点按用户所要求的刚度连接而形成的有限计算单元,在桥梁结构中的上部结构和下部桥墩之间的垫板、弹性地基梁下地基的接触面等都可以利用弹性连接单元建立计算模型。一般连接单元应用于建立阻尼装置、减隔震装置、只受拉/受压单元、塑性铰、弹性支撑等模型,一般连接单元可利用弹簧的特性,赋予线性或非线性的特性。

3.2.1 弹性连接

弹性连接就是在两个节点之间建立弹性连接单元。虽然对两个节点可以利用桁架单元或梁单元连接,但这些单元不能充分反映各轴向及旋转方向的刚度。弹性连接单元具有 6 个参数,即 3 个轴向位移刚度值和 3 个沿轴旋转的转角刚度值,这 6 个刚度值以弹性连接单元坐标系为参考坐标系。定义弹性连接如图 3-16 所示,执行命令参考图 3-1。

图 3-16　定义弹性连接

弹性连接单元有几种类型可以选择,包括一般、刚性、仅受拉、仅受压、多折线、马鞍和轨道交互作用。单元坐标系在定义对话框中会显示(图 3-16),与其他线单元的单元坐标系相同,β 角的含义也相同,用来定义单元坐标系 y、z 轴的方向。

选择"一般"类型时,单元的 6 个刚度值都可以由用户自定义,不过这些刚度值的计算有时是较困难的。选择"刚性"类型,则两个节点的位移将完全一样。选择"仅受拉"或"仅受压"类型时,只需填写轴向的刚度。选择"多折线"类型时,弹性连接是非线性弹性,同时要定义变形-内力函数曲线(见第 3.1.3 节)。弹性连接意味着单元加载和卸载沿着相同的曲线,没有能量的耗散。选择"多折线"类型时,每次只能定义一个方向(平动或转动)的刚度曲线。

弹性连接单元类型还有两个特定类型:马鞍和轨道交互作用。其中的"马鞍"类型目前(2021 版)从对应表格来看与刚性功能相同,专门用来模拟悬索桥索塔的鞍座。"轨道交互作用"类型的功能是用户能够修改由铁路轨道分析模型建模助手(整体分析模型)生成的多线性弹性连接的滞后行为。

固定某个刚度表示该物体为刚性,即刚度无穷大。

另外还有一个可选项"剪切弹簧位置",这是只有在选择的类型中具有剪切刚度时才有意义的选项(即剪切型弹性连接才有),该项主要为了考虑弹性连接两端因剪力传递的弯矩而设。当弹性连接两端作用有弯矩和剪力时,弯矩通过弹性连接的转动刚度传递,而剪力引起的弯矩则通过定义的剪切弹簧位置并经过计算后进行传递。假设弹性连接一端作用有一个剪力F_z,如果勾选剪切弹簧位置选项,则剪力传递到弹性连接的另一端的同时,在另一端产生一个附加弯矩(即两端点的弯矩差值)$M = F_z \times$ 弹簧长度(此处的弹簧长度指弹性连接单元的两节点之间的距离),该弯矩与剪切弹簧的具体位置无关;如果不勾选该项,则剪力F_z传递到弹性连接的另一端,但在另一端不会产生附加弯矩,即此时剪力和弯矩相互独立,连接单元的两端点弯矩相同。

在定义剪切型(即具有单元坐标y或z方向的剪切刚度)弹性连接后,还需要指定剪切弹簧的具体位置,该位置用距离比的方式给出。"距离结束点I的距离比"后有SDy和SDz需要填写,来确定剪切弹簧位置:在SDy中填入局部坐标系y轴方向的剪切弹簧位置(该位置到弹性连接I端的距离与单元长度之比);在SDz中填入局部坐标系z轴方向的剪切弹簧位置。这里的I端指弹性连接单元的起点(即$I \to J$为单元坐标系x轴的正向)。剪切弹簧的位置影响的是荷载作用点的剪切荷载方向的位移,这个位移由四部分组成:

(1)荷载作用点在剪切荷载作用下的位移δ_1。

(2)荷载作用点在剪切荷载作用下,由于节点转角位移引起的位移$\delta_2 =$转角×单元长。

(3)弹性连接单元剪切变形引起的位移$\delta_3 =$剪切荷载/弹性连接在该方向上的剪切刚度。

(4)弹性连接单元转动引起的位移$\delta_4 =$弯矩/弹性连接在相应方向上的转动刚度×距离。此处弯矩=剪切荷载×距离(荷载作用点到剪切弹簧具体位置的距离)。

前三项位移之和可以通过让上述第4项中的距离为0来确定,再让第3项中的剪切刚度为无穷大就确定了前两项的位移值之和。下面给出了一个一般类型弹性连接计算荷载作用点位移的实例,其具体定义内容可通过图3-17所示的弹性连接定义表格反映(也可以直接用表格定义),图中节点1为I端,节点2为J端。水平剪切荷载为10kN(单元坐标系的z向),单元长度均为1m,剪切荷载方向的位移计算结果如图3-18所示。

号	节点1	节点2	类型	角度(Ideal)	固定	SDx (kN/m)	SDy (kN/m)	SDz (kN/m)	SRx (kN*m/[rad])	SRy (kN*m/[rad])	SRz (kN*m/[rad])	剪力弹性支承位置	距高比S Dy	距高比S Dz	组
1	2	3	一般	0.00	00000	100.00	100.00	100.00	100.00	100.00	100.00	☑	0.00	1.00	默认
2	5	6	一般	0.00	00000	100.00	100.00	100.00	100.00	100.00	100.00	☑	0.00	0.00	默认
3	8	9	一般	0.00	00000	100.00	100.00	100.00	100.00	100.00	100.00	☑	0.00	0.10	默认
4	11	12	一般	0.00	00000	100.00	100.00	100.00	100.00	100.00	100.00	☑	0.00	0.50	默认
5	14	15	一般	0.00	00000	100.00	100.00	100.00	100.00	100.00	100.00	☑	0.00	0.80	默认
6	17	18	一般	0.00	00000	100.00	100.00	100000	100.00	100.00	100.00	☑	0.00	1.00	默认
*												□			

图3-17 定义弹性连接表格

图3-18 剪切荷载作用下的位移结果(单位:m)

根据图3-17中刚度和距离比的定义,从图3-18的6号柱位移可以看出此时构成上述总位移的前两项位移为0,从1号柱位移可以看出第3项产生的位移为0.1m(与计算式计算结果相同,因为距离比为1所以第4项为0)。其他柱的位移均为第3和第4项之和,计算如下:

2号柱:距离=(1 − 0) × 1 = 1m,位移=0.1 + 10 × 1/100 × 1 = 0.2m。

3号柱:距离=(1 − 0.1) × 1 = 0.9m,位移=0.1 + 10 × 0.9/100 × 0.9 = 0.181m。

4号柱:距离=(1 − 0.5) × 1 = 0.5m,位移=0.1 + 10 × 0.5/100 × 0.5 = 0.125m。

5号柱:距离=(1 − 0.8) × 1 = 0.2m,位移=0.1 + 10 × 0.2/100 × 0.2 = 0.104m。

3.2.2　一般连接

一般连接单元主要用于结构消能、隔震的动力非线性分析中。一般连接单元由连接两个节点的6种弹簧构成,如图3-19所示,包括一个构件轴方向的弹簧、2个剪切弹簧、1个扭转弹簧以及2个弯曲弹簧。其中只能对一部分弹簧选择使用。各弹簧基本上拥有线性特性,用户还可根据分析的需要进行选择,来赋予其非线性特性。

图3-19　一般连接单元构成

一般连接单元与梁单元具有相同的单元坐标系。定义时首先要用命令**边界>一般连接特性值**来定义命名的一般连接,然后用命令**边界>一般连接**来将刚定义的一般连接将两个节点连接起来,还可以用**边界>修改一般连接特性值**来修改。

在定义一般连接特性时,可选单元型和内力型。单元型一般连接在进行分析过程中,用更新单元刚度矩阵直接反映单元的非线性;内力型一般连接单元分析过程中,不更新单元刚度矩阵,而是根据非线性的特性计算出来的内力置换成外部荷载,间接的考虑非线性。

单元型又分为单元1型和单元2型。单元1型包括三种类型:弹簧、线性阻尼器以及弹簧和线性阻尼器。单元2型定义减隔震装置,其中包括黏滞阻尼器/油阻尼器、黏弹性阻尼器、钢阻尼器、滞回阻尼和隔震器类型与特性。内力型包括黏弹性消能器、间隙、钩、滞后系统、铅芯橡胶支座隔震装置、摩擦摆隔震装置以及三重摩擦摆隔震支座等7种类型。这些类型的一般连接会在以后的章节详细介绍(单元1型在10.3.5节、13.3.3节、13.6.1节和13.8

节中介绍,单元2型和内力型在13.8节中介绍),下面仅通过实例对单元型中的线性弹簧做简单介绍。

首先定义弹簧的特性值,如图3-20所示。在图中,先给出名称,然后选择作用类型为单元。在线性特性值中将6个弹簧的刚度均填写为100,剪切弹簧支承位置中的D_y和D_z均填写为0.5。其他内容不填写。

其次建立与图3-18中4号柱完全一样的模型,只是将弹性连接单元换成上面定义的一般连接弹簧。施加同样的荷载,比较两者的位移结果。

从计算结果来看,这里的位移结果(图3-21)与弹性连接的结果完全一样,说明一般连接中的弹簧如忽略其他特性而只给出线性特性值中弹簧的刚度时,其效果与弹性连接相同。剪切弹簧支承位置的含义与弹性连接中的"剪切弹簧位置"也是相同的。

图3-20 定义一般连接中的弹簧

图3-21 位移结果(单位:m)

3.3 其他边界条件

midas Civil中讲的边界条件是广义的边界条件,包括了结构在地基上的支承条件和结构各部之间的连接条件。前两节分别介绍了支承边界条件和连接单元,本节将介绍刚性连接、有效宽度系数、释放端部约束、刚域、线性约束等其他边界条件。

3.3.1 刚性连接

刚性连接实际上就是定义主从节点,用来束缚结构物之间的相对几何移动。强制某些节点(从节点)的某些自由度从属于某节点(主节点),包括从节点的刚度分量在内的从节点的所有属性(节点荷载或节点质量)均将转换为主节点的等效分量。刚性连接不能与一般支承共同对一个节点起作用,否则会出现报错。

从节点的某些自由度被束缚于主节点,就是说从节点在被束缚的自由度上的位移与主

图3-22　定义刚性连接

节点相应自由度位移相等。主从节点的定义是通过约束方程的方法实现的,比如要让2和3号节点的绕X轴的转动位移从属于1号节点,则相当于在平衡方程中加入约束方程$R_{X2} = R_{X3} = R_{X1}$,其中R_{Xi}为i节点的绕X轴的转角。定义主从节点时节点的自由度必须是在整体坐标系下。定义主从节点的方法是:

首先在模型窗口中选择一个或多个从节点。注意已经是被其他刚性连接定义为主节点的节点不能再被指定为从节点,一个从节点也不能从属于一个以上的主节点。

其次执行**边界>刚性连接**命令,得到如图3-22所示的对话框,指定主节点,再选择要连接的自由度,最后点击适用按钮。也可以先指定主节点、选择要连接的自由度,再选择从节点,最后点击适用按钮。

从图3-22中可以看到,刚性连接的类型有4种:刚体、平面XY、平面YZ和平面XZ。

刚性就是主节点和从节点以三维刚体约束方式连接而成的形式,各节点之间将保持一定的距离。主节点与从节点之间的相互约束方程式如下:

$$
\left.
\begin{aligned}
D_{Xs} &= D_{Xm} + R_{Ym}\Delta Z - R_{Zm}\Delta Y \\
D_{Ys} &= D_{Ym} + R_{Zm}\Delta X - R_{Xm}\Delta Z \\
D_{Zs} &= D_{Zm} + R_{Xm}\Delta Y - R_{Ym}\Delta X \\
R_{Xs} &= R_{Xm} \\
R_{Ys} &= R_{Ym} \\
R_{Zs} &= R_{Zm} \\
\Delta X &= X_m - X_s, \quad \Delta Y = Y_m - Y_s, \quad \Delta Z = Z_m - Z_s
\end{aligned}
\right\}
\tag{3-3}
$$

式中:D_{Xs}、D_{Ys}、D_{Zs}——从节点分别在X、Y和Z方向的平动位移;

　　R_{Xs}、R_{Ys}、R_{Zs}——从节点分别绕X、Y和Z轴转动的转角位移;

　　D_{Xm}、D_{Ym}、D_{Zm}——主节点分别在X、Y和Z方向的平动位移;

　　R_{Xm}、R_{Ym}、R_{Zm}——主节点分别绕X、Y和Z轴转动的转角位移;

　　X_m、Y_m、Z_m——主节点的坐标;

　　X_s、Y_s、Z_s——从属节点的坐标。

上式中下角标s表示从节点,m表示主节点。从约束方程可以看出,刚性连接的类型选择刚性类型时,从节点的所有自由度都被束缚。

平面XY、平面YZ和平面XZ类型就是主节点和从节点在同XY平面、YZ平面及ZX平面相平行的平面上以平面刚体约束方式连接而成的形式。这种连接后,投影到平面上的各节点之间将保持一定的距离。

选择平面XY后的主节点与从节点之间的相互约束方程式如下:

$$
\left.
\begin{aligned}
D_{Xs} &= D_{Xm} - R_{Zm}\Delta Y \\
D_{Ys} &= D_{Ym} + R_{Zm}\Delta X \\
R_{Zs} &= R_{Zm}
\end{aligned}
\right\}
\tag{3-4}
$$

选择平面YZ后的主节点与从属节点之间的相互约束方程式如下:

$$
\left.
\begin{aligned}
D_{Ys} &= D_{Ym} - R_{Xm}\Delta Z \\
D_{Zs} &= D_{Zm} + R_{Xm}\Delta Y \\
R_{Xs} &= R_{Xm}
\end{aligned}
\right\}
\tag{3-5}
$$

选择平面 XZ 后的主节点与从属节点之间的相互约束方程式如下：

$$
\left.
\begin{aligned}
D_{Zs} &= D_{Zm} - R_{Ym}\Delta X \\
D_{Xs} &= D_{Xm} + R_{Ym}\Delta Z \\
R_{Ys} &= R_{Ym}
\end{aligned}
\right\}
\tag{3-6}
$$

另外还可以单独选择某一个平动或转动自由度施加约束，比如单独勾选图 3-22 中的 D_X 项，则在主节点与从属节点之间的相互约束方程式为 $D_{Xs} = D_{Xm}$。

建立约束方程后，在求解方程之前就消去从属自由度，用相应的主自由度代替，这样就减少了自由度数目和方程的求解规模。

建立结构计算模型时，可以利用刚体连接功能，减少结构的自由度个数，达到有效缩短计算时间目的。例如做结构分析时，如果利用板单元建立楼板结构的计算模型，每一层结构模型都将需要输入大量的计算节点。即使单考虑平面内的自由度，就需要增加节点数×3 的自由度个数。如果需要建立几层楼板结构的计算模型，软件有可能超出其计算节点数，或者需要花相当长的时间来分析结构。通常结构的计算时间是和结构自由度数的平方成正比的，因此做结构分析时，应尽一切可能采用减少自由度个数的方案。

图 3-23 给出了一个刚性连接中的刚性类型应用的例子。该例是把方管结构利用两种单元建立计算模型，在需要精确分析的部位采用了板单元，并用较精细的网格划分单元，而在不需要精确分析的部位采用了梁单元，并把梁单元放置到方管的轴线上。为了保证精确分析部位端部的分析精度，并减少从节点的数量，还在精细板单元网格与梁单元之间建立了较粗网格的过渡段。梁单元和板单元利用刚性连接中的刚性类型连接，主节点在梁单元上，从节点在板单元上。本例当然也可以全用板单元模拟，在精细分析部位细分网格，而在不关心应力大小或不需精细网格就能足够反应受力状态的部位采用较粗糙的网格，但是这样建模后的总的自由度数也是较多的。在两种方法都能满足计算需要的情况下，显然前者更经济。

图 3-23 刚性连接实例 1

图3-24给出了一个刚性连接中的平面XZ类型应用的例子。该例是两个截面大小不同的柱偏心连接,两根柱都用梁单元模拟,两根柱的模型均在XZ平面内。为了考虑其偏心效果,将从节点在XZ平面内的两个平动自由度以及绕Y轴转动的自由度连接到主节点上。

图3-24　刚性连接实例2

在任意平面内采用刚性连接功能时(图3-23中),至少做到约束平面内的两个方向的平动位移和沿垂直于该平面的轴旋转的转角位移。同样要求对如图3-22所示的所有方向上的自由度成分进行刚体连接时,必须做到约束全部的6个自由度。

3.3.2　有效宽度系数

对混凝土T梁和箱梁,由于剪滞效应会使翼缘板、顶板或底板的同一高度上正应力分布不均。用梁单元模拟这些结构时,需要对计算出的应力加以修正,即考虑翼缘板、顶板或底板的有效宽度,对截面惯性矩进行相应的调整,最后进行应力计算。该功能对内力计算没有影响,仅对应力计算时,取用调整后的截面特性。

关于有效宽度系数在第2.6.7节的"预应力混凝土(PSC)桥梁建模助手"中已经介绍,在线帮助手册中也有说明,这里不再赘述。

3.3.3　释放端部约束

单元与单元之间是通过节点连接的,一个单元上的荷载能否、如何传递到相邻单元,是根据单元的自由度和端部约束条件而建立的。这里所谓的端部约束条件就是指单元自由度的约束情况,所以释放端部约束又称为释放自由度。利用单元端部释放功能就可以建立单元的约束条件。在已经释放约束的自由度上不存在相应的固端力,相应自由度上单元的刚度矩阵对结构总体刚度矩阵也没有贡献。可以利用端部释放功能的单元有梁单元和板单元。

下面以空间梁单元为例说明释放端部约束的实质。梁单元每个节点有7个自由度,默认这些自由度都是约束的,即相邻梁单元在公共节点处是刚接的。若释放掉某个单元某一

个节点的绕 y 轴(释放的是单元坐标系下的自由度)转动的自由度,那么该单元上的弯矩 M_y 就不会传递到与该单元公用此节点的单元上。这就相当于在 R_y 这个自由度上两紧邻单元没有"共节点"。从这个角度来说,我们也可以用"节点自由度耦合"方法达到释放端部约束的目的:先建立两个距离很近的节点,然后分别以这两个节点建立不同的梁单元,那么这两个单元之间应该没有任何端部约束条件,但可以通过将这两个节点刚性连接起来的方法建立端部约束条件,如建立的刚性连接没有连接 R_y 自由度,那么就相当于释放掉了 R_y 自由度。

梁单元两个节点的所有自由度都可进行单元端部释放。释放时还可以填写残留刚度来达到形成部分连接结构形式的目的。如果在梁单元的两节点上释放所有旋转自由度,结构将形成桁架单元结构形式。图3-25为释放梁端部约束的对话框。

a)用相对值表示刚度   b)用绝对数值表示刚度   c)释放梁端部约束实例

图3-25 释放梁端部约束
①~③-单元号;1~4-节点号

在图3-25中,如想释放掉某个自由度或约束,就勾选该自由度或约束即可。勾选后还可以在其后输入释放后残留的约束能力(刚度)。释放后残留的约束能力可以用相对值表示也可以用绝对数值表示,当选择"相对值"时,输入释放后残留的约束能力的百分比,输入1就表示没有释放,输入0就表示完全释放;当选择"数值"时,输入释放后残留的约束能力的绝对数值大小。

图3-25c)给出了一个释放梁端部约束的实例。实例取自一上承式拱桥的桥面系,立柱支撑于拱肋上,立柱上为多跨简支梁,要建立拱桥的全桥模型,需要模拟两孔简支梁在立柱支承时的受力情况。因为是简支梁,立柱上都是铰支座,所以单元①和单元②在节点4处的 M_y 均释放;因为单元①在节点4处还是活动的,并且单元①和单元②在柱顶不连续,所以还应释放单元①在节点4处的平动自由度 F_x。此处忽略了支座对立柱的偏心作用。

构成板单元的 3~4 个节点上,除了沿垂直于平面的轴旋转的自由度以外,在所有的自由度方向上都可以输入单元端部释放。如果在形成板单元的所有节点上输入平面外弯曲自由度方向的单元端部释放,结构将形成平面应力单元的结构形式。

执行释放单元端部约束命令时,应特别注意:

(1)利用单元端部约束释放和主从节点一样可以方便地实现梁单元之间的半铰、全铰和局部间断等情况。但主从节点之间的约束是相对于结构整体坐标的,而释放自由度是相对于单元坐标系的。如果单元处在整体坐标系里,应该特别注意释放约束的节点与单元坐标系之间的关系,以保证释放的是正确的自由度。

(2)当释放节点的约束不恰当时有可能发生奇异,因此必须充分理解整体结构的受力特征。

3.3.4 刚域

实际结构在端部存在偏心距或在梁柱交接处形成刚性域,如不考虑刚性域的影响,将导致实际变形和内力比计算结果小。midas Civil 软件为了考虑这种刚性域的效果,采取了两种解决问题的方法:一是程序根据梁柱的尺寸自动考虑刚域效应;二是用户定义"刚域"范围或梁端部偏移量(节点偏心)。

1)自动考虑刚域效应

操作命令:**边界>刚域效果**。执行命令后弹出如图 3-26 所示的对话框。

在图 3-26 中,选择"考虑刚域效果",程序将基于构件尺寸的长度,自动计算刚域长度。

假设在刚性域内不存在弯曲变形和剪切变形时,影响弯曲变形和剪切变形的刚架有效计算长度(即柔性杆长度)应该取为:

$$L_1 = L - Z_F(R_i + R_j) \tag{3-7}$$

式中:L——单元总长度,如图 2-13 所示;

R_i——刚架 i 端的偏移距离,如图 3-27 所示;

R_j——刚架 j 端的偏移距离;

Z_F——刚域修正系数。

图 3-26 刚域效果对话框   图 3-27 梁柱结合部产生的刚域

研究表明,若 $Z_F = 1$,则所做分析会对结构的挠度估计偏低,因此修正系数的取值范围为 0~1 之间,目的是减少刚域的长度,一般可取 0.5。

当输出位置选为"修正后刚域"时,自重、分布荷载的大小及构件内力的输出位置取决于经修正系数调整后的距离。如果输出位置选为"刚域"时,自重、分布荷载的大小及构件内力的输出位置取原节点区边缘(对梁,取柱的内侧面;对柱,取梁的下翼缘)。输出位置选择"修正后刚域",并且修正系数取为1时,将相同于选择"刚域"命令;选择"修正后刚域",并且修正系数取为0时,将相同于不考虑刚性域影响。总之,自重、分布荷载的大小及构件内力的输出位置总是在刚域外端处,在刚域内不计自重和分布荷载。

关于梁、柱构件的刚性域自动计算的方法,一般我们使用该功能时不必去管它,若确实需要知道是如何算的,可参考软件的在线帮助手册。使用刚域效果时应注意以下几点:

(1)只有在梁和柱的构件连接部位考虑刚性域的作用。所谓柱构件就是指平行于 Z 轴方向的梁单元,梁构件就是指整体坐标系的 X、Y 轴形成的平面上布置的梁单元。所以刚域效果只能考虑梁构件和柱构件正交的情况。

(2)刚性域不影响刚架的轴向变形和扭转变形,因此当计算轴向刚度和抗扭刚度时利用单元的全长 L 值(轴间距)。而计算单元的抗剪刚度和抗弯刚度时,使用构件的修正后的计算长度 L_1 值。

(3)输出位置选择"刚域"时,则修正系数只调整构件的有效计算长度,而不影响内力输出位置。

(4)当柱端或梁端部的连接节点上输入释放自由度的条件而形成铰连接时,在该点上不考虑刚性域的作用。

2)自定义设置梁端偏移量

操作命令:**边界>梁端部刚域**。执行后弹出如图3-28所示的对话框。

图3-28　自定义梁端刚域

输入偏心距(梁端刚域长度)时,可以选择的类型有整体坐标系和单元坐标系。前者主要用于输入连接处的偏心距,后者主要应用于输入轴向的偏心距。

若选择整体坐标系,当计算单元的刚度、分布荷载跨度和自重时,对有刚域的单元仅使用单元的柔性部分,即使用两节点间的长度扣除刚域长度后作为单元的有效长度,在刚域计算内部不计入刚度、分布荷载以及自重。确定构件的内力输出位置或释放节点约束时的跨度也依据构件净跨度,即相关单元应扣除刚域长度。图3-29给出了一个节点各个坐标轴方向的偏心取值方法。

若选择单元坐标系,当计算单元的刚度、构件的内力输出位置和释放节点的自由度时与刚域效果功能中选择"刚域"命令达到的效果相同。此时,确定构件内力输出位置以及释放节点自由度时的跨度依据构件的净跨(扣除刚域长度后的跨度)。计算分布荷载跨度和自重时,不扣除刚域长度,这时与刚域效果功能中选择"修正后刚域"命令,并让刚性域修正系数取为0时的效果一致,即对均布荷载和自重来说相当于没有定义刚域。

当柱端或梁端部的连接节点上输入释放自由度的条件而形成铰连接时,在该点上仍然考虑刚性域的作用,这与刚域效果功能是不同的。

3.3.5 线性约束

建立约束点(主节点)自由度和自由点(从节点)自由度之间的约束关系方程,这里的约束点和自由点可以是模型中的任意点。其对话框如图3-30所示。

图 3-29 梁和柱的偏心连接

图 3-30 线性约束

第 4 章

荷载与分析控制

4.1 荷载

midas Civil的荷载类型包括各种静力荷载、动力荷载、温度/预应力荷载、移动荷载、沉降/Misc以及施工阶段分析、水化热分析和几何非线性分析所需数据的输入功能等。有些荷载仅能在荷载表格中定义,比如**荷载表格>静力荷载**中就可以按《建筑结构荷载规范》(GB 50009—2012)定义风荷载。本节只介绍其中部分静力荷载,其他类型的荷载会在后续章节用到时再详细介绍。

在midas Civil程序中做静力分析的步骤如下:

(1)在**荷载>静力荷载>静力荷载工况**中建立静力荷载工况名称。

(2)使用荷载菜单中的各种静力荷载输入功能输入荷载。

(3)当结构模型中有几何非线性单元时,需要在**荷载>静力荷载>使用荷载组合**中将建立的荷载组合生成荷载工况,然后在**分析>主控数据**中输入收敛条件。

(4)在分析过程中需要考虑P-Δ效应时,需要在**分析>P-Delta分析控制数据**中输入收敛条件和计算几何刚度所需的荷载工况和荷载组合系数。

(5)点击**分析>运行分析**菜单或点击运行分析图标。

分析过程和结束的信息将显示在信息窗口中。分析成功结束之后,可以使用荷载工况和荷载组合在结果菜单中查看各种分析结果。

4.1.1 静力荷载工况

荷载必须属于某个荷载工况,分析结束后可在**结果>荷载组合**中相互组合这些分析结果。静力荷载工况的类型较多(图4-1)。

在荷载组合命令中将根据各国设计规范中的规定,使用列表自动生成荷载组合。因为自动生成荷载组合的依据为静力荷载的类型,所以当用户使用自动生成的荷载组合时,需要在此正确选择荷载工况类型。遇到不常用的荷载类型,可在表中输入"用户定义的荷载"。自动生成荷载组合时不考虑用户自定义的荷载工况类型,需要用户手动调整荷载组合。

如不按规范自动生成荷载组合,所定义荷载时到底选择属于哪个与荷载工况类型一般没有太大的关系。在进行施工阶段分析时,程序内部将自动生成多个荷载工况(包括恒荷载、施工阶段荷载等)。故在定义荷载类型时,midas Civil建议将施工阶段中激活的自重、二期恒载、预应力、临时荷载等的荷载类型定义为"施工阶段荷载(CS)",以防止在使用自动生成荷载组合时可能重复。施工阶段荷载(CS)类型只在施工阶段分析中会被使用,对于施工阶段分析后的成桥阶段模型,不论是否被激活,该荷载不会发生作用。故在施工阶段中的激活和钝化的荷载一定要定义为施工阶段荷载(CS)。

图4-1 静力荷载工况的类型

关于荷载组合将在第5章介绍。

4.1.2 自重

midas Civil 对结构的自重荷载可以通过程序来自动计算。程序计算自重的依据是材料的重度、截面面积、单元构件长度、自重系数。

在定义自重时,首先要定义自重荷载的荷载工况名称,并定义自重所属的荷载组,然后输入自重系数即可。对于荷载系数,通常在 Z 方向输入-1 即可,因为通常考虑的模型的重力作用方向都是竖直向下,而程序默认的整体坐标系 Z 的正方向是竖直向上的。如果自重作用时考虑结构的重度与材料定义时的重度不同,这里自重系数只要输入计算自重时要考虑的重度与材料定义的重度之比就可以。在图 4-2 中,计算自重时混凝土重度按 26kN/m³ 考虑,而定义材料时混凝土的重度为 25kN/m³。

4.1.3 节点强制位移

在桥梁发生支座沉降、结构发生位移或把整体结构分析得到的位移值作为精确分析局部结构的边界条件时,可以使用节点强制位移功能。在 midas Civil 中将强制位移作为一种荷载考虑,因此强制位移可与其他荷载工况进行组合。如果对某节点赋予强制位移,相应的节点自由度自动被约束。被赋予强制位移的节点的特征类似于支座,对其他工况或荷载组合,均按支座处理。如果想使其不适用于其他荷载工况可使用**分析>分配边界转换给荷载工况/分析**命令。

图4-2 定义自重荷载

强制位移一般在整体坐标系上输入,但如果在节点上已经附加了节点坐标系,也可以利用节点坐标系输入强制位移。

下面说明节点强制位移的使用方法。

1)局部精确分析

受计算条件的限制,如果结构非常复杂,杆件特别多,我们往往只能用线单元模拟整个结构,但是用线单元对结构的细部又无法给出精确的分析结果。此时可以将要进行详细分析的部分拿出来,用实体单元或板单元建立其分析模型,然后在局部详细模型的边界上,强制施加整体结构分析所得到的同样位置的位移值,作为精确分析局部结构的边界条件。这种分析方法能够有效降低分析的成本,同时能得到想要的结果。

如图 4-3 所示,要求对图示结构转角处的连接部位进行精密有限元分析。各个杆件的截面均为由 10mm 厚钢板焊接而成的 H 型,竖向杆件的截面尺寸为 400mm × 200mm× 10mm,长度方向水平杆件的截面尺寸为 280mm × 160mm × 10mm,宽度方向水平杆件的截面尺寸为 350mm × 120mm × 10mm。各个杆件的长度均为 3m,在顶层所有水平杆件上均作用有 10kN/m 的荷载。竖杆的底部为固结边界条件。整个分析过程可分为以下几个阶段。

(1)用梁单元建立整体模型,施加荷载和边界条件,作整体结构的受力分析。

(2)选择需要进行精密分析的连接部位(局部)和边界(本例5个边界),取出边界节点上的位移值。

图4-3 整体框架结构

（3）详细模型用板单元建立，如图4-4所示。在详细模型的边界部位定义主节点和从节点，把主节点定位到每个边界截面的形心上，从节点为该截面上的其他节点，利用刚体连接功能连接主节点和从节点（图4-5）。

图4-4 细部分析网格

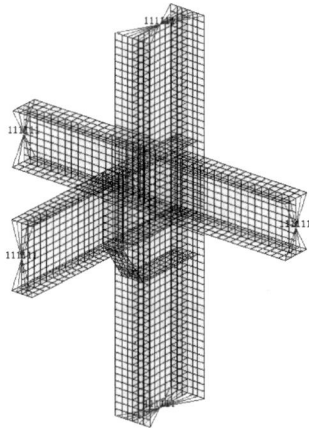

图4-5 主从节点定义

（4）把整体分析时得到的5个边界节点上的30个位移值（每个节点6个位移）输入到局部详细模型图的主节点上。为了避免应用刚体连接功能导致计算误差，尽可能做到边界位置远离需要精密分析结果的对象。一般精密分析区域边缘到主节点的距离为精密分析区域大小的一倍以上，就能保证分析的精度。

（5）除了要输入整体结构分析得到的强制位移以外，还要输入细部分析时所应考虑的其他荷载。本例中忽略了自重，而其他外荷载又没有直接作用在要分析的细部区域，所以在板单元模型上除了边界上的强制位移，没有其他荷载。

用梁单元无法考虑细部的构造（图4-6），进行整体计算后，与图4-4对应部分的梁单元应力计算结果如图4-7所示。

即便是微小的强制位移对结构的影响也很大，因此应该使用精确的位移值，并且尽可能输入节点的6个自由度的所有位移大小。在评价结构的安全性时，当测定结构的旋转位移有困难时也可以仅测定结构的平动位移得到近似的分析结果。但这时应检查分析后的变形状态和实际的变形状态是否接近。所以在提取细部边界上的位移时,有效数字位数要足够多(本例以mm为单元取了6位有效数字)。如图4-8和图4-9所示,分别给出了整体坐标系下X方向的平动位移和绕X轴转动的角位移,其他位移也要提取。提取时可用**结果>位移>位移等值线**命令,最好像图4-6那样将其他梁单元钝化。

图4-6 用梁单元模拟的细部

图4-7 梁单元细部组合应力(单位:MPa)

图4-8 整体分析得到的D_X(单位:mm)

图4-9 整体分析得到的R_X(单位:mm)

将得到的位移按强制位移施加到板单元模型边界上的主节点上。下面说明在宽度方向的水平杆上施加X方向强制位移的方法:

(1)定义静力荷载工况,名称为"强制位移",类型为恒荷载。

(2)打开用板单元建立的细部模型,执行命令**荷载>节点强制位移**。

(3)选取要施加强制位移的节点。

(4)填写各项强制位移,例如D_X可以直接从图4-8上查取。

(5)点击适用按钮,完成一个节点的强制位移输入。

如图4-10所示为在宽度方向的水平杆上施加X方向强制位移后的情况。用同样的方法在其他4个主节点上施加强制位移。执行分析,得到的应力图如图4-11所示。

图4-10　一个节点上的强制位移　　　　图4-11　细部应力强度(单位:MPa)

2)用节点强制位移做支承位移分析

桥梁的基础可能发生竖向或水平位移,此时可以用节点强制位移的功能来完成这样的分析。无铰拱对其基础的位移最敏感,并且拱肋的刚度越大,由基础变位导致的内力也越大。如图4-12所示为无铰拱发生拱脚位移,此时拱肋中产生的内力与应力就可以用节点强制位移功能计算,图中 $a=-0.2m$, $b=0.01m$,图4-13给出了计算结果中的弯矩分布。

图4-12　拱脚位移

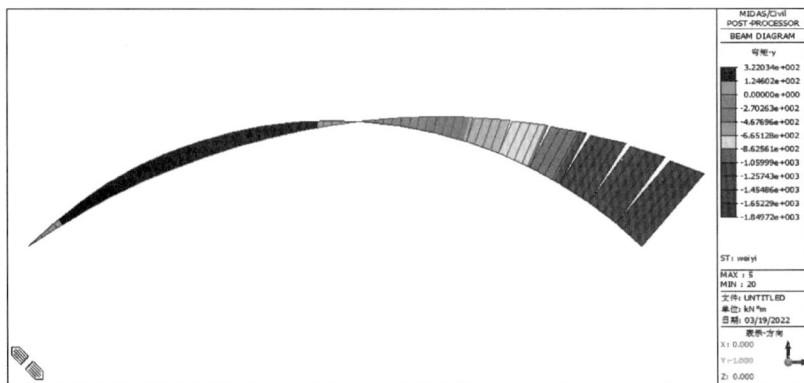

图4-13　拱肋弯矩图(单位:kN·m)

3)专门的支座沉降分析

midas Civil 中还专门提供了支座沉降分析的功能。一般来说支座沉降分析是将同时发生的沉降作为一个荷载工况来求解的,但当结构中多个支座可能发生沉降,但又可能不是同时发生,需要找出其最不利组合时可采用此功能。

支座较多时有可能发生沉降的支座组合会有很多种,用户手动定义各种可能的组合并找出最大和最小值的工作量会非常大,midas Civil 提供了自动处理支座沉降问题的分析功能,用户只需输入有可能发生沉降的最少支座数和最多支座数以及沉降量,程序就会自动计算节点位移、反力以及桁架单元、梁单元、板单元和弹性连接单元的内力包络值,其他单元仅考虑其刚度不能输出支座沉降分析的包络结果。

通过支座沉降计算到的分析结果也可以和其他荷载条件结果进行组合。不同节点可以输入不同的沉降值,支座沉降的方向只能为整体坐标系 Z 轴方向,支座沉降组数量不能大于10,每个组内的沉降支座数量是没有限制的。

自动处理支座沉降计算的命令菜单如图4-14所示。首先执行命令**荷载>沉降/Misc.>支座沉降分析数据>支座沉降组**来定义支座沉降组,如图4-15所示,沉降量的符号代表方向,负值为向下。其次定义支座沉降荷载工况,执行命令**荷载>支座沉降分析数据>支座沉降荷载工况**,如图4-16所示。最后定义反力组,即将定义的节点组定义成反力组,这是可选项。

图4-14 支座沉降分析数据菜单

图4-15 定义支座沉降组　　图4-16 定义支座沉降荷载工况

在图4-16中共有 3 个支座沉降组,因为在 S_{min} 中填写了1,在 S_{max} 中填写了3,那么这 3 个组进行组合时,可以是其中的单独一个,也可以是其中的任意两个,还可以是三个的组合。

这与移动荷载分析中的车道定义有些类似。

4.1.4 节点荷载

1)节点体力

该功能可以将在节点上的节点质量、荷载转换的质量、结构质量转换成任意方向的节点荷载。可任意定义体力系数,最终的节点荷载=质量×重力加速度g×体力系数。在进行Pushover分析根据质量分配荷载时,可选择按荷载工况定义Pushover荷载,并选择节点体力工况即可。

例如,建立一个有10个单元的简支梁,节点号为1～11。先在主菜单**结构>结构类型**对话框中选择"将自重转换为质量",然后按图4-17所示定义节点体力:定义荷载工况、给定需要施加节点体力的节点、选择质量转换方式以及填写节点体力系数,最后点击"添加"按钮。计算得到的结果与自重计算结果是一致的。

2)节点荷载

节点荷载的类型包括节点集中力和节点集中力矩,并且参考坐标系一直为整体坐标系,不受定义的其他坐标系的影响。定义的节点荷载要属于某荷载工况和荷载组。图4-18所示为定义节点荷载的对话框。

图4-17　定义节点体力　　　　图4-18　定义节点荷载

4.1.5 梁单元荷载

这里讲的梁单元荷载是指可以直接定义在梁单元上的荷载和可以转换到(间接定义)梁单元上的荷载。包括梁单元荷载、连续梁单元荷载、标准梁单元荷载、楼面荷载和装饰材料荷载。梁单元荷载也可以用表格的形式定义或修改。

1)梁单元荷载

该功能可以输入作用在梁单元上的荷载,包括集中荷载、集中力矩、均布荷载、均布力矩、梯形荷载和梯形力矩,其中梯形荷载和梯形力矩是沿梁长度方向线性变化的梯形荷载或弯矩/扭矩,也可以修改或删除先前输入的梁单元荷载。荷载可以是偏心的,输入偏心距离后,程序将自动考虑偏心荷载的弯、扭矩效应,以方便定义风荷载等偏心作用在梁单元上的荷载。荷载定义时的方向可以是单元坐标系的某坐标轴方向或是整体坐标系的某坐标轴方向。荷载方向中的投影决定梁单元荷载是沿整个梁长度作用还是沿与荷载作用方向垂直的梁的投影长度作用,该功能仅用于荷载类型为"均布荷载"或"梯形荷载",且荷载方向是在"整体坐标系"下的情况。

梁的截面是可以设置偏心的,作为单元荷载的梁单元荷载始终作用在单元中性轴位置。对既有截面偏心同时又设置梁单元荷载偏心施加的情况,需要考虑两者的叠加效果是否与实际情况一致。

2)连续梁单元荷载

这里的连续梁单元指的是连续的梁单元,不是梁桥类型中的连续梁。当几个梁单元连续连接在一起时(直线或曲线),利用该功能可选择连续线的两端点并输入连续的梁单元荷载。如沿梁长方向的荷载为三角或梯形荷载时,该功能是特别方便的。

3)标准梁单元荷载

该功能是输入标准的由楼面荷载传递到梁单元的荷载,也可以修改或删除先前输入的荷载。在二维框架分析中,使用该功能可以简便地输入由楼面传来的荷载。所谓标准荷载是指如图4-19所示的6种荷载。例如,选择如图4-19所示的两个三角形分布荷载+一个集中荷载时,出现如图4-20所示的对话框。

图4-19　标准梁单元荷载

图4-20　标准荷载示例

P-楼面均布荷载;*B*-加载高度

P 为楼面单位面积荷载,例如当梁上为墙体荷载时,可以输入墙体截面均布荷载。加载高度 B 的含义是指有宽度为 B、单位面积重量为 P 的楼面重量作用在梁单元上的均布荷载即相当于实际作用在梁单元上的均布荷载为 $B×P$。比如楼面为单向板(板跨/板宽≥2的四面支承板,或两面支承板)时,梁单元作为板的一面支承,B 应为板跨(或净跨)的一半。计算时可以包含次梁重量,次梁单位长度重量 w 为次梁线长度重量。在被加载的梁单元两节点之间有一个次梁要用两个三角形分布荷载+一个集中荷载的方式,在被加载的梁单元两节点之间有两个次梁要用三个三角形分布荷载+两个集中荷载的方式,以此类推。

用标准梁单元荷载定义的荷载,从其荷载表格可以看出,完全可以用梁单元荷载中的梯形荷载和集中荷载代替,也可以从其荷载表格中得到学习其使用方法的启示。

4)楼面荷载

使用楼面荷载时,首先用**荷载>定义楼面荷载类型**定义,然后用**荷载>分配楼面荷载**施加。建立三维结构模型时,楼面可以用板单元定义,板单元的节点与支承它的梁单元共节点,雪荷载等按压力荷载施加在板单元上。这种方法可以替代专门定义楼面荷载,但是板单元和对应梁单元的网格要划分得细些,以保证精度。

5)装饰材料荷载

在梁单元的外面有其他装饰材料时,装饰材料的重量可以通过该功能定义。

标准梁单元荷载、楼面荷载和装饰材料荷载在桥梁工程中应用相对较少,midas Civil 中的这三种荷载定义是为方便相应荷载的施加而专门设置的,在线帮助手册中有相应的说明。

4.1.6 压力荷载

压力荷载可以作用在板、平面应力、平面应变、轴对称或实体单元的边缘或表面。压力荷载可以按均匀分布或线性分布输入,程序将自动其转换为等效节点力。在单元上输入压力荷载前,必须选择单元。

板单元的压力荷载可以以整体坐标系或单元局部坐标系为基准输入,也可以按指定方向输入。当作用在面上时,荷载方向与给定坐标系的某一轴一致;当作用在边上时,荷载方向垂直于边(平面内方向)。荷载作用方向由外向边为正,反之为负。作用在边上的荷载按线荷载输入。

实体单元的压力荷载方向垂直于表面。荷载作用由外指向单元表面时为正方向,反之为负。

关于板单元和实体单元上的压力荷载,在第2.2.5节和第2.2.6节已分别有说明,也可以参考在线帮助手册的相关内容。

4.1.7 平面荷载

使用平面荷载功能可以输入作用在板单元和实体单元上任意位置的荷载,而不必关心荷载作用位置是否有节点,不必关系关心加载面上网格的划分,也不必"印刻"荷载作用区域。在建模过程中,因为不必在荷载作用点位置建立节点和网格,只需指定荷载位置就可以施加平面荷载,所以减少了工作量和建模的烦琐。程序会根据板单元和实体单元的刚度自动将输入的平面荷载转换为节点荷载。

使用平面荷载前,应该先定义平面荷载类型(**荷载>分配面荷载>定义平面荷载类型**),如图4-21所示。将定义的平面荷载类型施加到结构上的命令是**荷载>分配平面荷载**。

图4-21 定义平面荷载类型

在图4-21中,定义平面荷载(可以是集中荷载、线荷载或面荷载)时的坐标系是xy平面坐标系,该平面坐标系是相对的,专门指荷载作用平面。分配平面荷载时还要定义加载平面(坐标系),如图4-22所示。定义加载平面可以用用户坐标系、已命名的平面或三点(坐标系)。用三点定义时,第一点为加载平面坐标系的坐标原点,第二点在该坐标系的x轴上,第三点在该坐标系xy平面的任意位置(非x和y轴上的点)。加载平面坐标系是用户自定义坐标系,与整体坐标系的相对位置是任意的,其x轴不一定就是整体坐标系的X轴。在图4-21中确定荷载位置的坐标值,就是加载平面坐标系的坐标值,所以定义平面荷载类型时,要照顾到以后加载平面坐标系的定义。

在图4-22中,定义加载平面也可以选择自动设置,包括用户坐标系和已命名的平面两个选项。是选择已经定义的用户坐标系还是已命名的平面(坐标系)作为定义平面荷载类型中的xy平面坐标系,需要事先定义。定义用户坐标系可参考第2.1节的内容,定义已命名平面需要用到命令**结构>命名的平面**,如图4-23所示。用这两种自动设置的方法,设置后在图4-22中的三点坐标会发生相应的变化。无论用哪种方法定义加载平面,都需要注意加载平面坐标系与整体坐标系的关系。

在图4-22中选择需要加载的单元有两种方法:一是选加载平面上的单元,二是选单元组。前者表示在加载平面上的所有单元均被"候选",后者表示只有组中的单元被"候选"。这里说候选表示不是被选中的单元都会被加载,实际被加载的单元在这些选中的单元中,还必须满足加载位置的要求(用图4-22中的坐标系及图4-21中的坐标值定义的位置),即二者的交集才被加载。若还定义了图4-22中的节点定义加载区域,那么三者的交集才被加载。

对于大小和平面相对位置确定的面荷载,均可将其定义为平面荷载类型。比如汽车的车轮与桥面的接触面就是一个面荷载,就可以用上述平面荷载模拟。还可以定义任意的车辆加载,然后施加到结构的相应位置上。

图4-22 分配平面荷载　　　图4-23 定义命名平面

因为定义加载位置的坐标不一定是节点位置,所以单元的网格也不必遵从加载面尺寸的大小。定义、修改和分配平面荷载也可以用表格的形式。

4.1.8 流体压力荷载

流体压力荷载可以在板单元和实体单元的边缘或表面上定义。流体压力荷载将转换为节点荷载,节点压力等于流体表面到节点的竖向距离乘流体重度。

1)静止流体的侧压力

静止流体侧压力的形式如图4-24所示,可以直接利用流体压力荷载的功能定义静止流体侧压力。

图4-24 板单元连接节点处由流体势能产生的压力荷载

定义流体压力荷载的对话框如图4-25所示。在荷载类型中有线性荷载[图4-25a)]和曲线荷载[图4-25b)]两个选择。两种荷载对应的流体压力荷载计算公式在图中已经给定,填写对应参数后,程序可以根据高度和流体重度信息自动计算不同位置的压力荷载大小,并以压力荷载的形式施加在相应单元上。

a)线性荷载　　　b)曲线荷载

图4-25　定义流体压力荷载

对线性荷载类型,参考高度H=在荷载变化方向上的结构物底面到液体表面的距离+结构物底面处节点在荷载变化方向上的坐标(建立模型时尽量将其取为0)。而h为计算点在荷载变化方向上的节点坐标,比如荷载的变化方向为Z向,则h为计算点的Z坐标,$H-h$为计算点距流体表面的距离。程序不允许$H-h<0$,即$H-h<0$的单元处不能施加流体压力荷载。例如,按图4-25a)所示定义线性流体压力荷载,施加在图4-26所示的板单元上(竖向6个单元,每个单元在竖向的高度均为1m,底端竖向坐标为0),此时最上方节点的竖向坐标为6,可得到如图4-26a)所示的梯形压力分布。最上层的压力是这样计算出的:

$$P = P_0 + g \times (H - h) = 8 + 10 \times (10 - 6) = 48\text{kN/m}^2$$

图4-26　流体压力示例(单位:kN/m²)

对曲线荷载类型,H的含义与线性荷载类型相同,x是从液面向下起算的。注意曲线荷载是将单元按3等分之后加载,一个单元如果很长,其荷载形式就会接近直线,故单元分割得越细,其荷载形式就会越接近于曲线。图4-26b)所示的压力分布是按图4-25b)定义的,结构同上例。液面在基底以上2m,所以$H=2$。液体底面处$x=2$,则此处的压力为:

$$P = ax^2 + bx + c = 1 \times 2^2 + 1.8 \times 2 + 2 = 9.6 \text{kN/m}^2$$

2)流水压力

当需要计算水中结构物的抗流水冲击作用时要计算流水压力。在我国《公路桥涵设计通用规范》(JTG D60—2015)及《铁路桥涵设计规范》(TB 10002—2017)中都有作用在桥墩上的流水压力计算公式,两者都将流水对阻水物的流水压力近似按倒三角形计算,合力计算公式是一致的,即:

$$P = KA \frac{\gamma v^2}{2g} \tag{4-1}$$

式中:P——流水压力标准值(kN);

A——阻水面积(m^2);

γ——水的重度(kN/m^3),清水取10kN/m^3,对非常浑浊的水可取大些;

g——重力加速度(m/s^2);

v——水的流速(m/s);

K——阻水结构物的形状系数。

K的取值如下(按公路规范取值,括号内为铁路规范取值):

(1)方形:1.5(1.47)。

(2)矩形(长边与水流平行):1.3(1.33)。

(3)圆形:0.8(0.73)。

(4)尖端形:0.7(0.67)。

(5)圆端形:0.6(0.60)。

现在的问题:一是如何得到倒三角形的压力,二是各高度处的压力如何计算。

利用流体压力荷载功能得到的分布荷载,只能是在荷载变化方向上。节点坐标小的压力也小,节点坐标大的压力也大。为了得到倒三角形的压力荷载(结构物底面压力为0),可以让图4-25a)中的均布压力荷载P_0为负值,即:

$$P_0 = -g \times (H - h_{水底}) \tag{4-2}$$

按图4-27a)所示填写数据,就可得到如图4-27b)所示的倒三角荷载,图中的结构物与图4-26相同。

倒三角荷载的合力可表示为:

$$P = \frac{1}{2} \left[P_0 + g \times (H - h_{水面}) \right] \times (h_{水面} - h_{水底}) \times B \tag{4-3}$$

式中:B——阻水面的宽度;

g——等效流体重度。

式(4-3)中合力P值可按式(4-1)计算,将式(4-2)代入式(4-3)中,$h_{水面}$和$h_{水底}$分别为水面和水底面处在竖向的坐标(为已知值),则在式(4-3)中只有等效流体重度g是未知的,从而可以求出g的值。等效流体重度g的值按公式推导为负,负号表示流水压力的方向。g实际输入时取正值,但建模和施加时要特别注意方向的选择。

$$g = \frac{2P}{B(h_{水面} - h_{水底})^2} \tag{4-4}$$

H的值不影响合力的计算,但影响合力作用位置,且要保证对任何位置$H-h \geq 0$,可以取:

$$H = h_{水面} \tag{4-5}$$

这样流水压力就可以用流体压力荷载功能施加了,只是要注意压力荷载的方向。图4-27b)所示的是压力图,箭头朝向就是荷载的施加方向,压力值为负也是表示方向,其表示的方向与箭头表示的方向是一致的。

a)对话框　　　　　　b)压力图

图4-27　倒三角流体压力示例(单位:kN)

下面列举一实例来说明流水压力的计算。某圆形钢围堰,外径26.4m,从水底到水面的距离为11.16m,水流速度2m/s。

根据式(4-1)计算流水压力:

$$P = KA\frac{\gamma v^2}{2g_n} = 0.73 \times 26.4 \times 11.16 \times \frac{10 \times 2^2}{2 \times 10} = 430\text{kN}$$

等效流体重度按公式(4-4)计算:

$$g = \frac{2P}{B(h_{水面} - h_{水底})^2} = \frac{2 \times 430}{26.4 \times 11.16^2} = 0.26\text{kN/m}^3$$

建模时将水底面的竖向坐标定为0,参考高速H按式(4-5)计算:

$$H = h_{水面} = 11.16\text{m}$$

均布压力荷载P_0的计算按式(4-2)计算:

$$P_0 = -g \times (H - h_{水底}) = -0.26 \times (11.16 - 0) = -2.9\text{kN/m}^2$$

建立圆形围堰的模型,这里没有考虑围堰内的构造,仅将围堰视为一个钢桶。施加的荷载如图4-28所示,施加的荷载为流体压力,方向为整体坐标系Y向。因为是圆形围堰,所以注意方向下方的投影一定要选择是。最后的水平位移结果如图4-29所示,假设围堰底固结。

图4-28　流水压力荷载

图4-29　流水压力荷载下围堰的水平位移云图(单位:m)

3)土压力

利用流体压力荷载功能还可以模拟侧向土压力,但需根据土压力的分布形状、大小及作用位置等确定各个参数。据挡土结构物的水平位移方向和大小,可将土压力分为静止土压力、主动土压力和被动土压力。对刚性挡土结构物,作用在其上的土压力都呈线性分布。但是对于图4-30所示的基坑临时支护,支护是分层进行,自上而下地边挖、边铺、边撑,此时作用于支撑上的土压力分布呈曲线形。

a)支撑系统及其位移(虚线)　　　　b)作用于支撑上的土压力分布

图4-30　基坑支承上的土压力

静止土压力的分布如图4-31所示,图中 H 为挡土墙高度, γ 为土的重度, K_0 为静止土压力系数。如图4-31a)所示,不考虑地下水时挡土墙底面的压力为 $K_0\gamma H$,在用流体压力荷载模拟土静止压力时,流体重重应为 $K_0\gamma$,参考高度应该填写为"H+挡土墙底面竖向坐标值"。如果挡土墙顶面以上还有土层(设高度为 h_0),则均布压力荷载 P_0 也应考虑静止土压力系数,其值为$K_0\gamma h_0$。如图4-31b)所示,考虑地下水时,挡土墙上受到的压力可分为三部分考虑:一是水面以上的h_1高的土压力,作用范围为地面到水面之间,单独施加流体压力在h_1部分的挡土墙上;二是h_2部分的土压力,单独施加在h_2部分的挡土墙上,但需注意土的重度变化(应采用有效重度γ')、参考高度以及P_0的取值;三是h_2部分的水压力施加在h_2部分的挡土墙上,注意参考高度的取值。上述的第二和第三部分压力也可以换算成一部分同时施加在h_2部分的挡土墙上。因为参考高度与建模时的坐标有关,荷载施加后最好检查一下挡土墙底的压力是否正确。

图4-31 静止土压力的分布

下面举例说明有地下水时的静止土压力计算。挡土墙的形式和土压力分布如图4-31b)所示,图中$h_1=2.0$m,$h_2=6.0$m,土层全部为中砂,重度$\gamma=18$kN/m³,有效内摩擦角$\varphi'=30°$,黏聚力土$c=0$。假设在填土面上还作用有$q=20$kPa的均布荷载。静止土压力系数按砂性土的经验公式取为$K_0=1-\sin30°=0.5$。建立如图4-32a)所示的实体模型,挡土墙底的竖向坐标为1,作用在挡土墙上的静止土压力用流体压力荷载模拟如下:

(1)水面以上土压力

参考高度:$H_{c1}=2.0+6.0+1=9$m。

均布压力荷载:$P_{01}=K_0 q=0.5\times20=10$kPa。

流体重度:$\gamma_1=K_0\gamma=0.5\times18=9$kN/m³。

(2)水面以下土压力

参考高度:$H_{c2}=6.0+1=7.0$m。

均布压力荷载:$P_{02}=K_0(q+\gamma h_1)=0.5\times(20+18\times2.0)=28$kPa。

流体重度:$\gamma_2=K_0\gamma'=0.5\times18=9$kN/m³。

(3)静水压力

参考高度:$H_{c3}=6.0+1=7.0$m。

均布压力荷载:$P_{03}=0$kPa。

流体重度:$\gamma_3=10$kN/m³。

分三部分施加流体压力荷载,注意水面以下部分的荷载是叠加的,如图4-32b)所示。用流体压力荷载模拟土压力的好处是不需知道压力荷载的具体大小,并能准确模拟挡土墙各部的荷载分布。施加流体压力荷载时,注意要选择好实体单元的面与施加方向。

a)实体模型   b)压力荷载

图4-32　静止土压力计算示例(单位:kPa)

目前我国公路和铁路桥涵规范中主动土压力采用的是库仑主动土压力,其分布如图4-33所示。用流体压力荷载的功能施加主动土压力时,其在水平方向和竖向的分力应分别施加。主动土压力的理论计算公式如下:

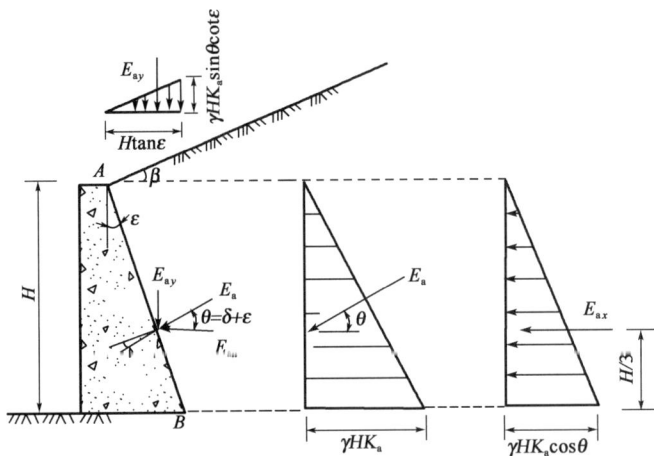

图4-33　库仑主动土压力分布

$$E_a = \frac{1}{2}\gamma H^2 K_a \tag{4-6}$$

$$K_a = \frac{\cos^2(\varphi - \varepsilon)}{\cos^2 \varepsilon \cos(\delta + \varepsilon)\left[1 + \sqrt{\dfrac{\sin(\delta + \varphi)\sin(\varphi - \beta)}{\cos(\delta + \varepsilon)\cos(\varepsilon - \beta)}}\right]^2} \tag{4-7}$$

式中:γ、φ——墙后填土的重度及内摩擦角;

　　H——挡土墙的高度;

　　ε——墙背与竖直线的夹角;

　　δ——墙背与填土间的摩擦角;

　　β——填土面与水平面间的夹角;

K_a——主动土压力系数。

若定义 θ 角为合力 E_a 的作用方向与水平线的交角,则 $\theta = \delta + \varepsilon$。为了方便用流体压力荷载模拟主动土压力,将作用在墙背上的主动土压力分解成水平力 E_{ax} 和竖向分力 E_{ay},则 E_{ax} 和 E_{ay} 都为线性分布,即:

$$E_{ax} = E_a \cos\theta = \frac{1}{2}\gamma H^2 K_a \cos\theta \tag{4-8}$$

$$E_{ay} = E_a \sin\theta = \frac{1}{2}\gamma H^2 K_a \sin\theta \tag{4-9}$$

下面举例说明主动土压力的模拟方法。某挡土墙如图4-34a)所示,墙高 H=5m,宽度5m,墙背倾角 ε=10°,填土为细砂,填土面水平(β=0),$\gamma = 19\text{kN/m}^3$,$\varphi = 30°$,$\delta = \frac{\varphi}{2} = 15°$,$\theta = \delta + \varepsilon = 15 + 10 = 25°$。主动土压力系数可以按式(4-7)计算也可查表,$K_a = 0.378$。建立如图4-34a)所示的实体模型,挡土墙底的竖向坐标为–2,水平向坐标为–3。作用在挡土墙上的主动土压力用流体压力荷载模拟如下:

(1)水平土压力

参考高度:$H_{c1} = 5.0 - 2.0 = 3\text{m}$。

均布压力荷载:$P_{01} = 0\text{kPa}$。

流体重度:$\gamma_1 = K_a \gamma \cos\theta = 0.378 \times 19 \times \cos 25° = 6.509\text{kN/m}^3$。

(2)竖向土压力

参考高度:$H_{c2} = 5.0 \times \tan 10° - 3.0 = -2.118\text{m}$。

均布压力荷载:$P_{02} = 0\text{kPa}$。

流体重度:$\gamma_2 = K_a \gamma \sin\theta = 0.378 \times 19 \times \sin 25° = 3.035\text{kN/m}^3$。

施加荷载时为了调整压力方向,可以将流体重度输成负值,最后显示的压力也是负值是没有关系的,只要荷载的箭头方向正确就可以。最后施加的荷载如图4-34b)和图4-34c)所示,为了清晰,将水平土压力和竖向土压力分开显示,实际施加时可以将两个土压力施加在一个面上。

a)实体模型及整体坐标系　　　　b)水平土压力　　　　c)竖向土压力

图4-34　库仑主动土压力示例

如图4-30所示的多支承板桩,土压力不能按朗肯或库仑理论计算,试验结果证明这时的土压力呈中间大、上下小的抛物线形状分布,其变化在静止土压力和主动土压力之间。太沙基(Terzaghi)和派克(Peck)根据实测及模型试验结果,提出作用在板桩上的土压力分布经验图形,如图4-35所示,用折线代替曲线。图中,K_a为主动土压力系数,δ为墙与土间的摩擦角,c_u为黏土的不排水抗剪强度。对这种按折线分布的土压力也可用流体压力荷载模拟,即用分层施加的方法,现以图4-35c)所示的密砂情况为例说明。

图4-35 多支承板桩上的土压力分布

某板桩的高度H为5m,密砂重度为19.5kN/m³,内摩擦角为30°,墙与土间的摩擦角δ为15°,查表得到主动土压力系数K_a为0.301。建立板单元模型(图4-36),模型底的竖向坐标为0,作用在板桩墙上的土压力用流体压力荷载模拟如下。

图4-36 多支承板桩上的土压力示例模型

(1)上层

参考高度:$H_{c1} = 0.2 \times 5.0 + 0.8 \times 5.0 = 5$m。

均布压力荷载:$P_{01} = 0$kPa。

流体重度:$\gamma_1 = 0.8\gamma H K_a \cos\delta/(0.2H) = 0.8 \times 19 \times 5 \times 0.301 \times \cos 15°/(0.2 \times 5) = 22.1$kN/m³。

(2)中层

参考高度:$H_{c2} = 0.6 \times 5.0 + 0.2 \times 5.0 = 4$m。

均布压力荷载:$P_{02} = \gamma_1 \times 0.2H = 22.1 \times 0.2 \times 5 = 22.1$kPa。

流体重度:$\gamma_2 = 0$kN/m³。

(3)下层

参考高度:$H_{c3} = 0.2 \times 5.0 = 1$m。

均布压力荷载:$P_{03} = -22.1$kPa。

流体重度:$\gamma_3 = \gamma_1 = 22.1$kN/m³。

施加流体压力荷载后的情况如图4-37所示。下层的压力分布为倒三角形,为了使板桩最低处的压力为0,均布压力荷载应为$P_{03} = -\gamma_3 \times (H_{c3} - h_底)$,$h_底$为板桩底竖向坐标,此处为

0。施加流体压力荷载时,注意方向的选择:上层和中层的压力方向为整体坐标系的Y轴,而下层的压力方向为板单元(局部)坐标系的Z轴。

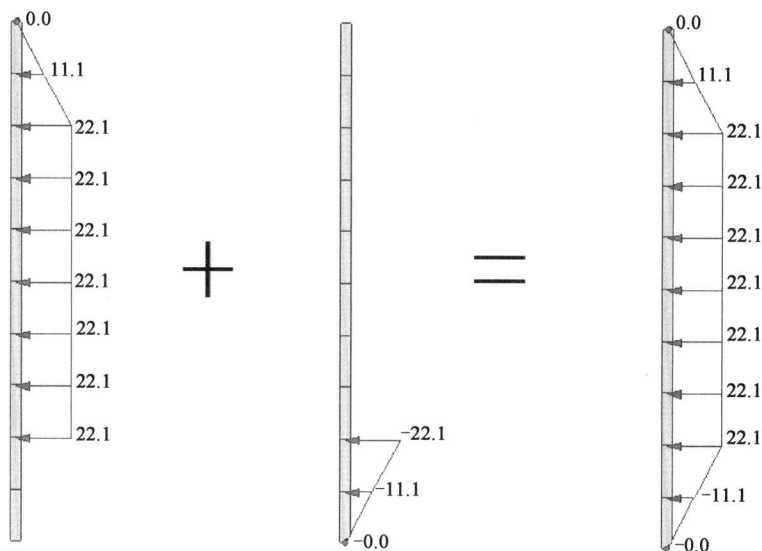

图4-37 多支承板桩上的土压力分布模拟(单位:kPa)

4.1.9 波浪荷载

1)波浪描述

假定海上桩式基础处于平均水深为h的海域,在静止海平面上建立如图4-38所示的波浪坐标系XOZ,X轴表示波浪传播方向,Z轴与基础的中心线重合,O为坐标原点且与静止海平面上基础横截面中心重合。图中描述波浪运动的参数有:

图4-38 波浪基本参数定义图

①波高H:波峰顶至波谷底的垂直距离。

②波长L:两个相邻波峰顶(波谷底)之间的水平距离。

③波周期T:海浪推进一个波长所用的时间。

④水面深度h:静止水平面至海底基床距离。

⑤波面升高$\eta=\eta(x,z,t)$:波面至静止水面的垂直位移,原点位于静止水面。

⑥波数k:2π长度上波动的个数,$k=2\pi/L$。

⑦波浪圆频率ω:$\omega = 2\pi/T$。

⑧波速c:波形传播速度,$c = \omega/k = L/T$。

⑨波浪相位函数θ:$\theta = kx - \omega t$。

2)波浪荷载

平台结构波浪荷载包括拖曳力、惯性力和绕射力,对小尺度构件($D/L\leq15$)有拖曳力和惯性力,对大尺度构件有惯性力和绕射力。计算波浪力用莫里森(Morison)公式:

$$dF = (0.5C_D\rho DU|U| + C_M\rho AU')dz \tag{4-10}$$

$$F = \int dF \tag{4-11}$$

式中:ρ——水的密度;

U——在dz上垂直于构件轴线方向的水质点速度,如图4-39所示;

U'——在dz上垂直于构件轴线方向的水质点加速度;

C_D——拖曳力系数;

C_M——惯性力系数;

D——构件截面的宽度或直径;

A——构件横截面面积。

图4-39 小直径立柱体波浪力计算坐标系统

3)波浪荷载在midas Civil中的定义

用命令**荷载>沉降/Misc.>波浪荷载**生成静态/动态分析的波浪荷载参数,图4-40所示为执行该命令后弹出的对话框。点击"添加"可输入新的或增加波浪荷载参数。点选已经存在的波浪荷载参数,然后点击"总波浪荷载..."则以图形格式显示定义的波浪荷载;点击"波浪荷载数据(栅格)"则以表格格式显示定义的波浪荷载。

图4-40 波浪荷载参数对话框

如图4-41所示,在添加/修改波浪荷载系数对话框中,生成的荷载类型包括"静荷载"和"时程荷载"。静荷载是等效静力波浪力,基于波浪函数和结构几何位置,通过模型预处理(自动求解加载位置)计算最不利波浪力,波浪荷载自动转换为静态节点荷载。由关键节点定义的多个静态荷载(即在图4-41中选择不同的"临界位置"),可以产生不同的静力荷载工况。时程荷载则将波浪荷载自动转换为时程荷载,但必须预先定义时程荷载工况,点击后面的 ⋯ 按钮生成时程荷载工况。同时考虑静荷载与时程荷载时采用线性振型叠加,在所有节点施加节点动力荷载,模拟波浪流动状态。分析时间可选择1~2倍波浪周期,时程分析可作为静力荷载的补充和校核。

波浪前进方向作为全局坐标 X 轴,用一般参数中的竖坐标选择垂直波浪荷载方向(全局坐标 Z 或 Y 轴)。基于整体坐标系定义水面深度,输入水重度及水深 h,程序根据波浪函数曲线,自动计算水深+波浪振幅($A=H/2$)范围内的波浪力。

点击"拖曳系数/惯性系数"后面的"定义"按钮,弹出如图4-42所示的对话框。拖曳系数(阻力系数)取值范围为0.6~2.0,默认值为0.65;惯性系数取值范围为1.5~2.0,默认值为1.65。

图4-41 添加/修改波浪荷载数据

点击"波浪特性"后面的"定义"按钮,在图4-43所示的对话框中定义波浪特性。

图4-42 定义拖曳系数/惯性系数

图4-43 定义波浪特性

类型(波浪理论选取):

(1)当 $h/L > 0.2$(水深/波长)或 $H/h \leq 0.2$(波高/水深)时,用线性理论。

(2)当 $0.1 < h/L < 0.2$(水深/波长)或 $H/h > 0.2$(波高/水深)时,用斯托克斯波理论。

(3)当 $0.05 < h/L < 0.1$(水深/波长)时,用椭圆余弦波理论。

函数顺序:基于斯托克斯波理论,当选择考虑/不考虑海流作用的流函数时,可调整函数阶数。

波向:波浪荷载作用方向,按逆时针方向输入与全局坐标X轴的夹角度数。

波高:波浪荷载作用范围,即波浪振幅($A=H/2$)。

波长/周期:定义波浪荷载的波动特性。

运动系数:考虑波浪荷载不规则运动的系数,0<运动系数≤1。

当类型选择"考虑海流作用的流函数"时,要通过输入随深度变化的流速数据来考虑波速影响,可以直接输入海面(表面M.W.L.)和海底(底部)水流速,其余位置线性内插。

指定验算用波理论:采用两种理论计算斯托克斯数,判断波理论选择的合理性,斯托克系数需小于破碎极限。如图4-44所示,红线为破碎极限。

图4-44　波理论验算

海流流速剖面:通过输入随深度变化的流速数据生成海流荷载,海流荷载包含在波浪荷载工况中。如图4-45所示,方向即前面输入的"波向",当前阻塞因数为结构对水流的阻塞因子,高度要求0≤高度≤水深(h),速度即水流速度。

图4-45　定义海流流速剖面

海生物:定义结构上附着生物的厚度随高度变化的值,无数据时可不考虑。

自重和浮力:可勾选"考虑重力"和"水浮力下的竖向荷载效应"。

浪峰位置:自动计算最不利相位角,对应每一种最不利荷载效应,生成相应荷载工况。

临界位置:根据波峰作用点,产生节点荷载,节点荷载会产生底部最大弯矩等6种最不利荷载响应。

初始位置:波浪荷载的初始长度/相位/时间。

增幅:波峰增量。

位置数:可计算的位置数量。

填写完图4-41所示对话框中的数据后,点击"确定"就会自动在结构上施加波浪力节点荷载。点击图4-40中的"总波浪荷载..."则以图形格式显示定义的波浪荷载(图4-46);点击"波浪荷载数据(栅格)"则以表格格式显示定义的波浪速度或加速度(图4-47)。

图4-46　总波浪荷载

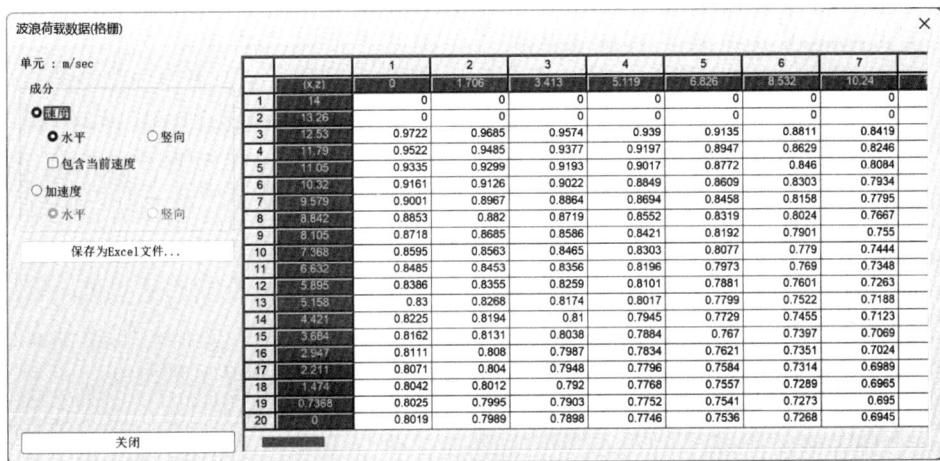

图4-47　波浪荷载数据(格栅)

如图4-46所示,查看一个周期下,不同相位处,基于波浪函数计算得到的波峰波谷波浪力。具体计算时,需将结构节点高程代入各个相位。

4.2 midas Civil 分析控制选项

4.2.1 介绍

分析菜单如图4-48所示,midas Civil作为桥梁结构的专用分析软件,强大的分析功能是其最大的特色之一。midas Civil的分析控制是对许多分析前的必要的设置,本节只介绍基本的分析控制,其他如P-Delta分析、屈曲分析等的分析控制会在后续章节介绍。

图4-48 分析菜单

4.2.2 主控数据

主控数据用来输入不同自由度单元之间的自由度约束条件和非线性单元的分析条件。图4-49为主控数据对话框。

图4-49 主控数据对话框

勾选"约束桁架/平面应力/实体单元的旋转自由度"后,当这些没有旋转自由度的单元与有旋转自由度的单元连接时,会自动约束其转动自由度,默认为选择。当不勾选此项时,用户应自行考虑不同自由度单元之间连接时的自由度耦合问题。自行考虑位移协调的问题可参见第2.2.7节内容。

板单元没有绕垂直于板平面轴向的旋转自由度,当板单元与其他单元(如梁单元)共同建模时,可能出现位移协调的问题,勾选"约束板单元的旋转自由度",就是为了避免此问题,默认为选择。

仅受拉/仅受压单元(弹性连接)属于非线性单元,求解时需要迭代,这里可以填写最大迭代的次数与收敛误差。如仅受拉单元(或仅受压单元)受超出规定的压力(或张力)时,该单元将退出工作状态。迭代分析过程中不包括已退出工作状态的单元的刚度。

在应力计算中默认是不考虑截面刚度调整系数的,勾选"在应力计算中考虑截面刚度调整系数",则在应力计算时考虑在截面特性调整系数,即用调整后的截面特性值计算应力。

请参见第2.4.5节内容。

在PSC截面(设计截面)刚度计算中可以选择是否考虑普通钢筋对截面特性的影响。在进行截面设计时,因为需要进行PSC截面验算,该项必须勾选。注意默认是不勾选的。

对设置截面偏心的变截面,偏心点即节点连线与截面形心点连线之间的距离是变化的。不勾选"修改变截面局部坐标轴进行内力/应力计算",各截面形心连线作为单元坐标系的x轴输出结果;勾选此项时,程序按照节点连线作为单元坐标系的x轴输出结果。如图4-50所示,竖向节点荷载F会(梁单元荷载也会)在形心线方向上产生一个分力,即不勾选此项时产生轴力,勾选此项就不会产生轴力。不以单元坐标系输出的结果不会受此影响,比如节点位移和节点反力等。在形心线于水平面的夹角不是很大的情况下,勾选与否关系不大,但勾选更合理些。

图4-50 变截面单元坐标的改变

4.2.3 分配边界给工况

同一个模型里,不同的荷载工况可以采用不同的边界条件。对于同一模型既有静力分析,又有动力分析时,不同分析也可采用不同边界条件。

分配不同边界条件给荷载工况分析的操作过程如下:

(1)根据不同的荷载工况及分析建立多个边界组,在结构菜单下的组功能区中定义边界组。

(2)定义边界条件和荷载工况。

(3)添加荷载。

(4)利用"分配边界给工况"功能,将不同边界组分配给不同荷载工况。

(5)运行分析。

(6)查看分析结果。

4.2.4 分析选项

在分析选项对话框中可以设置求解器和分析所需内存。这里的求解器包括选择要执行的静力分析方法以及多处理器的个数。

选择适当的分析方法会提高分析的效率。Skyline是结构分析程序中普遍采用的求解器,该求解器可以使用于任何分析方法、任何大小的模型,并与系统设置无关。Multi Frontal Sparse Gaussian(MFSG)是一种高性能的求解器,适用于求解大型模型及使用板单元或实体单元的模型,是midas Civil默认的求解器。在使用Multi Frontal Sparse Gaussian求解器时,选择一个以上的处理器(CPU)可以提高分析的速度。如2个处理器时,分析时间可减少30%~40%,但是分析的效率不是随着处理器个数的增加而线性提升的,处理器的个数增加到一定数量,效率就不再提升。处理器的最大个数是计算机中CPU所拥有的线程数,比如Intel I7处理器是4核8线程,就可以指定用8个处理器。如实际的处理器个数少于指定,程序会自动按实际的最多处理器个数设置。

如图4-51所示，用户可以指定计算机分配的内存大小，通常选择程序自动获取内存大小进行计算为宜。选择"自动"，则程序将确定计算机的内存状态后使用恰当的内存进行分析。通常是仅利用系统内存的一部分进行分析时，才需自己设定，那么可以指定的最大内存量与计算机本身内存有关。

图4-51　分析选项

4.2.5　运行分析

建立完模型，施加边界条件和荷载之后，就可以运行分析。执行运行的快捷键为F5，也可以点击工具条中的 按钮。

4.2.6　批处理

批处理对话框如图4-52所示，对应命令为**分析>批量分析**。该功能可对几个结构模型连续执行结构分析，点击添加按钮，添加要执行的数据文件，点击运行后各个文件就会按顺序执行。

图4-52　批处理对话框

4.2.7　导入分析结果

其他结构分析程序的分析结果可以用此功能导入 midas Civil 中，然后用 midas Civil 的后处理功能进行校核。操作步骤如下：

（1）把准备好的其他格式的模型数据文件从文件菜单中导入。

（2）保存为mcb格式。

（3）然后把准备好的以"fn. sar"保存的分析结果文件导入,这时候文件的扩展名不一定是sar。只要格式是相同的,文本文件也能导入。

关于如何生成fn. sar文件请参见在线帮助手册。

第 5 章

结果与输出

建模过程中的所有输入工作在前处理模式下进行,而荷载组合、反力、位移、构件内力、应力等分析结果的查看和整理工作则在后处理模式下进行。前、后处理模式的转换通过工具条上的🔓和🔓来切换,前者为前处理模式,后者为后处理模式。在成功执行计算分析之前,后处理模式的图标是灰色的,成功执行计算分析之后,程序自动进入后处理模式。

对应于强大的分析功能,midas Civil同样提供了全面、灵活的数据输出方式,用户可以方便直观地查看分析、设计结果。同时,也可以动态地生成计算书,并根据需要自行对输出数据格式进行编排,适用于不同结构类型的分析输出。

midas Civil的结果与输出功能多集中在结果菜单中(在后处理模式下,右键点击视图区域出现"结果"浮动菜单),如图5-1所示。图中没有列出所有子菜单,仅包含了"应力""时程分析结果"和"分析结果表格"三个子菜单。

a)结果菜单

b)浮动子菜单

c)应力子菜单

d)时程分析结果子菜单

e)分析结果表格子菜单

图5-1　结果菜单对话框

不同的分析功能,其查看分析结果所需的菜单是不尽相同的,比如Pushover分析可在Pushover> Pushover结果菜单中参看分析结果。因为在各章的实例分析中都给出了对应的查看结果的方法,所以本章不再详细阐述各种分析功能下如何查看结果,而是从整体上对程序的后处理功能进行介绍。

5.1　查看分析结果

5.1.1　荷载组合

midas Civil利用**结果>荷载组合**功能可对静力分析、移动荷载分析、动力分析、水化热分析、非线性分析及各施工阶段分析算出的所有结果进行任意组合,并可将组合的结果在后处理模式以图形或文本形式输出。为了进行荷载组合,需要将不同的荷载定义在不同的荷载工况中(定义时需特别注意荷载类型,因其影响自动荷载组合)。已利用荷载工况组合的荷载组合还可以与其他荷载组合进行重新组合。由荷载组合建立荷载工况的命令为**荷载>使用荷载组合**。

运行**结果>荷载组合**命令后弹出如图5-2所示的对话框。荷载组合可以有三种定义方式:一是从其他文件中导入以前的组合(通过点击图5-2中的 导入...),二是根据相关规范自动生成(通过点击图5-2中的 自动生成),三是自定义。

图5-2　荷载组合

首先在如图5-2所示的对话框中选择一般、钢结构设计、混凝土设计、SRC设计或组合钢梁设计,不同的选择之间"荷载组合列表"中的内容稍有不同。

自定义荷载组合时,在图5-2的上方选择"一般"表单,然后依次给出组合的名称,在"激活"栏中选择合适的项,"类型"栏中选择组合方式(相加、包络、ABS、SRSS等),最后在"荷载工况和系数"分组框内选择荷载工况并填写对应的组合系数。

根据相关规范自动生成时,在图5-2的上方选择"钢结构设计""混凝土设计""SRC设计"或"组合钢梁设计"表单中的一个,然后点击图5-2中的 自动生成... 按钮,在弹出的对话框中选择相应规范和组合的内容,然后点击"确定"即可。图5-3为选择"混凝土"、设计规范选择"JTG D60—15"时对应的对话框。

图5-3　选择荷载组合

5.1.2　分析结果图形输出

在运行分析后,可以用图形显示包括荷载组合在内的所有工况变形图、内力/应力图等分析结果。除了特殊的分析查看结果方法外,midas Civil后处理功能的一般使用步骤如下:

(1)点击🔒后处理模式将程序的环境转换为后处理模式。

(2)利用结果菜单或工具条的图标导入后处理功能。

(3)在屏幕左侧树形菜单中选择相应荷载工况/荷载组合条件,若要输入新的荷载组合条件可利用右侧的▫▫▫键。

(4)在结果组成选择栏对反力、变形、内力和应力的方向成分进行指定。

(5)在显示类型选择栏对等值线图、变形图、数值显示等画面表现形式进行指定,若要进行变更时可利用相应选择栏右侧的▫▫▫键。

(6)在所有模型中只想在画面上显示某一部分时,可利用**视图>选择**功能对该部分进行选择后,再利用**视图>激活**功能将其激活。

(7)点击 适用 键,则反映上述指令的后处理结果就会在画面上显示出来。

(8)导入其他后处理功能时,相比利用主菜单,利用对话框上的各后处理功能表单和功能目录表或利用图标菜单会更为便利。

下面仅以实体单元的应力云图来说明分析结果的图形输出。成功执行计算分析之后,进入后处理模式,执行**结果>应力>实体单元应力**命令,然后在左侧的对话框中,选择要输出的荷载工况以及应力种类后,勾选"显示类型"分组框中的"等值线",然后点击其右侧的▫▫▫键,弹出如图5-4所示的对话框,选择按单色线显示等值线就会显示如图5-5所示的等值线图。选择"填充涂色",就会出现图5-6所示的应力云图。

图5-4　等值线细部设置图

图5-5　应力分布的等值线图

图5-6　应力分布云图(填充涂色)

　　结构变形的显示比例是可以调整的,运行**结果>变形>位移等值线**命令后,弹出如图5-7所示的对话框;点击"变形"后的按钮，可在弹出的如图5-8所示对话框中对变形显示比例进行设定,默认情况下显示比例是程序自动计算得到的值。

图5-7 查看位移对话框　　　　　图5-8　详细设定变形显示比例

　　对几何非线性分析、施工阶段分析等具有加载阶段或施工阶段的模型,可以利用节段/步骤时程图表功能按阶段或步骤输出位移结果,对梁单元和桁架单元还可以按阶段或步骤输出内力和应力结果。这种功能可以画出位移等分析结果按阶段或步骤的变化趋势图形。

　　通过梁的细部分析(对应命令为**结果>梁单元>梁单元详细分析**),生成梁的变形形状、剪力图和弯矩图,并给出截面的应力分布图,如图5-9和图5-10所示。但移动荷载分析不能进行梁细部分析。

图5-9　位移、剪力与Z轴方向的弯矩图

图5-10　截面应力分布

在图5-9中,拉动图下方的标尺可以查看梁单元内部任意位置的位移与内力。

点击图5-9下方的"截面"可以看到截面分析结果,如图5-10所示。由图中可以看出,梁单元细部分析可以给出截面上某些位置的应力,这些应力可以通过点击按钮"导出Excel文件"输出到Excel中。

5.1.3　分析结果表格

图5-1给出了分析结果表格的子菜单,多数分析结果都可以电子表格的形式输出,这些表格一般都可以导出到Excel中。图5-11给出了梁单元内力表格的形式,需要注意的是,结果表格都是有一定格式的。

	单元	荷载	位置	轴向 (kN)	剪力-y (kN)	剪力-z (kN)	扭矩 (kN*m)	弯矩-y (kN*m)	弯矩-z (kN*m)
	19	自重	I[19]	-2427.59	0.00	7533.44	0.00	-14589.87	0.00
	19	自重	J[20]	-2525.29	0.00	9144.40	0.00	-37550.87	0.00
	20	自重	I[20]	-2566.66	0.00	9132.88	0.00	-37550.87	0.00
	20	自重	J[21]	-2665.43	0.00	10648.07	0.00	-62319.08	0.00
	21	自重	I[21]	-2713.02	0.00	10636.05	0.00	-62319.08	0.00
	21	自重	J[22]	-2822.17	0.00	12202.31	0.00	-90925.19	0.00
	22	自重	I[22]	-1636.71	0.00	-4417.12	0.00	-90925.18	0.00
	22	自重	J[23]	-1759.99	0.00	-2796.75	0.00	-81869.93	0.00
	23	自重	I[23]	-1759.31	0.00	-2797.18	0.00	-81869.93	0.00
	23	自重	J[24]	-1887.32	0.00	-1120.08	0.00	-76947.26	0.00
	24	自重	I[24]	-1967.09	0.00	-1917.35	0.00	-76375.56	0.00
	24	自重	J[25]	-1967.09	0.00	-1517.49	0.00	-75516.85	0.00
	25	自重	I[25]	-2439.74	0.00	468.89	0.00	-75516.85	0.00
	25	自重	J[26]	-2184.43	0.00	694.56	0.00	-75775.33	0.00
	26	自重	I[26]	-1967.09	0.00	-1517.67	0.00	-75775.33	0.00
	26	自重	J[27]	-1967.09	0.00	248.68	0.00	-75013.94	0.00
	27	自重	I[27]	-13966.08	0.00	7270.94	0.00	-196596.64	0.00

图5-11　梁单元内力表格

5.1.4 局部方向内力的合力

对应命令:**结果>局部方向…**。该功能可以求梁单元、板单元和实体单元中的一种单元类型单独建模或多类型单元混合建模时多个节点上内力的合力。选择节点的方法有交叉线选择和多边形选择两种。

交叉线选择需要定义三个点的坐标(输入点的坐标,或单击输入区后在模型窗口中点击目标点),前两点定义一条直线,即用该线选择单元的边(边上的节点将被选中),选择的边必须在该线上,合力输出位置在直线的中间,另外输入的第三点用来确定选择哪一侧的单元。三点的选择顺序也决定了输出合力的局部坐标系。采用交叉线选择时,可以选择梁单元和板单元。

多边形选择即用多边形选择单元的边缘。定义多边形时,按选择节点的顺序及右手法则,决定输出合力的局部坐标系的x轴(也可以输入一个矢量定义局部坐标系的z轴,作为输出结果的基准)。并且只有当定义的x轴的相反方向(负方向)有单元时,定义的多边形才有效。如果采用多边形选择,可以选择梁单元、板单元和实体单元。

使用局部方向内力的合力功能时需注意以下问题:

(1)查看内力的截面中的实体单元中有四面体单元时,尽量不要使用此功能查看内力的合力。例如,四面体单元中只有一个节点在此截面上时,程序将丢掉此单元的内力。

(2)程序中局部方向内力是根据剖断面上所有节点的节点内力相加而得到的,而这些节点的内力会受到断面两侧单元的影响,可能选择剖断面哪一侧是影响合力结果的。顺时针选择节点还是逆时针节点来构成剖面得到的局部内力结果可能相差很大,需要正确判断输出坐标系的方向。

(3)对用实体单元模拟的结构,剖断面最好剖开整个结构,即一般不要对局部实体的剖断面进行内力查看;即使要查看,也一定要核实、判别合力结果的合理正确性。

5.2 数据文件输出

在计算完成后会自动生成一个jobname. out的文件,其中jobname为分析数据文件名。该文件中包含了一些默认输出的分析信息。

利用命令**结果>文本结果**可以根据需要输出部分或全部分析结果到 jobname. anl中,执行该命令后,程序会一步一步提示用户选择输出的内容,具体请参见程序的在线帮助。

5.3 计算书生成器

在midas Civil程序中的树形菜单中,"计算书"表单用来将计算书内容登记到计算书目录树中,如图5-12所示。在程序的工具菜单中,有一个"动态计算书生成器"命令,利用该命令可以"动态"地生成计算书。midas Civil的计算书功能具有开放性、可重复调用等特点,用户可以根据自己的习惯确定计算书的格式,也可以重复调用已确定的格式,提高了制作计算书的效率。

动态计算书生成器的使用方法见本书第6.11节和程序的在线帮助,此不赘述。

图5-12 树形菜单"计算书"目录树

midas Civil 配套工具介绍

在midas Civil的工具菜单中有几个配套的小工具软件,包括MCT命令窗口、截面特性计算器(SPC)、钢束形状生成器、任意截面设计器、文本编辑器、图形编辑器、转换图元文件为DXF文件、地震波数据生成器、动态计算书生成器、动态计算书图形、材料统计和钢束快速生成器等,本章就其中的部分小工具软件做简单的介绍。

6.1　MCT命令窗口

MCT是midas Civil Text的缩写,是文本型的数据格式。MCT中包含很多命令,用户可单独使用MCT命令建立模型,例如节点坐标、材料属性、截面数据、指定位移模式和设计参数等。通过MCT文件,用户可以更方便地输入模型数据,该数据可以和已有的建模数据整合在一起。midas Civil的模型数据也可以导出成MCT格式。

MCT的命令有一百余条,命令格式在程序在线帮助的"MCT命令简要说明"中有详细的介绍。因为MCT命令格式是固定的,并能完成建模和求解,所以可以通过MCT命令对midas Civil进行间接的二次开发。比如可以通过VB、VC++等开发出程序完成特定的功能,执行后可得到MCT格式的文件,再调用midas Civil予以执行。

执行**工具> MCT命令窗口**,得到如图6-1所示的MCT命令窗口对话框。

图6-1　MCT命令窗口

在图6-1中,MCT命令下拉条中包含了所有MCT命令,可以通过按钮 插入命令 来将下拉条中当前的命令格式插入到窗口中,图中插入了节点生成的命令,其格式如下:

```
*NODE      ; Nodes
; iNO, X, Y, Z
```

第一行为命令名称,第二行为前一行命令所需数据的格式。所有的MCT命令都以*开头,后面紧跟命令名称,没有空格。在任何位置出现分号,其后的数据都将被视为注释。所有标点符号都必须是英文的半角字符,不能是中文标点符号。数据前面的空格是可有可无的。根据上面的命令格式,我们就可以填写出下面在坐标原点(0,0,0)建立10号节点的可执行的命令：

```
*NODE      ; Nodes
; iNO, X, Y, Z
    10, 0, 0, 0
```

因为分号以后的内容被视为注释，所以上面命令也可以写成：

```
*NODE      ; Nodes
    10, 0, 0, 0
```

其他的命令与此类似。

与插入命令按钮不同，插入数据 按钮是在窗口中插入与下拉条中当前的命令相关的命令及命令参数（数据）。如在下拉条中的命令为"*VERSION"，点击 插入数据 可在窗口中插入下面的内容：

```
;-----------------------------------------------------------------
;  MIDAS/Civil Text(MCT) File.
;  Date : 2021/10/8
;-----------------------------------------------------------------

*VERSION
   8.9.5
```

如在下拉条中的命令为"*ELEMENT"，"插入数据"会将现有模型中的所有单元信息插入到窗口中，点击 插入数据 可在窗口中插入下面的内容：

```
*ELEMENT      ; Elements
; iEL, TYPE, iMAT, iPRO, iN1, iN2, ANGLE, iSUB,                        ; Frame  Element
; iEL, TYPE, iMAT, iPRO, iN1, iN2, ANGLE, iSUB, EXVAL, EXVAL2, bLMT ; Comp/Tens Truss
; iEL, TYPE, iMAT, iPRO, iN1, iN2, iN3, iN4, iSUB, iWID , LCAXIS      ; Planar Element
; iEL, TYPE, iMAT, iPRO, iN1, iN2, iN3, iN4, iN5, iN6, iN7, iN8       ; Solid  Element
     1, BEAM ,    1,    1,    1,    2,    0,    0
     2, BEAM ,    1,    1,    2,    3,    0,    0
     3, BEAM ,    1,    1,    3,    4,    0,    0
     4, BEAM ,    1,    1,    4,    5,    0,    0
```

从上面的命令可以看出模型中仅有4个梁单元。如果现有模型中没有单元，那么按上面的命令执行将不会插入任何信息，包括命令格式。因此在修正总体模型时，插入数据命令是比较方便的。

下面列举一个实例说明MCT命令的使用方法。在进行预应力混凝土桥梁的分析时，需要将各个钢束的形状布置信息输入，但因为钢束数量较多，一根一根地输入会相当耗时，使用MCT命令会使该工作简单许多。首先用一般的方法输入一根典型钢束形状布置（方法可参见第8章相关内容），然后打开MCT窗口，在命令下拉条中找到"*TDN-PROFILE"命令，点击 插入数据 按钮，会得到该钢束形状布置的信息，对照刚才输入时的方法（图6-2）和命令窗口中的注释（图6-3），就可以知道命令格式及参数的含义。

在图6-3中，先将MCT命令窗口中的"数据区"内容拷贝下来，粘贴到命令窗口的最后，再修改其内容，即可定义其他类似的钢束形状。就是这样做也是比较烦琐的，用工具菜单中的"钢束形状生成器"可以从DXF格式的文件中读取钢束信息，然后生成MCT格式的信息，可大大方便钢束形状的输入。另外一个较好的输入钢束工具是结构菜单中的"钢束快速生成器"建模助手。

图6-2　钢束形状布置对话框

图6-3　生成钢束对应MCT命令

6.2　截面特性值计算器SPC

参见第2.4.4节内容。

6.3　钢束形状生成器

定义预应力钢束形状可以用钢束形状生成器,也可以用**荷载>温度/预应力>钢束形状**命令。这里介绍钢束形状生成器的使用方法。

钢束形状生成器可以将DXF格式的钢束转换为MCT数据文件,通过在midas Civil中读取该MCT文件,自动生成钢束布置形状。

启动钢束形状的方法为**工具>钢束形状生成器**,或直接在midas Civil的安装目录运行程序ReadDrawing. exe,其对话框如图6-4所示。

利用钢束形状生成器生成钢束布置形状的顺序为:读取钢束形状DXF文件→指定钢束属性→选择钢束的竖弯、平弯曲线→指定形状类型→选择插入点→添加生成钢束布置形状MCT文件→midas Civil中读取该MCT文件生成钢束布置形状。

具体可以按下述步骤进行操作。

1)在AutoCAD中画出钢束的布置,并另存为DXF格式

钢束的竖弯和平弯曲线应分别画出,当然也可以利用设计给出的钢束布置图,但是应该注意以下问题:

（1）钢束竖弯和平弯曲线的开始点及终点的X坐标要一致。

（2）钢束竖弯和平弯可以用样条曲线或多段线,注意钢束线必须是连续的。如竖弯或平弯曲线为直线+圆弧的多条线构成,有时为了防止钢束形状错误需用PEDIT命令将其合并成一条线。如为折线形式,则只要求连续即可。线段不可重叠。

（3）画钢束的竖弯和平弯曲线是要注意单位的选择,要与midas Civil模型中的单位一致。

（4）钢束曲线要另存为DXF格式文件,在一个文件中可以有多条钢束曲线。

图6-4 钢束形状生成器

2）读取DXF文件

启动钢束形状生成器,点击图6-4所示右上方的按钮 搜索... ,找到该文件并打开,在"所有图层"显示列表中选择钢束形状所在图层,双击该图层或选中该图层再点击右侧按钮 > ,这样在右边的"显示图层"栏中就会有选中的图层(即钢束所在的图层),在图6-4所示的左边图形窗口区就会看到钢束曲线。利用鼠标的滚轮可以缩放钢束曲线。

3）指定钢束属性

填写钢束名称、钢束特性值(Property)、所分配到的单元(Element ID)和曲线类型(Curve Type)。钢束特性值使用命令**荷载>温度/预应力>钢束特性**来定义(参见第8章)。曲线类型可以选择样条曲线(Spline)和圆弧(Arc),如何选择取决于在DXF文件中是如何画钢束曲线的。

标准钢束(Typical Tendon)在这里可以不选。勾选此选项后,在右侧还输入预应力钢筋的数量,此时程序就会认为输入了多根相同形状(具有代表性的标准钢束)的预应力钢筋。用户在进行桥梁的初步设计时,用此功能代替三维钢束形状的输入,可节省很多工作时间。

4）选择钢束形状类型(Tendon Shape)

在"布置形状"分组框的"坐标轴"后有两个选项:直线(Straight)和单元(Element)。一般对直线桥梁选前者,对曲线桥梁选后者。

选择"直线"后,不需填写插入点坐标,程序默认将模型中左边第一个单元的左节点坐标作为插入点坐标,有误差或不正确可以在MCT窗口修改(STRAIGHT后面即为插入点坐标),或者执行完MCT命令后再使用命令**荷载>温度/预应力>钢束形状**修改。程序会根据输入的平弯和竖弯曲线合成一条空间曲线。

选择"单元"后,"钢束导入"对话框的界面有所改变,如图6-5所示,此时以单元x轴作为钢束坐标系的x轴。钢束布置插入点可以指定单元的I端或J端作为参考插入点,该单元要在后面输入其单元号。

图6-5 钢束形状类型为单元后界面

"偏移量"Y为钢束在横桥向的偏移量,Z为钢束在竖向的偏移量,参考点就是插入点。

5)选择钢束的竖弯形状和平弯形状

钢束竖弯形状定义过程如下:

(1)点击按钮 [? 选择XZ起始点] ,使按钮图标变为 [-选择XZ起始点] ,则处于选择状态,用鼠标在图6-5所示的图形窗口中点选或框选竖弯钢筋线起点,出现红色小圆圈在所选点上表示选中。然后点击 [? 选择竖弯形状] 按钮,在图形窗口中点选或框选竖弯钢筋线,选中就显示为红色虚线。鼠标选择曲线过程中,点击线段一次为选择,再次点击为取消选择,点击次序对生成钢束坐标没有影响。

(2)选择竖弯形状后,按钮图标又变为 [√竖弯已选择5条] ,就说明此根钢束的竖弯形状已选择完毕。按钮图标中最后的数字表示选择的线的条数。

(3)同样的操作方式选择平弯形状。选中的平弯线以绿色显示。再点击"添加"就完成了一根钢束的形状输入。

6)生成MCT格式的钢束形状信息

按照上面的方法逐根添加每根钢束的竖弯、平弯信息和钢束特性等信息添加到钢束列表中,点击确定,则钢束列表中的钢束信息自动转换为MCT格式文件,该MCT文件保存在与钢束形状DXF文件同一目录下,文件名称与导入的DXF文件名称相同。点击确定按钮后,生成的MCT文件自动用默认的文本编辑器打开,如图6-6所示。

图6-6　钢束形状的MCT格式

7)完成钢束形状信息的输入

在 midas Civil 中确认当前单位体系与DXF文件的长度单位一致后,打开**工具>MCT**命令窗口,如图6-7所示。在弹出的对话框中点击"打开"按钮,打开上步生成的MCT文件,然后点击"运行"按钮,就完成了钢束形状的输入。钢束特性值必须是事先定义好的才能运行。

图6-7　执行钢束形状的MCT命令

钢束形状生成器可以独立于midas环境运行,其版本也在不断更新中。

6.4　文本编辑器

midas Civil 自带的文本编辑器(midas Text Editer)是一款midas专用的纯文本编辑器,可以打开和编辑midas系列程序软件生成的各种类型的文本文件,其界面如图6-8所示。可以用不同的颜色将普通文本、MCT命令和数值等不同的字段区分开来,设置字体和颜色的命令为View>Configure,如图6-9所示(有时需先打开一个既有文件才能设置)。

图 6-8　文本编辑器

图 6-9　文本编辑器中的设置

文本编辑器的操作方法和普通文本编辑器类似,支持诸如"新建""保存""打印"这些在窗口环境下运行的基本功能。

6.5　图形编辑器

midas 图形编辑器是和 midas 系列程序相连接的矢量图形编辑器,用来编辑和打印各种类型的图形文件。图形编辑器可以自由添加和编辑由 midas Civil 生成的各种 *. BMP 和 *. EMF(增强图元文件)文件。它还可以为用户生成精确的报告文件,具有和微软公司的 Power-Point、Word 相类似的绘图功能,其界面如图 6-10 所示。详细的操作说明请参见软件的在线帮助手册。

图 6-10　图形编辑器

6.6 转换图元文件为DXF文件

可以用命令**工具>转换图元文件为DXF文件**将图元文件(EMF)转换为AutoCAD的DXF格式的文件,并且同时生成相同文件名的DWG文件。在midas Civil主界面中,可以用命令**文件>图形文件**得到模型或结果的EMF格式矢量图形文件。可以用命令**文件(即点击midas的logo)>打印EMF文件**来输出EMF格式文件。

EMF是设备独立性的一种格式,也就是说EMF可以始终保持着图形的精度,而无论用打印机打印出何种分辨率的硬拷贝。EMF虽然可以保持图形的精度,但不支持动画效果。

6.7 地震数据生成器

midas Civil数据生成器包括地震数据生成器和人工地震。地震数据生成器可以根据历史上的地震波加速度记录数据或自定义的地震波加速度数据生成时程荷载函数,可以将地震波加速度数据转换为地震反应谱,还可根据10余种规范生成设计反应谱曲线。人工地震可以将设计反应谱合成与其匹配的设计加速度时程(地震波)。

6.7.1 地震数据生成器

1)根据地震波历史记录生成时程荷载函数

midas Civil内置的地震数据库中的历史记录包括1940年到1971年北美30多条实测地震记录以及1978年到1995年日本18条实测地震记录。通过执行命令**工具>数据生成器>地震数据生成器>Generate>Earthquake Record**,弹出如图6-11所示的对话框。

可以从图中的下拉条中选取地震加速度记录,Amplitude Scale后输入振幅比例用于调整地震波的峰值,Time Scale后输入时间比例用于调整持时。然后点击"OK"按钮得到生成的地震波,如图6-12所示。

通过File>Save命令可以将生成的地震波存成扩展名为sgs的时程荷载函数文件。

图6-11 Earthquake Record对话框

图6-12 根据历史记录生成的加速度地震波

从这里生成的所有加速度地震波的数据是统一化的,加速度用g(重力加速度)表示,初始时间间隔0.02s。使用振幅比例和时间比例可以改变时间步长和振幅的初始值,之后生成新的数据。

2)根据自定义地震波生成时程荷载函数

根据自定义地震波生成时程荷载函数的步骤如下:

(1)将自定义的地震波数据按图6-13所示的格式输入到一个文件中,然后保存为扩展名为dbs的文件。

在图6-13所示的文件中,第一行的"**1"是固定格式,不能修改,其后可以加对地震波的注释。自定义的地震波数据必须从第二行开始,每行的第一个数据为时刻,其后为地面运动的加速度,之间用逗号隔开。注意编辑文件的编辑器必须是无格式的纯文本编辑器或可以存成纯文本文件的编辑器,如微软的记事本、写字板或midas Civil的文本编辑器以及TextPad等比较专业的文本编辑器。

在midas Civil的安装目录Dbase文件夹下有70多个地震波数据文件(*.dbs)可以参考。

(2)运行命令**工具>数据生成器>地震数据生成器>Generate>Earthquake Record**,点击图6-14对话框的右上角按钮 Import ,导入在上步生成的扩展名为dbs的文件。必要时可以在对话框中调整地震波数据的加速度峰值及时间步长,然后点击"OK"按钮生成自定义的地震波。最后通过File>Save命令可以将生成的地震波存成扩展名为sgs的时程荷载函数文件。

图6-13　地震波数据文件(*.dbs)　　　图6-14　反应谱生成对话框

3)根据地震波历史记录生成反应谱

运行命令**工具>数据生成器>地震数据生成器>Generate>Earthquake Response Spectra**,弹出如图6-14所示的对话框。从图中上面的下拉条中选取地震加速度记录,定义阻尼比、谱曲线的起止时间和时间间隔,选择谱的类型,最后点击"OK"按钮就可生成如图6-15所示的反应谱。

4)根据自定义地震波生成反应谱

用与前面同样的方法生成自定义波的dbs文件,然后导入。定义阻尼比、谱曲线的起止时间和时间间隔,选择谱的类型,最后点击"OK"按钮就可生成自定义波的反应谱曲线。

5)生成设计反应谱

运行命令**工具>数据生成器>地震数据生成器>Generate>Design Response Spectra**,可以根据所选规范得到设计反应谱曲线,图6-16列出了可选的规范。新规范的设计反应谱应该执行命令**主菜单>荷载>地震作用>反应谱函数**(参见13.2节)。

图6-15 根据历史地震波数据生成的加速度反应谱

在图6-16中选择"China(JTJ 004—89)"后弹出如图6-17所示的对话框,根据规范说明填写数据,点击"OK"按钮即可得到如图6-18所示的设计反应谱。

图6-16 设计反应谱规范

图6-17 设计反应谱生成对话框

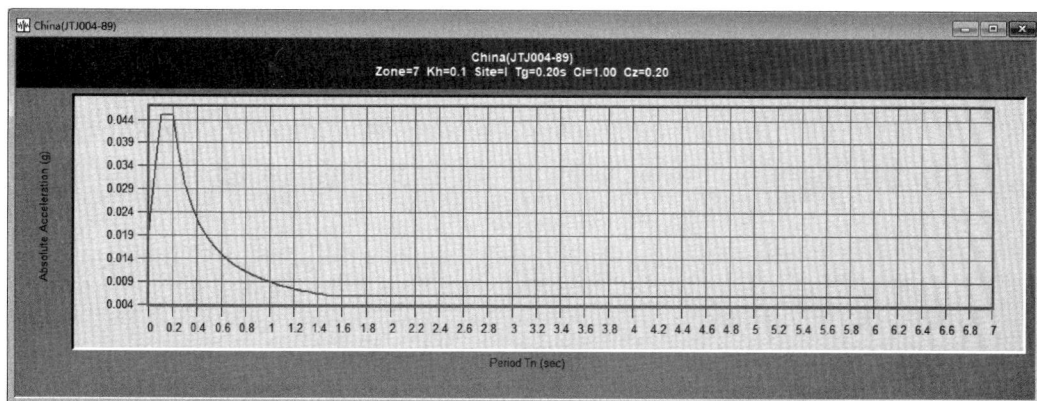

图6-18 设计反应谱

6.7.2 人工地震生成器

地震波分为自然波(实际地震动加速度记录)和人工波。设计地震动时程应首选桥址地震安全性评价报告中给定的地震波,若安全性评价报告中未给定或给定的数量不够,那么有两种选择,一是根据设计反应谱拟合人工地震波;二是选用与设定地震震级、距离大体相近的自然波,通过调整使其反应谱与规范设计加速度反应谱匹配。人工地震生成器就可以将设计反应谱拟合成人工地震波。

(1)首先应确定设计反应谱。执行命令**工具>数据生成器>人工地震**,或运行程序安装目录下AGS子目录中的AGS.exe。弹出如图6-19所示的人工地震生成器对话框,点击**文件>新建**,然后执行**模型>人工地震生成器**,在弹出的"人工地震"对话框中点击"添加"。

图6-19 人工地震生成器

(2)在弹出的"添加/修改 人工地震"对话框中点击 设计谱 按钮。

(3)在"生成设计反应谱"对话框中选择规范,填写参数数据后点击"确定"得到设计反应谱。注意《公路桥梁抗震设计细则》(JTG/T B02-01—2008)与《公路桥梁抗震设计规范》(JTG/T 2231-01—2020)在定义设计反应谱时的不同(图6-20和图6-21)。

图6-20 根据《公路桥梁抗震设计细则》(JTG/T B02-01—2008)生成的设计反应谱

图6-21 根据《公路桥梁抗震设计规范》(JTG/T 2231-01—2020)生成的设计反应谱

（4）生成的设计反应谱如图6-22所示。填写图6-22左侧的"包络函数"和"一般选项"分组框中的内容,然后点击 生成加速度 按钮,即可生成频谱图和加速度图,如图6-23所示。"上升时间"为加速度平稳段的开始时间,"水平时间"为加速度平稳段的持续时间,"总时间"为输出时程总的持续时间。上升时间+水平时间≤总时间。"最大迭代次数"可以通过试算填入合适值,该值较大些会使得计算得到的反应谱曲线更加平滑,见图6-23a)中的绿色曲线。

图6-22 设计反应谱

（5）点击图6-23b)下方的 数据输出 ,选择单位体系后即可将上面合成的加速度时程曲线数据存成以扩展名为sgs的时程荷载函数文件。

a)频谱图   b)加速度图

图6-23　合成的加速度时程

6.8　材料统计

材料统计功能可以根据所有单元的单元类型、材料类型和截面形状等生成材料用量的统计数据并输出。其主要功能包括：

(1)根据材料特性/截面特性的数量生成材料统计。

(2)自动计算构件的长度、面积、重量和体积。

(3)区分钢构件的轧制截面和组合截面。

(4)根据钢板厚度自动计算组合截面的重量和面积。

(5)计算混凝土构件的混凝土体积。

(6)提供整个模型中每种材料特性的每种单元形状的重量总计。

(7)提供整个模型的重量。

执行命令**工具>材料表**得到如图6-24所示的材料统计对话框。只有在模型中有单元时在图6-24所示的"选择输出的文件"下方才会出现可以勾选的项目，并且与模型中单元类型相关。比如图6-24就是模型中只有桁架单元与梁单元时的情况，点击"确认"后得到如图6-25所示的材料统计数据，其数据文件的扩展名为*. bom。模型中只有板单元时的材料对话框如图6-26所示。

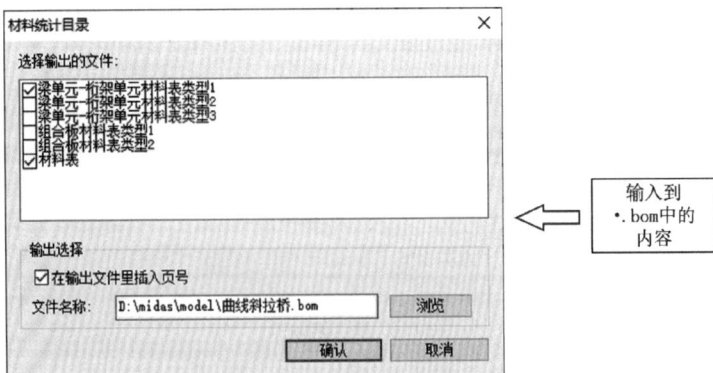

图6-24　材料统计对话框

图6-25　材料统计输出内容

图6-26　板单元材料统计对话框

6.9　任意截面设计器（GSD）

任意截面设计器可以定义任意不规则截面（钢筋混凝土截面、钢截面和组合截面）并计算其截面特性，生成 $P\text{-}M$、$P\text{-}M_y\text{-}M_z$ 和 $M\text{-}M$ 相关曲线，生成弯矩-曲率曲线，计算截面承载力（弯曲）并根据构件内力计算安全系数，对所有截面绘制应力等值线。

启动GSD命令：**主菜单>工具>生成器>任意截面生成器**。

GSD工作流程为：

（1）GSD 中定义截面。

（2）导出任意截面/截面特性到 midas Gen/Civil。

（3）midas Gen/Civil 中运行分析和设计。

（4）导入 midas Gen/Civil 中构件内力到 GSD。

（5）任意截面设计得到相关曲线、弯矩-曲率曲线和应力云图。

程序在线帮助中对 GSD 有较详细的说明，下面仅通过实例来介绍 GSD 的用法。

6.9.1　GSD 实例1

建立如图 6-27 所示的有端柱型钢混凝土剪力墙。

图 6-27　有端柱型钢混凝土剪力墙

1）定义材料

启动 GSD，界面如图 6-28 所示。执行**模型>材料**命令，或在工具条上点击■图标，定义 C50 混凝土和 Q235 钢材材料。注意这里定义的钢材不是钢筋材料而是型钢，如图 6-27 所示立柱截面中的型钢。弯矩-曲率曲线需要定义材料非线性数据，如图 6-29 所示，混凝土和钢材均勾选"使用非线性"，然后点击"定义非线性特性"按钮，在弹出的"非线性特性"对话框中选择"本构模型"并填写参数数据。

图 6-28　midas GSD 用户界面

执行**模型>钢筋>钢筋材料特性**命令，或在工具条上点击■图标，这两种方法都会定义新的截面。因为在启动 GSD 时就默认定义了"截面1"，这里在图 6-28 左侧的"工作树"中双击"钢筋材料特性值：None"即可为"截面1"定义钢筋材料特性，如图 6-30 所示。钢筋的应力应变曲线为双折线模型，设置为理想弹塑性材料。

a)混凝土材料数据

b)混凝土非线性模型定义

c)钢材材料数据

d)钢材非线性模型定义

图6-29 定义型钢非线性材料

图6-30　定义钢筋材料特性

2)定义截面外形

定义截面形状的方法有多种,可以执行**模型>形状>基本形状**、**模型>形状>任意形状(一般形状)**、**模型>导入 AutoCAD DXF** 或者从 midas Civil 模型中导入截面进来。后者是在 midas Civil 模型打开的状态下,先连接 midas Civil[点击图标,或执行**连接>连接 midas…**,如图6-31a)所示],然后在 GSD 界面左上方的"添加新截面"分组框[图6-31b)]中填入单元号,最后点击"导入"按钮,即可将单元对应截面导入 GSD。

a)连接到midas Civil

b)导入单元对应截面

图6-31　导入模型截面

这里选择从用基本形状先建立三个矩形,然后合并三个矩形得到混凝土截面,最后再定义钢筋和型钢的方法。

(1)在 GSD 界面右下方修改单位为 kN 和 m。执行**模型>形状>基本形状**定义矩形,名称"柱截面",实心矩形尺寸0.6m×0.6m,材料C50,插入点(-2.7,0),其他默认。

(2)同样的方法建立中间"墙截面",矩形尺寸0.3m×4.8m,材料C50,插入点(0,0),其他默认。

(3)执行**模型>形状>复制和移动形状**将"柱截面"拷贝到右侧,选择图形形状需要先在工具条上点一下选择图标然后再点图形,或双击工作树中的形状名字。

(4)执行两次**模型>形状>合并两个形状**将三个矩形合并成一个形状,需先点选两个形状,然后执行合并命令。混凝土外形如图6-32所示。

图6-32　混凝土外形

3)定义截面上的钢筋

定义钢筋有多种方法,包括点布置、线布置、圆弧布置、矩形布置和周边布置等。在不同的线上定义钢筋需要重新执行线布置命令。图6-33a)给出了线定义的例子(端点钢筋指线终点位置钢筋),实际定义右立柱截面钢筋采用矩形布置比较好,如图6-33b)所示。图6-34为定义完钢筋的截面。

a)定义左立柱上层钢筋　　　　　　　　b)定义右立柱钢筋

图6-33　直线布置钢筋实例

图6-34　定义完钢筋的截面

4)定义截面上的型钢

定义型钢用**模型>形状>基本形状**命令即可,选择H形截面中的HW 350×350×12/19,材料为Q235,插入点为(-2.7,0)。当截面中有多个相同型钢时,可以用拷贝方式建立。

5)计算截面特性

执行**模型>截面特性**命令可以查看所定义截面的截面特性。如图6-35所示,需要给出网格尺寸和基本材料,然后点击"计算"按钮。网格尺寸小计算精度高。两种及以上材料的截面计算的是其换算截面特性(注意钢筋不换算,要换算钢筋必须按形状定义),基本材料是什么就换算成什么材料。计算换算截面特性时,型钢位置是没有混凝土的,即混凝土部分用的是"净截面"。

6)导出SEC截面文件

目前GSD不支持组合截面的导出,截面中有两种及以上材料且都用"形状"定义(包括DXF导入)则认为是组合截面。带钢筋的截面不属于组合截面。执行命令**模型>导出midas截面文件(*.SEC...)**即可导出。

这里导出的SEC文件可以在midas Civil截面对话框中数值和变截面的任意截面以及设计用数值截面中导入。

图6-35　截面特性

7)定义荷载组合

执行命令**荷载>定义荷载组合**即可弹出荷载组合定义对话框。如图 6-36 所示,需要输入截面设计时用到的构件内力来计算生成相关曲线、弯矩–曲率关系和应力图。轴力规定受压为正值(轴力正负号与 midas Civil 中规定相反)。如果截面是通过从 midas Civil 中导入的,选定荷载工况或组合的构件(单元)内力可以自动导入,轴力符号自动修改。

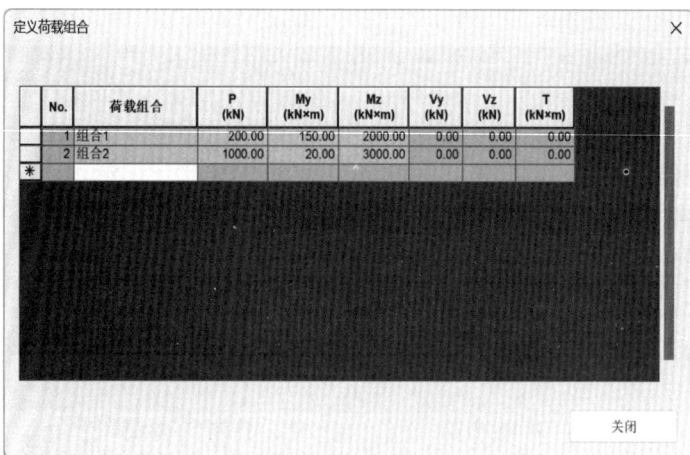

图6-36 定义荷载组合

8)选择设计规范

选择设计规范,并定义混凝土和钢筋的分项系数,该系数将用于相关曲线的计算。对应命令**选项>设计规范**。

9)截面设计与查看相关曲线及应力

执行**设计>截面设计**相当于执行了计算命令,计算完成即可弹出计算结果——相关曲线、弯矩-曲率关系和应力图。计算结果可以计算书的形式导出到 Excel 表中。

6.9.2 GSD 实例2

建立如图 6-37 所示的哑铃形截面(尺寸同第 2.4.4 节 SPC 实例)。

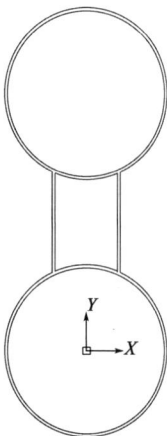

图6-37 哑铃形截面

操作步骤:

(1)启动 GSD。

(2)定义材料。先定义钢材再定义混凝土材料,混凝土和钢材数据同上例。

(3)导入 DXF 格式图形并计算截面特性。导入 DXF 格式图形时注意尺寸单位要统一。

图 6-37 中包括闭合的外环框线、中间腹腔闭环(混凝土部分)、下内钢管闭环和上内钢管闭环,导入 GSD 后分别对应 4 个"形状",依次编号为 1、2、3、4。

导入后,默认 1 号为实心,其他均为空心;实心截面的材料默认为先定义的 1 号材料。修改的方法为在 GSD 界面工作树中右键"形状"编号,在弹出的浮动菜单上选择"EDIT",即可弹出"形状数据"对话框,如图 6-38 所示。

a)外框形状数据　　　　　b)腹腔形状数据　　　　　c)钢管混凝土截面

图6-38　编辑形状数据形成钢管混凝土状态

　　按默认,1号形状为实心且材料为钢材,其他形状为空心,则此时的截面就是空钢管状态,即在实心截面上"叠放"上空心截面就相当于"挖空"实心截面。若将2、3和4号形状改为实心[不勾选"空心形状",如图6-38b)所示的腹腔形状数据]且材料为混凝土,则此时截面就成为哑铃形钢管混凝土截面了[图6-38c)],实心的1号形状内部钢材被替换为混凝土。空钢管状态和钢管混凝土状态的截面特性如图6-39所示,可以看出与第2.4.4节中SPC截面特性相比基本一致。注意《公路钢管混凝土拱桥设计规范》(JTG/T D65-06—2015)第4.3.3条规定,哑铃形钢管混凝土主拱计算时,腹腔内的混凝土不应计入主拱截面受力,而仅计算其自重的影响。

　　这里定义的组合截面目前版本不能导入midas Civil中。

a)空钢管特性值　　　　　b)钢管混凝土特性值

图6-39　截面特性值

6.10 钢束快速生成器

针对 PSC 结构,钢束快速生成器可快速生成钢束形状、钢束荷载和钢束荷载组。建模效率较高,相同类型的钢束竖弯、平弯、荷载类型等仅输入一次,然后组合,以减少重复作业。支持批量导入 CAD 中钢束竖弯形状、平弯形状。支持批量导入 Excel 中钢束数据。可为任意变宽桥、任意变高桥和曲线桥快速添加和编辑钢束,支持单梁,箱梁梁格,多片梁结构。

关于钢束快速生成器的使用说明在线帮助中已经讲得非常详细,这里仅就一些关键事项加以解释说明。

1)总体信息

使用该生成器前应该先建立好结构模型,包括材料、截面、单元、钢束特征值和边界条件等。执行命令**结构>钢束快速生成器**,启动钢束快速生成器。如图 6-40 所示,需要从左至右依次输入"总体信息""竖弯设计"和"平弯设计"三个表单中的信息和内容,最后在"钢束生成"表单中完成钢束合成。

图 6-40 总体信息

"总体信息"表单中"跨径布置"主要依据模型中的梁端点、支点位置和单元方向自动生成,端点和支点处就是"跨径线"位置,并从左至右编号依次为"跨径线 1""跨径线 2"等,在生成器"竖弯设计"表单的视图区依次称 P_0、P_1 等。

如果自动生成的跨径信息不对,需先退出生成器,然后在 midas Civil 树形菜单的"工作"选项卡中右击"PSC 跨度信息"下面的"Beam1",在弹出的"跨度信息"对话框(图 6-41)中修改,改完点击"编辑"按钮,然后重启生成器。

自动生成的跨径信息里的跨度是按单元长度计算的,修改时依然遵循按单元长度计算跨度的原则。

模型类型选单梁后需设置腹板线,程序根据腹板线位置确定钢束横向布置位置。对等宽直桥可以直接输入,如输入(−2.625,2.625)表示单箱一室双腹板、腹板线在模型线两侧各2.625m位置。这里腹板线的位置一般建议定义在腹板的中心位置,在"钢束生成"表单中可以通过"横向布置"来最终确定钢束在横桥向的具体准确位置。斜腹板的腹板线还要考虑倾斜角度,这个角度是将钢束绕钢束坐标系x轴旋转的,这里的x轴就是钢束插入点对应单元的单元坐标系x轴。

对于变宽桥梁需要从CAD中导入腹板线,对应DWG或DXF格式文件中需建立腹板线、跨径线和建模单元线对应的图层,各图层内不能遗漏或存在多余线条,线条之间不能有重叠、搭接。CAD图中的跨径线数目需和上面总体信息中输入的"跨径布置"相匹配,比如跨径布置是(0.6,50,90,50,0.6)那么跨径线就应该是两个端点线加4个支点线共6条,如跨径布置是(50,90,50)那么跨径线就应该是4条支点线。

图6-41 修改跨度信息

"预应力荷载名称"也是midas Civil主程序中预应力荷载工况名称,其后仅输入张拉应力、张拉方式和压浆时间等信息,所以只要这些信息相同的钢束都可以在该名下。可以将全桥的所有钢束都定义在这个荷载工况下,也可以分为腹板束、顶板束以及合龙束等来定义。

2)竖弯设计

竖弯设计表单如图6-42所示。单根输入钢束的竖弯时,应先在右侧"钢束信息"中填写名称和表格内容,然后点击左侧竖弯列表中的"添加"按钮。

图6-42 竖弯设计

对可以用相同含义及数量的参数来表达的那些具有相同特征的类似钢束可以批量生成（图6-42左侧的"批量生成"按钮）。相同特征的类似钢束也可以先建立单根钢束,导出到Excel表中并以此做模板复制,修改成其他钢束的参数后再导入生成器中,也能达到"批量生成"的目的。

钢束的竖弯形状可以从CAD文件中导入,如图6-43所示。但要注意,该CAD文件中包含所要导入的钢束、梁底线、梁顶线和跨径线以及各自对应图层。所有钢束的相对位置要正确,跨径线要与前面一致。钢束生成后赋给哪些单元以及在梁单元横断面上的位置就是由钢束相对跨径线和梁顶底线位置决定的。组成每根钢束的线段必须合并成一条多段线（合并用 AutoCAD 中的 PE 命令,而不是用 JOIN 命令）,各线条间的相互连接位置要准确,不能有间断、重复或搭接现象。如果平面设计图纸中有的钢束是部分重合的,除了在一个CAD文件中分别形成两条（或多条）多段线外,也可以将他们放在不同的文件中,然后分两次（或多次）导入。对成功导入的钢束点击竖弯列表中的名称（编号）,视图区会高亮显示该钢束。

图6-43 竖弯形状从CAD中导入

因为前面的跨度信息是按单元长度计算跨度的,所以对曲线桥梁竖弯曲线应该是"展开"的（即把梁曲线拉直后按直桥表达）,这样才与前面跨径线传递的信息相同。设计图纸中一般也是这样表达曲线梁钢束形状的。

这里定义的竖弯形状与后面定义的平弯钢束形状不是一一对应的,而是根据实际平弯和竖弯形状两两组合而成为空间曲线的,一个竖弯（平弯）可以和多个平弯（竖弯）组合,所以相同形状的竖弯只定义一次即可,下面的平弯形状输入亦然。

3)平弯设计

从CAD中导入时,仅需要将所有平弯形状定义在一个图层下,不需再定义其他定位线。与竖弯要求相同,每根钢束必须是一条多段线,如图6-44所示。

图6-44 平弯形状从CAD中导入

对成功导入的平弯钢束形状,用鼠标滚轮放大视图区可以看到其编号。

4)钢束生成

在图6-45所示的"钢束生成"表单中输入钢束组成信息,其中"钢束名称""横向布置"和"荷载组"需要手工输入其名称,其他都是从下拉条中选取。

图6-45 钢束生成

在"布置位置"下拉条中仅勾选"腹板1"表示此钢束仅在左侧(面向图6-40中$P_0 \to P_5$方向)腹板中布置;勾选多个表示选中的腹板都布置这根钢束,生成后会在输入的"钢束名称"后面加后缀以区别不同的钢束。这里的腹板1、腹板2就是图6-40中定义的腹板线位置。

详细布置时用"横向布置"数据来控制腹板线两侧钢束数量。如图6-45所示,第一行钢束信息中就定义了4根钢束,横向布置中输入了0.1和−0.3两个数,而前面的"布置位置"又选了两个腹板线,则表示这两个腹板线两侧各有一钢束。正值表示在腹板线左侧,负值表示在腹板线右侧,数值大小就是平弯关键点距腹板线的距离,这里所谓平弯关键点可先由程序自动智能选择(一般是正确的),有错误则再通过主程序中编辑钢束形状来修改。第二行钢束信息中就定义了2根钢束,而且是插入点在腹板线上("横向布置"中输入的是0)。

生成器根据竖弯形状相对跨径线和顶底板线的位置来决定将钢束赋给哪些单元,且布置形状坐标轴为"单元",这样对曲线桥也能很好地布置钢束。

6.11 动态计算书生成器

动态计算书生成器可以把 midas Civil 分析和设计结果生成计算书,并可在模型数据被修改时,动态计算书的内容也将被自动更新。所有输入输出的数据都可以以图形、文字或表格的形式(如材料特性、截面特性、反力、单元内力、位移、应力和截面验算结果等)体现在计算书中。一种桥型只需要建立一个计算书模板,今后都可调用,自动替换模型图形、表格、分析结果等计算书内容。Microsoft Word 或 WPS(电脑中需已安装所用软件)内嵌到 midas Civil 软件中(图6-46),计算书中的所有数据都可以不受限地在其中进行修改和存储。

图6-46 动态计算书生成器

6.11.1 基本操作流程

1)新建计算书的基本流程

(1)登记动态计算书中需要的内容

打开计算模型,通过计算书目录树对所有输出内容进行登记,包括需要插入到计算书中的模型图形、表格、图表和分析结果等,这些内容可以是模型中的也可以是一些要用到的外部图形和表格。这些登记的内容是保存模型文件中的,从树形菜单中的计算书目录树可以查看。

(2)生成计算书

执行命令**工具>动态计算书生成器>新文件**,打开内嵌到 midas Civil 视图区的 Word 或

WPS编辑器,通过拖放或右键插入等功能,将目录树中的登记内容插入到计算书中。

(3)修改模型

修改模型数据后,分析结果也发生变化,必要时重新登记发生变化的输出内容。通过命令**工具>自动生成动态计算书**,自动更新计算书。

2)调用计算书模板基本流程

(1)调用原来登记的内容

打开新的计算模型,在树形菜单的计算书目录树中,双击"参考数据库"打开以前存储的模型文件,可以导入原来登记的内容。

(2)打开计算书模板

执行命令**工具>动态计算书生成器>打开文件**,打开以前存储模型文件对应的计算书文本。

(3)更新计算书

必要时重新登记发生变化的输出内容并插入到计算书中,然后通过命令**工具>自动生成动态计算书**,自动更新计算书。

6.11.2 关键步骤

1)从现有模型中插入图形(用户自定义图形)

(1)打开模型文件,并显示要插入计算书中的图形,模型和结果图形均可。

(2)执行命令**工具>动态计算书图形**,然后命名刚显示的图形,确定后就可以在树形菜单的计算书目录树中显示该命名。勾选"黑白"则以后插入的就是黑白图形。

(3)执行命令**工具>动态计算书生成器**,打开内嵌到midas Civil视图区的Word或WPS编辑器,从树形菜单的计算书目录树中拖拽命名的图形到计算书的相应位置。"计算书配置"中的内容不勾选就不会出现在计算书中。

2)从外部插入图形(图形文件)

(1)在计算模型打开的情况下,在该模型所在目录中建立"图形文件"子目录。注意:该子目录的名字是固定的。

(2)将要插入计算书的图形拷贝到"图形文件"子目录中,右击目录树的"外部图形文件",选择"添加图形文件",选中需要的图片文件名后点击"确定"按钮。在目录树中就会出现该图片的文件名。

(3)从树形菜单的计算书目录树中拖拽这些图形到计算书的相应位置。

3)用户自定义表格

(1)在midas Civil中调出表格(前后处理模式下的任意均可),在表上右击,选择"浮动菜单"(或称"关联菜单")最下方的"动态计算书表格",在弹出的对话框中勾掉不输出的项目后点击"确定"。

(2)将刚加入计算书目录树中的表格拖拽到计算书相应位置。

4)特殊表格中的截面表格

特殊表格中的"截面结果""截面钢筋"和"施工阶段联合截面"是程序预定义的,会自动生成,只要在计算模型中有这些项,就可以拖拽到计算书中。计算书树形菜单中的"文本"内容也是自动生成并可拖拽到计算书中的,其中灰色内容为模型中没有定义。

5)表格模板

(1)用户可以添加任意表格为表格模板,前提是先把这些表格拷贝粘贴到在 midas Civil 中打开的 Word 或 WPS 编辑器中。

(2)右击选中内嵌文档中的表格,在弹出的浮动菜单最下边选择"添加外部常用表格"。

(3)在动态计算书表格模板的对话框中输入表格的名称。输入的名称会显示在计算书树形菜单中,同时会在计算模型所在文件夹中生成一个名为"表格模板文件"的子目录,xml 格式模板文件便在该子目录中。该文件的名称不能修改,否则不能使用。

(4)拖拽表格到计算书中。

6)图表

(1)在 midas Civil 中定义的一些函数曲线(如收缩、徐变、抗压强度等)可以录入计算书目录树中,点击其对应对话框右下方的▦按钮,在弹出的动态计算书表格模板对话框中填上图表的名称后确定。在计算书中可以添加所有带有▦图标的图表。输入的名称显示在计算书树形菜单中,且会被用作图表的标题。

(2)拖拽图表到计算书中。在线帮助文档中有动态计算书生成器的使用说明,操作简单,在此不详述。

6.12 其他工具

在 midas Civil 的安装目录下,还有一些小的工具软件没有嵌入到程序的菜单中,比如 AppPKPM. exe 可以实现转换 PKPM 数据文件的功能(图 6-47),ConverterA2F. exe 可以实现从 Astea-Macs 到 midas FEA 文件的转换(图 6-48)等。

图 6-47 转换 PKPM 文件

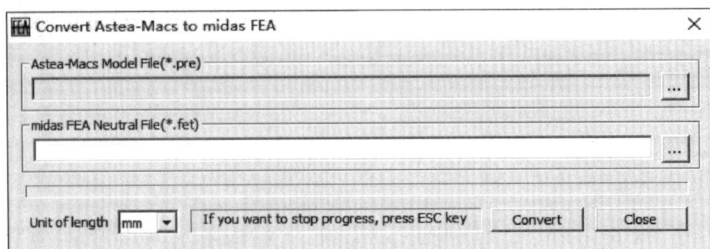

图 6-48 转换成 midas FEA 文件

在 midas Civil 的安装目录中有 midas link for Revit Structure 和 midas link for Tekla Structure 两个文件夹,安装文件夹中的小程序后可以实现 midas Civil、Revit 和 Tekla 之间的数据交

换,前提是计算机中已经安装了这两个软件,并且要注意软件版本之间的对应关系。转换Revit文件到midas Civil的对话框如图6-49所示。

图6-49 转换Revit文件到midas Civil

另外还有一些工具没有显示在程序的窗口内,但可以在软件的安装目录下找到,比如执行安装目录下的TGSw.exe可以得到如图6-50所示的"列车荷载生成器"窗口。

图6-50 列车荷载生成器

桥梁移动荷载分析

移动荷载分析是指沿着车辆荷载的移动路径,对车辆移动的全部过程进行结构分析,求出各位置的最大、最小(包络值)的内力值、应力值以及位移等,找出荷载的最不利作用位置,作为结构设计和结构验算的依据。因为每个移动荷载工况作用下有最大、最小两个分析结果,同样,荷载组合后的结果也有最大、最小两个结果。

midas Civil 的移动荷载分析的主要功能如下:

(1)计算移动荷载工况下的挠度、内力、反力的影响线或影响面。

(2)使用计算得到的影响线或影响面,计算已知车辆、人群等移动荷载下的最大、最小节点位移,内力,应力和支座反力等。

影响线是指当单位荷载沿车道(通过梁单元定义)移动时,通过静力分析求出的各节点的内力、应力和位移等分析结果。影响面是指在板单元的各节点上施加单位荷载,通过静力分析求出各节点的内力、应力和位移等分析结果。对实体单元无法直接进行移动荷载分析,而只能通过设置辅助梁单元或辅助板单元进行。

分析结果有节点位移、支座反力以及桁架、梁、板单元的构件内力、应力等,其他形式的单元只能考虑其刚度效应,不能输出其移动荷载分析结果。程序中将根据用户指定的规范名称、结构形式、跨度等信息来计算冲击系数后加载车辆荷载,并输出最不利荷载的布置。

移动荷载工况的数量没有限制。midas Civil 输入的车辆荷载的方向要与整体坐标系的 Z 轴方向相反,因此桥梁结构模型的重力方向要与整体坐标系的 $-Z$ 轴方向相同。

因为移动荷载是根据影响线(面)的方法来计算,也就是一个结构在计算某个单元的移动荷载作用效应时,其影响线是确定的,但是对于边界非线性,则有可能造成结构体系变化,因此影响线也会改变,故不支持考虑边界非线性的移动荷载计算。不只是非线性边界,有非线性单元也不行(但程序会将非线性单元转化为线性单元,比如将索转化为普通桁架)。也就是说模型中存在只受压、只受拉单元或弹性连接,以及只受压节点弹性支承时,不能进行移动荷载计算。

midas Civil 的移动荷载分析的步骤如下:

(1)建模,包括节点、单元、材料、截面、厚度、边界条件等。

(2)定义车道线或车道面,即考虑车辆移动的路径及设计车道数、车道宽等因素,把车道和车道面布置于结构模型上。车道单元用梁单元(可使用变截面梁单元)模型,车道面单元用板单元模型。

(3)定义车辆荷载,车辆荷载既可以使用规范中的标准车辆荷载,也可以输入用户自定义的车辆荷载。

(4)定义移动荷载工况。

(5)定义移动荷载分析控制并进行分析。

(6)将车辆荷载工况和其他静力、动力荷载工况进行组合。

7.1 车道线

7.1.1 车道线定义

首先选择移动荷载规范,否则无法进行移动荷载分析。从主菜单中选择**荷载>移动荷载>移动荷载规范**,可以选择中国规范和横向移动荷载,如图7-1所示。

图7-1 定义移动荷载规范

在midas Civil中文版中默认的移动荷载规范为中国规范,包括公路、铁路、城市桥梁设计规范中的移动荷载,用户也可以自定义车辆。

midas Civil 软件中定义的车道线必须在梁单元上,也就是要定义车道线没有梁单元是无法定义的。各车道线可以是直线的或曲线的、平行的或交叉的。车道线可以布置在一系列梁单元(包括变截面梁单元)上,也可以布置于与梁单元有一定偏心距离的线上,如图7-2所示。在 midas Civil 中将定义车道位置时使用的参照系 (梁单元)称为车道单元。定义车道时偏心距ECC(eccentricity)是有正负的,这与车道单元的选择顺序有关,如图7-3对话框中的位图。

图7-2 车道和车道单元

$E_i(i=1,2,\cdots,n)$-偏心距大小

车辆荷载通过定义的车道线直接或间接施加在主梁单元上。偏心距随选择的参照物 (车道单元) 的不同而不同,所以顺桥向车道的偏心距离可输入不同的值。因为可以附加偏心,所以理论上车道单元的选择可以是任意的梁单元,但是为了减少误差,应该让偏心最小。移动荷载分析结果的准确性与荷载作用点的距离划分有很大关系,如果需要得到更准确的结果,需要细分车道单元。

定义车道线的命令:首先选择"规范",其次从主菜单中选择**荷载>移动荷载>交通车道线**。

如选择的是中国规范,得到车道对话框后选择"添加",即可得到如图7-3所示的对话框。如果已经定义了车道线,还可以选择编辑、删除或复制。

如在规范中选择的是"横向移动荷载",则主要用来分析在桥梁横向分析模型上的移动荷载效应。操作步骤也是:在横向模型上定义车道线[图7-4a)]→定义横向车辆[图7-4b)]→定义横向荷载工况[图7-4c)]→执行分析。横向移动荷载分析用第2.6.8节的横向分析模型建模助手非常方

图7-3 车道线定义

便,可参考用该建模助手得到的模型中关于横向移动荷载的定义,此不详述。

a)横向车道线定义　　　　b)横向自定义车辆　　　　c)横向移动荷载工况

图7-4　横向移动荷载分析

（1）桥梁跨度

桥梁跨度指计算跨度,其数值会影响公路桥梁车道荷载中集中力取值。《公路桥涵设计通用规范》(JTG D60—2015)规定:对公路-Ⅰ级,当计算跨度 L_0 在5~50m之间时,车道荷载集中力为2（ L_0 + 130）kN, $L_0 \geq 50m$ 时取360kN;对不等跨的连续梁桥,应该取大跨度作为桥梁跨度,或者各跨取各自的实际跨度。输入不同跨度时,需要在定义车道线(图7-3)时分次"添加",或者在Excel表中做好再粘贴进来。此时要特别注意车道单元的连续性,一定要按照车辆的移动路线首尾相连、不能间断跳跃且单元坐标系方向要一致。

这里输入的桥梁跨度有时会影响冲击系数的自动计算,这要取决于冲击系数计算所选用的规范类型(在分析>移动荷载分析控制>冲击系数>规范类型中选择规范)与其中的"跨长"参数取值选择。按《公路桥涵设计通用规范》(JTG D60—2015)计算冲击系数,这里输入的跨度不影响,而以手工输入跨长为准。对于其他规范,计算冲击系数所用跨长可以选择"在定义车道时输入的跨度"或选择"按影响线加载长度",选后者这里输入的跨度就不起作用。

计算冲击系数所用"跨度"数值全桥只能取一个。若采用这里输入的跨度计算冲击系数,对不等跨的连续梁桥,非局部荷载的冲击系数应取最大值,即取较小跨(边跨)跨长计算冲击系数。不能对不同跨度对应的车道单元输入不同的桥梁跨度。

（2）比例系数

中国规范规定在大跨度桥梁上汽车荷载应考虑纵向折减,可通过图7-3中的"比例系数"来输入纵向折减系数。当需要考虑纵向折减系数时,可通过选择单元来定义不同位置的折减系数。

（3）横向车道优化

不勾选此项,移动荷载只能作用于车道(车道线或车道面)中央,车辆不能够在车道内横向移动。勾选此项,移动荷载可以在车道允许宽度内横向移动,分别作用于车道的左端、中间和右端,以得到每个单元的车辆布置的最不利位置。勾选此项的代价是增加分析运行时间,影响分析效率。

(4)车辆荷载的分布

选"车道单元"时,竖向车辆荷载和偏心所产生的扭矩都加载在车道单元上,然后通过横梁和翼缘板(虚梁)对车道单元变形的约束作用进行横向传递。这对单梁模型没有问题,但对横向有多片主梁的梁格模型,偏心较大或车道单元刚度较小时,用车道单元法显然影响了车辆荷载的横向分配效率,可能与实际产生较大的偏差。

选"横向联系梁"需要先建立横向联系梁结构组(包含所有的横梁和虚拟横梁),也需要指定车道单元(或称"参考单元")。程序先将车辆荷载按杠杆原理分配加载在车道线经过的横向联系梁上,然后也遵循杠杆原理通过横系梁传递给与车道线临近(即两边)的主纵梁。当使用横向联系梁法时,参考单元仅作为确定偏心距离之用,但一般还是选择临近车道线的单元作为参考单元。如果用户建立的是多梁桥梁(梁格),建议采用横向联系梁法进行车辆荷载分配。

横向联系梁之间的距离越近,用横向联系梁法进行移动荷载分析越准确,越接近实际力的传递路线和比例。当在弯桥中选择横向联系梁法时,横向联系梁的间距必须足够小(如0.5m)。如果横向联系梁的间距比较大,程序将不能很好地查找到相邻的横向联系梁单元,该问题仅在曲线半径相对于桥梁跨径较小时发生。

车道线的横向布置主要取决于车辆最不利位置,然后按规范中规定的车辆荷载间距确定(虽然整体分析采用的是车道荷载)。对公路桥梁,偏载时按图7-5布置;中载时将车辆布置成关于纵向中线对称,间距仍按图7-5布置。

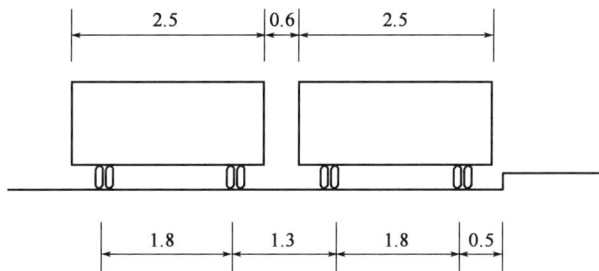

图7-5 车辆荷载横向布置(尺寸单位:m)

(5)斜交角度

对单梁模型没有作用,多梁车道单元法不需设置此项。对斜桥梁格模型输入起点和终点的斜交角度,此设置需与横向联系梁法配合使用。

(6)车辆移动方向

在直桥中,若是对称的车道荷载,则选择三者无差别。若车辆荷载不对称,比如自定义的加载车辆,因为选择"向前"或"向后"后车辆不能"调头",可能会对结果特别是多车道组合时产生影响。

在斜交桥中,车辆移动方向不同,分析结果也不同,故要选择"往返"。

(7)跨度起点

对于多跨桥梁,输入车道线上桥梁每跨的起始点,这用来计算在移动车辆荷载下连续桥的最大负弯矩。

关于车道线的详细定义可参考midas Civil的在线帮助手册,在本章的最后也给出了实例,这里不再详细说明。

7.1.2　移动荷载优化

从主菜单中选择**荷载>移动荷载>移动荷载优化**弹出图7-6所示的对话框。与定义车道线相比,主要特点是能根据输入信息自动找到能布载车道的数量、车辆在横向和纵向的最不利精确位置。主要步骤:

图7-6　移动荷载优化

(1)填写如图7-6所示对话框中所需数据。

(2)执行**荷载>移动荷载>车辆**,定义加载车辆。

(3)在"移动荷载工况"中选择"移动荷载优化"选项并定义所需数据。

(4)定义移动荷载分析控制并进行分析。

与上节定义车道线不同的是怎样让程序正确自动确定横桥向车道数量和车辆间距,计算时间较长,数据占用的存储空间较大。

"优化车道"指机动车道总宽。"车道宽度"指单机动车道宽度,要求"轮距"+2倍"边缘"不超过单车道宽度。为了让车辆更加紧凑,单车道宽度应尽量取较小值,比如公路桥根据图7-5宜取1.8m+1.3m。车辆之间的最小距离取"移动荷载工况"对话框中输入的"最小车辆距离"和2倍"边缘"两者之间的较大值。车辆的横向间距布置可以超出单车道宽度的限制,但不能突破车辆之间的最小距离的限制。单车道宽度、边缘(边距)、车辆最小间距以及"生成分析车道"中的两个参数(两者选一)共同确定横向车道总数。确定车道总数后再优化横向间距与位置以确定最不利布置。

将第一辆车的中心线置于桥梁纵向中心轴线位置,其他车辆的中心线从该轴线向左右两侧等间距偏移,偏移量为"偏离中心线"指定的距离。其目的是想在"优化车道"范围内生成更多的中心线,从而找到最不利车辆位置。当车道总数为偶数时,可以输入该值的下限或较小值,而让车辆之间的最小距离控制车辆间距。

其他参数意义与上节相同。定义车道线时定义一个即可,"偏心距"没有意义,其横向位置理论是任意的,但实际上车道线附近单元受力大。

7.1.3　在板和实体单元上定义车道线

对用板或实体单元建立的模型,可以在其上相应车道中心位置定义辅助梁单元,然后在梁单元上定义车道是非常可取的方法。

在图7-7所示的等高度钢箱梁桥中,可以通过下面的方法得到车道单元:预先在横断面上实际的车道位置留出一个节点,然后拉伸整个截面,就会得到沿顺桥向(行车向)定义车道单元所需的节点,最后用梁单元连接这些节点即可。如果还考虑混凝土桥面板,那么可以通过将顶板的板单元向上拉伸成实体单元,然后再用梁单元连接混凝土板顶面的车道位置的节点即可。注意这里的梁单元纯粹为定义车道而设,应该没有重量,截面可以任选,但截面刚度要很小(定义成小截面,材料的弹性模量很小,以不影响计算结果为依据)。

图7-7 板单元上的辅助车道单元定义

对变截面的钢箱梁(板单元)或混凝土箱梁(实体单元)也可以定义辅助梁单元来实现车道定义,此时的处理方法可以这样:对板单元模型,可以先在车道位置的正上方建立线单元,将线单元分割成合适的大小以便得到节点,然后将这些节点投影到箱梁顶板上,再对顶板进行网格划分,那么这些投影的点就成了板单元的节点,然后再根据这些节点建立辅助梁单元即可。图7-8和图7-9给出了一个投影节点的小例子。

图7-8 节点投影到板单元上

图7-9 对板进行网格划分

对实体单元模型,先将顶板用板单元建立,然后按上述方法操作得到投影节点,划分网格,再由板单元拉伸得到实体的顶板,最后在顶板顶面建立辅助梁单元。或者在建立实体模型时,通过分割单元或其他的方法直接得到建立辅助梁单元所需节点。可能的话,还可以在实体单元建立的箱梁模型顶板上"覆盖"一层很薄的板单元(刚度很小),然后建立车道面。建立辅助车道单元的方法会有很多,读者可根据模型的实际情况建立,对 midas Civil 的操作越熟练,建模技巧和策略就会越多些。

7.2 车道面定义

车道面一般用于移动荷载平面分布效果较大的刚架或板式桥梁中,车道面由车道面单元和车道节点组成(图7-10)。影响面是指在板单元的各节点上施加单位荷载,通过静力分析求出的各节点的内力分析结果(位移、反力、构件内力与应力等),计算影响面的过程称为影响面分析。

图7-10 车道面单元和车道基准线节点

车道面单元必须是板单元。车道面由车道宽、车道基准线节点和偏心距离组成,车道宽度输入实际值,选择距离车道面中线距离较近的节点作为基准线节点。由车道基准线节点和偏心距决定车辆荷载移动的路线。以顺桥向为基准,若车道面的中心在车道基准线节点的右侧,则为正(+)的偏心距;若车道面的中心在车道基准线节点的左侧,则为负(-)的偏心距。车道基准线节点应输入车道面内的节点。因为以输入的节点顺序决定车辆行进方向,所以必须正确输入节点顺序,并且不允许重复输入。注意在车道面定义时要求宽度方向上至少要跨越两个板单元,若车道面只位于一个板单元内时,信息窗口会提示"车道面数据中发生错误",提示错误主要是要保证板单元划分得细致些,过于粗糙会导致结果精度下降。

车道面和车道一般不同时定义。定义车道面的命令:从主菜单中选择**荷载>移动荷载>交通(车道面)**。因为影响面分析的数据庞大,在 midas Civil 中默认提供的分析结果为车道面内的板单元。但如果用户想输出车道面外的板单元的分析结果,可用 midas Civil 的选择功能选择相应板单元,然后使用命令增加或减少板单元,即从主菜单中选择**荷载>移动荷载分析数据>影响面板单元**。

移动荷载优化同第7.1节。

7.3 车辆定义

定义车辆的命令:从主菜单中选择**荷载>移动荷载>车辆**。

当前面选择了中国规范后,运行上述命令得到如图7-11所示的车辆定义对话框,可以选择"添加标准车辆"或"用户定义车辆"。

图7-11 规范选为中国规范时的标准车辆定义

选择添加标准车辆后,规范包括图7-11所示的新旧专业规范。现行公路桥梁规范和城市桥梁规范中,荷载分为车辆荷载和车道荷载。车道荷载用在桥梁的整体分析中,一般是在顺桥向车道上整个桥梁都布置的;车辆荷载用在桥梁的局部分析中,比如T梁或箱梁桥翼缘板以及横梁等的受力计算。选择标准车辆后,只要在车辆荷载类型中选择了正确的荷载类型(可以从图示中判断),其他都不需要填写了。在图7-11中,P_k和q_k的值根据桥梁计算跨度L(在车道定义中需要填写桥梁跨度)自动计算,不需用户输入。

对铁路桥梁荷载,CH代表中华人民共和国铁路标准活载,SL代表特种活载,NL代表普通活载,ZK代表高速铁路活载,ZC代表城际铁路活载,ZKH代表客货共线铁路活载,ZH代表重载铁路活载。从图示上就可以分辨出到底选择了哪一种荷载类型。普通活载用于桥梁整体计算,特种活载用于桥梁部件的计算,比如道砟槽板的设计计算。

当选择"用户定义"后,可以有如图7-12所示的汽车、列车/特殊车辆和人群荷载三种荷载类型供选择。

如果最初规范选择的是"横向移动荷载",那么定义车辆时只有用户定义可以选择,如图7-4b)所示。

还可以将要加载的车辆定义成车辆组(**荷载>移动荷载>车辆组**)。同一个车辆荷载组内的车辆将分别加载在桥梁上,程序做出分析比较后,为用户提供最大最小值。同一车辆荷载组内的车辆也可以同时加载,但必须符合相应规范的要求。国外某些设计规范要求上述进行分析,国内各种桥梁的设计规范中均没有上述分析要求,因而采用国内规范定义移动荷载时,不需要定义车辆荷载组。

图 7-12　规范选为中国规范时的自定义车辆定义

7.4　移动荷载工况定义

进行移动荷载分析，最后必须用已经建立的车辆荷载和车道生成移动荷载工况。定义移动荷载工况的命令：从主菜单中选择**荷载>移动荷载>移动荷载工况**。

执行上述命令后，得到如图 7-13 所示的系列对话框。点击图 7-13a)对话框中的"添加"，得到如图 7-13b)所示的对话框，点击该对话框中的"添加"，得到如图 7-13c)所示的对话框。

a)　　　　　　　　　　　　b)　　　　　　　　　　　　c)

图 7-13　定义移动荷载工况

图 7-13b)所示对话框中，"桥类型"后面下拉条中不同的规范对应的横向折减系数是不同的。注意：程序自动根据荷载工况中的车道数进行荷载的横向折减，无论是什么车辆类型，但横向折减系数用户是可以更改的。如不需折减用户也可以在图 7-13c)所示对话框中

的系数中除回来。横向折减系数是相应规范中给定的,城市桥梁与公路桥梁稍有不同。主要是考虑随着桥梁横向布置车队数的增加,各车道内同时出现最大荷载的概率减小,但现行公路桥梁规范中对单车道,其折减系数为1.2。在后处理中将动载批量转换成等效静载时,车辆荷载要乘以该横向折减系数作为等效静载。

子荷载工况组合选项中可选"组合"或"单独"。选择"单独"时,各个子荷载工况单独计算,可以分别查看各自的计算结果。选择"单独"时,各个子荷载工况中的移动荷载类型既可以相同也可以不同的。

选择"组合"时,各个子荷载工况结果以各自的组合系数相加作为最后计算结果。而且各个子荷载工况必须针对不同的移动荷载类型,例如人群荷载和车道荷载。相同的移动荷载类型,"组合"不起作用,程序默认按"单独"处理。

图7-13c)对话框中,车辆组下拉框中包含已经定义的车辆组,可以不直接定义车辆组,默认每一个车辆都是一个车辆组。"系数"用来输入车辆荷载组荷载的增减系数,也是各子荷载工况的组合系数。这个系数默认是1,最后计算时所有车辆组中的车辆荷载都要乘以该系数,在后处理中将动载转换成等效静载(方法参见本章算例)时,导出的车辆荷载要乘该系数。

在图7-13b)所示对话框中勾选"移动荷载优化"后弹出的对话框如图7-14所示。需要填写"最小车辆距离",此处按公路和城市桥梁规范输入1.3m。这里加载车道只能选一个(仅定义一个就可以),程序自动生成计算用其他车道。最大车辆数应该取最大值。

关于移动荷载工况定义的详细说明请参见midas Civil在线帮助手册的相关内容。

图7-14 移动荷载优化工况

7.5 并发反力组

对应命令:主菜单中选择**荷载>移动荷载>并发反力组**。选择要输出的由移动荷载引起的支点反力的节点组。移动荷载和支座沉降分析都是只输出最大最小的包络结果。如想知道一个支座产生最大/最小支反力的同时,其他支座的反力情况,即可将这些支座节点定义在并发反力组中,计算完成后其结果可在**结果>分析结果表格>并发反力**(Max/Min)中查看。

7.6 移动荷载分析控制

在移动荷载分析控制选项中输入移动荷载分析的方法和分析结果的输出位置。移动荷载分析时,程序默认所有的车轮通过所有指定车道上的点。

命令:从主菜单中选择**分析>移动荷载**。移动荷载分析控制的对话框如图7-15所示。

选择中国规范后,荷载控制选项中的加载位置有两个可选项,一是影响线加载,二是所有点。选择"影响线加载"时,车轮只加载在使各节点内力发生最大最小值的位置。即当前后车轮位于影响线符号不同的区域时,忽略负值(或正值),只加载在正值(或负值)区域。该方法的结果将比实际结果稍大一些。选择"所有点"时,与影响线的正、负符号无关,各集中荷载依次沿车道行进,加载到能加载的所有点上(包括节点和按图7-15所示的"每个线单元上影响线点数量"定义的线单元影响线分析位置),此时其他车轴的集中荷载没有处于节点时使用内插方法计算影响线或影响面值。

图7-15 移动荷载分析控制对话框

关于冲击系数的计算要首先选择合适的规范,然后选择不同的结构形式按相应规范公式计算冲击系数。不需要考虑冲击系数的情况只要不勾选即可。冲击系数计算说明和计算公式参数的意义请参见相应规范和midas Civil的在线帮助手册。

7.7 公路空心板桥分析实例

在公路和城市桥梁中,传统的计算活载的方法是先计算荷载横向分布系数,目的是将荷载的空间效应转化到单梁上,即将空间问题转化为平面问题,然后对单梁(板)进行设计计算。用midas Civil可以直接分析空间问题,不必再计算荷载横向分布系数。

1)桥梁概况

某公路预应力简支空心板梁桥,计算跨度22.3m,梁长22.96m(图7-16)。横向有9片空心板,板间用铰缝连接,边板和中板截面尺寸如图7-17和图7-18所示。边板和中板的两端各有1.435m长的区段未设横向连接铰缝,截面也与跨中间截面不同。板间的横向中心距1.25m,桥宽10m,按两车道考虑,设计荷载等级为公路Ⅰ级。要求确定桥梁竣工验收进行车辆加载试验时,与设计荷载等效加载车辆荷载。这里不考虑自重等其他荷载而只考虑车辆荷载。

图7-16 空心板梁(尺寸单位:cm)

图7-17　中板的截面尺寸(尺寸单位:cm)

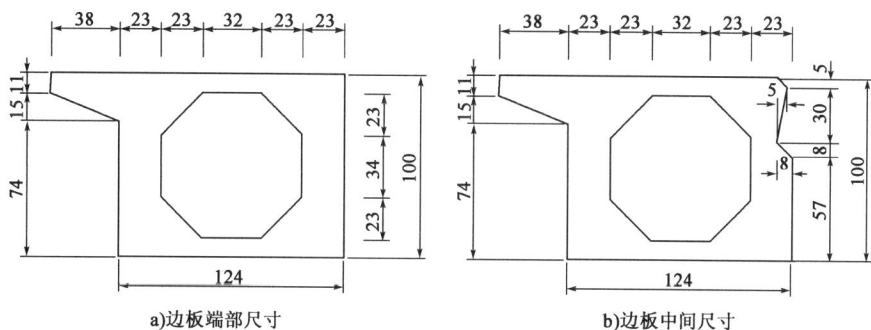

图7-18　边板的截面尺寸(尺寸单位:cm)

2)梁格法介绍

对公路铰接空心板桥,可以用"梁格法"来分析。在英国E.C.汉勃利著、郭文辉翻译的《桥梁上部构造性能》(1982年,人民交通出版社)一书中对梁格法的概念进行了较详细的解释。梁格法得到的结果是偏于保守的。

如图7-19a)所示的板式桥,它可用一个等效梁格[图7-19b)]来代表。为了分析目的把分散在板的每一区段内的弯曲和抗扭刚度假定集中于最邻近的等效的梁格内。板的纵向刚度则集中于纵向梁内,而横向刚度则集中于横向梁内。理想地梁格必须是这样,即当原型板和等效的梁格承受相等的荷载时,这两个结构的挠曲将是恒等的,而且在任一梁格内的弯矩、剪力和扭矩将等于该梁所代表的板部分的截面上应力的合力。事实上由于结构的两种类型的不同特征,这个设想只能是近似的。

a)原形上部结构　　　　　　　　b)等效梁格

图7-19　等效梁格示意

对于空心板梁桥,完全可以用上述梁格法来计算:每一片空心板都用一根顺桥向的纵梁模拟,即将原型板梁中心线作为纵向梁格,既方便又自然合理。各片纵梁间的连接用虚拟的短横梁模拟(其重量为零),这样对单片空心板来讲,就相当于用一根带有短横梁的纵梁来模拟,类似"鱼骨式"模型,如图7-20所示。对空心板梁格来讲,虚拟横梁的间距应大致等于纵梁间的中心距为宜。纵梁把原型空心板的拉伸刚度、竖向抗弯刚度、自由扭转刚度及质量分布集中于一身,一个虚拟的短横梁代表了纵梁一半截面、范围为短横梁间距的一段"构件"的横向抗弯与传递剪力能力,其截面沿其本身长度方向的变化如图7-20a)所示。

短横梁截面的变化

a)原形上部结构

一个短横梁

b)等效鱼骨式梁格

图7-20 单片空心板的模拟

实际各片板梁之间用铰缝连接,忽略其横桥向的弯矩传递作用,而只考虑传递剪力,即铰接,所以短横梁的外侧节点应该释放绕纵梁(主梁,即空心板)转动的自由度。短横梁的截面是按图7-20a)所示变化的,但是其长度很短,没有必要按实际变截面模拟,而近似按平均截面即工字形截面来考虑(图7-21)。在图7-21中,工字钢翼缘板厚度等于$b/2$处倒角的厚度,工字钢腹板厚度等于图左侧腹板厚度一半。有时为了简单将横梁定义成其他抗弯惯性矩差不多的等效截面或干脆将横梁定义成刚臂。从实际计算与实测的结果来看,定义成上述工字形截面比较符合实际情况,定义成刚臂则导致在横向上剪力传递过多,致使距离加载点较远的板梁受力偏大,但是这种误差往往也是可以接受的,特别是新建桥梁。

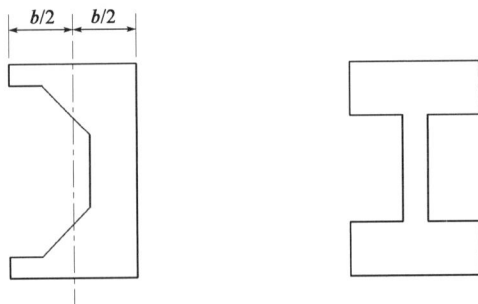

图7-21 虚拟短横梁截面的模拟

3)模型建立

(1)在AutoCAD中建立网格模型

根据桥梁的实际情况及上述分析,首先在AutoCAD中建立格子模型(图7-22),尺寸单位为cm,

存成DXF格式。格子的各条线可以是通长的,只要导入midas时要设置"用交叉点分割单元"即可将格子在交点处分割成多个单元。当然如图7-22所示的梁格也可以直接在midas Civil中建立。

图7-23　在AutoCAD中建立的梁格模型(尺寸单位:cm)

（2）定义材料

启动midas Civil软件,更改系统单位为kN和cm。定义材料为C50混凝土材料。

（3）定义截面

要定义的截面包括:中板端部截面、中板中部截面、左侧边板端部截面、左侧边板中部截面、右侧边板端部截面、右侧边板中部截面和横梁截面。除横梁截面外,其他截面均用设计截面中的设计用数值截面。命令:**模型>特性>截面特性值>添加>设计截面>设计用数值截面>定义坐标**。要填写多边形1和多边形2的数据,如图7-23~图7-28所示。

图7-23　中板端部截面的内外多边形角点坐标及截面参数

图7-24　中板中部截面的内外多边形角点坐标及截面参数

图 7-25　左边板端部截面的内外多边形角点坐标及截面参数

图 7-26　左边板中部截面的内外多边形角点坐标及截面参数

图 7-27　右边板端部截面的内外多边形角点坐标及截面参数

图 7-28　右边板中部截面的内外多边形角点坐标及截面参数

将所有截面偏心设为中-上部。在图7-23~7-28中截面内外多边形的坐标可以这样操作：先在Autocad中画好这些多边形，通过将DXF格式的数据文件导入（注意尺寸单位要统一），通过节点表格得到角点坐标列表，复制再粘贴（Ctrl+V）到图7-23~7-28所示的坐标列表中。对角点坐标操作时注意多边形角点编号是按逆时针来编的。

定义完坐标后，需要输入相关的设计参数来定义截面性质，如图7-29所示。对于箱形截面 T_1、T_2 为顶、底板厚度，BT 为外腹板中心间的距离，HT 为上、下翼缘的中心距离，验算扭转用厚度（最小）为腹板最小厚度，还需要指定剪切验算位置 Z_1 和 Z_3，程序默认 Z_2 为质心位置。剪切位置将决定应力输出位置和该位置腹板厚度，其值将对正截面抗弯和斜截面抗剪承载力计算产生影响，所以必须正确输入 Z_1、Z_3 的位置（Z_1、$Z_3>0$）。一般剪切验算位置选择在腹板厚度突变的地方，如箱形截面的顶板底面和底板顶面。图7-29仅给出了中板中部截面的设计参数，其他截面的数据可依据截面尺寸和上面的说明填写。截面偏心均为中–上部。

图7-29　中板中部截面的设计参数

定义横梁截面（图7-30），命令：**主菜单>特性>截面特性值>添加>数据库/用户>工字形截面**。

截面普通钢筋可以通过**主菜单>特性>截面管理器>钢筋**来定义，但是对全预应力结构和部分预应力中的A类构件，只考虑活载的成桥弹性加载（正常使用阶段，混凝土未开裂）的情况，不考虑普通钢筋的作用不会产生多大的误差，因为钢筋的换算面积与混凝土截面面积比较是很小的，对结构的刚度贡献有限。同样，体内的预应力钢筋的预加力作用也可不计，因其在混凝土未开裂的情况下对截面刚度没有多大贡献。当然最好考虑这些钢筋的作用。

横梁的截面因为本来就是近似的，所以没有考虑端部与中部横梁间距不同而截面应有的差别。

（4）导入DXF格式的梁格模型

命令：**文件>导入>AutoCAD DXF文件**，注意单位的

图7-30　横梁截面定义

统一,这里坐标系不需旋转。然后将图7-22所示的横梁全部分割成2等份,如图7-31所示。分割横梁的目的是为了释放自由度来模拟铰缝的连接作用,纵梁的单元数量已经较多,不必再细分。

图7-31　导入梁格模型

因为就定义了一种材料,那么导入模型后所有单元都默认是这种材料。虚拟横梁是没有重量的,所以还应该定义一种重量为零的材料,但考虑到本例只计算活载效应,所以这里没有再定义这种重量为零的材料。定义的截面有多种,必须重新指定各个单元的截面,这个工作可以用拖放的方式实现(图7-32)。操作:先选择要改变截面的单元,在树形菜单中的工作树中,点住适当的截面,然后拖放到模型窗口即可实现截面的修改。最后生成的模型如图7-33所示。

图7-32　截面拖放

图7-33　总体梁格模型

（5）施加边界条件

选取纵梁支撑处的节点,向−Z方向复制这些节点,D_Z=1m。然后将每一个复制的点与原点刚性连接,约束每一个复制的点。这里可以直接约束纵梁的支撑节点,因为没有建立下部结构的模型。之所以复制支撑节点再约束,就是为了美观,与实际结构的支撑位置看起来相同。刚性连接就是建立主从节点,这里从节点的6个自由度位移与主节点完全相同。因支撑边界条件无法施加在从节点上,在设置刚性连接时将复制后的节点设置为主节点。也可以不用刚性连接,而用弹性链接中的"刚性",效果是一样的。

每一片空心板都用板式橡胶支座支撑,各片空心板在横桥向用铰缝连接后,不可能绕竖轴转动,也不可能绕自身轴线转动（图7-33中X轴）,同时沿Y与Z轴的平动也是不可能的。那么对任意一根纵梁,一端要约束D_X、D_Y、D_Z、R_X和R_Z,另一端要约束D_Y、D_Z、R_X和R_Z。这里没有定义节点坐标系,那么节点坐标系默认就是整体坐标系。各片纵梁的约束方式相同。命令用**主菜单>边界>一般支撑**。

4）定义车道

车道的定义应该按照相关规范给出,此处按《公路桥涵设计通用规范》（JTG D60—2015）执行,如图7-5所示。右侧车道的距离右侧路缘石0.5 + 1.8/2 = 1.4m,另一车道距离右侧路缘石4.5m。

对照桥梁的设计图纸,并按照车道偏心尽量小的原则,一个车道定义在图7-31所示的下数第二片纵梁上,且向下偏心0.475m;另一车道定义在图7-31所示的下数第四片纵梁上,且向上偏心0.125m。

第一车道定义:执行**荷载>移动荷载>移动荷载规范**,选择中国规范,更改长度单位为m。

要让图7-31所示的下数第二片纵梁所有单元作为车道单元,执行**荷载>移动荷载>交通车道线**,点击"添加",按图7-34填写数据:车道名称为"第一车道",选择"车道单元",车辆移动方向为"往返",偏心距离为0.475,车轮间距按默认的1.8,桥梁跨度填22.3,按"两点"选择车道单元,先点击对话框中上面的编辑框成浅绿色,再在模型窗口中按图示点"第一点"和"第二点",选择跨度起点为"第一点",然后点击"确定",完成第一车道的定义。

第二车道定义:将图7-31所示的下数第四片纵梁所有单元作为车道单元,按第一车道的定义方式定义,但偏心距为−0.125。关于偏心正负号,要参考图7-34所示对话框中的位图。

图7-34 定义第一车道

5)定义车辆

本例题的分析目的是确定与设计荷载等效的加载车辆,所以应该先定义设计荷载,即标准的公路I级车道荷载,再自定义加载车辆荷载。等效的原则可以先选择一根受力较大的纵梁(一般为加载侧的边梁或与其相邻的中梁),让两种荷载作用下其跨中最大位移相等或其跨中最大拉应力相等,一般以最大位移为准确定加载车辆。

图7-35 自定义车辆

先按设计荷载加载,提取受力较大的纵梁的最大位移,然后再通过试算确定加载车辆。这里作为桥梁移动荷载算例,仅自定义加载车辆来说明车辆的定义方法。

执行命令:**荷载>移动荷载>车辆**。点击用户定义,按图7-35填写数据,最后点击确定完成自定义车辆。荷载类型选择"汽车",其后选择"车辆荷载类型",这里是自定义车辆荷载,所以要选择"车辆荷载类型"。填写车辆荷载名称为"加载车辆"。然后按对话框中的位图指示填写根据试算确定好的轴重和轴距。这里在"P#"下先填前轴重45kN,在"D#"下填写前轴与中轴的轴距3.225m,点击"添加",再按同样的方法填写其他轴重及轴距。在最后的轴距中空白再点"添加",就表示添加结束(图7-35)。这里仅定义了一辆加载车,采用红岩牌自卸汽车,三轴,轴距3225mm+1325mm,加载车轴重依次为45kN、100kN和100kN,共重245kN。

6）定义移动荷载工况

执行命令：**荷载>移动荷载>移动荷载工况**。在出现的对话框中单击添加，填写移动荷载工况的名称，子荷载工况的组合选项选择单独。点击"添加"按钮，出现子荷载工况对话框（图7-36），车辆组为默认（就一个车辆组），系数为1，加载的最少车道数填1，加载的最多车道数填2，分配车道为两个车道全选择（用→按钮选择），单击"确认"，关闭刚才打开的所有对话框。两车道没有横向折减。

图7-36　定义移动荷载工况

7）移动荷载分析控制选项

本例施加的加载车辆荷载不考虑荷载冲击系数。其他移动荷载分析控制选项选择默认。

8）计算结果

执行运行命令。在后处理中，可像查看静止荷载那样查看结果，比如查看竖向位移，执行命令**结果>变形>位移等值线**。按图7-37，因最大位移为负值，在**荷载工况/荷载组合**中选择"MVmin：加载工况"，位移选择"*DZ*"，勾选"等值线、变形和图例"，点击"适用"即可得到位移云图。注意这时看到的云图不是汽车荷载作用在某一个加载位置时的位移云图，而是对任何节点来讲都是其可能出现的最不利位移的云图，即位移包络图。同样，像查看静止荷载结果一样查看梁单元的应力和内力，也可得到应力和内力的包络图。

图7-37　查看绝对最大位移

如想查看车辆移动到哪里时,某节点的位移最大,或某单元的内力或应力最大,需用"移动荷载追踪器",启动移动荷载追踪器的命令:**结果>移动荷载追踪器>位移**。图7-38就是用移动荷载追踪器查看加载侧边板跨中(跨中节点号为28)最大位移的情况,可以看到图中第一车道车辆向右行驶,第二车道车辆向左行驶,该处最大竖向位移为5.8462mm。要想确定此最大位移出现时,加载车在整个结构中的作用效果,需将此移动荷载转换成静载,然后定义静力荷载工况,施加这些转换来的静载再分析计算一遍即可。转换来的静载(包括轴重及加载位置)即为本例所求。

图7-38　用移动荷载追踪器查看边板跨中最大位移与相应车辆载位置

9)批量转换成静载

命令:**结果 > 移动荷载追踪器 > 将移动荷载工况转换为静荷载工况**,图7-39所示为执行此命令后的树形菜单。点击图7-38左侧的 输出最小/最大荷载文件 按钮,则直接将对应的车辆加载信息输出。

最终要将节点28竖向位移最大时对应的动荷载转换成等效静载,车轮作用位置不变,按静载计算后其位移要与动载一致。在图7-39中,第1步填写批量转换的名称,第2步选择类型为位移,第3步勾选"最小位移",第4步填写节点号为28,第5步勾选Dz,第6步点击"添加",第7步勾选添加的项目,第8步点击"适用",得到一个MCT格式的文件(图7-40)。

该文件定义了一个静力荷载工况,并将等效的静力荷载施加在相应的梁单元上。目前版本的midas Civil软件批量转换动载后,梁单元荷载的格式是有问题的,要将图7-40所示的梁单元荷载格式修改成图7-41所示的格式才能被midas Civil执行,图7-41中矩形框中显示的部分就是要加上的内容。得到荷载格式方法很简单,就是在模型中施加一个梁单元荷载(选其中的集中荷载),然后将模型导出成MCT文件,在该文件中找到施加荷载的位置,就看到其格式了。

图7-39　批量转换移动荷载

图7-40　直接得到的静力荷载文件

动载批量转换成静力荷载时,需要注意以下问题:

(1)如果定义了荷载冲击系数,那么导出的梁单元荷载等于汽车荷载乘荷载冲击系数。

(2)移动荷载分析时自动附加横向荷载折减系数,导出的梁单元荷载等于汽车荷载乘横向折减系数。

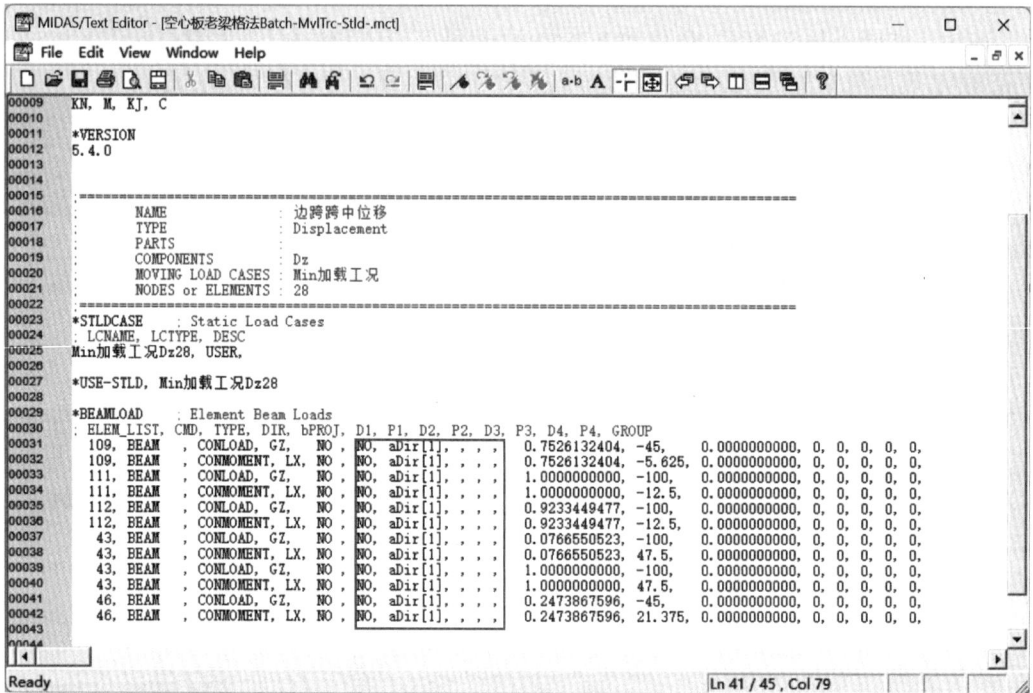

```
MIDAS/Text Editor - [空心板老梁格法Batch-MvlTrc-Stld-.mct]                          — □ ×
File  Edit  View  Window  Help                                                    - ₽ ×

00009   KN, M, KJ, C
00010
00011   *VERSION
00012   5.4.0
00013
00014
00015   ;==================================================================================
00016   ;       NAME             :边跨跨中位移
00017   ;       TYPE             :Displacement
00018   ;       PARTS
00019   ;       COMPONENTS       :Dz
00020   ;       MOVING LOAD CASES :Min加载工况
00021   ;       NODES or ELEMENTS :28
00022   ;==================================================================================
00023   *STLDCASE      ; Static Load Cases
00024   ; LCNAME, LCTYPE, DESC
00025   Min加载工况Dz28, USER,
00026
00027   *USE-STLD, Min加载工况Dz28
00028
00029   *BEAMLOAD      ; Element Beam Loads
00030   ; ELEM_LIST, CMD, TYPE, DIR, bPROJ, D1, P1, D2, P2, D3, P3, D4, P4, GROUP
00031   109, BEAM    , CONLOAD, GZ, NO, NO, aDir[1], , , , 0.7526132404, -45,    0.0000000000, 0, 0, 0, 0, 0,
00032   109, BEAM    , CONMOMENT, LX, NO, NO, aDir[1], , , , 0.7526132404, -5.625, 0.0000000000, 0, 0, 0, 0, 0,
00033   111, BEAM    , CONLOAD, GZ, NO, NO, aDir[1], , , , 1.0000000000, -100,   0.0000000000, 0, 0, 0, 0, 0,
00034   111, BEAM    , CONMOMENT, LX, NO, NO, aDir[1], , , , 1.0000000000, -12.5, 0.0000000000, 0, 0, 0, 0, 0,
00035   112, BEAM    , CONLOAD, GZ, NO, NO, aDir[1], , , , 0.9233449477, -100,   0.0000000000, 0, 0, 0, 0, 0,
00036   112, BEAM    , CONMOMENT, LX, NO, NO, aDir[1], , , , 0.9233449477, -12.5, 0.0000000000, 0, 0, 0, 0, 0,
00037   43, BEAM     , CONLOAD, GZ, NO, NO, aDir[1], , , , 0.0766550523, -100,   0.0000000000, 0, 0, 0, 0, 0,
00038   43, BEAM     , CONMOMENT, LX, NO, NO, aDir[1], , , , 0.0766550523, 47.5,  0.0000000000, 0, 0, 0, 0, 0,
00039   43, BEAM     , CONLOAD, GZ, NO, NO, aDir[1], , , , 1.0000000000, -100,   0.0000000000, 0, 0, 0, 0, 0,
00040   43, BEAM     , CONMOMENT, LX, NO, NO, aDir[1], , , , 1.0000000000, 47.5,  0.0000000000, 0, 0, 0, 0, 0,
00041   46, BEAM     , CONLOAD, GZ, NO, NO, aDir[1], , , , 0.2473867596, -45,    0.0000000000, 0, 0, 0, 0, 0,
00042   46, BEAM     , CONMOMENT, LX, NO, NO, aDir[1], , , , 0.2473867596, 21.375, 0.0000000000, 0, 0, 0, 0, 0,
00043
Ready                                                                 Ln 41 / 45 , Col 79
```

图7-41　修改后的静力荷载文件

(3)如在子荷载工况对话框(图7-36)中将系数定义成了非1的数值,则导出的梁单元荷载等于汽车荷载乘该系数。

10)板式桥梁格划分原则

在本例中使用了梁格法分析装配式空心板桥,这种方法的思路清晰,计算速度很快。由于上部结构形状和支点布置多样化,对于选择梁格网格来说,难以得到正确而一般的规律。然而,某些上部结构和荷载的提纲挈领的特性应该牢记。

图7-42　梁格边缘的扭转力

(1)从设计者需要结构怎样工作来考虑,使梁格重合于设计受力线(也就是说应该平行于预应力或梁构件,沿着边梁及支座上的受力线等)。

(2)对整体式板桥,从结构原型内的力是怎样分布来考虑,以图7-42所示横截面的扭转剪力流为例,在板边缘处的垂直剪力流所形成的垂直剪力分量S_x由边缘的梁格承受。将原型与梁格二者尽可能精确的做成等效,使每根边缘梁格承受的剪力必须接近于上部结构边缘处垂直剪力流的合力,对于实体板边距约为0.3倍的高度。

(3)对整体式的板桥,纵向构件的总数可以从1(若板很窄可视为一根梁那样工作的)到大约为20之间的任何数目(若上部结构很宽,由设计说明是否经济和困难而定)。设置构件时,其间隔要小一些,接近于2~3倍板高,因为这样板内荷载的局部传播就不考虑了。如果要输出数据表示出局部的最大数值,则对于各向同性板纵向杆件的最大间距不得超过1/4有效跨径,对于正交异性板,可以选用的间距为集中荷载作用时杆件所承受者不超过荷载的

40%。横向构件的间距必须足够小到这样程度,以致沿纵向构件的荷载分布用许多集中荷载来代表能达到合理的精确度,也就是间距约小于1/4有效跨径。在突变区内,例如,在内支点附近,则需要更小的间隔,如图7-43所示。

(4)一般来说,横向梁对纵向构件应该成直角(即使是斜交桥),除非它的受力的方向是斜交的。但斜交角度小于20°时,因为角度小,斜交梁格[图7-44a)]接近正交梁格,计算精度也可以接受的,而使用斜交梁格又比较方便,所以可以使用斜交梁格。对于大角度的斜交桥,根据它的荷载传递特性,建议选用正交梁格[图7-44b)],而且配筋时也尽量向正交方向配筋。对国内常见的装配式斜交空心板桥,其梁格常用正交网格,每片空心板用一根纵梁模拟,横向连接用垂直于纵梁的虚拟横梁模拟,网格以接近正方形为好。横向和纵向构件的间距接近相同,可使荷载静力分布较为灵敏。

图7-43 有内点时在突变区域加密

a)斜交梁格   b)正交梁格

图7-44 斜交与正交梁格

(5)若上部结构斜度很大,或支座互相靠近,支座的压缩性在局部剪力上有相当的影响,则应充分注意。

(6)在梁格分析中,无疑地假设集中荷载代表分布于由构件所代表的整个宽度上的荷载。有时,对具有单独点支承的上部结构最好用的两种独立梁格来研究。首先,用整个上部结构的稀粗的网格来研究跨间的弯矩分布。然后,再用细密的网格仅代表支点周围的小范围。作用于这个较小范围的梁格边界上的力和位移是沿用稀粗的网格内同一点的力和位移的输出值。

11)其他问题

(1)对公路T梁桥仍然可以采用上述的梁格法计算,但T梁桥一般都有横梁联系各片主梁,此时的横梁按其实际的截面模拟即可(一般为矩形截面),翼缘板间的横向连接用与空心板类似的"虚梁"模拟,注意"虚梁"的重量(即T梁翼缘板的重量)在T形主梁中已经计算不可重复。由于横向荷载主要靠横梁传递,此时也可近似地不考虑翼缘板的横向连接,即不设"虚梁"。

(2)定义支座时尽量遵循一排支座中只约束其中一个支座在X、Y方向的自由度的原则(否则温度荷载结果会偏大)。多支座时一般可不约束旋转自由度。板式橡胶支座尽量用弹性支承模拟,特别是需考虑动力特性时,其刚度取实际的值。在没有支座的资料时,可以用一般支承模拟,一般不会产生很大的误差。弯桥时应注意支座的约束方向(设置节点局部坐标系)。

(3)定义宽梁格模型移动荷载的车道时,建议应尽量选择按分布移动荷载,即按"横向联系梁"法定义车道。此时应将所有的横向联系梁定义为一个结构组,并在定义车道时选择该结构组。详细请参见第7.1.1节和程序的在线帮助。

定义车道时最好定义两次车道，一次按横向偏载定义，一次按横向中间向两边定义。对应的移动荷载工况要定义偏载和居中两个工况。一般情况下偏载控制设计。

7.8 铁路T梁桥实例

本例计算的桥型为铁路低高度简支梁桥，梁长32.6m，计算跨度32m。梁体为T形梁，梁高2.05m。横桥向共2片T梁，桥宽3.9m。T梁混凝土强度等级为C60。

建立桥梁模型如图7-45所示，两片T梁之间的连接为横隔板，没有模拟翼缘板的连接。为了精确模拟截面的特性，这里采用了变截面。该桥为单线，只有一个车道，此处按两个车道定义，每个车道上的车辆荷载为实际值的一半。在自定义车辆时，可参考图7-46所示敞车80的定义。其他步骤和内容与上节基本一致，这里不再赘述。

a)线框模型

b)带截面显示

图7-45 铁路T梁模型

图7-46 铁路敞车80荷载定义

7.9 梁格法模型建模助手

对国内城市和公路桥梁中常见的多片装配式空心板桥和多片式T梁(小箱梁)桥,采用上节的梁格法分析是可行的,这已经被加载实验所证实。对单箱单室和多室桥梁也可以采用梁格法,从midas Civil建模助手的角度,包括稀疏划分梁格法、致密划分梁格法和空间网格法。虽然梁格法在理论上严格地模拟箱梁桥的性能不是很有效,但由于其易于理解、计算速度快的特点,并能保证一定的分析精度,还是被较广泛地使用。用梁格分析单箱多室桥梁的理论在英国E. C. 汉勃利著、郭文辉翻译的《桥梁上部构造性能》(1982年,人民交通出版社)一书的第五章中有较详细的介绍。徐栋、赵瑜和刘超著《混凝土桥梁结构实用精细化分析与配筋设计》(2013年,人民交通出版社)中介绍了空间网格和折面梁格模型的建立方法。

用梁格分析单箱单室和多室桥梁遇到的主要问题一是如何切分截面得到网格(梁格),二是刚度的计算与分配。刚度的计算与分配比较烦琐,midas Civil提供的梁格法模型建模助手极大地方便了用户。该梁格法建模助手对于单箱单室和多室的预应力混凝土箱梁,以在腹板位置生成主梁的形式,自动生成梁格法模型。梁格法模型突破了单梁模型的局限性,可以考虑横桥向反力的分布、扭转性能以及斜桥和弯桥的性能,能够进行更加有效的分析。

7.9.1 折面梁格实例

下面通过一个实例来说明梁格法模型建模助手的使用方法。某20m+30m+30m+20m连续梁,其横断面如图7-47~图7-49所示,斜交的角度为18°,用梁格法模型建模助手建立该桥的模型。本例为预应力混凝土桥梁,因这里仅考虑在活载作用下的内力与变形,所以没有考虑预应力钢筋与普通钢筋的作用,也没有考虑混凝土收缩、徐变等的影响。预应力钢筋与普通钢筋的作用可以在本建模助手中建立,也可以先不建立而与混凝土收缩、徐变等的影响一样等到用建模助手生成模型后再考虑。

图7-47 实例桥梁跨中横断面(尺寸单位:mm)

图7-48 实例桥梁支点附近横断面(尺寸单位:mm)

图7-49　实例桥梁支点横断面(尺寸单位:mm)

1)建模准备

首先定义材料和标准截面。因不考虑预应力钢筋,这里定义的材料仅为普通C50混凝土和重度为0的C50材料。之所以定义重度为0的C50材料,是因为考虑模拟没有重量只有刚度的虚拟纵梁、横梁的需要。

定义的标准截面会在本建模助手中用到,类型可选择为"单箱多室""单箱多室2"或"设计用数值截面"的闭合箱形设计截面(只有设计截面中的这三种类型才会被该助手识别,对单箱单室或单箱双室也用这三种截面形式,因室数可改),如图7-50所示为定义跨中截面的数据(未考虑横坡,对截面进行了简化),支点附件截面和支点处的实心截面定义与此类似。支点处的实心截面也可以先用支点附件的截面代替,模型建立完成计算之后再用自定义截面来替换。跨中截面和支点附件截面的腹板和底板的厚度不同,在过渡段程序会按变截面处理。

图7-50　实例桥梁跨中截面定义

2)定义布置信息

运行命令**主菜单>结构>梁格法模型**,得到如图7-51所示的对话框。

"模型类型"中选"2D"表示采用折面梁格法;选"3D"表示采用空间网格法,同时横隔梁还可以选择用板单元模拟。本例这里选"2D"。

"材料"先设置为之前定义的C50,对虚梁的材料以后再更改。

图7-51 梁格建模助手对话框中的"布置"选项卡

"跨度信息"本例填为20,2@30,20,中间的间隔可以是空格或英文的逗号。

"斜交角"本例为18°,斜交角为斜交桥梁的倾斜角度,即图7-51对话框中位图上的a_1,$a_2\cdots a_m$,输入范围为-45°~+45°,以逆时针方向为正。各跨斜交角度不等时,点击"详细设置"按钮来分别定义。

"偏移",是从参考线(即线路中心线,在桥上一般就是梁顶面的中心线)到截面中心线(对称截面的或用户指定的桥梁中心线)的距离,可以选向左、中或右偏移。参考线和中心线对变宽桥两者不一致,此功能可用来定义截面不对称、变宽时的参考线位置。参考线偏移到中心线上来,实际上就是将参考坐标原点定在对称截面的中心线上,分割截面时分割线的位置由参考坐标确定。在两个截面之间的过渡段程序会按变截面处理,若变化不是按直线而是曲线变化的,可以在"跨度"选项卡中定义。

"横向构件的布置"选正交或斜交是针对斜交桥来讲的,可参考图7-44,默认虚梁为正交,但横梁必须是斜交的。

对曲线桥梁需要给出弯桥半径等,多曲线桥梁可同时组合直线与曲线段。

建模助手的边界生成功能可根据桥梁结构空间自动赋予结构支座局部坐标和空间布置位置。在图7-51所示对话框的"边界条件"分组框中,可以选择"整体型""支座型"和"混合型"。"整体型"即同时建立桥墩(台)和梁体;"支座型"即不建立下部结构,桥梁支座可用一般支承或弹性支承模拟;"混合型"是指在桥台位置处与下部结构是通过支座连接,桥墩与上部结构为一体的整体型。由于实际结构的复杂多样,"整体型"和"混合型"建立的模型往往需要修改。本例选择了"支座型",同时认为支座的刚度是无穷大,即选择了一般支承。

选择了"支座型"后,还要确定"纵向固定支座位置"及"支座方向"。"纵向固定支座位置"可以在其右侧的下拉条中选择"桥台1""盖梁1""盖梁2"……"桥台2",来确定纵向固定支座的位置。"支座方向"有两个选择,如图7-52所示,程序会根据选择来调整约束节点的节点局部坐标。

a)切向   b)在与固定支座的连线上

图7-52　支座方向

3)定义跨度信息

该助手的"跨度"信息选项卡如图7-53所示，根据前面定义的跨度数，该选项卡中会先出现"跨度1""跨度2"…"跨度n"表单。现以第一跨为例说明如何定义跨度信息。

图7-53　定义跨度信息

如图7-53所示，"跨度"和"类型"两项不能修改，由程序根据上一个选项卡的定义自动确定。$Db_2/Db_1/De_1/De_2$中的数据用来根据对话框的位图，定义支点处的盖梁厚度。"虚拟横梁间距"用来输入虚拟横梁的间距（默认值为$0.1L$，L=跨度$-Db_1-De_1$）。虚拟横梁用来模拟各片纵梁的横向连接，其截面由程序根据前面定义的截面情况自动给出。"横隔板"用来指定实际横隔板（如果有的话）的位置以及厚度，可根据逗号来指定多个横隔板的位置。对于变截面的情况，可点击 截面分配… 按钮，来指定各个变截面控制位置处的截面（前面需事先定义），如图7-54所示。对全跨内就一种截面的情况，可以勾选"等截面"，然后选择截面。

若两个截面之间的变化不是按直线而是曲线变化的，点击图7-54中的 变截面选项… ，可以在"变截面选项"对话框中输入曲线的次数和变化的纵向位置。

4)定义截面信息

截面选项卡中用户需要给出各个标准截面（纵向主梁截面）的分割数量与分割方式。下面以前面定义的标准截面"跨中截面"为例说明纵向主梁截面的分割方式。

图 7-54　截面分配

在图 7-55 所示的"截面"选项卡中,首先选择每一跨要分割的标准截面。"分割数量"根据截面的室数确定,用户不能编辑修改。分割数量为 4,表示主纵梁从左至右依次有主梁 1 ~ 主梁 4。划分方式有两个:一个是"稀疏划分",另一个是"致密划分"。若选择"稀疏划分",分割选项有两个:一是"基于腹板",如图 7-55a)所示;二是"基于顶底板",如图 7-55b)所示。截面的分割涉及分割后的截面特性是否或如何与分割前的截面匹配,是这种梁格计算方法成败的关键。详细的理论与截面特性值的计算方法请参见上述英国 E. C. 汉勃利的《桥梁上部构造性能》一书。

a)基于腹板的稀疏分割截面　　　　　　　　b)基于顶底板的稀疏分割截面

图 7-55　基于稀疏划分定义截面信息

"分割位置"指分割线到截面中心线(桥梁中心线)的距离,正负表示分割线在中心线的哪一侧,左负右正。这些数值是可以更改的,右击图中右下角的这些数值,可以增加或删除分割线,注意分割线不允许切到腹板。

基于腹板分割截面,由于边梁上有翼缘板的存在,各片纵梁的形心就会出现不在同一水平面上的现象。显然分摊到纵向梁格的抗弯惯性矩必须绕整体上部结构的主轴来计算,此时应该根据移轴公式修正各片纵梁的抗弯惯性矩。勾选"形心轴一致"选项程序就会自动修正,这样水平形心轴就都统一到整体上部结构的主轴上了;不勾选则不修正,此时各纵梁形心就应该不在一个水平面上,而在"折面"上,与勾选比较,两者的计算结果应该是一致的。

但若不修正而且各纵梁形心还在一个水平面上（不勾选就会这样），就会产生误差。所以是应该勾选的，程序默认是勾选的。

基于顶底板分割截面的方法，可以使各片纵梁的形心主轴基本与分割前整体上部结构的主轴重合，但仍然可以勾选"形心轴一致"，这样会使计算精度提高。对顶板远宽于底板的情况，基于顶底板分割截面的方法不是合理的，这种情况下，应采用基于腹板分割截面的方法。

还有一种程序没有提供的截面分割方法，就是在腹板的中间将腹板切开，这样腹板的一半宽度就分配给了左右两个小"箱梁"。这种分割方法也是可以考虑的。

分割完成后还可以通过点击 显示刚度… 按钮来查看各分割出来的主梁截面修正前后的特性值大小。图 7-56 为主梁 1 跨中截面的截面特性值，最后两列数值就是该主梁修正前后的截面特性值。

图 7-56　主梁截面修正前后特性值

单箱多室箱梁截面在纵向的分块一般采用基于腹板分割截面这种方法，此时纵梁位置与纵向腹板重合。对于具有斜腹板的箱梁，斜腹板对应的纵梁设在水平投影的中心处。若横隔板相当多，横梁位置应与横隔板重心重合。若横隔板间距较大，则必须增加虚拟横梁，较密的虚横梁间距可使结构模型具有连续性。横隔板或横梁应按 T 梁或矩形截面梁来计算其真实刚度。用建模助手生成的模型一般都不能完全满足上述要求，可以在生成模型后再适当修改。

《公路钢筋混凝土及预应力混凝土桥涵设计规范》（JTG 3362—2018）给出了折面梁格模型的划分示意（图 7-57），其理论基础可参考《桥梁上部构造性能》（1982 年，人民交通出版社）和《混凝土桥梁结构实用精细化分析与配筋设计》（2013 年，人民交通出版社）两书。"致密划分"就是参照于此进行划分的（图 7-58），为避免纵桥向划分后的单元 I、J 端截面点数不一致，划分的位置应在顶板等厚段和底板等厚段最小水平段范围内。致密划分后的纵梁形心在划分后纵梁本身形心位置处，所以应该检查建模助手生成的模型是否满足这个要求。

图 7-57　折面梁格模型示意图

图7-58 基于致密划分定义截面信息

按规范建议,图7-57中纵向梁格的宽度 b_n 不大于3m,工字形截面的翼缘宽度 b_f 不大于 $6h_f$。配有钢束的腹板截面,不宜划分为多个纵向梁格;当带平弯的预应力钢筋横向穿过多个纵向梁格时,预应力钢筋穿过最长距离的纵向梁格应计入预应力钢筋预加力效应。

图7-58中"参考截面"用来定义按照"致密划分横向基本长度"进行划分的截面。程序默认"参考截面"为与所有截面宽度平均值最接近的截面。用户可勾选复选框为每一跨修改参考截面。图7-58上面的视图区中,分割线为黑色,绿色线为分割线划定了建议的区域,超出后分割线变成红色。修改图中数据表中数据就可改变分割线的位置。右击图中数据表,可增减分割线数量。

5)定义横桥向信息

如图7-59所示,"横桥向"信息主要是用来桥面宽度方向的布置情况以及桥墩台支座布置。

图7-59 定义横桥向信息

263

对桥墩或桥台,"D"为桥梁中心线至$(+)Y$方向的最外侧支座中心的距离,"间距"为横向支座间距,即从$(+)Y$方向的最外侧支座开始起算,其他支座到相邻支座的Y方向的垂距。对本例各支座的间距如图7-60所示。

图7-60　支座间距的含义(尺寸单位:m)

6)定义荷载信息

如图7-61所示,"荷载"信息主要定义自重、铺装、防撞护栏、中央分割带、人行道等静力荷载工况并定义相应的荷载,同时也可以定义活荷载、支座沉降、温度作用、温度梯度和风荷载等。其中定义活荷载需要先定义"移动荷载规范",然后勾选"活荷载",再点击"定义车道"按钮定义车道,车道定义的对话框如图7-62所示。

图7-61　定义荷载信息

图7-62　定义车道

勾选"支座沉降"会自动生成成桥支座沉降荷载工况,同时需注意沉降量输入负值。

7)其他信息

"钢束"和"钢筋"选项卡在本例中用不到,其填写方法请参见程序的在线帮助,这里不再赘述。

按上述定义了必要的信息后,可以单击"确认"来建立单箱多室桥梁的模型,但是往往还需要对模型进行必要的修改,比如修改纵梁节点坐标、边界条件、个别截面替换以及增加虚拟边构件和横向构件等。

为了验证单箱多室箱梁梁格建模助手建立模型的精度,一般采用实体单元建立同样的模型,并加载,然后比较二者的计算结果。

8)曲线箱梁桥的模拟

曲线箱梁多见的是单箱单室或多室的截面形式,可以用上节的建模助手来建立模型,也可以自己建立梁单元模型。自己建立梁单元模型时,可以选择7自由度单梁模型,也可以用梁格模型。

为了确定约束方向,首先定义支座节点处的节点局部坐标系,且可以输出节点局部坐标系方向的反力结果。按单梁模型时应选择按多支座模拟,推荐在支座位置沿竖向建立多个弹性连接单元,单元下部固结或连接下部结构,上部节点间设置刚臂并与主梁连接。建立单梁模型时,要准确计算支座是否脱空、主梁扭矩、下部结构墩身横向弯矩。因为主梁沿长扭矩分布、支座反力的不均匀分布、各墩身的横向弯矩分配是由各墩下部结构的横向抗弯刚度决定,且与相邻联有关系,所以最好建立包含下部结构以及多支座的空间模型。用梁格模型可以较准确地模拟支座反力的不均匀分布及判断支座是否脱空,前提是支座的刚度要准确模拟。注意如果设计中未设置拉力支座,在各种荷载组合下,支座绝对不能出现负反力(脱空),否则整个结构的其他内力均是错误的。

7.9.2 空间网格模型

《公路钢筋混凝土及预应力混凝土桥涵设计规范》(JTG 3362—2018)的附录A中给出了桥梁结构实用精细化分析模型的建议,给出了空间网格模型示意(图7-63)、折面梁格模型和7自由度单梁模型的应用建议。空间网格模型和折面梁格模型都有对空间预应力钢筋模拟的局限性,所以规范建议:配有钢束的腹板截面,不宜划分为多个纵向梁格;当带平弯的预应力钢筋横向穿过多个纵向梁格时,预应力钢筋穿过最长距离的纵向梁格应计入预应力钢筋预加力效应。空间网格的理论可参见同济大学徐栋、赵瑜和刘超著《混凝土桥梁结构实用精细化分析与配筋设计》(2013年,人民交通出版社)一书。

图7-63 空间网格模型示意

b_n-纵向梁格的宽度(n=1,2,3…);b_f-工字形截面的翼缘宽度;h_t-纵向梁格的高度

用midas Civil的"梁格法模型"建模助手建立空间网格模型,步骤与上节基本一致。不同点:一是在"布置"选项卡的"模型类型"中选"3D"表示采用空间网格法,二是截面选项卡

不可用,也就不能控制网格划分(2021版)。"梁格法模型"建模助手对图7-47所示截面自动生成的空间网格如图7-64所示,由图7-64b)可以看出代表纵梁的节点都在其截面形心处。生成空间网格模型后,重点应该检查预应力钢束分配给的单元、插入点位置和倾斜腹板处倾斜角度是否正确,以及计算结果是否合理等。

a)截面分割后各纵梁截面形式

b)纵梁的连接

图7-64　空间网格例子

第 8 章

施工过程分析

超静定的桥梁其施工方法、顺序以及过程往往决定其成桥的内力，而我国桥梁规范中配筋是按内力进行的，所以桥梁的施工阶段分析是极其重要的。

悬索桥、斜拉桥和预应力混凝土连续梁等桥梁结构的施工过程中会发生体系转换，施工过程中临时墩、临时拉索等临时结构的设置与拆除、上部结构和桥墩的支承条件的变化对结构的内力和位移会产生非常大的影响。另外施工过程中随着混凝土材料的材龄发生变化，构件的弹性模量和强度也会发生变化。混凝土徐变、收缩、老化，预应力钢束的松弛等都会引起结构内力的重分配并对位移产生影响。桥梁的最不利应力有可能发生在施工过程中，所以除了对桥梁的成桥阶段进行验算外，对桥梁的施工过程也应进行承载力验算。

图8-1 预应力荷载菜单

8.1 预应力荷载

预应力荷载的菜单如图8-1所示，可以用来定义梁单元预应力荷载、初拉力荷载和钢束预应力荷载。

8.1.1 梁单元预应力荷载

梁单元预应力荷载就是施加在梁单元上的预应力等效荷载，其对话框如图8-2所示。

预应力钢筋的形状由通过三个偏心点的二次抛物线决定。钢束平面可以是单元局部坐标系的x-z平面（z方向）或x-y平面（y方向），且预应力钢筋的拉力在其整个长度上是相同的。预应力的损失需先算出，从锚下控制应力中扣除预应力损失后得到有效预应力，再乘钢筋的面积就是张拉力。若想让程序自动计算预应力各项损失，应该使用"预应力钢束的预应力荷载"。勾选"选择单元"时，预应力施加在选定的单元上，偏心也是对每个单元的；勾选"两点"时，偏心是对这"两点"和两点连线中点的。

8.1.2 初拉力荷载

初拉力荷载只能施加在桁架单元、只受拉单元（钩、索）或只受压单元（间隙）中。输入正的为拉力，输入负的为压力。初拉力荷载作为一种荷载必须属于某个荷载工况，其作用的机理类似于温度荷载。

索单元定义时输入的初拉力对索单元进行几何非线性分析时的等效刚度有影响。初拉力荷载不能用于材料非线性分析中。

图8-2 梁单元预应力荷载

8.1.3 初拉力体外类型荷载工况

该功能用于未定义施工阶段的情况下输入桁架单元的体外类型的初拉力荷载来进行一般静力分析。该功能不能同时与P-Delta分析、屈曲分析同时进行，也不能用于钩/间隙单元。初拉力体外类型荷载工况，必须要先定义初拉力荷载才行，如图8-3所示。图中的静力荷载工况中须先定义"初拉力荷载"，该荷载工况才能在左边栏中显示。

如果不将初拉力荷载所在的静力荷载工况转化为体外类型荷载工况,那初拉力荷载为体内类型,初拉力的体外类型与体内类型是有区别的。

若为体内类型,程序将把初拉力以变形的方式加载到单元上,类似于给单元加升降温荷载一样,单元内的最终拉力与单元两端的锚固条件或连接情况有关。例如,当单元两端完全锚固时,单元的压力或拉力等于所加载的初拉力;当单元两端完全自由时,单元内的拉力或压力为0。

图8-3　初拉力体外类型荷载工况

若为体外类型,程序将把初拉力荷载以荷载的方式加载到单元上,就是在求解之前就在单元的两端节点上施加了一个恒定力。无论单元两端的锚固条件或连接情况如何,该单元的内力就是初拉力。

8.1.4　组合截面钢束的位置

选择组合截面布置的钢束形状,指定给各自的部分(Part),以便从正确位置扣除孔道面积来计算组合截面预应力混凝土净截面面积(图8-4)。从2017版本开始,组合截面需要对钢束在截面中的具体位置进行指定,不指定情况下默认从Part1(钢材)截面扣除管道面积。

图8-4　组合截面钢束的位置设置

对于后张预应力结构,程序默认预应力分配单元被激活后,则预应力单元内的孔道面积即已被扣除。对于组合梁截面,当后叠合部分布置有后张预应力钢束时,若不指定钢束位置,则因为在先激活位置预先扣除了孔道面积,造成先激活部分的截面特性计算错误,而在预应力混凝土梁被激活后,截面特性恢复为正确。对于先张预应力结构和体外预应力,因为不涉及孔道面积的扣除问题,无论指定钢束位置与否程序都可以准确模拟。

8.1.5　钢束特性值

定义预应力钢束的预应力荷载有三个步骤:首先定义钢束特性值;其次定义钢束布置形状;最后施加钢束预应力荷载。

定义钢束特性值的对话框如图8-5所示。点击左面对话框的"添加"按钮就弹出右侧的"添加/编辑钢束特性值"对话框。

"钢束类型"可以选择"内部(先张)""内部(后张)"和"外部",分别对应先张法的体内预应力钢束、后张法的体内预应力钢束和体外束。钢束总面积可以直接输入,或者点击其后的____按钮,然后选择钢绞线公称直径与束(根)数,由程序自动计算钢束总面积。

"钢筋松弛系数"可供选择的规范较多,选择我国公路规范"JTG 18/JTG 04"时,在其后选择钢筋松弛系数:对Ⅰ级松弛(普通松弛)选1.0,对Ⅱ级松弛(低松弛)选0.3。选择我国铁路规范"TB 10092-17"时,其后的松弛系数需要根据《铁路桥涵混凝土结构设计规范》(TB 10092—2017)中的第7.3.4条第5款计算。

图8-5　添加/编辑钢束特性值对话框

预应力钢筋与管道壁的摩擦系数等参数可按相关规范中提供的系数填写,注意规范不同其取值不同。"黏结类型"可选"黏结"或"无黏结",两者在计算截面特性值时有区别。对有黏结类型,注浆以后,用考虑钢束面积的换算截面来计算截面特性值。对无黏结类型,张拉完钢筋后,用不考虑管道面积的混凝土净截面来计算截面特性值。

其他数据可以参考相关规范和设计图纸按实际选取。需要注意,钢材的型号一定要正确,不能用普通的钢材型号代替预应力钢筋型号,程序计算预应力损失时会用到材料的强度。导管(即波纹管)的直径大得不合理也会出现错误,程序据此计算净截面和换算截面面积。

8.1.6　钢束布置形状

用户需要将每一钢束的空间布置形状、插入位置、分配给的单元等信息都输入进去,该功能由钢束布置形状完成。直接利用该功能将所有的预应力钢束信息都输入是一件相当烦琐的事。在midas Civil程序的工具菜单里提供了钢束形状生成器和建模助手中的钢束快速生成器,都可以实现将在AutoCAD中画出的钢束竖向和水平形状较方便地生成钢束信息的功能(参见第6章)。还可以利用与Excel的良好交互性,先在Excel表格中整理好钢束坐标再粘贴进来,或编程直接读取DXF文件中的钢束信息再按格式输出,或通过MCT命令实现钢束信息的复制和修改,或上述方法联合使用,都可以大大提高输入的效率。

钢束布置形状,可以通过**主菜单>荷载>温度/预应力>钢束形状>钢束形状**来打开,其对话框如图8-6所示。点击"添加"按钮,会弹出如图8-7所示的"添加/编辑钢束形状"对话框。还可以对已经定义的钢束形状进行编辑、删除、修改其钢束特性值、复制和移动,"导出DXF"可以将选中的钢束导出到DXF文件中。

在图8-7中,首先给出钢束的名称,然后选择钢束组和钢束特性值。钢束组是一系列钢束的组合,可以实现同时钝化或激活,可以通过点击其后的▣▣按钮来定义,或从**结构>组>边界/荷载/钢束>定义钢束组**来定义。定义钢束组后可以查看每个钢束组中钢束的坐标、应力、损失,只有钢束特性值相同的情况才能定义组。分配给的单元可以从模型窗口中直接选择。

输入类型可以是2D或3D,选择2D就是在二维平面内按照平弯和竖弯分别输入钢束的形状,选择3D就是在三维空间中输入钢束的形状,每个点都要输入空间坐标。一般按我国的习惯按2D输入。

图 8-6 钢束布置形状对话框

图 8-7 添加/编辑钢束布置形状对话框

勾选"标准钢束"后,还要在其后填写标准钢束的数量 n,程序会认为输入了 n 条形状相同的钢束(标准钢束)。该功能一般用于初步设计,进行结构初算时,可使用标准钢束功能,即将沿桥横向对称布置的多根预应力钢束简化为一根标准钢束来模拟。程序在计算预应力荷载时按照标准钢束的 n 倍来计预应力荷载大小,计算截面特性时也会按 n 个孔道和 n 束钢束来计算换算截面特性。标准钢束对于确定钢束形状是非常方便的,初步定义好桥梁中心线上的钢束后执行分析,根据分析结果判断钢束布置形状(主要是竖向形状)、钢束数量、预应力荷载是否满足结构的验算要求。如果基本满足验算要求,再按准确的横向位置布置每根钢束。如果不满足验算要求,则通过调整标准钢束的形状再进行分析。

无应力场是指在钢束的锚固端或构件端部,钢束引起的压应力没有传递到构件上、下端的情况。按中国规范计算时,可不输入该项。

在曲线类型中选择定义钢束形状的方法,midas Civil 程序提供样条、圆弧和抛物线三种方法。选用样条法时,要定义钢束布置的各控制点(最高、最低和反弯点),程序自动生成连接各点的曲线,生成的方法为使样条在各位置的曲率半径为最小。选择圆弧法时,要定义钢束布置的各控制点(最高、最低和反弯点),在各点给出钢束曲线的半径,圆弧与两端的直线相切。选择抛物线法时,根据直接输入的各个控制点坐标,将其拟合成二次抛物线。所有控制点坐标都是在钢束坐标系下输入。

布置形状中的坐标轴用来在输入钢束形状时选择钢束坐标系 x 轴的形状,有直线、曲线和单元三种方式可供选择。对直线桥应该选择直线方式,对圆曲线等有固定曲率半径的曲线桥应该选择曲线方式,对位于缓和曲线等曲率半径不定的曲线桥应该选择单元方式。

当选择单元方式定义钢束时，钢束走向与单元轴线走向一致，且钢束的投影长度与单元长度相同。midas Civil 中只有直梁单元，因此模拟曲线桥时只能是"以直代曲"，这样当选择单元方式定义钢束来模拟曲线桥且曲率较大时，计算结果的误差也会大一些。曲线曲率较大的情况建议使用曲线方式来定义钢束。选择单元方式时，在竖弯数据栏的最后一列可以选择勾选"BOT"，该功能在定义变高梁（梁底是曲线）的底板合龙束时非常有用。

钢束形状的准确性是和梁单元划分的疏密程度相关的，因为除了在钢束布置形状中输入的控制点坐标外，程序还会自动计算每个单元内四分点位置处钢束形状的控制坐标。所以在钢束的转角处应尽量细分单元。对于自身对称的钢束，可以用"对称点"功能自动生成对称部分的数据。

输入倾斜的腹板束坐标时，可以先输入竖直平面内的坐标（y 设置为恒定值，只改变 z 坐标），然后再绕钢束坐标轴 X 轴旋转。斜腹板钢束的输入可参见 8.5.3 节中的"追加钢束布置"。输入有纵坡桥梁的钢束时，选择将按钢束坐标轴布置好的钢束绕整体坐标系的 Y 轴或 X 轴旋转。

关于钢束的布置形状的其他问题，在 8.4 节有实例应用及说明，另外程序的在线帮助手册中也有详细的填写说明。

8.1.7 钢束预应力荷载

定义了钢束布置形状后，还要定义给钢束施加的预应力，钢束预应力荷载来完成此任务，其对话框如图 8-8 所示。

所有已经定义的钢束都会显示在预应力钢束栏中，从中选择一个或多个钢束定义其张拉类型、张拉力以及注浆时间。

张拉力类型可以应力也可以是内力。"先张拉"后有三个选择：开始点、结束点和两端。当选择先张拉"开始点"时，则开始点处的张拉力必须输入大于0的数据，此时若结束点处的张拉力输入0，则表示单端张拉，即仅张拉开始点。当选择先张拉"结束点"时，则结束点处的张拉力必须输入大于0的数据，如果此时开始点处输入0表示钢束张拉形式为一端张拉（结束点）。无论选择先张拉开始点或结束点，如果两处输入的张拉力均大于0就表示两端张拉。

图 8-8　钢束预应力荷载施加

在图 8-8 所示的对话框中，还可以指定管道注浆的施工阶段，程序会自动考虑管道注浆引起的截面特性的变化。注浆后选"0"，表示"下0个施工阶段"开始注浆，即张拉该钢束的当前施工阶段的开始时刻就注浆。"下 n 个施工阶段"表示在张拉该钢束后的第 n 个施工阶段的开始时刻注浆。

在进行施工阶段分析时，后张法预应力混凝土结构在管道注浆前按扣除管道面积后的净截面计算其截面特性，注浆后按考虑钢束换算面积后的换算截面计算其截面特性。如在"施工阶段分析控制"选项中选择截面特性为常量，则程序始终按全截面（毛截面）进行计算，不考虑管道与预应力钢筋对截面的影响，默认是注浆后考虑钢束对截面的影响的。

8.2　施工阶段荷载

施工阶段荷载包括**荷载>施工阶段荷载**菜单中所列的"施工阶段时间荷载""施工阶段徐变系数"和"非线性施工阶段的滞回荷载"三项内容。

8.2.1　施工阶段时间荷载

为了考虑构件间的材龄差异,并反映到材料的时间依存特性(徐变、收缩、强度的变化等)中,要给构件施加时间荷载。其对话框如图8-9所示。

施加时间荷载前需要先选择单元,然后填写天数(天数可以不是整数),最后点击"适用"按钮。在进行施工阶段分析时,各个节段混凝土的浇筑时间先后顺序不同,也可以用激活新节段的时间以及其材龄来表示这种时间差。但有时用时间荷载非常的方便,比如悬臂施工时两个T构开始的时间不同。在合龙前,两个T构不会相互影响,但合龙后由于收缩及徐变效应完成的情况不同而相互影响。在定义两个T构的施工阶段时可以先不考虑这个时间差,在合龙的那个施工阶段给先施工的整个T构施加时间荷载即可。

图8-9　施工阶段时间荷载

8.2.2　施工阶段徐变系数

该功能是将徐变系数作为荷载直接分配给单元。

midas Civil中支持徐变的方法有两种计算方法:一是直接定义各个单元在各施工阶段的徐变系数(即施工阶段徐变系数),并在不同的施工阶段将其激活;二是利用徐变函数(在定义材料时间依存性时定义)通过积分方法计算徐变效应。当同一个单元同时使用了上述两种方法时,程序优先使用施工阶段徐变系数。直接定义各单元的徐变系数时要注意输入的各个施工阶段的徐变系数是不同的,必须保证其准确性。

到底采用哪种方法做施工阶段分析,在施工阶段分析控制的"时变效应控制"中可以指定,默认是不使用施工阶段徐变系数的。

8.2.3　非线性施工阶段的滞回荷载

在悬索桥开始主缆架设之前,塔顶部索鞍可以相对于塔移动。可以使用弹性连接类型中的"马鞍"(第3.2.1节)模拟索鞍,将非线性施工阶段的滞回荷载施加到模拟索鞍的弹性连接上,以反映悬索桥索鞍座的回缩位移。

首先填写荷载工况和荷载组名称,然后给出鞍形弹性连接(索鞍座)局部坐标系方向的指定位移,最后点选对应的"鞍形弹性连接"并单击"应用"按钮。窗口中仅显示马鞍形弹性连接。

8.3　桥梁施工阶段的构成及注意事项

8.3.1　桥梁施工阶段的构成

midas Civil中的施工阶段类型有基本阶段、施工阶段和最终阶段三类,各类的特点如下:

（1）基本阶段（模式）

没有定义施工阶段时按基本阶段模型进行分析，定义了施工阶段时基本阶段模型用于定义、编辑或修改边界组、单元组和荷载组等。

（2）施工阶段

在施工阶段中定义施工各个阶段要激活或钝化的结构组、边界组和荷载组等。在一个结构组中的单元、一个边界组中的边界条件或一个荷载组中的荷载是同时激活或钝化的，或者说同时激活或钝化的单元、边界条件或荷载必须分别放在同一个结构组、边界组或荷载组中。在该阶段不能修改结构组数据，但边界组和荷载组在施工阶段模式中修改会比在基本模式中修改更方便一些。

（3）最终阶段

最终阶段是最后的施工阶段，程序将最终施工阶段模型作为成桥阶段模型进行其他荷载分析，如移动荷载分析、反应谱分析以及时程分析等。

midas Civil使用的施工阶段的构成如图8-10所示。用每个阶段的持续时间就可以方便地定义施工阶段，可以定义持续时间为零的施工阶段。每个施工阶段默认有开始和结束步骤（最后步骤），每个阶段内在开始和结束步骤间可以有若干个附加子步。单元组和边界组只能在每个阶段的开始步骤激活，边界组激活时可选择边界位置是变形前还是变形后，荷载组可选择在开始、结束或子步内激活或钝化。

图8-10　施工阶段的构成示意图

在midas Civil中进行考虑材料时间依存特性的施工阶段分析的步骤如下：

（1）建立结构整体模型，包括材料、截面、荷载和边界。

（2）在**主菜单>特性>时间依存性材料>徐变/收缩**和**主菜单>特性>时间依存性材料>抗压强度**中输入材料的时间依存特性值，然后在**主菜单>材料和截面特性>时间依存材料>材料连接**中将时间依存材料特性与定义的一般材料连接起来。

（3）定义各施工阶段的结构组、荷载组和边界组。

（4）按实际施工顺序和工期定义施工阶段（利用定义的结构组、荷载组和边界组）。

（5）在**分析>分析控制>施工阶段**分析控制中（图8-11）选择施工阶段分析中要考虑的时间依存特性，并输入计算徐变所需的迭代次数以及其他的一些选项。

（6）点击**分析>运行分析**或点击工具条中的 ■ 按钮运行结构分析。

图8-11　施工阶段分析控制数据对话框

(7)结构分析结束之后,可以利用结果中的各种后处理功能查看分析结果。

8.3.2　桥梁施工阶段定义注意事项

1)施工阶段划分的原则

一般是将单元或边界发生变化的时刻作为前后两个施工阶段的界限,并将单元或边界条件发生变化的时间定为一个阶段的开始。对于单元和边界条件不发生变化只是荷载的加载或卸载时间不同的情况,可将荷载在子步内激活或钝化,这样可以减少施工阶段数。定义子步还可以较为精确地计算混凝土的收缩和徐变。

2)最终施工阶段

最终施工阶段是可以设定的,执行**分析>分析控制>施工阶段**命令,在图8-11所示的对话框左上角位置,可以设定最终施工阶段为最后的施工阶段(默认),也可以设定其他某一个施工阶段为最终施工阶段。施工阶段分析将分析到被指定为最终阶段的阶段,并将最终阶段模型视为成桥阶段模型。对成桥阶段模型可进行其他荷载工况的分析、反应谱分析和时程分析等。

3)施工阶段接续分析

已分析完成的施工阶段分析模型,对第N个阶段的荷载条件等进行修改后,可以从第N阶段开始接续运行施工阶段分析。重新开始施工阶段分析是接续之前分析结果的,所以之前阶段的模型数据和全部阶段共同用到的数据是不能随意修改的,否则分析可能会因为失去连贯性而出错。施工阶段接续分析的方法步骤请参见在线帮助,此不赘述。

4)非线性施工阶段分析

图8-11中分析类型可以选择线性分析、非线性分析和材料非线性分析。这里讲的非线性是指几何非线性,当施工阶段中结构有可能发生大变形时,施工阶段分析中就要考虑几何非线性问题。所谓几何非线性问题就是指结构的变形很大,以至于在计算过程中必须修正模型的位置然后再分析计算,否则计算结果的误差很大或根本就是错误的。

施工阶段的几何非线性分析,可以选择"独立模型"还是"累加模型",后者可以考虑材料时变效应。独立模型就是几何非线性分析的各施工阶段相互独立,这一选项主要用于考虑大位移的悬索桥倒拆分析。累加模型就是各施工阶段的分析结果是累加的,无论是线性还是非线性,施工阶段正装分析都应该是累加的。非线性分析控制用来确定非线性分析选项中荷载步骤数、每个荷载步内的最大迭代次数以及收敛标准。

各个静力荷载工况都是独立计算的,相当于"独立模型"。模型内部中存在只受压弹性连接、只受压节点弹性支承等非线性因素时是不能进行荷载组合的,因为叠加原理不适用了,而荷载组合就是将计算结果线性叠加;但是可以先将荷载组合再计算,即将这些要组合的荷载放在一个荷载工况中,或者用"由荷载组合建立荷载工况",对应命令为**主菜单>荷载>静力荷载>建立荷载工况>使用荷载组合**。施工阶段分析中选择用"累加模型",模型内部中存在只受压弹性连接、只受压节点弹性支承等非线性因素也是可以的,因为某施工阶段的结果会作为其下一阶段的初始状态,各施工阶段的分析结果是累加的。所以,对有非线性边界的模型可以通过定义施工阶段的方式实现荷载组合。

材料非线性分析一般属于承载能力极限状态的计算,只能选择累加模型,施工阶段分析控制中的其他选项全部不可用。对应的"材料非线性分析的荷载增量步骤"设置在每一个"设定施工阶段"时填写。

施工阶段分析控制中如选择了非线性分析类型,则无法查看悬臂法预拱度。

非线性施工阶段分析的内容在第11章中有较详细的说明。

5)时间依存特性

混凝土的收缩、徐变以及强度发展变化等时间依存特性在材料中定义,在施工阶段,用户只需定义混凝土单元激活时的材龄。在同一施工阶段中同时激活具有相同材龄的单元时,它们的时间历程会完全相同。如它们的时间历程不同,可以给某些单元施加时间荷载(**荷载>施工阶段>施工阶段荷载>施工阶段时变荷载**)。点击如图8-11所示的施工阶段分析控制数据对话框中的"时变效应控制"按钮,可以进行一系列的设置。

6)混凝土湿重

底模拆除前的混凝土因不参与结构的受力,可认为没有刚度并作为重力(湿重)荷载处理。混凝土单元激活后时间相关特性(如强度、弹性模量、后续收缩徐变量等)与激活时的材龄有关,激活后作为结构的一部分参与受力。在任意施工阶段激活的荷载如果没有钝化则始终存在于模型中。注意混凝土单元激活的同时其自重就被激活,其湿重荷载一定要先在前一个施工阶段的最后钝化,否则会在钝化混凝土湿重时,在新激活梁段上产生一个不存在的向上的额外位移。先于激活新单元就钝化湿重,仅会在前期浇筑梁段上产生向上位移,这个向上位移在激活新单元后抵消。

7)施工阶段荷载工况

进行施工阶段分析时,程序会自动生成9种荷载工况:

(1)CS:恒荷载

包括除预应力、徐变和收缩之外施工阶段中激活的所有荷载的作用效应。

(2)CS:施工荷载

用来查看"CS:恒荷载"中的某个荷载的作用效应。如图8-11所示,当在施工阶段分析控制数据中定义了从施工阶段恒荷载结果中分离出独立显示的荷载工况时,分离出来的荷载工况的作用效应就不包括在"CS:恒荷载"中了,而是包括在"CS:施工荷载"工况中。如果没有在施工阶段分析控制数据中定义分离荷载工况时,"CS:施工荷载"工况中没有任何结果。

(3)CS:钢束一次

钢束张拉力对截面形心的内力引起的效应。对位移结果,就是用预应力等效荷载考虑结构的约束情况后计算出的实际位移;对内力结果,是用钢束预应力等效荷载在"基本结构"上计算的内力,与原结构的约束和刚度无关,即所谓"一次内力";对应力结果,就是用一次内力计算的应力。

(4)CS:钢束二次

钢束预应力在超静定结构中引起的预应力二次效应,即次内力引起的效应。对反力结果,为由预应力等效荷载计算的次反力;对内力结果,为由于预应力在超静定结构多余约束处产生次反力引起的内力,即次内力;对应力结果,为次内力引起的次应力。

由于预应力在结构中产生的总效应如下:

①位移:钢束一次结果。

②反力:钢束二次结果。

③内力和应力:钢束一次结果+钢束二次结果。

(5)CS:徐变一次

徐变一次和徐变二次是midas程序内部为了计算方便创造的名称。徐变一次是与钢束一次相对应的,但只有徐变一次结果的位移有实际意义。

(6)CS:徐变二次

即徐变变形引起的超静定结构徐变二次力效应。由于徐变在结构中产生的总效应如下:

①位移:徐变一次结果。

②反力:徐变二次结果。

③内力和应力:徐变二次结果。

(7)CS:收缩一次

收缩一次和二次也是midas程序内部为了计算方便创造的名称。仅收缩一次的位移结果有实际意义。

(8)CS:收缩二次

即收缩变形引起的超静定结构的次内力效应。由于收缩在结构中产生的总效应如下:

①位移:收缩一次结果。

②反力:收缩二次结果。

③内力和应力:收缩二次结果。

(9)CS:合计

是上述8种工况中所有具有实际意义的效应的合计结果。注意midas Civil的施工阶段分析结果中,并不是输出的作用效应都有实际意义(虽然有非0的数值结果),只有包含在"CS:合计"工况中的作用效应才有实际意义。

定义荷载前要定义荷载工况,在荷载工况的荷载类型中要将施工过程中施加的荷载定义为"施工阶段荷载(注意不是施工荷载)",该荷载只能作用在施工阶段中,而其他荷载类型只能作用在成桥阶段(PostCS)中。施工阶段结果可与成桥阶段的各荷载工况的分析结果进行组合(成桥阶段的静力荷载工况的工况名称中都标有"ST")。需注意的是当自重所在荷载工况中荷载类型不是"施工阶段荷载"时,自重既参与到施工阶段分析中,也参与到成桥阶段分析中,此时不要将两者重复组合。从这个角度来说,进行施工阶段分析时最好将自重定义为"施工阶段荷载",而不是"恒荷载"。

为了能单独查看某荷载作用下的效应,需要使用施工阶段分析控制数据中的分离荷载功能(从施工阶段恒荷载结果中分离出独立显示的荷载工况),将外荷载工况单独分离出来。

8)索初拉力控制

在施工阶段分析控制对话框中有"索初拉力控制",这里的体内力与体外力与预应力混凝土中的体内束和体外束类似。初拉力荷载的施加方式为**荷载>预应力荷载>初拉力**。

选择"体内力"就将索的初拉力视为内力,以初始变形的方式施加在结构中。在拉索阶段,索两端连接的构件发生变形,拉索长度相应发生变化,所以拉索内力也会发生变化。

选择"体外力"就将索的初拉力视为外力,以集中力的方式施加在与索两端连接的构件上。因此在拉索阶段,索的初拉力大小与初拉力值相同(仅在施加体外力的拉索阶段)。

在施加初拉力以后的施工阶段,单元的初拉力无论是选择体内还是体外,其内力都将随着结构的变化(荷载变化、边界变化以及结构构件变化等)而发生变化。选体外力类型并有其他荷载与初拉力同时激活时,拉索内力要也达到输入的初拉力值,有可能出现不合理的结果。激活初拉力时,不建议同时激活或钝化其他结构组、荷载组以及边界组。

9)初始内力控制

在施工阶段分析中,可将最后施工阶段最后一个步骤的构件内力转化为初始内力,形成成桥阶段结构的初始几何刚度,转化的方法是在图8-11所示的对话框中勾选"将最终阶段构件内力转换为PostCS阶段的初始荷载"。转化的初始内力可在**荷载>静力荷载>初始荷载>小位移>初始单元内力(CS)**中查看。对悬索桥、斜拉桥进行正装施工阶段分析后,可将最后一阶段的索单元内力作为几何刚度,进行成桥荷载的分析。

当单元中作用了转化来的"初始单元内力(CS)",又作用"初始单元内力",则"初始单元内力"起作用;只有当勾选了"在施工阶段中使用初始构件内力"一项时,无论任何情况都会优先取用"初始单元内力(CS)"。

10)新激活构件的初始切向位移

以悬臂拼装施工为例,已经施工的节段发生了下挠的变形,那么对于悬臂拼装方法来讲,由于各节段都是事前预制好的,那么新拼段应该是在前面节段变形后的形状上拼装的,也就是悬拼段沿着已施工的悬臂段的切线方向施工。midas Civil考虑这种问题的方法就是赋予构件初始切向位移,就是要对即将施工的悬拼段考虑悬臂端已发生的位移,此时新构件虽未参与受力却已发生变形。

对于悬臂浇筑施工方法,新浇筑段一般不在已浇筑段变形的切线方向施工,新节段前端底模高程是可以调整的。所以对悬臂浇筑的施工方法一般不勾选图8-11中所示的"构件沿初始切向位移方向激活"一项,那么此时得到的在所有荷载作用下的累计位移,不包括施工时赋予的切向位移,仅包括由荷载引起的累计位移。所以这个选项会影响结构最终预拱度的设置。

11)后张法端部锚固区应力传递长度内局部应力变化

在图8-11所示的对话框右下角位置的"考虑后张法导线长度区域的应力降低"选项,只有在钢束布置形状里输入无应力场参数的情况下才能使用。按中国规范计算时,可不输入该项。

12)应力重新分配率

单元钝化时应力重新分配率为100%表示将钝化构件的应力全部分配到剩余构件中;重新分配率为0%表示被钝化构件的应力不分配给剩余构件。

13)边界组激活时"变形前"与"变形后"的选择

仅对边界条件中的"一般支承"才可选择"变形前"或"变形后"激活,对其他类型的边界条件不起作用。

激活边界组时选择了"变形前"表示将位置已经发生变化的边界节点使用强制位移的方法强行"拉回"到建模位置后再赋予约束。选择"变形后"表示将边界节点约束在已经发生变形后的位置。

14)截面特性值变化

在图8-11的右下角有一个"梁截面特性的变化"分组框。如选择"随钢束变化",程序在计算截面特性时会考虑预应力钢束孔道引起的变化。若某个施工阶段还没有张拉预应力钢束和注浆,那么在计算的时候截面特性是扣除孔道的。孔道注浆以后,将按包含预应力钢筋的换算截面。如果选择了"常量",则不考虑预应力钢束孔道引起的截面特性的变化。

15)未闭合力控制

详见第14章斜拉桥分析。

8.4　悬臂法桥梁施工阶段分析

悬臂法施工阶段分析应该正确反映桥梁实际的施工顺序。施工阶段分析中各施工阶段的定义,在midas Civil里是通过激活和钝化结构组、边界组以及荷载组来实现的。midas Civil中悬臂法桥梁施工阶段分析的一般步骤如下:

(1)定义材料和截面。

(2)建立结构模型。

(3)定义并构建结构组。

(4)定义并构建边界组。

(5)定义荷载组。

(6)输入荷载。

(7)布置预应力钢束。

(8)张拉预应力钢束。

(9)定义时间依存性材料特性值并连接。

(10)定义施工阶段。

(11)运行结构分析。

(12)查看分析结果。

悬臂法施工的桥梁阶段分析可以用一般"手工"方法,也可以用建模助手。用建模助手比较简单方便,可以自动完成上述步骤的2～10项;用一般方法可以更加详细、准确地建模和定义施工阶段。

8.4.1　用一般功能作悬臂法桥梁施工阶段分析

这里以一座三跨连续梁的悬臂浇筑施工过程分析来说明使用"一般方法"的步骤。

1)实例桥梁的基本情况

某跨度为40m+65m+40m公路预应力钢筋混凝土箱形连续梁桥,桥梁顶板宽16.74m,底板宽8.24m,采用单箱单室截面,按1.8次抛物线梁高自跨中1.8m过渡至墩顶3.8m。桥面单向横坡1.5%。混凝土强度等级为C55;钢束为低松弛钢绞线,其标准抗拉强度为1860MPa;锚下控制张拉应力0.72×1860MPa=1339.2MPa。跨中及墩顶标准截面如图8-12所示,桥梁的分段情况如图8-13所示。施工大致顺序为:下部结构→安装墩旁施工支架,安装主墩处永久支座、临时固结措施→在支架上现浇0号块→张拉0号块预应力→在0号块上拼装挂篮→浇筑1号块→张拉1号块预应力→移动挂篮⋯⋯浇筑7号块,同时搭设并预压边跨现浇支架→张拉7号块预应力→拆除边跨现浇支架上的预压荷载,浇筑边跨段混凝土,拆除所有挂篮→搭建边跨合龙吊篮,悬臂侧施加用水箱做的压重→安装合龙段劲性骨架→浇筑边跨合龙段混凝土,同时放水卸载相当于浇筑混凝土重量的压重,以保持竖向荷载基本不变→张拉边跨合龙钢束→拆除边跨现浇支架及边跨吊篮→拆除墩顶临时固结措施→安装中跨合龙段吊篮,安装中跨合龙段劲性骨架,中跨合龙段两侧施加每侧相当于中跨合龙段重量一半的水箱压重→浇筑中跨合龙段混凝土,同步卸载压重→张拉剩余预应力→拆除中跨合龙段吊篮→施工桥面及其他附属设施。

图8-12 桥梁典型截面(尺寸单位:cm)

图8-13 桥梁节段的划分(尺寸单位:cm)

2)定义材料和截面

(1)设定单位。定义截面和材料之前,应先将单位体系设置好,长度单位设置为cm,力的单位设置为kN。

(2)定义材料。定义预应力箱形梁(C55)、桥墩(C40)、钢束的材料(钢绞线)的材料。

(3)定义桥墩截面。预应力混凝土连续梁施工阶段分析时,桥墩的影响不大,可以不用建立桥墩模型;对连续刚构桥,桥墩是要建立的。本例虽为连续梁桥,但为了完整仍建立了中间两个主桥墩模型。主桥墩的截面为哑铃形截面,如图8-14所示。因为标准截面中没有此截面类型,所以用SPC自定义截面,再导入,如图8-15所示,详细过程请参考第2.4.4节。

图8-14　主桥墩截面(尺寸单位:cm)

图8-15　主桥墩截面定义

　　下面可以分别建立箱梁的跨中和墩顶截面,然后再定义变截面。本例建立主梁截面和模型用"PSC桥梁"建模助手,以便详细考虑腹板和底板厚度的变化。所以这里仅定义一个墩顶截面作为"标准截面",截面的尺寸如图8-12所示。主梁截面顶板为单面横坡,要想准确建立截面只能用SPC自定义,但是"PSC桥梁"建模助手中只能使用"设计截面"类型。所以这里将墩顶截面简化一下,保持桥梁纵向中线梁高为3.8m,去掉横坡将桥面变成水平,同时保证翼缘板和顶板的厚度无变化。墩顶截面的定义及截面数据如图8-16所示。图8-17给出了原带横坡截面(用AutoCAD计算)与不带横坡截面(midas Civil计算)的截面特性的比较,可见二者的差别是非常小的,说明简化截面的方法是可行的。墩顶截面的偏心修改为"中-上部"。

图8-16　建立主梁墩顶截面

| a)AutoCAD计算 | b)midas Civil计算 |

图8-17　主梁墩顶截面特性的比较

3)用"PSC桥梁"建模助手建立主梁模型

该建模助手的使用方法在第2.6.7节已经详细说明,所以这里仅说明建模过程。

(1)建立主梁的单元

按照图8-13建立主梁单元,每个单元长度暂定为节段长。注意0号块要用支点位置和直线与抛物线分界位置分成多个单元。支点处的边界条件是为了"PSC桥梁"建模助手识别跨度信息而施加,没有实际意义,建立好模型后要删除。各个单元的方向要一致,其他注意事项请参见第2.6.7节。建立的单元如图8-18所示,各个单元长度和各节点的相对坐标可由图8-13得到。

图8-18　主梁单元建立

(2)跨度信息

执行命令**主菜单>结构>PSC桥梁>跨度信息。**

图8-19　主梁跨度信息

按图8-19执行操作:填写梁名称、在模型窗口中选择所有单元、检查分配单元列表中的信息无误后点击 添加/替换 按钮、其他选择默认后点击下方的 添加 按钮,最后关闭对话框。

(3)执行命令**主菜单>结构>PSC桥梁>截面＆钢筋**

控制截面是截面开始发生变化的截面,对梁的高度应该有10个控制截面,各个高度控制截面的数据如图8-20所示。

因为全桥等宽,对桥梁的宽度有两个控制截面,其数据如图8-21所示。

上翼缘厚度即指顶板厚度,全桥均为28cm,所以也有两个控制截面,其数据如图8-22所示。

下翼缘厚度即指底板厚度,由跨中的0.3m按1.8次抛物线过渡到墩顶截面的0.7m,控制截面数与梁高相同,也是10个。底板数据如图8-23所示。

	参考线	距离(cm)	尺寸(cm)	曲线类型	指数型	对称面距离(cm)
1	S1	0.00	180.00	直线	1.0	0.00
2	S1	842.00	180.00	曲线	1.8	842.00
3	S1	3817.00	380.00	直线	1.0	0.00
4	S2	175.00	380.00	曲线	1.8	3150.00
5	S2	3150.00	180.00	直线	1.0	0.00
6	S2	3350.00	180.00	曲线	1.8	3350.00
7	S2	6325.00	380.00	直线	1.0	0.00
8	S3	175.00	380.00	曲线	1.8	3150.00
9	S3	3150.00	180.00	直线	1.0	0.00
10	S4	0.00	180.00	直线	1.0	0.00

图 8-20　主梁梁高控制截面数据

	参考线	距离(cm)	尺寸(cm)	曲线类型	指数型	对称面距离(cm)
1	S1	0.00	1674.00	直线	1.0	0.00
2	S4	0.00	1674.00	直线	1.0	0.00

图 8-21　主梁梁宽控制截面数据

	参考线	距离(cm)	尺寸(cm)	曲线类型	指数型	对称面距离(cm)
1	S1	0.00	28.00	直线	1.0	0.00
2	S4	0.00	28.00	直线	1.0	0.00

图 8-22　主梁上翼缘厚度控制截面数据

	参考线	距离(cm)	尺寸(cm)	曲线类型	指数型	对称面距离(cm)	加腋插入
1	S1	0.00	30.00	直线	1.0	0.00	☐
2	S1	842.00	30.00	曲线	1.8	842.00	☐
3	S1	3817.00	70.00	直线	1.0	0.00	☐
4	S2	175.00	70.00	曲线	1.8	3150.00	☐
5	S2	3150.00	30.00	直线	1.0	0.00	☐
6	S2	3350.00	30.00	曲线	1.8	3350.00	☐
7	S2	6325.00	70.00	直线	1.0	0.00	☐
8	S3	175.00	70.00	曲线	1.8	3150.00	☐
9	S3	3150.00	30.00	直线	1.0	0.00	☐
10	S4	0.00	30.00	直线	1.0	0.00	☐

图 8-23　主梁下翼缘厚度控制截面数据

　　箱梁腹板厚度:0号~4号梁段采用0.8m,7号梁段采用0.5m,5号、6号梁段由0.8m按直线过渡到0.5m,梁段的编号如图8-13所示。根据截面开始发生变化的截面为控制截面原则,腹板厚度控制截面有10个,其数据如图8-24所示。

	参考线	距离(cm)	尺寸(cm)	曲线类型	指数型	对称面距离(cm)
1	S1	0.00	50.00	直线	1.0	0.00
2	S1	1242.00	50.00	曲线	1.0	0.00
3	S1	1992.00	80.00	直线	1.0	0.00
4	S2	2000.00	80.00	曲线	1.0	0.00
5	S2	2750.00	50.00	直线	1.0	0.00
6	S2	3750.00	50.00	曲线	1.0	0.00
7	S2	4500.00	80.00	直线	1.0	0.00
8	S3	2000.00	80.00	曲线	1.0	0.00
9	S3	2750.00	50.00	直线	1.0	0.00
10	S4	0.00	50.00	直线	1.0	0.00

图 8-24　主梁腹板厚度控制截面数据

需要说明的是:

(1)因为桥梁是对称的,所以可以只建立一半的模型,然后镜像。

(2)施加的边界条件是为了得到"参考线",建好模型后应该删除。

(3)普通钢筋与竖向及横向预应力钢筋对施工阶段分析(竖向线形控制)影响一般不计,截面有效宽度的影响很小时往往也不需考虑。

(4)用单梁建立模型分析曲线桥、斜桥等非对称桥梁结构时,必须准确模拟支座的实际位置。本桥虽然每个桥墩、台上均为双支座,但为直桥可以用单支座模型。然而考虑到活载的偏载问题,这里用双支座。

(5)模型建立好以后,应该检查截面是否模拟准确,检查梁高、顶板厚、腹板厚以及底板厚度是否正确。

(6)齿板和横隔板(因横隔板在支座正上方,本例不考虑)混凝土重量按集中荷载考虑。

4)修改主梁模型

(1)加入横隔板

在用"PSC桥梁"建模助手建立主梁模型时,要求梁单元是连续的,导致横隔板截面无法输入,现在需要修改主梁模型,将横隔板截面加入。本桥在箱梁中墩的墩顶设置厚度2.5m横梁(设有过人洞),在中跨跨中设置0.5m厚的横隔板,边跨端横梁厚度1.5m。中墩墩顶横梁截面如图8-25左半侧所示。中跨跨中横隔板及边跨端横梁截面相同,如图8-25右半侧所示。两个截面都用SPC自定义的方法建立,然后导入,再用导入的截面赋予对应单元。

图8-25 横隔板截面(尺寸单位:cm)

(2)建立桥墩

建立桥墩模型,墩高9.123m。

(3)双支座建立

采用双支座模拟箱梁的支承时,先在支座中心的顶、底位置处各建立一个节点,两节点之间的距离等于支座的高度。然后将顶节点与主梁上对应节点之间建立刚性连接,并将支座顶节点作为从节点。在支座的顶、底节点之间建立弹性连接的一般类型来模拟永久支座,弹性连接的刚度按支座各方向的实际刚度输入。底节点与桥墩顶节点刚性连接起来,没有建立桥墩的按一般支承固结。

定义前先建立四个边界组,名称分别为1号墩永久支座、2号墩永久支座、3号墩永久支座和4号墩永久支座。该桥没有桥台只有4个桥墩,桥墩从左至右依次编号为1、2、3、4号。

全桥模型如图8-26所示。

图 8-26 全桥模型

5）建立结构组

这里假设两个T构同时施工，经过同样的施工阶段直到合龙段。因为在施工阶段梁段的安装和拆除是通过结构组的激活和钝化命令来完成的，所以应该将同时施工的单元定义在一个结构组中。本例不考虑两个T构施工时间的差异，所以建立结构组时没有区分左右两个T构的对应梁段的不同，而是将它们定义成了一个结构组，比如"主梁节段1"就包括了两个T构的4个1号块。

运行命令**主菜单>结构>组>结构**，定义结构组包括桥墩、主梁节段0～7、边跨现浇段、边跨合龙段以及中跨合龙段。

定义的结构组还要分配给包含的梁段单元。方法是先在模型窗口中选择单元，然后将组树形菜单中的某个结构组拖放到模型窗口中，如图8-27所示就是将主梁节段3分配给对应的梁段单元。

图 8-27 将结构组分配给对应单元

在组树形菜单中双击某个结构组,则该结构组将被选择。这样可以检查结构组的定义。

6)定义时间依存性材料并与材料连接

为了考虑混凝土徐变、收缩以及抗压强度的变化,下面定义材料的时间依存特性。为了方便数据的输入,先将力的单位改为N,长度单位改为mm。

运行命令**主菜单>特性>时间依存性材料>徐变/收缩**。点击"添加"按钮,然后按图8-28填写数据。本例采用的是按规范定义收缩徐变特性,若用户有数据可以选择时间依存性材料"用户定义"。按28d龄期抗压强度输入混凝土强度等级,该强度用于计算徐变系数,并按规范的强度与弹性模量的换算公式换算为徐变计算中使用的有效弹性模量。要注意的是计算弹性变形使用的弹性模量采用时间依存材料(抗压强度)命令中的弹性模量(输入强度发展函数时,按规范的要求由当时强度进行换算)。如果没有定义时间依存材料(抗压强度),则按定义材料时的弹性模量计算弹性变形。这里的构件理论厚度与截面有关,这里先暂定1000mm,以后再修改。

图8-28　主梁混凝土徐变和收缩定义

运行命令**主菜单>特性>时间依存性材料>抗压强度**。点击"添加"按钮,然后按图8-29填写数据。

运行命令**主菜单>特性>时间依存性材料>修改特性**,弹出如图8-30所示的对话框,选择所有主梁单元,然后点击"适用"按钮。采用自动计算后的构件理论厚度可以在**主菜单>特性>特性表格>修改时间依存性材料特性**中查看,可见到已经覆盖了原来暂定的1000mm。

图8-29　主梁混凝土抗压强度变化定义

图8-30　修改主梁单元的材料时间依存特性

运行命令**主菜单>特性>时间依存性材料>材料连接**。将以上定义的混凝土徐变、收缩特性以及强度进展与箱梁的材料连接。

7)建立边界组并输入边界条件

需建立的边界组有:墩底永久支承、2号墩0号块临时固结、3号墩0号块临时固结、1~4号墩永久支座(前面已经定义了这4个边界组)、2号墩和3号墩0号块支架(可选,若第一施工阶段就激活0号块单元,则不需要0号块支架)、3号墩临时限位和左、右边跨现浇段支架。

墩底永久支承中的边界条件包括:1、4号桥墩处支座底节点的固结以及2、3号墩墩底固结,均为一般支承类型。

2、3号墩0号块临时固结的边界条件包括:2、3号墩墩顶节点与对应主梁节点的弹性连接(刚性)。

1~4号墩永久支座内的边界条件前面已经说明。

2、3号墩0号块现浇支架边界条件(可选),包括两个0号块对应节点的只受压竖向节点弹性支承,刚度系数可以通过支架预压测得。0号块中间节点有临时固结的边界条件,所以不用加只受压竖向节点弹性支承。值得注意的是,只受压竖向节点弹性支承属于非线性支持类型,在施工阶段计算时采用累加模型可以计算非线性问题。

3号墩临时限位内包括3号墩顶对应主梁节点的纵向水平位移约束。3、4号墩顶的永久支座是滑动支座,边跨合龙后,拆除3号墩顶的临时固结以及边跨现浇直线段的临时约束、激活3、4号墩顶永久支座时需要临时约束其顺桥向位移。

左、右边跨现浇段支架内的边界条件包括:1、4号墩对应主梁节点的一般支承,来约束顺桥和横桥向两个水平平动自由度和绕着桥梁纵向中心线转动自由度;边跨现浇段所有单元对应的其他节点的一般支承,仅约束横桥向平动位移。边跨现浇段内所有节点的竖向支撑采用只受压节点弹性支承,刚度系数可以通过支架预压测得。

若没有考虑边跨现浇支架的沉降,那么边跨现浇段单元的最终预拱度应该等于支架变形预拱度与施工阶段计算预拱度的和。考虑到张拉边跨合龙预应力时边跨现浇段可能起拱,所以这里用只受压类型的弹性支承模拟边跨现浇支架。

8)建立荷载组

荷载包括各节段(没有0号块)张拉本段预应力前的混凝土湿重、激活节段单元后自重、挂篮(吊篮)荷载、预应力荷载、压重和二期恒载。首先建立这些荷载对应的荷载工况,荷载类型均为施工阶段荷载,如图8-31所示。

下面定义荷载组并施加荷载:

(1)自重

自重是单元激活后自动施加的。用命令**模型>组>定义荷载组**定义一个名为自重的荷载组,然后用命令**荷载>自重**定义自重荷载,荷载工况为"自重",荷载组为"自重",自重系数在z后填-1.0。

(2)挂篮(吊篮)荷载

挂篮荷载的施加与湿重类似。首先定义荷载组:2号墩1~7节段施工挂篮(7个荷载组)、3号墩1~7节段施工挂篮(7个荷载组)、左右边跨

图8-31　荷载工况定义

合龙吊篮和中跨合龙左右吊篮。挂篮作用在前一节段的悬臂前端。

挂篮重量暂按 600kN 考虑,吊篮重量暂按 200kN 考虑(桥梁设计图纸要求挂篮重量按 600kN 控制,吊篮重量按 200kN 控制)。

为了确定挂篮荷载的大小与作用位置,需要对挂篮的作用情况进行较详细的分析。下面的分析以菱形挂篮为例,其他类型的挂篮与此基本一致(如三角挂篮)或类似(如牵索式挂篮)。

浇筑状态挂篮对主梁的作用可用图 8-32 来表示。由于混凝土湿重是由挂篮传递到已浇筑梁段上的,所以图中 W 为正在浇筑的梁段混凝土湿重+施工荷载+模板(包括底模、侧模和内模)及其支承架的重量。作用于挂篮上的直接荷载包括主桁架自重和由前吊带传递的 $W/2$,挂篮对已浇筑梁段的作用力为 F_1 和 F_2。挂篮荷载对主梁的作用应该是向下的 $F_1 + W/2$ 和向上的 F_2。对主梁用线单元模拟的情况,一般可以假设 F_1 和作用在已浇筑梁段底板上的 $W/2$ 的作用位置相同,所以按一个力 $F_1 + W/2$ 考虑,其作用点也近似认为是在已浇筑梁段悬臂的最前端。F_2 的作用位置由挂篮尺寸来定。挂篮确定后,F_1、F_2 和 W 的值是可以计算出来的,其作用位置也是确定的,这样就可以精确模拟挂篮荷载。但通常情况下对挂篮荷载进行如下的简化:将 F_2 的作用位置前移到挂篮的前支点,与 F_1 的作用位置相同,同时附加一个弯矩 $M = F_2 \times e$(e 为挂篮前后支点的距离)。这样浇筑混凝土时挂篮荷载就包括前支点的竖向荷载(挂篮全部重量+正在浇筑混凝土的湿重)和一个作用在前支点的弯矩。

图 8-32　挂篮荷载示意图

为了模拟全挂篮状态和挂篮前移(通过钝化后面的力,激活前面的力来完成),空挂篮和混凝土湿重是分别单独考虑的。空挂篮时,实际的挂篮对已浇筑梁段的作用是作用在已浇筑梁段悬臂前端的竖向力(挂篮全部重量)和一个附加弯矩 M(仅由挂篮重量引起)。

对空挂篮进行计算,可以得到 F_1 和 F_2 的大小。对于本例,采用的是菱形挂篮,最后计算得到挂篮荷载的竖向力为 600kN(实际上就是空挂篮重量),附加弯矩为 800kN·m。

施加挂篮荷载需要一个荷载组一个荷载组地施加,例如施加作用在 2 号墩两侧 3 号块上的挂篮荷载:荷载类型"节点荷载";荷载工况为"挂篮荷载";荷载组为"2 号墩 3 节段施工挂篮";竖向集中荷载大小 $F_z = -600$kN,左侧附加弯矩 -800kN·m,右侧附加弯矩 800kN·m;荷载作用点在 2 号块的悬臂前端。

每个吊篮重量为 200kN,按集中力考虑,合龙段两侧一边作用一个 100kN。

(3)节段湿重

混凝土浇筑时处于流动状态,在养护阶段由于在挂篮上其本身处于零应力状态,所以在其对应单元激活前可以认为是纯粹的荷载,通过挂篮施加在已浇筑的梁段上。荷载的作用位置为由挂篮的支承位置决定,这里认为是作用在相邻已浇筑梁段的悬臂前端。作用形式仍然是一个集中力加一个集中弯矩,只不过此时仅考虑混凝土湿重作用在挂篮上,没有包括模板在内的挂篮重量。

0号块及边跨现浇段的湿重是由其支架承受的,合龙段的湿重由压重考虑,所以节段湿重仅考虑1~7号块浇筑与养护状态对其前段的湿重荷载。需建立的荷载组包括:2号墩1~7节段湿重、3号墩1~7节段湿重和中跨压重。左右边跨压重荷载是随着边跨合龙段混凝土的浇筑逐步卸载的,而且浇筑时间短,所以不再单独考虑。中跨压重是在边跨合龙时起作用的,中跨合龙时也不单独考虑。

施加的湿重荷载如前所述包括竖向集中力和附加弯矩,需要根据节段的体积和挂篮尺寸来计算,本例的计算结果列于表8-1中。

节段湿重荷载计算 表8-1

节段号	1	2	3	4	5	6	7	中跨压重
体积(m³)	53.3	49.9	46.9	44.4	41.7	44.3	42.5	—
重度(kN/m³)	25	25	25	25	25	25	25	—
湿重系数	1.04	1.04	1.04	1.04	1.04	1.04	1.04	—
集中力(kN)	1385.8	1297.4	1219.4	1154.4	1084.2	1151.8	1105.0	375
弯矩(kN·m)	2771.6	2594.8	2438.8	2308.8	2168.4	2303.6	2210.0	—

施加2号墩左右两个1号块的湿重其大小为1385.8kN,位置是两个0号块的悬臂前端,左侧的弯矩为−2771.6kN·m,右侧的弯矩为2771.6kN·m,荷载类型是节点荷载,荷载工况为"节段湿重",荷载组为"2号墩湿重节段1"。其余类推。湿重荷载施加后如图8-33所示。

图8-33 湿重荷载(未显示附加弯矩)(单位:kN)

(4)预应力荷载

这里的预应力荷载指的是纵向预应力钢筋产生的荷载。要把每一钢束产生的预应力荷载都要在确定的施工阶段中激活,首先要定义它们的钢束特性值、钢束形状和钢束预应力荷载。在定义钢束预应力荷载时,要指定钢束所在的荷载工况和荷载组,以方便在正确的施工阶段激活。可以把同时激活(即同时张拉)的钢束定义在一个荷载组内。

首先定义钢束特性值。本例主桥纵向预应力钢筋有两种:一是15根ϕ^s15.20mm钢绞线一束的钢束,二是19根ϕ^s15.20mm钢绞线一束的钢束。钢绞线的标准强度为1860MPa,松弛率不大于0.025,弹性模量195GPa,锚下控制应力1339MPa。管道摩阻系数0.17,管道偏差系数0.0015/m,钢束回缩和锚具变形每端6mm。按上述参数的取值填写图8-34所示的两个对话框。

图 8-34　钢束特性值定义

钢束形状和钢束预应力荷载后面再定义,下面定义每一钢束所在的荷载组,这些荷载组包括:2、3 号墩各自的 0～7 号块的顶板束;中跨顶板连续束;中跨底板连续束;边跨顶板连续束;边跨底板连续束。

（5）二期恒载

桥面为 10cm 厚沥青混凝土,桥面净宽 16m,则桥面每延米重量为 $0.1 \times 16 \times 23 = 36.8$kN。防撞墙及其他设施每延米重 15.2kN。所以二期恒载为 36.8+15.2=52kN/m。建立名称为"二期恒载"的荷载组。

二期恒载这样定义:荷载类型为"梁单元荷载"中的均布荷载,荷载工况为"二期恒载",荷载组为"二期恒载",荷载方向为整体坐标系 Z 向,荷载数值中的 $W=-52$kN/m。

9）钢束形状定义

每一束钢束的形状都要定义。定义钢束形状的有三种方法见 8.1.6 节。这里采用"钢束形状生成器",其使用方法在第 6.3 节已经给出了详细的说明并附有实例,这里不再赘述。对于形状完全相同只是位置不同的钢束可以用复制的方法生成,然后修改插入点坐标。下面仅就中跨底板合龙束 MB1（图 8-35）和边跨底板合龙束 SB1（图 8-36）的定义方法加以简单说明,其他钢束与此类似。

图 8-35　钢束 MB1 形状定义

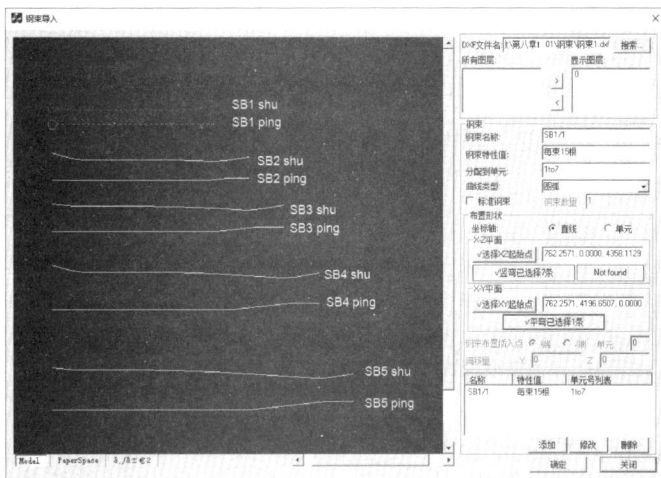

图8-36　钢束SB1形状定义

　　首先在AutoCAD中画出MB1的竖弯和平弯曲线,注意单位要与midas Civil中一致,然后存成DXF文件。MB1在中跨合龙段共有4束,形状完全与竖向的位置一样,仅平面位置不同,所以仅定义其中一束,其余三束可以由此复制得到。启动钢束形状生成器,MB1的起点正好是单元的节点,"布置形状"可以选"单元",可以按图8-35填写数据,然后点击"添加"按钮,最后点击"确定"就会得到该钢束形状定义的MCT命令,在MCT命令窗口运行即可。

　　在AutoCAD中画钢束竖弯和平弯曲线时的平面为XY平面,X为钢束长度方向坐标,Y为梁高度或宽度方向坐标,到钢束形状生成器后会自动转换。注意AutoCAD中同一钢束的起点和终点的X坐标要一致,否则可能出错。至于各个控制点的绝对坐标是没有关系的,可以在任意位置。"布置形状"中的"坐标轴"选择"单元"时,钢束起点(X坐标最小的点)默认的插入点为单元I端(I节点)或J端(J节点),要通过"偏移量"来调整钢束起点的竖向与平面位置,要注意单元截面的偏心的影响。"偏移量"的数值计算要通过钢束的具体布置确定。

　　钢束SB1的起点距离单元的I节点20cm,此时"布置形状"选"直线"比较好,因为这样可以填写插入点坐标。插入点坐标即是钢束起点在桥梁模型中的绝对坐标。在图8-36中不能填写插入点的坐标,默认插入点为$(0,0,0)$,更改插入点坐标要通过**树形菜单>工作>张拉钢束>钢束形状>右击SB1>特性值**来完成,如图8-37所示。也可以通过MCT命令来完成修改。

　　钢束的复制通过命令**荷载>温度/预应力>预应力>钢束形状**来完成,先选择被复制的钢束,再点击"复制和移动"按钮,如图8-38所示。然后通过编辑复制的钢束来更改其位置,两个边跨的钢束完全对称时,可以只定义一边,然后通过复制→编辑的方法修改,来得到另一边跨的钢束。"复制

图8-37　钢束SB1的插入点修改

和移动"功能可以源钢束为参考,指定新钢束的分配单元和插入单元,如果需要一次性复制生成多根钢束,那么只需指定多组分配单元和插入单元增加到单元列表中就可以了。如选择"自动调整钢束长度",程序根据分配单元的长度自动调整复制生成的钢束的长度,调整原则为根据重新分配单元的长度与源钢束分配单元长度的比值等比例放大钢束长度。

图 8-38　钢束复制

下面说明一下左边跨的钢束如何复制到右边跨对称的位置,选取的钢束为边跨底板合龙束SB1,该钢束是通过"直线"的方式定义的,左端锚固点(插入点)距离所在单元的I端20cm。复制的步骤如下:

(1)运行命令**荷载>温度/预应力>预应力>钢束形状**,弹出图8-39左面的对话框。选择钢束SB1-1然后点击按钮 复制和移动 ,弹出图8-39右面的对话框,点击下面的 确定 按钮即可在左面图中的钢束列表中增加钢束"SB1-1-复制"。

图 8-39　复制钢束

这里要说明的是,可以利用图8-39右侧图的"复制/移动钢束形状"对话框进行多种形式的复制和移动,用法比较简单,具体方法说明可参见在线帮助手册,这里不再赘述。这里不做任何其他操作,只点击"确定"按钮即可。

(2)在钢束列表中选择刚生成的钢束"SB1-1-复制",点击 编辑(M) 按钮,弹出与图8-37基本一样的对话框(仅钢束的名称不同),在对话框中修改钢束名称、填写分配的单元,"对称点"后面选择"开始",再点击 生成对称钢束 。在平弯和竖弯表格中删除掉原来的布置形状,图8-40给出了原钢束与复制钢束的坐标对比。选择"开始"的原因是原钢束的"开始"为插入点。

图8-40　原钢束与复制钢束的对比

（3）按图8-40更改钢束布置插入点坐标,该坐标为模型整体坐标系下的插入点坐标。可以看到这里仅需更改X坐标即可。

最好的方法是用MCT命令窗口来修改。方法是:运行工具→MCT命令窗口→在下拉条中找到命令*TDN-PROFILE→点击"插入数据"按钮（将所有钢束形状对应命令都显示出来）→修改→保存文件（图8-41）。得到的钢束形状文件为MCT格式,可以用文本编辑器进行复制和修改。

图8-41　用MCT命令窗口得到钢束定义的文件

用MCT命令来修改的前提是必须清楚数据格式。了解数据格式可以参考软件的在线帮助手册中的"MCT命令"内容,也可以先用一般的复制→编辑的方法先修改一束,比较原来的钢束,看看哪些地方数据有变化,怎么变化的,然后对其他钢束采用类似的方法修改。

运行命令**荷载>温度/预应力>预应力>钢束形状>修改钢束形状**,在弹出的对话框中也可以修改一些关于钢束的数据。

如果钢束竖向布置形状相同但关于桥梁纵向中心线正对称,即钢束在横桥向布置位置不同,那么对于没有平弯的钢束可以直接采用输入间距的方法来实现钢束的复制/移动,对于有平弯的钢束可以先更改插入点的Y坐标（反号）,然后将平弯曲线控制点的所有Y坐标反号。

关于顺桥向某个对称面对称的两根钢束,首先通过钢束复制功能在对称位置建立钢束,然后将复制生成的钢束的坐标轴方向反向,如"*i-j*"改为"*j-i*",同时将插入单元由首单元改为尾单元。

通常梁高是变化的,因此在布置底板束时,钢束的布置形状与梁高的变化规律有关。如果人为的查找钢束坐标各个控制点的坐标势必增加钢束输入的工作量。因此程序对变高梁底板束的布置提供了一个方便的功能——钢束布置时选择bottom的功能,该功能要求在图8-40所示"布置形状"中的"坐标轴"选择"单元"。通过输入少数控制点的 *X* 和 *Z* 坐标,然后在钢束"布置形状"中勾选"BOT"选项,则两个BOT点间的钢束距梁底的距离保持一致,如果两个BOT点 *Z* 坐标至截面底缘的距离不同,程序自动按线性变化模拟。

定义完所有168束钢束后,可以显示钢束的形状和位置以便检查输入是否有误,如图8-42为部分钢束的布置情况。

图8-42 部分钢束位置及形状

10)钢束预应力荷载定义

midas Civil需要每一钢束的形状都必须定义,并给每一钢束施加预应力荷载。定义过程如图8-43所示。

图8-43 给钢束施加预应力荷载

(1)选择荷载工况名称。

(2)选择荷载组名称。

(3)选择钢束,可以一次选多个。

(4)将选择的钢束添加到"已选钢束"栏中。

(5)选择张拉力是按应力施加还是按内力施加。

(6)选择两端张拉。

(7)填写张拉应力或内力,并选择压浆阶段。

(8)点击"添加"按钮,完成所选钢束预应力荷载的施加。

11)施工阶段定义

前面已经给出了桥梁施工的大致顺序,现根据施工的顺序定义施工阶段。先将各个施工阶段的大致内容说明如下:

(1)施工阶段1

激活的结构组:2、3号桥墩以及对应的0号块,填写激活时的材龄。

激活的边界组:2、3号桥墩墩底约束以及其上对0号块的临时固结约束。

激活的荷载组：0号块上的预应力、挂篮以及1号块对应混凝土湿重。注意不同荷载施加的时间差（下同）。荷载施加的时间差可以通过添加子步骤实现，也可以添加施工阶段放在不同的施工阶段中。

（2）施工阶段2

1号块混凝土养护，时间对徐变计算有影响。在阶段的最后钝化混凝土湿重荷载。

（3）施工阶段3

激活1号块对应单元，激活相应预应力荷载，钝化0号块悬臂端的挂篮荷载，激活1号块悬臂端的挂篮以完成挂篮前移，激活2号块混凝土重量对应湿重荷载。

（4）施工阶段4～13

重复施工阶段2、3的步骤，模拟2～6号块混凝土养护、卸载湿重、激活新单元、张拉预应力、挂篮行走和下一节段浇筑混凝土（即湿重加载）的过程。

（5）施工阶段14

7号块混凝土养护，在阶段的最后钝化7号块对应混凝土湿重荷载。

（6）施工阶段15

激活7号块对应单元，激活相应预应力荷载，钝化上一施工阶段的挂篮，激活边跨合龙段吊篮及压重（相当于浇筑合龙段混凝土）；激活边跨现浇段单元以及对应的临时支承边界组。

（7）施工阶段16

边跨合龙段混凝土养护，在阶段的最后钝化边跨合龙段压重。

（8）施工阶段17

激活边跨合龙段单元，张拉边跨合龙段预应力，钝化边跨现浇段支架约束、激活1、4号墩永久边界条件，拆除边跨吊篮。

（9）施工阶段18

钝化2、3号墩顶临时固结，激活2、3号墩顶永久边界条件，激活3号墩顺桥向临时限位。

（10）施工阶段19

激活中跨合龙段吊篮、压重（相当于浇筑合龙段混凝土）。

（11）施工阶段20

中跨合龙段混凝土养护，在阶段的最后钝化中跨合龙段压重。

（12）施工阶段21

激活中跨合龙段单元，张拉中跨合龙预应力，钝化中跨吊篮。

（13）施工阶段22（桥面施工）

施加二期恒载，并考虑10年后的结构受力及变位情况。

在上述施工阶段中假设：移动挂篮、绑扎钢筋到浇筑完每一节段的混凝土需时4天，即从第5天开始计入混凝土湿重；混凝土养护并达到张拉条件要求需时6天，则施工每一节段（1～7号块）需10天时间。

定义施工阶段的方法如下：运行命令**荷载>施工阶段数据>定义施工阶段**。弹出"施工阶段"对话框后点击"添加"按钮，可弹出"设定施工阶段"对话框。也可以点击程序视图区左上角"定义施工阶段"按钮 ，但后面必须是"基本"时才能进行施工阶段的定义与编辑。下面以施工阶段1为例说明施工阶段定义的方法。

如图8-44所示,首先定义施工阶段的名称和持续的天数,如需在本施工阶段中添加子步骤,可以用图中右上角的分组框完成。每个施工阶段的荷载激活或钝化都默认有开始和最后两个时间点,如需在本施工阶段所持续的时间内还有其他时刻荷载发生了变化,那么就应该定义子步骤,或者拆成两个或多个施工阶段。

图8-44　设定施工阶段(单元选项卡)

在"设定施工阶段"对话框的下半部分有三个选项卡:单元、边界和荷载。单元选项卡用来定义结构单元的激活与钝化。需激活某结构组单元,则首先在结构组列表中点选该结构组,然后在"激活"分组框填写混凝土激活时的"材龄"(对钢结构单元的激活"材龄"是没有意义的,可不填),然后点击该分组框的"添加"按钮;需钝化某结构组单元,也是先选择该结构组,然后在"钝化"分组框内填写"重新分配单元内力"百分数,再点击下面的"添加"按钮,"重新分配单元内力"的含义在第8.3.2节中已说明。

如图8-45所示为第一施工阶段的边界设定,激活了2、3号桥墩墩底的支承和墩顶与0号块的临时固结。因为这些边界条件需在设计位置激活,所以选择"变形前"激活。

图8-45　设定施工阶段(边界选项卡)

图8-46所示为第一施工阶段的荷载设定。自重和0号块的预应力都在阶段开始激活，挂篮这里认为和混凝土湿重一起激活，混凝土湿重在第4天后激活。混凝土的养护且达到张拉条件的时间为6天（强度和弹性模量均要满足相关要求）。注意自重只在第一施工阶段激活即可，其他施工阶段不必再激活自重。最后点击"确认"按钮来完成该施工阶段的定义。

其他各个施工阶段的定义与此类似，即首先给出名称、持续时间，确定是否添加自步骤，然后依次填写单元、边界和荷载三个选项卡来设定单元、边界和荷载的激活与钝化情况。

最后的施工阶段定义情况如图8-47所示，此时可以通过"编辑/显示"按钮来对各个施工阶段进行编辑修改。注意图中将钝化湿重的时长定为0天，养护的时间放在了前一个施工阶段，这一点与上面施工阶段说明不同，但结果是一样的。

图8-46 设定施工阶段（荷载选项卡）

图8-47 施工阶段定义

施工阶段定义完成后，在施工阶段工具条 基本 的下拉条中选择基本阶段以外的施工阶段时，在工作树形表单中用户可以一目了然地查看当前施工阶段中激活和钝化了的结构组、边界组和荷载组。另外，在施工阶段工具条中按顺序变换施工阶段时，用户可以在模型窗口中即时确认施工阶段的变化情况。

12）运行结构分析

完成建模和定义施工阶段后，可按图8-11所示对"施工阶段分析控制数据"进行设定（或不设定施工阶段分析控制，即采用默认设置），比如在施工阶段分析选项中可选择是否考虑材料的时间依存特性和弹性收缩引起的钢束应力损失，并指定分析徐变时的收敛条件和迭代次数等。图8-48所示为"时间效应控制"内容。

将上述所有的内容定义完成后，就可以执行分析了，点击工具栏中的运行按钮 即可。

图8-48 时间效应控制

8.4.2 悬臂法(FCM)桥梁建模助手

应用悬臂法桥梁建模助手可由程序自动生成用悬臂法施工的预应力箱形桥梁的单元、边界条件、钢束的布置以及各施工阶段。对于非对称施工、两侧跨度不同、变截面按多项式变化、孔道灌浆的时间调整等可以反映实际施工状况的要求,都可以通过悬臂法桥梁建模助手来实现。关于使用悬臂法桥梁建模助手的步骤以及功能的详细介绍可参见程序用户手册"高级应用例题"中"使用建模助手做悬臂法桥梁施工阶段分析",另外在线帮助手册中也有很细致的说明。本节仅对悬臂法桥梁建模助手做较简单的介绍与说明,仍然以上面的三跨连续梁为例说明使用悬臂法桥梁建模助手的步骤及功能。

1)设定单位体系

单位设定同前面"一般功能"方法。

2)定义材料及截面

材料的定义同"一般功能"方法,这里的截面指桥墩截面的定义,箱梁截面的定义可在建模助手中进行。

3)建模助手的"模型"选项卡

执行命令**主菜单>结构>悬臂法桥梁**,弹出如图8-49所示的对话框。

图8-49 悬臂法桥梁建模助手模型选项卡

图中左上角的"类型1"和"类型2"用来指定是否由建模助手输入箱梁的截面和钢束形状,在"模型"选项卡中没有意义,可以暂时不管。

"桥墩数"指的是桥梁内部桥墩的个数,不包括桥台或相当于桥台的桥梁两端的桥墩。例如,这里填写2表示是3跨连续梁,有2个内部桥墩。

"桥墩截面"这里只能输入一个,如为多个截面或变截面,只能以后修改。

"施工持续时间"指的是施工一个标准桥梁节段的所需的时间,包括支模、绑扎钢筋、布置钢束管道、浇筑混凝土以及养护的时间。现场浇筑时,输入的施工持续时间应大于构件的初期材龄。这个时间对多数桥梁节段都是正确的,如有的个别节段施工时间不同,则可先按此定义,执行完建模助手以后再修改。

满堂支架法(FSM)是指左右两侧的边跨现浇直线段单元数量和长度,这里都输入0.6,0.9,1.5,3.42,注意右侧的边跨现浇段数据"FSM(R)"也是按这个顺序。单元数量是4,要与后面的合龙段定义对应。

零号块的总长度可由"P.T."后的数据定义,B后面输入的是梁高不变的部分的长度。如果零号块结构比较复杂,可以通过先勾选再点击 详细... 按钮来定义,零号块细部定义对话框如图8-50所示。本例墩顶零号块有2.5m厚的单一横隔板,先点选零号块1,然后按图8-50所示定义零号块的详细数据,零号块2的数据按相同的方法定义。零号块1和零号块2分别对应左T构和右T构,两个都定义完成后,点击下面的"确定"按钮。

变截面组的范围在合龙段详细设定中确定,程序通过用户指定合龙段左右两侧的等高截面数以及其他信息(包括节段的划分情况以及零号块的数据)来定义变截面组。先勾选再点击合龙段 详细... 按钮,弹出如图8-51所示对话框。本例共有3个合龙段,从左往右依次命名为合龙段1、合龙段2和合龙段3。先点选其中一个,然后按图8-51所示填写数据。其他合龙段按相同的方法定义。

图8-50 零号块细部定义

图8-51 合龙段及变截面组的范围定义

变截面组的曲线形状在Zone详细定义中确定,定义过程与上面类似,如图8-52所示。

点击 零号块施工时间... 后可在弹出的对话框中输入各桥墩零号块的施工时间间隔,最左侧的桥墩零号块为1号。该功能仅用于各个桥墩两侧的悬臂节段(T构)不同时开始施工时,用来输入各桥墩的零号块与第一桥墩零号块的施工时间差,即定义时间荷载。

点击 构件初期材龄... 后可在弹出的对话框中输入各构件的初期材龄,单位为天,如图8-53所示。初期材龄是指构件从开始浇筑到开始受力的时间差。桥墩的初期材龄较长是因为桥墩两侧搭设支架或托架施工零号块需要较长时间。零号块的初期材龄较长是因为拼装挂篮和对挂篮进行加载试验需要较长的时间。

图 8-52　变截面的曲线形状定义　　　　　　图 8-53　构件初期材龄定义

4）建模助手的"截面"选项卡

定义箱梁截面时用到"截面"选项卡，截面数据输入方式有两种，即类型 1 和类型 2。

选择类型 1 时如图 8-54a）所示，可以根据截面视图填写数据。视图左半边为跨中截面，右半边为零号块截面，分别对应变截面组的两端的截面尺寸。挂篮重量 P 为挂篮本身重量，不含混凝土湿重，相应的偏心距 e 的含义与计算方法和前述"一般方法"中相同。混凝土湿重一般都要考虑，应勾选该项。图 8-54a）中的数据是程序初始设定的，不是本例数据。

如果已经定义了跨中截面、支点截面和横隔板截面，就可以用类型 2 的方式来定义全桥截面，如图 8-54b）所示。但是只有这三个截面为"设计截面（PSC）"时才可以，横隔板指的是墩顶横隔板。本例定义的这三个截面选择了类型 2。需说明的是这里指定了类型 1 或类型 2，那么钢束的形状定义也相应分为类型 1 或类型 2。

a）用类型 1 定义箱梁截面　　　　　　　　b）用类型 2 定义箱梁截面

图 8-54　悬臂法桥梁建模助手截面选项卡

5）建模助手的"预应力钢束"选项卡类型 1

数据类型选择了类型 1 时，建模助手对话框的"预应力钢束"选项卡如图 8-55 所示。

图 8-55　悬臂法桥梁建模助手预应力钢束选项卡类型 1

在图 8-55 中首先应该勾选"预应力钢束和张拉控制应力",否则程序认为没有预应力钢束,即表示结构为不布置预应力钢束的混凝土结构。不习惯用建模助手输入钢束时可不勾选此项,而等建立模型后再用其他方式输入钢束。

钢束特性值的定义可以是在启动建模助手以前定义,也可以通过点击 ⋯ 按钮实时定义。对话框中只要求填写顶板束和底板束的钢束特性值,实际是顶板束和底板束都可能有多种特性值,此时可以先随便填写,以后再修改。

张拉控制应力默认是 $0.7S_u$,S_u 是钢束的标准强度(极限抗拉强度),也可以选择钢束的设计强度 S_y(屈服强度),前面的系数是可以更改的。

在"各桥梁段锚固的钢束数量"分组框有三个按钮,用来分别定义在各桥梁段上锚固的顶板束和底板束数量。点击 顶板束⋯ 按钮弹出如图 8-56 所示的对话框,某节段的锚固数量指的是半个箱梁上的数量,实际数量应该乘 2,并且钢束关于桥梁纵向中心线正对称。在顶板束锚固数量对话框中选择"相等"时,表示各桥墩桥梁段上布置的顶板束相同。选择"不等"时,可分别输入各桥墩桥梁段上布置的顶板束。底板束实际是底板合龙束,其定义分为边跨底板合龙束和中跨底板合龙束,定义方法与顶板束类似。

勾选并点击按钮 腹板束布置⋯ 弹出如图 8-57 所示的腹板钢束横向布置对话框,用来完善腹板束的布置。程序默认腹板束的截面特性值与顶板束相同。

点击 所有钢束数量⋯ 按钮,将弹出所有钢束纵向布置(各桥梁段锚固数量)对话框。选择"不等"时,顶板束可按桥墩输入不同数量。底板束可按跨度输入不同数量。腹板束默认为各桥梁段相同。钢束数量对话框中的顶板束和腹板束数量之和必须与顶板束锚固数量对话框中的数量相符(程序将腹板束默认为顶板束)。钢束数量对话框中的底板束数量必须与底板束锚固数量对话框中的数量相符。

图 8-56 顶板束锚固数量   图 8-57 腹板束锚固数量

在"顶板束注浆"分组框,可以选择张拉钢束时即拉即注(即对于每个施工阶段,张拉钢束后均立即注浆),也可以选择在下 n 个施工阶段注浆。例如,$n=1$ 表示在张拉完本施工阶段的钢束后,在下一施工阶段的第一天开始注浆;$n=2$ 表示施工完两个桥梁段后,在施工第三个桥梁段的第一天注浆。当顶板束预留管道注浆后,截面特性值的计算将考虑钢束和管道的换算后的截面,因此注浆的时期将决定使用换算截面的时间。

这里的顶板束注浆包含腹板束注浆。底板束的注浆,程序默认为在成桥阶段一次完成。程序默认的钢束张拉顺序为腹板束、顶板束、底板束(边跨)、底板束(中间跨)。

6)建模助手的"预应力钢束"选项卡类型2

数据类型选择了类型2时,建模助手对话框的"预应力钢束"选项卡如图 8-58 所示。在图 8-58 中首先应该勾选"预应力钢束和张拉控制应力",否则程序认为没有预应力钢束。

图 8-58 悬臂法桥梁建模助手预应力钢束选项卡类型2

点击 钢束数... 按钮,弹出如图8-59所示的对话框。将钢束设定为组的话,可以按组来查看钢束的坐标、应力、预应力损失等。在悬臂法桥梁建模助手中,根据钢束类型自动将钢束定义为6个组,用来确定截面上各个位置的钢束数。

选择"对称"表示截面上的钢束是左右对称配置的。"不等数据"区中的"室数"为箱梁截面的室数,"位置"用来选择钢束的配置位置,即第几个腹板位置。对于单箱单室,对称配置钢束时"位置"只有一个,非对称配置时,因左右腹板的配束会不同,所以"位置"会有两个,其中左侧腹板的位置为1(参考图示)。钢束组的含义见表8-2。

图8-59　钢束数对话框

钢束组含义　　　　表8-2

组名称	含义	组名称	含义
PSTG	零号块顶板钢束	CWTG	中跨的腹板钢束
PWTG	零号块腹部钢束	ASTG	边跨的底板钢束
CSTG	中跨的底板钢束	AWTG	边跨底腹板钢束

填写好各个位置的钢束数后点击"确定"按钮,就会在如图8-58所示的对话框中出现钢束数据,但此时的数据均为0,下一步需要根据实际情况编辑修改各个钢束的数据。钢束的数据以电子表格的形式出现,可以先用Excel做好以后再粘贴回来。下面说明钢束数据中各项的含义。

(1)组基准线(Baseline)

为了确定截面上的具体位置,每根钢束都需先根据图8-58右侧的参考图示输入各钢束组的基准线位置,即图中Baseline的数值,然后再填写该钢束的 B_i 值(即钢束位置到"组基准线"的距离)和 H_i 值(即钢束到顶板或底板的距离)即可确定钢束位置。各组一般只定义一个Baseline即可,例如定义PSTG时,以其中的一个PSTG钢束为基准,通过调整钢束的间距 B_i 值,就可以非常便利地输入剩余的PSTG钢束。

(2)"钢束"栏数据

在"钢束"栏内有两个参数 B_i 和 H_i,用来确定钢束的中间点在相应截面上的位置。B_i 为截面横方向上钢束与基准线间的距离。以基准线为准,左侧为(+),右侧为(-)。基准线输入为0时,则输入截面的中心到钢束的横向距离。H_i 为从截面顶面或底面到钢束的竖直方向的距离。以截面顶面为准输入竖向距离的钢束组有PSTG和PWTG,以截面底面为准输入竖向距离的钢束组有CSTG、CWTG、ASTG和AWTG。

(3)"锚固"栏数据

对于PSTG、PWTG、CSTG和CWTG等自对称的钢束,"钢束"栏数据确定其在对称点所在截面的位置,"锚固"栏数据则确定其在锚固点所在截面的位置。A_i、B_i、H_i、R_i 和 Theta$_i$ 的含义可以参考图8-58右侧的图示。"桥梁段"为包含锚固点的桥梁段,默认值为零号块,若锚固点不在零号块,则选择相应桥梁段即可。可供选择的桥梁段,是根据"模型"选项卡对话框中输入的桥梁段数量而自动生成的。

(4)"FSM锚固"栏数据

对于PSTG、PWTG、CSTG和CWTG等自对称的钢束,一般不会在边跨现浇段锚固,所以

"FSM锚固"栏数据仅对边跨合龙钢束组 ASTG 和 AWTG 起作用。锚固点所在桥梁段仅有边跨现浇段,其他数据的含义与"锚固"栏数据相同。

图 8-60 给出了一个边跨底腹板钢束数据定义的例子,对应的钢束竖曲线如图 8-61 所示。

钢束组	组基准线	钢束		锚固						FSM锚固					
		Bi (m)	Hi (m)	Ai (m)	Bi (m)	Hi (m)	Ri (m)	Theta i	桥梁段	Ai (m)	Bi (m)	Hi (m)	Ri (m)	Theta i	桥梁段
AWTG1	3.2000	0.600	0.200	0.000	0.600	1.000	0.000	25.00	Seg5	0.200	0.600	0.800	20.00	30.00	FSM-1

图 8-60　钢束数据定义示例

图 8-61　钢束数据定义示例竖曲线

填写钢束形状数据时,图 8-58 右侧的钢束视图会发生变化,以便观察定义的钢束在截面上的位置是否正确。各个钢束组的颜色不同,在小方框中的钢束代表锚固端。

7)建模助手说明

采用建模助手建立悬臂法桥梁的施工阶段分析的优势是速度快、功能强大,大部分工作可以自动完成。对于非对称施工、两侧跨度不同、变截面按多项式变化、孔道灌浆的时间调整等可以反映实际施工状况的要求,都可以通过悬臂法桥梁建模助手来实现。

但建模助手建模时有很多默认的限制,往往不能直接得到期望的模型。比如由于采用变截面组定义截面,会导致截面的细部尺寸与实际有偏差(详见第 2.4.2 节和 2.6.7 节相关内容)。又比如,在钢束形状比较复杂时,利用建模助手定义的钢束形状一般都会有问题而需手工修改。此时可以先利用建模助手功能完成建模的大部分工作,然后对建模助手建立的模型进行局部修改与完善,最终得到需要的模型。

8.4.3　查看分析结果

查看分析结果必须在后处理模式下(点击 🔒 图标进入,计算完成自动进入)。对于 midas Civil 施工阶段分析的结果,可查看到某一施工阶段为止所累积的全部构件的应力和位移,也可查看某一单元随施工阶段的应力和位移的变化。

1)利用图形查看应力和构件内力

进入后处理模式,首先在模型显示区左上角"定义施工阶段"图标 📊 后面的下拉条中选择施工阶段,然后执行命令 结果>桥梁>桥梁主梁内力图。在"荷载工况/组合"分组框选择要看的"步骤",荷载工况一般选择"CS:合计"。图形类型可选应力或内力,X 刻度可选距离和节点。桥梁单元组中为原来定义的结构组,也可以现在定义新的结构组(必须在前处理中的"基本"阶段中定义),如果想查看所有主梁的应力和内力,需要将所有主梁单元定义为一个组。

如果要详细查看指定位置的应力图形,将鼠标放在图形的指定位置按住鼠标拖动,则鼠标滑过的范围将被放大。在图形中按鼠标右键选择全部缩小,则图形将恢复到最初状态。

使用**结果>时程>阶段/步骤图表**功能查看某单元在各施工阶段的位移、内力和应力变化图形。图8-62给出了定义阶段/步骤时程图表函数的过程,点击"图表"按钮就可以显示节点20的位移时程。有时为了比较,可以定义多个时程函数,然后一起显示。在时程图形上按鼠标右键将弹出浮动(关联)菜单,使用浮动菜单中"以文本形式保存图形"功能可将各施工阶段应力、内力和位移等的变化保存为文本形式。

图8-62　定义阶段/步骤图表函数

2)利用表格查看各施工阶段应力、内力和位移

使用表格查看施工阶段分析时,先在图标 后面的下拉条中选择某个施工阶段,然后利用"激活纪录"对话框按单元、荷载、施工阶段、单元上应力输出位置等分类查看。图8-63所示为运行命令**结果>结果表格>梁单元>内力**后弹出的激活记录对话框。

图8-63　用表格查看内力时激活记录对话框

运行命令**结果>结果表格>位移**后弹出的激活记录对话框如图8-64所示,在对话框中选择要查看结果的荷载工况和荷载组合以及累加位移、当前步骤位移、实际位移。将最后施工阶段/步骤的位移数据反号实际上就是施工预拱度(包括了自重、预应力和收缩徐变的影

响）。但是需要注意的是，在"施工阶段分析控制"对话框（执行**分析>分析控制>施工阶段**命令）中勾选了"构件沿初始切向位移方向激活"应该查看"实际位移"，未勾选则应该查看"累加位移"。也就是说，考虑切向位移与否预拱度是不同的，如前所述，悬臂浇筑法不应勾选，而悬臂拼装法应该勾选。

图8-64　用表格查看位移时激活记录对话框

在分析结果中可分别输出各个施工阶段的纯位移和总位移，此时应先选定施工阶段，再执行命令**结果>变形>位移等值线**。如图8-65所示，"当前步骤位移"表示当前施工阶段发生的位移；"阶段/步骤实际总位移"表示包含假想位移在内的累计总位移。没有选择该两项时，输出的是没有包含假想位移的累计纯位移。因为包含假想位移（其含义本节后面有解释），所以只有在"施工阶段分析控制数据"对话框中选择了"构件沿初始切向位移方向激活"后，"阶段/步骤总位移"才可用。

3）查看预应力钢束信息

从结果表格可以查看的预应力钢束信息包括各个施工阶段的预应力损失、钢束坐标、伸长量等。图8-66给出了可以查看钢束信息的菜单内容。

图8-65　查看总位移　　　　图8-66　结果表格菜单中的预应力钢束子菜单

执行**结果>分析结果表格>预应力钢束>钢束预应力损失**命令后可以显示如图 8-67 所示的表格,其中的"钢束组"为程序自动生成,可以通过下拉条来选择需要的钢束名称与施工阶段。

单元	位置	应力(考虑瞬时损失)A	弹性变形损失B(N/mm^2)	比值(A+B)/A	徐变/收缩损失(N/mm^2)	松弛损失(N/mm^2)	应力(考虑所有损失)/应力(考虑瞬时损失)	端部有效钢束数
钢束组[MB1-1]的应力损失,在施工阶段[中跨合龙]								
钢束组 I	MB1-1 ▼	阶段 I	中跨合龙	适用				
22	I	1138.2022	0.2899	1.0003	-7.4946	-9.9377	0.9849	1.0000
22	J	1187.3498	-0.2136	0.9998	-9.8845	-12.8140	0.9807	1.0000
23	I	1184.5813	-0.2362	0.9998	-10.5518	-12.6466	0.9802	1.0000
23	J	1192.2826	-0.6736	0.9994	-10.3816	-13.1139	0.9797	1.0000
24	I	1189.3495	-0.5787	0.9995	-13.7486	-12.9353	0.9771	1.0000
24	J	1190.7849	-0.5811	0.9995	-13.6971	-13.0226	0.9771	1.0000
25	I	1191.2617	-0.9609	0.9992	-5.7680	-13.0516	0.9834	1.0000
25	J	1190.7836	-0.9610	0.9992	-5.7702	-13.0225	0.9834	1.0000
26	I	1192.2812	-0.6736	0.9994	-10.3816	-13.1138	0.9797	1.0000
26	J	1184.5800	-0.2363	0.9998	-10.5517	-12.6465	0.9802	1.0000
27	I	1187.3844	-0.2137	0.9998	-9.8845	-12.8139	0.9807	1.0000
27	J	1138.1994	0.2898	1.0003	-7.4946	-9.9376	0.9849	1.0000
69	I	1190.7849	-0.9610	0.9992	-5.7702	-13.0226	0.9834	1.0000
69	J	1191.2630	-0.9609	0.9992	-5.7680	-13.0517	0.9834	1.0000
70	I	1190.7836	-0.5811	0.9995	-13.6971	-13.0225	0.9771	1.0000
70	J	1189.3481	-0.5788	0.9995	-13.7486	-12.9352	0.9771	1.0000

图 8-67　钢束预应力损失表格

注意:图 8-67 中"应力(考虑瞬时损失)A"是减掉了钢束放张导致的混凝土弹性压缩这部分损失的,程序自动计算弹性压缩量然后扣除这部分损失;"弹性变形损失 B"是其他外荷载引起的结构变形而导致的预应力损失,无外荷载就是 0;预应力损失中,负号表示张拉应力的减小,正号表示张拉力增大;有时会出现预应力钢筋中应力增加的情况,此时就是正的预应力"损失"。

另外对预应力钢束的预应力损失还可以用图表来显示,midas Civil 查看各施工阶段钢束在考虑预应力损失后的张力变化图表使用的命令为**结果>桥梁>钢束预应力损失图表**。在如图 8-68 所示的"钢束预应力损失图表"对话框中可以用"施工阶段"下拉条选择施工阶段。钢束在各施工阶段张力的变化可以点击 动画 图标用动画查看。

图 8-68　钢束预应力损失图表

4)查看预拱度

查看预拱度的命令为**结果>桥梁>预拱度/反力**,其菜单如图 8-69 所示。可以选择"FCM 预拱度"或"一般预拱度",两者都可以利用图形或表格来查看预拱度,但前者为悬臂法施工且需在"施工阶段分析控制数据"对话框中选择"线性"才能使用,后者则没有此限制。

悬臂法(FCM)施工查看预拱度需首先执行"FCM预拱度控制",如图8-70所示。为了输出预拱度,首先应定义"桥梁主梁单元组""支承节点组"和"合龙段单元组"。在悬臂法桥梁建模助手中自动生成输出预拱度所需的组,如采用一般功能建立悬臂施工施工阶段分析则需手工建立。"桥梁主梁单元组"一般为所有主梁单元,"支承节点组"中的节点位置是自动计算预拱度的依据,一般选择主梁中有支座支承的节点,"合龙段单元组"为所有合龙段的单元。这些组可在建立模型后建立(**结构>组>定义结构组**)。

图8-69　查看预拱度菜单　　　　　　　图8-70　悬臂法预拱度控制对话框

FCM预拱度表格如图8-71所示,每一列最上面的数值就是施工预拱度值(包含了计算模型中考虑的所有因素的影响,正值往上抛,负值往下抛),其下方数据为在此预拱度的基础上各施工阶段最后步骤的累计值,所以最后一行数据为零。

阶段	节点6	节点7	节点8	节点9	节点10	节点11	节点12	节点13	节点14	节点68	节点15	节点69	节点16	节点17	节点18	节点19	节点20	节点21	节点22	节点23	节点24
								0.62	0.82	0.72	0.59	0.55	0.58	-0.2							
0号块								0.33	0.51	0.45	0.35	0.28	0.28	-0.4							
钝化1#块湿重							-0.4	0.60	0.60	0.52	0.41	0.35	0.36	-0.2	-1.8						
1号块							-0.5	0.32	0.45	0.39	0.29	0.22	0.22	-0.4	-1.9						
钝化2#块湿重						-1.7	0.04	0.63	0.53	0.46	0.35	0.29	0.30	-0.1	-1.3	-3.9					
2号块						-1.8	-0.3	0.35	0.39	0.34	0.24	0.17	0.16	-0.4	-1.7	-4.1					
钝化3#块湿重					-2.3	-0.6	0.41	0.69	0.47	0.40	0.30	0.23	0.24	-0.1	-1.0	-2.9	-5.9				
3号块					-2.7	-1.2	-0.0	0.39	0.34	0.29	0.20	0.12	0.11	-0.4	-1.4	-3.4	-6.3				
钝化4#块湿重				-1.5	-0.4	0.20	0.72	0.75	0.42	0.35	0.25	0.18	0.19	-0.0	-0.6	-2.0	-4.0	-6.8			
4号块				-2.1	-1.4	-0.6	0.16	0.43	0.28	0.24	0.15	0.08	0.07	-0.3	-1.1	-2.7	-4.9	-7.3			
钝化5#块湿重			2.56	1.64	1.13	0.98	1.04	0.82	0.60	0.30	0.20	0.14	0.14	0.07	-0.2	-1.1	-2.3	-3.4	-4.6		
5号块			-5.2	-4.3	-2.9	-1.5	-0.3	0.19	0.21	0.18	0.10	0.02	0.0	-0.5	-1.6	-3.6	-6.3	-9.4	-12.		
钝化6#块湿重		2.79	1.68	0.62	0.32	0.43	0.71	0.65	0.29	0.24	0.15	0.09	0.08	-0.0	-0.5	-1.6	-3.0	-4.4	-5.4	-5.9	
6号块		-13.	-10.	-7.9	-5.3	-2.9	-1.0	-0.1	0.12	0.11	0.06	-0.0	-0.0	-0.8	-2.2	-4.9	-8.5	-12.	-17.	-21.	
钝化7#块湿重	-1.8	-2.0	-2.2	-1.6	-0.7	0.07	0.35	0.21	0.11	0.04	0.02	-0.1	-1.1	-2.3	-4.8	-7.1	-9.1	-10.	-11.		
7号块	-38.	-34.	-30.	-26.	-21.	-16.	-11.	-6.7	-1.8	-1.3	0.08	1.48	2.05	6.84	10.3	13.3	15.8	18.5	21.6	26.8	33.2
钝化边跨合龙压重	-7.3	-8.1	-8.1	-7.5	-6.2	-4.5	-2.7	-1.5	-0.3	-0.2	0.08	0.41	0.55	1.70	2.26	2.17	1.73	1.34	1.52	3.19	6.24
边跨合龙	1.40	2.57	3.21	3.37	3.34	3.11	2.62	1.82	0.58	0.43	0.08	-0.2	-0.3	-1.5	-2.8	-4.8	-7.1	-9.3	-11.	-11.	-10.
拆除临时固结	1.98	3.33	4.06	4.21	4.12	3.78	3.14	2.17	0.68	0.50	0.07	-0.3	-0.5	-1.9	-3.4	-5.6	-8.1	-10.	-12.	-13.	-12.
中跨合拢段浇筑养生	5.45	7.93	9.23	9.43	8.99	7.98	6.42	4.35	1.34	0.97	0.05	-0.8	-1.2	-4.4	-7.7	-11.	-16.	-21.	-25.	-29.	-31.
钝化中跨压重	3.97	5.89	6.87	7.00	6.67	5.93	4.78	3.24	1.00	0.73	0.07	-0.6	-0.8	-3.1	-5.4	-8.4	-11.	-15.	-18.	-20.	-20.
中跨合龙	-0.8	-0.7	-0.7	-0.8	-0.8	-0.6	-0.4	-0.3	-0.1	0.00	0.07	0.24	0.31	1.11	1.71	2.16	2.47	2.72	3.04	3.48	3.73
二期恒载	-0.0	-0.0	-0.0	-0.0	-0.0	-0.0	-0.0	-0.0	-0.0	-0.0	-0.0	-0.0	-0.0	-0.0	-0.0	-0.0	-0.0	-0.0	-0.0	-0.0	-0.0

图8-71　未考虑切向位移的FCM预拱度表格(部分节点,单位:mm)

如在"施工阶段分析控制数据"对话框(需执行**分析>分析控制>施工阶段**命令)中勾选了"构件沿初始切向位移方向激活",也可以用FCM预拱度查看预拱度,只是此时的预拱度对应各阶段节点位移表格数据(图8-64左下角)中的"实际位移",也就是悬臂拼装法对应的加工制作预拱度。

用一般预拱度查看时,先执行"一般预拱度控制"。如图8-72所示,需确定施工方向并选择主梁结构组。一般预拱度表格与FCM预拱度表格类似,但含义稍有不同,结合各阶段节点位移表格数据就能知道其含义。

一般预拱度还可以提供采用悬臂拼装法施工时所需的（在胎架上或制梁台座上加工）制作预拱度，只要在"施工阶段分析控制数据"对话框中勾选了"构件沿初始切向位移方向激活"，则在输出一般预拱度结果时会同时输出施工预拱度和制作预拱度，没有勾选则仅有施工预拱度。而"FCM预拱度"结果仅输出一种预拱度，对2021版midas Civil建议悬臂施工均查看"FCM预拱度"。

5）制作预拱度和施工预拱度

在钢结构或预制混凝土结构悬臂拼装施工中，因为新节段是预制好的，形状固定，那拼装是必然沿着前阶段已经施工的桥梁段（已经挠曲）的切线方向进行，所以在"施工阶段分析控制数据"对话框中要勾选"构件沿初始切向位移方向激活"。在施工过程中，当沿着前一阶段施工的桥梁段的切线方向添加新的桥梁段时，对后续的节点会产生"假想"位移。该"假想"位移是纯粹由已施工梁段挠曲变形引起的，是几何问题与新拼装桥梁段的自重荷载无关，是可以通过几何关系求出的。此时，结构真实的位移（程序中称为实际位移或实际总位移）是由自重以及其他荷载作用产生的纯位移和"假想"位移构成的。那么各节点的总位移曲线的反向曲线即为制作预拱度曲线，按悬臂拼装施工的桥梁预拱度应该为制作预拱度，对应无应力状态线形。

在悬臂浇筑施工中，新节段现场浇筑前要调整该节段前端的底模高程，不是沿着前阶段已经施工的桥梁段的切线方向进行施工，所以在"施工阶段分析控制数据"对话框中不可勾选"构件沿初始切向位移方向激活"，这样就消除了前述的"假想"位移。此时，结构真实的位移是由自重以及其他荷载作用产生的纯位移，那么各节点的总位移曲线的反向曲线即为施工预拱度曲线，按悬臂浇筑施工的桥梁预拱度应该为施工预拱度。

各施工阶段位移的解释还可参见第11.5.2节中的图11-27及其说明。

8.4.4 施工阶段预拱度

1）施工阶段预拱度的施加方法

对应命令为**主菜单>荷载>施工阶段>施工阶段数据>施工阶段预拱度**。在前处理和后处理执行都可执行该命令，但有所区别，如图8-73所示。该功能主要是将预拱度作为一种"荷载"施加到对应节点，在各施工阶段都可以得到考虑预拱度的真实变形状态。对于监控，第一可以知道考虑预拱度的成桥线形是否与设计线形一致；第二可以确认程序计算的各施工阶段位移结果是否与施工过程中的实测值一致。执行该功能还需先在施工阶段分析控制数据对话框中勾选"应用施工阶段预拱度（如已定义）"。

应用"施工阶段预拱度"功能有三种方法，即通过"预拱度""根据关键点预拱度插值"或"用户定义自拱度"定义，如图8-73所示。通过"预拱度"定义要在后处理模式下，此时必须已经按前面方法生成有预拱度数据后，选择节点点击"适用"即可。按"根据关键点预拱度插值"定义需要通过设定（鼠标点取或输入点坐标）"起点"和"终点"来确定预拱度的区域并输

图 8-72　一般预拱度控制

入"最大预拱度"。程序由起点和终点的零预拱度和中点的最大预拱度按二次抛物线确定其他节点预拱度。"用户定义自拱度"则是由用户为每一个节点定义"施工预拱度"。定义完成后点击□图标,可以用表格查看或修改定义结果(图8-74),这样就可以用Excel协助定义。

a)前处理模式   b)后处理模式

图8-73　施工阶段预拱度

图8-74　预拱度定义结果

节点	变形(mm)	用户(mm)
1	1.0064583024	0
2	0.0016725303	0.5921662965
3	-1.3920611210	1.4465303352
4	-3.4575723494	2.7801093168
5	-6.2841503096	5.3983216934
6	-8.5599310996	6.6573527817
7	-7.9901470216	8.5730077389
8	-7.1401245011	9.6854530704
9	-6.1177192812	9.9999598395
10	-4.1709214241	9.6995092389
11	-2.1021264305	8.7841012686
12	-0.3111922703	7.2537359287

如图8-74所示,"变形"栏由程序计算的"预拱度"即上面说的第一种方法确定,"用户"栏由后两种方法确定。全部定义完成后(无论是在前处理还是后处理模式下定义的)还需执行分析命令,两栏数据最后叠加执行。这样在后处理模式下就可以查看考虑"施工阶段预拱度"的效果了,比如用位移等值线查看某施工阶段为位移,在如图8-65所示的对话框中勾选"考虑预拱度"即可。

2)关于预拱度的讨论

(1)公路桥梁施工预拱度

关于预拱度虽然在设计规范中已有规定,但传统上是在施工时实现的。由于桥梁的线形一直处于变化当中,这样就出现了施工监控的目标是刚施工完的成桥状态达到设计线形,还是长期将来某个时刻的成桥状态达到设计线形的问题。按现行规范应考虑长期挠度,则刚施工完的成桥状态就不是设计线形。预拱度中考虑活载效应也存在同样的问题。施工监控的目标是必须明确的,需符合验收标准。

《公路桥梁施工监控技术规程》(JTG/T 3650-01—2022)中给出了"成桥状态"和"成桥目标线形"两个术语。成桥状态是二期恒载施加完成后的桥梁结构内力状态和几何状态。成桥目标线形是二期恒载施加完成后预期实现的结构(如桥面、主梁、主拱、主缆、索塔等)线形,是桥梁交工时结构线形的验收标准。由于大跨度预应力混凝土连续梁(刚构)桥在运营几年后经常会出现中跨跨中明显下挠的病害,为了"延缓"下挠量对运营的影响,施工时经常采取将梁体"预上抬"一定高度的方法。预抬量要经建设、设计、监理、监控及施工单位共同商定(比如最大预抬量取跨度的1/3000~1/1500),此时成桥目标线形就要考虑预抬后的线形问题。

《公路钢筋混凝土及预应力混凝土桥涵设计规范》(JTG 3362—2018)第6.5.5条中规定：对普通钢筋混凝土受弯构件，当由荷载频遇组合并考虑长期效应影响产生的长期挠度超过计算跨径的1/1600时应设预拱度，且其值可按结构自重和1/2可变荷载频遇值计算的长期挠度值之和采用。对预应力混凝土受弯构件，当预加应力的长期反拱值小于按荷载频遇组合计算的长期挠度时应设预拱度，其值应按该项荷载的挠度值与预加应力长期反拱值之差采用。

这里荷载频遇组合就是永久作用的标准值与汽车荷载(不计冲击力)频遇值(系数取0.7)的组合，永久作用包括结构自重、混凝土收缩徐变和基础沉降，预应力另外单独考虑。荷载频遇组合计算的长期挠度，通过刚度修正后计算的短期挠度乘以挠度长期增长系数解决。全预应力混凝土和A类预应力混凝土构件，全截面抗弯刚度折减5%。对C40~C80混凝土，挠度长期增长系数取1.45~1.35，中间强度等级可按直线内插法取值。预加应力长期反拱值，等于按结构刚度不折减、预应力损失全部扣除计算的预应力反拱值乘以长期增长系数2.0。

按第8.4.1节悬臂施工过程计算得到的预拱度，包含了结构自重、混凝土收缩徐变和预应力的影响，同时可以考虑长期效应。这些影响因素是相互影响的，这是符合实际情况的。基础沉降和活载效应另行计算并与之组合。按现行规范，预拱度的计算分别考虑这些因素再组合。这样根据综合考虑还是分别考虑预拱度的影响因素，存在两种施工预拱度的计算方法。第一种按式(8-1)计算，第二种按式(8-2)计算，第二种遵从现行规范。

$$\delta = \delta_z + \frac{0.7\delta_q + \delta_j}{0.95} \tag{8-1}$$

$$\delta = \frac{\eta\,(\delta_g + \delta_c + \delta_s + \delta_j + 0.7\delta_q)}{0.95} - 2\delta_y \tag{8-2}$$

式中：δ——施工(制作)预拱度，正值表示往上抛高，负值表示往下抛高；

δ_z——按程序计算的考虑长期效应的预拱度(线性分析)，含自重、混凝土收缩徐变和预应力的影响，该预拱度负值表示往下抛高；

δ_q——汽车荷载(不计冲击力)标准值作用下的位移，向下为正；

δ_j——基础沉降量，向下为正；

η——挠度长期增长系数，对C40~C80混凝土，挠度长期增长系数取1.45~1.35，中间强度等级可按直线内插法取值；

δ_g——不计长期效应的最后施工阶段/步骤对应的恒荷载累加位移(图8-64)，向下为正；

δ_c——不计长期效应的最后施工阶段/步骤对应的徐变一次累加位移，向下为正；

δ_s——不计长期效应的最后施工阶段/步骤对应的收缩一次累加位移，向下为正；

δ_y——不计长期效应的最后施工阶段/步骤对应的钢束一次累加位移，向上为正。

悬臂浇筑施工时，预拱度还应包括挂篮变形。挂篮变形取决于其结构及荷载，直接叠加在上面计算的预拱度中即可。

(2)铁路桥梁施工预拱度

《铁路桥涵混凝土结构设计规范》(TB 10092—2017)第4.1.2条规定，有砟轨道的桥跨结构恒载及静活载引起的竖向挠度大于15mm或大于跨度的1/1600、无砟轨道的桥跨结构恒载及静活载引起的竖向挠度大于5mm时，桥跨结构应设预拱度，其曲线与恒载及1/2静活载所产生的挠度曲线基本相同，但方向相反。第4.1.3条规定，预应力混凝土梁计算预拱度时,应考虑预加应力的影响。

可见,对悬臂施工的铁路预应力混凝土桥梁,其施工预拱度就等于程序计算的预拱度(应该考虑长期效应)叠加1/2静活载所产生的挠度(向下为正)即可。高速铁路对线路平顺度要求很严格,有的在高铁桥梁设计图中注明施工预拱度不考虑活载影响。

8.5 顶推法(ILM)桥梁施工阶段分析

8.5.1 概述

顶推施工法是在沿桥轴方向的台后设置预制场地,分节段预制梁体,并用纵向预应力筋将预制节段与已完成的梁段连成整体,然后通过水平千斤顶施力,将梁体向前顶推出预制场地,之后继续在预制场进行下一节段梁的预制,直至全桥完成。采用顶推法施工的预应力混凝土连续梁桥的上部结构施工工序见图8-75。

图 8-75 顶推法施工过程

顶推法施工的连续梁是逐节建造、逐节向前推移的。在顶推过程中,随着梁跨的跨数增多,结构的体系不断转换为高次超静定结构。梁内各个截面在移动过程中,所承受的弯矩正负方向交替出现,这些内力是不断变化的。为此,顶推法施工常需要在结构内设置能拆除的临时束,这些束在连续梁最终体系受力状态时是并不需要的临时束。顶推过程中,主梁最不利的受力常在主梁尚未到达前方墩顶而悬出长度最大的时刻,为了减小结构内力,顶推梁常使用较混凝土梁更轻的钢导梁。一旦顶推施工的连续梁桥正确就位后,其二期恒载、活载内力即可按连续梁进行计算。

使用顶推法施工的桥梁必须进行施工阶段分析,因为施工过程中的某个阶段内力可能是控制的。在施工阶段分析中需要考虑不同混凝土材龄桥梁段的徐变和收缩以及各施工阶段边界条件的变化等。如不考虑混凝土收缩徐变的影响,按顶推法施工的桥梁的成桥内力状态与一次落架是一样的。

使用建模助手功能建立的顶推法桥梁模型通过两个建模助手(顶推法桥梁模型建模助手和顶推法桥梁施工阶段建模助手)来完成。在顶推法桥梁模型建模助手中自动生成钢束的布置、截面定义及施工阶段分析所需的模型数据,在顶推法桥梁施工阶段建模助手中定义顶推阶段的施工阶段。顶推法桥梁建模助手的输入内容、数据可以 WZD 格式的文件保存,以后可以重新调出重新确认或修改数据。

使用建模助手进行顶推法施工桥梁施工过程分析的大致步骤为:

(1)定义材料和截面。

(2)使用顶推法桥梁建模助手建模。

(3)使用顶推法桥梁施工阶段建模助手定义施工阶段。

(4)运行结构分析。

(5)查看结果。

程序用户手册"高级应用例题"中有"顶推法桥梁施工阶段分析"例题。本节将通过该例题对使用建模助手功能和使用一般功能做顶推法施工阶段分析的步骤进行简单介绍。

8.5.2 前期工作

1)实例桥梁的基本情况

桥梁为预应力混凝土箱形连续梁,跨度为 $7 \times 50\text{m}$,桥宽为 12.315m,采用顶推法施工。标准截面如图 8-76 所示。

图 8-76　标准截面(尺寸单位:mm)

图 8-77 为桥梁节段划分图。钢束布置如图 8-78 和图 8-79 所示。钢束分为先期束和后期束,先期束布置在上、下翼缘板内,承受施工时的自重和施工荷载,在顶推过程中逐步张拉。后期束在完成顶推后布置在腹板内。张拉先期束时,张拉周期一般为 2 段或 3 段。本例题采用了 2 段张拉一次,输入钢束时要分别定义先张拉的钢束和后张拉的钢束。图 8-80 给出了钢束张拉的示意图。先期束是每两段张拉锚固一次,底板和顶板束锚点不在同一节段端部。

图 8-77　桥梁段划分图(尺寸单位:m)

图8-78 支点截面钢束布置(尺寸单位:cm)

图8-79 跨中截面钢束布置(尺寸单位:cm)

图8-80 钢束张拉示意

预应力混凝土箱梁的混凝土强度等级为C40,钢束为公称直径15.2mm的钢绞线,标准强度1860MPa,控制张拉力为0.7倍的标准强度。

为了减小箱梁施工时发生的较大的负弯矩,一般在主梁前端设置较轻的钢导梁。钢导梁的长度一般为跨度的70%左右,刚度为预应力箱形梁刚度的10%左右。确定钢导梁的刚度和长度时应根据桥梁跨度、刚度和自重选择最优的截面。钢导梁的形式如图8-81所示,截面为工字形,梁高从最高的2.95m降到最低的1.25m。需要说明的是,本示例中预应力混凝土箱梁采用梁单元,钢导梁只要符合刚度和长度要求即可,所以简化为工字形。实际的箱梁在横桥向较宽,钢导梁要防止侧倾,一般做成双主梁,并在双主梁之间加横向连接。

图 8-81　钢导梁

2)定义材料和截面

定义预应力钢束材料、钢导梁材料和混凝土材料,如图 8-82 所示。定义的截面有钢导梁变截面(图 8-83)和预应力混凝土箱梁截面(图 8-84)。

图 8-82　材料定义

图 8-83　钢导梁截面定义

图 8-84　箱梁截面定义

3)定义时间依存材料特性值

为了考虑徐变和收缩的影响(图8-85)以及弹性模量的变化(图8-86),需要定义时间依存材料特性值。建立模型后,"构件的理论厚度"可以根据箱形梁截面面积和周长由程序自动计算。

图8-85 箱梁材料收缩徐变特性定义

图8-86 箱梁材料抗压强度发展情况定义

如图8-87所示,将刚才定义的时间依存性材料特性和箱梁混凝土材料连接,然后修改构件的理论厚度(图8-88)。

图8-87 时间依存性材料连接

图8-88 修改构件理论厚度

因为上述操作在前面内容中已有较详细的说明,所以这里仅给出了简单说明。

8.5.3 顶推法桥梁模型建模助手

使用顶推法桥梁建模助手可以建立包含钢导梁在内的桥梁模型,并能快速简便地布置钢束。下面介绍顶推法桥梁建模助手的使用方法。

运行命令**主菜单>结构>建模助手>顶推法桥梁>ILM桥模型**,弹出如图8-89所示的对话框。在"桥梁模型数据类型"分组框有:"类型1"和"类型2"两个选择,该选择仅对钢束的定义方式有影响。在图8-89所示的对话框中有三个选项卡(或称表单):顶推法模型数据、顶板束和底板束、腹板束。下面分别予以介绍。

图 8-89　顶推法模型数据选项卡

1)"顶推法模型数据"选项卡

图 8-89 所示的对话框即为"顶推法模型数据"选项卡内容。

在"桥梁信息"分组框中:"顶进长度"指每次顶进的长度,这里为 2.5m。"施工持续时间"为一个桥梁段的施工时间,包括绑扎、支模、混凝土浇筑、养护、拆模、拆除脚手架及顶进的时间,一个桥梁段为一次施工的梁长,即在台座上制作的桥梁段的长度。一个桥梁段构成一个施工阶段,一个桥梁段往往需要分几次顶进。"桥梁段初始材龄"是指从浇筑混凝土开始到顶进该桥梁段之前的时间,也是该桥梁段单元参与结构分析时的混凝土材龄,该项主要用于计算混凝土的徐变、收缩以及预应力的损失。这里将各主梁的施工持续时间定为 12 天、混凝土初始材龄定为 7 天。如果用顶推法施工的桥梁为圆曲线桥梁,则要输入曲线半径。用顶推法施工的桥梁一般为直线、等高、单跨跨度较小的桥梁,也有少量的曲线桥,但为了方便顶进,往往要求曲线必须是较大半径的圆曲线。桥梁为曲线桥时,单元长度、桥梁段长度、钢导梁长度均应输入箱梁中心线弧长。

钢导梁的长度一般为每次顶进的长度的倍数,生成变截面钢导梁的模型时,程序自动将钢导梁定义为变截面组,因此即使由顶进长度将钢导梁分割成很多单元,钢导梁仍然会保持在截面定义中定义的变截面形状。这里钢导梁的总长为 35m,所以将生成 14 段钢导梁截面。

顶推法桥梁建模助手中默认的顶进方向为从右到左,桥梁始点默认为右侧桥台支座。定义桥梁段长度时,各个桥梁段应该按由左往右的顺序填写并添加。本例的桥梁段共有 15 个分段($L = 12.5 + 13 \times 25.0 + 12.5 = 350.0$m)。在"桥梁段"分组框中,先填写桥梁段长度和重复次数,然后点击添加按钮。中间 13 段的长度均为 25m,所以长度填 25,重复次数填 13。每个桥梁段的长度要求为每次顶进长度的整数倍,混凝土箱梁单元的长度等于每次顶进长度。

在"边界条件"分组框中定义成桥阶段的桥墩和桥台位置的边界条件、后台制作场台座以及临时桥墩的位置和边界条件。

（1）成桥阶段边界条件

定义完桥梁段后，会在"边界条件"分组框的成桥阶段下面出现"距离=0,2.5,5,…,350"的一栏数据，各数据右侧的"类型"均为"无"。"距离"数据正好都是每次顶进长度的整数倍，每个数据对应一个节点，则单元的长度是2.5m；"类型"是指边界条件的类型，所以每个单元的节点都可以施加边界条件。

对成桥阶段来讲，距离=0、50、100、150、200、250、300、350的点均有一般支承类型的边界条件。选择这些点（按住Ctrl键可以一次选择多个点），然后在右侧的"类型"分组框中选择"一般支承"，勾选"DY""DZ"和"RX"，再点击 ⬚ 按钮，就会在这些点上定义边界条件。成桥后所有点都没有约束 D_X 是不行的，这里这样定义边界条件的原因是考虑到施工过程的影响，成桥阶段的边界条件在最终施工阶段还要再做修改，加上 D_X 约束。

（2）临时支承边界条件

如图8-89所示，在"边界条件"分组框中选择"临时支承"，然后就可以进行施加临时支承边界条件的操作了。

首先确定临时支承的位置，如图8-90所示。临时支承的位置包括两个临时墩和制梁台座。这些位置的确定都是从最左端的桥台1起算，这里先确定桥台2的位置，再确定两个临时墩的位置以及台座的支承位置。这里将制梁台座分为4个支承点：从台座左端起算依次距离为0、10、20、25。则"临时支承位置"共有7个（桥台2+2个临时支墩+4个台座支点），操作步骤如图8-91所示。

图8-90 临时墩与后台制作场布置(尺寸单位:m)

其次要添加临时支承。因为临时墩和台座这些边界只能承受压力不能承受张力，所以应选择只受压边界条件，用弹性连接的形式施加，仅约束其竖向平动位移。为了让结构在施工过程计算中不会出现约束不足的情况，这里对顶推工作进行前的导梁左端所在位置（对应距离为350，本例刚好是桥梁终点桥台2位置）施加施工阶段边界条件，约束其 D_X 位移。这样在顶进过程中，相当于桥台2位置的节点（是变化的）均由程序自动施加 D_X 约束。操作过程可参考图8-92，只受压的刚度这里输入了一个极大数，目的是让其竖向变形对施工产生的影响可以忽略不计。程序模拟顶进过程的方法是各个节点的边界条件不断变化。

2）"顶板束和底板束"选项卡

这里主要是定义顶板束和底板束的形状，在定义形状之前需先定义"钢束特性值"。定义钢束特性值（**主菜单>荷载>温度/预应力>预应力>钢束特性**）需先决定钢束为内部束还是外部束，然后输入钢束的截面面积、孔道直径、松弛系数、钢束与孔道间的摩擦系数、钢束每延米长局部偏差摩擦系数、极限抗拉强度、屈服强度、张拉方法以及锚具变形和预应力钢筋内缩值。这些参数可以在相应的桥梁规范或设计图纸中找到。顶板束、底板束和腹板束的钢束特性值定义如图8-93所示。

图8-91 临时边界条件位置确定

图8-92 施加临时约束

a)顶板束钢束特性值定义

b)底板束钢束特性值定义

c)腹板束钢束特性值定义

图8-93 钢束特性值定义

在图8-89中点击"顶板束和底板束"选项卡,得到如图8-94所示的对话框,在最上方选择"类型1"。"类型2"为用表格形式直接输入钢束曲线布置数据的方式定义钢束形状,这里不再介绍。在"箱梁形状"中选择"单箱单室"截面形状,如不想用建模助手定义钢束形状,而是用一般功能定义钢束形状,可选择"无",表示此时不定义钢束形状。

图8-94 顶板束和底板束选项卡

在"钢束张拉顺序"分组框中,布置方式可选择"2 Cycle"或"3 Cycle"。"2 Cycle"表示从左起每间隔1根钢束分别张拉底板束和顶板束,例如先张拉1、3、5…,然后张拉2、4、6…号钢束,或者反之。"3 Cycle"表示从左起每间隔2根钢束分别张拉底板束和顶板束,例如先张拉1、4、7…,然后张拉2、5、8…,最后张拉3、6、9…号钢束,或者其他顺序。

钢束A为图8-94所示的顶板束,其布置方式中选择了"2 Cycle"时,张拉顺序可选择1st和2nd(选择1st时,表示先张拉钢束A的奇数号钢束;选择2nd时,表示先张拉偶数号钢束);若其布置方式中选择了"3 Cycle"时,可选择1st、2nd和3rd(选择1st时,表示先张拉钢束A的第1、4、7…号钢束,然后张拉2、5、8…号钢束,最后张拉3、6、9…号钢束;选择2nd时,表示先张拉张拉2、5、8…号钢束,然后张拉A的第4、7…号钢束,最后张拉3、6、9…号钢束;选择3rd时,表示先张拉张拉2、5、8…号钢束,然后张拉3、6、9…号钢束,最后张拉1、4、7…号钢束)。

图8-80的上半部分给出了顶板束和底板束的张拉示意。这里选择"2 Cycle"中的1st,以顶板为例,即先张拉锚固在第一梁段的1、3、5、7、9…号钢束,再张拉通过第一段但锚固在第二段后端(默认的顶进方向为从右到左,梁段的右端为后端)的2、4、6、8、10…号钢束;接下来,就是张拉通过第二段但另一端锚固在第三段后端的1、3、5、7、9…号钢束(它们是第一梁段的1、3、5、7、9…号钢束的接长),这样依此类推下去。即选择了布置方式,各个钢束的锚固位置和长度也就确定了。

钢束B为图8-94所示的底板束,其张拉顺序说明同钢束A。

张拉控制应力默认是$0.7S_u$,S_u是钢束的标准强度(极限抗拉强度),也可以选择钢束的设计强度S_y(屈服强度),前面的系数是可以更改的。

顶板束和顶板束一般均为直线束,没有平弯和竖弯,随着桥段的顶进钢束不断接长。如钢束有平弯则需用一般功能定义,即用**荷载>温度/预应力>钢束形状**功能定义,或用"钢束形状生成器"等工具定义。

其他数据的填写可参见图8-94。

3)"腹板束"选项卡

腹板束为后期束,本例题中沿桥梁全长以一定的周期交叉布置两排四根钢束,在桥梁的始点和终点位置处三个桥梁段内另外添加1排两根钢筋束,如图8-95所示。沿桥梁全长以一定的周期交叉布置的钢束可以使用顶推法桥梁施工阶段建模助手中腹板束表单输入,在桥梁的始点和终点位置处另外添加的钢束可以使用钢束布置形状功能输入。

图8-95 腹板束布置图(尺寸单位:m)

L-桥梁跨度

图8-96为"腹板束"选项卡。在定义顶板和底板束时,"桥梁模型数据类型"中已经选择了"类型1",那么此时也只能选择"类型1"。

图8-96 腹板束选项卡

根据图8-95所示的腹板束的布置形状,这里在"类型"分组框中选择"类型2"。

图8-96所示的"位置"区内,E_y和θ的含义已经表示出来了:E_y为腹板束平面距离截面中

心的距离,θ 为腹板束平面与截面的 XZ 平面的夹角。腹板束在一个腹板中本来为2列,为了方便使用建模助手,这里将腹板束等效简化为1列,如图8-97所示。所谓等效这里指腹板束的钢束面积不变,重心位置不变。

图8-97 腹板束简化(尺寸单位:m)

参数 H、$G_1 \sim G_3$、C 用来确定钢束控制点的竖向位置,$S_1 \sim S_3$ 用来确定纵向位置,仅用于类型2的 a 和 b 为钢束在锚固端的直线段长度。L_1 和 L_2 为桥梁的跨度,其余跨的钢束布置与此相同,在钢束形状"类型2"的图示(图8-96)中可以看到。

有的钢束无法用建模助手的功能来完成,此时需要用一般功能来完成。如前所述,需使用"钢束布置形状"等功能追加始点和终点的腹板束。首先激活所需的桥梁段,然后参照图8-98输入钢束位置,操作过程可参考第8.1.6和第8.4.1节。因为是倾斜腹板,可先按竖直腹板定义,然后再绕 X 轴旋转 θ 角(腹板的倾斜角度),注意 θ 角的正负号,负号表示逆时针旋转,勾选"投影"可保证控制点的 Z 坐标不变。图8-99给出了一根钢束的形状布置数据,其他追加钢束可以由此复制而成。追加钢束的张拉方式等"钢束预应力荷载"内容需手工输入,这里从略。

图8-98 追加的腹板束布置(尺寸单位:m)

图8-99 追加的腹板束形状定义示例

点击图8-96下方的"确认"按钮,即可完成"顶推法模型建模助手"。使用"顶推法模型建模助手"建模时,程序将自动生成钢导梁和桥梁段结构组、最终施工阶段和制作场的边界组、张力和自重荷载组。施工阶段也已经定义,若此时需要输入追加的荷载或边界条件时,可在基本模式下进行。

图8-100所示为使用建模助手结合一般功能建立的箱梁模型。

图8-100　使用建模助手建立的模型

8.5.4　顶推法桥梁施工阶段建模助手

利用"顶推法桥梁施工阶段建模助手",程序可自动生成考虑了边界条件变化的各个施工阶段。使用该建模助手的基本过程如下:

1)启动顶推法施工阶段建模助手

运行命令**结构>建模助手>顶推法桥梁>ILM桥阶段**,弹出如图8-101所示的对话框。

2)成桥阶段边界组

在图8-101所示的对话框中指定成桥阶段桥台和桥墩的边界组为"最终"。

在"顶推法模型建模助手"中自动生成的边界组有两个,名称分别为"最终"和"临时"。在"顶推法模型建模助手"中虽然可以定义边界组的支撑类型和位置,但不能使程序完全识别桥墩和桥台的位置。选择此项并与"顶进方向"等选项一起使程序能够识别钢导梁放置的桥墩和桥台位置,并将其与放置容许误差相结合,分别计算放置前和放置后的结构。

3)顶进方向

为了确定顶进方向,需要确定"参照节点""开始节点"和"结束节点"。对曲线桥还要给出曲线半径并选择逆时针顶进还是顺时针顶进。

图8-101　顶推法施工阶段建模助手

顶进"参照节点"选择为钢导梁的前端(节点1),"开始节点"定义为开始顶进时钢导梁的前端放置的位置即桥梁右侧终点(节点155),"结束节点"定义在开始节点左侧的任意节点即可(这里选择节点153),桥梁段将从开始节点开始向结束节点方向顶进。

midas Civil中,可以使用两种方法建立顶推法桥梁模型,即建模助手方法和一般方法。本建模助手与"顶推法桥梁模型建模助手"既有关联又相互独立,虽然在顶推法桥梁模型建模助手中已经定义过顶进方向和弯桥半径,但为了使本建模助手同样适用于使用一般方法定义顶推法桥梁模型的情形,在本建模助手中需要重新给出顶进的方向和弯桥的半径。如果使用"顶推法桥梁模型建模助手"建立了模型,则在本建模助手中输入的顶进方向和半径必须与"顶推法桥梁模型建模助手"中输入的相同。另外,"顶推法桥梁模型建模助手"的顶进方向程序默认为从右向左,用户不能修改。使用一般方法定义顶推法桥梁模型时,顶进方向可由用户定义。

4)放置容许误差

桥墩的位置与桥梁段的边界条件位置在建模过程中会产生误差,在"放置容许误差"中输入容许误差(T),则在此范围内的支座误差将被忽略。

桥墩间距与顶进长度之和不同时,将产生偏心距离。顶进到支座时,钢导梁前端节点的位置和边界条件的位置(支座位置)不一致时,可以忽略其偏心距离(e)的容许误差(T)。注意偏心距离不能大于容许误差,图8-101中有偏心距离(e)的容许误差(T)的示意图。

5)顶进信息

本例"顶推法桥梁模型建模助手"中自动定义了17个施工阶段,第1~15桥梁段对应"施工阶段1"~"施工阶段15","施工阶段16"和"施工阶段17"处理后期束的张拉和压浆。这些施工阶段中仅有结构组和荷载组的激活与钝化,需要在其中加入顶进信息来完成边界组的激活与钝化,同时细化各施工阶段定义。这里需要一个个输入各施工阶段的顶进信息并生成各施工阶段变化的边界条件。

(1)第1施工阶段顶进信息定义

首先点选如图8-101所示的阶段栏中的"施工阶段1",然后点击 定义 按钮,弹出如图8-102所示的对话框。

图8-102 定义顶进信息

在图8-102所示的对话框中,在顶进长度中填写12.5m,顶进步骤数中填写5,勾选两个保存结果的选项。然后在"边界组"中点选"临时"边界组,再点击"激活组" 添加 按钮,最后点击"确认"完成第1施工阶段的顶进信息输入。

因为第1节桥梁段的长度为12.5m,而每次顶进的长度为2.5m,所以在施工阶段中的施工步骤数输入5,使每一步骤的顶进长度为2.5m。第1桥梁段经历了在制作场张拉钢束、自重开始发生作用的步骤(对应施工阶段1)以及顶进12.5m的5个施工步骤(对应施工阶段1-1~施工阶段1-5)共6个施工步骤。施工阶段建模助手会在第1施工阶段中自动生成这6个施工步骤。

输入第1个桥梁段的顶进信息时,需激活制作场和辅助墩的边界条件,在以后的施工阶段中该边界条件一直处于激活状态直到被钝化处理。

开始顶进前的情况如图8-103所示。桥梁段1是从其前端离开台座开始计算顶进距离的,当其后端顶出台座后,后续桥梁段又开始顶进,同时桥梁段1也一起往前顶进。在第一施工阶段,桥梁段1的顶进长度为12.5m。

图8-103　开始顶进前的示意图(尺寸单位:m)

(2)第2～14施工阶段顶进信息定义

因为第2～14施工阶段的桥梁段长度均为25m,所以可以同时定义这些施工阶段。按住Ctrl键,同时点击施工阶段2～14,单击 定义 按钮。在弹出的对话框中,在顶进长度中填写25m,顶进步骤数中填写10,勾选两个保存结果的选项。最后点击确认完成第2～14施工阶段的顶进信息输入。

(3)第15施工阶段顶进信息定义

最后一节桥梁段为桥梁段15,长度12.5m。该桥梁段的最右端最终应被顶进到桥台支座位置,所以最后一节桥梁段的实际顶进长度应为最后一个桥梁段长与制作场到桥台的距离之和,即47.5m,此顶进距离可参考图8-103。

在"顶进顶进信息"对话框中,顶进长度中填写47.5m,顶进步骤数中填写19,勾选两个保存结果的选项。最后点击"确认"完成第15施工阶段的顶进信息输入。

虽然桥梁段15与桥梁段1的长度均为12.5m,但是桥梁段15从其前端离开台座,整个结构一直受力,并且不断变化。后续施工阶段也没有新的桥梁段生成了,所以桥梁段15的顶进距离应为47.5m,才能顶到位。

(4)第16施工阶段顶进信息定义

第16施工阶段是张拉后期束的施工阶段,其边界条件与施工完桥梁段15时的边界条件完全相同,只是激活了后期束荷载。所以只需保存分析结果,不用输入顶进信息。另外将施工过程中激活的辅助墩和制作场的临时边界组以及钢导梁结构组做钝化处理。

(5)第17施工阶段顶进信息定义

第17施工阶段是给腹板束注浆的施工阶段,同样只需保存分析结果不用输入顶进信息。

顶进信息定义完成后,点击图8-101所示的"确认"按钮,完成"顶推法桥梁施工阶段建模助手"。

6)施工阶段查看

用建模助手定义完施工阶段后,可以查看一下各个施工阶段,以便了解定义的施工过程是否与实际的施工过程相同。

图8-104给出了施工阶段1和施工阶段2中结构组和边界组的变化情况。图8-104a)显示的是导梁在桥台2和临时墩上,桥梁段1在台座上的情景;图8-104b)显示的是向前顶进

2.5m后的情况;图8-104c)显示的是桥梁段1完全顶出台座,桥梁段2已经施工完毕但还在台座上的情景。

a)施工阶段1

b)施工阶段1-1

c)施工阶段2

图8-104　部分施工阶段的结构组与边界组(弹性连接未示出,尺寸单位:m)

桥梁段的顶进是通过边界条件的激活与钝化来完成的,单元的位置是不动的。实际情况下,台座上的梁段多数情况下是不受力的,即应该每个节点上都有支承。本例中的台座仅提供4个支承。

7)修改施工阶段

前面定义的成桥阶段的永久边界条件中没有定义D_X约束。在施工过程中的每个阶段,相当于桥台2位置的节点均施加了D_X约束,到下一施工阶段又通过激活和钝化的功能改变了施加D_X约束的节点,以达到"顶进"的目的。到施工阶段16时,桥梁段全部顶进完成,施加的边界条件为成桥阶段的边界条件,是没有D_X约束的,所以需要在施工阶段16和施工阶段17中施加D_X约束。实际桥梁的固定支座在桥墩3上,所以D_X约束应该施加在桥墩3对应的节点75上。

确定处于基本模式下 [基本]，选择75节点,执行**边界>一般支承**,边界组名称选择为"施工阶段16-变形前0",然后添加"DX"。再选择节点75,边界组名称选择为"施工阶段17-变形前0",然后添加"DX"。刚选择的两个边界组名称都是自动生成的,并且在最后两个施工阶段中激活。

考虑长期效应,将施工阶段17的持续时间改为1000天。

8)输入二期恒载

二期恒载的大小按沿桥梁全长布置线荷载31.5kN/m考虑,荷载类型按梁单元荷载。二期恒载是桥梁顶推完成后的成桥阶段施加的,所以在施工阶段17腹板束管道压浆后施加即可,这里考虑在压浆后15天后施加二期恒载。

首先定义名称为"二期恒载"的静力荷载工况,然后再定义名称为"二期恒载"的荷载组。选择所有箱梁单元,分别指定刚定义的荷载工况和荷载组,施加31.5kN/m的梁单元荷载(**荷载>静力荷载>单元**)。在施工阶段17增加一个持续时间为15天的子步骤,然后在第15天结束时将二期恒荷载组激活,如图8-105所示。

图8-105   在施工阶段17施加二期恒载

9)输入横隔板重量荷载

边横隔板和中横隔板设在支承的位置(图8-106),忽略其对梁的抗弯能力的贡献,而仅当成荷载施加在结构上。可在建立模型时不考虑横隔板而在顶进的过程中将其按位置不断变化的荷载考虑,因此支座处主梁截面与一般截面相同,但需添加横膈板自重。

图8-106   横隔板重量激活位置

在某个施工阶段包含横隔板的桥梁段被激活时,应该将横隔板重量施加上。假设所有横隔板都是与桥梁段一同制作、一同顶进的,所以只要将其重量作用在被激活的施工阶段即可,只要不做钝化处理,一直存在于其他施工阶段。不同的施工阶段边界条件不断变化,而荷载作用位置不动相当于荷载被向前移动。

因为横隔板的纵桥向宽度为2m,在相应的梁单元位置输入2m长的荷载。两个端横隔板重量为763kN,6个中横隔板的重量为516.2kN,则对应的均布荷载分别为381.5kN/m和258.1kN/m。各个横隔板重量荷载都是在被浇筑完成的施工阶段被激活,需要定义8个荷载组,分别在桥梁段1(SEG1)、桥梁段3(SEG3)、桥梁段5(SEG5)、桥梁段7(SEG7)、桥梁段9(SEG9)、桥梁段11(SEG11)、桥梁段13(SEG13)和桥梁段15(SEG15)浇筑完成还在台座上时的施工阶段激活。定义过程可参见二期恒载的输入,这里从略。

10)运行分析

在"施工阶段分析控制数据"中全部按默认处理,执行运行分析(按F5或点击 ⚙ 按钮)。

8.5.5　使用一般功能做顶推法桥梁施工阶段分析

使用一般功能做顶推法施工阶段分析的步骤如下:

(1)建立包含钢导梁在内的成桥阶段模型。

(2)定义各施工阶段将被激活和钝化的结构组、边界组、荷载组。

(3)定义各施工阶段,包括各施工阶段的边界条件和荷载条件。

(4)定义成桥阶段荷载(二期恒载、活荷载、风荷载、地震荷载等)。

(5)执行分析。

下面就上节的实例如何用一般功能进行分析做简单介绍。

1)截面、材料定义

即执行第8.5.2节的"前期工作"。

2)建立包含钢导梁在内的桥梁模型

(1)首先建立钢导梁单元

单元长度2.5m,共14个单元。单元的截面类型为之前定义的工字形变截面(截面偏心为中-下部),需要通过定义变截面组来完成钢导梁截面的定义。

(2)建立所有主梁单元

在钢导梁的右侧建立所有箱梁单元,单元长度2.5m,每跨20个单元,共7跨。

(3)复制节点

桥梁段的顶进是通过对支承于其下方边界条件的激活和钝化来实现的,每次顶进一个单元的长度,所有主梁单元和钢导梁单元在顶进的过程中都被支承过。所以应该在所有单元下建立只受压的支承,需要复制所有主梁节点到主梁下部。这里的复制距离为1m。

3)定义结构组

在制作场预制各桥梁段并按一定时间养护后顶进,所以可以假设所有桥梁段的初期材龄相同(这里按7天)。在顶进每个桥梁段时,因为影响小,顶进期间内可以不考虑徐变和收缩(即可以认为每次顶进过程中的持续时间为0)。顶进完一个桥梁段之后,将一个桥梁段的顶进时间加载到已顶进的桥梁段上来计算徐变和收缩。即可以将一个桥梁预制段定义在一个结构组内,所以应建立相当于钢导梁和桥梁段个数之和的结构组。为了以后查看结果方便,将所有主梁定义为一个结构组,命名为"桥梁主梁"。

需建立的结构组如图8-107所示。

4)定义荷载组

荷载组是在施工过程中一起激活或钝化的,需要建立的荷载组如图8-108所示。图中先期钢束的张拉均在台座上进行,荷载组"桥梁段n钢束"是指在桥梁段n养护时间达到后张拉并锚固于该段的先期钢束产生的荷载。

钢束的定义包括钢束特性值定义、钢束布置形状定义和钢束预应力荷载定义,方法请参见第8.1.5～第8.1.7节。

图 8-107　需定义的结构组

图 8-108　需定义的荷载组

5）定义边界组

每顶进 2.5m 就是一个施工阶段，每个施工阶段都有自己的边界组需要激活，并在下一施工阶段钝化。桥梁段 1 的长度为 12.5m，顶进长度为 2.5m，则该桥梁段从预制到全部顶出台座需要 6 个（放置在制作场时 + 顶进 12.5m/2.5m 时）边界组，桥梁段 2~14 的顶进各段需要 11 个边界组，桥梁段 15 的顶进需要 20 个（实际顶进 47.5m）边界组。所以总共需 169 个边界组。

6）定义施工阶段

各个施工阶段激活的结构组、荷载组和边界组见表 8-3。

各施工阶段激活的组　　　　　　　　　　　　　　　　　　　　表 8-3

施工阶段	结构组	荷载组	边界组	备注
施工阶段 1	钢导梁、桥梁段 1	自重、桥梁段 1 钢束、横隔板荷载 1	BG1	桥梁段 1 预制完成，准备顶进，材龄 7 天，持时 0 天
施工阶段 1-1			BG1-1	桥梁段 1 顶进 2.5m，持时 0 天
施工阶段 1-2			BG1-2	桥梁段 1 顶进 5m，持时 0 天
施工阶段 1-3			BG1-3	桥梁段 1 顶进 7.5m，持时 0 天
施工阶段 1-4			BG1-4	桥梁段 1 顶进 10m，持时 0 天
施工阶段 1-5			BG1-5	桥梁段 1 顶进 12.5m，持时 5 天
施工阶段 2	桥梁段 2	桥梁段 2 钢束	BG2	桥梁段 2 预制完成，准备顶进，材龄 7 天，持时 0 天
施工阶段 2-1			BG2-1	桥梁段 2 顶进 2.5m，持时 0 天
施工阶段 2-2			BG2-2	桥梁段 2 顶进 5m，持时 0 天
施工阶段 2-3			BG2-3	桥梁段 2 顶进 7.5m，持时 0 天

施工阶段	结构组	荷载组	边界组	备注
施工阶段2-4			BG2-4	桥梁段2顶进10m,持时0天
施工阶段2-5			BG2-5	桥梁段2顶进12.5m,持时0天
施工阶段2-6			BG2-6	桥梁段2顶进15m,持时0天
施工阶段2-7			BG2-7	桥梁段2顶进17.5m,持时0天
施工阶段2-8			BG2-8	桥梁段2顶进20m,持时0天
施工阶段2-9			BG2-9	桥梁段2顶进22.5m,持时0天
施工阶段2-10			BG2-10	桥梁段2顶进25m,持时5天
……	……	……	……	……
施工阶段15	桥梁段15	桥梁段15钢束、横隔板荷载8	BG15	桥梁段15预制完成,准备顶进,材龄7天,持时0天
施工阶段15-1			BG15-1	桥梁段15顶进2.5m,持时0天
……	……	……	……	……
施工阶段15-19			BG15-19	桥梁段15顶进47.5m,持时5天
施工阶段16		腹板钢束	BG16	钝化钢导梁,张拉腹板束(后期束),持时0天
施工阶段17		二期恒载	BG17	施加二期恒载,持时1000天

在施工阶段工具条中选择特定施工阶段则相应的施工阶段的结构组、边界组、荷载组将被激活。边界组和荷载组在施工阶段模式中修改会比在基本模式中修改更方便一些。所以最好先按表8-3定义好"空"的施工阶段,然后逐一填写数据。

使用顶推法施工的桥梁每顶进一段桥梁结构的边界条件都会发生变化,所以必须按施工阶段定义边界条件,其定义也是比较复杂的。

下面仅就施工阶段1和施工阶段1-1的边界组定义加以说明,其他与此类似。

(1)施工阶段1边界条件定义

此时桥梁预制段1在台座上,钢导梁在临时墩和桥台2上。定义的边界条件如图8-109所示,图中主梁仅显示出桥梁段1,实际情况如图8-103所示。

图8-109　施工阶段1的边界条件(BG1)

参照图8-103,在两个辅助墩的位置及台座上均施加了竖向只受压弹性支承(刚度非常大),约束了钢导梁及主梁上对应节点的D_y和R_x,桥台2处的钢导梁节点约束了D_x、D_y、D_z和R_x位移。

(2)施工阶段1-1边界条件定义

整个结构向右顶推了2.5m,桥梁段2还没有施工。边界条件如图8-110所示。

图8-110 施工阶段1-1的边界条件(BG1-1)

定义施工阶段时,在上一级施工阶段中被激活的组在当前施工阶段中如没有进行钝化处理表示该组仍处于激活状态。施工阶段1-1的结构组和荷载组与施工阶段1相同,所以不必对施工阶段1的结构组和荷载组做钝化处理。边界组中激活BG1-1的同时,要钝化BG1。

边界条件的激活可以选择"变形前"和"变形后",因为本例顶推施工中所有的支撑均为刚性支承,支承的位置均不会动,所以所有边界的激活均应在"变形前"的位置。

结构组和荷载组的定义可参见表8-3以及顶推法建模助手部分的说明。

8.5.6 查看分析结果

查看分析结果的方式有两种,即查看到特定施工阶段所有构件的应力和位移的方式和查看某个单元在各施工阶段应力和位移变化的方式。

1)最后施工阶段的应力图形

比如要查看最终(施工后3年)桥梁中的应力,先选择第施工阶段17,然后执行命令**结果>桥梁>桥梁主梁内力图**,各选项如图8-111所示。最终的组合应力图形如图8-112所示,在应力图形上右击鼠标,可弹出如图中所示的浮动(关联)菜单,在关联菜单中选择用文本形式保存图形则生成文本形式的图形文件数据。在图形上按住左键,然后拖动会放大拖过的区域。查看后按鼠标右键选择缩小则恢复到上一级放大状态。

图8-111 桥梁内力
对话框

图8-112 最终组合应力

2)某个单元的内力、应力或位移的时程数据图形

使用**结果>阶段/步骤时程图形**功能查看某单元在各施工阶段的位移、内力和应力变化图形。图8-113给出了定义阶段/步骤时程图表函数的过程,图8-114所示为节点35的位移时程。有时为了比较,可以定义多个时程函数,然后一起显示。

图8-113　位移时程函数定义

图8-114　节点35的位移时程

3)钢导梁变形

钢导梁的前端最大变形是我们比较关心的,可以使用**结果>阶段/步骤时程图形**功能查看其前端节点在各施工阶段的位移、内力和应力变化图形。

首先将施工阶段选择为"施工阶段15～19",这是钢导梁被钝化前的最后施工阶段,然后按与图8-112类似的方法定义钢导梁前端节点(节点号为1)D_z位移时程函数,最后点击"图表"按钮,得到如图8-115所示的图形。

4)其他数据结果查看

其他数据查看的方法还有许多,比如,可用**结果>钢束预应力损失图表**来查看预应力在各个施工阶段损失等情况。除了图形方法显示结果数据以外,还可以用表格的形式(**结果>分析结果表格**)。

图8-115　钢导梁前端的位移时程

建模助手给出的只是顶推过程计算,实际桥梁顶推过程还有许多的工作要做。比如,各墩千斤顶可能存在顶升不同步,千斤顶倒换过程中落梁支点实际高程和理论计算高程可能有偏差,双向纵坡处理等等,这些都需要计算某些支撑点强制位移引起的主梁受力以及支墩受力。还有一些细部计算,诸如支点位置局部承压和导梁与主梁连接细节等。

在预应力箱形桥梁成桥阶段,需要做恒载、活荷载、温度荷载、支座沉降等作用下的验算。施工阶段荷载以外的荷载(荷载类型不能是CS)与施工阶段荷载的组合可以在最终阶段内进行。将施工阶段荷载赋予荷载分项系数,与其他荷载进行荷载组合,并查看荷载组合作用下的内力。

8.5.7　钢梁顶推

用建模助手建模计算顶推过程中的受力状况具有简单、快速的特点。钢梁的顶推施工也往往用建模助手建模,其过程与上面预应力混凝土箱梁桥顶推计算基本相同,少了钢束定义,施工持续时间也没有意义。

1)定义材料和截面

材料包括主梁材料和导梁材料。

定义截面对钢箱梁可以用SPC建立并导入。钢桁梁时可以先随便定义,然后等计算之前修改各桥梁段结构组的构成。

2)顶推法模型建模助手

如图8-116所示,顶进长度实际就是一个单元长度,需要综合考虑实际顶推行程、永久墩和临时墩间距、导梁长度以及钢桁架(若是)主梁节点距离等确定。在顶推过程中,临时墩和永久墩的作用一样,不必区分,仅在顶推完成后再增加拆除临时墩工况即可。这里的"临时支承"模拟的是拼装台座,注意要在导梁的左端(需按计算距离确定位置)。桥梁段长度是临时墩之间或临时墩与永久之间的距离,应该是顶进长度的整数倍。导梁长度也是顶进长度的整数倍。

图 8-116　顶推法模型数据

3)顶推法施工阶段建模助手

与第8.5.3节相同,确定顶进方向,完善顶进信息,如图8-117所示。

图 8-117　顶进信息

4)修改施工阶段

删除没有的施工阶段,添加成桥阶段永久边界条件中没有定义的顺桥向水平约束,输入二期恒载及隔板重量。对钢桁梁桥还要建立桁架模型,并将杆件赋给对应的结构组,原来单梁的节点要在下弦杆上,节点数量不变。

8.6　施工阶段联合截面

8.6.1　概述

联合结构是指由钢材和混凝土两种不同材料的构件,或者即使是一种材料(如混凝土)但强度和材龄不同的构件联合所构成的结构。这种结构往往要考虑施工过程的影响。传统的分析方法是对联合前的各构件分别建立不同的模型,联合时对各构件进行弹性连接(刚性),用叠加的方法计算各种荷载效应,即所谓的双(多)单元(梁)法。这种方法在进行静力分析时误差比较少,但考虑徐变和收缩等进行时间依存性分析时,就会产生很大的误差。为了提高考虑材料时间依存特性时,对于联合截面分析结果的准确性,midas Civil提供了对联合截面进行施工阶段分析的方法。

施工阶段联合截面方法假定联合截面各个部分是完全固结在一起的,仍然认为组合梁的受力效应满足平截面假定。

进行施工阶段联合截面分析时,定义联合截面的方式有四种,即"标准""用户""一般截面"和"PSC截面"联合。"标准"联合是指利用截面数据库中提供的"组合梁截面"和"组合截面"等已知联合前后各截面特性值的截面来定义的方式。"用户"联合是指利用截面数据库中提供的其他截面并由用户来定义其在不同的施工阶段进行联合的方式。"一般截面"联合一般只针对用SPC自定义的组合截面,然后按组合梁截面中的"组合-一般"导入的截面。"PSC截面"联合只针对部分"设计截面"(单室双室、单箱三室、单箱多室、单箱多室2、边腹板、钢腹板箱梁),程序将截面自动划分为底板、腹板和顶板三部分,编号依次为1、2和3,可先施工1+2再与3联合,或者先施工1再与2+3联合。前三种类型施工阶段联合截面的对比见表8-4所示。

三种类型施工阶段联合截面对比

表8-4

编号	比较项目	标准截面	一般截面	用户截面
1	是否需要手工输入数据	不需要	不需要	需要
2	是否显示各阶段截面的实际形状	基本能显示	显示	不显示
3	是否限制截面形状	限制	不限制	不限制
4	子截面个数	自带	2或3个	不限制
5	建立过程难易度	容易	较容易	稍烦琐
6	是否支持变截面	部分支持	支持	支持

可用施工阶段联合截面功能进行施工过程分析的联合结构通常有:

(1)钢混凝土组(叠)合梁

由外露的钢梁(常用工字形或箱形)与混凝土桥面板形成的组合结构,在混凝土板和钢梁之间设置剪力键,以保证在使用荷载作用下混凝土板与钢梁共同受力、共同变形,如图8-118所示。因为midas Civil的组合梁截面中有常用的截面形式,所以这类结构通常使用程序中的联合截面来模拟建模,即"标准联合"。

图8-118　钢混凝土组合梁

(2)钢管混凝土结构

由普通混凝土填入薄壁圆形钢管内而形成的组合结构。这种结构借助混凝土增强钢管的稳定性,借助钢管对核心混凝土的约束作用,使核心混凝土处于三向受压状态,从而使得核心混凝土具有更高的抗压强度和变形能力。这类结构通常使用程序中的组合截面来模拟。

（3）预弯组合梁结构

利用配置在混凝土里的钢梁的自身变形，对混凝土施加预应力的型钢混凝土结构，如图8-119所示。预弯组合梁由预弯曲的工字形钢梁以及一、二期混凝土组成的组合结构，亦

图8-119 预弯组合梁

简称为预弯梁。它具有钢结构、钢筋混凝土结构及预应力混凝土结构的特点。这类结构通常需要用联合截面中的"组合-一般"截面功能来实现。利用"组合-一般"截面可以导入通过SPC（截面特性计算器）定义（按不同材料特性）的联合截面。

使用施工阶段联合截面，可以以图形和表格的方式给出组合梁各施工阶段各位置内力和换算截面内力、各位置的截面应力以及结构位移。

8.6.2 施工阶段联合截面说明

如前所述，midas Civil中联合截面一般是指钢混凝土组合或混混组合的截面。施工阶段联合截面就是将截面组件在不同的施工阶段中分别激活，以达到模拟组合结构的施工过程的目的。其建模步骤与一般的施工阶段分析建模步骤类似，只需在施工阶段分析基础上再定义联合截面的施工阶段即可。其定义步骤如下：

（1）定义材料和截面。

（2）定义时间依存性材料特性（可选项）。

（3）建立结构模型（几何形状、边界条件、荷载）。

（4）定义施工阶段。

（5）定义施工阶段联合截面。

（6）在施工阶段分析控制选项中勾选"输出组合截面各组成部分的内力"和"自约束内力&应力"。

（7）再运行分析。

定义施工阶段联合截面需执行命令**主菜单>荷载>施工阶段>施工阶段数据>施工阶段联合截面**，弹出"施工阶段联合截面"对话框，点击"添加"按钮，弹出"添加/编辑施工阶段联合截面"对话框，如图8-120所示，分别对应"标准""用户""一般截面"和"PSC截面"联合。

a）标准截面

b）用户截面

图 8-120

c) 一般截面   d) PSC截面联合

图8-120　定义施工阶段联合截面

"激活施工阶段"是为"单元列表"中的单元选择在哪个施工阶段被激活,即构件(单元)最初生成的施工阶段,构建生成后再为其定义组成截面各部分(截面组件)的施工顺序即截面的叠合过程。"单元列表"中的单元是不能直接编辑填写的,而是由下面选择的"截面"数据来决定的,即以选择的"截面"为截面的所有单元都会自动出现在"单元列表"中。因此,在不同施工阶段激活的单元(或截面组件)即使截面完全一样,也要定义成不同的截面编号和名称(只要截面编号不同即可,但是为了方便区分往往将名称也定义为不同),以方便在不同施工阶段被激活。

"截面"用来在已经定义的截面列表中,选择要进行联合截面施工阶段定义的截面。此"截面"的特性值虽不用于分析(但在"将结构自重转换为质量"和定义"梁截面温度"时,此处赋予的截面特性是起作用的,应该特别注意),但会影响模型的消隐效果。在"用户"联合情况下,此处选择的截面会影响联合后截面的形心位置,从而由于截面偏心可能影响荷载作用位置。在建模时建议采用联合后截面来建模。如果采用其他截面建模,则在定义荷载作用位置时要针对建模采用截面和联合后截面的相应位置做相应的调整。

"联合形式"可以选择四种,其含义如前所述。程序能根据所选截面自动确定是"标准""用户""一般截面"还是"PSC"。组合梁截面、组合截面显示为"标准",此时的截面刚度采用数据库数据,如要调整可以在下面"施工顺序"表格的刚度系数里面修改。如所定义的截面中没有符合"标准"条件的截面,那这里要选择"用户"形式。对用SPC自定义的组合截面可以选择"一般截面"或"用户"。部分设计截面(单室双室、单箱三室、单箱多室、单箱多室2、边腹板、钢腹板箱梁)可根据施工顺序选择联合形式。

"截面类型"和"截面形状"由程序自行确定,不可编辑。

"位置号"中输入截面中参与联合的截面组件个数。选"用户"和"一般截面"联合形式时,程序无法判断截面中的组件个数,需用户自己填写。对"标准"的联合形式没有该项。如果对于一个预应力箱形截面要分成几个部分进行浇筑的话,可指定相应数量的位置号来进行分析。

"施工顺序"分组框用来定义各位置号截面组件相应的特性值、各截面组件相对形心位置、叠合时的施工阶段和刚度调整数据。此处的特性值(刚度数据)是用来进行结构分析的,所以数据要准确。

"位置"栏显示各个联合截面组件的位置编号,其实质就是确定各组件在联合截面中的位置。位置编号的顺序对"标准"的联合形式是由程序确定的；对"用户"的联合形式，则可用各个组件的形心位置来决定其截面位置；对"一般截面"，位置编号与"SPC"中定义的相同。

"材料类型"用来确定各截面组件的材料类型，栏中有两个选择，可以选择"单元"或"材料"。选择"单元"，将采用建立单元时定义的材料作为该截面组件的材料；选择"材料"，右侧的"材料"栏被激活，用户可以在此选择相应的材料，联合截面的刚度会根据激活的材料重新计算，此时与定义单元的材料无关。对于由不同材料构成的联合截面需要特别注意这里是选择单元还是材料，因为对于温度荷载或结构自重的计算，材料的类型不同其计算结果会存在很大差异。

"叠合阶段"用来指定各联合截面位置上的组件在哪个施工阶段被激活。

"材龄"用来输入各联合截面位置的组件被激活时的材龄。初期强度、徐变系数、收缩特性等与这里所输入的材龄有关，所以模型若要考虑材料的时间依存性，对该部分的输入需要特别注意。一般输入开始承受荷载的材龄，即徐变开始时的材龄即可。像钢材等不考虑时间依存特性的材料输入任何值都没有关系，一般输入 0 即可。考虑了混凝土材料的抗压强度发展，那么该材料组件就是以此处定义的"材龄"时间后所具备的刚度来开始受力的；而对于只考虑自重不考虑刚度的组件，其初期材龄输入可为 0 天，程序内部会按 0.001 天计算时间依存性材料的强度和刚度（随时间变化的弹性模量公式随规范不同而不同）。如果不定义材料的强度发展曲线，也可将混凝土的湿重按梁单元荷载考虑，等拥有刚度后参与工作时（即截面联合时），输入参与工作时的材龄，并将先前作用的梁单元荷载在相应施工阶段钝化。在定义施工阶段时，也有输入材龄的选项，但若定义了联合截面的施工阶段，则程序会以定义联合截面施工阶段中所输入的数据为准来进行分析。

"C_y、C_z"用来定义各组成部分（各联合截面组件）形心至基准点距离，即确定各个组件的相对位置，也即重新形成参与计算分析的联合截面。对"用户"联合形式，程序默认基准点为在"截面"项所选截面（赋予单元的截面为联合后截面）的左下角点（参考图 8-120 中的视图）。对"标准"和"一般截面"联合形式，在定义截面时各位置的相对位置已被自动输入，因此没有在这里重新输入的必要。

"h"为各联合截面位置的组件理论厚度，用于计算混凝土的收缩徐变特性，数值可以随便定义，然后再修改。在"施工阶段联合截面"对话框中点击"全部更新"按钮，则程序根据定义的联合截面尺寸，自动计算构件理论厚度。若对应组件材料为钢材，$h=0$；若为混凝土材料则 h 应该大于 0，否则会出错。

"v/s"为各组件截面的体积与表面积比，当计算混凝土的收缩徐变特性选用的规范为 ACI、PCA 或 ACI+PCA 时用到，此时如前面"材料类型"选择了"材料"，h 填 0。

"M"为各组件截面的截面特性比例系数，该值要大于 0。

"刚度"用来输入各位置组件截面的特性值，该特性值是用来计算分析的。当联合形式为"标准"时，各位置的截面特性值程序会自动输入。"一般联合"时位置号对应 SPC 中的 part号，截面特性根据 SPC 中计算结果自动填入，此时应特别注意检查数据（特别是抗扭刚度和有效剪切面积）的正确性。"用户"联合时，由用户直接输入各组件截面特性，或者用选择截面的方法输入，具体可参考下面例题。

"刚度系数"为对刚度的调整系数。程序会根据各组件本身的刚度特性值、在联合后截面中的相对位置以及材龄，计算联合后截面的特性值。但对于抗扭刚度和有效剪切面积，由于计算方法与截面的具体形状相关,故这里只是将各位置的抗扭刚度和有效剪切面积进行算术叠加。用户可另行计算联合后截面的抗扭刚度和有效剪切面接后,用这里的刚度系数来调整。

"叠合刚度"为在相应施工阶段已经联合的截面的刚度。

8.6.3　联合前荷载工况

midas Civil 在进行联合梁桥分析时,不使用施工阶段联合截面功能,也能考虑截面联合前后刚度的变化,即可以通过定义"联合前荷载工况"将有些荷载工况下的荷载作用在联合前的截面上。定义"联合前荷载工况"的命令为**荷载>沉降/Misc.>叠合前截面**,在弹出的对话框中指定联合前截面承受的荷载工况,如图 8-121 所示。

图 8-121 中,右侧栏选择的荷载工况即被指定为联合前截面承受的荷载,点击"确定"即可完成定义。

若想删除刚才的定义,可以再次执行上面的命令,此时的按钮 ___删除联合截面分析数据___ 已经不是灰色的而是可以执行的,点击该按钮即可删除所有刚定义的联合前荷载工况。

另外对联合截面,要想实现相同的截面在不同的荷载工况下具有不同的截面特性,可以使用"截面特性调整系数"功能,具体请参见第 2.4.5 节实例。

图 8-121　定义联合前荷载工况

8.6.4　钢混凝土组合梁分析实例

某钢混凝土组合梁连续梁桥,跨度为 45m+55m+45m,右半幅标准截面如图 8-122 所示。桥面板为钢筋混凝土板,主梁和横梁均为工字钢。混凝土强度等级 C40,型钢材料为 Q345。施工过程为先架设主梁与横梁(组焊),然后分段现浇桥面板,混凝土板浇筑顺序如图 8-123 所示。

图 8-122　钢混凝土组合梁标准断面(半幅桥,尺寸单位:mm)

图 8-123　桥面板浇筑顺序及范围(尺寸单位:m)

　　midas Civil定义组合梁截面时混凝土板必须是等厚的,为了简化建模,这里忽略了桥面横坡并将桥面板厚度视为250mm,主梁和横梁均为等截面。需要说明的是这种简化方法是偏保守的,最好按简化前后混凝土桥面板受力等效的原则来简化。受力等效即桥面板合力大小及作用点位置不变,同时组合梁的截面特性变化很小。组合梁截面允许混凝土板底面和钢梁顶面之间有一定距离(图8-124),这使得实现上述受力等效更容易一些。

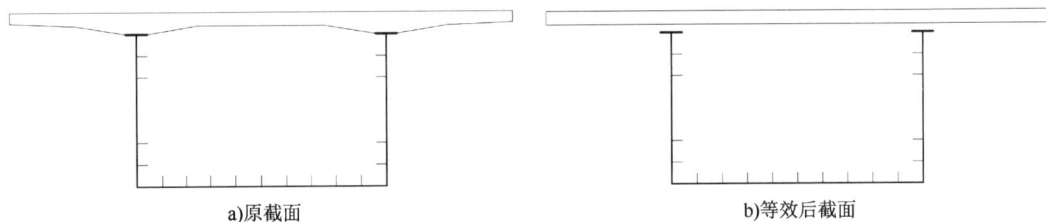

图 8-124　桥面板截面等效

　　分析过程如下:
　　(1)定义材料
　　定义混凝土和钢材两种材料,对混凝土材料定义时间依存性(收缩、徐变及强度发展)。
　　(2)定义截面
　　主梁截面采用组合梁截面,这里定义两个名字不同但截面特性值完全相同的截面,用于分配给不同的浇筑段(单元)。如图 8-123所示,第一次浇筑桥面板的范围内定义为一个截面名称Sect-1,第二次浇筑桥面板的范围内定义为另一个截面名称Sect-2,两个截面名称对应的截面数据完全一样,截面的定义如图8-125所示。以后定义了施工阶段联合截面,那么图8-125中"材料"分组框的数据就没有意义了,因为该截面不参与结构计算。横梁截面类型采用"数据库/用户",对截面定义偏心使其与主梁的相对位置正确,截面的定义如图8-126所示。

　　(3)建立模型
　　根据图8-122和图8-123建立桥梁分析模型,第一次浇筑桥面板的区段主梁截面用Sect-1,第二次浇筑桥面板的区段主梁截面用Sect-2。主梁材料选钢材,对组合梁截面都应该选用钢材为好,因为程序都是将混凝土截面换算为钢截面计算的。建立的模型如图8-127所示。

图 8-125　主梁联合截面

图 8-126　横梁截面定义

图 8-127　桥梁模型局部

　　浇筑过程的模拟在施工阶段联合截面中进行,所有结构一次激活,所以只定义一个结构组即可。该结构组名称为"所有单元",用拖拽功能将所有单元指定给该组。

　　结构物的所有边界条件一次性在第一施工阶段被激活,所以定义所有边界条件都属于名称为"所有支承"的边界组。本例桥梁的边界条件如图 8-128 所示。

图 8-128　桥梁边界条件

　　对于薄壁构件,采用梁单元模拟时,一般都要考虑翼缘板的有效宽度问题,midas Civil 用"有效宽度系数"功能考虑该问题,考虑有效宽度来估算应力时,在有效宽度系数功能里输入全截面的 I_{yy} 值和有效宽度的 I_{yy} 值之比即可。翼缘板的有效宽度可根据有关规范规定手工计算,然后再计算截面的 I_{yy}。本例有效宽度系数的计算见表 8-5。

有效宽度系数计算   表8-5

区段	有效宽度	全宽度(I_{yy-1})	有效宽度(I_{yy-2})	有效宽度比值 I_{yy-2}/I_{yy-1}	对应边界组
边跨跨中	5.653	0.4696905	0.4628585	0.985	有效宽度1
支座处	5.117	0.4696905	0.4530761	0.965	有效宽度2
中跨跨中	5.839	0.4696905	0.4659784	0.992	有效宽度1

有效宽度系数作为边界条件,可定义在边界组中以便激活或钝化。这里定义两个边界组,名称分别为"有效宽度1"和"有效宽度2"。主梁截面为Sect-1的单元的有效宽度系数所在边界组为"有效宽度1";主梁截面为Sect-2的单元的有效宽度系数所在边界组为"有效宽度2"。如图8-129所示为有效宽度系数的定义。

图8-129 定义有效宽度系数

执行命令**边界>Misc.>有效宽度**,弹出如图8-129所示的对话框。先选择边跨跨中区段内单元(包括两个边跨内截面为Sect-1的单元),在图8-129中选择名称为"有效宽度1"的边界组,填写I_y系数为0.985,最后点击适用按钮即可。用类似的方法定义中跨跨中和支点处单元的有效宽度系数,中跨跨中单元包括中跨截面为Sect-1的单元,支点处单元为截面为Sect-2的单元。

为了施加自重荷载,需定义自重荷载工况和荷载组。为了在最后的施工阶段激活二期恒载,需定义名称均为"二期恒载"的荷载工况和荷载组。荷载类型均为"施工阶段荷载"。按梁单元荷载施加二期恒载,大小为18.7kN/m。混凝土湿重用材龄为0的方法,所示不需定义其荷载组。

342

(4)定义施工阶段

根据实际的施工顺序以及混凝土桥面板和钢梁不能在同一施工阶段激活的原则来定义施工阶段。施工阶段分析控制中全部采用默认,即采用"累加模型"。

施工阶段1(CS1):将所有钢梁架设完成,支座布置完成,钢梁承受本身自重。因为没有将钢梁单独定义成结构组,所以这里激活的是联合截面所有单元,然后在施工阶段联合截面中再将桥面板混凝土改为在下一施工阶段激活。因为此时的结构中只有钢梁,所以可将本阶段的持续时间定义为0。

施工阶段2(CS2):浇筑除了中支座附近以外的混凝土桥面板,即浇筑如图8-123所示的第一浇筑区段,开始时混凝土桥面板处于流动状态,到开始浇筑第二区段混凝土桥面板时本施工阶段结束。如前所述,上述过程在施工阶段联合截面的定义中完成。假设本施工阶段持续时间为10天,这样第二次浇筑混凝土时,第一次浇筑的混凝土已经有10天的龄期。本阶段没有结构组和荷载组的激活与钝化,激活边界组"有效宽度1"。

施工阶段3(CS3):第二次浇筑混凝土,开始时新浇筑混凝土处于流动状态。本阶段持时10天,没有结构组和荷载组的激活与钝化,激活边界组"有效宽度2"。浇筑过程也是在施工阶段联合截面的定义中完成。

施工阶段4(CS4):施加二期恒载,持续时间为3650天。没有结构组、边界组的激活与钝化。

(5)定义施工阶段联合截面

按施工阶段中的描述,需定义两个施工阶段联合截面,分别如图8-130和图8-131所示。因为有两种材料,所以在材料类型中选择了"材料"。截面理论厚度可以不输入任何值或随便输入一个正值,点击"确认"就可自动计算。对钢材,将理论厚度改为了0。混凝土开始激活时的材龄均为0。

图8-130 定义第一个施工阶段联合截面   图8-131 定义第二个施工阶段联合截面

(6)运行分析并查看结果

施工阶段分析数据中默认勾选"输出联合截面各位置的分析结果"选项。按F5或点击按钮运行分析。用**结果>内力>梁单元内力图**命令查看最终弯矩,确定查看的施工阶段为第4施工阶段"CS4",荷载工况为"合计",施工步为"最后",部分为"Total",结果如图8-132所示。

图 8-132 最终的弯矩图

8.6.5 混混组合梁分析实例

为了减小架设时的吊装重量,有的 T 梁施工采用先预制并架设 I 形梁,然后再浇筑桥面板的方法。下面的例子就是利用施工阶段联合截面的方法模拟混混组合梁的施工过程。

为了便于分析,这里将先预制的 I 形梁简化为矩形梁,后浇筑的桥面板也是等厚度的。若不考虑活载以及边梁与中梁的差别,则横向各片 T 梁的受力都一样,所以这里仅考虑一片 T 梁,结构形式为简支。

图 8-133 联合后的 T 梁截面(尺寸单位:m)

如图 8-133 为联合后的 T 梁(主梁+桥面板)截面,简支梁的跨度为 20m。施工过程为先架设预制的主梁,然后浇筑桥面板,等桥面板龄期达到 30 天以后,再施工桥面及附属设施(用施加二期恒载代表其重量),二期恒载的大小为 15kN/m。

分析过程如下:

(1)定义材料

主梁和桥面板为同一种材料,均为 C50 混凝土。对混凝土材料定义时间依存性(收缩、徐变及强度发展)。

(2)定义截面

联合后的 T 梁截面不是"组合梁截面"或"组合截面",主梁和桥面板的联合形式应该用"用户"形式。为了应用施工阶段联合截面,首先应该定义联合后的 T 梁截面(按图 8-133 数据定义"数据库/用户"类型截面),如图 8-134 所示。需要注意的是,此时给各单元赋予的截面特性值一般并不用于施工阶段分析,但在消隐处理时能够反映截面的形状(但在"将结构自重转换为质量"和定义"梁截面温度"时,此处赋予的截面特性是起作用的,应该特别注意)。

还需定义两个截面组件的截面,即主梁和桥面板截面。因为联合的形式为"用户",组件刚度值需要用户自己填写,或通过输入得到其截面特性值。

（3）建立分析模型

建立有限元模型，单元长度均为1m，截面类型为上面定义的T形。

将所有单元定义为一个结构组，命名为"全部单元"。

定义一个边界组，施加简支梁边界条件，所有边界条件都属于该边界组。

定义两个荷载工况，再定义两个荷载组，然后分别定义自重荷载和梁单元荷载。

（4）定义施工阶段

施工阶段1：架设主梁，加边界条件，施加自重荷载。在此激活的结构组是以联合后T梁为截面的，不能单独激活主梁。施工过程在施工阶段联合截面再重新定义。本阶段的持续时间为0，在施工阶段联合截面中将主梁的激活材龄填写正确。

施工阶段2：浇筑桥面板。本阶段开始时混凝土处于流动状态，结束时混凝土达到一定强度（由所定义的时间依存特性决定强度发展）。这个过程在施工阶段联合截面中完成。

图8-134　联合后的T梁截面定义

边界组和荷载组没有变化。本阶段的持续时间为浇筑桥面板到其达到足够强度承受二期恒载的作用为止，设为15天。因为所有结构组在施工阶段1中都激活，所以本阶段也没有结构组的激活与钝化，仅有持续时间即可。

施工阶段3：施加二期恒载，持续时间3650天。

（5）定义施工阶段联合截面

这里只有一跨简支梁，所有桥面板是一起浇筑的，仅定义一个施工阶段联合截面即可。定义如图8-135所示。

在输入"位置1"和"位置2"的刚度时，点击刚度栏内的 按钮，弹出如图8-136所示的"局部刚度"对话框。此时可以直接输入数据，但是比较烦琐。也可以点击左下角的 输入 按钮，然后在弹出的"输入截面刚性"对话框中选择截面。

图8-135　施工阶段联合截面定义

图8-136　用户联合截面组件刚度输入

图8-137 施工阶段联合截面对话框

注意当构件的理论厚度不能自动计算时(点击图8-137中的"全部更新"按钮时出错),需手工计算填入。混凝土截面的理论厚度按公式 $h = 2A_c/u$ 计算,其中 A_c 为截面面积,u 为截面与大气接触的周边周长。

(6)运行分析并查看结果

按F5或点击 🔄 按钮运行分析。最后的变形如图8-138所示。

图8-138 最终变形

8.6.6 单钢管混凝土分析实例

使用施工阶段联合截面定义单钢管混凝土截面可以有两种选择:一是选择组合截面中的"钢管形-混凝土";二是定义一个圆形截面(混凝土)和一个管形截面(钢),然后再将其联合。前者可以用"标准"联合形式,后者只能用"用户"联合形式。

该实例为一个单钢管混凝土裸拱,拱轴线为圆曲线,无铰拱。承受的荷载仅为自重和一个吊重:开始为空钢管,后来在空钢管内灌注处于流动状态的混凝土,最后混凝土达到一定强度后在跨中施加一个1000kN的吊重。钢材为Q345,混凝土强度等级为C50。采用上述两种方法建立施工阶段联合截面,目的是说明同一种截面采用不同联合形式对计算结果的影响。

(1)定义材料

定义 C50 混凝土、Q345 钢材以及由它们组成的组合材料三种材料。定义混凝土材料的时间依存性(收缩、徐变及强度发展)特性。

(2)定义截面

这里定义三种截面(图8-139),分别是"钢管形-混凝土"类型的组合截面(钢管外径1m、壁厚为0.01m)、外径为1m、壁厚为0.01m的钢管截面及外径为0.98m的实心混凝土圆截面,均无截面偏心。其中的后两种用来做单钢管

图8-139 单钢管裸拱截面定义

裸拱的"用户"联合的形式;组合截面用来做单钢管裸拱的"标准"联合形式。

（3）建立模型

先建立三个节点$(0,0,0)$、$(25,0,10)$和$(50,0,0)$,然后执行**节点/单元>单元>在曲线上建立直线单元**命令,用三点弧建立裸拱,分割数量为30。截面号为1,材料为组合材料。

定义一个名称为"所有单元"的结构组,包含所有单元。

定义一个名称为"所有支承"的边界组,然后定义无铰拱边界条件,所有边界条件均属于该边界组。

定义两个荷载组,名称分别为"自重"和"吊重"。再建立一个荷载工况,命名为"最终荷载"。分别定义自重荷载(属于自重荷载组)和吊重荷载(属于吊重荷载组)。

（4）定义施工阶段

施工阶段1:架设空钢管,加边界条件,施加自重荷载。对应激活"所有单元"结构组、"所有支承"边界组和"自重"荷载组。

激活"所有单元"结构组就意味着将空钢管和混凝土一起激活,所以这里的定义要在施工阶段联合截面定义中更改。在"施工阶段联合截面"定义中设定的内容与"施工阶段"定义的内容冲突时,程序将以施工阶段联合截面为准。因为本阶段是钢结构,施工持续时间为0。

施工阶段2:灌注混凝土。施工持续时间为30天。

因为灌注混凝土在"施工阶段联合截面"中定义,所以本阶段实际上就填写一个持续时间,其他内容不填。持续时间就是混凝土养护时间。

施工阶段3:施加吊重荷载。施工持续时间为0天。

（5）定义施工阶段联合截面

分两种情况求解:一是"用户"联合形式的单钢管混凝土,二是"标准"联合形式的单钢管混凝土。两种情况不能同时存在于一个模型中,必须两次求解。

①用户联合形式

定义一个施工阶段联合截面,如图8-140所示。

填写图8-140中的数据时,截面选择组合后截面目的是为了显示时截面外形正确,并且方便填写C_y和C_z的数值,该截面是不参与计算的,模型窗口中的裸拱截面必须也是该截面。

这里内核混凝土截面的理论厚度需手工计算。注意混凝土徐变对钢管混凝土结构的影响与普通结构不同,其构件理论厚度计算方法可参考有关文献。这里仍采用上节的规范公式计算。混凝土内核在施工阶段2的开始处于流动状态,所以龄期设为0天。

图8-140　用户联合的施工阶段联合截面定义

程序不能判断位置1和位置2是各是哪一个截面,而是通过刚度值输入和形心相对联合后截面形心的位置(C_y和C_z)来计算叠合刚度的,所以"用户"联合必须由用户输入或指定各构件的刚度值。钢管和内核混凝土的刚度采用从2号截面和3号截面输入的方法得到(参见上节实例)。

②标准联合形式

将文件另存为另一个文件名。重新定义一个施工阶段联合截面,如图8-141所示。

在图8-141中,截面选择了组合截面,这要与模型中单元的截面一致。联合形式为"标准"。各构件位置明确,刚度程序会自动计算。混凝土核心的理论厚度可以自动计算(点击图8-137所示的"全部更新"按钮),当然也可手工计算后填入。

(6)运行并查看结果

共有2次运行分析,它们的前4步完全一样,只是定义的施工阶段联合截面不同。下面的计算结果也是分2次计算得到的。第一次和第二次分析的结果完全相同,最终位移如图8-142所示。

图8-141 标准联合的施工阶段联合截面定义

图8-142 第一次和第二次分析的最终位移

8.6.7 哑铃形钢管混凝土分析实例

如果是哑铃形截面或其他较复杂的钢管混凝土截面,可以有三种方法定义施工阶段联合截面。第一,可先在SPC中自定义组合截面,然后用组合梁截面中的"组合-一般"截面功能来实现,此时可用"一般截面"联合的形式。这种方法的缺点是SPC中最多定义三个部分(part),也就是组件的数量最多为3个,这样不能正确模拟哑铃形截面中混凝土的灌注过程[实际施工时,上、下钢管和中间缀板中的混凝土(即腹腔内的混凝土)是分三次灌注的,应该各占一个part,再加上钢结构需要4个part]。由于《公路钢管混凝土拱桥设计规范》(JTG/T D65-06—2015)第4.3.3条规定,哑铃形钢管混凝土主拱计算时,腹腔内的混凝土不应计入主拱截面受力,而仅计算其自重的影响。据此也可以不考虑腹腔内的混凝土,仅将腹腔内混凝土重量按节点荷载或单元荷载施加。设计规范是按偏保守的最不利情况考虑的(腹腔内混凝土与钢板完全脱离),实际的结构特别是新建桥梁肯定会起一定的作用,施工控制及桥梁检测时应该考虑到该问题,否则计算与实测可能不相符。第二,定义各部件截面和联合后截面,然后用类似上节"用户"联合的形式实现。如前所述,此处的联合后截面一般不参与计算,只要外形正确、其截面形心与联合后截面形心位置一致即可。该方法能正确模拟哑铃形截面中混凝土的灌注过程。第三,上、下钢管和中间缀板分别建模(三梁模型),在对应节点处用弹性连接中的刚性连接起来,然后这三部分各自分别建立施工阶段联合截面。上下钢管截面不变、但是中间缀板是变高的情况下可以采用这种形式。

下面分别用上述三种方法建立哑铃形钢管混凝土拱。注意:作为midas Civil操作方法的演示,下面的实例中都考虑了腹腔内的混凝土的作用。对实际工程按规范要求不考虑时,简化一下即可。

1)一般截面联合形式

哑铃截面为在第2.4.4节定义的截面,拱轴线与上节相同。

(1)定义钢材和混凝土材料。

用SPC定义哑铃形钢管混凝土截面(仅一个截面即可),用组合梁截面中的"组合-一般"导入。定义混凝土材料的时间依存性(收缩、徐变及强度发展)特性。

(2)建立模型。

同上节,但单元材料选钢材。建立结构组、边界组和荷载组。

(3)定义施工阶段。

施工阶段1:同上节,不变化。

施工阶段2:浇筑上下圆钢管内的混凝土(施工阶段联合截面内完成),持续时间5天。实际任何结构组、边界组和荷载组不变化,仅持续5天时间。

施工阶段3:浇筑中间缀板内的混凝土(施工阶段联合截面内完成),持续时间25天。实际任何结构组、边界组和荷载组不变化,仅持续25天时间。

施工阶段4:施加吊重荷载。施工持续时间0天。

(4)定义一个施工阶段联合截面。

在第2.4.4节中,哑铃截面被定义成三个部分:钢管壁与中缀板壁(Part1)、上下圆钢管内核心混凝土(Part2)和中缀板内的混凝土(Part3)。如图8-143所示,将截面指定为哑铃截面后,这三部分被自动定义为三个"位置",并且排列顺序与SPC中定义Part1、Part2和Part3的顺序相同。如果想让所有内核混凝土一起激活,则必须在自定义截面时将其定义为一个"Part"。

位置2的内核混凝土刚激活时材龄为0天,表明开始时处于流动状态,到激活该处混凝土的施工阶段的最后,其龄期达到该施工阶段的持续时间。位置3的内核混凝土激活时,由于激活材龄为0天而处于流动状态,此时位置2的混凝土龄期已经达到5天。

图8-143　一般截面联合的施工阶段联合截面定义

对哑铃形截面的内核混凝土,其理论厚度有的不能自动计算。对"一般截面"联合,各个组件(Part)的刚度程序自动计算,此处检查是否正确即可。因为这里的刚度值直接复制自

SPC中的计算值并且不能修改(可以在截面数据对话框中修改各个part刚度值),组合截面换算截面时是将混凝土换算成钢材,所以在SPC中的"Base Material"最好选钢材,并且钢材和混凝土的材料参数(可以用弹性模量比和重度比)输入正确。前面建模时单元材料最好也是基准材料即钢材。

(5)计算分析,查看结果。

2)用户联合形式

这里仅给出与"一般截面"的不同点。将上面的模型另存为一个文件。

(1)定义截面。

联合后截面采用上例SPC自定义组合截面。新增加定义哑铃形空钢管截面(含缀板)、钢管内核混凝土截面以及缀板内混凝土截面。哑铃形空钢管截面(含缀板)和缀板内混凝土截面也采用SPC自定义。钢管内核混凝土截面为实心圆截面。

(2)定义施工阶段。

施工阶段1:同上,不变化。

施工阶段2:浇筑下圆钢管内的混凝土(施工阶段联合截面内完成),持续时间5天。

施工阶段3:浇筑上圆钢管内的混凝土(施工阶段联合截面内完成),持续时间5天。

施工阶段4:浇筑中间缀板内的混凝土(施工阶段联合截面内完成),持续时间25天。

施工阶段5:施加吊重荷载。施工持续时间0天。

(3)定义一个施工阶段联合截面。

如图8-144所示,联合形式选择"用户"。位置1为钢结构部分,位置2为下钢管混凝土,位置3为上钢管混凝土,位置4为缀板内混凝土。这些构件的刚度需要根据上面定义的截面输入(可参考图8-136)。混凝土构件截面理论厚度需手工计算,此处均取0.5m。其他同上例。

(4)分析计算,查看分析结果。

3)三梁形式

与上面两个实例不同,本例哑铃形截面中间的缀板是变高的,拱脚和拱顶截面如图8-145所示(钢板壁厚14mm),拱轴线为二次抛物线,跨度46m,矢高25m,无铰拱。拟用变截面模拟中间缀板、上下钢管分别用不同ID号的"钢管形-混凝土"组合截面模拟(两者截面一样,但内部混凝土施工阶段不同,所以要定义成2种截面),这样上下钢管和中间缀板分别建立模型,然后在对应节点处弹性连接(刚性)。

图8-144 用户联合的施工阶段联合截面定义   图8-145 拱脚和拱顶截面(尺寸单位:mm)

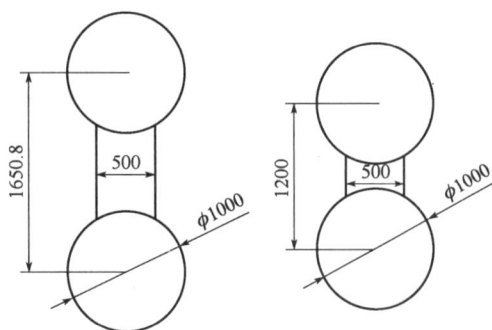

（1）定义材料

包括 Q345q、C55 和由两者组成的组合材料。定义混凝土材料的时间依存性（收缩、徐变及强度发展）特性。

（2）定义截面

定义上下钢管混凝土组合截面，外径 1000mm，壁厚 14mm。

在 SPC 中自定义中间缀板截面时有两种思路，一是仅拱顶缀板组合截面和拱脚组合截面（钢板厚 14mm），然后分别定义左半跨和右半跨变截面；二是先在 AutoCAD 中画出上、下钢管形心线和中间缀板形心线（即拱轴线），确定各缀板单元平均截面高度，然后以平均截面高度对应截面作为各缀板单元的截面（图 8-146 仅示出了拱脚和拱顶缀板截面）。定义变截面时信息窗口会提示"组合后的有效剪切面积（A_{sy}、A_{sz}）和扭转常数（I_{xx}）值可能有误，请确认调整后再使用"。解决的方法一是重新计算有效剪切面积和扭转常数，然后修改替换；二是避免使用分离式截面。对此例题，组合截面变截面（用变截面中的组合-一般导入）看似简单，但很容易出现问题，应尽量避免采用。本例为各个缀板单元分别定义组合截面，共 23 个缀板截面。定义缀板组合截面时有两个 part：part1 为分离式左右钢板，part2 为中间混凝土。基准材料为钢材。

a)拱脚缀板截面定义　　　　　　　　　　b)拱顶缀板截面定义

图 8-146　中间缀板用变截面模拟

（3）建立模型

根据拱轴线方程 $y = \dfrac{4f}{l^2}x^2$（坐标原点在拱顶，y 轴向下为正，f 为矢高，l 为跨度）以及拱顶和拱脚截面建立三梁模型，如图 8-147 所示。上下钢管采用组合截面，采用组合材料。中间缀板采用"组合-一般"截面，材料采用钢材。

图 8-147　三梁模型

定义包含所有单元的结构组。定义包含所有支承的边界组,然后定义无铰拱固定边界条件以及三梁所有对应节点之间的弹性连接(选刚性),所有边界条件均属于该边界组。

定义两个荷载组,名称分别为"自重"和"等效温度"。再建立一个荷载工况,命名为"成桥状态"。分别定义自重荷载(属于自重荷载组)和梁单元温度荷载(属于等效温度荷载组)。等效温度荷载是将所有单元降温15℃,用来模拟拱肋内混凝土最终收缩徐变效应,前面定义的时间依存效应主要针对混凝土的抗压强度及刚度变化,收缩徐变认为因时间较短用普通混凝土结构的方式模拟误差较小。

(4)定义施工阶段

施工阶段1:激活所有单元(龄期随便定义,以联合截面定义为准),施加一般支承及弹性连接边界条件,施加自重荷载。施工持续时间为0天。

施工阶段2:灌注下钢管内混凝土,施工持续时间为5天。因为灌注混凝土在施工阶段联合截面中完成,所以本施工阶段仅有5d的持续时间,其他没有变化。

施工阶段3:灌注上钢管内混凝土,施工持续时间为5天。

施工阶段4:灌注中间缀板内混凝土,施工持续时间为5天。

施工阶段5:施加等效温度荷载,施工持续时间为0天。

(5)定义施工阶段联合截面

需为上钢管、下钢管和中间缀板分别定义施工阶段联合截面,如图8-148所示,中间缀板部分仅给出了拱脚和拱顶的定义。截面理论厚度程序自动计算,注意检查刚度值是否正确。

a)上钢管标准联合

b)下钢管标准联合

c)拱脚中间缀板一般联合

d)拱顶中间缀板一般联合

图8-148 三梁对应施工阶段联合截面定义

（6）运行并查看结果

图8-149所示为施工阶段2时part2的应力云图。

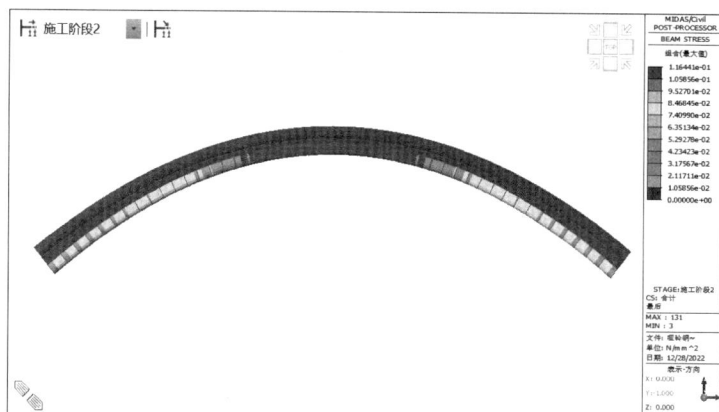

图8-149 施工阶段2最后的混凝土应力

8.6.8 预弯组合梁分析实例

预弯组合梁是一种预应力混凝土结构，它是将一根屈服强度较高的工字型钢梁按一定要求的拱曲线做成预弯钢梁，然后把钢梁的两端搁置在支座上，并在离两端约四分之一跨度的位置上作用一对大小相等的集中力（预弯力），使预弯钢梁产生一定的预弯弯矩。在预弯弯矩的作用下，钢梁下缘是处于受拉状态，在这种受拉状态下将钢梁下翼缘用高等级混凝土包裹住。待混凝土强度达到设计强度的90%以上时，卸去作用于钢梁上的预弯力，则钢梁将发生回弹，从而使包裹钢梁下缘的混凝土（称为一期混凝土）受到预压应力。待梁体运输就位之后，再浇注钢梁腹板两侧及上翼缘混凝土（称为二期混凝土），于是就构成了预弯预应力混凝土梁。预弯组合梁的工艺过程如图8-150所示。

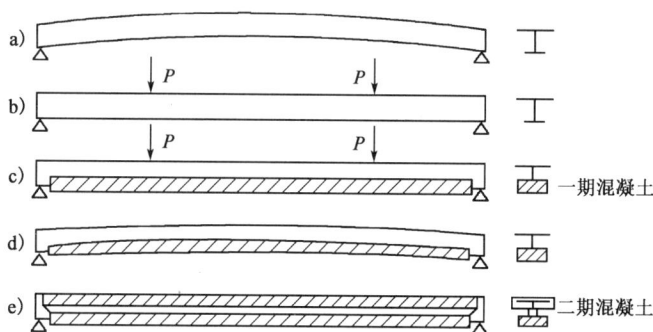

图8-150 预弯组合梁的工艺过程

预弯预应力混凝土梁与预应力混凝土梁有所不同，预弯预应力混凝土梁采用预弯的钢梁具有较大的抗弯刚度，除在回弹时对一期混凝土施加预压应力外，钢梁本身也承担相当部分的荷载弯矩。特别在一期混凝土开裂之后，钢梁的抗弯作用可以使应力产生重分配，从而延缓裂缝的发展。

下面就用midas Civil的施工阶段联合截面功能实现预弯预应力混凝土梁简支梁的施加过程。

1)实例基本资料

某预弯组合简支梁计算跨度41.46m,截面如图8-151所示。钢梁顶、底板采用38mm厚钢板,腹板采用30mm厚钢板,材质均为Q345钢。一期混凝土为下翼缘,采用C50混凝土;二期混凝土为腹板及顶板,采用C30混凝土。承受的二期恒载为10kN/m。预弯力大小为800kN,作用于距离支座10m的地方。

图8-151 预弯组合梁截面(尺寸单位:mm)

2)自定义截面

将图8-151中左边的组合梁截面稍加修改后存成DXF格式,如图8-152所示。图中将型钢作为线处理,下翼缘做了封闭处理。

启动SPC导入截面,然后按下面操作:

(1)定义型钢线的宽度:腹板为30mm,上下翼缘板为38mm。

(2)定义材料参数。这里拟将二期混凝土作为基准材料(如前所述,最好选用钢材作为基准材料,这里仅为了说明只要SPC中的弹性模量比和重度比是正确的、并且各子截面材料正确,最后刚度结果相同),将其弹性模量和重度都设定为1;钢材的弹性模量设为6.867,重度设为3.14;一期混凝土的弹性模量设为1.167,重度设为1。泊松比都输入实际值。

(3)定义组合截面参数,即输入组合截面的名称、子截面数量(最多3个)和组合截面换算截面特性计算时的基准材料(这里为二期混凝土材料C30)。

(4)分别定义组合截面的各个子截面,如图8-153所示。共3个Part:Part1为型钢,Part2为一期混凝土,Part3为二期混凝土。

(5)计算组合截面特性然后导出。

更详细的过程请参见第2.4.4节。

3)导入截面

通过命令**特性>截面>截面特性值>添加>组合梁截面>组合-一般>导入SEC文件**,来导入上面定义的截面。

4)定义材料

定义C30、C50和Q345三种材料,分别定义并连接C30、C50的时间依存材料特性,包括混凝土的收缩、徐变和强度发展。

图8-152 修改后的截面

图8-153 组合截面的Part定义

5）建立模型

建立简支梁模型，单元类型为梁，材料选择为C30，截面为导入的组合截面。

定义一个名为"AllE"的结构组，包含所有单元。

定义一个名为"AllC"的边界组，建立简支梁边界条件，属于该边界组。

定义三个荷载工况和三个荷载组，施加自重、二期荷载和预弯力，分别属于三个荷载工况和荷载组。

6）定义施工阶段

根据预弯组合梁的施工过程，共需建立5个施工阶段。

CS1：激活钢梁（需激活 AllE 结构组），施加边界条件（激活 AllC 边界组），施加自重荷载（激活自重荷载组）以及预弯力（激活预弯力荷载组），持续时间为0天。

CS2：持续时间5天。

CS3：钝化预弯力荷载组，持续时间0天。

CS4：持续时间25天。

CS5：施加二期荷载，持续时间3650天。

7）定义施工阶段联合截面

定义施工阶段联合截面，如图8-154所示。

激活施工阶段为 CS1，即在第一个施工阶段就激活所有单元。

截面选择从 SPC 导入的预弯组合梁（注意模型窗口中单元的截面也必须是该截面），那么默认的联合形式就是"一般截面"。在 SPC 中定义截面时分为了3个 Part，则此时的位置数就是3。

"施工顺序"分组框内，位置的编号与在 SPC 中定义的 Part 的顺序相同，按相应的顺序选择材料。一期混凝土的激活时间为 CS2 的开

图8-154 施工阶段联合截面定义

始，激活龄期为0天，以便使一期混凝土开始只是荷载而没有刚度贡献。CS2结束CS3开始时，一期混凝土龄期为5天，达到了一定强度，CS3阶段仅卸载预弯力 P，将 CS3 的持续时间设定为0。CS4开始时浇筑二期混凝土，仍然考虑新浇筑混凝土开始仅是荷载，所以激活的材龄为0。一期和二期混凝土组件的理论厚度程序可以自动计算。对"一般截面"联合，组件的刚度自动取得，不必用户自己计算。

8)运行分析与查看结果

运行分析然后查看各个施工阶段的结果。图8-155所示为CS1的位移图,由图可以看出此时仅有工字钢截面。

图8-155　第1施工阶段位移(局部)

图8-156所示为施工完一期混凝土的后位移,由图可以看出此时的截面为工字钢+下翼缘板。

图8-156　第2施工阶段完成时的位移(局部)

图8-157所示为施工完二期混凝土的后位移,由图可以看出此时的截面为全截面。

图8-157　第4施工阶段完成时的位移(局部)

8.6.9 施工阶段联合截面注意事项

强大的SPC组合截面定义功能,可以定义任意形状的组合截面,因此可以准确地对组合梁结构进行施工阶段分析以及成桥状态下的静、动力分析。还可以用于T梁、箱梁翼缘加长、旧桥加固(混凝土梁加钢板或混凝土结构加厚补强)。

使用施工阶段联合截面功能时注意以下事项:

1)建模时梁单元的截面属性对施工阶段联合截面分析的影响

梁单元截面属性和材料要在建立模型(定义梁单元)时指定,同时在定义施工阶段联合截面时也要指定各个组件及其材料(也相当于重新定义截面属性)。在进行施工阶段联合截面分析时,在模型窗口建立单元时最好使用联合后截面,这样可以根据实际的结构轮廓保证结构的边界条件准确定位。另外,模型建立时赋予单元的截面属性影响以下内容:

(1)梁截面温度加载时加载中心为单元质心,默认的参考加载截面质心为单元定义时截面属性的截面质心,而非按施工阶段联合截面中的截面特性计算的截面质心。

(2)温度计算时的材料属性为单元定义时指定的材料特性。

(3)当选择将自重转换为节点质量时,程序按单元定义时的截面属性和材料属性计算由结构自重产生的节点质量。而计算结构自重荷载时,是按施工阶段联合截面中的截面特性和材料特性来真实的计算结构的自重。

2)组合梁的预应力问题

对于后张预应力结构,程序默认预应力分配单元被激活后,则预应力单元内的孔道即已被扣除。

对于组合梁,当后叠合部分布置有后张预应力钢束时,则因为在先激活位置预先扣除了孔道面积,造成先激活部分的截面特性计算错误,而在预应力混凝土梁被激活后,截面特性恢复为正确。从2017版本开始,组合截面需要对钢束在截面中的具体位置进行指定(参考第8.1.4节),不指定情况下默认从Part1(钢材)截面扣除管道面积。此时,要慎用施工阶段联合截面功能,当预应力钢筋比较多,对截面刚度影响较大时,可以采用原始的组合梁模拟方法:分别建立各位置梁结构,通过刚臂连接(弹性连接的刚性或刚性连接)各位置形成整体来考虑。

对于先张预应力结构和体外预应力,程序可以准确模拟。

3)组合梁温度梯度

可以使用梁截面温度梯度功能定义组合截面的温度梯度,并通过用户定义材料特性的方法,定义不同作用区域的材料特性。关于组合截面的温度梯度可参考第9章内容。

4)使用梁单元内力图和梁单元应力图查看结果的特别说明

在梁单元内力查看时,可以分别显示各位置(part n)承担的内力,也可以显示组合结构(total)的内力。

在梁单元应力查看时,可以分别显示各位置(part n)的截面应力,因为组合截面(total)应力没有实际意义,因此程序不提供组合截面(total)应力的查看。

5)组合梁截面换算截面特性与材料属性的关系

(1)对于数据库中组合截面,换算为钢材的截面特性,建模材料必须是组合材料,如第8.6.6节中的标准联合例题。

（2）对于钢混凝土组合梁截面，都是将混凝土截面换算为钢截面，因此建模时最好使用钢材建模。

（3）对于混混组合截面以及自定义的组合一般截面，则需根据实际指定的基准材料建模，截面特性也是换算为基准材料的截面特性。如第8.6.5节中的混混组合以及第8.6.7节和第8.6.8节中的一般截面联合例题。

另外，对组合结构进行施工阶段联合截面模拟，则还需单独建立钢混凝土结构材料用于在施工阶段联合截面赋予不同位置准确的材料信息。

6）联合截面配筋

可以在"**特性>截面>截面管理器>钢筋**"中对组合梁截面定义混凝土部分的普通钢筋数据，但仅限于"组合梁截面"的"标准"联合，即联合后的截面必须是截面定义（**模型>截面>添加>组合梁截面**）时"组合梁截面"的部分类型，如第8.6.4节中的"钢-工字形"截面。联合截面配筋如图8-158所示。

图8-158　施工阶段联合截面配筋

在图8-158所示的联合截面配筋中，勾选"开裂截面"后，分析时将不考虑受拉区域开裂混凝土的作用，而仅考虑钢梁及混凝土内的钢筋刚度的作用。不勾选时，表示混凝土裂缝对截面刚度的影响为0，也就是按照全截面混凝土计算刚度。能够进行联合截面配筋的截面限于组合梁截面。

模拟开裂混凝土板失效仅内部钢筋起作用还可以用"等效弹性模量法"，即调整受拉区混凝土的弹性模量，使混凝土的轴压刚度与钢筋的轴压刚度等效，以此来模拟混凝土开裂后的组合截面刚度。

混凝土板受拉后即认为"失效"，此时仅有板中的钢筋起作用，此时的轴向刚度仅为钢筋的轴向刚度 $E_s A_s$（E_s 为钢筋弹性模量，A_s 为钢筋面积）；而模型中混凝土板截面仍然存在，其截面面积是混凝土板截面面积（忽略掉钢筋所占面积）A_c，此时的等效轴向刚度为 $E_x A_c$。由此计算出用来替代混凝土弹性模量的等效弹性模量为 $E_x = E_s A_s / A_c$。因混凝土"失效"，所以换算后的等效截面就代表了钢筋的作用，板中不能再配置钢筋。将混凝土的弹性模量修改为 E_x，其他不动，再重新对模型进行分析计算，此时即可得到不考虑受拉混凝土刚度后的计算结果。

这种"等效弹性模量法"不能主动判断混凝土是否受拉,只能先按原截面计算,如果受拉就替换弹性模量重新计算,否则不替换。

7)施工阶段联合截面自动更新构件理论厚度时的注意事项

只对"标准"和"一般截面"施工阶段联合截面自动更新混凝土位置的构件理论厚度 h 值,对用户自定义的施工阶段联合截面的构件理论厚度 h 取值为0。因此当模型中有用户定义施工阶段联合截面时,慎用自动更新构件理论厚度 h 值功能,而是采用手工输入的方式。

8)钢混凝土组合梁应力计算

按照换算截面特性计算组合梁的刚度,得到荷载作用下的内力和变形,根据此内力计算换算截面的各应力输出点的应力,然后根据各位置的实际材料类型,除以组合梁截面基准材料与相应位置实际材料的弹性模量比得到该位置真实的应力。然后对每个位置的正应力进行全截面积分得到该位置的轴力和弯矩。

9)联合结构的PSC设计问题

对联合结构进行PSC设计时,设计材料采用"PSC设计材料"中定义的混凝土材料,因此无法对钢混凝土叠合结构进行设计验算。PSC设计仅适用于联合前后混凝土材料相同的预应力混凝土联合结构的设计验算,而且得到的设计验算结果都是针对联合后截面而言的。

10)施工阶段联合截面定义时,同一个阶段可以同时激活两个位置的截面

在V7.20及以前的版本中一个施工阶段只能激活一个位置的截面,因此如果有两个位置截面需要同时激活,需要将这两个截面在SPC中建立分离式截面,用一个截面来模拟,即将同时激活的两个截面按一个截面来考虑。使用分离截面虽然可以准确模拟组合结构的刚度,但无法准确查看每个分离位置的截面应力。

在同一施工阶段可以同时激活多个位置的截面,这在哑铃形钢管拱、T梁湿接缝模拟时非常方便。

8.7　移动支架法(MSS)桥梁建模助手

移动支架法和移动模架法是有区别的,前者是在可以移动的支架上组拼预制节段,然后张拉预应力称为整体,预制节段之间可以是湿接缝也可以是胶接缝;后者是在可以移动的模板和支架上现浇混凝土,然后张拉。两种方法既可以施工简支梁也可以施工连续梁,若施工的是连续梁一般为跨度较小的等跨、等高多跨连续梁。midas Civil中的移动支架建模助手主要用于多跨连续梁的施工阶段分析,而且梁是现浇的。对于在移动支架上进行预制节段拼装的施工方法,可参照移动模架法进行施工阶段分析。

施工阶段分析中各施工阶段的定义,在midas Civil里是通过激活和钝化结构组、边界组以及荷载组来实现的。使用移动模架法建模助手进行移动模架法桥梁施工阶段分析的步骤如下(其中移动支架法建模助手能帮助用户自动生成下列第2～8项步骤):

(1)定义材料和截面。

(2)建立结构模型。

(3)定义并构建结构群。

(4)定义并构建边界群。

(5)定义荷载群。

(6)输入荷载。

(7)布置预应力钢束。

(8)张拉预应力钢束。

(9)定义时间依存性材料特性值并连接。

(10)运行结构分析。

(11)查看分析结果。

移动支架法的施工阶段分析必须正确反映其施工顺序。下面通过一个实例来简单说明"移动支架法(MSS)桥梁"建模助手的用法。

1)准备工作

某 4×30m 连续梁采用移动模架法施工。采用移动模架法施工的桥梁是随着模架的前移一段一段的施工的,每段的长度一般为一跨的跨长(L)或比一跨的跨长(L)稍长一些。

每段长度采用比 L 稍长是为了将各段间的接缝设在恒载弯矩较小的位置,比如采用 1.2L 或 1.25L。接缝的位置是梁的薄弱部位,所以这种在恒载弯矩较小处设置断缝的施工方法对成桥结构受力较好。这样做的缺点是在接缝的两端可能会发生端部位移差,为了防止产生端部位移差,一般将正在施工的桥梁跨的混凝土湿重和模板自重通过后横梁传送到已经施工完成的预应力箱形梁的悬臂部分。如图 8-159 所示,通过后横梁传递到已施工并张拉预应力的梁段上的荷载为 R_c+MSS,即新浇筑混凝土湿重传递的反力和移动模架自重传递的反力。本例采用这种施工分段方法。

图 8-159　作用于后横梁上的反力

采用每段长度等于 L 的施工方法也是很普遍的,这样做不会在接缝处产生错台。因为支承反力均由桥墩提供,所以接缝两端不会产生相对位移。缺点是接缝位置正好在最大负弯矩的截面上。midas Civil 不能直接使用建模助手实现这种施工方法,但可以先按每段长度大于 L 然后再修改的方法间接实现。

（1）定义截面

标准截面按设计截面类型定义（图8-160），支点截面为实心截面，外形与标准截面相同（图8-161）。用建模助手时还需输入施工缝截面，这里为了简单采用标准截面，并将其命名为"接缝截面"。注意这里的截面偏心要为"中-下部"。

图8-160　标准截面定义　　　　图8-161　支点截面定义

（2）定义材料

从相关规范的材料库中选取C50作为主梁材料，Strand1860作为预应力钢筋材料。定义主梁材料的收缩、徐变以及强度发展特性（图8-162和图8-163），并与主梁材料连接，等到建立好模型后再修改单元依存材料特性。

图8-162　主梁材料的收缩、徐变特性定义

图 8-163　主梁材料的强度发展特性定义

（3）定义钢束特性值

钢束特性值的定义界面如图 8-164 所示。

2)"模型"选项卡

执行命令**主菜单>结构>建模助手>移动支架法(MSS)桥梁**，弹出如图 8-165 所示的对话框。在对话框中的"桥梁模型数据类型"分组框可选"类型 1"或"类型 2"。两者在输入截面和钢束布置上的方式不同。类型 2 能够直接输入定义好的截面，所以能够定义多室的箱梁截面，能够直接输入直线和曲线组成的钢束布置。这里的截面已经定义好，所以选择"类型 2"。

图 8-164　钢束特性值定义

图 8-165　模型选项卡

本实例连续梁为 4 跨一联，仅有一个固定支座。"固定支座位置"用来确定其位置，图 8-165 中的 90(30) 表示从桥梁的起点到固定支座的距离为 90m，该固定支座左侧的桥梁跨度为 30m（括号内数字仅为用户寻找支座方便而设）。

"施工缝的位置 (S_3)"后填写的数据是一个乘子，图 8-165 中的 S_3=乘子×下一桥梁跨长。如前所述，施工缝应该在恒载弯矩最小的地方为好，所以一般该乘子为 0.2 左右。

"钢束锚固位置(S_4)"后填写的数据是如图8-159所示"后横梁"的位置到施工缝的距离，"横隔板厚度(S_5)"为横隔板厚度的一半，并应该满足$S_3×L_2-S_4>S_5$的条件，即施工缝不能与横隔板重叠。

本例题桥梁将支模、绑扎钢筋以及布置钢束套管所需时间假设为15天，将混凝土浇筑和养护的时间假设为5天，即将施工每个桥梁段所需的时间假设为20天。如有的施工阶段持续时间与此不同，只能在以后修改。使用移动模架法建模助手，程序自动计算出"各跨施工持续时间"与"构件初期材龄"的差作为添加步骤，并计算出"移动支架反力"与混凝土湿重引起的反力之和（图8-159），将其在添加步骤结束时刻（本例为15天）加载到"后横梁"的位置，该力在下一施工阶段钝化。

"移动支架反力"是由移动模架自重引起的"后横梁"处的反力MSS（图8-159），该力由用户自己计算后输入。也可以将其输为0，然后将移动模架的自重换算到新浇筑的混凝土湿重中。

3）"截面"选项卡

截面选项卡如图8-166所示，对"类型2"需要用户定义三个截面，即"中央""施工缝"和"横隔板"截面。这三个截面之前已经定义，从下拉条中选取合适的截面即可。默认情况下采用施工缝截面的长度为$2×S_4$（"后横梁"到施工缝的距离），位置在施工缝的两侧，如图8-167所示。"横隔板"截面的长度为$2×S_5$，位置在支点的两侧。其余截面均为"中央"截面。如果实际截面与默认的有出入，可以在执行完建模助手后修改。

图8-166　截面选项卡对话框（类型2）

图8-167　施工缝截面的位置与长度

4）"钢束"选项卡

钢束选项卡如图8-168所示，在图中左上角选择"类型1"和"类型2"钢束的输入方式是不同的。

在图8-168中，N的值表示在某个截面高度上布置的钢束"层数"，比如$N=1$，就表示在任意截面上只能截到一层钢束，此时从侧面看各个钢束都在XZ平面内投影，并且重合，只能看到一条钢束。此时代表各"层"钢束之间距离的$G_1 \sim G_6$数据都不可用。

默认情况下，每个腹板上都有"两列"钢束的锚固（图8-169）。在图8-168左下角的位图表示了3个参数的含义：E_{yi}为从截面的中心到图8-169所示"两列"钢束中间的距离；$Theta_i$为腹板的倾斜角度，在直腹板时输入0；a_i为"两列"钢束之间的距离。

图8-168　钢束选项卡对话框(类型2)

图8-169　第一跨钢束布置在横断面上的投影

按图8-168输入的钢束每跨都对应4根钢束,虽然只输入了竖弯曲线,程序还能够自动将钢束平弯。这里输入的钢束往往还需要进一步的修改完善。

5)施工阶段查看

按上述步骤操作,本例自动生成了5个施工阶段,前4个施工阶段每个施工一跨,第5个施工阶段为空,用来手工添加持续时间和后期荷载等。图8-170所示为第1个施工阶段CS1和第2个施工阶段CS2的定义情况。

图8-170　第1和第2施工阶段定义

移动模架法建模助手可以自动完成大部分工作,但是许多细节还需要用一般功能进行修改与完善。

按该助手默认数据建立的模型其恒载(自重)弯矩图形成过程如图8-171所示,每次施工悬臂段的长度为本跨度的20%(这样悬臂端部即施工缝位置近似对应零弯矩截面)。

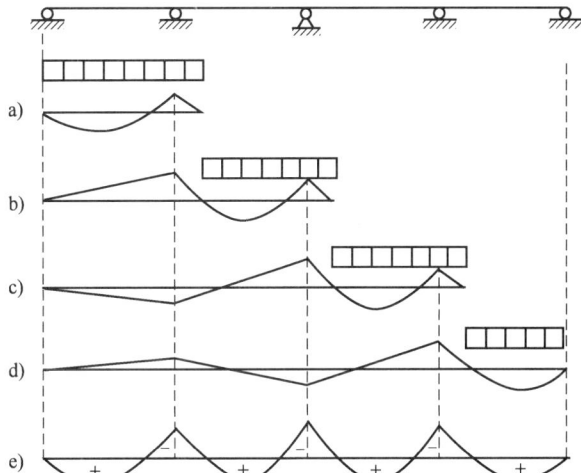

图8-171 逐孔施工法连续梁恒载内力图形成过程

按姚玲森主编的《桥梁工程》(2021年,第3版,人民交通出版社)说明,对跨度为$L + 2L + L$(L为边跨跨度,$2L$为中跨跨度)的等截面三跨连续梁,当按逐孔施工法形成结构时,为了改善施工接缝断面处受力,一般总是将施工接缝设在按一次落架计算的弯矩较小的截面处,而最好的选择就是弯矩为零的截面,由此得到的最终成桥状态的截面弯矩如图8-172所示,竟然与一次落架弯矩完全相同。值得注意的是,如果施工接缝偏离弯矩为零截面,最终成桥状态的截面弯矩会有别于一次落架弯矩,但是这一差别较小,仍可近似采用一次落架法计算成桥状态截面内力。

图8-172 逐孔施工法连续梁恒载弯矩图
q-作用在等截面三跨连续梁上的均布荷载

8.8 满堂支架法(FSM)桥梁建模助手

满堂支架法(FSM)桥梁建模助手主要用来建立逐孔施工的连续梁,与移动模架法(MSS)桥梁建模助手很相似,不同点一是前者可以建立变截面桥梁而后者只能建立等高度梁;二是两者的支架形式不同,并且前者没有"后横梁",而后者往往需要"后横梁"传力。

执行命令**主菜单>结构>建模助手>满堂支架法(FSM)桥梁**,弹出如图8-173所示的对话框。与移动模架法(MSS)桥梁建模助手很相似,在对话框中也有"模型""截面"和"钢束"三个选项卡。在图8-173左上角的"桥梁模型数据类型"需选择"类型1"和"类型2",不同的选择会导致三个选项卡的输入方式不同。因为"类型2"更通用(比如能够定义多室的箱梁截面),所以这里仍以"类型2"为例对该建模助手加以简单说明,有些参数的填写说明与移动模架法建模助手相同,这里就不再赘述。

1)模型选项卡

在图8-173中,勾选"使用变截面"则可自动生成变截面的梁,曲线1(即 S_1 段曲线)和曲线2(即 S_2 段曲线)方程的次数是可以设定的,但同时要保证在"截面"选项卡中"支座"截面和"横隔板"截面的高度相同,而且比"中央"截面的高度要高。变截面长度 S_1+S_2 不能大于跨度。

2)截面选项卡

选择"类型2"时需要用户指定跨中、支点和横隔板截面(设计截面类型),注意截面偏心应该为"中-上部"。

3)钢束选项卡

该选项卡的填写方法与移动模架法基本一致,只是注意截面偏心在中-上部,钢束定位参数所标识的位置与移动模架法不同,图8-174所示为一个钢束选项卡对话框中数据的填写例子,图8-175所示为其中一个自动生成的钢束形状。

图8-173 满堂支架建模助手的模型选项卡

图8-174 钢束选项卡

图8-175 自动生成的钢束实例

满堂支架法建模助手可以自动完成许多工作,但是许多细节还需要用一般功能进行修改与完善。

8.9 混凝土箱梁快速建模助手

混凝土箱梁快速建模助手最大特点是针对单箱单室或多室的PSC箱梁,用户仅需要输入一套数据,即可自动生成4种类型实用混凝土箱梁模型,包括"6自由度""7自由度""空间梁格"和"空间网格"模型。相比"梁格法模型"建模助手,还多出了自动生成施工阶段信息功能。

该建模助手对应命令**主菜单>结构>混凝土箱梁快速建模助手**。其中很多参数的填写要求与7.9节"梁格法模型"建模助手相同或相似,这里通过与之相同的例子仅就不同点加以说明。

1)布置选项卡

布置选项卡界面如图8-176所示,参数说明请参见第7.9.1节或在线帮助。

图8-176 布置选项卡

2)跨度选项卡

同第7.9.1节。

3)截面选项卡

对于空间梁格模型和空间网格模型,分割截面,生成纵向构件,形成混凝土箱梁精细化分析模型。此截面适用于空间梁格模型和空间网格模型,对单梁模型无效。

每一跨都要指定"标准截面",本跨中其他截面的分割与该标准截面相同。这里的截面分割仅支持单箱多室、单箱多室2、设计用数值截面类型的截面,同时箱室内部的顶底板处必须要有水平段。

图8-177所示为第一跨的截面分割情况,其说明请参见第7.9.1节和在线帮助。

4)横桥向选项卡

同第7.9.1节。

5)荷载选项卡

图8-178所示为车道定义,注意车道数。

据中的"距离"要按从小到大得顺序输入,其他请参考第7.9.1节或在线帮助。

图 8-177 截面选项卡

图 8-178 车道定义

6)钢束和钢筋选项卡

"钢束"和"钢筋"选项卡在本例中用不到,其填写方法请参见程序的在线帮助,这里不再赘述。

7)施工阶段选项卡

施工阶段选项卡用来设置施工阶段信息,6DOF、7DOF 模型支持满堂支架浇筑施工或悬臂浇筑施工,空间梁格、空间网格模型仅支持满堂支架浇筑施工。

勾选"施工阶段"表示生成模型具有施工阶段信息,不勾选表示生成模型没有施工阶段信息。这里自动生成的施工阶段不能更改,仅可以更改某阶段施工持续时间,另外还要事先定义临时支座等信息。详细准确的施工阶段定义需用户手动定义,而不是采用该建模助手。

上述所有或必要的部分选项卡定义完成后,点击"生成"按钮,可以选择建立6DOF单梁、7DOF单梁、空间梁格或空间网格模型。

8.10　单梁式钢/钢混凝土桥建模助手

用单梁式钢/钢混凝土桥建模助手的基本目标是在较短的时间内轻松的生成单梁式钢/钢混凝土桥三维有限元模型,支持钢梁和钢混凝土组合梁(I形组合梁、箱形组合梁、槽形组合梁、I形钢梁、箱形钢梁和单箱多室钢梁)。可以建立具有各种支承条件和下部结构类型的弯、直桥,包括节点、单元、特性、边界、静力荷载和移动荷载等。能够自动生成施工阶段,支持桥面板拼接。

8.11　多梁式钢/钢混凝土桥建模助手

使用多梁式钢/钢混凝土桥建模助手的基本目标是在较短的时间内轻松的生成多梁式钢/钢混凝土桥三维有限元模型。可以建立具有各种支承条件和下部结构类型的弯、直、斜桥。可采用梁单元和板单元建模,通过直观的界面示意和简单的向导定义荷载和施工顺序。

本建模助手的最大特点是钢混凝土组合梁中的桥面板和钢主梁可以采用不同的方法来建模。

(1)所有框架类型:整个模型全部采用梁单元(frame框架单元即为梁单元)。该类型支持的组合梁截面包括"钢-箱形(Type1)""钢-I形(Type1)""钢-槽形(Type1)"和钢梁截面"箱形钢梁""工字钢梁"类型。

(2)所有板类型:整个模型全部采用板单元,该类型主要适用于复杂的弯桥或斜桥等需要更详细分析的桥梁,但仅支持"钢-I形(Type1)"组合梁截面类型。

(3)桥面板为板,梁作为框架:即用板单元模拟桥面板,用梁单元模拟钢梁。梁作为框架类型支持的组合梁截面包括"钢-箱形(Type1)""钢-I形(Type1)""钢-槽形(Type1)"类型。

(4)桥面板和腹板作为板,翼板作为框架,即用板单元模拟桥面板和钢梁的腹板,用梁单元模拟钢梁顶板和底板,仅支持组合梁截面"钢-I形(Type1)"类型。

8.12　预制梁桥建模助手

使用预制梁桥建模助手可以建立直桥、弯桥或者斜桥的预制梁或拼接梁模型,可以应用于单跨或多跨桥梁。预制梁和拼接梁都是预制预应力混凝土构件,预制梁桥是在工厂制作的,一整跨一整跨地架设;拼接梁是一跨梁被分成几段制作,梁段采用后张法预应力连接成整体。

建模助手提供的建模方法包括全部用梁单元建模,或桥面用板而主梁用梁单元。荷载和施工阶段,也可以通过建模助手的直观界面便捷地输入。

第 9 章

温度问题

9.1 温度荷载

9.1.1 温度荷载定义

midas Civil 中对所有单元都能进行温度变化分析，温度变化产生热应变和热变形，如热变形受到约束，将导致构件中产生温度应力和温度内力。热应变等于材料的线性热膨胀系数和单元温度变化（温差）的乘积。材料的线性热膨胀系数由材料的本身性质决定，可在定义材料时定义。

图 9-1 为 midas Civil 程序的温度荷载菜单，可以考虑 5 种温度荷载的施加方式，这 5 种不同的温度荷载分别适用于不同的温度荷载定义。系统温度、节点温度、单元温度以及温度梯度为线性温度荷载，梁截面温度为非线性温度荷载。温度荷载工况定义时其荷载类型一般为"温度荷载"或"温度梯度"，施工阶段分析时要将温度荷载类型定义为"施工阶段荷载（CS）"。

图 9-1　温度荷载菜单

1）系统温度

当整个结构温度从初始（参考）温度变化至指定温度时，为了做热应力分析，需输入最终温度或称系统温度。即系统温度减去初始温度等于结构的温度变化（温差）。在 midas Civil 程序中，系统温度只能赋予整个结构相同的最终温度，若想赋予结构的不同部分以不同的最终温度需定义单元温度或节点温度。建议在初始温度中输入 0℃，在系统温度（最终温度）中输入整体升温或降温的温度。

定义系统温度需运行命令**荷载>温度/预应力>系统温度**。如图 9-2 所示，定义系统温度时，要为其指定荷载工况和荷载组。初始温度默认为 0，要修改时可以点击图 9-2 中"初始温度"后面的按钮，也可以执行命令**结构>结构类型**，然后在弹出的对话框中修改初始温度，如图 9-3 所示。在图 9-2 中填入"最终温度"数值后，点击"添加"按钮，即可定义系统温度。

图 9-2　系统温度定义

系统温度适用于整个结构的整体升温或整体降温，常用来输入季节温差和昼夜温差，季节温差和昼夜温差均等于"最终温度"减去"初始温度"。在每个荷载工况中的温度荷载可以不同，也可以在不同的荷载工况中设置不同的温度荷载。例如，当需要分别计算成桥前后的温差变化和成桥后年度的温差变化的影响时，可定义两个荷载工况名称，分别输入不同的系统温度温差，程序将分别计算不同温差的影响。

图9-3　在"结构类型"对话框中修改初始温度

2）节点温度

节点温度适用于对选择节点的整体升温、降温作用，主要用于输入沿单元长度方向（如梁长度方向）的温差。定义节点温度需运行命令**荷载>温度/预应力>节点温度**，如图9-4所示。

系统温度用于整个结构的整体升降温，而节点温度则用于定义个别节点的整体升降温。定义节点温度之前必须先选择要施加节点温度荷载的节点，然后选择所在荷载工况和荷载组。如图9-4所示，定义节点温度也要输入"初始温度"和"最终温度"。这里的"初始温度"仍是整个结构的初始温度，"最终温度"是所选节点的最终温度。定义了节点温度的节点可以显示其节点温度荷载。

在节点荷载的作用下，共用该节点的单元都会产生温度应变，只是作用范围为单元长度的一半。

3）单元温度

单元温度适用于对选择单元的整体升温、降温作用，主要用于输入各单元的温升和温降，是对节点温度的补充。例如，可用于地下结构的上板单元和侧墙单元的温差不同时。

定义单元温度需运行命令**荷载>温度/预应力>单元温度**，如图9-5所示。定义之前要选择单元，然后选择所在"荷载工况名称"和"荷载组名称"。"初始温度"仍是整个结构的初始温度，"最终温度"是所选单元的最终温度。

图9-4　节点温度定义　　　　图9-5　单元温度定义

单元温度的作用范围仅为本单元的长度范围,这与节点温度是不同的。下面给出两个小例子来说明节点温度和单元温度的不同。

实例一:如图9-6所示的双悬臂梁,左侧单元1的左节点作用节点温度,右侧单元3作用单元温度。各个单元的截面形状、材料和单元长度(等于1m)都一样,节点温度荷载的温差和单元温度荷载的温差均为10℃,线膨胀系数为10^{-5},从计算结果可以看出其差别。

图9-6 梁单元的节点温度和单元温度作用效果

实例二:将如图9-6所示的双悬臂梁中的梁单元扩展成板单元,节点温度作用位置向约束方向移动1m,其他条件不变,所建立的模型和计算结果如图9-7所示。

图9-7 板单元的节点温度和单元温度作用效果

4)温度梯度

温度梯度分析适用于具有弯曲刚度的单元,如梁和板单元。这里的温度梯度是线性的,主要用于计算温度梯度引起的弯矩。

定义线性温度梯度需执行命令**荷载>温度/预应力>温度梯度**。如图9-8和图9-9所示,首先应选择单元,然后为要定义的温度梯度荷载指定荷载工况和荷载组。对梁单元,需要输入沿单元局部坐标系Y轴和Z轴方向截面边缘间的距离(H_y和H_z)和温度差($T_{2y}-T_{1y}$和$T_{2z}-T_{1z}$);对板单元,温度梯度可用板上下面的温度差($T_{2z}-T_{1z}$)和板厚(H_z)表示。顶面和底面之间的温度用直线过渡。可以选择截面的高度(H_z)或宽度(H_y),也可以自己定义其数值。其中高度和宽度的数值没有具体物理概念,只要温差和高度(宽度)的比值相等,即梯度相等时,计算结果会相同。对梁单元,横向温度梯度和竖向温度可以同时定义,应变计算结果为两者的矢量和。温度梯度与结构的初始温度没有关系。

例如在梁单元局部坐标Z向定义温度梯度10℃(即温度差$T_{2z}-T_{1z}$输入为10℃),则说明该单元在上部温度为"初始温度加5℃"单元下部温度为"初始温度减5℃",即上下缘温差10℃,结果是上翼缘为5℃,下翼缘为-5℃(图9-10);并不是上翼缘为10℃,下翼缘为0℃。如果上翼缘为10℃、下翼缘为0℃时,应在系统温度中的初始温度输入5℃,然后在温度梯度中输入10℃。

当需要给板单元施加沿厚度方向折线形温度变化(类似梁截面温度荷载)时,可将折线温度等效为温度梯度荷载+单元温度荷载。等效方法为将折线温度等效到板单元厚度中心上的弯矩和轴力,然后再等效为温度梯度荷载+单元温度荷载。

温度梯度产生的等效弯矩如下:

梁单元:
$$M=\alpha EI\frac{\Delta T}{h} \tag{9-1}$$

板单元：
$$M = \frac{\alpha E t^3 \Delta T}{6(1-\nu)h} \tag{9-2}$$

式中：α——线性热膨胀系数；

$\qquad E$——弹性模量；

$\qquad I$——绕梁单元相应中和轴的惯性矩；

$\qquad \Delta T$——单元两边缘(最外面)间的温度差；

$\qquad h$——单元截面两边缘间的距离；

$\qquad t$——板厚；

$\qquad \nu$——泊松比。

图9-8　梁单元的竖向线性温度梯度　　图9-9　板单元的竖向线性温度梯度

5)梁截面温度

温度梯度适用于上、下缘温度差在截面内呈线性分布的情况，即温度梯度只能模拟线性温度梯度。但是在日照、骤然降温等温度荷载作用下，梁截面内的温度变化一般是非线性的，并且在竖向和横向均存在非线性温度梯度，需要沿截面高度和宽度输入不同的温度分布。梁截面内部的温度分布为非线性分布(折线形的温度梯度变化)时可以利用"梁截面温度"功能输入温度荷载。在midas Civil软件中不仅可以沿截面高度分段输入温度(每段都为线性分布)，而且可以输入沿截面横向的温度变化。

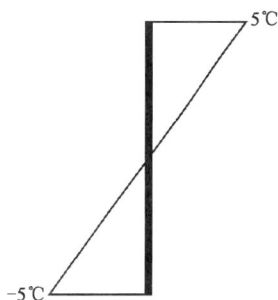

图9-10　线性温度梯度例子

对于用梁单元模拟的组合截面，需输入考虑材料特性(弹性模量、热膨胀系数)差异的温度荷载。利用梁截面温度的功能可以更真实地模拟组合截面内实际的温度分布情况。

midas Civil程序的温度计算中，考虑了温度自应力。

定义非线性温度梯度需执行命令**荷载>温度/预应力>梁截面温度**。如图9-11所示，首先为要定义的非线性温度梯度荷载指定荷载工况和荷载组。在"截面类型"分组框中，可以选择"一般截面"或"PSC截面"。选择"一般截面"后，可根据截面手动输入B值以及相应的温度梯度,根据截面的B值变化,可分割多个温度点输入。选择"PSC截面"后,可根据截面自动考虑截面宽度B值[也可以选择手动输入B值,如图9-11c)所示],无须分割多点温度,此时的计算方法为:将截面沿高度自动按0.1m的高度分割后,自动输入内插的温度值(截面宽度或材料类型突变的地方,将始终分割一个点,如图9-12所示)。因为温度值是内插的,所以温度变化点的参考位置(H_1和H_2值)和对应温度值(T_1和T_2)还是要输入的。

a)一般截面   b)PSC/组合截面(自动)   c)PSC/组合截面(手动)

图9-11　非线性温度梯度定义

图9-12　自动考虑非线性温度梯度

　　用"梁截面温度"功能可以定义沿梁高方向或梁宽方向的温度变化,这种温度变化可用多段线性温度输入,每段线性温度需要输入的参数包括B、H_1、T_1、H_2、T_2(图9-11),每输入一段后点击"添加"按钮;再继续输入下一段,直到将所有多段线性温度输入完毕,最后选择该梯度温度作用的梁单元,点击"适用"按钮就完成了定义。梯度温度分成几段取决于梯度温度变化点的数量和梁截面变宽点的数量。对于截面中材料发生变化的梁,例如联合截面或组合截面,还需要用"用户定义"的方式考虑材料特性的变化,输入每段线性温度荷载时的材料特性应依据截面位置不同而输入不同的材料特性。"材料特性"这里是指弹性模量和线膨胀系数,可以选择为单元的材料,也可以在这里自定义。

选择"PSC截面"后再勾选"按照规范规定使用",点击其后的按钮⋯,进入"采用规范条目"对话框,选择规范和截面类型,《公路桥涵设计通用规范》(JTG D60—2015)中的"PSC截面"类型仅需定义T_1和T_2,钢混凝土组合梁还需要定义t。填写完数据后点击"采用规范条目"对话框的确定按钮,然后用户在模型视图中选择要定义的单元,在工作树点击"适用",程序即可按照用户选择的规范,按照规范规定自动生成梁截面温度。勾选"按照规范规定使用"时,B由程序内部默认选择"截面",宽度由程序自动计算得出。

选择"PSC截面"后可以定义"PSC截面横坡"(有的版本称"PSC截面温度"),点击其后的按钮⋯进入**截面管理器>截面横坡功能**。该功能请参见第2.4.5节中的"截面横坡模式"。

需要注意的是:对于空心截面,温度荷载实际作用宽度一定要扣除空心部分截面宽度影响。比如在箱形截面的腹板位置处,应输入腹板厚度之和。梁截面温度与结构的初始温度有关。截面高度位置的温度值为实际温度值,不是相对于系统温度的相对值。

可在"梁截面温度"表格"PSC/联合"中查看定义的梁截面温度。

9.1.2 线性温度梯度荷载实例

如图9-13所示的刚架施工时温度是20℃,试求冬季当外侧温度为−30℃、内侧温度为−20℃时A点的竖向位移。已知水平杆与竖杆长度均为4m,热膨系数为0.00001,各杆均为正方形截面,边长h=0.4m。

1)建立模型

包括建立节点和单元、定义截面和材料、施加边界条件。

2)定义线性温度梯度

(1)定义静力荷载工况,命名为"线性温度梯度",荷载类型为"温度梯度(TPG)"。

图9-13 线性温度梯度实例

(2)定义初始温度为20℃,系统温度为0℃。这里用初始温度代表安装温度,然后施加系统温度,使结构整体均匀降温20℃,再施加温度梯度。

(3)对温度梯度荷载,本例实际上可等效为刚架内侧0℃,外侧为−10℃,或内侧为5℃,外侧为−5℃。在图9-8所示的对话框中,温度梯度$T_{2z} - T_{1z}$中填写为−10(初始温度不影响温度梯度荷载计算结果)。

注意梁单元的局部坐标系的方向影响计算结果,如图9-14所示。

图9-14 温度梯度中单元局部坐标方向的影响

3)运行分析并查看结果

9.1.3 非线性温度梯度荷载实例

1)实例一:预应力混凝土箱梁的竖向温度梯度输入(一般截面)

某跨度20m预应力钢筋混凝土简支梁,单箱单室箱梁的截面定义数据如图9-15所示,桥面铺装为混凝土,顶板宽度10m,顶板厚度为0.3m,腹板厚度为0.5m,梁高为2m。

图9-15 箱梁截面定义数据

图9-16 规范中的温度梯度(尺寸单位:mm)

根据《公路桥涵设计通用规范》(JTG D60—2015)中第4.3.12条定义其截面温度梯度(图9-16)。根据规定,此例中 $T_1 = 25℃$, $T_2 = 6.7℃$, $A = 0.3m$。定义非线性温度梯度时,温度荷载实际作用宽度 B 的取值很重要。此例中,顶板厚度0.3m,顶板宽度为10m,则图9-16中的 T_2 点在顶板中,从 T_2 点以下还有0.2m的范围其宽度为10m。腹板的厚度为0.5m,则在腹板范围内 $B = 1m$。则在图9-16中 A 的范围内存在顶板和底板的交汇,因 B 值不同,所以 A 的范围内的温度梯度应该为两段线,总共为3段折线。

用"一般截面"类型定义非线性温度梯度[图9-11a)],以箱梁顶面为基准,本例的温度梯度数据定义如下:

(1) $B = 10m$, $H_1 = 0m$, $H_2 = 0.1m$, $T_1 = 25℃$, $T_2 = 6.7℃$。

(2) $B = 10m$, $H_1 = 0.1m$, $H_2 = 0.3m$, $T_1 = 6.7℃$, $T_2 = 2.23℃$。

(3) $B = 1m$, $H_1 = 0.3m$, $H_2 = 0.4m$, $T_1 = 2.23℃$, $T_2 = 0℃$。

温度2.23℃根据内插得到,用"一般截面"类型定义非线性温度梯度时,忽略顶板与底板之间的倒角。图9-17a)为用"一般截面"类型定义了非线性温度梯度后的三段线的显示。

2)实例二:预应力混凝土箱梁的竖向温度梯度输入(PSC截面)

实例一中定义的梁截面温度为"一般截面"类型,也可用"PSC截面"类型定义其梁截面温度。此时,温度荷载实际作用宽度B可以自动取值(选择"截面"),但是温度变化点的参考位置和对应温度值还必须手工输入。在两个温度变化点之间,程序将截面沿高度自动按0.1m的高度分割后,自动输入内插的温度值。截面宽度或材料突变的地方将始终分割一个点,如图9-12所示。所以,此处仅输入两组数据即可(上例输入三组数据是因为B的变化)。截面偏心为顶对齐,梁截面温度梯度数据为:

(1)B选择"截面",$H_1 = 0m$,$H_2 = 0.1m$,$T_1 = 25℃$,$T_2 = 6.7℃$。

(2)B选择"截面",$H_1 = 0.1m$,$H_2 = 0.4m$,$T_1 = 6.7℃$,$T_2 = 0℃$。

图9-17b)所示为用"PSC截面"类型定义的非线性温度梯度后,可以与上例进行对比它们之间的区别。图9-18所示为实例一、实例二的竖向温度变形比较。

a)按"一般截面"定义的非线性温度梯度　　　　　b)按"PSC截面"定义的非线性温度梯度

图9-17　非线性温度梯度

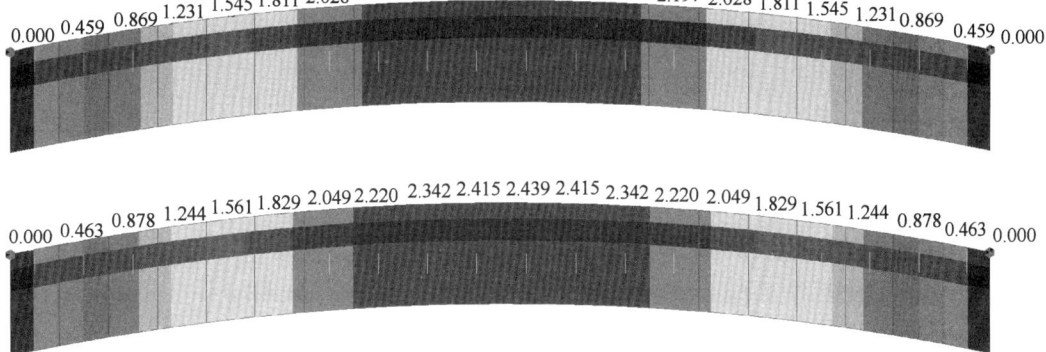

图9-18　实例一和实例二的竖向温度变形比较(单位:mm)

3)实例三:钢筋混凝土组合梁截面的竖向温度梯度输入

可以使用梁截面温度梯度功能定义组合截面的温度梯度,并通过用户定义材料特性的方法,定义不同作用区域的材料特性。

在定义梁截面温度荷载时,要注意梁截面温度荷载实际上是针对组合后截面定义的,因此建议在建模时采用的截面形式为"组合梁截面"。当建模采用的截面不是组合梁截面且截面偏心采用底对齐时,则在定义梁截面温度荷载时温度荷载应以梁截面底部为准输入;如建模采用的截面不是组合梁截面且截面偏心采用顶对齐时,在定义梁截面温度荷载时温度荷载应以梁截面顶部为准输入。在这两种情况下,梁截面温度荷载作用的高度、作用截面宽度、作用位置材料特性均应以组合梁截面为准。

组合梁截面施加非线性温度梯度荷载时,如考虑材料的变化,必须在定义"梁截面温度"荷载时选"用户定义"材料并赋值。

图9-19所示为一个组合梁截面的定义数据,按图9-16定义非线性温度梯度。图9-16中的 t 值为混凝土桥面板厚度。

图9-19　组合截面数据

桥面为100mm厚沥青混凝土铺装,用"PSC截面"类型,用户自定义材料,截面偏心为顶对齐,梁截面温度梯度数据为:

(1)B选择"截面",$H_1 = 0\text{m}$,$H_2 = 0.1\text{m}$,$T_1 = 14℃$,$T_2 = 5.5℃$,材料按"用户定义",即混凝土。

(2)B选择"截面",$H_1 = 0.1\text{m}$,$H_2 = 0.3\text{m}$,$T_1 = 5.5℃$,$T_2 = 1.83℃$,材料按"用户定义",即混凝土。

(3)B选择"截面",$H_1 = 0.3\text{m}$,$H_2 = 1.35\text{m}$,$T_1 = 1.83℃$,$T_2 = 1.83℃$,材料按"用户定义",即钢材。

组合梁截面在非线性温度下的变形如图9-20所示。

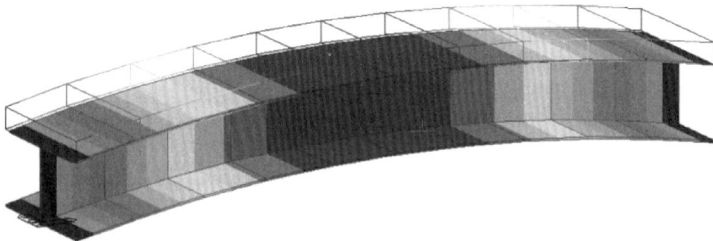

图9-20　组合梁截面在非线性温度梯度下的变形

9.2　水化热分析

9.2.1　计算原理

1)概述

目前大体积混凝土、高强混凝土以及耐久性混凝土正被广泛应用于实际工程中。根据工程实测资料,大体积混凝土裂缝一般出现在混凝土浇筑初期。这段时间内,由于水泥水化反应速率较快,混凝土核心位置将很快达到峰值,形成混凝土内部和表面的巨大温差,易形成贯穿裂缝。因此,对大体积混凝土内部温度场进行预测,以避免过大的内外温差造成温度裂缝,对大体积混凝土的施工具有重要的指导意义。

在水化反应初期,混凝土体表面温度低于内部温度,存在内部与表面温差,这种温差使混凝土表面发生张拉应力,产生表面裂缝。水泥水化热达到最高值后会产生降温过程并引起混凝土的收缩,收缩受到外部(地基或结构)表面约束,使温度下降阶段内部收缩变形大于表面,所以在混凝土内部发生张拉应力,导致内部裂缝。

目前对大体积混凝土还没有一个统一的定义,但同一般混凝土构件相比,大体积混凝土具有形体庞大、水泥水化热引起的温度应力较大的特点。必须采取措施解决水化热及其引起的体积变形问题,否则会出现较大的开裂问题,这样的混凝土可视为大体积混凝土。需要做水化热分析的大体积混凝土的尺寸标准与结构形式、使用材料、使用条件有关。一般认为水泥水化热引起的混凝土内外最高温差在25℃以上的混凝土结构,就必须考虑其水化热问题。具体到尺寸上,一般来说,板厚超过80~100cm或底部固定的墙厚超过50cm时,均需做水化热分析。在桥梁工程中的大体积混凝土一般为群桩的承台、大跨度桥梁的0号块等。对渡槽,虽然其混凝土方量不大,构件的厚度也较小,尺寸达不到上述标准,但是因其对裂缝要求较高,所以往往也要进行水化热分析。

为了防止结构中出现过大的温度变化和引起较大的拉应力,应对大体积混凝土结构进行温度控制,即控制基础温差(即基础与浇筑层之间的温差)和层间温差(上下层之间的温差)。应用有限元法计算温度应力时,应考虑入荷载、温度变化、徐变和自生体积变化所引起的节点荷载增量。

在大体积混凝土中,为防止过大的温差和拉应力,要采取必要的温度控制措施。主要的温度控制措施有以下几方面:

(1)采取合理的结构形式和适当的分缝、分块方案,以减少结构内部的相互约束,释放内部应力。

(2)沿高度分层施工,并在两层之间设置几天的间歇期,使之自然散热,减少基础温差和层间温差。

(3)降低混凝土入模温度。采用骨料预冷、冷水搅拌等工艺,使入模温度降低。

(4)采用低热高强水泥,使水化热量降低,减少混凝土的绝热温升值。

(5)设置冷却水管,降低混凝土的内部温度。

(6)采用具有自生体积膨胀的水泥或外加剂,利用自生体积膨胀来抵消混凝土中的温降收缩变形。

(7)进行表面养护,防止表面附近过大的温差和水分散失引起的干缩应变,同时也要防止寒潮袭击。

(8)尽可能在低温季节施工。

(9)提高施工管理水平和施工质量,保证上述温控措施的实现。

2)热传递分析

水化热分析由温度分布分析(热传递分析)和温度应力分析两个部分组成。温度分布分析是计算节点温度随时间的变化量,即计算因水泥水合过程中发生的放热、对流、传导引起的节点温度变化。温度应力分析是使用热传递分析得到的各时间段的节点温度分布、材料随时间变化的特性、混凝土随时间变化的收缩、混凝土随时间和应力变化的徐变等,计算大体积混凝土各施工阶段应力。

(1)关于温度场的一些基本概念

温度在时间域和空间域的分布称为温度场,可表示为 $T = T(x,y,z,t)$。若温度不随时间变化 $\left(\dfrac{\partial T}{\partial t} = 0\right)$ 称为稳定温度场,若温度沿 z 向不变 $\left(\dfrac{\partial T}{\partial z} = 0\right)$ 称为平面温度场。

在任一瞬时,连接温度场内相同温度值的各点,就得到此时刻的等温面。沿等温面的切向温度不变,而垂直于等温面的法向温度变化率最大。表示一点最大增温率的矢量称为温度梯度,即 $\nabla T = i\dfrac{\partial T}{\partial x} + j\dfrac{\partial T}{\partial y} + k\dfrac{\partial T}{\partial z}$。

在单位时间内通过单位面积的热量称为热流密度,即 $q = \dfrac{1}{S}\dfrac{\mathrm{d}Q}{\mathrm{d}t}$。一点的最大热流密度矢量是沿等温面的法线且指向降温方向。根据热传导定律,热流密度与温度梯度成正比且方向相反,即 $q = -\lambda\nabla T$。λ 称为导热系数,单位为 W/(m·℃)。

混凝土结构在实际工作条件下的热传导微分方程可表示为 $\dfrac{\partial T}{\partial t} = \dfrac{\lambda}{c_\mathrm{p}\rho}\nabla^2 T + \dfrac{\partial \theta}{\partial t}$。其中,$c_\mathrm{p}$ 为质量定压热容(即单位质量物体升温一度时所需的热量);ρ 为物体的密度;θ 代表绝热温升(即将搅拌好的混凝土置于边界绝热的条件下,使水化热发出的热量全部用于提高自身温度)。绝热温升 θ 常用经验公式表示,例如某混凝土的 θ 表示为 $\theta = 27(1 - \mathrm{e}^{-0.384\tau})$,当龄期 $\tau = \infty$ 时,$\theta = 27℃$,表示该混凝土的内热源在绝热的条件下可使其升温27℃。

确定瞬态非线性混凝土结构的温度场,有限单元法是目前运用最为广泛的计算方法。究其原因主要有两个:一是,其计算精度可随单元划分来控制,且充分利用计算机资源,是一种极易推广、效率极高的方法;二是,目前有成熟的商用有限元计算软件,能满足不同用户的不同需求。有限单元法解瞬态温度场的实质是将空间域离散为有限个单元体,并在单元体的指定点设置节点,使相邻单元的有关参数具有一定的连续性,并构成一个单元的集合体以代替原来的结构。选择单元温度插值函数来确定单元内节点的温度,将节点温度代入引入边界条件的热微分方程,然后对所有单元的节点进行总体合成,求解以时间 t 为变量的常微分方程组即可。要最终求解大体积混凝土的温度场,还需知道初始条件(时间边值条件)和边界条件(空间边值条件,即混凝土表面与周围介质如空气、基岩之间的温度相互作用规律)。已知初始条件即已知瞬时整个物体上物体的分布。边界条件一般分为以下三类:

第一类边界条件,混凝土表面的温度是时间的已知函数。一定深度范围内的基岩边界可视为温度恒定,属于这类边界条件。

第二类边界条件,混凝土表面热流量是时间的已知函数。若热流密度为0,则为绝热边界。

第三类边界条件,已知混凝土表面对流热交换情况。

热传导微分方程中所要求解的未知函数是温度 T。第一类边界条件直接给出了边界值;第二类边界条件给出了在边界上 T 的导数值 $\dfrac{\partial T}{\partial t}$;第三类边界条件中,$T$ 和 $\dfrac{\partial T}{\partial t}$ 均未知,只给出了 T 和 $\dfrac{\partial T}{\partial t}$ 之间的关系式。在工程上,第三类边界条件常常遇到,如混凝土结构表面与水、空气的接触。

目前midas Civil中的水化热分析里只有实体单元和桁架单元可用于热传递。

（2）热传导

热传导可以定义为完全接触的两个物体之间或一个物体的不同部分之间由于温度梯度而引起的内能交换。热传导遵循傅立叶定律：

$$q^n = -\lambda \frac{dT}{dx} \tag{9-3}$$

$$Q = -\lambda A \frac{\partial T}{\partial x} \tag{9-4}$$

式中：q^n——热流密度（W/m^2）；

$\quad Q$——热传导量（W）；

$\quad \lambda$——导热系数[$W/(m \cdot \text{℃})$]，负号表示热量流向温度降低的方向；

$\quad A$——面积（m^2）；

$\dfrac{\partial T}{\partial x}$——温度梯度（℃/m）。

一般来说，饱和混凝土的热导系数的取值范围为$1.21 \sim 3.11$。混凝土热导系数有随温度升高而减小的趋势，但是在大气温度范围内不会有明显的变化。

（3）对流

热对流是指固体的表面与它周围接触的流体之间，由于温差的存在引起的热量的交换。热对流可以分为两类：自然对流和强制对流。热对流用牛顿冷却方程来描述：

$$q^n = h(T_S - T_B) \tag{9-5}$$

式中：h——对流换热系数[$W/(m^2 \cdot \text{℃})$]；

$\quad T_S$——固体表面的温度（℃）；

$\quad T_B$——周围流体的温度（℃）。

热对流作为一种面荷载，施加于实体单元的表面。首先需要输入对流换热系数和环境流体温度，程序将计算出通过表面的热流量。h与流态、物体的几何形状及接触面积、流体的物理性质、对流接触面的平均温度、位置等很多因素有关，所以很难用公式表示。一般来看，大体积混凝土的温度分析中用到的对流问题主要是以混凝土表面与大气的热交换形式进行的，所以可以使用风速为变量的经验公式，比如Saetta通过试验建议在风速小于5.0m/s时，可按公式(9-6)计算对流换热系数。

$$h = 5.6 + 4.0v \tag{9-6}$$

式中：v——风速（m/s）。

（4）发热

热源是为了模拟水化过程中发生的热量而定义的，大体积混凝土由水化热引起的单位时间、单位体积的内部发热量可以通过将绝热温度上升式微分，再乘比热和密度来计算。

绝热温升：

$$\theta = K(1 - e^{-\alpha\tau}) \tag{9-7}$$

单位时间、单位体积的内部发热量为：

$$g = \frac{1}{24}\rho C K \alpha e^{-\alpha\tau/24} \tag{9-8}$$

式中：ρ——混凝土密度（kg/m^3）；

$\quad C$——混凝土比热[$J/(kg \cdot \text{℃})$]；

K——绝热最高上升温度（℃）；

α——反应速度（1/d）；

τ——时间（d）。

（5）管冷

管冷是把管道埋设在混凝土结构内，通过循环管道内的低温流体进行热交换，来降低水化热引起的温度上升。这种热交换的形式是流体和管道表面之间对流引起的热交换，流体在管道内循环后上升温度。流体和管道之间对流产生的热传递量按下式计算：

$$q_{conv} = h_p A_s (T_s - T_m) \tag{9-9}$$

式中：h_p——管道的流水对流系数$[W/(m^2 \cdot ℃)]$；

A_s——管道的表面积(m^2)；

T_s、T_m——管道表面和冷却水的温度（℃）。

（6）初始温度、环境温度和固定温度

初始温度是指浇筑混凝土时的水、水泥、骨料的平均温度，是进行分析的初始条件。

环境温度是指混凝土浇筑后养护过程中的周围温度，可以输入固定温度（第一类边界条件），也可以输入时间的合适函数形态。

固定温度是热传递分析的边界条件，在分析过程中其值保持不变。热传递分析时，若没有输入节点的对流条件或固定温度，那么该分析将被视为是在没有热传递的绝热状态下进行分析。对称模型可取一半模型分析，此时在对称面上为绝热边界条件。

3）热应力分析

通过热传递分析可以得到大体积混凝土施工过程的温度场分布情况，大体积混凝土在水化热产生的温度作用下会否产生裂缝还要看应力的大小，通过热应力分析得到温度应力的大小。热应力分析与混凝土的施工过程密切相关，温度应力分析是使用热传导分析得到的各时间段的节点温度分布，以及材料随时间变化的特性、混凝土随时间变化的收缩、混凝土随时间和应力的徐变等，从而计算大体积混凝土各施工阶段应力。

9.2.2 水化热分析步骤

在 midas Civil 中做水化热分析的步骤如下：

（1）在**特性>时间依存性材料（徐变/收缩）**和**特性>时间依存性材料（抗压强度）**界面中输入材料的时间依存特性值，然后在**特性>时间依存性材料（材料连接）**界面中将时间依存材料特性与定义的一般材料连接起来。

（2）在**荷载>水化热**界面中输入水化热分析必要的数据（环境温度函数、对流系数函数、定义单元对流边界及热源函数、分配热源和定义施工阶段），如图9-21所示。

图9-21 水化热分析数据菜单

（3）在**分析>水化热（分析控制）**界面中输入积分系数和初始温度，并决定单位应力的输出位置以及是否考虑徐变和收缩等。

midas Civil程序中进行水化热分析时,要设置"水化热分析控制",对应命令为**分析>水化热分析控制**,其对话框如图9-22所示。

(4)执行**分析>运行分析**。

(5)结构分析结束之后,可以利用结果中的各种后处理功能查看分析结果。

9.2.3 水化热分析实例

1)相关资料

某特大桥,其主桥主墩承台最大尺寸长、宽、高分别为42.5m、15m、5m,混凝土强度等级为C30,施工时最低气温为5℃,平均气温为10℃。

承台混凝土配合比为水泥:水:砂:石$(C:W:S:G) = 1:0.533:2.513:3.62$。混凝土拌和方式采用自动配料机送料,拌和站集中拌和,混凝土泵输送混凝土至模内。混凝土中的水泥用量为300kg/m³,水化热$Q = 250$J/kg,混凝土比热$c = 0.96$J/kg℃,混凝土密度$\rho = 2423$kg/m³。

桥址区位于亚热带大陆季风性气候地区,年平均气温17.6℃,极端最高气温为40.1℃,极端最低气温为-9.7℃。

施工分两次完成,第一次和第二次浇筑厚度均为2.5m,每次浇筑间隔时间为7天。

2)建立模型

(1)定义材料。

执行**特性>材料>材料特性值**,按图9-23定义两种材料(注意单位为kgf、m)。

图9-22 水化热分析控制

图9-23 定义材料

（2）定义承台混凝土的强度发展，如图9-24所示（注意单位为 kN、m）。对应命令为**特性>时间依存性材料>抗压强度**。如果有强度发展的实测数据，应该在图9-24的"类型"分组框中选择"用户定义"。自定义混凝土强度发展曲线时，时间表示的是从混凝土浇筑到计算点时的持续时间，弹性模量和强度表示的是到此时间点时混凝土的弹性模量和强度。

图9-24　按规范定义强度发展

（3）定义承台混凝土的收缩徐变特性。对应命令有两个：一是**特性>时间依存性材料>收缩/徐变**，运行该命令弹出的对话框如图9-25所示；二是**特性>用户定义即时间依存性材料（收缩/徐变）函数**，运行该命令后弹出的对话框如图9-26所示。点击"添加"按钮，在弹出的图9-27所示的对话框中自定义徐变曲线或收缩应变曲线（自定义收缩曲线需在图9-26中选择"收缩应变"表单）。

图9-25　用规范定义混凝土收缩徐变特性

图9-26　自定义混凝土收缩徐变特性

特别需要注意的是，按规范定义混凝土的徐变曲线（图9-25）时，需要用到杆系构件理论厚度的简化公式，由于水化热分析的实体结构与杆系结构有很大区别，对实体结构这样计算混凝土的徐变特性会产生较大的误差。比较好的方法是进行加载试验，根据实验数据得到徐变函数（徐变度、柔度函数或徐变系数），然后自定义徐变特性。对混凝土的收缩特性也应该采用试验确定的方法。

在图9-27所示的自定义徐变系数曲线中，横轴时间表示的是从混凝土浇筑到计算时间点的持续时间。对采用同一种混凝土材料，但激活时间不同的两组构件，需要定义两种材料，以及与材料和结构组激活时间相对应的徐变特性曲线。对收缩特性操作相同。

图9-27 自定义徐变系数曲线

（4）时间依存性材料连接，对应命令为**特性>时间依存性材料>材料连接**，如图9-28所示。

（5）建立承台和地基的实体模型。

地基模型的大小要能够正确反应混凝土水化热传播的过程，必要时可以通过试算判断。这里取地基的厚度为3m，长宽方向每侧也比承台大出3m。建模可采用由板单元扩展成实体单元的方法。这里没有考虑承台底桩基的影响。根据对称性（模型几何形状、边界、荷载均对称），可以将整体模型取1/4来计算，如图9-29所示。

图9-28 时间依存材料连接　　　　图9-29 承台和地基的1/4模型

单元形状可以建成同结构形状类似，对于应力变化较大的区域及用户关心的部位可以将单元的大小分割得小一些、密一些。地基部分的单元不必划分得太细，划分单元的原则之一为同一单元内的应力变化不要太大。地基和承台交界面处是共节点的，这样才能准确传递温度和荷载。模型建立时或建立后，给承台和地基赋予不同的材料，图9-29中采用不同的颜色区分材料。

3)定义组

因为计算水化热以及相应温度应力需考虑施工过程,所以需要将在不同阶段施工的单元定义在不同的结构组中,同样也需建立不同的边界组。

(1)结构组定义

需建立"地基""第一次浇筑承台混凝土"和"第二次浇筑承台混凝土"3个结构组。为了准确定义各结构组混凝土的厚度,需要在网格划分时就规划好单元的尺寸。

(2)边界组定义

定义的边界组有:地基边界条件、对称边界条件、固定温度条件和对流边界(包括第一层混凝土侧模对流边界、第一层顶面对流边界、第二层混凝土侧模对流边界、第二层顶面对流边界)。

地基边界条件用于温度应力分析,属于结构分析中的边界条件。在地基的非对称面边界位置输入固结边界条件,有底面和两个侧面,顶面不约束。三维实体单元没有转动自由度,所以仅需约束三个平动自由度即可(一般支承)。

对称边界条件也属于结构分析中的边界条件,在承台和地基的对称面上输入正对称的边界条件。因为正对称面上的反对称力为0,对实体单元,所谓的正对称边界条件就是在与 X 轴垂直的对称面上仅约束 X 方向的平动自由度,在与 Y 轴垂直的对称面上仅约束 Y 方向的平动自由度。

固定温度边界条件和对流边界属于热分析中的边界条件,在进行"水化热分析数据"中定义,这里仅给出组的名称。

4)水化热分析控制

建立了结构模型之后,输入热传导分析所需的参数,首先进行水化热分析控制。对应命令为**分析>水化热**,其对话框如图9-22所示。

最终施工阶段:决定哪个施工阶段为最终施工阶段,即分析到哪个预定义的施工阶段就停止施工阶段分析。因为还没有定义施工阶段,所以这里可以先选择默认的"最后施工阶段";如需修改,则等定义完成施工阶段之后再返回这里修改即可。只有在"最终施工阶段",才能与其他荷载工况(如地震、移动荷载等)进行组合。本例选择了"最后施工阶段"。

积分系数(时间离散系数):输入热传导分析所需的时间离散系数,详见在线帮助。本例填写0.5。

初始温度:水化热反应前的温度,指浇筑混凝土时的水、水泥、骨料的平均温度。最终的结构温度等于水化热导致的温度上升和初始温度之和。在定义水化热施工阶段定义的初始温度优先于在此定义的初始温度,本例填写10℃。

徐变和收缩:水化热分析的最终目的是求解应力,检验是否存在混凝土在建筑的初期开裂,所以还通常考虑混凝土的强度发展、混凝土的收缩现象与徐变现象以及自重荷载(一般是仅有的外力荷载)的影响。在图9-22所示的"水化热分析控制"对话框中,要勾选"徐变和收缩",并在"类型"中选择"徐变和收缩"。这里程序提供两种徐变分析方法:"一般""有效系数"。当选择"一般"时,需按规范或自定义徐变曲线,在图9-25所示的"时间依存材料特性(收缩/徐变)"对话框中点击"显示结果"按钮,即可显示按规范定义的徐变系数曲线(图9-30);选择"有效系数"时,不需要定义徐变曲线(图9-31,仅需定义 phi1 和 phi2 的值),程序通过弹性模量折减的方法来近似考虑徐变。本例由于没有实测数据按规范定义混凝土的收缩和徐变特性。

图9-30 徐变系数曲线

使用等效材龄和温度:混凝土凝固过程中发生的材料特性的变化可以用温度和时间的函数形态表示。为了反映这种现象,采用了等价龄期和积算温度的概念。日本规范中计算弹性模量的变化时使用绝对材龄,计算收缩和徐变时使用等效材龄。其他的国外规范一般与日本相反。如果勾选此项,表示计算收缩和徐变以及弹性模量的变化时使用等效材龄和积算温度,否则程序使用绝对材龄。等效材龄默认使用CEB-FIP Model Code中的方法计算,积算温度是根据成熟度理论利用Ohzagi公式计算的。

5)水化热分析数据

一般可按图9-21所示依次定义,即依次执行图9-21中各菜单命令。

(1)环境温度函数

环境温度函数,又称外界介质温度函数,在土木工程中一般输入大气温度函数。该函数将用于计算热流密度 q[式(9-3)]。严格来讲,该温度应该是随时间变化的,应定义成时间的函数。如图9-32所示,midas Civil中该函数可以定义成常量、正弦函数或自定义曲线。但在施工时没有大气温度数据的情况下,也可近似取大气平均温度,本例取常量10℃。

图9-31 有效系数法计算徐变

图9-32 环境温度函数

(2)对流系数函数

输入对流边界面上对流系数的变化函数,即对流换热系数。对流边界面是指混凝土表面、施工缝表面等。混凝土表面暴露,没有模板或保温层时,可以采用经验公式计算,例如式(9-4)。注意经验公式较多计算结果也不尽相同或相近,要特别注意公式的使用条件。

当混凝土表面有模板或保温层时,可用混凝土表面模板或保温层的传热系数β来等效对流换热系数。

$$\beta = \frac{1}{\sum\left(\frac{\delta_i}{\lambda_i}\right) + \frac{1}{\beta_q}}$$

(9-10)

式中:β_q——空气层的传热系数,取$23[W/(m^2 \cdot K)]$;

δ_i——各保温层材料厚度(m);

λ_i——各保温层材料导热系数$[W/(m \cdot K)]$,见表9-1。

几种保温材料导热系数　　　　　　表9-1

材料名称	密度(kg/m³)	导热系数λ[W/(m·k)]	材料名称	密度(kg/m³)	导热系数λ[W/(m·k)]
建筑钢材	7800	58	矿棉,岩棉	110~200	0.031~0.05
钢筋混凝土	2400	2.33	沥青矿棉毡	100~160	0.033~0.05
水		0.58	泡沫塑料	20~50	0.035~0.052
木模板	500~700	0.23	膨胀珍珠岩	40~300	0.019~0.042
木屑		0.17	油毡		0.05
草袋	150	0.14	膨胀聚苯板	15~25	0.042
沥青蛭石板	350~400	0.081~0.105	空气		0.03
膨胀蛭石	80~200	0.047~0.07	泡沫混凝土		0.10

按式(9-10)计算的传热系数还需按表9-2修正,本例没有考虑修正。

传热系数修正值　　　　　　表9-2

序号	保温层种类	K_1	K_2
1	仅由容易透风的材料组成(如草袋、稻草板、锯末、砂)	2.6	3.0
2	由易透风材料组成,但在混凝土面层上再铺一层不透风材料	2.0	2.3
3	在易透风保温材料上下铺一层不透风材料	1.6	1.9
4	在易透风保温材料上下各铺一层不易透风材料	1.3	1.5
5	仅由不易透风材料组成(如油布、帆布、棉麻毡、胶合板)	1.3	1.5

注:K_1-一般刮风情况(风速小于4m/s)下的传热系数修正值;K_2-刮大风情况下的传热系数修正值。

在本例中,需要定义两个对流换热系数:

混凝土的顶面按覆盖4cm厚的草袋考虑,其对流换热系数为:

$$\beta_1 = \frac{1}{0.04/0.14 + 1/23} = 3.0W/(m^2 \cdot ℃) = 10.8kJ/(m^2 \cdot h \cdot ℃)$$

侧面混凝土,按2cm厚木模考虑,其对流换热系数为:

$$\beta_2 = \frac{1}{0.02/0.23 + 1/23} = 7.7\text{W}/(\text{m}^2 \cdot {}^\circ\text{C}) = 27.7\text{kJ}/(\text{m}^2 \cdot \text{h} \cdot {}^\circ\text{C})$$

每一层均对应自己的侧面和顶面对流换热系数,所以在程序中定义四个对流系数函数,均为常量,其名称为"一层侧面对流换热系数""一层顶面对流换热系数""二层侧面对流换热系数""二层顶面对流换热系数"。

(3)单元对流边界

将前面定义的大气(环境)温度和对流边界条件赋予混凝土表面。注意,与大气接触的混凝土表面边界条件是随施工阶段而发生变化的。对流边界条件组共定义了4个:

第一层混凝土侧模对流边界定义如下[图9-33a)]:

①边界组名称:第一层侧面对流边界。

②对流边界:一层侧面对流换热系数。

③环境温度函数:大气温度。

④选择:根据选择的节点。选择的节点为第一层混凝土的侧面节点,不包含对称面上的节点,如图9-33b)所示。最后点击图9-33a)中的"适用"按钮。

a)定义对流边界   b)节点选择

图9-33　第一层混凝土侧模对流边界定义

第一层顶面对流边界、第二层混凝土侧模对流边界和第二层顶面对流边界按上面类似的方法定义,最后生成的"工作"表单如图9-34所示。

图9-34　对流边界定义后的"工作"表单

　　第一阶段和第二阶段混凝土的接触面在浇筑第二阶段混凝土时不再与大气直接接触，而是成为内部混凝土通过混凝土介质传热，所以仅将其定义为一个边界组用来模拟第一层浇筑完成后的对流边界，浇筑第二层后将该边界组钝化即可。

　　在承台的对称面上为绝热边界条件，不定义对流边界和固定温度即可。

　　（4）固定温度

　　对温度不随时间变化的单元赋予固定温度条件。本例中，地基的侧面（不含对称面）、顶面（不含承台下方的地基顶面）和底面输入固定温度，其温度值这里定义为10℃。

　　（5）热源函数

　　放热函数描述的是混凝土水化过程的放热状态，放热函数与水泥种类和水泥单位体积使用量决定。如图9-35所示，函数类型可以选择"常量""设计标准"和"用户"，一般选择"设计标准"。

图9-35　放热函数定义

　　在图9-35中，可以有两种方法确定最大绝热温升K和常数a（称为导温系数或热扩散率）：一是直接输入其数值，其中K最好通过实测得到，a是与水泥品种、密度和导热系数有关，可按表9-4取值；二是在图9-35中勾选"使用混凝土数据"，然后选择水泥类型、浇筑温度和单位体积水泥用量，由程序自动计算K和a。

　　假定在混凝土周围没有任何散热条件、没有任何热损耗的情况下，水泥和水水化后产生的水化热量，全部转化为温升后的最后温度，称为最大绝热温升，用K表示。在没有实测数据时，可用式（9-11）和式（9-12）之一计算：

$$K = \frac{(m_c + kF)Q}{C\rho} \tag{9-11}$$

$$K = \frac{m_c Q}{C\rho}(1 - e^{-at}) \tag{9-12}$$

式中：K——混凝土最大绝热温升（℃）；

　　　m_c——混凝土中水泥（包括膨胀剂）用量（kg/m³）；

　　　F——混凝土活性掺合料用量（kg/m³）；

　　　k——掺合料折减系数。粉煤灰取0.25～0.30；

　　　Q——水泥28d水化热（kJ/kg）查表9-3；

　　　C——混凝土比热，取0.97kJ/(kg·K)；

ρ——混凝土密度(kg/m^3),取$2400kg/m^3$;

e——常数,取2.718;

t——混凝土的龄期(d);

a——系数,随浇筑温度改变,查表9-4。

不同品种、强度等级水泥的水化热   表9-3

水泥品种	水泥强度等级	水化热 $Q(kJ/kg)$		
		3d	7d	28d
硅酸盐水泥	42.5	314	354	375
	32.5	250	271	334
矿渣水泥	32.5	180	256	334

系数a 表9-4

浇筑温度(℃)	5	10	15	20	25	30
a值	0.295	0.318	0.340	0.362	0.384	0.406

本例中,勾选"使用混凝土数据",然后选择"水泥类型""浇筑温度""单位体积水泥用量",由程序自动计算出K和a,如图9-35所示。

(6)分配热源

选择所有承台混凝土单元,将前面定义的热源函数分配给承台混凝土单元。

(7)冷管

此例中先按没有冷管分析,根据计算结果判断是否需要加冷管。

(8)定义水化热分析施工阶段

使用前面定义的结构组和边界组定义施工阶段,输入水化热分析时间。首先将浇筑第一阶段混凝土定义为第一施工阶段(CS1)。

本例第一施工阶段(CS1)的定义如图9-36所示,定义水化热分析施工阶段的方法与第8章类似。

图9-36　第一施工阶段(CS1)定义

初始温度:用来定义该阶段被激活结构的初始温度,该初始温度优先于水化热分析控制中的初始温度。地基和基础的初始温度会不同,不同阶段浇注的混凝土的初始温度也会由于混合时间、冷却骨料的使用等有所不同。如果在这里未输入初始温度,程序将自动使用水化热分析控制中的初始温度来计算。

步骤:用以小时计的时间来定义,有两种方法:一是直接在"时间(小时)"后的编辑框中输入每个步骤的累计用时,以空格或逗号间隔;二是用自动生成的方法,先给出总的累计时间,再给出步骤数,然后点击"自动生成步骤"按钮。本例第一施工阶段按12、24、48、72、96、120、144和168定义步骤,累计时间为7天。

单元/边界/荷载:激活或钝化前面定义的结构组/边界组/荷载组。

第二施工阶段(CS2)的定义如图9-37所示。

图9-37　第二施工阶段(CS2)定义

本例第二施工阶段按12、24、48、72、96、120、144、168、360和720定义步骤,本阶段累计时间为30d。

在第二施工阶段的开始钝化了第一层混凝土顶面的对流边界,激活第二层顶面和侧面的对流边界。然后第二层顶面的对流边界和所有侧面的对流边界保持不变,而工程实际情况是养护一段时间后就会拆除侧模,顶面的保温覆盖物也会去掉。如按这样的实际情况考虑,每层混凝土都需要增加表面暴露对流边界条件,因为边界组的激活和钝化均发生在该施工阶段的开始时间,所以要增加施工工况(阶段)的定义。

在施工过程中还可以激活或钝化静力荷载,并且可以选择其激活或钝化时间。注意水化热施工阶段分析中考虑的静力荷载工况的荷载类型必须是施工阶段荷载。自重荷载在"水化热分析控制"中已经包含,这里不需重复定义。

定义完每个施工阶段后,可以通过点击图9-36和图9-37所示对话框中的 当前施工阶段信息... 按钮来查看刚定义的施工阶段的信息。

定义完所有的施工阶段后,可以通过程序图形显示区左上角工具条 基本 中的下拉条来查看定义的分析过程,或通过执行**荷载>水化热>水化热分析数据>定义水化热分析施工阶**

段命令查看。可以先将边界条件等都显示出来,以便于查看。

6)运行分析

7)查看分析结果

混凝土内外温差引起的内部约束是产生应力的主要原因,内部约束是因混凝土在温度荷载作用下产生不规则的体积变化引起的。在混凝土浇筑初期因表面和内部较大的温差引起不同膨胀变形从而使混凝土表面和内部分别产生拉应力和压应力。水化热引起的温度达到最高值后混凝土开始降温,所以在浇筑后期时与初期相反,混凝土内外将产生收缩变形差。因为内部的收缩变形比外部大,所以内部产生拉应力外部产生压应力。内部约束引起的应力大小与结构内部和外表面温差成比例。另外,具有不同材龄混凝土的热传导特性是不相同,因此由不同材龄混凝土组成结构的水化热分析也是比较复杂的问题。

在midas Civil中可以使用图形、表格、图表、动画等多种手段查看各施工阶段的水化热分析结果,图9-38所示为**结果>水化热分析结果**子菜单。图9-39所示为某阶段的温度分布(执行命令**结果>水化热分析结果>温度**),图9-40所示为与之对应的应力分布(执行命令**结果>水化热分析结果>应力**)。

图9-38 结果>水化热分析子菜单

图9-39 某阶段的温度分布

图9-40 某阶段的应力分布

通过执行**结果>水化热分析结果>图表**命令可以得到某点的温度或应力变化的时程图形,可以清楚地看到该点温度或应力随时间变化的规律。下面简要介绍定义过程。

(1)运行**结果>水化热分析结果>图表**命令,在图9-41中点击"添加"按钮,在弹出的"节点定义"对话框(图9-42)中定义节点或选择单元上的节点,然后在"应力"分组框中选择要显示的应力类型,最后点击"确认"按钮。多次重复添加可以选择多个节点。

图9-41 结果图标定义   图9-42 节点定义

(2)定义节点及对应的应力类型后,会在图9-41所示的"定义的节点"栏中显示,勾选其中的一个,然后选择图标内容,选择X轴(横轴)类型,最后点击"适用"按钮,得到如图9-43所示的时程图形,并可以通过点击"应力和容许抗拉强度""应力""容许抗拉强度""温度"和"拉应力比"来变换时程图的内容。

图9-43 时程图形

8)冷管设置

从上述分析结果可以看出,内外的温差大于25℃,混凝土的应力超出了施工中的容许拉应力,应该采取措施,主要措施是设置冷管。

这里假设把冷管设置在距承台底部1.0m和3.5m高的位置,共两层冷管。下面仅就第一层混凝土的冷管设置进行说明,第二层混凝土的冷管设置与此基本一致。为了输入数据的方便,将第一层混凝土相应位置的节点选择后激活。注意冷管数据只能设置在已有的节点上,所以在建立模型时就应该考虑到冷管的设置位置问题,即在设置冷管的位置建立相应节点。

运行命令**荷载>水化热>管冷**,在图9-44所示的对话框中填写数据。

名称:第一层冷管。

比热:4.2kJ/(kN·℃)。

容重(即重度):10 kN/m³。

流入温度:5℃。

流量:12m³/h。

流入时间:开始CS1 0h;结束CS1 168h。

管径:0.05m。

对流系数:1338kJ/(m²·h·℃)。

选择:两点。

按图9-45所示的路径定义冷管,第二层冷管的设置与此类似。

布置冷管后的温度分布时程如图9-46所示。对比图9-43,从图9-46所示的2547节点的温度时程可以看出,设置冷管后承台的内外温差明显下降。

图9-44 冷管定义

图9-45 冷管平面布置图

图9-46 布置冷管后的温度分布时程图

9.2.4 利用水化热分析功能进行日照温差效应分析

日照温差效应受到桥址地域、桥梁走向、季节、截面形式等的影响,按规范给出的统一的温度梯度显然不够准确。midas Civil软件的水化热计算功能方便、快捷,不但能够计算出温度分布,而且能够直接得到温度应力。利用水化热分析功能还可以对箱梁的日照温差效应进行分析,本小节仅介绍一下思路和主要步骤。

1)混凝土桥梁结构的热交换

置于大气中的桥梁热交换包括吸收太阳总辐射热、与周围空气发生对流以及自身内部的热传导等,所以桥梁结构表面温度和内部温度分布是瞬时变化的。其边界主要的热交换有三种:

(1)吸收太阳辐射热量和边界的热辐射。

(2)与周围空气的对流。

(3)内部的热传导。

外边界的热交换主要是对流与辐射,周围空气与桥梁的外边界时刻都通过对流传递热量。太阳的辐射对桥梁的影响作用很大,桥梁结构白天吸收的热量大于放出的热量,使其温度升高;夜晚放出的热量大于吸收的热量,使其温度降低。因而温度分布有两个极值。

辐射分为长波辐射和短波辐射两种,短波辐射就是我们平常说的太阳辐射,它由太阳的直射和天空的散射组成,它受云、大气透明度等天气条件影响。长波辐射主要是热辐射,尽管长波辐射强度比短波辐射强度小很多,但在夜间桥梁外边界与周围环境的热交换主要是热辐射。置于自然环境中的混凝土箱梁与周围环境发生的热交换如图9-47所示。

图9-47 箱梁热交换示意图

混凝土桥梁结构与外界的热交换可以归纳为以下三种类型:

(1)太阳辐射:太阳辐射经过地球大气层的吸收、反射和散射以后,到达混凝土结构表面,一部分辐射的能量被混凝土吸收,另一部分被反射回去。太阳辐射的能量主要集中在可见光波段范围内。由于可见光波长比一般物体的热辐射波长要短,因此太阳辐射也叫短波辐射。

(2)辐射换热:同自然界的其他任何物体一样,混凝土结构通过其表面以电磁波形式向外界发出热辐射,同时又不断地吸收地表、大气及周围物体发出的热辐射,这种辐射与吸收的综合结果就是混凝土结构与外界的辐射换热。这种形式热辐射称为长波辐射。

(3)对流换热:当混凝土表面温度与周围流体(空气)温度不同时,流体流过混凝土表面(或表面附近流体各部分之间相对运动)的过程中都伴随有表面与流体之间的热量传递,即对流换热。

在进行热分析前,必须知道箱梁截面的几何尺寸、混凝土的热工参数以及太阳辐射强度等。从气象部门可以得到水平面上的太阳直射通量和散射通量,倾斜面上的辐射通量则根据其与水平面的几何关系来求出。

2)热源及热交换公式

(1)对流换热

热对流是指固体的表面与它周围接触的流体之间,由于温差存在引起的热量交换。对流换热热流主要与接触面性质、接触面大小、流体速度、流动空间,以及流体与接触面间的温度有关。单位面积上的换热量可用式(9-5)计算,其中的对流换热系数,与风速、物体表面粗糙度及物体的几何形状有关,通常由试验或经验公式来确定。

(2)传导换热

传导换热量直接由程序计算。在热传导材料一定的情况下,导热性能不随外界环境的变化而变化。

(3)气温日变化

气温日变化(即一天中每个时刻的温度)具有周期性及非对称性,在缺乏实测时程温度数据时,可用三角函数来拟合,如式(9-13)。

$$T_a = 0.5(T_{max} - T_{min})\sin[(t-9)\times15°] + 0.5(T_{max} + T_{min}) \tag{9-13}$$

式中:T_{min}——日最低气温(℃);

T_{max}——日最高气温(℃);

t——计算时刻。

(4)太阳辐射天文参数计算

①太阳常数

在晴天,太阳辐射是混凝土桥梁结构从外界吸收能量的主要来源。太阳以高达5770K的表面温度,向外发出巨大的辐射能。对于土木工程计算来说,可以足够精确地按经验公式(9-14)计算一年中不同日期地球大气层上界的太阳辐射强度即太阳常数。

$$I_0 = 1367\left[1 + 0.033\cos\left(\frac{360°N}{365}\right)\right](kW/m^2) \tag{9-14}$$

式中:N——自1月1日起算的日序数。

②太阳倾角和时角

由地心指向日心的连线与地球赤道平面的夹角称为太阳赤纬,或称太阳倾角。太阳倾角在一年中的变化δ可按经验公式(9-15)计算。

$$\delta = 23.45°\sin\left[360° \times \frac{284+N}{365}\right] \tag{9-15}$$

某一时刻日心到地心连线所在的子午圈与地球上观察者所在的子午圈之间的夹角,称为该时刻的太阳时角。

真太阳时t可按式(9-16)计算。

$$t = 北京时 - \frac{120° - 地方经度}{15°} + t_d \tag{9-16}$$

式中:t_d——时差,按经验公式(9-17)计算。

$$t_d = 0.165\sin2\theta_N - 0.025\sin\theta_N - 0.126\cos\theta_N \tag{9-17}$$

式中:θ_N——随日序数变化的日角,按$\theta_N = 360°(N-81)/364$近似计算。

在真太阳时的中午12点,日地连线与观察者所在的子午圈处于同一平面,此时太阳时角为零。规定太阳时角τ以上午为正,按式(9-18)计算。

$$\tau = (12 - t) \times 15°\tag{9-18}$$

③太阳高度角和方位角

太阳方位角α_s和高度角β_s按式(9-19)和式(9-20)计算。

$$\cos\alpha_s = \frac{\sin\varphi\cos\delta\cos\tau - \cos\varphi\sin\delta}{\cos\beta_s}\tag{9-19}$$

$$\sin\beta_s = \cos\varphi\cos\delta\cos\tau + \sin\varphi\sin\delta\tag{9-20}$$

式中:φ——地理纬度,以北纬为正。

在式(9-19)中,令太阳高度角$\beta_s = 0$,可得日出日没时的太阳时角为:

$$\tau_{r,s} = \pm\frac{180°\arccos(-\tan\varphi\tan\delta)}{\pi}\tag{9-21}$$

式中,"+"号对应日出的时角,"-"号对应日没的时角。

由此再根据式(9-18),即可求得日出日没的真太阳时t_r和t_s,分别为:

$$t_r = 12 - \frac{12\arccos(-\tan\varphi\tan\delta)}{\pi}$$

$$t_s = 12 + \frac{12\arccos(-\tan\varphi\tan\delta)}{\pi}\tag{9-22}$$

④太阳入射角

太阳入射角必为受照射表面外法线和太阳光线之间的夹角,如图9-48所示。计算太阳入射角ϕ的目的是判断翼缘板的遮阴作用。

a)太阳射线和表面的关系　　　b)坐标系关系向量关系

图9-48　受照表面上的太阳入射角

$$\cos\phi = (\sin\varphi\sin\beta_n - \cos\varphi\cos\alpha_n\cos\beta_n)\sin\delta + (\cos\varphi\sin\beta_n + \sin\varphi\cos\alpha_n\cos\beta_n)\cos\delta\cos\tau + \sin\alpha_n\cos\beta_n\sin\tau\tag{9-23}$$

式中参数的含义见图9-48。

(5)太阳辐射

①太阳直接辐射

从太阳发出的辐射穿过地球大气层时,被大气层所吸收和反射,透射的那部分直接射到地球表面称为太阳直接辐射。考虑地面获得太阳辐照度的变化,太阳射线到达地球大气层上界的辐射强度,一年内有微小波动,近似按式(9-24)计算。

$$I = I_0 \left(1 + 0.033\cos\frac{360°N}{365}\right) \qquad (9\text{-}24)$$

地面上垂直于太阳射线平面上的直接辐射强度 I_m 可按式(9-25)近似计算。

$$I_m = 0.90^{m \cdot t} \cdot I \qquad (9\text{-}25)$$

式中:t_u——大气浑浊度因子,在晴空洁净大气情况下的变化范围在 1.8 ~ 3.3 之间,夏季取偏高值,冬季取偏低值;

m——经气压修正的大气光学质量。

$$m = \frac{k_a}{\sin\beta_s} \qquad (9\text{-}26)$$

式中:k_a——不同海拔高度的相对气压(kPa)。

确定太阳直接辐射强度的关键因素在于确定大气浑浊度因子 t_u 或者大气透明度系数 ρ,在此值确定后,就能拟合到某个具体条件下的太阳直接辐射强度。

②太阳散射

大气层中散射的太阳辐射,从天穹的各个方向辐射到地球表面的结构物上,它与壁面的方位角、是否处于阴影状态无关,主要和太阳高度角、天气的浑浊程度以及壁面的倾角 β 相关。如果已知水平面上的散射强度 I_d,则任意壁面所受的散射强度为:

$$I_d = (0.271I - 0.294I_m)\sin\beta_s \qquad (9\text{-}27)$$

$$I_\beta = \frac{I_d(1 + \cos\beta)}{2} \qquad (9\text{-}28)$$

散射强度的变化是复杂的,不能简单化。散射辐射强度和太阳高度角及大气透明程度有关。在大气透明度不变的情况下,在晴朗的日子里,随着太阳高度角增大,到达观测地点上空的太阳直接辐射增强,散射辐射也相应增强。相反,太阳高度角减小时,直接辐射减弱,从而散射也减弱。这是因为天空散射辐射主要是大气对空中太阳直接辐射进行散射及反射而产生的。针对大气透明度这一因素而言,当大气透明度很高(即混浊度较低)时,也会出现直射越大,散射就越小的情况。本文考虑最不利情况,假定大气透明度不变。

③地面反射

桥梁结构物总是位于地表面之上,因此,特别在桥梁的底面会受到地面反射的影响。对于与地面倾斜的接受面,反射辐射强度可以按式(9-29)计算。

$$I_f = \frac{\rho^*(I_m + I_d)(1 - \cos\beta)}{2} \qquad (9\text{-}29)$$

式中:ρ^*——地面的反射系数,一般可近似取为 0.2;

β——壁面的倾角(°)。

综上所述:由太阳辐射引起的热交换热流密度 q_s 可表示为:

$$q_s = \alpha_t I_t \qquad (9\text{-}30)$$
$$I_t = I_\alpha + I_\beta + I_f$$

式中:α_t——表面对太阳辐射的吸收率,α_t 主要与颜色和表面状况(光洁度)有关,准确值需要通过试验确定;

I_α、I_β、I_f——分别表示投射到斜面上的太阳直接辐射强度、任意壁面所受的散射强度、任意倾斜受面的反射辐射强度。

(6)长波辐射

长波热辐射的大小主要取决于箱梁表面温度、空气温度、湿度等。箱梁表面温度越高,与大气之间的温差就越大,长波热辐射就越大。如果空气湿度越大,大气辐射就越强,长波热辐射就越小。夜晚,特别是凌晨,箱梁表面与空气温度都下降,并且两者之间的温差减小,因而长波热辐射很小。

任何温度高于绝对零度的物体都具有热辐射能力,根据斯蒂芬(Stefan J)-波尔兹曼(Boltzmanm D)定律,黑体的辐射能力与其绝对温度 T 的4次方呈正比,即:

$$E = C_0 T^4 \tag{9-31}$$

式中: C_0 ——斯蒂芬-波尔兹曼常数,约为 5.67×10^{-8} W/(m²K⁴)。

上式对于灰体也适用(如果物体对于任一波长的热辐射都具有相同的吸收率,称其为灰体),混凝土桥梁可近似视为灰体,但需要加以修正。即:

$$E = \varepsilon C_0 T^4 \tag{9-32}$$

式中: ε ——物体的黑度。

根据基尔霍夫(Kirchhoff)定律可知,灰体的吸收率等于同温度下的黑度,对于箱梁表面有: $\alpha_r = \varepsilon_r$(α_r、ε_r 分别为箱梁表面辐射吸收率和黑度)。

由此,可得到大气热辐射能为:

$$E_a = \varepsilon_a C_0 T_a^4 \tag{9-33}$$

结构表面热辐射能为:

$$E_r = \varepsilon_r C_0 T_r^4 \tag{9-34}$$

式中: ε_a ——大气的长波辐射率,近似可取1;

ε_r ——混凝土箱梁表面的黑度(辐射率):混凝土取0.88,对沥青混凝土取0.98。

T_a、T_r ——大气和混凝土箱梁表面的绝对温度(K)。

则混凝土箱梁表面所能吸收的大气热辐射能为:

$$E_a = \varepsilon_r \varepsilon_a C_0 T_a^4 \tag{9-35}$$

通常把 E_r 和 E_a 两者之差称为有效辐射,记为 F,即:

$$F = \varepsilon_r C_0 (T_r^4 - \varepsilon_a T_a^4) \tag{9-36}$$

令 T_B、T_S 分别表示大气和混凝土箱梁表面的绝对温度,即 $T_a = T_B + 273$, $T_r = T_S + 273$,又辐射热交换引起的热流密度 q_r 等同于有效辐射,即:

$$q_r = F = \varepsilon_r C_0 \left[(T_S + 273)^2 + (T_B + 273)^2 \right] (T_S + T_B + 546)(T_S - T_B) \tag{9-37}$$

令 $h_r = \varepsilon_r C_0 \left[(T_S + 273)^2 + (T_B + 273)^2 \right] (T_S + T_B + 546)$,则:

$$q_r = h_r (T_S - T_B) \tag{9-38}$$

当 $T_S < T_B$ 时,即箱梁表面温度小于外界大气温度,此时 $q_r < 0$ 表示箱梁表面吸收热量;反之表示箱梁表面温度在长波辐射中损失热量。

3)日照温差效应分析方法

由上节可知,可将太阳辐射(或称短波辐射,包括太阳直接辐射、地面反射和散射)、对流和热辐射(长波辐射)统一转换为热流密度,施加到边界上。在 midas Civil 中,热流密度按式(9-3)计算,通过定义环境温度函数、对流系数函数和单元对流边界三个步骤来完成数据的输入,其目的是计算对流散热的。对于短波和长波辐射,可分别单独定义环境温度函数和对流系数函数,然后分别通过施加单元对流边界的方式完成荷载施加,也可以根据 $T_S - T_B$ 对短波和长波辐射以及对流散热是一样的特点,先将 $T_S - T_B$ 的乘子相加,然后统一施加热流密度荷载的方法进行。如 $T_S - T_B$ 是负值就表示结构是吸热的, T_S 由程序计算, T_B 需要手工输入。 T_B 的数值应根据式(9-11)计算,然后按用户定义的方式输入,此处输入常量是不合适的。此时不需要输入热源函数。

另外一种考虑方法是将太阳辐射热定义为用户自定义的热源函数,在箱梁的表面额外定义一层"虚拟"单元(没有刚度和重量),然后将该热源函数分配给"虚拟"单元。将对流边界分配给实际结构的表面单元。图9-49给出了一个矩形截面梁用该方法的计算结果。

图9-49　用热源函数模拟辐射热后的温度场

按上述方法分析时,需要定义只有一个施工阶段的"施工过程"(热分析边界条件变化时,需定义多个施工阶段),在其中一下激活所有边界、荷载和单元,并设置要计算的时间步骤和总的累计时间。

第 10 章

结构动力分析

10.1 动力分析模型

10.1.1 概述

动力就是大小、方向或作用点随时间而改变的任何荷载,而在动力作用下结构的反应亦即所产生的位移、内力、应力和应变也是随时间而改变的。可以认为静力荷载仅仅是动力荷载的一种特殊形式。由于荷载和响应随时间而变化,显然动力问题不像静力问题那样具有单一的解,而必须建立相应于时程中感兴趣的全部时间的一系列解。因此动力分析显然要比静力分析更为复杂,且更消耗时间。动力问题与静力问题的一个更显著区别就是动力问题要考虑由于结构的加速度所引起的惯性力,结构或构件上的动力作用的大小(或者说显著与否)直接与惯性力大小及惯性力随时间变化情况有关,如果惯性力与荷载相比达到不可忽略的程度,那么就要进行动力分析。在动力作用下,结构会在静平衡位置附近往返地运动,即振动。振动的产生,有的是结构本身固有的原因引起的,如转动机器转子偏心所引起的振动;有的是外界干扰所引起的振动,如地震作用、风荷载作用、爆炸荷载的作用引起的振动,以及车辆行驶中由于桥面不平顺引起的桥梁振动等。结构动力学的研究对象是工程结构的各种振动问题。而结构动力学的研究目的就是要认识和了解工程结构的振动规律,并据此指导工程结构的设计实践及其他相关工作。有效地减轻以致避免振动给工程结构造成的影响与破坏,是结构动力学研究的目的及意义所在。结构在振动情况下的刚度、强度和稳定性是结构动力学研究的基本内容。

结构在动荷载下的响应规律,与结构的质量和刚度分布、边界条件以及能量耗散等有关。结构的动力特性包括结构的自振频率、结构的振型和结构的阻尼三个方面。对于不同的结构,只要它们的动力特性相同,则在相同的动荷载作用下它们的动力响应(位移、速度、加速度等)的规律都是一样的,这和静力分析是不同的。

10.1.2 结构动力模型

结构动力分析的首要任务是建模,建模的过程是对问题去粗取精、去伪存真的过程。模型是抽象的,但能反映问题的本质。建立桥梁动力分析模型时,往往需要采用3D模型,有时需将主梁、桥墩、支座(边界连接)等都模拟出来。对一些大型复杂的结构,可以先利用有限元法建立系统的数学模型,然后再利用试验数据修改数学模型,使得修改后模型的输出与试验数据一致。

1)集中质量和一致质量

在结构振动过程中的任一时刻,确定体系全部质量位置或变形状态所需独立几何参数的个数,称为体系的动力自由度,简称自由度。这些独立的参数是动力分析的基本未知量,它们是线位移或角位移。按照体系的动力自由度数目,将结构体系分为单自由度体系(即1个自由度)、多自由度体系(自由度数等于或大于2)及无限自由度体系。实际结构的质量都是连续分布的,都属于无限自由度体系。

为了便于求解,在midas Civil中将连续分布的质量用集中质量(consistent mass)法或一致质量(lumped mass)法进行离散。一般情况下两者给出的结果相差不多,当自由度很多时,这两种模型差别不大,宜采用集中质量矩阵;当结构自由度较少时,要用一致质量矩阵,否则误差很大。

一致质量矩阵的质量按实际分布情况考虑的,集中质量矩阵假定单元的质量集中在节点上,这样得到的质量矩阵是对角阵。因为质量矩阵积分表达式的被积函数是插值函数本身的平方项,而刚度矩阵是插值函数导数的平方项,因此在相同精度要求条件下,质量矩阵可用较低阶插值函数,而集中质量矩阵正是这样一种替换方案。集中质量矩阵还可以减少方程自由度,另外一致质量矩阵求出的是结构自振频率的上限。

将建立的模型进行质量转换,midas Civil对应的命令为**结构>结构类型>将自重转换为质量**,可以选择"不转换""按集中质量法转换"或"按一致质量法转换"。其中按集中质量法转换是一般梁桥的选择,计算省时,但不能考虑扭转振型;选择一致质量法转换的优点是通用且可以考虑扭转振型,但比较耗时。

2)阻尼

使结构自由振动的振幅稳定减小的作用称为阻尼。由于阻尼,振动体系的能量可由各种机制耗散,经常是多于一种的机制同时呈现。能力耗散的机制包括材料重复弹性变形的热效应、固体变形时的内摩擦等。

midas Civil程序中目前提供四种阻尼的计算方法:

(1)直接输入各振型阻尼。直接输入各振型的阻尼,所有振型也可以采用相同的阻尼。混凝土结构阻尼比一般取0.05,钢结构阻尼比一般取0.03。

(2)质量和刚度因子法,一般称为瑞利阻尼。midas Civil程序中确定瑞利阻尼要用户自己选择感兴趣的频段的两阶振型的频率或周期,感兴趣的频段的确定要根据作用于结构上的外荷载的频率成分和结构的动力特性综合考虑。

(3)应变能因子法。根据用户在命令**特性>组阻尼>组阻尼比:应变能因子**中指定的阻尼比计算各振型的阻尼比,大部分结构的阻尼矩阵会是一种非典型的阻尼,故无法分离各振型。所以为了在进行动力分析时反映各单元不同的阻尼特性,使用变形能量的概念来计算各振型的阻尼比。

(4)单元质量和刚度因子法。命令**特性>组阻尼>组阻尼比:单元质量和刚度因子**。单元质量和刚度因子可对特定的构件以及边界部位输入阻尼比,所以对结构中有阻尼比不同的材料或设置减隔震装置的情况也适用。不同的单元定义成不同的结构组,输入各自的阻尼比。在进行振型叠加法时,根据组阻尼比进行分析以后查看各个模态的阻尼比。

3)边界条件

midas Civil程序中的边界条件包括基础的支承与桥梁构件之间的连接(如支座),边界条件对结构动力分析的影响巨大。

4)影响结构动力特性的因素

桥梁结构动力特性是反映桥梁结构本身所固有的动力特性,主要内容包括结构的固有频率、阻尼系数和振型等一些基本参数,主要由结构形式、质量分布、结构刚度、材料特性和构造连接等因素决定。结构状况的变化(如结构刚度的改变、裂缝的产生以及约束条件的变化等)必然引起结构的各种动力参数,如固有频率、振型和阻尼等的变化,进而使结构显示出与正常结构相区别的动力特性。

国内多名学者研究了预应力梁所施加的预应力对梁振动的影响,推导了含预应力因素的计算公式,指出预应力对低阶模态频率的影响相对高阶大,且预应力越大,对梁振动的影响也就表现越明显。

实际上看预应力对结构的影响主要是看结构的刚度和质量分布以及能量耗散等有无明显的变化,预应力影响的只是结构的几何刚度,并不改变其质量状态。一般认为,体内预应力对正常使用下桥梁结构动力性能的影响可忽略不计;对体外预应力结构,其预应力对结构的动力性能的影响不可忽略。

10.2 特征值分析

特征值分析也叫自由振动分析,用于分析结构固有的动力特征。通过特征值分析,可以得到结构的动力特性包括振型形状、固有周期和频率、振型参与系数、振型参与质量和振型方向因子等,它们是由结构的质量和刚度所决定的。

10.2.1 基本概念

1)振型参与系数

每个质点质量与其在某一振型中相应坐标乘积之和与该振型的主质量(或者说该模态质量)之比,即为该振型的振型参与系数。振型参与系数以百分比的形式表现,反映该振型对总振型(多振型叠加)的影响。在用模态叠加法计算结构动力响应时,用来反映每一阶振型参与动力响应的程度。如某个振型参与系数比较大,说明对应的振型对整个响应的贡献比较大。在结构的振动响应中,由于高阶振型的参与系数小,所以一般可以忽略高阶振型的影响。

2)有效质量与有效质量系数

某一振型某一方向的有效质量为各个质点质量与该质点在该一振型中相应方向对应坐标乘积之和的平方。一个振型有三个方向的有效质量,而且所有振型平动方向的有效质量之和等于各个质点的质量之和,转动方向的有效质量之和等于各个质点的转动惯量之和。

如果计算时只取了几个振型,那么这几个振型的有效质量之和与总质量之比即为有效质量系数。这个概念是由 Wilson E L 教授提出的,用于判断参与振型数是否足够。抗震规范规定结构分析中振型有效质量在平动方向的总和要占总质量的90%以上,是为了尽可能包含对分析结果有影响的大部分主要振型。

质量成分根据6个自由度,可以输入3个平动质量成分和3个转动质量成分。这里的转动质量成分是由旋转质量惯性引起的。在抗震设计中,地震是以线方向的地震加速度加载的,所以转动质量成分对抗震设计的动力反应是没有直接影响的,但是如果结构是非对称(质量中心和刚度中心不一致),则会使振型有一些变形,对动力反应也会有间接影响。当结构的所有节点质量位置没有被约束时,总有效质量和结构的总质量相同。当任意质量的节点自由度被约束时,它的质量可以反映在总体质量中,但是其质量成分不能反映到有效质量中。因此,若要评价各个振型有效质量对总质量所占百分比的时候,输入质量成分的自由度是不能受到约束的。

3)振型参与质量

某一振型的主质量(或者说该模态质量)乘该振型的振型参与系数的平方,即为该振型的振型参与质量。振型参与质量表示各个振型方向质量的有效值,因为计算振型参与质量时考虑了振型的符合,所以振型参与质量也可能出现零值。所有振型的各方向有效质量之和与结构的整体质量相同。

10.2.2 midas Civil程序中输入质量的方法

midas Civil程序中输入质量的位置有三处:

(1)用命令**主菜单>结构>结构类型**,可以将单元自重自动转换为质量,转换方式有集中质量和一致质量。

(2)用命令**主菜单>荷载>结构荷载/质量>荷载转换为质量**,可以将多种荷载转换为质量(图10-1)。

（3）用命令**主菜单>荷载>结构荷载/质量>节点质量**，可以手动输入节点质量（图10-2）。

图10-1　荷载转换质量　　　图10-2　输入节点质量

10.2.3　midas Civil程序中特征值计算方法

　　midas Civil程序中特征值计算方法有"特征向量法"和"多重Ritz向量法"，其中特征向量法又提供了"子空间迭代法"和"Lanczos法"。从主菜单运行命令**分析>分析控制>特征值**，会弹出"特征值分析控制"对话框。

　　1）子空间迭代法

　　子空间迭代法是求解大型矩阵特征值问题的最常用最有效的方法之一，它适合于求解部分特征值解，被广泛应用于结构动力学的有限元分析中。由于系统的自由度很多，同时在研究系统的响应时，往往只需要了解少数较低的特征值及相应的特征向量，所以子空间迭代法是效率较高的解法。

　　子空间迭代法是假设r个起始向量（采用移频法，通过特征值的移动和已收敛的特征向量的移出，使r保持在较小的数值，从而显著提高计算效率和改进收敛速度）同时进行迭代（通过求解减缩广义特征值问题）以求得矩阵的前$p(\leq r)$个特征值和特征向量。如果r不是足够大，则一方面可能漏掉可能激起的振型，另一方面又可能引入不可能激起的振型。

　　一致质量不能用子空间迭代法。

　　图10-3所示为子空间迭代法对应的特征值分析控制对话框。需要用户指定所要计算的"振型数量""频率范围"的上限和下限和一些特征值控制参数。一般情况下仅需指定所要计算的振型数量即可。

　　2）多重Ritz向量法

　　多重Ritz向量法认为结构动态响应是空间荷载分布的函数，考虑动力荷载的空间分布（假设各单自由度体系下的荷载分布形状与选择的初始荷载向量相似），可以避免漏掉可能激起的振型和引入不可能激起的振型，能够显著提高计算效率。在计算结构动力响应时，用相同数目的振型进行叠加，同多重Ritz向量法直接叠加可以得到比子空间迭代法更高的精度，这是由于后者包含了实际不会被激起的振型。子空间迭代法求出结构的前r阶振型，而多重Ritz向量法直接叠加求出的是与激发荷载向量直接相关的振型。因此，用振型分解反应谱法和振型叠加法进行结构动力分析时,一般建议采用多重Ritz向量法进行结构的振型分析。

图10-3 特征值分析控制对话框(子空间迭代法)

图10-4所示为多重Ritz向量法对应的特征值分析控制对话框。

图10-4 特征值分析控制对话框(多重Ritz向量法)

首先需要在"初始荷载工况"右侧的下拉条中选择,即选定初始荷载向量,然后再指定该初始荷载向量对应的"初始向量数量",即所要生成的Ritz向量数量。midas Civil中用户可以选择多个初始荷载向量,并对各初始荷载向量分别指定所要生成的Ritz向量数量。用户可以选择的初始荷载向量包括:沿整体坐标系X、Y和Z方向的地面加速度引起的惯性力、用户所定义的所有静力荷载工况以及非线性连接单元的剪切内力。

沿整体坐标系X、Y和Z方向的地面加速度引起惯性力(即从下拉工具条中选择地面加速度X、地面加速度Y和地面加速度Z)用于计算地面加速度引起的位移相关的Ritz向量,比如选择"地面加速度X"并且初始向量仅为1的话,则仅捕捉X方向的加速度激发的动力贡献大的振型。对于反应谱分析,必须在初始向量中添加质量自由度方向的加速度荷载。对于时程分析,在每个荷载工况或任意时程工况使用的加速度荷载中,定义一个初始向量是必须的。

选择静力荷载工况用于计算具有特殊分布要求的动力荷载对应的Ritz向量,一般也可以选择恒载、活载、风荷载或用户自定义荷载。

当模型中有非线性连接单元时,勾选"考虑一般连接的荷载向量"项后,"一般连接的初始荷载工况数量"自动选择为独立的非线性变形数量,即非线性连接的单元数量乘以相应一般连接单元的非线性特性值的剪切成分数(如若包含了D_y和D_z两个成分,则应乘2)的总和,如果没有非线性连接单元,则该项为0。

　　用一般连接模拟减隔震支座或阻尼器的计算模型,进行非线性振型叠加法时程分析时,采用多重Ritz向量法进行特征值分析要给每一个独立的非线性变形一个额外的初始荷载向量。否则向量组中就可能不包含能激发此非线性变形的Ritz向量,导致系统的响应中缺少一般连接构件的非线性变形所产生的影响。处理的方法之一就是勾选"考虑一般连接的荷载向量",如图10-5所示。此时程序会自动计算出模型中有多少个独立的非线性变形,并自动给每一个独立的非线性变形赋予初始荷载向量。方法之二是自定义能够激发期望非线性变形的静力荷载工况,然后通过添加"初始荷载工况"来实现给每一个独立的非线性变形一个额外的初始荷载向量的目的,如图10-6所示。

图10-5　特征值分析控制对话框(有一般连接单元)

图10-6　特征值分析控制对话框(考虑静力荷载工况)

　　初始荷载工况总数等于初始荷载工况数量+非线性连接的初始荷载工况数量。Ritz向量总数等于所有初始向量总数(包括非线性连接的初始荷载向量)。

　　如果分析后的结果显示振型参与质量达不到规范所规定的90%,则需适当增加"Ritz向量总数"数量重新进行分析。

　　3)Lanczos法

　　Lanczos方法和多重Ritz向量法的共同特点是直接生成一组Lanczos向量或者Ritz向量,对运动方程进行缩减,然后求解缩减了的运动方程的特征值问题,避免了迭代步骤(采用直接叠加法),从而具有更高的计算效率。适合解大模型的特征值问题。

　　Lanczos法和Ritz向量法本质上一致,但是在实际计算中,由于计算机的截断误差和舍入误差,导致数值上的不稳定性(例如虚假的多重特征值现象),因此妨碍了 Lanczos 方法的实际应用。20世纪70年代以后,很多研究工作者提出了不少 Lanczos 向量的重正交技术以调高其算法的稳定性,多重 Ritz 向量法从这个意义上说可以是这种,但由于其改变了 Lanczos 向量的算法公式,导致以后求解的不是对角矩阵的特征值问题,而是一般矩阵特征值问题。

图 10-7 所示为 Lanczos 法对应的特征值分析控制对话框。

图 10-7　特征值分析控制对话框(Lanczos)

10.2.4　特征值分析注意问题

(1)因为复杂的板单元、实体块单元容易诱发局部振动模态(局部模态对整体结构响应的贡献几乎为零,因此对结构整体动力特性和响应分析,可以忽略局部模态的影响),所以进行特征值分析时使用等效的梁单元会效果更好一些。

(2)特征值分析时,模态越高其误差越大。

(3)特征值分析时,网格划分应为相应模态每个周期长度内使用 10 ~ 20 个节点。如图 10-8 所示为一悬臂梁的第5阶模态,该模态形状为两个周期长度,所以将该悬臂梁划分为 20 ~ 40 个节点比较合适。

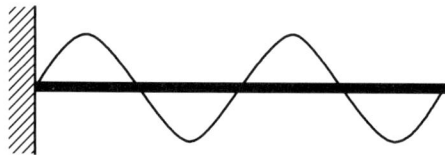

图 10-8　悬臂梁的第5阶模态

(4)特征值分析时,不要只检查一个模态,应检查多个模态,从而判断结果的正确性。

(5)做动力分析和屈曲分析后检查结果时,首先要查看特征值分析结果。板单元和实体单元模型一定要查看是否存在局部模态。

10.2.5　特征值分析实例

本实例仅为了说明 midas Civil 中进行特征值分析的操作过程。

1)模型建立

某简支板梁桥,横向共有8片中板、2片边板。建立梁格模型。建立模型方法与第7.7节基本相同,不同点是梁的跨度和截面以及支座的模拟。

每片板梁下每端有两个板式橡胶支座,模拟两个支座的方法如图 10-9 所示(图中仅给出了一片梁的支承示意,其他板梁与此相同)。首先在板式橡胶支座的上下中心建立两个节点,下节点固结,上节点与板梁单元的对应节点刚性连接,支座则用弹性连接模拟。弹性连接的刚度对特征值分析的影响很大,所以必须能够真实地反映实际的支承情况。

图10-9 边界条件定义

2）质量输入

建立自重、二期恒载和护栏三个荷载工况，按恒荷载输入自重荷载、二期恒载和护栏质量荷载。二期恒载和护栏质量荷载都按梁单元荷载输入。

（1）将自重转换为质量

运行**结构>结构类型**，在弹出的对话框中完成转换，如图10-10所示。

（2）将荷载转换为质量

使用**荷载>结构荷载/质量>荷载转换为质量**功能来转换，如图10-11所示。

图10-10 自重转换为质量

图10-11 荷载转换为质量

3）特征值分析控制数据

进行特征值分析前必须执行命令**分析>特征值分析控制**，控制数据如图10-12所示。这里采用多重Ritz向量法进行结构的振型分析。如果分析后振型参与质量达不到《建筑抗震设计规范》（GB 50011—2010）所规定的90%，则需适当增加频率数量重新进行分析。查看振型形状可用命令为**结果>振型与周期**，查看振型参与质量用命令为**结果>分析结果表**

格>周期与振型。图 10-13 ~ 图 10-15 所示为前三阶振型,图 10-16 所示为振型参与质量表格。

图 10-12　特征值分析控制

图 10-13　第一振型

图 10-14　第二振型

图 10-15　第三振型

模态号	TRAN-X		TRAN-Y		TRAN-Z		ROTN-X		ROTN-Y		ROTN-Z	
	质量(%)	合计(%)	质量(%)	合计(%)	质量(%)	合计(%)	质量(%)	合计(%)	质量(%)	合计(%)	质量(%)	合计(%)
1	0.00	0.00	99.96	99.96	0.00	0.00	0.00	0.00	0.00	0.00	0.00	0.00
2	100.00	100.00	0.00	99.96	0.00	0.00	0.00	0.00	0.00	0.00	0.00	0.00
3	0.00	100.00	0.00	99.96	0.00	0.00	0.00	0.00	0.00	0.00	99.99	99.99
4	0.00	100.00	0.00	99.96	77.19	77.19	0.00	0.00	0.00	0.00	0.00	99.99
5	0.00	100.00	0.00	99.96	0.00	77.19	76.81	76.81	0.00	0.00	0.00	99.99
6	0.00	100.00	0.00	99.96	0.01	77.19	0.00	76.81	0.00	0.00	0.00	99.99
7	0.00	100.00	0.00	99.96	0.00	77.19	0.00	76.81	53.49	53.49	0.00	99.99
8	0.00	100.00	0.04	100.00	0.00	77.19	0.01	76.82	0.00	53.49	0.00	99.99
9	0.00	100.00	0.00	100.00	0.00	77.19	0.30	77.12	0.00	53.49	0.00	99.99
10	0.00	100.00	0.00	100.00	0.00	77.19	0.00	77.12	0.01	53.50	0.00	99.99
11	0.00	100.00	0.00	100.00	8.88	86.08	0.00	77.12	0.00	53.50	0.00	99.99
12	0.00	100.00	0.00	100.00	0.37	86.44	0.00	77.12	0.00	53.50	0.00	99.99
13	0.00	100.00	0.00	100.00	0.00	86.44	1.90	79.02	0.00	53.50	0.00	99.99
14	0.00	100.00	0.00	100.00	0.00	86.44	0.00	79.02	14.54	68.04	0.00	99.99
15	0.00	100.00	0.00	100.00	11.31	97.76	0.00	79.02	0.00	68.04	0.00	99.99

图 10-16　质量参与系数

用命令**结果>结果表格>周期与振型**还可以看到振型参与系数和振型方向因子。

10.3　阻尼

如前所述,振动体系的能量耗散是多机制的、复杂的,甚至表面上完全相同的两个结构所耗散能量的能力有可能相差很远。因为耗散的能量是很难估计的,而我们笼统地用阻尼系数来综合考虑结构的全部能量耗散是不严谨的,所以严格地讲只能通过试验方法得到其数值的大小。但对实际结构,除了共振反应外,阻尼在结构的反应中没有起到重要的定量作用,所以我们通常是根据建筑材料的类型采用平均的阻尼比。如第 10.1.2 节中所述,混凝土结构阻尼比一般取 0.05,钢结构阻尼比一般取 0.03。也有学者给出了更加细致的阻尼比取值建议,如对预应力混凝土结构阻尼比取 0.02～0.05,钢筋混凝土结构阻尼比取 0.04～0.07,焊接钢结构阻尼比取 0.02～0.04,螺栓连接的钢结构阻尼比取 0.04～0.07,木结构阻尼比取 0.05～0.10。当结构中既有钢构件又要混凝土构件时,可分别定义钢构件组阻尼比与混凝土构件组阻尼比,然后由程序计算各阶振型阻尼比。钢混凝土组合梁桥可使用介于 0.02～0.05 之间的阻尼比,如 0.04。

10.3.1　振型阻尼

阻尼比的大小对结构的影响是非常关键的,实际结构的振型阻尼比的数值一般均小于0.15。一般情况下各振型采用相同的阻尼比,但实际测试数据标明,结构高阶振型的阻尼比一般大于低阶振型的阻尼比。使用 midas Civil 程序时,可以为所有的振型指定一个统一的阻尼比,也可以为不同振型指定不同的阻尼比,各振型的阻尼比之间是不相关的。

振型阻尼比可以应用于反应谱分析、振型叠加法时程分析和直接积分法时程分析。

1)反应谱分析时振型阻尼的定义

需要注意的是进行反应谱分析时,可以有3个地方输入阻尼,并且是有优先顺序的,具体可参见"抗震"一章中的反应谱分析。

运行命令**荷载>地震作用>反应谱数据>反应谱**,即"定义反应谱荷载工况",勾选"适用阻尼计算方法"和"修改阻尼比",然后点击 阻尼比计算方法... 按钮,弹出如图10-17所示的对话框。这里的"修改阻尼比"是指修改规范设计反应谱中的阻尼比,为0.05。

图10-17 反应谱分析中振型阻尼比定义

在图10-17中,首先选择"振型",然后填写"所有振型的阻尼比",再填写各振型的阻尼比。填写了"各振型阻尼比",计算时对应的振型就采用这里填写的数值,没有填写的振型就用"所有振型的阻尼比"。

2)时程分析时振型阻尼的定义

运行命令**荷载>地震作用>时程分析数据>荷载工况**,点击"添加",在弹出的对话框中选择"振型阻尼",定义方法同上面的反应谱分析中的振型阻尼比定义。

10.3.2 质量和刚度因子

1)主振型的概念

结构系统在任意初始条件下的响应是多个振型的叠加,当激振频率等于某一阶固有频率时,系统的振动突出为主振动,系统的振型由该阶主振型决定,其他阶的振型可忽略不计。所以从这个角度讲,结构所有的振型(仅为局部杆件振动的情况除外)都是主振型。主振型与固有频率一样只决定于系统本身的物理性质,而与初始条件无关。

在实际的桥梁结构中,来自外界的激振荷载的频率一般不可能正好等于或接近结构的某一固有频率,更多的情况是结构的响应是多振型参与的综合效果,有些振型的有效参与质量占总质量比重较大,对结构的振动影响显著,一般将这些振型称为主振型。在空间三个方向上都有不同的主振型。

2)瑞利阻尼

质量和刚度因子阻尼实际就是瑞利阻尼,即将瑞利阻尼矩阵 C 表现为质量矩阵 M 和刚度矩阵 K 的线性组合,即:

$$C = \alpha M + \beta K \tag{10-1}$$

其中的 α 和 β 是瑞利阻尼中的比例因子,其数值在midas Civil中有两种输入方法,一是直接输入,二是从模态计算。第二种方法要求用户输入两个主振型的频率(或周期)和各自振型对应的阻尼比,程序将根据这些输入的值自动计算质量和刚度的比例因子。

工程上一般在确定比例因子时使用的阻尼比相等,但要注意两个自振频率的取值。因为各主振型的频率(或周期)不同,其数值又直接影响比例因子的计算结果,所以选择的两个主振型必须是对结构振动影响最大的。确定瑞利阻尼的原则是:选择的两个用于确定常数α和β的频率点要覆盖结构分析中感兴趣的频段,感兴趣的频率的确定要根据作用于结构上的外荷载的频率成分和结构的动力特性综合考虑。在频段$[\omega_i,\omega_j]$内(图10-18),阻尼比略小于给定的阻尼比ζ(在i、j点上$\zeta = \zeta_i = \zeta_j$),这样在该频段的结构反应将略大于实际的反应,这样的计算结果对工程设计而言是安全的,如果ω_i和ω_j选择的好,则可避免过大尺寸的设计。在频段$[\omega_i,\omega_j]$以外,阻尼比将迅速增大(瑞利阻尼的特点),这样频率成分的振动会被抑制,所以这部分是可以忽略的。但是如果ω_i和ω_j选择的不合理,频段$[\omega_i,\omega_j]$以外有对结构设计有重要影响的频率分量时,则可能导致严重的不安全。因此,简单地采用前两阶自振频率来确定常数的方法是不合适的。一般ω_i取为基频(去掉局部振动振型),ω_j则在对结构的动力反应有显著贡献的高阶振型中选取。

从物理意义上讲,质量比例阻尼的假设意味着存在有外部支承的阻尼器,一般用于模拟空气等外部阻尼对结构的影响;刚度比例阻尼一般用于模拟结构振动能量释放到地基的效果,容易夸大高阶振型的阻尼效果。使用瑞利阻尼可以用较大的时间积分步长获得稳定的数值结果。

3)反应谱分析

在图10-17中选择"质量和刚度因子",则对话框会变成如图10-19所示的形式。比例因子可以选择"直接输入"或"从模态计算"。图10-19中是选择"从模态计算"。图10-19中选择的两个主振型为两个水平方向的质量贡献最大的,对应的阻尼比为给定的0.05。

图10-18 瑞利阻尼

$$\zeta_n = \frac{\alpha}{2\omega_n} + \frac{\beta\omega_n}{2}$$

图10-19 反应谱分析中瑞利阻尼定义

在反应谱分析和振型叠加法时程分析中是将动力方程分解为各振型的动力方程后再叠加计算的,所以使用瑞利阻尼时,需要通过质量和刚度比例因子计算其他振型的阻尼比。

4)时程分析

运行命令**荷载>地震作用>时程分析数据>荷载工况**,点击"添加",在弹出的对话框中的阻尼计算方法下拉条中选择"质量和刚度因子",即可定义时程分析时的瑞利阻尼,如图10-20所示。时程分析包括振型叠加法和直接积分法,虽然这里定义瑞利阻尼的方法是一样的,但是

图 10-20　时程分析中瑞利阻尼定义

程序的处理机理是不一样的。振型叠加法时程分析需要计算各个振型的阻尼比,直接积分法时程分析则是使用质量和刚度比例因子的值直接构建阻尼矩阵[式(10-1)]。

在直接积分法非线性时程分析中使用瑞利阻尼,当结构超过弹性极限进入屈服阶段时,如果瑞利阻尼矩阵 C 中依然使用初始刚度矩阵会夸大阻尼的影响。这是因为使用"质量和刚度因子"法计算阻尼矩阵时,阻尼值与刚度矩阵相关,而产生非弹性铰时结构的刚度矩阵将发生变化。midas Civil 中提供了使用更新的刚度矩阵计算瑞利阻尼矩阵的功能,即在图 10-20 所示对话框下方的"更新阻尼矩阵"中选择"是"。程序默认选项为"否",即不更新阻尼矩阵,是为了使非线性分析更容易收敛。该选项只有同时选择下列选项时才会被激活。

(1)"分析类型"选择"非线性"。

(2)"分析方法"选择"直接积分法"。

(3)"阻尼计算方法"选择"质量和刚度因子"法或"单元质量和刚度因子"法。

10.3.3　应变能因子

对混凝土结构和钢结构,其阻尼比均给出了取值建议。但由不同材料组成结构的阻尼比会不同,另外结构中往往也会根据需要设置阻尼装置,此时,在midas Civil中可使用基于应变能理论的振型阻尼计算方法,即指定各单元(在材料和截面特性按组指定"组阻尼比")的阻尼比。

midas Civil中,可根据各单元的阻尼比利用变形能量的概念来计算结构各振型的阻尼比,使反应谱分析和振型叠加法时程分析中可以考虑不同材料的不同阻尼比的影响。直接积分法时程分析中使用应变能理论计算各振型的阻尼比后会构成结构总阻尼矩阵,因此计算时间会比振型叠加法时程分析的时间要长。

因为基于应变能方法计算结构阻尼时需要使用结构的模态,所以无论是反应谱分析还是时程分析,都必须进行特征值分析。

1)反应谱分析

进行反应谱分析时,应变能因子法中指定单元阻尼比的步骤如下:

(1)定义结构组或边界组,对应命令**结构>组>定义结构组**和**结构>组>定义边界组**。

(2)给不同的结构组、边界组或材料定义阻尼比,对应命令**特性>阻尼>组阻尼:应变能因子**,如图 10-21 所示。这里可以指定单元和边界的阻尼比,可选类型包括材料、结构组和边界组。若仅按不同的材料来定义不同的阻尼比,可以不用定义结构组。若某个单元属于某个结构组并按结构组定义了其阻尼比,同时又按材料定义了其阻尼比,而且两者是矛盾的,此时可以点击图 10-21 下方的"重复定义时阻尼比优选项"按钮来设置重复定义时的优先顺序。

图 10-21　定义组阻尼比(应变能因子)

（3）在反应谱荷载工况定义中的阻尼计算方法中选择"应变能因子"方法,对应命令**荷载>地震作用>反应谱数据>反应谱**,勾选"适用阻尼计算方法"和"修改阻尼比"选项,再点击"阻尼比计算方法"按钮,在弹出的对话框中选择"应变能因子"方法。注意,要勾选"修改阻尼比"选项,因为设计反应谱使用的阻尼比为 0.05,不同材料构成的结构各振型的阻尼比结果不会是0.05,应根据规范的公式进行修正。

上述步骤中,步骤(1)不是必需的,因为可以根据材料来定义组阻尼比;步骤(2)是必须的,因为"应变能因子"法只有先定义了组阻尼时才起作用。

注意:如模型中有"一般连接"构件且为其定义了组阻尼比,当进行反应谱分析时(应变能因子方法),该构件将采用一般连接特性值中输入的有效阻尼计算。

2)时程分析

进行时程分析时,使用应变能因子法定义阻尼比的步骤如下:

（1）定义结构组或边界组阻尼比:如下一步仅按材料定义组阻尼比,则可不定义结构组或边界组阻尼比,直接进行下一步。

（2）根据材料、结构组或边界组定义组阻尼比方法和说明同上面的反应谱分析,这步是必须的。

（3）在时程荷载工况定义中的阻尼计算方法中选择"应变能因子"方法,对应命令**荷载>地震作用>时程分析数据>荷载工况**,在"添加/编辑时程荷载工况"对话框中的阻尼计算方法中选择"应变能因子"。

注意:如模型中有"一般连接"构件,且已在"一般连接特性值"对话框中为其定义了有效阻尼,同时又为该构件定义了组阻尼比,当进行时程分析时,该构件的两个阻尼将叠加。

3)各振型阻尼比的输出

当选择应变能理论计算结构各振型的阻尼比时,无论是反应谱分析还是时程分析,程序的后处理中均会输出各振型的阻尼比。对应命令为**结果>模态>振型阻尼比**,弹出的对话框如图 10-22 所示。

图 10-22　组阻尼为基础的模型阻尼比

在图 10-22 的下方,可根据应变能理论计算得出各振型阻尼比计算质量因子 α 与刚度因子 β。

10.3.4　单元质量和刚度因子

该方法仅适用于直接积分法的时程分析。

"单元质量和刚度因子"法是由单元阻尼矩阵直接构建结构总体阻尼矩阵的方法,单元阻尼矩阵的计算方法目前采用刚度比例型阻尼。

在程序中使用单元瑞利阻尼方法的步骤如下:

(1)定义结构组或边界组;如下一步仅按材料定义组阻尼比,则可不定义结构组或边界组阻尼比,直接进行下一步。

(2)根据材料、结构组或边界组定义组阻尼比方法和说明同上面的反应谱分析。

(3)在时程荷载工况定义中选择"直接积分法"并在阻尼计算方法中选择"单元质量和刚度因子"方法(**荷载>地震作用>时程分析数据>荷载工况**)。

单元质量和刚度因子法只有定义了组阻尼比时才起作用。

10.3.5　线性阻尼器

在定义一般连接特性时,可选单元1型、单元2型和内力型。单元1型又包括三种类型:弹簧、线性阻尼器以及弹簧和线性阻尼器。这里的弹簧在定义了非线性铰特性值后就是非线性一般连接单元,就是将弹簧视为单元(非线性构件),通过定义"铰"的内力-变形关系即材料非线性来反映弹簧的非线性特性,将在第13章中介绍。单元2型为减隔震装置,也将在第13章中介绍。这里仅介绍"线性阻尼器"和"弹簧和线性阻尼器"。

"线性阻尼器"是阻尼力与速度成正比关系,没有刚度,仅与速度有关。在 midas Civil 中运行命令**边界>一般连接>一般连接特性值**,点击"添加"按钮,在弹出的如图10-23a)所示的对话框中,"作用类型"选择"单元1",在"特性值类型"对应的下拉条中选择"线性阻尼器",然后填写质量数据以及6个(或少于6个,至少1个)成分的有效阻尼即可。点击图10-23a)中的 耦合 按钮弹出如图10-23b)所示的阻尼耦合对角矩阵对话框。

a)线性阻尼器   b)线性阻尼器阻尼耦合

图10-23　线性阻尼器数据定义

"弹簧和线性阻尼器"就是在线性阻尼的基础上又附加了一个线性弹簧。在"添加/编辑一般连接特性值"对话框中,"作用类型"选择"单元1",在"特性值类型"对应的下拉条中选择"弹簧和线性阻尼器",然后填写质量数据以及6个(或少于6个,至少1个)成分的有效刚度和有效阻尼数据即可,如图10-24a)所示。点击图10-24a)中的 耦合 按钮弹出如图10-24b)所示的刚度与阻尼耦合对角矩阵对话框。

a)弹簧和线性阻尼器定义   b)刚度和阻尼耦合

图10-24　弹簧和线性阻尼器数据定义

10.4 桩土共同作用

10.4.1 基础刚度的模拟

在桥梁结构的计算分析特别是动力分析中,往往需要建立整体计算模型,即包含上部结构、支座、墩台和基础,以及基础与地基的共同作用。即使是静力分析,有时基础在荷载作用下的变位也是必须要考虑的。

桥梁常见的基础形式一般为桩基础、扩大基础、沉井基础。

桩基础又可分为单桩、单排、多排桩和群桩(桩径小但数量多、间距小,相互影响是必须考虑而不能忽略的)基础。群桩基础相当于复合地基,应按整体基础考虑。单排、多排桩基础是指各桩之间的间距较大,相互影响较小或可以忽略相互影响的情况,此时每根桩的基础均可按单桩基础考虑。

扩大基础通常适用于承载力较高的土体或岩石,直接作用在土体或岩石上,将桥墩或桥台上的集中力和弯矩分配到足够大的面积上,以使其持力层在它允许承载力范围内承受这些荷载。在这些荷载中,侧向力是由基础底部表面上的摩擦力和地表以下基础竖向表面的被动土压力联合来抵抗的。通常设计扩大基础是为了支承桥墩或桥台传下的力和弯矩,设计时不考虑上拔,对滑移也有较大的抵抗能力,所以基底和侧面的土体的非弹性行为通常不显著,可以使用线弹性土弹簧来模拟土体对扩大基础的作用,甚至由于地基的承载能力较高而采用完全固结的支承形式。

沉井基础通常用于水中大型结构的基础,适用于有较深淤泥或软土层或水较深的情况。施加给单个桥墩的力和弯矩,通过沉井底部直接传递给支撑它的土层或岩层,水平力则通过沉井嵌入土中的竖向表面的被动土压力来承受。由于土体的承载面积和沉井本身的刚度很大,所以由沉井把力传递给其周围的土体时,可以忽略土体的非弹性行为。因此,可以用线弹性土弹簧来模拟沉井周围土体的作用,有时也简单地将墩底固结。

桥梁的基础以单排桩、多排桩和单桩基础的情况最为常见。多排桩用于大型桥梁上,一般是多排桩上为刚性承台,桥墩支承在刚性承台上。在较大的荷载如地震荷载作用下桥墩边界应是弹性约束,而不是刚性固结。精确对桩基边界条件进行模拟要涉及桩土共同作用问题,若桩土共同作用不考虑其非弹性问题,仅将桩周土的作用看成线弹性土弹簧,则可以用规范中的m法解决。注意进行动力分析特别是抗震分析等外部动力荷载很大时,土的抗力取值比静力大,一般取$m_{动} = (2 \sim 3)m_{静}$。

模拟桩土作用的方法有两种:第一种是将桩、承台和土体整体建模,土体用实体单元模拟,看成弹塑性材料并用适当的弹塑性材料模型(如D-P材料)的模拟,桩、承台和土间用接触单元连接;第二种是将土看成土弹簧,用midas Civil程序中的线弹性弹簧(节点弹性支承)、线弹性或非弹性一般连接单元(带非弹性铰的弹簧单元可以用于模拟结构的特定部位的塑性变形或者地基的塑性变形)来模拟。第二种方法又可以分为两类:一类是算出整个桩基在土面处的水平、竖向和转动刚度,然后直接在土面处施加弹簧单元,这样就没有桩了,如图10-25所示;另一类是将一定厚度的土层的刚度系数计算出来,然后在这层土的中间处施加弹簧,即用土弹簧(弹性或非弹性)模拟土体的作用,而用梁元模拟桩(注意:一般将梁单元的抗弯刚度取实际值的0.8倍,以考虑长期效应)。

图10-25　用六弹簧模拟桩土的共同作用

注:图中K_1、K_2、K_3分别为X、Y、Z方向上的拉压弹簧;K_4、K_5、K_6分别为X、Y、Z方向的转动弹簧。

六弹簧的刚度可以根据土体的参数来计算,或者用桩顶荷载除以桩顶位移来得到,桩顶荷载为桥墩、台传递下来的荷载,桩顶位移可以根据这些荷载来计算,桩顶位移计算方法可参考桥梁墩台基础方面的教材。用梁单元模拟桩、用等代土弹簧模拟桩周土的作用的方法将在第10.4.2节中介绍。

10.4.2　用m法计算等代土弹簧刚度

埋置于土中的桩受力后将产生包括竖向、侧向和转角的位移,同时桩身受有轴向力、剪力和弯矩。桩的竖向位移将引起桩侧土的摩阻力和桩底部的竖向土抗力,桩身的水平位移和转动将引起桩侧土的水平抗力。因此,土中桩受力后产生的内力和变形,不仅与桩身刚度有关,且与土的抗力大小有关。

1)土的弹性抗力及其分布规律

土中构件受力后发生位移使土压缩,土对构件则产生了抗力,如将土视为弹性变形介质,引入文克尔(Winkler E)假定,即假定土抗力与压缩量成正比,则称此抗力为土的弹性抗力。土中的桩在水平方向产生位移后,引起的水平方向土抗力设为σ_x,根据上述假定,水平土抗力的表达式为:

$$\sigma_x = C_z X \tag{10-2}$$

式中:σ_x——单位面积的水平土抗力(kPa);

　　X——桩身某点的水平位移(m);

　　C_z——桩侧土的水平地基系数(kPa/m)。

地基系数的含意是使单位面积的土产生单位压缩时所需施加的力。或者说土产生单位压缩时,土对构件在单位面积上的抗力(kPa/m)。水平地基系数C_z,则是桩侧某点发生单位水平位移时,土对桩在单位面积上的抗力。由试验得知,水平地基系数C_z的大小,不仅与土的类别、性质有关,而且随入土深度z变化。关于C_z随深度z的变化规律可假定在地面处为零,地面以下随深度按比例增加,即$C_z = mz$,其中m为比例系数。由于地基系数采用的比例系数为m,故常称m法。我国《铁路桥涵地基和基础设计规范》(TB 10093—2017)和《公路桥涵地基与基础设计规范》(JTG 3363—2019)都采用m法计算水平地基系数C_z。

除上述水平土抗力外,桩在竖向力作用下,桩底土也产生竖向压缩,因此桩底(或其他基础底面)土有竖向土抗力σ_h。根据土的弹性抗力假定(文克尔假定),竖向土抗力的表达式为:

$$\sigma_h = C_0 \Delta_h \tag{10-3}$$

式中:σ_h——土面下 h 深处桩底(或基底)土的单位面积的竖向土抗力(kPa);

$\quad\quad\Delta_h$——桩底土层竖向压缩量(m);

$\quad\quad C_0$——桩底土层的竖向地基系数(kPa/m)。

竖向地基系数 C_0,对非岩石类土,当入土深 $h \leqslant 10\text{m}$ 时,按 $C_0 = 10m_0$ 计;当入土深 $h > 10\text{m}$ 时,按 $C_0 = m_0 h$ 计,其中 m_0 为竖向地基系数 C_0 的比例系数。当桩底(或基底)土层为岩石时,C_0 则不随入土深度 h 改变,而与基底岩石强度有关。

上述水平地基系数 C_z 和竖向地基系数 C_0 式中的比例系数 m 和 m_0 值,应采取试验实测值,如无实测资料时,可按《公路桥涵地基与基础设计规范》(JTG 3363—2019)、《铁路桥涵地基和基础设计规范》(TB 10093—2017)或其他规范采用。

2)土弹簧刚度计算

(1)计算宽度 b_0

由试验分析可知,桩在水平外力作用下,除桩身宽度范围内桩侧土受挤压外,在桩身宽度以外一定范围内的土体也受到一定影响,对不同截面形状的桩,其影响范围也不同。将空间受力问题简化为平面问题,并考虑不同截面形状,将桩的设计宽度(或直径)换算成一个与受力情况相当的矩形截面宽度 b_0,称为基础侧面土抗力的计算宽度。计算宽度 b_0 按表 10-1 取值,该表摘自《铁路桥涵地基和基础设计规范》(TB 10093—2017)附录 D。

基础侧面土抗力的计算宽度 b_0(单位:m)　　　　　　　　　表 10-1

基础平面形状		矩形	圆形	圆端形
单个构件的直径或与水平力 H 作用方向相垂直的宽度大于或等于 1m 时	由单个构件[图10-26a)]或由位于水平外力 H 作用面内数个构件组成的基础[图10-26b)]	$b + 1$	$0.9(d+1)$	$\left(1 - 0.1\dfrac{d}{D}\right) \times (D+1)$
	由位于与水平外力 H 相垂直的同一平面内 n 个构件组成的基础[图10-26c)]	$n(b+1)$,但不得大于 $D'+1$	$0.9n(d+1)$,但不得大于 $D'+1$	$n\left(1 - 0.1\dfrac{d}{D}\right) \times (D+1)$ 但不得大于 $D'+1$
单个构件的直径或与水平力 H 作用方向相垂直的宽度小于 1m 时	由单个构件[图10-26a)]或位于水平外力 H 作用面内数个构件组成的基础[图10-26b)]	$1.5b + 0.5$	$0.9(1.5d + 0.5)$	$\left(1 - 0.1\dfrac{d}{D}\right) \times (1.5D + 0.5)$
	由位于与水平外力 H 相垂直的同一平面内 n 个构件组成的基础[图10-26c)]	$n(1.5d + 0.5)$,但不得大于 $D'+1$	$0.9n(1.5d + 0.5)$,但不得大于 $D'+1$	$n\left(1 - 0.1\dfrac{d}{D}\right) \times (1.5D + 0.5)$ 但不得大于 $D'+1$

注:表中 b_0、b、d、D、D' 均以 m 计。

图 10-26　基础（桩或沉井）

（2）土弹簧的水平刚度系数

各层土对桩的水平刚度系数可按照桩所环绕的等效体积来计算：

第一层土水平刚度系数：

$$K_1 = \frac{1}{2}(m_1 h_1)h_1 b_0$$

第二层土水平刚度系数：

$$K_2 = \frac{1}{2}(2m_2 h_1 + m_2 h_2)h_2 b_0$$

第 n 层土水平刚度系数：

$$K_n = \frac{1}{2}\left(2m_n \sum_{i=1}^{n-1} h_i + m_n h_n\right)h_n b_0 \tag{10-4a}$$

式中：h_n——第 n 层土层厚度。

式[10-4a)]也可以写成式[10-4b)]的形式：

$$K_n = \left(\sum_{i=1}^{n-1} h_i + \frac{h_n}{2}\right)m_n h_n b_0 = m_n z h_n b_0 \tag{10-4b}$$

式中：z——第 n 层土层中间位置的深度，即在每层土的中间施加土弹簧，$z = \sum_{i=1}^{n-1} h_i + \frac{h_n}{2}$。

（3）土弹簧的竖向刚度系数

在轴向压力荷载 P 的作用下，桩身将发生弹性压缩，同时桩顶荷载通过桩身传到桩底，因而桩底土层也将受到压缩。这两部分压缩之和等于桩顶的轴向位移。但埋于土中的桩与桩侧土紧密接触，桩相对于土向下位移，就产生土对桩向上作用的摩阻力。因此，桩顶的外荷载由桩表面的总摩阻力 P_s 和桩底土的支撑力 P_p 共同承受。在荷载 P 的作用下，P_s 和 P_p 并非成定比分配，而是与荷载 P 的大小、桩底土层的情况及桩长等因素有关。

就荷载 P 的大小而言，当 P 不很大时，由于桩的上部轴力 P_s 较大，引起桩的变形也较大，因而桩侧土的摩阻力先得到发挥，而桩下部变形较小，摩阻力发挥也较小。桩底土层的支承力尚未得到发挥。当荷载 P 较大时，桩底土也将产生压缩变形，因而桩底土的支承力也将得到发挥，P 越大，P_p 所占比例也随之增大。这一点已经被实测资料证明。

就桩底土层而言,桩底为坚硬土层及岩层(即柱桩情况),因其强度大,变形小,在荷载 P 的作用下,桩的沉降量很小,桩底承载力 P_p 就能充分发挥,而此时桩侧土摩阻力发挥作用尚很小,因此桩底阻力所占比例很大(或全部由它承担);对置于一般土层的摩擦桩,则在桩侧摩阻力充分发挥的基础上,桩底土的阻力才可能发挥出来。亦即当 P 足够大时,桩底支承阻力才能充分发挥出来。

就桩长因素而言,对支承于基岩上的长桩,当桩身穿过一定强度的厚土层时,有相当部分的荷载是通过桩身传递给侧向土层。此时,确定桩承载力时可适当考虑桩侧摩阻力,如不计此项就偏于安全。而对于很长的摩擦桩,由于桩身压缩变形很大,在桩底支承反力尚未达到极限值时,对于某些上部结构其桩顶位移可能已超过容许值,但传递到桩底的荷载却很微小,故在确定桩容许值承载力时,不宜对桩底取值过大。

了解桩侧摩阻力的影响因素、研究其沿桩身的分布规律,对摩擦桩的受力分析、合理确定桩的容许承载力等是很重要的。影响桩侧摩阻力的因素,除与桩土间相对位移有关外,尚与桩侧土的性态和桩侧法向应力 σ_x 有关,计算很复杂,故为简化计算,常近似地假设打入桩摩阻力在地面处为零,沿桩入土深度增加,摩阻力呈线性增加;而对钻孔桩则可近似的假设沿桩身呈均匀分布。关于桩底支承阻力对于支承在岩层上的柱桩,桩底阻力的极限值取决于岩石的抗压强度。

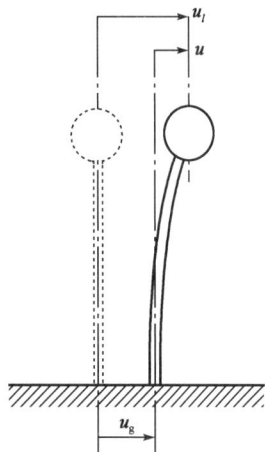

图10-27 地震引起的单自由度体系的运动

单桩的竖向极限承载力是由桩侧极限摩阻力和桩底土阻力两部分组成的,可按桥梁规范中给出的公式计算。

求出极限承载力后,再根据桩与土的相对位移,即可近似得到土弹簧的竖向刚度系数。摩擦桩的桩土的相对位移值在没有计算的情况下,一般取6mm左右。

(4)抗震分析中地震波荷载的输入位置

如图10-27所示,地震时的地面运动 u_g 导致了结构的响应(图中结构自身位移为 u,总位移为 u_t),基础是随地面一起运动的,所以不应该直接承受地震荷载,其作用就是为桥墩、台提供抗力。地震荷载应该施加在地面处的墩底或台底。

10.4.3 桩土作用分析

考虑桩侧土对桩的影响可按下面的方法进行:

(1)应该将桩长范围内的土层分层。计算每层土的弹簧刚度系数,分层的原则是:

①不同类型的土分成不同的层。

②在同类型但厚度较厚的土层中再进行分层,计算每层土的刚度系数。

③桩的上部土层分得要密一些,即土层要薄些,下部土层可以分得厚些。

(2)将桩进行单元划分,划分的原则是保证每层土的中间有一个对应的节点,以便施加节点弹性支承或一般连接中的弹簧单元。节点的弹性支承与一般连接中的弹簧单元都可以表现为非线弹性的特性,但是这里计算的土弹簧刚度系数为定值,土弹簧是线弹性的。

(3)在桩身设置水平土弹簧,整体坐标系 X 和 Y 两个方向的弹簧刚度系数一样。

对于竖向弹簧,其刚度系数可以根据实际情况按上节的讨论计算,但实际确定起来比较烦琐,所以往往通过将桩底固结的方法简单处理或在桩底施加一个弹簧,其刚度等于竖向承载能力除以竖向相对位移(比如6mm)。将桩底固结的方法似乎有些"草率",但这是早期的普遍做法,因为这样处理有其合理的地方,不光是因为我们多数情况关心桩顶的水平位移,而且一般情况下往往也是符合实际情况的。

图10-28所示为某连续梁桥整体建模的例子,其桩侧有 X、Y 方向的土弹簧,桩底固结。

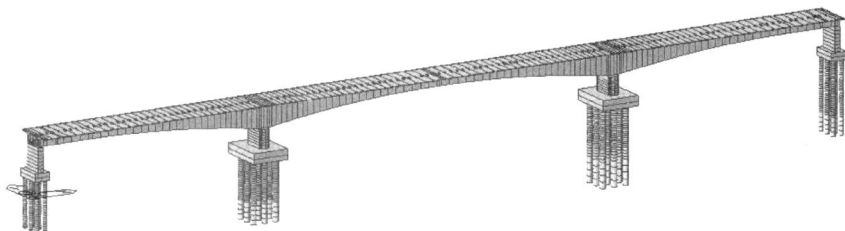

图10-28 某连续梁桥的整体模型

10.5 时程分析方法

10.5.1 时程分析的步骤

时程分析是计算动力荷载作用下结构响应的方法。时程分析的本质是求解结构动力微分方程[式(10-5)],是将动力作用以时间函数的形式引入微分方程,并通过相应的积分方式得到结构每一个时刻的响应以及响应的变化情况。时程分析的积分方式是关键的问题之一,midas Civil中时程分析可以使用的积分方式为振型叠加法和直接积分法。

$$M\ddot{u}(t) + C\dot{u}(t) + Ku(t) = F(t) \tag{10-5}$$

式中: M——质量矩阵;

        C——阻尼矩阵;

        K——刚度矩阵;

      $F(t)$——动力荷载;

$u(t)$、$\dot{u}(t)$、$\ddot{u}(t)$——分别为相对位移、速度和加速度。

在midas Civil中进行时程分析的步骤如下:

(1)利用**荷载>结构荷载/质量**菜单中各种输入质量的命令建立模型的质量数据。

(2)在**分析>分析控制>特征值**对话框中输入特征值分析所需的各种控制数据。

(3)在**荷载>地震作用>时程分析数据>时程函数**中输入时程荷载函数名称和时程荷载数据。

(4)在**荷载>地震作用>时程分析数据>荷载工况**中输入荷载工况名称、时程分析和输出所需的数据、阻尼比等数据。

(5)输入动力荷载,可以选择"节点动力荷载""地面加速度""时变静力荷载"。

当时程荷载函数用于输入节点动力荷载时,在**荷载>地震作用>时程分析数据>动力**中输入荷载工况名称、荷载函数名称、作用方向、到达时间等数据。

当时程荷载函数用于输入地面加速度荷载时,在**荷载>地震作用>时程分析数据>地面**中输入荷载工况名称、各方向荷载函数名称后点击操作命令。

当时程荷载函数用于将静力荷载转换为时变静力荷载时,在**荷载>地震作用>时程分析数据>时变静力荷载**中输入荷载工况名称、荷载函数名称、作用方向、到达时间等数据。

(6)点击**分析>运行分析**或点击工具条，运行结构分析。

(7)查看分析结果。

结构分析结束之后,利用"结果"菜单中各种后处理功能查看分析结果,或将其与其他静力荷载分析结果组合起来。所有的分析结果都提供分析控制时间内的最大值和最小值。当需要查看各时间步骤的结果,可利用**结果>时程>时程分析结果**命令,输出时程分析的文本或图形结果。

10.5.2 振型叠加法

振型叠加法利用振型的正交性将动力方程式(10-5)分解为各振型的动力方程,即采用振型坐标对微分方程组解耦,使其成为每个振型独立微分方程,然后对每个振型(实际上常取前几阶振型)运用杜哈梅积分进行求解,一般可采用分段积分法。其基本思想是利用结构自由振动的振型,将结构的动力学方程组转化成对应广义坐标的非耦合方程,然后单独求解各方程,最后求得各振型的响应后再进行线性组合以得到结构总体的响应。

振型叠加法结果的精确度受振型数量的影响。一般来说,在外力作用下结构通常只激起较低的一部分振型,而大多数高阶振型分量很小,可以忽略不计。对 n 阶动力方程,起主要作用的是其前 q 阶振型,且 $q<<n$。因此振型叠加法的关键是确定 q 和特征值分析。

振型叠加法具有一定的局限性:首先振型叠加法只适用于线性系统的分析,对于非线性系统,叠加原理不再适用,但也可以求解仅含有边界非线性的非线性地震反应分析(快速非线性分析),具体请参见本书第13章的相关内容;其次,该方法也不适合分析局部受高频冲击荷载作用的系统响应,因为此时系统响应的高频分量不可以忽略,为保证有足够高的计算精度,q 必须取得很大,计算系统的固有振型将花费大量的计算机时间;第三,阻尼最好为振型阻尼。

使用振型叠加法进行时程分析时的注意事项如下:

(1)分析时间(或分析步骤数)影响总的分析时间。

(2)分析时间步长影响分析结果的正确性,不宜大于基本周期的1/10,且不应大于输入的时间荷载数据时间间隔。

(3)要做特征值分析,因为计算中需要结构的前 q 阶固有周期,选择的振型数量 q 非常关键,直接影响计算的精度。

(4)要注意的是时程分析中的振型叠加与反应谱分析中的振型组合不同,时程分析中的振型叠加是各振型在各时间步上的线性组合,而反应谱分析中的振型组合方式有SRSS、CQC、ABS等(反应谱分析在第13.2节中介绍)。

(5)要选取适宜的动力荷载,特别是地震波的选取要满足地震动三要素(频谱特性、有效加速度峰值和持续时间)的要求。

(6)阻尼最好为振型阻尼、瑞利阻尼。

10.5.3 直接积分法

直接积分法又称逐步积分法,是随着时间的进展通过逐步积分直接计算结构的动力响应的方法。直接积分法与振型叠加法不同,无须先进行特征值分析(但是阻尼计算方法为直接振型法和应变能因子时,因计算结构阻尼时需要使用结构的模态,所以需要先进行特征值分析以求得模态)。

直接积分法的计算过程是:假设 $t=0$ 时刻的状态向量(位移、速度和加速度)是已知的,即初始条件已知;将时间求解域 $0 \leq t \leq T$ 进行离散,即可由已知 $t=0$ 时刻的状态向量计算 $t=0+\Delta t$ 时刻的状态向量,进而计算 $t=t+\Delta t$ 时刻的状态向量,直至 $t=T$ 时刻终止,这样便可得到动力响应的全过程。在这种方法中,后次的求解是在前次解已知的条件下进行的。在时间间隔

Δt 内,位移、速度和加速度的变化规律及其间的关系是假设的,给予某种假设,就可由前一状态推知下一状态,即对时间做不同的插值处理。采用不同的假设得到不同的直接积分方法。目前,在工程中和计算机程序中最常用的方法有中心差分法、常加速度法、线性加速度法、Newmark法、Wilson-θ法等,而其中以Wilson-θ和Newmark法应用最广。评价逐步积分法的优劣标准是收敛性、计算精度、稳定性、计算效率,midas Civil在求解瞬态动力分析问题时采用Newmark这种隐式时间积分法。

使用Newmark法需要确定两个积分参数 γ 和 β,γ 和 β 是按积分精度和稳定性要求而确定的参数。当 $0.5 \leqslant \gamma \leqslant 2\beta$ 时,Newmark法为无条件稳定。但是,如果 $\gamma > 0.5$ 则会引入误差,这些误差与阻尼和周期延长有关。大结构的计算模型可能包含小于积分时间步长的周期,因此有必要选择一个对所有时间步长都是无条件稳定的数值积分方法。时间步长的限制可按式(10-6)确定。

$$\frac{\Delta t}{T_{\min}} \leqslant \frac{1}{2\pi\sqrt{\dfrac{\gamma}{2}-\beta}} \qquad (10\text{-}6)$$

式中: $T_{\min}$——结构的最小振动周期。

midas Civil中直接积分采用Newmark法,需要输入 γ(程序中为Gamma)和 β(程序中为Beta)两个相关参数。有三种方法输入这两个参数。

(1)加速度常量:假定结构的加速度在每个时间步骤中未发生改变,相应的Gamma=0.5、Beta=0.25为程序默认值,自动输入且不能改变。基于该假定,时间步的大小不会影响解的稳定性。由于加速度常量法分析结果稳定,因此程序推荐(默认)使用该方法输入。

(2)线性变化加速度:假定结构的计算度在每个时间步骤中线性变化,相应的Gamma=0.5、Beta=1/6自动输入且不可编辑。基于该假定,当时间增量值大于0.551倍的结构最小周期时,分析结果会变得不稳定。

(3)用户输入:用户直接输入Gamma和Beta值。

时间积分常数的取值不同,对应的逐步积分法不同,表10-2给出了不同参数对应的逐步积分法。

不同时间积分常数对应的逐步积分法　　　　表10-2

参数取值	对应的逐步积分法	稳定性条件
$\gamma=0.5,\beta=0.25$	平均常加速度	无条件稳定
$\gamma=0.5,\beta=1/6$	线性加速度法 ($\theta=1$时的Wilson-θ方法)	$\Delta t \leqslant 0.551 T_{\min}$
$\gamma=0.5,\beta=0$	中心差分法	$\Delta t \leqslant \dfrac{1}{\pi} T_{\min}$

使用直接积分法时的注意事项如下:

(1)分析时间(或分析步骤数)影响总的分析时间。

(2)分析时间步长影响分析结果的正确性,不宜大于基本周期的1/10,且不应大于输入的时间荷载数据时间间隔。

(3)要选取适宜的地震动力荷载,地震波的选取要满足地震动三要素(频谱特性、有效加速度峰值和持续时间)的要求。

(4)阻尼计算方法建议使用瑞利阻尼。

(5)时间积分常数的取值:常加速度不发散且恒稳定,线性加速度根据具体情况有可能不收敛,建议使用常加速度时间参数。

(6)当外荷载为冲击荷载,激起振型很多时,应采用直接积分法;非线性动力响应问题,则一般只能采用直接积分法。

10.5.4 多点激励分析

当大跨度桥梁的桥墩间距较大,或者桥墩坐落在不同的场地上时,作用在不同桥墩上的地震波的发生时间可能不同,或者作用的地震波的特征周期、峰值加速度也有可能不同。此时应该给不同的桥墩以不同的地震波或者给予到达时间的延迟,即应考虑行波效应和局部场地效应。对点激励分析就是给不同支座输入不同地面运动的分析方法,midas Civil 可以进行多点激励分析,具体请参见本书第13.7节。

10.5.5 时程荷载工况中选项的说明

运行命令**荷载>地震作用>时程分析数据>荷载工况**,会弹出如图10-29所示的对话框,对话框中有的选项已经在前面说明,下面仅对其中的部分时程分析选项给出说明。另外读者还可以参考程序的在线帮助中的内容,在本书的第13章中也有实例及说明。

图10-29 时程分析荷载工况选项

1)关于分析类型选项

图10-29中的"分析类型"分组框中有"线性"和"非线性"两个选项,该选项将直接影响分析过程中结构刚度矩阵的构成。"非线性"选项一般用于定义了非弹性铰的动力弹塑性分析和在一般连接中定义了非线性连接(非线性边界)的结构动力分析中。当定义了非弹性铰或在一般连接中定义了非线性连接(非线性边界),但是在"编辑时程荷载工况"对话框中的"分析类型"中选择了"线性"时,动力分析中将不考虑非弹性铰或非线性连接的非线性特点,仅取其特性中的线性特征部分进行分析。

只受压(或只受拉)单元、只受压(或只受拉)边界在动力分析中将转换为既能受压也能受拉的单元或边界进行分析。如果要考虑只受压(或只受拉)单元、只受压(或只受拉)边界的非线性特征进行动力分析应该使用**边界>一般连接**中的间隙和钩来模拟。

2)关于分析方法选项

图10-29中的"分析方法"分组框中有"振型叠加法""直接积分法"和"静力法"三个选项。这三个选项是指解动力方程的方法。振型叠加法是将多自由度体系的动力反应问题转化为一系列单自由度体系的反应,然后再进行线性叠加的方法。其优点是计算速度快、节省时间。但是由于采用了线性叠加原理,原则上仅适用于分析线弹性问题,当进行非线性动力分析或者因为装有特殊的阻尼器而不能满足阻尼正交(刚度和质量的线性组合)时是不能使用振型叠加法的。

直接积分法是将时间作为积分参数解动力方程式的方法。直接积分法的优点是可以考虑刚度和阻尼的非线性特点,计算相对准确,但是因为要对所有时间步骤都要积分,所以分析时间相对较长。

静力法是使用动力分析方法模拟Pushover分析(静力弹塑性分析)的方法。也可以用于确定静力荷载作用下(使用时变静力荷载方法)结构的铰状态。之所以称为静力法,是因为求解过程中忽略了动力方程中的加速度和速度项,而位移和荷载项也没有了真正意义上的时间概念,只有荷载控制和位移控制中的步骤概念。时程分析中的静力法与Pushover分析相比,其优点是:

(1)可控制正反两个方向上的位移,这样更接近于实际地震的振动(Pushover分析的位移是单方向的)。

(2)用户定义铰特性值更自由,并且可通过定义纤维截面更详细地确认截面内破坏情况。

3)关于时程类型选项

有"瞬态"和"周期"两个选项,这两个选项是指动力荷载的类型以及分析中荷载的使用方法。"瞬态"一般用于无规律的振动(如地震荷载)。选择该项时,分析时间长度是由输入的"分析时间"控制的。"周期"一般用于有规律的振动(例如简谐振动),选择该项时,时间荷载可只定义一个周期。例如:周期为1s的无衰减的正弦波荷载,如果用户想要分析一直重复振动的结果,那么可以在定义时间荷载时只定义1个周期长度的时间荷载(即时间荷载长度为1s),然后在时程荷载工况对话框中的"分析时间"中输入1s,在"时程类型"中选择"周期",程序分析结果就会给出循环加载的效果。当然,也可以在定义时间荷载时重复定义多次循环,在时程荷载工况对话框中的"分析时间"中输入很长的时间,在"时程类型"中选择"瞬态",两者效果是相同的。

4)关于加载顺序选项

当前时程荷载工况要在前次荷载工况(可以是时程荷载、静力荷载、最后一个施工阶段荷载、初始内力状态)作用下的位移、速度、加速度、内力状态下继续分析,则在定义当前时程荷载工况时要选择"接续前次"选项。

(1)荷载工况选项

在荷载工况列表中可选择的前次荷载工况有TH(时程荷载)、ST(静力荷载)、CS(最后一个施工阶段荷载),但前提是这些荷载工况已经存在。

当前次荷载工况为时程荷载时(例如前次为TH_1,当前为TH_2),并且要想按照$TH_1 \rightarrow TH_2$的顺序进行连续分析时,TH_1和TH_2的"分析类型"和"分析方法"选项的选择需要一致。

当前次荷载工况为ST或CS、且定义了非弹性铰做动力弹塑性分析时,要注意ST或CS的荷载要在弹性范围内。当前次荷载工况为时程荷载时,则不需要求前次时程荷载工况的结果处于弹性阶段的要求。

(2)初始单元内力(表格)选项

用**荷载>初始荷载>小位移>初始单元内力**表格中的内力作为前次荷载工况。该选项可定义时程分析的初始条件(内力、初始几何刚度),一般可用于有初始恒荷载作用的地震作用弹塑性时程分析,即先做静力分析获得结构的初始内力,程序会使用该内力状态构成结构的初始刚度矩阵,然后再做时程分析。同荷载工况选项中的说明一样,内力表格中的内力值要在弹性范围内。

（3）初始力和几何刚度选项

用**荷载>初始荷载>大位移>几何刚度初始荷载**定义的内力(荷载)作为初始内力状态。该选项需激活图10-29中的"几何非线性类型"分组框中的"大位移"选项。

（4）累加位移/速度/加速度结果

不选此项时,查看本荷载工况的结果时只输出本荷载工况作用的结果;选择此项时,查看本荷载工况的结果时包含了前次荷载工况最终步骤的影响。程序只要选择了加载顺序选项,程序计算当前荷载工况时就会考虑前次荷载工况的影响,该选项(不选时)仅是为了方便用户想查看不受前次荷载工况影响的当前荷载工况作用结果。所以该选项仅影响结果的输出,不影响内部计算过程。

（5）保持最终步骤荷载不变

保持前次荷载工况最终步骤时的荷载不变,加到本次荷载工况各荷载时间步骤中。

5）非线性分析迭代控制中"容许不收敛"选项

在如图10-29所示对话框的"非线性分析控制参数"分组框中,勾选"迭代计算",然后点击 迭代控制... 按钮,会弹出如图10-30所示的迭代控制对话框。

图10-30　迭代控制选项

一般其他程序当分析过程不收敛时将退出分析。但是有时用户需要查看前面已经收敛步骤的结果,所以本程序增加了该选项(勾选图10-30中的"容许不收敛"),即使分析过程中不收敛也让分析继续进行下去。

10.5.6　时程荷载函数

运行命令**荷载>地震作用>时程分析数据>时程函数**,当时程荷载是随机振动荷载时,在弹出的对话框中点击"添加时程函数"按钮(当时程荷载是谐振动时,在弹出的对话框中点击"添加谐振荷载"按钮),将会弹出如图10-31所示的对话框,然后在其中输入时程荷载数据,即指定时程分析时的时程加载函数。

在"时间函数数据类型"分组框中,可以选择"无量纲加速度""加速度""力""弯矩"和"无量纲"。"无量纲加速度"是将加速度时程函数数据除以重力加速度得到的数据。"力"或"弯矩"时程荷载函数用于输入"节点动力荷载",指定"无量纲加速度"或"加速度"时程函数用于输入"地面加速度","无量纲"时程函数用于输入"时变静力荷载"。注意由上述数据类型中的一种改变为另一种类型时,并不会随着改变的数据类型的单位体系改变数据的数值。

图10-31　定义时程函数

点击"导入"按钮可以从已有的SGS或THD文件类型中导入地震波数据,点击"地震波"按钮则是从程序自带的地震波中选择地震波数据。时程函数数据栏中的数据可以和Excel中的数据通过"Ctrl+C"和"Ctrl+V"进行数据交换。

"放大"分组框中的"放大系数"和"最大值"两个选项中只能选一个,目的是对时程函数数据栏中的数据进行同比例放大或缩小。可以直接输入放大或缩小系数,也可以指定数据中的最大值(此时的放大系数=用户填写的最大值/数据中的最大值)。

"重力加速度"用于将无量纲加速度和等效质量转换为荷载。

点击"生成地震反应谱"按钮,将当前的地震波数据转换为反应谱数据,如图10-32所示。图中的三条曲线对应三个不同的阻尼比。该功能与本书第6.7节所述"根据地震波历史记录生成反应谱"的功能基本一样。

图10-32　由当前地震波数据转换为反应谱数据

10.5.7　动力荷载

midas Civil的动力荷载输入有三种方法,可以选择"节点动力荷载""地面加速度""时变静力荷载"。定义时需要指定时程荷载工况名称、荷载函数名称、作用方向、放大系数和到达时间等数据。详细的数据填写说明请参见程序的在线帮助手册,本书第13章中有多个例题使用了上述三种动力荷载的输入。

"节点动力荷载"是将随时间变化的力或弯矩荷载指定给相应的节点,用加速度时程函数表示的地震波一般用"地面加速度"的方式输入。当然也可以将加速度时程函数转换为力或弯矩型的时程函数,然后再施加在结构的某个位置(节点)上。"时变静力荷载"是将已经定义的静力荷载乘上时间函数,将其转换为动力荷载。将静力荷载与动力荷载组合时,需要将静力荷载转换为动力荷载。

10.5.8　程序时程分析结果的读取与输出

时程分析的变形、内力和应力结果可以使用图形和文本的形式输出,可以像静力分析结果一样,通过结果菜单中的反力、位移、内力和应力子菜单查看每一个分析工况分析结果的最大、最小和包络值,也可以通过右键后处理模式下的模型窗口得到的**浮动菜单>时程分析结果**菜单[图10-33a)],或通过**结果>时程分析结果**菜单[图10-33b)]查看更详细的结果。针对时程分析工况,可以通过定义"时程结果函数"输出时程轨迹曲线。

a)浮动菜单下的时程分析结果　　　　　　b)主菜单下的时程分析结果

图10-33　时程分析结果菜单

时程分析本质上是一系列连续时间点的全面分析,因此输出变形和内力结果时,需要确定输出哪一个时间步的结果。例如用命令**结果>时程分析结果>位移/速度/加速度**查看时程分析后模型的位移、速度、加速度结果时,弹出如图10-34所示的对话框。需要选择时程荷载工况名称、步骤、时间函数等,还可以用动画的形式输出分析的时程结果。

使用命令**结果>时程分析结果>时程分析图形**来查看和输出结果需要先定义"时程结果函数"。"时程结果函数"决定时程结果的类型和定义输出结果图形函数和步骤函数,图形结果函数也可以在后处理的时程分析图形中定义或编辑。详细的数据填写说明请参见程序的在线帮助手册,本书的第13.4.3节和第13.6.2节中有例题使用了时程分析图形功能。

图 10-34　查看位移的时程结果

10.6　移动荷载时程分析

10.6.1　概述

当车辆通过桥梁时,车辆产生重力效应(即车辆质量引起的竖向力)和惯性效应(即车辆质量和加速度效应)。即使车辆不动,重力效应仍然存在,因此重力效应是桥梁静态分析的主要输入参数。仅当车辆沿行车方向运动时,才会产生惯性效应,因此惯性效应是动力效应的原因。桥梁上通过车辆引起的车桥耦合振动问题是一个非常复杂的问题,因此工程实践中经常进行简化处理。

进行移动荷载时程分析时考虑惯性效应的移动质量在 midas Civil 中实现起来不是很容易。如果移动车辆的惯性效应比其重力效应小得多,则惯性力可以完全忽略不计。这适用于中等跨径和大跨径桥梁(跨度超过30m),这些桥梁自重要比车重大得多。

国外学者通过将车辆的重力效应和惯性效应分离的办法引入了一种有意义的简化方法。车辆重力以竖向力的形式在桥上移动,而车辆的质量 m 则固定在梁的跨中(图10-35,F 为移动力,c 为移动速度,L 为跨度)或有时在1/3梁跨处。这一假定适用于大跨度桥梁,极大地简化了理论分析。当桥梁有载频率(随车辆移动而变化)接近简化后的固有频率时,这种简化的计算值与实测值吻合得很好。在对整个列车或车队的作用进行研究时,当车辆的平均质量沿桥梁均匀分布时,上述的简化就比一个单独车辆的计算结果更能令人满意。

在 midas Civil 中施加移动冲击力的方法是"节点动力荷载"。

由于单轮车辆荷载作用在节点时是个瞬间作用后随即消失的一种冲击荷载,所以在这里将其近似地模拟为最大值为1kN的三角形荷载(图10-36),其中t_0和t_1的时间差以及t_1和t_2的时间差(假设两个时间差相等)由车辆的速度和所建模型的节点间距来决定。

图10-35 质量为m的车辆过桥时重力
效应与惯性效应分离

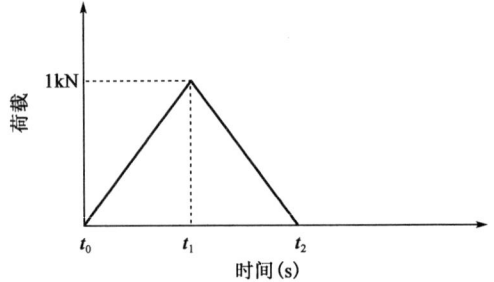

图10-36 将车辆荷载近似模拟为三角形荷载

假设单轮车辆荷载在t_0时刻开始施加到节点上,经过$t_1 \to t_0$时间后达到最大值,又经过$t_2 \to t_1$时间后该节点上的力降为0。若假设单元的长度都一样为L_e,车辆以速度v匀速行驶,则:

$$\Delta t = t_1 - t_0 = t_2 - t_1 = \frac{L_e}{v} \tag{10-7}$$

这样刚好是单轮行驶到要施加冲击力的节点上一个节点时荷载开始增加,到达该节点时达到最大值,前进到下一个节点时,荷载降为0。

若单元长度为0.5m,若车速为100km/h,则Δt为0.018s。

因为在图10-36中将最大荷载值定义成了1kN,那么需要在定义时程荷载函数时将放大系数定义为车轮的实际质量,对于车辆单轮荷载为638kN、对应车速100km/h的时程荷载函数定义如图10-37所示。

图10-37 单轮车辆荷载对应的时程荷载函数

为了施加节点动力荷载,还需要定义时程荷载工况,这个也可以在定义时程荷载函数之前定义。最后再定义节点动力荷载。详细过程请参见下节的实例。

10.6.2 移动荷载分析实例

1)桥梁及荷载数据

某跨度16m的简支梁,梁的抗弯刚度$EI = 2.0 \times 10^{10}\text{N·m}^2$,质量$m = 9.36 \times 10^3\text{kg/m}$(包含桥面荷载),阻尼比为0.05。单轮荷载为$F = 6.38 \times 10^5\text{N}$,车速100km/h。本例仅考虑移动荷载的动力效应,不计自重的挠度。

2)建模

建立节点和单元,单元长度0.5m,共32个单元,仅考虑X-Z平面内竖向振动,即按2D问题考虑。截面为2m×1m(高×宽)的矩形截面。混凝土材料强度等级为C30,将桥面荷载也视为梁体自重,则换算的重度为46.8kN/m³。按简支梁施加边界条件,即最左侧的节点约束沿梁长方向(正X方向)与竖向(Z向)的平动位移,最右侧节点仅约束竖向平动位移。

质量数据仅为结构本身(含桥面)的质量,运行命令**结构>结构类型**,在弹出的对话框中,"结构类型"选择"X-Z平面",质量控制参数中,选择"集中质量",勾选"将自重转换为质量",方向选择"转换为Z"。如图10-38所示。

将铺装或护栏的荷载按均布荷载或节点荷载的形式输入时,可使用"**荷载>静力荷载>将荷载转换成质量**"的功能将荷载转换成节点质量。

3)特征值分析

本例拟用振型叠加法计算,所以这里先要进行特征值分析。运行命令**分析>特征值**,在弹出的对话框(图10-39)中,分析类型选择"多重Ritz向量法",初始荷载工况选择"地面加速度Z",初始向量数量填为10,点击 添加 按钮,在点击 确认 按钮完成特征值分析控制数据的输入。

图10-38 定义质量数据   图10-39 特征值分析控制

点击工具栏中的按钮,运行分析。通过**结果>结果表格>周期与振型**命令,可以查看各振型的频率与周期,如图10-40和图10-41所示。

从计算结果可以看出,到第3模态Z方向的振型参与质量已经达到92.70%,所以仅计算前3阶振型即可。到第10阶模态振型参与质量达到100%,因此我们可以判断对于竖直方向的反应,所参与的质量已经足够可以获得结构动力反应的主要特征了。基本周期为0.114656s。

模态号	频率		周期
	(rad/sec)	(cycle/sec)	(sec)
1	54.800543	8.721777	0.114656
2	208.292196	33.150733	0.030165
3	434.609065	69.170181	0.014457
4	1000.589924	159.248832	0.006279
5	1609.374671	256.139934	0.003904
6	2205.213219	350.970584	0.002849
7	2771.286448	441.063937	0.002267
8	3344.693467	532.324498	0.001879
9	4120.147309	655.741811	0.001525
10	5187.185737	825.566251	0.001211

图 10-40　特征值分析结果中的频率与周期

模态号	TRAN-X		TRAN-Y		TRAN-Z		ROTN-X		ROTN-Y		ROTN-Z	
	质量(%)	合计(%)	质量(%)	合计(%)	质量(%)	合计(%)	质量(%)	合计(%)	质量(%)	合计(%)	质量(%)	合计(%)
1	0.00	0.00	0.00	0.00	83.54	83.54	0.00	0.00	0.00	0.00	0.00	0.00
2	0.00	0.00	0.00	0.00	0.00	83.54	0.00	0.00	66.51	66.51	0.00	0.00
3	0.00	0.00	0.00	0.00	9.16	92.70	0.00	0.00	0.00	66.51	0.00	0.00
4	0.00	0.00	0.00	0.00	3.21	95.91	0.00	0.00	0.00	66.51	0.00	0.00
5	0.00	0.00	0.00	0.00	1.57	97.49	0.00	0.00	0.00	66.51	0.00	0.00
6	0.00	0.00	0.00	0.00	0.90	98.39	0.00	0.00	0.00	66.51	0.00	0.00
7	0.00	0.00	0.00	0.00	0.57	98.96	0.00	0.00	0.00	66.51	0.00	0.00
8	0.00	0.00	0.00	0.00	0.44	99.40	0.00	0.00	0.00	66.51	0.00	0.00
9	0.00	0.00	0.00	0.00	0.40	99.80	0.00	0.00	0.00	66.51	0.00	0.00
10	0.00	0.00	0.00	0.00	0.20	100.00	0.00	0.00	0.00	66.51	0.00	0.00

图 10-41　特征值分析结果中的振型参与质量

4)时程分析

输入时程分析数据的顺序如下：

首先,进行**荷载>地震作用>时程分析数据>时程函数**,定义动力荷载,比如车辆行驶速度为 100km/h 时,可以按图 10-37 定义。图中注意"时间函数数据类型"选择"力",放大系数为 638,这样总的单轮荷载就是函数峰值中的 1kN 与该放大系数 638 的乘积,即 638kN,等于已知条件中的单轮荷载为 $F = 6.38 \times 10^5 N$。

然后,在时程荷载工况中输入分析时间总长、分析时间步长、阻尼比等数据,对应命令为**荷载>地震作用>时程分析数据>荷载工况**,按图 10-42 填写数据。车辆按 100km/h 行驶通过该桥的时间为 0.576s,但为了了解车辆通过后结构的动力效应分析时间确定为 3s。分析时间步长最大为基本周期的 1/10,这里考虑到第 10 阶振动周期为 0.001s 左右,所以取其 1/10 为 0.0001s。阻尼计算方法采用振型阻尼,所有振型阻尼比均为 0.05。

最后,在节点动力荷载中输入所定义的时程荷载函数和时程荷载工况到达相应节点的时间。对应命令为**荷载>地震作用>时程分析数据>动力**。如图 10-43 所示,首先选择要施加节点动力荷载的节点,然后依次指定时程荷载工况名称、选择时程荷载函数名称、力的方向、到达时间和系数,最后点击"适用"按钮。图 10-44 所示为定义了节点 2 上的节点动力荷载后的情形。"到达时间"为时程荷载作用于相应节点的时刻,因为 1 号节点施加了约束,这里设定车辆荷载的作用从节点 2 开始。节点 2 的到达时间为 0s,对于节点 3 应输入 0.018s,对于节点 4 应输入 0.036s,其他节点的到达时间以此类推。因定义的时程荷载函数的作用方向与重力方向相同,所以"系数"中输入 -1,实际的荷载值应该等于图 10-37 中函数峰值×放大系数×这里的"系数"。

图10-42　时程荷载工况定义　　　　图10-43　定义节点动力荷载(节点2)

图10-44　节点2上的节点动力荷载

使用该命令一次只能定义一个节点上的节点动力荷载,这里要为2～32号节点都定义,而且到达的时间都不同。一个一个定义比较烦琐,此时可以先对某个节点输入节点动力荷载后,再利用节点动力荷载表格和Excel表格的互换功能,比较方便地输入剩余节点的动力荷载。具体方法如下:

(1)选择荷载>荷载表格>时程分析>动态节点力。

(2)将如图10-45所示的已输入的一个节点的内容复制到Excel表格中。

节点	荷载工况	荷载类型	时程函数	加载方向	到达时间(sec)	系数
2	LC1	力	MV	Z	0.00	-1.00

图10-45　节点动力荷载表格

(3)如图10-46所示,在Excel表格中考虑节点和相应的到达时间来生成节点动力荷载数据。

(4)将Excel表格中的结果复制到节点动力荷载表格中(图10-47)。

5)运行分析

点击工具栏中的 按钮,运行分析。

	A	B	C	D	E	F	G
2	LC1	力	MV	Z	0	−1
3	LC1	力	MV	Z	0.018	−1
4	LC1	力	MV	Z	0.036	−1
5	LC1	力	MV	Z	0.054	−1
6	LC1	力	MV	Z	0.072	−1
7	LC1	力	MV	Z	0.09	−1
8	LC1	力	MV	Z	0.108	−1
9	LC1	力	MV	Z	0.126	−1
10	LC1	力	MV	Z	0.144	−1
11	LC1	力	MV	Z	0.162	−1
12	LC1	力	MV	Z	0.18	−1
13	LC1	力	MV	Z	0.198	−1
14	LC1	力	MV	Z	0.216	−1
15	LC1	力	MV	Z	0.234	−1
16	LC1	力	MV	Z	0.252	−1
17	LC1	力	MV	Z	0.27	−1
18	LC1	力	MV	Z	0.288	−1
19	LC1	力	MV	Z	0.306	−1
20	LC1	力	MV	Z	0.324	−1
21	LC1	力	MV	Z	0.342	−1
22	LC1	力	MV	Z	0.36	−1
23	LC1	力	MV	Z	0.378	−1
24	LC1	力	MV	Z	0.396	−1
25	LC1	力	MV	Z	0.414	−1
26	LC1	力	MV	Z	0.432	−1
27	LC1	力	MV	Z	0.45	−1
28	LC1	力	MV	Z	0.468	−1
29	LC1	力	MV	Z	0.486	−1
30	LC1	力	MV	Z	0.504	−1
31	LC1	力	MV	Z	0.522	−1
32	LC1	力	MV	Z	0.54	−1

图10-46　在Excel表格中生成剩余节点的动力荷载数据

节点	荷载工况	荷载类型	时程函数	加载方向	到达时间(sec)	系数
2	LC1	力	MV	Z	0.00	−1.00
3	LC1	力	MV	Z	0.02	−1.00
4	LC1	力	MV	Z	0.04	−1.00
5	LC1	力	MV	Z	0.05	−1.00
6	LC1	力	MV	Z	0.07	−1.00
7	LC1	力	MV	Z	0.09	−1.00
8	LC1	力	MV	Z	0.11	−1.00
9	LC1	力	MV	Z	0.13	−1.00
10	LC1	力	MV	Z	0.14	−1.00
11	LC1	力	MV	Z	0.16	−1.00
12	LC1	力	MV	Z	0.18	−1.00
13	LC1	力	MV	Z	0.20	−1.00
14	LC1	力	MV	Z	0.22	−1.00
15	LC1	力	MV	Z	0.23	−1.00
16	LC1	力	MV	Z	0.25	−1.00
17	LC1	力	MV	Z	0.27	−1.00
18	LC1	力	MV	Z	0.29	−1.00
19	LC1	力	MV	Z	0.31	−1.00
20	LC1	力	MV	Z	0.32	−1.00
21	LC1	力	MV	Z	0.34	−1.00
22	LC1	力	MV	Z	0.36	−1.00
23	LC1	力	MV	Z	0.38	−1.00
24	LC1	力	MV	Z	0.40	−1.00
25	LC1	力	MV	Z	0.41	−1.00
26	LC1	力	MV	Z	0.43	−1.00
27	LC1	力	MV	Z	0.45	−1.00
28	LC1	力	MV	Z	0.47	−1.00
29	LC1	力	MV	Z	0.49	−1.00
30	LC1	力	MV	Z	0.50	−1.00
31	LC1	力	MV	Z	0.52	−1.00
32	LC1	力	MV	Z	0.54	−1.00

图10-47　完成输入后的节点动力荷载表格

6)查看结果

利用结果菜单里提供的各种后处理功能查看分析结果,程序将提供分析时间内结果的最大、最小值和包络结果。

查看各个时刻的结构的反应时,可利用**结果>时程分析结果**功能,程序将以时程图形和文本的形式输出结果。时程分析结果包括位移、速度、加速度、内力和应力等,查看结果可按下面步骤操作。

(1)运行**荷载>地震作用>时程分析数据>定义**或**结果>时程图表/文本>时程图形>定义/编辑函数**,如图10-48a)所示。

(2)选择"图形函数",在定义函数选择栏的下拉条中选择"位移/速度/加速度",也可以选择其他内力或应力等,如图10-48b)所示。

(3)点击"添加新函数"按钮,弹出10-48c)所示的对话框,按图填写或选择,最后点击"确认"。名称填写为"变形",节点17为跨中节点。可以用类似的方法同时定义多个函数。

(4)运行**结果>时程图表/文本>时程图形**,如图10-48d)所示。在函数列表中勾选上面定义的名称为"变形"的函数,在"竖轴"分组框中点击"从列表中添加"按钮,横轴选择为"时间",点击"图表"按钮,可以得到如图10-49所示的跨中挠度的时程曲线。如果上面定义了多个函数,也可以在"横轴"中选择这些函数。最大的竖向变形为2.970mm。

图10-48 定义时程结果函数

图10-49 时速100km时的跨中位移时程图形

这里给出的移动荷载时程分析仅是车桥耦合振动分析中最原始的方法,实际的车桥耦合振动分析要考虑车辆系统,包括车辆的质量分布和一系、二系弹簧及阻尼等。如按第10.6.1节中图 10-35 所示的简化方法,可以将车辆的质量按"节点质量"施加在跨中,其他条件不变。图 10-50 所示图形为该桥在跨中放置了 63.8kN/g(g 为重力加速度)的质量块之后的跨中挠度时程曲线,对应车辆时速为 100km。最大的竖向变形为 3.094mm,比没有车辆质量时稍大。

图 10-50   时速 100km 时的跨中位移时程图形(考虑车辆质量)

如果车辆时速为 60km,仅需更改时程荷载函数的定义以及到达时间。图 10-51 所示为时速 60km 时的跨中挠度时程曲线。最大的竖向变形为 2.863mm。

图 10-51   时速 60km 时的跨中位移时程图形

10.7 撞击问题的模拟

10.7.1 撞击荷载的确定

撞击荷载是一种动力荷载,是在某一个相对比较短的时间内积聚相对较大的能量并作用于结构的过程。

船只撞击桥梁过程包含着巨大的能量转换,是一个由毫秒到秒量级的短时间动态过程,本质上是一个复杂的冲击力学问题。通常认为,解决防撞设计问题的关键是确定用于设防的撞击力。国内桥梁设计规范中给出了计算撞击力的经验公式:

(1)《公路桥涵设计通用规范》(JTG D60—2015)第4.4.2条规定漂流物横桥向撞击力标准值按式(10-8)估算。

$$F = \frac{WV}{gT} \tag{10-8}$$

式中:W——漂流物重力(kN),应根据河流中漂流物情况,按实际调查确定;

V——水流速度(m/s);

T——撞击时间(s),应根据实际资料估计,无实际资料时,可用1s;

g——重力加速度(m/s²),$g = 9.81$m/s²。

内河船舶的撞击作用点,假定为计算通航水位线以上2m的桥墩宽度或长度的中点。海轮船舶撞击作用点需视实际情况而定。漂流物的撞击作用点假定在计算通航水位线上桥梁宽度的中点。

(2)《铁路桥涵设计规范》(TB 10002—2017)第4.4.6条规定,墩台承受船只或排筏的撞击力可按式(10-9)计算。

$$F = \gamma v \sin\alpha \sqrt{\frac{W}{C_1 + C_2}} \tag{10-9}$$

式中:γ——动能折减系数(s/m⁰·⁵),当船只或排筏斜向撞击墩台(指船只或排筏驶近方向与撞击点处墩台面法线方向不一致)时可采用0.2,正向撞击可采用0.3;

v——船只或排筏撞击墩台时的速度(m/s),此项速度对于船只采用航运部门提供的数据,对于自放排筏采用水流速度;

α——船只或排筏驶进方向与墩台撞击点处切线所成的夹角(°),应根据具体情况确定,如有困难,可采用$\alpha = 20°$;

W——船只或排筏的重量(kN);

$C_1 + C_2$——船只或排筏的弹性变形系数和墩台圬工的弹性变形系数(m/kN),缺乏资料时,一般假定$C_1 + C_2 = 0.0005$m/kN。

撞击力的作用高度,应根据具体情况确定,缺乏资料时可采用通航水位的高度。

墩柱受到汽车的撞击力在顺行车方向采用1000kN,横行车方向应采用500kN,按两个方向上的撞击力不同时考虑。撞击力作用在路面以上1.2m高度处。

10.7.2 撞击荷载的施加

对于撞击等冲击荷载,首先应该定义其时程荷载函数,然后定义对应的时程荷载工况,最后用节点动力荷载的形式施加。对于冲击问题,一般要进行非线性时程分析,要考虑荷载的$P\text{-}\Delta$效应或大位移的几何非线性效应,积分方式一般要选择直接积分。

图10-52 ~ 图10-54给出了三种常见的冲击荷载的时程函数形式。

图10-52所示为一个单值冲击荷载,荷载发生在0.2s,持续时间为1s,随后的函数值为0。图10-53所示也是一个单值冲击荷载,不同之处是冲击荷载从0时刻开始,持续时间为1s,随后的函数值为0。图10-54所示是一个连续峰值的冲击荷载,而且每一次峰值在加大,持续时间均为1s,间隔时间也是1s,随后的函数值为0。海浪冲击作用就可以近似认为是图10-54所示函数形式的冲击荷载作用,如果需要可以根据实际情况定义不同的持续时间和间隔时间。

图 10-52　常见冲击荷载的时程函数(一)

图 10-53　常见冲击荷载的时程函数(二)

图 10-54　常见冲击荷载的时程函数(三)

第 11 章

非线性分析

11.1 非线性分析概述

11.1.1 概述

如果荷载引起刚度的显著变化,则结构是非线性的。刚度变化的主要原因有应变超出弹性极限(塑性)、出现大挠度以及两物体间发生接触。对应地,非线性问题大致可分为三类:材料非线性、几何非线性和边界(状态)非线性。

材料非线性是由应力-应变的非线性关系引起的。许多因素可以影响材料的应力-应变性质,包括加载历史(如在弹-塑性响应情况下)、环境状况(如温度)、加载的时间总量(如在徐变响应情况下)。

几何非线性是由应变和位移之间存在的非线性关系引起的,几何非线性的特点是结构发生大位移、大转动和大应变。大位移常见的例子有结构的屈曲、大跨度结构的挠曲变形等,大转动常见的例子有结构的翻转等,大应变的例子有结构加工制造、碰撞和冲击等。桥梁结构的几何非线性主要是指大位移问题,由于结构的位移较大,以至于平衡方程必须按照变形后的几何位置来建立。当结构发生比较大的几何变形时,结构的荷载-位移关系将呈非线性特性,在线弹性分析中忽略的变形高阶项的影响将变得重要。几何非线性与材料的性质无关,而是分析结构的形状变化对结构内力的影响。大位移分析和P-Δ分析均属几何非线性分析范畴,也是midas Civil程序能够求解的几何非线性问题。在midas Civil程序中,进行静力分析、施工阶段分析时均可以考虑大位移。

边界非线性是由边界条件引起的,是一种与状态相关的非线性行为。当边界条件随荷载引起的结构变形而变化时,结构的荷载-位移曲线会呈非线性特性。考虑模拟地基的只受压弹簧、隔震支座、消能减震装置的分析均属于边界非线性的范畴。

非线性有限元问题与线性有限元问题有很大的不同,主要表现在:

(1)非线性问题的方程是非线性的,因此一般需要进行迭代求解。

(2)非线性问题不能采用叠加原理。

(3)非线性问题不是总有一致的解,有时甚至没有解,尽管问题的定义都是正确的。

11.1.2 非线性分析控制

本章主要介绍midas Civil的静力非线性分析功能,其动力非线性分析功能是指动力弹塑性分析,主要是用于抗震分析,将在第13章中介绍。在midas Civil的动力分析中,非线性控制选项在定义时程分析荷载工况对话框中定义。

在midas Civil的静力分析中,有3个地方有非线性分析控制选项,即主控数据(**分析>主控数据**)中的迭代选项、非线性分析控制(**分析>非线性**)中的迭代选项、施工阶段模拟中(**分析>施工阶段>非线性分析>非线性分析控制**)的非线性分析迭代选项。

主控数据中的迭代选项适用于有仅受拉、仅受压单元(包括此类边界)的模型,模型中有仅受拉、仅受压单元(包括此类边界)时,对这些单元的非线性迭代计算由该对话框中的控制数据控制。

非线性分析控制中的迭代选项适用于几何非线性(大位移)分析和材料非线性(塑性)静力分析。当进行几何非线性分析时,在模型中即使有仅受拉、仅受压单元(包括此类边界),对这些单元或边界仍由非线性分析控制中的迭代选项来控制。

施工阶段模拟中的非线性分析迭代选项,仅对施工阶段中的几何非线性分析起控制作用,模型中有仅受拉、仅受压单元(包括此类边界)时,在施工阶段分析中,这些单元或边界的控制仍由施工阶段模拟中的非线性分析迭代选项控制。如果在施工阶段模拟中不进行非线性分析,但施工阶段模型中包含了仅受拉、仅受压单元(包括此类边界)时,则主控数据中的迭代选项起控制作用。如果在**分析>非线性分析**控制对话框中定义了非线性迭代控制数据,则施工阶段的PostCS阶段的几何非线性分析控制由非线性分析控制中的迭代选项控制。

进行几何非线性和材料非线性的静力分析,需要在非线性分析控制中勾选几何非线性和/或材料非线性选项。注意有些情况下(表11-1)不能运行几何非线性和材料非线性分析。

几何非线性和材料非线性分析的限制情况 表11-1

限制项目	几何非线性	材料非线性	几何+材料非线性	备注
释放梁单元约束	×	○	×	下列两种情况不能进行材料非线性分析: (1)定义了非线性分析加载顺序; (2)施工阶段非线性分析中的累加模型
释放板单元约束	×	○	×	
初拉力荷载	○	×	×	
预应力荷载	○	×	×	
几何刚度初始荷载	○	×	×	
温度荷载	○	×	×	
材料=组合材料	×	×	×	

注:×表示不能执行的分析;○表示可以执行的分析。

11.1.3 非线性单元

在midas Civil中,只受拉/只受压的桁架单元、钩单元、间隙单元、索单元、只受拉/只受压/多折线的弹性连接单元等都属于非线性单元。包含了上述非线性单元的结构静力分析计算需要进行迭代计算至包含了非线性单元刚度的平衡方程满足收敛条件为止,并由主控数据(**分析>主控数据**)中的迭代选项控制。

对一般静力分析,当结构模型中有非线性单元且要进行荷载组合时,需要用命令**荷载>静力荷载>使用荷载组合**在"使用荷载组合建立荷载工况"中将荷载组合生成荷载工况。也可以将要组合的荷载放在相同的荷载工况下,即"提前组合",然后在**分析>主控数据**或其他非线性分析控制中输入收敛条件。

结构静力分析时,结构中有非线性单元和非线性边界时的迭代计算流程如图11-1所示,在每次迭代计算中需要根据分析结果重新计算构件的刚度。需要注意的是,当模型中有非线性单元或非线性边界时,需要事先进行荷载组合,而不能对各荷载工况的分析结果的效应进行组合。图11-1中,K为线性构件的刚度,K_n为非线性构件的刚度,Δu为不平衡力引起的位移增量,u为累计位移,ΔP为不平衡力。包含上述非线性单元的结构分析有以下几个限制条件:

(1)不能进行材料非线性分析。

图11-1 静力非线性分析流程

(2)全部由上述非线性单元组成的结构是不稳定的。

(3)不同荷载工况下单元刚度是不同的,不能直接做荷载组合。

(4)时程分析中上述非线性单元只能使用线性刚度。

定义一般连接时可以选择为单元型,属于动力边界非线性单元,在静力分析中按线性计算。在静力弹塑性(pushover)和动力弹塑性分析中,可以为桁架单元和梁单元分配塑性铰,此时的梁单元与桁架单元属于材料非线性单元,但仅用于静力弹塑性(pushover)和动力弹塑性分析中。

桁架单元、梁单元、板单元、平面应力、平面应变、轴对称及实体单元均可进行几何或材料非线性分析。不同单元类型在几何非线性分析或材料非线性分析中的应用情况见表11-2。

不同单元类型在几何非线性和材料非线性的应用　　　　　　　表11-2

单元类型	几何非线性	几何非线性 (几何刚度初始荷载)	材料非线性
桁架	○	○	○
只受拉	○	○	○
钩	○	○	○
索	○	○	△
只受压	○	○	○
间隙	○	○	○
梁	○	○	△
厚板	○	△	○
薄板	○(按厚板来考虑)	△	○(按薄板来考虑)
平面应力	○	△	○
平面应变	×	△	○
轴对称	×	△	○
实体	○	△	○

注:×表示分析不能执行;○表示分析可以执行;△表示分析可以执行,但被视为线性单元。

目前版本中只有梁和板单元可以同时进行几何非线性分析和材料非线性分析。表11-2中某单元类型可以执行几何和材料非线性分析,不代表其可以同时执行几何和材料非线性分析。

进行静力材料非线性分析时,除了定义塑料材料特性外,还需要在"**分析>非线性**"分析控制中定义材料非线性分析数据;同时进行几何非线性和材料非线性静力分析,需在非线性分析控制对话框中同时勾选"几何非线性"和"材料非线性"。

11.2　几何非线性分析

11.2.1　几何刚度

一根长杆件受到很大压力时,其侧向刚度会明显减小,一个很小的侧向荷载就可能引起杆件屈曲,这是由杆件的"几何刚度"改变所引起的。几何刚度矩阵又称为应力刚度矩阵,是杆件的长度和杆件中力的函数,这一刚度值是可正可负的。结构的力学刚度矩阵以单元的物理属性即截面特性和材料特性为基础。结构系统的总体刚度是结构的力学刚度矩阵与几何刚度矩阵叠加而成的,可以考虑应力刚化效应或应力软化效应。几何刚度在所有的结构中都存在,然而只有当几何刚度与结构系统的力学刚度相对较大时才变得相当重要。

例如,考虑如图11-2所示的水平索,其长度为L,初始拉力为T。如果索的两端受到两个侧向位移u_i和u_j的作用,则必定产生附加力F_i和F_j,以使索单元在位移位置上达到平衡。注意:这里假定所有向上的力和位移为正,同时也假设索位移很小并且拉力不变。如果考虑变形位置中j点周围的力矩,则可以写出平衡方程:

图11-2 作用在索单元上的力

$$F_i = \frac{T}{L}(u_i - u_j)$$

在竖直方向上存在$F_j = -F_i$,则侧向力可以通过下面的矩阵方程以侧向位移来表示:

$$\begin{Bmatrix} F_i \\ F_j \end{Bmatrix} = \frac{T}{L} \begin{bmatrix} 1 & -1 \\ -1 & 1 \end{bmatrix} \begin{Bmatrix} u_i \\ u_j \end{Bmatrix}$$

设$K_G = \frac{T}{L} \begin{bmatrix} 1 & -1 \\ -1 & 1 \end{bmatrix}$,$K_G$就是几何刚度矩阵,在几何非线性分析中,每次迭代过程中的K_G都要重新计算并修正。

11.2.2 非线性方程的求解

逐步增量法是把荷载划分为许多荷载增量,每施加一个荷载增量,计算结构的位移和其他反应时,认为结构是线性的,即结构的刚度矩阵是常数。在不同的荷载增量中,刚度矩阵是不同的,它与结构的变形有关。所以增量法实质上是分段线性的折线去代替非线性的曲线,或者说用分段的线性解去逼近非线性解。如何把非线性问题分段线性化,具体计算方案可有所不同。在结构分析中,关键问题是如何随荷载、位移的变化而计算不同的刚度矩阵。采用增量分析的方法还可以考虑加载过程中应力和变形历史(材料非弹性),以保证求解的精度和稳定。

无论是几何非线性、材料非线性还是边界非线性引起的非线性问题,都可以用一个非线性有限元方程组来描述,对该方程组求解需要迭代式(11-1)表示的增量线性化有限元方程。

$$K\Delta u = r \tag{11-1}$$

式中:Δu——位移增量向量;

r——残余力向量。

总体刚度矩阵K在线性问题中是常量,在非线性问题中是变量,随着结构的内力(应力)或位移的变化而变化。

midas Civil中解非线性方程式的方法有牛顿-拉普森法(Newton-Raphson法)和弧长法(Arc-length法)。一般非线性分析中使用的是荷载增量牛顿-拉普森法;对于位移跳跃(Snap-through)或回跳(Snap-back)问题,一般使用弧长法(Arc-length法)进行分析。

1)牛顿-拉普森法

牛顿-拉普森法每次迭代需要根据新的迭代位移更新方程组系数矩阵,并重新求解。该方法的收敛性较好,收敛速度较快。其迭代计算过程如图11-3所示。

该方法根据不平衡力和$K_T^{-1}(u_{m-1})$计算Δu_m，然后按$u_m = u_{m-1} + \Delta u_m$来修正位移，计算即时切线刚度$K_T(u_m)$和不平衡力$R_{m+1} - R_m$，再计算修正位移$u_{m+1}$，通过反复迭代计算直到不平衡力、位移差$\Delta u$或能量足够小，即满足收敛控制条件为止。

2）弧长法

几何非线性问题有很复杂多变的荷载-位移平衡路径。图11-4为形状和边界条件对称的扁壳（拱）类结构受到对称压力时的一般特性表现。图中的B点、C点和F点称为荷载控制的极值点，其中B点和F点是不稳定的极值点。当荷载到达B点后若继续增加，位移将疾速地突然跳跃到D点。这种现象称为位移跳跃（Snap-through），这是扁壳（拱）受压时的典型表现。在扁壳（拱）受压的试验中，当压力增大到一定的临界值（B点）时，扁壳（拱）将失去稳定，接着发生曲率反向过屈曲现象（中心点的垂直位移u从B点突变到D点），然后随着荷载的增加，位移沿着D-E曲线继续增加。图中的G点和H点称为位移控制的极值点。这意味着如果利用位移控制的方法，使荷载-位移曲线越过F点，则到达G点以后荷载将迅速下降至I点。它表明位移增加至其极值点G点后，荷载将迅速跌落到I点，然后荷载-位移曲线沿I-J路径发展。

图11-3　牛顿-拉普森迭代方法

图11-4　几何非线性问题荷载-位移平衡路径的一般特性

在几何非线性分析中，虽然通常只需得到对应于B点或F点的临界荷载，但是如能追踪完整的荷载-位移路径$ABCDEFGHI$，将可以预测位移跳跃或荷载跌落现象。

在一般的迭代过程中，在荷载-位移曲线接近水平时，在微小的荷载作用下，位移的增量计算值会很大。荷载-位移曲线的形状出现位移跳跃或回跳情况时，一般的迭代计算将无法获得准确结果，此时使用弧长法可以解决这个问题，即与位移控制一样可以对位移跳跃进行分析，也可以对不能用位移控制法进行分析的回跳进行分析。弧长法的示意如图11-5所示。

弧长法的基本思想是在由弧长控制的、包含真实平衡路径的增量空间中，用迭代方法搜索满足力平衡方程的平衡路径。弧长所控制的增量位移空间曲面由附加的位移约束方程描述。该方法常用于屈曲问题的求解，可以求解后屈曲问题。

3）程序中非线性方程求解方法的设置

进行几何非线性和材料非线性静力分析时，需运行命令**分析>非线性分析控制**来设定非线性方程组的

图11-5　弧长法示意图

求解方法。

如图11-6所示的对话框中,"非线性类型"分组框中可以单独选择仅考虑几何非线性、仅考虑材料非线性或者二者同时考虑。"计算方法"分组框中可以选择"Newton-Raphson""弧长法"或"位移控制法"。

图11-6 计算方法选择

计算方法选择为"Newton-Raphson"时,需要将荷载逐步加载,在"加载步骤数量"中填写增量步数量。在每个荷载增量步中用"子步骤内迭代次数"设定需要迭代的次数。如果在每个荷载增量步中迭代计算的次数小于该设定值就满足了收敛的条件,那么就会进行下一荷载步的计算;若在每个荷载增量步中迭代计算的次数等于该设定值时仍不满足收敛的条件,则也进行下一荷载步的计算。因此"子步骤内迭代次数"要适当大一些。

计算方法选择为"弧长法"时,"加载步骤数量"后面填写将荷载逐步加载的数量。"子步骤内迭代次数"后填写每个加载步骤内的反复计算次数。"初始荷载比单位弧长(%)"为单位弧长的初始荷载比。当某节点的位移超过"最大控制位移"时,程序停止运算。

计算方法选择为"位移控制法"时(图11-7),要先为某个控制节点(主节点)设定某个自由度方向的"最大控制位移",当某节点的位移超过最大控制位移时,程序停止运算。"位移步骤数量"指定将总位移分解为子步的数量,程序将逐步加载位移。"子步骤内迭代次数"为每个位移子步内的最大反复计算次数。

收敛条件可以选择"能量控制""位移控制"和

图11-7 位移控制法

"荷载控制"中的1个、2个或3个,默认是仅位移控制。其后的数值依次为能量(力×位移)标准的收敛控制误差、位移标准的收敛控制误差和荷载标准的收敛控制误差。为了能反映各自由度方向的收敛,一般使用下面的收敛控制方法。以位移控制为例,当某分析阶段的位移为$\{D_1\}$,所有阶段的累积位移为$\{D_2\}$时,计算$\dfrac{\{D_1\}^T\{D_1\}}{\{D_2\}^T\{D_2\}}$,当该值小于或等于收敛控制误差时,表示在该阶段收敛。选择何种收敛准则要根据具体的问题而定。比如,当结构或构件硬化严重时,很小的结构变形将引起相当大的外部荷载,或者当相邻两次迭代的位移增量范数之比跳动较大时,将会把一个本来收敛的问题判定为不收敛,此时不能采用位移收敛准则;当物体软化严重或材料为理想塑性时,结构在很小的荷载下将产生较大的变形,此时不能采用不平衡力收敛准则。收敛控制误差的选择有时也是比较难以把握的,此时可以先放宽收敛条件以达到收敛的目的,然后再逐步将收敛控制误差减小,通过比较计算结果确定适当的收敛控制误差。

在"非线性分析控制"对话框的下方有"非线性分析荷载工况"分组框,点击其中的"添加"按钮,对计算方法采用Newton-Raphson的情况会弹出如图11-8所示的对话框。如果所有的荷载工况都采用一种计算方法的设置,则不需要定义此对话框。如果定义的荷载工况采用不同的计算方法设置,则需要为每一个荷载工况进行计算方法的设置。图11-8中的"自重"荷载工况,计算方法为Newton-Raphson,加载步骤数量为8步,点击"生成默认荷载系数"按钮,则8个子步骤系数自动生成为$\dfrac{1}{8}$、$\dfrac{2}{8}$、$\dfrac{3}{8}$、…、$\dfrac{8}{8}$,表示将总荷载分成8等份,每次施加1份,对施加的每份荷载再进行迭代计算。其他的荷载工况,则可以采用不同的子步骤系数。采用其他计算方法的情况与此类似。在同一次分析中,不同的荷载工况对应的计算方法是必须相同的,可以不同的是其设置。

图11-8　添加/编辑非线性分析荷载工况对话框

11.2.3　初始荷载的定义方式

midas Civil中有几种初始荷载的定义方式,如图11-9所示。

a)初始荷载中的大位移菜单　　　　　　　　　　　　b)初始荷载中的小位移菜单

图11-9　midas Civil中的初始荷载菜单

1)大位移/几何刚度初始荷载

　　大位移分析(几何非线性分析)的结果与结构的初始状态有很大关系,为了真实反映成桥后其他荷载工况的响应,需设定结构的初始状态。

　　索单元的初始状态在程序中有两处可以定义:①在建立索单元时直接输入索单元的无应力长度(L_u)、初拉力、水平力;②在"几何刚度初始荷载"对话框中,当同时输入**荷载>初始荷载>大位移>几何刚度初始荷载**时,几何刚度初始荷载起控制作用。两种方法虽然均适用于大位移分析,但程序内初始拉力是按荷载处理的,几何刚度初始荷载是按初始刚度处理的,其分析结果会不同。

　　几何刚度初始荷载的概念,可以说是为了描述一个有一定初始内力和刚度,但位移为零的成桥状态或初始平衡状态,该功能仅用于大位移分析。为了定义几何刚度初始荷载,要求用户为选定的单元(仅可以是梁单元、普通桁架单元、只受拉桁架或索单元)输入计算几何刚度所需的初始荷载(轴力),程序会根据输入的初始荷载计算出平衡外力(反力),并生成初始平衡状态(有内力、反力、无位移),然后在此初始平衡状态下进行结构的分析。对悬索桥结构,用悬索桥建模助手可自动计算并给出结构的初始平衡状态。

　　为结构的某些单元输入了几何刚度初始荷载,就等于结构具有了初始内力状态,此时有新的荷载参与作用时,用户可以通过分析得到新的作用引起的位移和内力,最后的内力结果将包含初始内力状态的内力。

　　输入几何刚度初始荷载就是要描述当前荷载作用之前的结构的初始状态。输入几何刚度初始荷载进行非线性分析时,不需定义相应的荷载工况,程序会自动在内部考虑相应荷载和内力,使其达到平衡,因此此时位移为零。如果用户又定义了荷载工况,则荷载相当于双重考虑,此时不仅会发生位移,而且内力也会增加1倍左右。对于几何刚度初始荷载的几点附加说明如下:

　　(1)静力线性分析:不起作用。

　　(2)静力非线性分析:根据几何刚度初始荷载考虑结构的初始状态。根据不同荷载工况,几何刚度会发生变化。另外,不同荷载工况作用效应的算术叠加不成立。

　　(3)施工阶段非线性分析(独立模型,不考虑平衡内力):大位移分析,即几何刚度根据不同施工阶段荷载的作用发生变化,且考虑索单元节点坐标变化引起的影响(索单元)。

　　(4)施工阶段非线性分析(独立模型,考虑平衡内力):几何刚度初始荷载不起作用,"**初始荷载>大位移>平衡单元节点内力**"发生作用。

　　(5)施工阶段非线性分析(独立模型,考虑平衡内力,但未输入平衡内力,输入了几何刚度初始荷载):几何刚度初始荷载不起作用,对施加的荷载工况进行静力非线性分析。下个阶段中也一样,但前一阶段的荷载和本阶段的荷载相当于一同作用并对之进行分析。

(6)移动荷载分析:程序会自动将索单元转换为等效桁架单元进行线性分析,其几何刚度将利用"**初始荷载>小位移>初始单元内力**"来确定。

2)大位移/平衡单元节点内力

该功能只适用于施工阶段分析中选择非线性分析的独立模型,并且勾选了"包含平衡单元节点内力"选项时的情形。与"几何刚度初始荷载"不同的是"平衡单元节点内力"的方式可以考虑加劲梁的内力。对于地锚式悬索桥,加劲梁的内力很小,所以两种方式都适用。但对于自锚式悬索桥,加劲梁的内力很重要,因此不宜使用几何刚度初始荷载的方式。

3)小位移/初始单元内力

"小位移/初始单元内力"只适用于线性分析或动力分析,用来形成初始内力状态,通过形成几何刚度来影响结构的总体刚度,但其刚度并不随作用荷载的变化而变化。

若想要将某外部荷载作用下结构各单元产生的构件内力作为初始内力状态,要先将其定义在某荷载工况下,然后在**荷载>初始荷载>小位移>初始荷载控制数据**里选择要计算的荷载工况后运行分析,计算结果可以在**结果>结果表格>初始单元内力**里查看,最后把结果复制到初始单元内力表格里。

该功能是为了解决对于一个非线性结构进行线性分析而设定的,比如对于悬索桥进行特征值分析或者移动荷载分析等。使用该功能,可以使成桥阶段进行特征值分析时得出考虑几何刚度的特征值分析结果。进行时程分析时,设定初始荷载时可以在时程荷载工况对话框里面的加载顺序中选择初始单元内力(表格),就会利用此表的初始荷载进行时程分析。

另外,在进行时程分析时,如果要考虑自重等静力荷载作用下的初始状态时,往往需要将静力荷载另行定义为一种时变荷载。利用这里的初始单元内力功能,可以使构件在进行时程分析时就处于相应的初始状态,而不需再将静力荷载定义为时变荷载了。

4)小位移/初始单元内力(CS)

施工阶段分析时,在**分析>施工阶段分析**控制数据中,如图11-10所示勾选"将最终阶段构件内力转换为PostC.S.阶段的初始荷载"选项后,可将最后施工阶段最后一步的构件内力转化为初始内力,形成成桥阶段结构的几何刚度。

图11-10 施工阶段的初始单元内力

该功能是输出施工阶段最后一步的构件内力表格,必须要等到施工阶段计算完成后才能使用该功能。

5)小位移/初始荷载控制数据

进行线性分析时,将输入的初始单元内力添加给指定的荷载工况。如果不添加,则在分析时只考虑初始单元内力引起的几何刚度,在相应荷载工况的内力结果中,不包含初始单元内力。

如图11-11所示,用户可以选择"给单元添加初始荷载"或"初始内力组合"。

(1)给单元添加初始荷载:线性分析时,使用"初始单元内力"计算的几何刚度只对刚度有影响,并不会反映到内力中去。若要将其考虑为内力,需给单元添加初始荷载。同时对于"考虑初始轴力对几何刚度的影响",即考虑轴力对几何刚度影响,如果不定义初始荷载控制数据,则默认是考虑初始轴力对几何刚度的影响。

图11-11　初始荷载控制数据

(2)初始内力组合:选择计算初始单元内力和平衡单元节点内力的荷载工况及组合系数。计算得出的节点力和单元内力可以在"**结果>结果表格>平衡单元节点内力**"和"**结果>结果表格>初始单元内力**"里查看。

11.2.4　P-Delta分析

1)重力二阶效应 P-Δ 和挠曲二阶效应 P-δ

侧向刚度较柔的建筑物,在风荷载或水平地震作用下将产生较大的水平位移 Δ,结构在竖向荷载 P(使结构受压)的作用下,进一步增加侧移值且引起结构内部各构件产生附加内力。这种使结构产生几何非线性的效应,称之为重力二阶效应或 P-Δ 效应,其受力模式如图11-12所示。P-δ 效应是指由于构件在轴向压力作用下,自身发生挠曲引起的附加效应,可称之为挠曲二阶效应,其受力模式如图11-13所示。在midas Civil中,两者统称为 P-Delta效应。

图11-12　P-Δ效应受力模式

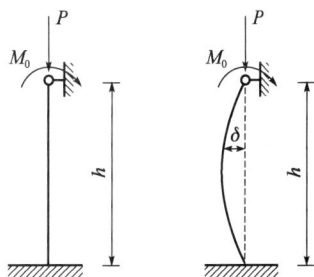

图11-13　P-δ效应受力模式

由于 P-Delta效应的影响,结构的承载力和结构的整体稳定将会降低。因此对于同时受到水平力(或弯矩)和轴力作用的结构构件,尤其是长细比较大的构件,应考虑 P-Delta的效果求出构件的实际内力和位移,以便结构设计更加合理。

当桥墩的高度较高时,桥墩的几何非线性效应不能忽略。参考美国加利福尼亚州交通局《抗震设计规范》,墩柱的计算长度与矩形截面短边尺寸之比大于8时,或墩柱的计算长度与圆形截面直径之比大于7时,应考虑P-Delta效应。

应用几何刚度矩阵可在所有类型结构系统的静力分析和动力分析中包含二阶效应。在静力分析中将该问题视为几何非线性问题,并用迭代的方法求解是可行的。对于动力分析,这种迭代方法不合适,因为动力分析中的P-Delta效应会导致振动周期的延长。图11-14为midas Civil中进行P-Delta效应分析的流程图。

图11-14　P-Delta分析流程图

midas Civil中使用P-Delta效应分析功能应该注意以下几个问题:

(1)P-Delta分析仅限于桁架单元、梁单元(包括变截面梁单元)。

(2)P-Delta分析中梁单元的几何刚度矩阵只考虑轴力效应。

(3)P-Delta分析只适用于弹性分析。

(4)P-Delta分析和屈曲分析不能同时使用。

在分析过程中需要考虑P-Delta效应时,需要在**分析>P-Delta分析控制**中输入收敛条件和计算几何刚度所需的荷载工况和荷载系数,如图11-15所示。有些类型的分析则需要另外设置,比如Pushover分析工况定义中可选择P-Delta选项来考虑P-Delta效应,在施工阶段分析控制中选择线性分析时也可以选择是否包含P-Delta效应。

图11-15　P-Delta分析控制

如图11-15所示,"迭代次数"中输入P-Delta分析反复计算的最大次数,如果输入的次数比实际需要的次数少,在达到目标值收敛(收敛误差)之前,程序将自动终止。因此分析结束后,需要在画面下端的信息窗口中确认是否收敛,如果没有收敛,要重新扩大反复计算的次数,然后再进行计算。"收敛误差"指的是判断是否收敛的位移公差。

"P-Delta分析荷载组合"中输入考虑P-Delta效应的荷载工况组合及其组合系数,由于P-Delta分析中梁单元的几何刚度矩阵只考虑轴力效应,这里仅仅输入引起轴力变化的荷载工况即可。但为了正确反映P-Delta效应,横向荷载必须与轴向荷载同时共同作用在构件上。

2)P-Delta分析实例

一根直径0.1m的圆柱,长度10m,C50混凝土材料。底部固结,顶端承受1kN的水平力,考虑结构的自重,分别按考虑P-Delta效应和不考虑P-Delta效应计算其自振频率。

(1)建立模型,包括定义材料、截面、施加荷载(自重和顶端的水平力)。

(2)将自重转换为集中质量。

(3)考虑P-Delta效应时,先按如图11-15所示定义P-Delta分析控制,再按如图11-16所示定义特征值分析控制数据;不考虑P-Delta效应时,直接按如图11-16所示定义特征值分析控制数据。

图11-16 实例中的特征值分析控制

(4)运行分析。

(5)查看分析结果。

如图11-17所示,左边的表为考虑了P-Delta效应的计算结果,右边的表没有考虑。可以看出考虑了P-Delta效应后结构的刚度降低了。所以在对有些受P-Delta效应影响较大的结构进行特征值分析或施工阶段等分析时,要考虑P-Delta效应。

模态号	频率		周期	模态号	频率		周期
	(rad/sec)	(cycle/sec)	(sec)		(rad/sec)	(cycle/sec)	(sec)
1	2.981881	0.474581	2.107122	1	3.229696	0.514022	1.945442
2	2.981881	0.474581	2.107122	2	3.229696	0.514022	1.945442
3	19.968624	3.178105	0.314653	3	20.178362	3.211486	0.311382
4	19.968624	3.178105	0.314653	4	20.178362	3.211486	0.311382
5	56.120251	8.931815	0.111959	5	56.335068	8.966005	0.111532
6	56.120251	8.931815	0.111959	6	56.335068	8.966005	0.111532
7	109.817807	17.478047	0.057215	7	110.043146	17.513911	0.057097
8	109.817807	17.478047	0.057215	8	110.043146	17.513911	0.057097
9	181.058814	28.816405	0.034702	9	181.290743	28.853318	0.034658
10	181.058814	28.816405	0.034702	10	181.290743	28.853318	0.034658

图11-17 考虑与不考虑P-Delta效应的分析结果

另外,爱德华L.威尔逊的著作中说明了重力二阶效应问题可以线性化,而且可以直接并精确地求解问题,不需迭代。他的这种思想在SAP2000中得到了应用。

11.2.5 几何非线性分析实例

几何非线性分析在计算时需要注意几个问题:

图11-18　模型

（1）结构的初始应力状态很重要，会影响计算结果。

（2）加载的顺序很关键，会影响计算结果。

（3）设置加载步骤数量大小和迭代次数会影响计算精度。

下面仍以11.2.4节为例说明几何非线性分析的方法。

（1）首先建立模型。包括节点单元的建立、材料和截面定义、边界条件施加以及荷载的施加。定义的荷载有自重和一个作用在柱顶的水平力（大小为1kN）。因为是静力非线性分析，所以不必将自重转换为质量。模型如图11-18所示。

（2）定义荷载的施加顺序。本例中如果没有柱顶的水平推力（虽然很小，但起到初始扰动的作用，也可以认为是初始缺陷），仅有自重作用，那么结构就不会有大的水平位移，所以这里应该先施加这个初始挠动力，然后再施加重力荷载。定义的加载顺序仅在迭代方法为Newton-Raphson时才有效。

运行**荷载>沉降/Misc. >Misc. >静力非线性加载顺序**命令，这里有两个事先定义的静力荷载工况在图11-19所示对话框的左边"荷载工况名称"栏中，先选中"水平力"荷载工况，然后点击□按钮，再选择"自重"荷载工况，再点击□按钮。这样就定义了加载的顺序，这里是先水平力后自重。

图11-19　定义荷载的施加顺序

（3）设置非线性分析控制。可以直接点击图11-19所示对话框中的 非线性分析控制数据... 按钮，或用**分析>非线性分析控制**命令得到如图11-20所示的对话框，按图设置即可。因为自重是主要荷载而且较大，这里将其等分成20次加载；水平力非常小，在此仅仅起到初始扰动的作用，所以没有必要添加到"非线性分析荷载工况"中。具体步骤为：在图11-20中点击 添加 按钮，然后按图11-21设置，选择迭代方法为Newton-Raphson，荷载工况选"自重"，加载步骤数量填写20，最后点击"生成默认荷载系数"。

（4）运行分析。

（5）查看结果。可以用结果菜单中的反力、位移等查看结果，也可以用**结果>阶段/步骤图表**命令查看荷载-位移曲线。因为前面定义了加载顺序，所以仅查看最后加载的荷载工况的结果即可。

图11-20 非线性分析控制

图11-21 设置分级加载

如图11-22a)所示,在"定义函数"分组框中选择"位移",然后点击"添加新的函数"按钮,弹出如图11-22b)所示对话框,给出用户自定义的名称、柱顶节点号和位移的方向后点击确定。然后在如图11-22a)所示的"选择输出的函数"分组框中勾选刚定义的"顶部位移"作为荷载-位移曲线的横轴,在"荷载工况/荷载组合"分组框中选择"自重"工况,填写"图形标题",最后点击"图表"按钮即可显示荷载-位移曲线。

a)

b)

图11-22 步骤图表设置

如果自重系数为-1(Z向),则荷载-位移曲线为直线,说明是线性的。若将自重系数改为-15(Z向),得到的荷载-位移曲线如图11-23所示,此时结构进入非线性阶段,当荷载系数为0.7(即荷载为$0.7 \times 15 \times$自重)时,柱顶位移随着荷载的增加而减小。

图 11-23   自重-柱顶位移曲线

同样的计算模型,图 11-24a)为静力分析时仅水平力作用下的水平位移,图 11-24b)为 11.2.4 节考虑 P-Delta 效应时水平力作用下的水平位移,图 11-24c)为考虑几何非线性后一倍自重荷载(定义了加载顺序)作用下的水平位移。由图可以看出,第一,考虑 P-Delta 效应或几何非线性后,墩顶水平位移都增大了,也更符合实际情况了;第二,几何非线性分析得到的墩顶水平位移比 P-Delta 分析要小,这是因为几何非线性将竖向荷载按增量步施加迭代计算得到几何刚度,而 P-Delta 分析直接将竖向荷载产生几何刚度考虑进来,所以 P-Delta 分析结果更为不利。

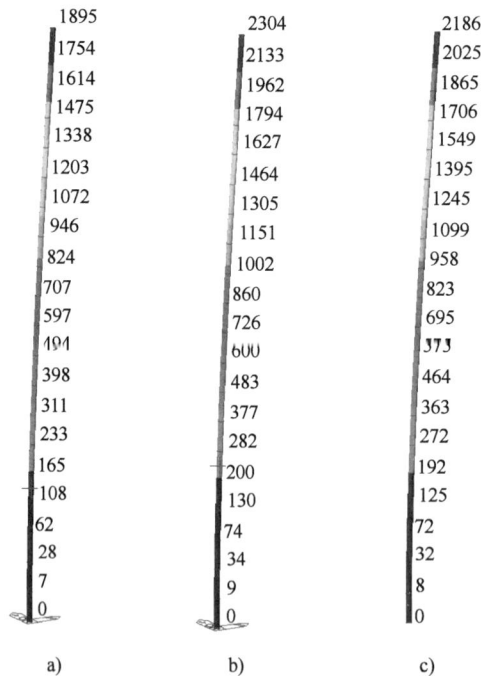

图 11-24   墩顶水平位移分析结果对比(单位:mm)

11.3   边界非线性分析

边界条件随荷载引起的结构变形而变化的分析即为边界非线性分析。模拟结构构件间只受压连接(支座)、模拟地基的只受压弹簧支承、隔震支座、消能减震装置等的分析均属于边界非线性的范畴。

midas Civil 中进行边界非线性分析时可以用的单元有只受拉/只受压的桁架单元、钩单元、间隙单元、索单元、只受拉/只受压/多折线的弹性连接单元、一般连接(注意不是弹性连接中的一般类型)等,可用的约束有只受拉/只受压/多折线节点弹性支撑、面弹性支承等。比如,普通板式橡胶支座可用只受压弹性连接输入刚度的方法模拟,对固定盆式支座可用主从约束或弹性连接的方法模拟,对活动盆式支座可用理想弹塑性连接单元(多折线弹性连接)的方法模拟,模拟预应力拉索可用钩单元或索单元,模拟伸缩缝和橡胶挡块可用间隙单元等等。定义一般连接时可以选择单元1型、单元2型或内力型,属于动力边界非线性单元,用于结构耗能减震装置的模拟。

静力边界非线性分析时,模型中要包含非线性单元或非线性边界,设置非线性分析控制然后运行即可。动力边界非线性分析详见13.8节。

11.4　材料非线性分析

midas Civil中的材料非线性分析包括两种,一是通过定义塑性铰属性而进行的静力弹塑性分析和动力弹塑性分析(这部分内容在第13章介绍);二是通过定义塑性材料进行的材料非线性静力分析。后者要先定义塑性材料(定义说明请参见2.3.2节)并在材料特性数据中包含之,其次运行**荷载>沉降/Misc.>Misc.>静力非线性加载顺序**命令设置加载顺序,然后用**分析>非线性**命令设置非线性分析控制,勾选"材料非线性"选项,设置收敛条件及迭代选项等,最后运行分析。定义的加载顺序仅在迭代方法为Newton-Raphson时才有效。

11.5　非线性施工阶段分析

当施工阶段中结构有可能发生大变形时,施工阶段分析中要考虑几何非线性分析。施工阶段分析中考虑几何非线性时,要在施工阶段分析控制中进行设置。运行**分析>施工阶段分析控制**命令会弹出如图11-25所示的对话框。

图11-25　施工阶段分析控制对话框

在图11-25所示对话框中的"分析选项"分组框中,选取"非线性分析"后,可以选择"独立模型"或"累加模型"。当勾选"仅包括 P-Delta 效应"选项时,则只考虑 P-Delta 效应进行施工阶段分析,不能与几何非线性分析同时进行。

11.5.1 独立模型

独立模型非线性分析是将各个施工阶段形成独立模型来进行分析,用每个阶段的所有单元、荷载、边界构成的模型做静力几何非线性分析,结果不受前面阶段分析结果的影响,常用于悬索桥的倒拆分析中。

选择独立模型方法后,在"分析选项"分组框中,除了"非线性分析控制"和"使用平衡单元节点力"选项之外的其他选项不能设定。不能勾选"考虑时变效应"选项即此时不能直接考虑混凝土材料的收缩、徐变以及强度变化等时间依存特性。

独立模型方法的倒拆分析计算中,先建立成桥阶段模型,各施工阶段模型可以通过钝化构件和激活或钝化荷载来完成,各施工阶段根据输入初始刚度的方法建立外力和内力(钢束预应力、混凝土收缩徐变引起的荷载视为内力)。初始刚度可通过"几何刚度初始荷载"或"平衡单元节点内力"的方式输入。选择前者时,成桥阶段的外部荷载和内力可通过初始内力计算,用户不必另行输入荷载;选择后者时,成桥阶段的外部荷载为用户输入的荷载,内力使用用户输入的平衡单元节点内力计算。与"几何刚度初始荷载"不同的是,"平衡单元节点内力"方式可以考虑加劲梁的内力。对于地锚式悬索桥,加劲梁的内力很小,所以两种方式都适用。但对于自锚式悬索桥,加劲梁的内力很重要,因此不宜使用几何刚度初始荷载的方式。

图11-26为点击"非线性分析控制"按钮后弹出的对话框。对于独立模型,可以设置分级加载的荷载步骤数、每荷载步骤内最大迭代次数和收敛准则。

图11-26 独立模型非线性分析控制

11.5.2 累加模型

1)概述

如图11-27所示,在施工阶段分析控制对话框的"分析选项"分组框中选择"累加模型"后,即可通过累加各个施工阶段的结果来进行非线性分析。此时,施工阶段可以按一般线性施工阶段分析方法定义,但是可以在各个施工阶段分析中考虑几何非线性。各阶段由前阶段的平衡状态上增加单元、荷载和边界条件来定义,即将前阶段收敛的荷载和内力作为本阶段的初始状态进行分析。

图11-27 累加模型选项

按累加模型进行几何非线性分析时,可以勾选"包括时变效应",即可以考虑混凝土收缩、徐变和强度变化等时间依存特性的效果和索初拉力类型(体外力、体内力),还可以考虑施工阶段新激活构件的初始切向位移(包括未闭合配合力)。该方法常用于斜拉桥的正装施工阶段分析。

对于累加模型,其"非线性分析控制"对话框如图11-28所示,与独立模型唯一不同的是这里不能设置分级加载。

勾选"考虑时变效应",再点击"时变效应控制"按钮,可以弹出如图11-29所示的对话框。关于收缩、徐变和强度变化等的设置同线性施工阶段分析。

图11-28　累加模型非线性分析控制　　　　　图11-29　累加模型时变效应控制

2)累加模型几何非线性分析注意事项

(1)累加模型的几何非线性分析(主要用于考虑大位移的斜拉桥的正装分析)必须是以各施工阶段实际总位移(请参见下面第5条)为基准进行的,所以必须要勾选"构件沿初始切向位移方向激活"选项(有的版本称为"赋予施工阶段中新激活构件初始切向位移",含义是相同的)。即使用户不选择此项,程序内部自动选择。所以对悬臂浇筑的情况分析类型不能选择"非线性分析",而应该是"线性分析",并且不勾选"构件沿初始切向位移方向激活"选项。

(2)进行斜拉桥的几何非线性分析时,在激活拉索的阶段,不能同时激活其他单元、除索张力以外其他荷载、其他边界条件。这个规定应该从"体外力"的含义上解释,在激活拉索施工阶段,作为体外力程序是按节点力的方式施加的,此时索力大小与外部无关;实际上激活其他单元、其他荷载或其他边界条件肯定会影响索力,但程序中只有从激活体外力索力的下一阶段开始,索力才属于"体内力",也才受到上述条件改变的影响。

(3)施工阶段中激活一般支承(或连接、弹簧等)边界条件时,应在相应构件激活之前一个施工阶段激活。构件和边界条件同时激活时,边界条件将考虑前一个施工阶段引起的变形,结果会有很大的误差。先激活构件后激活边界条件时,在激活边界条件时应选择"变形前"选项。

(4)几何非线性分析时,仅输出单元*I/J*两端的结果。

(5)各施工阶段位移的解释如图11-30所示。图中悬臂梁共有3个节段,施工完第1节段

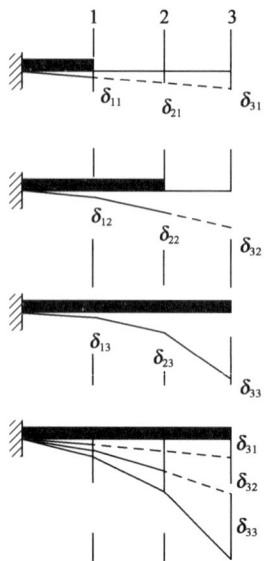

图 11-30　各阶段位移构成
1、2、3-节段号

后,在1号节段的右端产生位移δ_{11},若按变形后的切向施工后续节段,则1号节段施工完成后,2、3号节段的右端未施工就已经分别有了δ_{21}和δ_{31}的位移。同样施工完2号节段后,不考虑前面施工阶段的荷载影响的话(前面的1号段自重荷载已经计算过了,不能重复计算,即此时只考虑前段的刚度而不计其荷载),此时,在1号节段的右端产生位移δ_{12},2号节段本身右端产生位移δ_{22},若按变形后的切向施工后续节段,则3号节段的右端未施工就已经有了δ_{32}的位移。施工完第3节段后,不考虑前面施工阶段的荷载影响的话,此时,在1号节段的右端产生位移δ_{13},2号节段右端产生位移δ_{23},3号节段本身的右端产生位移δ_{33}。

若勾选"构件沿初始切向位移方向激活",则施工完3号节段后,1号节段右端所谓实际总位移为$\delta_{11}+\delta_{12}+\delta_{13}$,2号节段右端实际总位移为$\delta_{21}+\delta_{22}+\delta_{23}$,3号节段右端实际总位移为$\delta_{31}+\delta_{32}+\delta_{33}$。若不勾选此项,则施工完3号节段后,1号节段右端位移为$\delta_{11}+\delta_{12}+\delta_{13}$,2号节段右端位移为$\delta_{22}+\delta_{23}$,3号节段右端位移为$\delta_{33}$。

3)用累加模型进行正装分析的步骤

施工阶段非线性分析的累加模型仅适用于梁、桁架、索单元和弹性支座,其分析过程可用如图11-31所示的框图表示。

图 11-31　非线性施工阶段累加模型分析过程

第 12 章

结构稳定分析

12.1 概述

桥梁结构特别是钢结构的稳定问题是关系到其安全与经济的主要问题之一,它与强度问题有同等重要的意义。由于大跨径桥梁日益广泛地采用高强度材料和薄壁结构,稳定问题显得更为重要。

当结构所受荷载达到某一数值时,若增加一微小的增量,即稍有挠动,则结构的平衡位形将发生很大的改变,这种情况叫作结构的失稳或屈曲,相应的荷载称为屈曲荷载或临界荷载。在达到临界荷载时,构件的刚度退化为0,从而无法保持稳定的平衡,所以失稳的过程本质上是压力使构件弯曲刚度减小,直至消失的过程。

桥梁结构的失稳现象可分为以下几类:

(1)个别构件的失稳,比如某些压杆的失稳和梁的侧倾。

(2)部分结构或整个结构的失稳,例如桥门架或整个拱桥的失稳。

(3)构件的局部失稳,例如组成压杆的板或板梁腹板的翘曲等,局部失稳常导致整个结构体系的失稳。

针对上述第一类即个别构件的失稳,可以先求出受力较大且受压构件的内力,然后用计算稳定的公式求解,或者和第二类部分结构或整个结构的失稳一样用 midas Civil 等软件进行整体稳定计算。第三类是纯粹的局部失稳,一般是由于板的设计不合理造成的,比如板的宽(高)厚比不符合要求或加劲肋太弱等,这类局部稳定用软件计算时需要用板单元建立详细模型,而且对规模较大的模型计算结果也往往不理想,所以这类局部稳定往往是用钢结构中的局部稳定公式计算。

整体稳定问题一般可分为两类:

第一类是平衡分支问题,即达到临界荷载时,除结构原来的平衡状态理论上仍然可能外,出现第二个平衡状态,所以称为平衡分岔失稳或分支点失稳,例如轴心受压的直杆。第一类稳定问题的力学情况比较单纯明确,因为在数学处理上是求解特征值问题,所以又称特征值屈曲,结构失稳时对应的荷载称为屈曲荷载。特征值稳定属于线性稳定问题,用欧拉公式计算轴心受压直杆的稳定与此相当。

第二类是结构保持一个平衡状态,随着荷载的增加,在应力较大的区域出现塑性变形,结构的变形迅速增大,当荷载达到一定数值时,即使不再增加荷载,结构变形也自行迅速增大而致使结构破坏,这个荷载实际上是结构的极限荷载,即临界荷载。这种失稳形式变形迅速增大,但不会出现新的平衡形式,即平衡状态不发生质变,也称极值点失稳。实际的结构稳定问题都属于第二类,例如偏心受压杆件。这类失稳的特点就是结构失稳时伴随大变形和材料进入塑性状态,属于非线性失稳。

12.2 线性稳定分析

12.2.1 技术背景

结构静力计算的方程可表示为:

$$([K_D] + [K_G])\{\delta\} = \{F\} \tag{12-1}$$

式中:$[K_D]$——结构弹性刚度矩阵,对于杆系结构,K_D反映了其单元截面刚度 EA 和 EI 的影响;

$[K_G]$——几何刚度矩阵,也称为初始应力矩阵,对于杆系结构,K_G 与杆件的长度、位置和初始轴力有关。

几何刚度矩阵使单元刚度发生了变化,主要是由轴力在杆弯曲时所产生的效应所致。当轴力是拉力时,杆的刚度变大;当轴力是压力时,杆的刚度变小。

按上面的结构静力计算方程可以求得在荷载$\{F\}$作用时的位移δ,如荷载不断增加,则结构位移不断增大。由于$[K_G]$与荷载大小有关,因而这时结构的力与位移不再是线性关系,如$\{F\}$达到$\lambda_{cr}\{F\}$时,结构呈现随遇平衡状态,这就是要所求的临界荷载。

设$\{F\}$增加λ倍,则内力和几何刚度矩阵也增大λ倍,因而有:

$$([K_D] + \lambda[K_G])\{\delta\} = \lambda\{F\} \tag{12-2}$$

如λ足够大,使得结构达到随遇平衡状态,即当$\{\delta\}$变为$\{\delta\}+\{\Delta\delta\}$时上列平衡方程也能满足,即有:

$$([K_D] + \lambda[K_G])(\{\delta\} + \{\Delta\delta\}) = \lambda\{F\} \tag{12-3}$$

同时满足式(12-2)和式(12-3)的条件是:

$$([K_D] + \lambda[K_G])\{\Delta\delta\} = 0 \tag{12-4}$$

式(12-4)就是计算稳定安全系数的特征方程式,若方程有n阶,则理论上存在n个特征值$\lambda_1, \lambda_2, \cdots, \lambda_n$和对应的$n$个特征向量(失稳模态)。但工程上只有最小的特征值或最小的稳定安全系数才有实际意义,这时的特征值为λ_{cr},临界荷载为$\lambda_{cr}\{F\}$。

另外,考虑几何刚度本质上与大变形等几何非线性并没有关系,特征值屈曲分析的平衡方程的特点是在小挠度理论下考虑了轴力产生的几何刚度:

(1)在微弯状态下建立平衡方程,也就是"小变形"条件。

(2)在平衡方程中考虑了轴力对平衡方程的影响,也就是包含了所谓的P-Delta效应。

12.2.2 线性稳定分析的方法步骤

线性稳定(屈曲)分析即特征值屈曲分析,用于预测一个理想弹性结构的理论屈曲强度(分叉点),通过提取使线性系统刚度矩阵($[K_D] + \lambda[K_G]$)奇异的特征值来获得结构的临界失稳荷载及失稳模态。例如,一个柱体结构的特征值屈曲分析的结果,将与经典欧拉解相当。

1)线性稳定分析的特点

(1)线性稳定分析忽略各种非线性因素和初始缺陷对屈曲失稳荷载的影响,对稳定问题大大简化,从而提高了稳定分析的计算效率。其临界荷载可以近似代表实际结构相应第二类稳定的上限,所以在理论分析中占有重要的地位。

(2)由于未考虑非线性和初始缺陷的影响,得出的失稳荷载可能与实际相差较大,初始缺陷和非线性使得很多实际结构都不是在其理论弹性屈曲强度处发生屈曲。因此,特征值屈曲分析经常得出非保守结果,通常不能用于实际的工程分析,但失稳模态形状可用作非线性屈曲分析的初始几何缺陷。

(3)midas Civil进行屈曲分析采用子空间迭代法。

考虑几何非线性的屈曲分析可使用非线性分析功能中的位移控制法。用梁单元进行屈曲分析时,程序默认是考虑剪切变形的影响的,如果不考虑剪切变形,可以在定义截面时不选择"考虑剪切变形",或者在定义数值型截面时将有效剪切面积A_{sy}和A_{sz}输为0。

2)程序中特征值屈曲分析步骤

(1)建立模型,包括建立节点和单元(目前仅对普通桁架、梁和板单元可进行特征值屈曲分析)、材料和截面、边界条件和荷载的施加。结构做屈曲分析时需要构成几何刚度,为了构成几何刚度,需要静力分析的内力结果,所以应该建立屈曲分析所需的荷载工况。

(2)定义屈曲分析控制,对应命令**分析>屈曲分析控制**。

(3)求解,获得特征值屈曲解。

(4)观察结果。结构分析结束之后,可以在**结果>振型>屈曲模态**或**结果>结果表格>屈曲模态**中查看各模态和临界荷载系数。

3)非线性性质的处理

特征值屈曲分析只允许线性行为,如果原来定义了非线性单元则要转化为线性单元,非线性性质即使定义了也将被忽略。

在有索的结构中,定义的索单元并不能进行特征值分析,因为其只能定义在几何非线性分析中。如要进行特征值分析,需要将索单元转换为普通桁架单元,索的张力以及其他类型的线性单元由于索初始张拉力而产生的内力按初始荷载加到相应单元中(**荷载>初始荷载>小位移>初始单元内力**),最后再进行特征值屈曲分析。

只受压/只受拉弹簧和非线性弹性支承不能用于屈曲分析中,若存在则会自动转化为对应的一般支承。比如模型中定义了全局坐标系 Z 方向的只受压节点弹性支承,则在进行分析时自动转换为 Z 方向的一般支承。

4)屈曲分析控制说明

运行命令**分析>屈曲**会弹出如图12-1所示的对话框。

式(12-4)中,若方程有 n 阶,则对应 n 个屈曲荷载系数,midas Civil中可以指定要输出的屈曲模态数量,即在"模态数量"后的编辑框内输入所需输出的屈曲模态数量。

midas Civil中允许屈曲荷载系数(稳定系数)为负值,稳定系数出现负值是反向加载的意思。在图12-1所示对话框中"荷载系数范围"分组框中,勾选"仅考虑正值"时则仅输出正向荷载(施加荷载方向)作用下屈曲模态。反之,可同时输出反向荷载作用下的屈曲模态。"搜索"用来定义临界荷载系数的范围。对于静力荷载,加载方向是固定的,特征值都是正的,是否勾选无意义。

勾选"检查斯图姆序列",则利用斯图姆序列检验已算出的结果是否为所要求的特征值和相应的特征矢量,若发现有漏根,将在信息窗口中给予提示,保证获得低阶模态的全部特征根。应用斯图姆序列检验可以查清实系数代数方程的根在实轴上的分布情况。实际工程中,模态较少时,由于收敛判断条件的模糊性,易发生高阶先于低阶收敛的情况,造成丢根。

在"框架几何刚度选项"分组框中勾选"仅考虑轴力",则不考虑横向内力(弯矩、剪力和扭矩),而仅考虑轴力对屈曲的影响(即对几何刚度的贡献)。

图12-1 屈曲分析控制

屈曲分析荷载安全系数(临界荷载系数)均是对应于某种荷载工况或荷载组合的,例如,当有自重 W 和集中活载 P 作用时,屈曲分析结果临界荷载系数为10,表示在 $10(W+P)$ 的荷载作用下结构可能发生屈曲。但这也许并不是我们想要的结果。我们想知道的是在自重(或自重+二期恒载)存在的情况下,多大的活载作用下会发生失稳,即想知道 $W+Scale×P$ 中的Scale值。在midas Civil中,可以在"屈曲分析荷载组合"分组框中指定参加荷载组合的荷载工况中的荷载是可变的还是不变的。把自重(或自重+二期恒载)定义为不变,把活载定义为可变,最后得到的临界荷载系数即是Scale值。

5)预应力荷载

"钢束预应力荷载"定义的预应力属于结构的内部力,因此在屈曲分析控制中是否将"钢束预应力荷载"作为屈曲荷载对屈曲分析结果都没有直接的影响。如果需要考虑预应力荷载对屈曲分析的影响,应该使用"梁单元预应力荷载"命令定义预应力荷载。由于预应力钢束的布置会对结构刚度产生影响,所以模型中是否考虑布置预应力钢束会对屈曲分析的结果有影响。

12.2.3 分析实例

一根一端固定的立柱,截面为0.25m×1.0m矩形,柱高15m,材料为C30混凝土。受到自重及一个作用在柱顶的1kN轴向集中力的作用。下面按两种处理方法计算这根柱子的稳定性:一是考虑自重作为不变荷载,而柱顶集中力按可变荷载考虑。二是将自重的作用按初始单元内力考虑,外荷载仅有柱顶集中力。

1)建模

两种处理方法在建立模型时是完全一样的,包括建立节点和单元、定义材料和截面、施加边界条件。

2)按不变荷载考虑自重的情况

定义两个荷载工况,一个用来施加自重荷载,另一个用来施加墩顶集中力(此处命名为活载)。然后按图12-1定义屈曲分析控制。图12-2为建立的模型以及全部建模信息。

图12-2 屈曲分析例子的模型信息

执行"运行"命令,然后可以通过**结果>振型>屈曲模态**,或**结果>结果表格>屈曲模态**来查看屈曲分析的模态图形及对应特征值(稳定安全系数)。本例第一模态对应的特征值即最小的稳定安全系数为400,因为施加的柱顶竖向荷载为1kN,则屈曲荷载为400kN。

3)按初始单元内力考虑自重的情况

(1)定义一个荷载工况(命名为"自重"),施加自重荷载。

(2)执行命令**荷载>初始荷载>小位移>初始荷载控制数据**,弹出如图12-3所示的对话框,

图 12-3　定义初始荷载控制

勾选"初始内力组合",荷载工况中选刚定义的"自重",系数为1,然后点击"添加"按钮。

(3)运行分析。

(4)执行命令**结果>结果表格>初始单元内力**得到内力结果,前10个单元的内力如图12-4所示。将全部内力结果拷贝到剪贴板中。

(5)删除"初始荷载控制数据"和"自重"荷载工况。删除"初始荷载控制数据"的方法是在树形菜单的"工作"属性页中右击"初始荷载控制数据",然后点击"删除"按钮。

(6)执行命令**荷载>初始荷载>小位移>初始单元内力**,将剪贴板中的数据粘贴进来。

(7)定义静力荷载工况,施加柱顶的集中荷载。定义屈曲分析控制,将刚定义的荷载作为可变的荷载。

(8)运行分析。

(9)查看结果。第一模态对应的特征值即最小的稳定安全系数仍然为400。

号	构件内力-i						构件内力-j					
	轴力 (kN)	剪力(y) (kN)	剪力(z) (kN)	扭矩 (kN*m)	弯矩(y) (kN*m)	弯矩(z) (kN*m)	轴力 (kN)	剪力(y) (kN)	剪力(z) (kN)	扭矩 (kN*m)	弯矩(y) (kN*m)	弯矩(z) (kN*m)
1	-93.75	0.00	0.00	0.00	0.00	0.00	-92.19	0.00	0.00	0.00	0.00	0.00
2	-92.19	0.00	0.00	0.00	0.00	0.00	-90.62	0.00	0.00	0.00	0.00	0.00
3	-90.62	0.00	0.00	0.00	0.00	0.00	-89.06	0.00	0.00	0.00	0.00	0.00
4	-89.06	0.00	0.00	0.00	0.00	0.00	-87.50	0.00	0.00	0.00	0.00	0.00
5	-87.50	0.00	0.00	0.00	0.00	0.00	-85.94	0.00	0.00	0.00	0.00	0.00
6	-85.94	0.00	0.00	0.00	0.00	0.00	-84.37	0.00	0.00	0.00	0.00	0.00
7	-84.37	0.00	0.00	0.00	0.00	0.00	-82.81	0.00	0.00	0.00	0.00	0.00
8	-82.81	0.00	0.00	0.00	0.00	0.00	-81.25	0.00	0.00	0.00	0.00	0.00
9	-81.25	0.00	0.00	0.00	0.00	0.00	-79.69	0.00	0.00	0.00	0.00	0.00
10	-79.69	0.00	0.00	0.00	0.00	0.00	-78.12	0.00	0.00	0.00	0.00	0.00

图 12-4　初始单元内力

12.3　非线性稳定分析

12.3.1　实际结构的稳定问题

第12.2节的线性稳定分析(特征值屈曲分析)是线性分析,发生在"完善"结构(无初始缺陷)的理想状态条件下,失稳常属于此种情况,其荷载平衡路径可用图12-5表示。线性稳定在现实结构中并不会发生,实际结构常用的初始变形、残余应力等都不属于其考虑的范围。特征值屈曲分析对结构临界失稳力的预测往往要高于结构实际的临界失稳力,因此在实际的工程结构稳定分析时不能直接用特征值屈曲分析的结果,而是规定特征值屈曲分析的稳定安全系数不小于某个值,比如4。特征值屈曲分析作为非线性屈曲分析的初步评估作用是非常有用的。非线性屈曲分析的第一步最好进行特征值屈曲分析,特征值屈曲分析能够预测临界失稳力的大致所在,这样就可大致判断非线性屈曲分析时所加力的大小。

实际的结构构件都是有缺陷的,一般可将构件的缺陷分为几何缺陷和力学缺陷。杆件的初始弯曲、初始偏心以及板件的初始不平度等都属于几何缺陷;力学缺陷一般表现为初始应力和力学参数(如弹性模量、强度极限等)的不均匀性。对稳定承载能力而言,残余应力是影响最大的力学缺陷。残余应力在构件截面上是自相平衡的,它并不影响强度承载能力。但是它的存在使得构件截面的一部分提前进入屈服,从而导致该区域的刚度提前消失,由此造成稳定承载能力的降低。

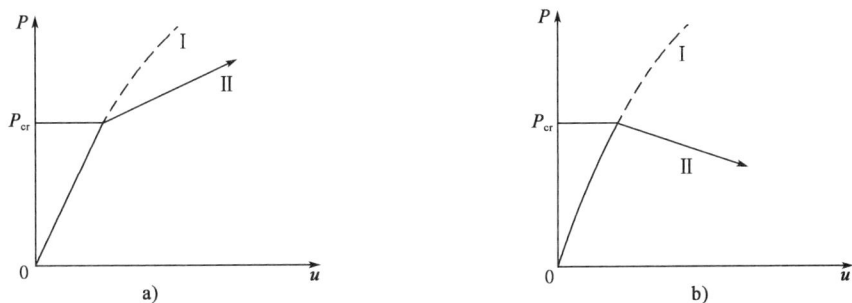

图12-5　包含分叉临界点的荷载-位移平衡路径

　　实际结构(包含初始缺陷)的荷载-位移平衡路径可用图12-6表示,其特征是:当荷载达到临界(最大)值时,如果荷载或位移有微小的变化,将分别发生位移的跳跃或荷载的快速下降。前者[图12-6a)]称为位移跳跃,例如受到均匀压力的薄圆拱(截面高度/拱的跨度的值很小),当压力达到 P_{max} 时位移将从 A 点跳跃到 D 点,这将可能导致结构因变形过大而失效。后者[图12-6b)]称为垮塌(collapse),仍以受均匀压力作用的圆拱为例,当截面高度/拱的跨度的值较大,而压力达到 P_{max} 时,结构将发生塑性垮塌。图12-6所示的两种情况是结构失稳(屈曲)了,由于失稳前结构处于大变形状态,同时某些位置的材料进入塑性状态,这时结构的刚度矩阵是荷载和位移的非线性函数,非线性稳定问题此时即是考虑几何和材料双非线性的承载能力分析问题,即进行考虑初始缺陷的弹塑性大变形分析。由于软件的局限性而不能进行几何和材料双非线性的承载能力分析时,也可以仅考虑带初始缺陷的几何非线性分析,但此时的稳定安全系数是比较难确定的。

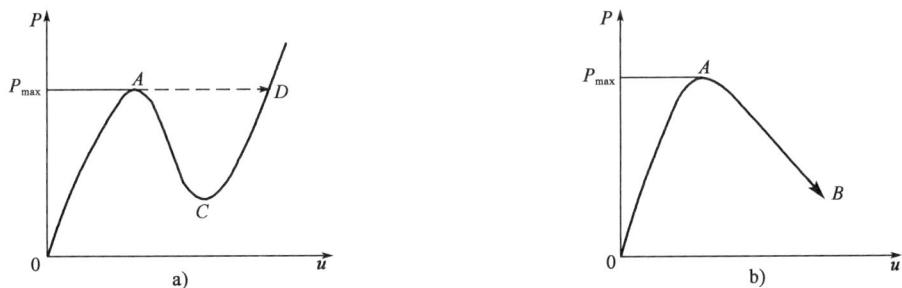

图12-6　包含极值临界点的荷载-位移平衡路径

12.3.2　非线性稳定计算实现方法

1)初始缺陷的实现方法

　　结构在进行非线性稳定分析时,往往要考虑初始缺陷以使计算结果更符合实际情况。初始缺陷可以按下面的方法考虑:

　　(1)施加挠动力。比如对一个中心受压柱,可以在柱顶施加一个很小的水平力(该水平力的大小要保证对结构的线性静力分析结果影响微乎其微),此时对该受压柱进行几何非线性分析即可得到与实际相接近的稳定分析结果。

（2）施加初始变形。对结构进行线性稳定分析可以得到结构的临界荷载和屈曲模态，其临界荷载可以近似代表实际结构相应非线性稳定的上限，其屈曲模态可近似反映结构实际的失稳形式。可将结构线性屈曲模态(一般取最易出现的第一模态)对应的结构位移乘以一个较小的系数作为结构的初始变形，然后再进行几何非线性分析。比如，进行网壳全过程分析时应考虑初始曲面形状的安装偏差的影响，可采用结构的最低阶屈曲模态作为初始几何缺陷分布模态，其缺陷最大计算值可按网壳跨度的1/300取值。对于桥梁结构，缺陷大小可取为计算跨径的0.1%～3%。缺陷大小对计算结果有影响，缺陷取值应该在合理范围内。

施加初始变形的方法是使用更新坐标。先提取特征值屈曲分析工况最低阶的位移，导出到excel表格中，然后乘以一个较小的系数，最后再与原结构节点的坐标叠加，即为考虑初始缺陷的结构模型。或者在进行完特征值屈曲分析后，执行命令**结果>振型>屈曲模态**，在［图12-7a)］所示的树形菜单中点击"根据初始缺陷更新模型"，然后在［图12-7b)］或［图12-7c)］中选择屈曲模态(一般选 Mode 1)以及放大的"比例系数"或"最大值"，最后点击"Update"按钮即可完成在模型中初始几何缺陷的施加。选择"比例系数"时，更新坐标＝初始坐标+模态形状×比例系数。选择"最大值"时，更新坐标=初始坐标+模态形状×最大值/最大模态形状。"最大值"即为最大缺陷，如前所述桥梁结构的初始几何缺陷大小可取为计算跨径的0.1%～3%，所以选择"最大值"更方便。

图12-7　给模型施加几何初始缺陷

（3）残余应力。对于线性稳定构件，可以给构件施加一个梁单元预应力荷载并在屈曲分析中将其设置为"不变"，对于非线性稳定构件，可以通过施加初始荷载的方式实现(方法请参见11.2.3节或12.3.1节实例)。虽然施加残余应力的方法有多种，但施加与实际结构完全相同的残余应力是比较困难的。

2)非线性稳定的实现方法

在midas Civil中，非线性稳定问题可以通过几何非线性分析、动力弹塑性分析(用设置大阻尼和施加缓慢增加的直线荷载的方法防止振动，或用时程分析方法中的"静力法"，静力法的内容请参见10.5.5节)以及Pushover分析实现。其中后两者可以实现双非线性稳定计算，动力弹塑性分析和Pushover内容将在第13章"抗震分析"中详细介绍，本章相关实例仅给出操作步骤。对梁单元和板单元模型,也可以定义塑性材料,再在非线性分析控制中同时考虑几何和材料非线性来实现双非线性稳定计算。

12.3.3 几何非线性稳定分析实例

在midas Civil中,考虑几何非线性稳定分析的方法如下:

(1)将进行稳定分析所用荷载定义在一个荷载工况下。

非线性的特点之一就是不能将荷载效应线性累加,用户在确定了用什么荷载进行屈曲分析后,然后需要将这些荷载放到一个荷载工况上,也可以根据实际情况定义加载的先后顺序(此时需定义不同的荷载工况,但只能选择Newton-Raphson法进行分析计算)。如计算在恒载已经作用的基础上活载达到多大结构才失稳的问题时,需要通过保持其他荷载大小不变而更改活载大小的方法多次试算确定。

(2)定义非线性分析控制,选择几何非线性,在非线性分析荷载工况中添加此荷载工况,并对其定义加载步骤。

在几何非线性分析控制中可以采用"Newton-Raphson法""弧长法"或"位移控制法",一般优先选择"Newton-Raphson法"。对存在后屈曲的结构应该采用弧长法。选择"位移控制法"时要选择控制位移的节点并输入一个相对较大的值,为了确定控制节点及位移的大小,可先进行线性静力分析,查看位移,找到屈曲分析所使用荷载作用下的位移最大点及其位移大小与方向。然后在位移控制法中将这个点及其位移(要适当放大)作为控制点和控制位移。

将非线性分析前几个步骤的步长设置可稍微长一些,后面间隔稍微短一些,这样比较容易收敛。

如前所述,特征值屈曲分析得到的是屈曲荷载的上限,当采用荷载控制法时,可将特征值屈曲荷载扩大20%左右后作为非线性屈曲分析的给定荷载,其屈曲形状可以作为施加初始缺陷或挠动荷载的依据。

(3)运行分析。

(4)查看结果中的阶段步骤时程图表,查找变形发生突变的位置点及对应加载系数,即可推知发生失稳的极限荷载。一般实际结构的位移是有限制的,若荷载-位移曲线中变形突变的位置点不明确,也可以用极限位移对应的荷载作为极限荷载。

注意:求解不收敛并不一定意味着结构达到最大荷载,不收敛的解也可能是由于数值不稳定产生的。荷载-位移曲线可有助于确定导致求解发散的原因是物理不稳定性还是数值不稳定性。在结构接近屈曲荷载时切向刚度接近于零,数值不稳定性或物理不稳定性可通过荷载-位移曲线的斜度来分辨(图12-8)。

某立柱一端固结一端自由(图12-9),柱高15m,柱截面为0.25m×1m矩形,材料为C30混凝土。柱顶受到一轴心集中荷载(活载)的作用,同时考虑立柱的自重作用(恒载)。求该柱的屈曲荷载,即最大承载能力。

下面用几种不同的方法(表12-1)计算该立柱的几何非线性稳定问题。首先需要建立模型(操作步骤略),包括节点和单元建立、施加边界条件、定义材料和截面。注意进行稳定分析时,一个杆件要划分成足够多的单元数量。

a) 数值不稳定性   b)物理不稳定性(屈曲)   a)模型   b)第一屈曲模态

图12-8　数值不稳定性和物理不稳定性　　　图12-9　非线性稳定实例

非线性稳定实例的计算方法描述　　　　　　　　　表12-1

计算方法	荷载工况	加载顺序	单元	非线性	计算方法
方法一	恒载与活载定义在同一荷载工况中	不考虑	梁	几何非线性	Newton-Raphson法
方法二	恒载与活载定义在同一荷载工况中	不考虑	梁	几何非线性	位移控制法
方法三	恒载与活载定义在不同的荷载工况中	考虑	梁	几何非线性	Newton-Raphson法
方法四	恒载按初始荷载,仅定义活载工况	不考虑	梁	几何非线性	Newton-Raphson法
方法五	恒载与活载定义在同一荷载工况中	不考虑	板	几何非线性	Newton-Raphson法

按第一屈曲模态施加初始变形的方法施加初始几何缺陷。立柱的高度为15m,其缺陷最大计算值应为0.1‰×15m = 0.015m左右。通过特征值屈曲分析可以近似得到结构的屈曲荷载,将其作为柱顶轴向集中荷载大小确定的依据。

首先进行特征值屈曲分析(与12.2.3节实例完全相同),在**结果>振型>屈曲模态**中点击 根据初始缺陷更新模型 按钮,弹出如图12-10所示对话框,选择 Mode 1,最大值取0.015m,点击 Update 按钮将模型坐标更新后的模型存储到指定文件夹中。

图12-10　考虑初始缺陷更新模型

1)方法一

(1)定义一个静力荷载工况,施加自重和柱顶的轴向荷载。柱顶的轴向荷载的大小取特征值稳定分析中临界荷载的1.0倍,前面已经计算出特征值稳定临界荷载为400kN,所以柱顶荷载取400kN。

(2)进行非线性分析控制,如图12-11所示。

图12-11　方法一非线性分析控制

(3)计算结果。

为了建立荷载-柱顶水平位移的关系曲线,首先执行命令**结果>阶段/步骤图表**,然后按图12-12定义柱顶节点水平(X向)位移函数,这个方向要根据特征值稳定分析中Mode 1的失稳模态来确定,根据[图12-9b)]可知应为正X向。图12-13为方法一对应的荷载-位移曲线。

图12-12　定义位移函数

图12-13　方法一的分析结果（Newton-Raphson法）

2）方法二

仅将非线性分析控制按图12-14进行修改，其他同方法一，计算结果如图12-15所示。

图12-14　方法二非线性分析控制

图12-15　方法二的分析结果（位移控制法）

3)方法三

(1)定义两个静力荷载工况,命名为"恒载"和"活载",分别施加自重和柱顶的轴向荷载。柱顶的轴向荷载的大小取特征值稳定分析中临界荷载的1.0倍,即柱顶荷载取400kN。

(2)执行命令**荷载>沉降/Misc>静力非线性加载顺序**,加载顺序为先恒载后活载,如图12-16所示。

(3)同方法一进行非线性分析控制,定义了荷载施加顺序后只能选择Newton-Raphson法进行分析计算。运行分析,计算结果如图12-17所示。

图12-16 方法三的荷载施加顺序

图12-17 方法三的计算结果

4)方法四

(1)首先计算恒载作用下的结构单元内力状态,然后施加初始单元内力,方法可参考12.2.3节中的实例。

(2)定义静力荷载工况,施加柱顶集中荷载。柱顶的轴向荷载的大小取特征值稳定分析中临界荷载的1.0倍,即柱顶荷载取400kN。

(3)进行非线性分析控制,选择Newton-Raphson法进行分析计算。运行分析,计算结果如图12-18所示。

图12-18 方法四的计算结果

5)方法五

(1)定义厚度,然后通过扩展单元的方式生成厚板单元模型(包含了初始缺陷,板厚度0.25m),同时删除梁单元模型。

(2)定义两个静力荷载工况,命名为"恒载"和"活载",分别施加自重和柱顶的轴向荷载。柱顶的轴向荷载的大小取特征值稳定分析中临界荷载的1倍(柱顶两个节点各施加0.5倍的临界荷载)。

(3)执行命令**荷载>沉降/Misc>静力非线性加载顺序**,加载顺序为先恒载后活载,如图12-16所示。

(4)进行非线性分析控制,选择 Newton-Raphson 法进行分析计算。此时可以同时选择几何非线性和材料非线性,但此处为了对比仍然使用了线性材料。

(5)运行分析,计算结果如图12-19所示。

图12-19　方法五的计算结果

从以上5种计算方法的结果可以看出,考虑几何非线性效应后,荷载–柱顶位移曲线呈明显非线性性质,荷载除了"位移控制法"结果偏差大些之外,其余结果基本一致。立柱在加载的初期水平位移变化较小,随后在荷载增加不是很大的情况下柱顶水平位移快速增加,失稳的点应该确定为柱顶水平位移快速增加的开始点。

12.3.4　双非线性稳定分析实例

陈宝春和陈友杰进行了两根钢管混凝土单圆管肋拱面内全过程试验,并在文献[4]给出了试验结果。本例按文献[4]给出的模型数据建模并依次进行线性稳定、几何非线性稳定和几何与材料双非线性稳定分析,并将各计算结果与实测值进行对比。

1)试验简介

试验模型拱肋对应的实际工程为福建福安群益大桥,该桥跨径为46m,净矢高15.33m,拱肋截面为单圆管钢筋混凝土截面,钢管外径为800mm,钢管壁厚14mm,内部的混凝土强度为C30。模型拱肋比例为实桥的1/10,模型试验采用φ76mm×3.792mm的钢管混凝土单拱,跨径4.6m,矢高1.533m,肋拱下缘曲线为二次抛物线。相同的结构建立了两个试验模型,分别为A1和A2。A1在模型的加载位置位于L/4处(L为跨径),A2在模型的加载位置位于L/2处。试验用钢管屈服强度为307.67MPa,极限抗拉强度为460MPa,钢材弹模为206GPa;混凝土立方体抗压强度为36.8MPa,混凝土弹模为31.0GPa。试验结果见表12-2,该结果仅给出了承载能力达到极限时的面内结果,其中A1模型的最大竖向位移在1/4跨位置,A2模型的最大竖向位移在跨中。

试验模型拱的峰值荷载与挠度   表12-2

项目	A1		A2	
	荷载(kN)	挠度(mm)	荷载(kN)	挠度(mm)
试验值	31.9	60.24	42.07	38.97

2)建模

根据文献[4]给出的数据建立两个无铰拱模型A1和A2,模型用三点法建立二次曲线得到,材料数据和截面数据如图12-20和图12-21所示。定义的荷载工况为自重和集中力,A1模型单位节点集中荷载作用在$L/4$处,A2模型单位节点集中荷载作用在$L/2$处,如图12-22所示。

图12-20 材料数据

图12-21 截面数据

a)A1模型

b)A2模型

图12-22 分析模型

3)线性稳定分析

执行命令**分析>屈曲**,按图12-23填写"屈曲分析控制"数据,然后点击"确认"。分析的结果见表12-3。与表12-2对应的极限荷载结果应为模态1或模态3对应的特征值,模态1代表最容易达到的情况,模态3代表与实测数据最接近的情况。

图12-23 特征值屈曲分析控制

特征值屈曲分析结果   表12-3

模态号	A1模型		A2模型	
	特征值	失稳形式	特征值	失稳形式
1	206.3	面外	125.4	面外
2	557.2	面外	433.6	面外
3	738.0	面内	490.2	面内
4	1046.2	面外	624.4	面外
5	1365.4	面内	803.8	面内

4)几何非线性稳定分析

(1)施加几何缺陷。

试验给出的 A1 和 A2 模型位移图形均为面内,变形形状均与模态3相近,故这里按模态3施加几何缺陷。缺陷的最大值按跨度的1%取值,即46mm。

(2)施加集中荷载的大小:A1模型按390kN,A2模型按380kN。取值首先根据上面计算的极限荷载确定(本例即特征值),这个极限荷载肯定是偏大的。取值过大会导致不收敛,也影响荷载-位移曲线的显示区间,这里根据计算出的极限荷载通过试算确定加载大小。

（3）定义加载顺序,先自重后集中力。

（4）设置非线性分析控制,然后运行。

（5）执行命令**结果>阶段/步骤图表**,定义拱顶节点竖向位移函数。图12-24为A1模型的荷载-位移曲线,图12-25为A2模型的荷载-位移曲线。

图12-24　A1模型荷载-位移曲线

图12-25　A2模型荷载-位移曲线

由计算可知,A1模型1/4跨竖向位移达到60.24mm的试验值时,对应的荷载大小约为0.2倍的1/4跨集中荷载,即$0.2 \times 390kN = 78kN$。A2模型拱顶竖向位移达到38.97mm的试验值时,对应的荷载大小约为0.3倍的拱顶集中荷载,即$0.3 \times 380kN = 114kN$。

5）双非线性稳定分析——静力弹塑性法（Pushover）

（1）按线性屈曲分析结果的模态3施加跨度1%的最大几何缺陷。

（2）A1和A2模型的集中荷载大小均改为200kN。

（3）定义铰特性值并分配给所有单元,如图12-26所示,对应命令：**Pushover>铰特性>定义Pushover铰特性值,Pushover>铰特性>分配Pushover铰特性值**。铰特性与屈服表面特性均默认并采用自动计算,M_y成分影响最大,定义成双折线理想弹塑性形式。

（4）主控数据填写,对应命令：**Pushover>整体控制>整体控制**,如图12-27所示。

（5）Pushover荷载工况定义,对应命令：**Pushover>荷载工况**,如图12-28所示。

图 12-26　A1 和 A2 模型中的铰特性定义　　　　图 12-27　A1 和 A2 模型主控数据定义

a)A1模型　　　　　　　　　　　　　　b)A2模型

图 12-28　Pushover 荷载工况

　　(6)Pushover 分析之前必须进行特征值(注意不是特征值屈曲)分析或静力分析,此处进行静力分析即可。然后在后处理模式下执行命令:Pushover>运行分析>运行 Pushover 分析。

　　用户需注意分析结果受几何缺陷施加方式和大小、单元尺寸、主控数据中是否考虑大变形、初始荷载、铰特性值以及分析控制选项的影响,想要得到计算满意的结果需熟悉 Pushover 分析。

　　图 12-29 和图 12-30 分别为 A1 和 A2 模型的分析结果,A1 模型 1/4 跨竖向位移达到 60.24mm 的试验值时对应的荷载大小约为 38.3kN。A2 模型拱顶竖向位移达到 38.97mm 的试验值时对应的荷载大小约为 54.7kN。可以看出,计算结果虽然和实测数据还有较大差别,但是和线性屈曲

以及仅考虑几何非线性的情况相比,计算精度高了很多。本例若按面外屈曲模态1施加同样大小的几何缺陷,计算结果会更接近实测值,但实测数据中并没有给出面外变形数据。

图12-29 A1模型Pushover曲线

图12-30 A2模型Pushover曲线

6)双非线性稳定分析——动力弹塑性静力法

使用动力弹塑性分析中的静力法也可以进行考虑几何和材料双非线性的结构承载能力分析,静力法表示在动力弹塑性分析中排除质量和阻尼的影响,此时铰类型可以选择骨架模型或纤维模型,本例选择骨架模型。静力法操作步骤包括:①定义静力荷载工况;②定义斜坡类型无量纲时程函数;③定义时程荷载分析工况(静力法);④定义时变静力荷载。

本例操作步骤如下:

(1)按线性屈曲分析结果的模态3施加跨度1%的最大几何缺陷。

(2)特征值分析,包括将自重和集中荷载(100kN)转换为质量,设置特征值分析控制。

(3)非弹性特性控制数据,按图 12-31 控制,对应命令:**特性>塑性材料>非弹性特性控制**。

(4)定义非弹性铰特性值,对应命令:**特性>塑性材料>非弹性铰>非弹性铰特性值**。按图 12-32 控制,铰特性值和屈服面特性值都按默认取值。

图 12-31　非弹性特性控制数据　　　　图 12-32　定义非弹性胶特性值

(5)分配非弹性铰特性值,对应命令:**特性>塑性材料>非弹性铰>分配非弹性铰特性值**。

(6)定义斜坡类型无量纲时程函数,如图 12-33 所示,对应命令:**荷载>地震作用>时程函数**。

图 12-33　定义无量纲时程函数

(7)定义时程整体控制,如图 12-34 所示,对应命令:**荷载>地震作用>整体控制**。选择"大位移"和初始荷载工况。

(8)定义时程荷载分析工况(静力法),如图 12-35 所示,对应命令:**荷载>地震作用>荷载工况**。"步长"是将静力荷载分成的份数,例如步长为 100,施加的荷载为 100kN,进行非线性静力分析时的荷载增量即为 1kN,且对每个步骤均进行分析。

图12-34 时程整体控制

（9）定义时变静力荷载，如图12-36所示，对应命令：**荷载>地震作用>时变静力荷载**。

图12-35 时程荷载工况定义

图12-36 定义时变静力荷载

（10）运行分析。

注意定义时变静力荷载，时程函数类型必须为"无量纲"。函数值将与静力荷载相乘，将静力荷载转换为动力荷载的时程分析函数，所以定义无量纲时程函数时的"函数"值最大为1。也可以将静力荷载工况下的节点荷载定义为单位力，则无量纲时程函数时的"函数"最大值即为施加的实际荷载。与"函数"对应的"时间（sec）"最好与时程荷载分析工况中的"步长"一致。

查看分析结果，对应命令：**结果>时程图表/文本>时程文本**或**结果>时程图表/时程图形**。由文本结果可知，A1模型1/4跨竖向位移达到60.24mm时，对应的极限荷载约为42kN；A2模型拱顶竖向位移达到38.97mm时，对应的极限荷载约为61kN，与Pushover分析结果大致相同。

　　同时考虑几何和材料非线性,利用动力弹塑性分析功能来计算结构的极限承载能力,即双非线性稳定分析,除了上述方法还可以使用动力弹塑性直接积分法(利用大阻尼和缓慢加载来防止结构振动),铰类型还可以选择纤维模型。

　　理论上,直接定义塑性材料,设定加载顺序,然后在非线性分析控制中同时选择几何与材料非线性,这样也可以进行双非线性稳定分析。但是当前版本的程序还有诸多局限性导致这种方法不能得到令人满意的结果。比如,梁单元在塑性分析中,只能使用Von Mises模型且不能考虑强化,组合材料不能进行材料非线性分析等。

第 13 章

抗震分析

13.1 建模原则

地震分析所用模型必须能够模拟对结构地震反应有贡献的所有特征的振型。因为对于所有结构都必须考虑实际与随机的扭转效应,所以计算模型都是三维的。三维计算模型只考虑对具有较大刚度和延性的结构部分,而忽略非结构部分,但是非结构部分的质量分布往往不可忽略。在对混凝土结构进行弹性动力分析时,通常只使用混凝土截面而忽略钢筋的刚度,但是应该用开裂的截面模式来检查最后的设计。

结构质量要求精确地估算,结构模型中的质量分布依赖于用来表示桥梁构件的单元数量。活载可以作为附加质量来考虑。可以使用无质量的结构单元对大多数基础区域进行模拟,比如模拟桩的刚度。在进行动力分析前,应该运行静力荷载的计算模型,以检查各种不同的近似建模方法。在进行非线性分析之前,可以用线性反应的计算结果预测哪种非线性对结构反应影响较大,进而判断如何准确合理地建立模型。

《公路桥梁抗震设计规范》(JTG/T 2231-01—2020)的第6.2节对桥梁结构动力计算模型的建模原则作了说明。桥梁结构动力计算模型应能够准确反映实际桥梁结构的动力性能,即正确反映桥梁上部结构、下部结构、支座和地基的刚度、质量分布及阻尼特性,应考虑相邻结构的影响,从而保证在地震作用下引起的惯性力和主要振型能得到反映。

桥梁结构的建模中一般包括的构件是上部结构、盖梁、桥台和墩柱、伸缩缝、支座、基础和地基弹簧等。其建模原则简述如下:

(1)上部结构和盖梁通常可用线弹性的三维梁单元模拟。但进行详细分析且上部结构变形较大时可能也需要用非线性梁单元模拟。

桥梁上部结构的设计主要由运营荷载控制。桥梁震害资料表明,上部结构自身的震害比较少见,在桥梁抗震设计中,也希望上部结构在设计地震作用下基本保持弹性。桥梁结构的地震力主要集中在上部结构,影响下部结构设计的主要是上部结构通过支座传递下来的水平地震力。而这一地震力主要取决于上部结构的质量、下部结构的刚度以及支座连接条件。因此,桥梁抗震设计中上部结构的刚度模拟不必太细,但上部结构的质量必须尽可能正确模拟,通常采用能反映上部结构质量分布和刚度特征的梁单元和杆单元模拟。

(2)在桥梁抗震反应分析中,墩柱是关键的结构构件。上部结构的重力和地震力通过墩柱传递给基础,而地震力的输入又通过墩柱传递给上部结构。墩柱要具有一定的塑性变形和耗能能力,正确模拟墩柱的刚度和质量分布非常重要。

墩柱通常是用具有反应参数的非线性梁单元建模的,反应参数是指由轴向荷载和双向弯矩所描述的屈服面。墩柱在地震分析中的一些典型行为特征是要考虑的,包括由于混凝土开裂引起的初始刚度的退化、柱在固定端的弯曲屈服、应变强化和靠近反向荷载时的挤压作用等。进行非线性时程分析时,墩柱的非线性应采用弹塑性空间梁柱单元模拟(塑性铰骨架或纤维模型),并且单元的划分要恰当,对桥墩自身的贡献比较大(如重力式桥墩和高墩)单元的划分要足够精细。

(3)伸缩缝或橡胶挡块可用模拟接缝非线性行为的间隙单元建模。变量包括初始间隙、接缝的抗剪能力和间隙的非线性荷载-位移特征。预应力拉索可用一般连接-钩单元模拟。

(4)支座连接条件的变化对桥梁的动力特性、内力和位移反应均有很大的影响,抗震分析时应考虑支座的影响。

①板式橡胶支座可采用线性弹簧单元模拟。

板式橡胶支座剪切刚度 $k(\text{kN/m})$ 为：

$$k = \frac{G_d A_r}{\sum t} \tag{13-1}$$

式中：G_d——板式橡胶支座动剪切模量(kN/m^2)，一般取 1200kN/m^2；

$\quad A_r$——板式橡胶剪切面积(m^2)；

$\quad \sum t$——橡胶层的总厚度(m)。

②活动盆式支座可用双线性理想弹塑性弹簧单元模拟，其恢复力模型见图13-1。

活动盆式支座临界滑动摩擦力 $F_{max}(\text{kN})$ 为：

$$F_{max} = \mu_d R \tag{13-2}$$

初始刚度为：

$$k = \frac{F_{max}}{x_y} \tag{13-3}$$

式中：μ_d——滑动摩擦系数，一般取0.02；

$\quad R$——支座所承担的上部结构重力(kN)；

$\quad x_y$——活动盆式支座屈服位移(m)，一般取 $0.002 \sim 0.005\text{m}$。

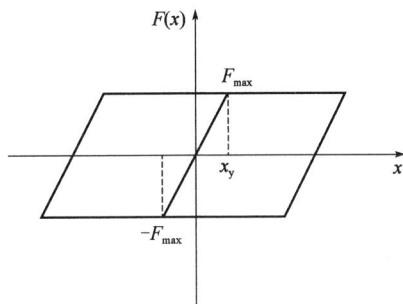

③固定盆式支座可采用主从约束或弹性连接来模拟。

图13-1 活动盆式支座恢复力模型

(5)地基的典型的模拟方法是用非线性的弹簧单元模拟地基的平动和转动刚度。对采用桩基础的桥梁,抗震分析计算模型应考虑桩土相互作用,桩土相互作用可用等代土弹簧模拟,等代土弹簧的刚度可采用 m 值法计算,详见第10.4节。

(6)桥台的建模要考虑土压力、基础刚度和支座间隙,土压力及基础刚度可用非线性弹簧模拟,支座用只受压间隙单元(弹性连接或弹性支撑)模拟。一般情况下因为桥台的刚度很大而不在计算模型中反映,仅将桥台上的支座下面按固定处理。

13.2 反应谱分析

13.2.1 基本分析步骤和注意事项

反应谱分析的基本步骤是:首先进行特征值分析,将结构运动方程进行振型分解,根据场地或规范反应谱求出各阶振型反应的最大值;其次,各阶振型反应的最大值一般不是同时出现,所以要将结构反应的最大值通过 SRSS、CQC 或 ABS 方法进行组合;最后,对于三维地震运动,反应谱法是分别求解三个正交方向的输入然后再组合的,所以要从同时发生地震运动的三个分量来估算最大响应。

特征值分析的目的是求解结构的振型与周期。多自由度体系的反应谱法(多振型反应谱法)计算最大地震力,是利用振型的正交性,将多自由度体系的复杂振动分解为各个振型的独立运动,再利用单自由度体系的反应谱理论来计算各振型的最大反应值。各个振型对应的反应最大值不一定同时发生,不能直接求代数和来计算多自由度体系的最大地震反应值,即必须考虑不同振型最大反应值的组合问题。应用较广泛的组合方法是基于随机振动理论的

CQC和SRSS等。用多振型反应谱法计算时,所考虑的振型阶数应在各个计算方向上分别获得90%以上的有效质量,且所考虑的模态数不得少于跨度数的3倍。不同方向上地震反应组合的基本方法有SRSS法、ABS法和Modified SRSS等,可以参照相关规范执行。

多模态反应谱分析对于复杂的线弹性结构也是非常有效的,可用于具有不规则几何形状、质量和刚度分布的结构。单元的划分数量应该足够多,以便捕捉所有做出贡献的振型。

13.2.2 分析实例

1)实例桥梁基本数据

本例的桥梁为45m+50m+45m连续梁,主梁形式为双钢箱梁中间用多道横向联系梁连接。梁、墩截面数据、材料数据及其他数据在建模部分给出。

2)模型建立

模型由主梁、横向联系梁和桥墩构成。桥台部分由于刚度很大,不另外建立模型,只输入边界条件。基础部分假设完全固定,也只按边界条件来定义。桥面及附属设施荷载(二期恒载)用均布荷载表示。模型中所有单元均采用空间梁单元。

(1)定义材料

主梁及联系梁材料为Q355钢,桥墩材料为C30混凝土。

(2)定义截面

需要定义的截面包括主梁、横向联系梁、盖梁和桥墩截面,如图13-2所示。

(3)建立节点和单元

建立如图13-3所示的桥梁模型,并将上面定义的材料和截面赋给相应单元。

在图13-3所示的桥梁模型中,两个箱形主梁的中心间距为7.7m,各横向联系梁间的中心距为5m,盖梁形心到主梁形心的竖向距离为2.2m,盖梁形心到墩顶的竖向距离为0.75m。盖梁长11.7m,墩高7m。

a)主梁截面   b)横向联系梁截面

图 13-2

c)盖梁截面　　　　　　　　　　d)桥墩截面

图13-2　截面定义

图13-3　总体模型

图13-4所示仅显示了一个桥墩的连接情况,桥墩和盖梁用刚性连接来模拟其固结(图中为节点9、12)。为了模拟盖梁和主梁之间的支座,建立了节点6、4和节点5、3,并使节点2、4、6和20在同一条竖直线上,节点1、3、5和15也在同一条竖直线上。节点6、4之间的距离以及节点5、3之间的距离等于支座的高度,并在节点6、4和节点5、3之间分别用弹性连接模拟支座的支承刚度。节点5、6与主梁之间的连接,节点3、4与盖梁之间的连接均为刚性连接,即节点对2-4、6-20、1-3和5-15间用刚性连接。支座的支承刚度视支座的实际情况而定,这里的刚度如图13-5所示。

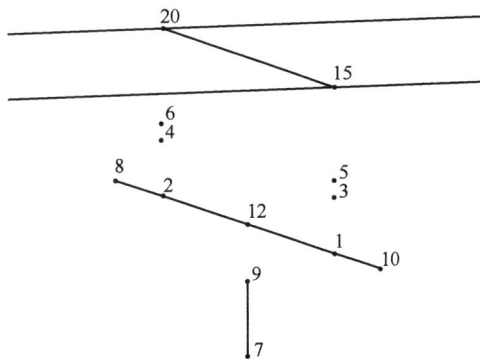

图13-4　桥墩、盖梁和主梁连接细部

号	节点1	节点2	类型	角度 ([deg])	固定	SDx (kN/m)	SDy (kN/m)	SDz (kN/m)	SRx (kN*m/[rad])	SRy (kN*m/[rad])	SRz (kN*m/[rad])	剪力弹性支承 位置	距离比 SDy	距离比 SDz
1	5	3	一般	0.00	000000	10000000.0	100000.000	100000.000	0.00	0.00	0.00	□	0.50	0.50
2	6	4	一般	0.00	000000	10000000.0	0.0000	100000.000	0.00	0.00	0.00	□	0.50	0.50
3	61	65	一般	0.00	000000	10000000.0	100000.000	0.0000	0.00	0.00	0.00	□	0.50	0.50
4	62	66	一般	0.00	000000	10000000.0	0.0000	0.0000	0.00	0.00	0.00	□	0.50	0.50

图13-5　支座的支承刚度

(4)施加一般支承边界条件

在桥墩下方施加固结边界条件,在桥台处的边界条件实际是桥台上支座的支撑情况的模拟,这里没有考虑支承刚度的影响。施加的边界条件在图13-3中显示为:一侧主梁仅为竖向支承,另一侧主梁为竖向+水平向的支承。

(5)输入横向联系梁的梁端刚域

由于建模时所有的单元是以中心轴为准相互连接的,故会有如图13-6所示的主梁和横向联系梁间由于主梁的梁宽导致的重复部分出现。对此,可使用梁端刚域功能,通过输入刚域长度使程序在计算刚度时将该部分的影响排除。

图13-6　联系梁与主梁的重叠

图13-7　梁端刚域

输入梁端刚域长度的方法有整体坐标系和单元坐标系两种类型。若选择整体坐标系类型,则对于所输入的刚域长度不考虑荷载,只针对剩余的单元长度计算刚度和自重。相反选择单元坐标系的话,只在计算刚度时排除输入的刚域长度,而在计算自重和施加荷载时则将该部分包含在内(参考第3.3.4节或在线帮助手册)。

如图13-7所示,这里使用单元坐标系来输入刚域长度。此时由于需在梁单元的i、j端输入轴向的刚域长度,故需事先确认梁单元的单元坐标系方向。在此两端的刚域长度均为主梁宽度的一半,即重叠部分长度。

3)荷载输入

建立自重和二期恒载两个荷载工况,按恒载输入自重荷载和二期恒载。假设二期恒载为10kN/m大小的均布荷载,使用"梁单元荷载"功能输入。

4)特征值分析数据

如前所述,在进行反应谱分析之前需先进行特征值分析。

(1)质量数据

本例用到midas Civil输入质量的两种方式:一种是将所建结构

模型的自重转换为质量,另一种是将输入的其他恒荷载(桥面铺装及护栏荷载等)转换为质量。

对于结构的自重可以不另行输入(这里为了检查模型输入了自重),即可在**结构>结构类型**对话框中完成转换,如图13-8所示。而二期恒载一般是以外部荷载(梁单元荷载、楼面荷载、压力荷载、节点荷载等)的形式输入的,可使用**荷载>结构荷载/质量>荷载转化为质量**命令来转换,如图13-9所示。

图13-8 自重转换为质量

图13-9 荷载转换为质量

(2)特征值分析控制

进行特征值分析前必须执行命令**分析>特征值**,控制数据如图13-10所示。程序提供三种特征值分析方法:子空间迭代法、Lanczos方法和多重Ritz向量法。因为多重Ritz向量法求出的是和激发荷载向量直接相关的振型,所以用振型分解反应谱法和振型叠加法进行结构动力分析时,一般建议采用多重Ritz向量法进行结构的振型分析。如果分析后计算方向上振型参与质量达不到抗震规范所规定的90%,则需适当增加频率数量重新进行分析。查看振型参与质量用命令**结果>结果表格>振型与周期**。

图13-10 特征值分析控制

5)反应谱分析数据

midas Civil中进行反应谱分析需要定义"反应谱函数"和"反应谱荷载工况",其命令菜单为**荷载>地震作用>反应谱数据**,如图13-11所示。

图13-11　反应谱分析数据

(1)反应谱函数定义

执行命令**荷载>地震作用>反应谱数据>反应谱函数**,在弹出的对话框中点击"添加",弹出如图13-12所示的"添加/编辑/显示地震影响系数曲线"对话框。

图13-12　反应谱数据定义对话框

在图13-12所示的对话框中,首先要填写"函数名称",该名称会在以后定义的"反应谱荷载工况"中使用。"反应谱数据"分组框内可以选择"无量纲加速度""加速度""速度"和"位移",用来确认要输入的反应谱数据类型。"无量纲加速度"是加速度反应谱除以重力加速度得到的频谱,选择它时频谱数据的单位为"g"。需要注意的是在变更上述反应谱数据的形式时,已输入的数据并不会根据单位自动更改,程序会弹出如图13-13所示的提示。"放大"分组框中有"放大系数"和"最大值"两项,用来对生成或导入的反应谱数据的大小进行调整。"放大系数"中输入反应谱数据的调整系数(乘子),"最大值"中输入反应谱数据调整后的最大值。若加速度反应谱函数的最大加速度为$0.045g$,并定义了该"最大值"为$0.09g$,那么相当于放大系数为$0.09/0.045=2$,且反应谱数据中的所有数据都放大到2倍。所以"放大系数"和"最大值"只输入一个即可。"重力加速度"用于将无量纲加速度和等效质量转换为荷载。

在进行反应谱分析时有三处可输入结构的阻尼比:

①设计反应谱中直接输入。

②在图13-12所示的对话框中输入。

③在反应谱分析工况中输入(参见第10.3节)。

图13-13 反应谱数据类型改变时的提示框

程序最终使用的阻尼比优先顺序为③、②、①。例如在反应谱分析工况中输入了阻尼比，则在其他地方输入的阻尼比就被覆盖或不起作用。

反应谱数据可以在图13-12左侧的"周期-频谱数据"栏中直接输入，也可以通过点击按钮 导入文件 从现有的以".sgs"或".spd"为扩展名的数据文件中导入，或通过点击 设计反应谱 按钮从数据库中调用多种规范中的设计反应谱数据。

".sgs"格式的反应谱数据是通过"地震波数据生成器"生成的，具体操作方法可参见本书第6.7节。将频繁使用的反应谱数据保存为".spd"格式的文件，然后在其他工程中调用会很方便。两种格式的数据都是可以编辑的，其数据格式请参见midas Civil软件的在线帮助手册中的"反应谱函数"部分。

点击 设计反应谱 按钮弹出"生成设计反应谱"对话框，该对话框的界面与所选的规范有关，图13-14为选择我国《公路桥梁抗震设计规范》(JTG/T 2231-01—2020)时的对话框，图13-15为选择我国《铁路工程抗震设计规范》(GB 50111—2006)时的对话框。

图13-14 生成现行公路桥梁设计反应谱数据

在图13-14右边的"输出数据"分组框中的数据一般不用直接填写，而只要在左边的"输入数据"分组框填写或选择了数据即可。"输出数据"分组框中的内容是由"输入数据"分组框中的内容根据规范生成并更新的。

图 13-15 中的"设计地震分组"即规范中的"特征周期分区",与国家标准《中国地震动参数区划图》(GB 18306—2015)保持一致。

本例采用我国《公路桥梁抗震设计规范》(JTG/T 2231-01—2020)中规定的"设计反应谱",参数填写如图 13-14 所示。将以上参数输入后点击"确认"按钮就可自动生成按《公路桥梁抗震设计规范》(JTG/T 2231-01—2020)绘制的设计反应谱曲线,如图 13-12 所示。

(2)反应谱荷载工况定义

执行命令**荷载>地震作用>反应谱数据>反应谱**,会在屏幕左侧"树形菜单"的位置出现如图 13-16 所示的对话框。

图 13-15　生成现行铁路桥梁设计　　　图 13-16　反应谱荷载工况
反应谱数据

在图 13-16 中首先要定义"荷载工况名称",该名称将用于荷载组合。"方向"是指反应谱荷载作用的方向,有"X-Y"和"Z"两个选项。选 X-Y 表示荷载作用于结构的水平方向(平行于整体坐标系的 X-Y 平面),选 Z 表示荷载作用于竖向(整体坐标系 Z 向)。当方向选择为 X-Y 后,即当地震激发方向平行于 X-Y 平面时,"地震作用角度"为地震激发方向与 X 轴的夹角(度),地震作用方向在整体坐标系的 X 轴上时角度为 0°。角度的正负号以 Z 轴为基准,按右手法则确定,顺时针为正,例如地震作用方向在整体坐标系的 Y 轴上时角度为 90°。

"系数"指地震作用方向上反应谱荷载数据的放大系数。该系数只放大选择的地震作用方向上的地震作用,在反应谱函数中的放大系数将放大任意方向的地震作用。两个放大系数将相乘。

"周期折减系数"是特征值分析求得的周期的折减系数。这个系数适用于反应谱分析中特征值分析求得的所有自振周期。如果分析时考虑了非结构单元的刚度贡献作用,希望折减计算周期时可使用该功能。

点击"模态组合控制"右侧的按钮……,弹出如图13-17所示的"振型组合控制"对话框,可用来定义模态组合。如前所述,结构的最大反应不能用每个模态最大反应的代数和来计算,因为不同的模态是在不同的时刻达到它的最大值。由于单个模态贡献的绝对值之和(ABS法)提供了一个通常很保守的上限,人们不推荐在设计中采用该方法。"线性"组合方式就是将各振型所产生的作用效应直接求和,该计算结果也过于保守。两种常用的组合方法是完整二次项组合法(CQC法)和平方和开方法(SRSS法)。对于无阻尼结构,用CQC法和SRSS法计算出的结果是完全相同的。若假定各振型地震反应之间是相互独立的,或仅计算单一方向的地震作用效应(内力、位移),一般可使用SRSS法;若考虑振型的耦合则使用CQC法。对振型密集型结构,如考虑平移-扭转耦连振动的线性结构系统使用CQC法。对于主要振型的周期均不相近的场合,如串联多自由度体系使用SRSS法。振型密集可简单地认为是固有频率彼此之差不超过10%,但最好按《公路桥梁抗震设计规范》(JTG/T 2231-01—2020)第6.3.3条确定。从理论上讲,计算结构反应必须包含所有模态振型并将

图13-17 振型组合控制

其组合,但是也可使用较少的几个模态,只要这些模态在计算方向上的参与质量超过整个结构质量的90%即可。一般来说,为了确定模态组合所需的模态数量,应考虑与桥梁结构特征、空间分布和地震荷载的频率含量等因素。我国抗震规范中的模态组合方法有CQC法和SRSS法。

在图13-17中,"考虑振型正负号"用于给振型组合结果添加正负号,使最终结果(弯矩、位移等)的相对性(比如各节点的弯矩符号、各节点间的相对位置)具有连贯性,仅为方便结果的查看,建议选择此项。主振型是指在该方向质量参与度最高的振型,选择"沿着主振型方向"就是在每个方向,按主振型的符号(+,−)给各组合结果(节点位置)添加正负号。选择"沿着绝对值最大的振型方向"就是按所有振型结果中绝对值最大的振型的符号(+,−)添加正负号。

一般情况下,跨径不大的规则桥梁可只考虑水平向地震作用,直线桥梁可分别考虑顺桥向X和横桥向Y的地震作用;抗震设防烈度为8度和9度的拱式结构、长悬臂桥梁结构和大跨结构,以及竖向作用引起的地震效应很重要时,应同时考虑顺桥向X、横桥向Y和竖向Z的地震作用。《公路桥梁抗震设计规范》(JTG/T 2231-01—2020)中第5.1.3条规定三个正交方向的地震作用同时考虑时,可分别计算各方向地震作用产生的最大效应,总的设计最大地震作用效应取其平方和的平方根(即SRSS法)。

利用反应谱分析方法对桥梁结构沿每个方向(顺桥向X、横桥向Y和竖向Z)独立计算地震产生的最大效应时,在规范没有规定时其效应的组合也可以使用下面"百分法"的方法进行荷载组合:

①地震荷载工况组合Ⅰ:100%横向绝对值+30%纵向绝对值+30%竖向绝对值。

②地震荷载工况组合Ⅱ:30%横向绝对值+100%纵向绝对值+30%竖向绝对值。

③地震荷载工况组合Ⅲ:30%横向绝对值+30%纵向绝对值+100%竖向绝对值。

如前所述,阻尼比也可在反应谱荷载工况中定义,方法是在图13-16的中间位置勾选"适

用阻尼计算方法"和"修改阻尼比"。单击 阻尼比计算方法... 按钮可弹出"阻尼比计算方法"对话框,如图13-18所示。关于阻尼比的问题请参见第10章内容。本例没有在此定义阻尼比,即没有勾选上述两项内容。

图13-18 在反应谱荷载工况中修改阻尼比

单击图13-16中的"添加"按钮,就会将定义的反应谱荷载工况添加到荷载工况栏中。可以定义多个反应谱荷载工况。本例的反应谱荷载工况的定义如图13-16所示。

6)运行分析

建立模型并定义了上述参数后即可点击工具栏中的按钮 ,运行分析。

7)查看分析结果

(1)查看振型形状和频率

各振型的质量参与比例可通过**结果>结果表格>周期与振型**命令查看,如图13-19所示。

特征值分析					
模态号	频率		周期	容许误差	
	(rad/sec)	(cycle/sec)	(sec)		
1	6.813486	1.084400	0.922169	0.0000e+00	
2	9.273193	1.475874	0.677564	0.0000e+00	
3	13.444983	2.139836	0.467326	0.0000e+00	
4	14.571000	2.319047	0.431212	0.0000e+00	
5	18.349700	2.920445	0.342414	0.0000e+00	
6	24.240288	3.857962	0.259204	0.0000e+00	
7	26.057194	4.147131	0.241131	0.0000e+00	
8	42.273871	6.728096	0.148630	0.0000e+00	
9	70.704804	11.253029	0.088865	0.0000e+00	
10	71.153176	11.324380	0.088305	0.0000e+00	

振型参与质量											
模态号	TRAN-X		TRAN-Y		TRAN-Z		ROTN-X		ROTN-Y		ROTN-Z	
	质量(%)	合计(%)	质量(%)	合计(%)	质量(%)	合计(%)	质量(%)	合计(%)	质量(%)	合计(%)	质量(%)	合计(%)
1	85.36	85.36	0.00	0.00	0.00	0.00	0.00	0.00	0.06	0.06	0.00	0.00
2	0.00	85.36	64.67	64.67	0.00	0.00	16.84	16.84	0.00	0.06	0.00	0.00
3	0.15	85.52	0.00	64.67	1.25	1.25	0.00	16.84	0.00	0.07	0.00	0.00
4	0.00	85.52	9.56	74.24	0.00	1.25	1.54	18.38	0.00	0.07	0.00	0.00
5	0.03	85.54	0.00	74.24	0.01	1.27	0.00	18.38	67.64	67.70	0.08	0.09
6	9.88	95.42	0.00	74.24	0.00	1.27	0.00	18.38	0.00	67.70	0.00	0.09
7	0.00	95.42	7.87	82.10	0.02	1.29	32.08	50.46	0.00	67.70	0.03	0.12
8	0.00	95.42	1.81	83.91	2.87	4.16	15.05	65.51	0.00	67.71	4.26	4.37
9	0.04	95.47	10.85	94.76	0.74	4.91	9.63	75.14	1.88	67.71	1.92	6.29
10	0.99	96.46	0.49	95.25	0.01	4.91	0.41	75.55	0.00	67.71	0.04	6.29

图13-19 频率、周期与振型参与质量

到第15模态时,桥梁纵向、横向的累计参与质量均大于90%(竖向小于90%,但不是要考虑的计算方向),所以当初选择15个模态是可以的。桥梁纵向(X方向)的振型参与质量中模态1的参与比例为85.36%,比其他方向大得多,因此可以将其看作为此纵向的第一振型。同样模态2可被看作是桥梁侧向(Y方向)的第一振型。

通过表格确认各方向的第一振型后,即可在模型窗口查看其具体形状。用命令**结果>模态>振型>振型形状**来查看,图13-20所示为第2模态振型。

图13-20 第2模态振型

(2)查看桥墩的支座反力

首先对于桥梁纵向和横向分别按以下方法进行荷载组合(图13-21)。

图13-21 荷载组合

地震荷载工况组合I(LCB1):100%横向绝对值+30%纵向绝对值。

地震荷载工况组合II(LCB2):30%横向绝对值+100%纵向绝对值。

由于将支座模拟为弹性连接,故因地震作用所引起的支座反力需在弹性连接结果表格中查看。根据定义弹性连接时的单元坐标系,轴向为竖直方向的反力,剪力-y和剪力-z分别为桥梁横向和纵向的水平反力。查看地震荷载作用下,桥梁纵向和横向反力的最大、最小值的命令**结果>结果表格>弹性连接**,弹出如图13-22所示的激活记录对话框,勾选"LCB1(CB)"和"LCB2(CB)",再点击"确定",则可生成如图13-23所示的支座反力表格。

图13-22 激活记录对话框

荷载	节点	轴向 (kN)	剪力-y (kN)	剪力-z (kN)	扭矩 (kN*m)	弯矩-y (kN*m)	弯矩-z (kN*m)
LCB1	5	6.00	18.34	63.64	0.00	0.00	0.00
LCB1	3	6.00	18.34	63.64	0.00	0.00	0.00
LCB1	6	5.80	0.00	63.56	0.00	0.00	0.00
LCB1	4	5.80	0.00	63.56	0.00	0.00	0.00
LCB1	61	6.93	18.35	0.00	0.00	0.00	0.00
LCB1	65	6.93	18.35	0.00	0.00	0.00	0.00
LCB1	62	6.74	0.00	0.00	0.00	0.00	0.00
LCB1	66	6.74	0.00	0.00	0.00	0.00	0.00
LCB2	5	17.06	59.06	23.79	0.00	0.00	0.00
LCB2	3	17.06	59.06	23.79	0.00	0.00	0.00
LCB2	6	16.41	0.00	23.48	0.00	0.00	0.00
LCB2	4	16.41	0.00	23.48	0.00	0.00	0.00
LCB2	61	17.29	59.17	0.00	0.00	0.00	0.00
LCB2	65	17.29	59.17	0.00	0.00	0.00	0.00
LCB2	62	16.72	0.00	0.00	0.00	0.00	0.00
LCB2	66	16.72	0.00	0.00	0.00	0.00	0.00

图13-23 查看支座处反力(弹性连接结果表格)

13.3 静力弹塑性分析 Pushover

13.3.1 Pushover分析的概念、关键问题和一般步骤

1)Pushover分析的概念

Pushover即推倒分析,是一种静力弹塑性分析方法,也称为线性静力分析方法,是基于性能评估现有结构和设计新结构的一种方法。该方法是在结构分析模型上施加一个沿着高度按某种规定分布形式且逐渐增加的侧向力或侧向位移,直至结构模型控制点达到目标位移或结构倾覆为止的过程。这种方法本身主要包括两方面的内容,一是计算结构的能力曲线(静力弹塑性分析),二是计算结构的目标位移及结果评价。第一方面内容的中心问题是静力弹塑性分析中采用的结构模型和加载方式;第二方面内容的中心问题是如何确定结构在预定水平地震作用下的反应(确定目标位移)及结果评价。

通过第一阶段的分析可以得到荷载-位移曲线,此时还不能立即将图上某一点的位移确定为代表结构抗震性能的"目标位移",并与规范规定的容许变形限值进行比较,以确定结构的抗震能力是否达到要求。为了确定符合要求的"目标位移",通常是把一个多自由度体系的结构,按照等效的单自由度体系来处理,处理方法主要有"能力谱法"和"目标位移法"。

在能力谱法中,要将预先确定的能力谱(即由荷载-位移曲线转换而成的表现为单自由度体系的加速度响应和位移响应关系的曲线)与基于反应谱曲线(需进行修正)的需求谱画在同一张图上,两条曲线的交点定为"目标位移点"或"性能点",将性能点所对应的位移与位移容许值比较,判断是否满足抗震要求。

目标位移法的基本思想是用目标位移公式确定控制点的目标位移,首先要确定结构的位移控制点,其次是计算公式的确定。

2)Pushover分析的关键问题

(1)是否适合采用Pushover分析

对于结构是否适合采用Pushover分析需要首先考虑。一般来说,Pushover分析能够清晰地反映在地震作用下结构各方面的性能,但对于高阶振型影响较大的结构、在不规则结构等情形下,实施静力弹塑性分析有待进一步研究。

(2)建立合适的计算模型

在Pushover分析中,一般是从桥梁结构中隔离出一个独立部分(例如,单柱或多柱框架),对其进行静力分析,在分析中需要考虑所有必要的非线性行为,最常用的和最重要的是材料和几何非线性行为。塑性铰出现的位置、形式,以及出现的顺序都很重要,用集中型铰模型时单元的数量要足够多。框架的分析模型要首先由施加从属重力荷载等初始荷载开始,然后施加侧向荷载或位移增量,推动,直到结构因变成机构或达到给定的失效准则为止。

因为midas Civil中的Pushover分析前一般要进行特征值分析,求得准确的周期与振型,所以建立的计算模型要尽量能反映实际。一般需要建立三维模型,选择合适的单元及其特性选项,要考虑基础的影响、支座的影响、上部结构的影响以及截面配筋等。Pushover分析的目的是为了了解结构具有的承载能力和变形能力,钢筋混凝土结构在进行Pushover分析前必须进行线弹性分析和构件设计以获得结构的配筋结果,只有使用结构的实际配筋结果才能准确进行非线性分析。

(3)确定合适的侧向加载模式

在地震过程中,结构高度方向惯性力的分布随地震动强度的不同以及结构进入弹塑性程度的不同而改变,侧向荷载的分布方式既要反映出地震作用下各结构层惯性力的分布特征,又应使所求得位移能大体真实地反映地震作用下结构的位移状况。目前比较常用的加载方式主要有均匀分布、倒三角形分布、集中力荷载、振型荷载和SRSS(即反应谱振型组合分布荷载)等。midas Civil提供四种荷载模式,即静力荷载工况、加速度常量、模态和归一化模态质量。

(4)定义铰类型并分配给构件

结构在横向荷载作用的初期处于弹性状态,当内力超过构件的开裂或屈服内力时,部分构件将发生开裂或屈服,此时构件和结构的刚度和阻尼都将发生变化,荷载和位移的相关关系显示出非线性特性。屈服和屈服后性能可用离散的塑性铰来模拟。对桁架一般定义轴力铰,对梁一般是定义主方向的弯矩铰和剪力铰,对柱一般是定义PMM相关铰,节点区一般定义剪力屈服铰,建筑结构中的填充板一般是定义剪力破坏铰,剪力墙一般是定义PM及剪力相关铰。

Pushover分析首先要根据结构的实际情况定义铰的类型,然后将其分配给构件。Pushover分析可获得结构件大致的出铰顺序。

在任何Pushover分析后,应查看当结构位移达到其性能点时,各铰的变形量,来判定结构是否满足指定地震荷载下的结构期望的能力目标。

(5)考虑初始荷载

因为结构的竖向荷载是始终存在的且影响计算结果,所以Pushover分析必须考虑竖向荷载作用的初始内力状态,特别是考虑轴力和弯矩相关的墩柱构件在计算屈服面时需要考虑竖向荷载引起的轴力。初始荷载中活载的组合系数在没有明确规定的情况下,可以根据实际情况取0.25~0.5。需要特别注意的是,若Pushover分析中考虑了初始荷载,则输出的各单元内力中包含了初始荷载引起的内力,但是节点位移中没有包含初始荷载引起的位移。

3)Pushover分析的一般步骤

与钢结构可以直接进行静力弹塑性分析不同,因为塑性铰的特性与配筋有关,采用midas Civil进行混凝土结构的静力弹塑性分析时,混凝土结构必须先经过配筋设计(注意不能有超筋超限的构件)。图13-24为midas Civil做Pushover分析的菜单路径。

图13-24 midas Civil的Pushover分析菜单

midas Civil中Pushover分析的一般步骤如下:

(1)输入Pushover分析控制数据

在**主菜单>Pushover>整体控制>整体控制**对话框中定义初始荷载、迭代计算参数、收敛条件等信息。

(2)定义Pushover荷载工况

在**主菜单>Pushover>荷载工况**对话框中定义加载模式和加载方向。在此对话框中输入计算步骤数、是否考虑 P-Delta 效应、是否包含整体控制定义的初始荷载、增量控制方法以及荷载模式(荷载的分布形式)。

选择位移控制法时,计算步骤数为达到目标位移而输入的荷载增幅次数。例如,如果计算步骤数是100,目标位移是100mm,那么下面在执行每次荷载增幅分析时位移增加1mm。荷载模式有四种,即静力荷载工况、加速度常量、模态方法和归一化模态×质量。

(3)定义铰类型

在**主菜单>Pushover>铰特性>定义 Pushover 铰特性值**对话框中选择准备使用的铰类型和骨架曲线形状。

(4)分配铰类型给各构件

在**主菜单>Pushover>铰特性>分配 Pushover 铰特性值**对话框中将各种铰类型分配给对应的构件。

(5)运行 Pushover 分析

点击**主菜单>Pushover>运行分析**命令,运行 Pushover 分析。

(6)查看分析结果

分析结束后,在**主菜单>Pushover>Pushover 结果**对话框中查看能力曲线、能力谱、性能点、性能点位置的位移、构件的旋转角、曲率等信息。

(7)结果评价

经 Pushover 分析后可得到性能点,根据性能点处的变形对以下内容进行评价:

①顶点侧移,是否满足抗震规范规定的弹塑性顶点位移限值。

②构件的局部变形(指梁、柱等构件塑性铰的变形),检验其是否超过桥梁某一性能水准下的允许变形。

13.3.2 静力弹塑性分析中使用的非线性单元

静力弹塑性分析中使用的非线性单元有梁-柱单元、桁架单元、非线性连接单元等,这里讲的非线性单元是具有非线性铰特性的单元。在 midas Civil 中,对于构件的每一个自由度成分(轴力、剪力或弯矩),如果分析中需要考虑其非线性行为的话,都要对该构件的相应自由度成分指定相应的塑性铰。对于轴力和剪力塑性铰,定义的是弹塑性内力-位移关系曲线;对于弯矩和扭矩塑性铰,定义的是弹塑性弯(扭)矩-转角曲线,或弹塑性弯(扭)矩-曲率曲线。未定义塑性铰的自由度成分程序将按弹性来考虑,没有定义塑性铰的单元也是按弹性来考虑。弯矩和扭矩铰使用弯(扭)矩-旋转角关系定义时,输出的分析结果中塑性铰的变形 $R_x/R_y/R_z$ 都是转角。弯矩和扭矩铰使用弯(扭)矩-曲率关系定义时,输出的分析结果中塑性铰的变形 $R_x/R_y/R_z$ 都是曲率。

1)非线性梁柱单元

梁单元公式使用了柔度法(flexibility method),在荷载作用下的变形和位移使用了小变形和平截面假定理论,并假设扭矩和轴力、弯矩成分互相独立无关联。柔度法中内力使用线性形函数,刚度的变化为抛物线形状,这与为获得线性变化的曲率使用三次方程形函数的刚度法相比,柔度法可以使用较少的单元获得较为精确的结果,并且可提高计算效率。

非线性梁柱单元可以考虑 P-Δ 效应,在分析的每个步骤都会考虑内力对几何刚度的影响而重新更新几何刚度矩阵,并将几何刚度矩阵加到结构刚度矩阵中。

根据定义弯矩非线性特性的方法,非线性梁柱单元可分为弯矩-旋转角关系单元和弯矩-曲率关系单元。根据铰位置和铰公式的不同,非线性梁柱单元可分为集中铰模型(Lumped Type Hinge Model)和分布铰模型(Distributed Hinge Model)。

(1)用弯矩-旋转角关系定义的非线性梁柱单元

弯矩-旋转角梁单元是在单元的两端设置了长度为0的旋转塑性弹簧,而单元内部为弹性弹簧的非线性单元类型。使用弯矩-旋转角关系定义的铰为集中型铰。图13-25给出了弯矩-旋转角梁单元铰位置示意,表13-1给出了铰的特性。

图13-25 弯矩-旋转角单元的铰位置示意图

弯矩-旋转角单元各自由度成分铰特性 表13-1

成分	铰特性	初始刚度(单位)	铰位置
轴力(F_x)	轴力-变形(相对位移)	EA/L(N/m)	
剪力(F_y、F_z)	剪力-剪切变形	GA_s(N)	构件中心
扭矩(M_x)	扭矩-旋转角	GJ/L(N·m)	
弯矩(M_y、M_z)	弯矩-旋转角	$6EI/L$、$3EI/L$、$2EI/L$(N·m)	构件两端

横向荷载作用下框架结构的梁单元的弯矩一般在两端最大,塑性铰也集中发生在梁的两端,此时可在梁的两端设置使用弯矩-旋转角定义的非线性弹簧来模拟可能出现的铰。

(2)用弯矩-曲率关系定义的非线性梁柱单元

用弯矩-曲率非线性关系定义的梁柱单元在单元内可以定义多个铰。midas Civil静力弹塑性分析中使用的弯矩-曲率关系非线性铰分为两种,一种是可以考虑单元全长均产生塑性的分布型(Distributed Type)本构模型,另一种是只考虑单元两端产生塑性铰的集中型(Lumped Type)本构模型。

分布型塑性铰按积分点设置铰的位置[图13-26a)],可设置1~20个积分点。可考虑单元全长的塑性,同一个单元的不同内力成分的铰数量可取不同。

集中型铰的位置[图13-26b)]可在单元两端(弯矩)、单元中央(轴力、剪切、扭转),只有单元两端才能考虑塑性。弯矩成分铰位置可在每个单元的两端和中央,但中央点只能为弹性。轴力、剪切、扭矩铰位置在单元中央。

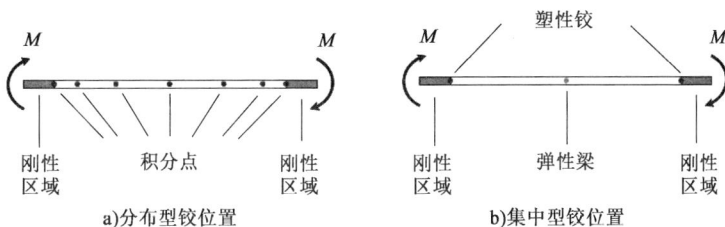

a)分布型铰位置   b)集中型铰位置

图13-26 弯矩-曲率单元的铰位置示意图

表13-2给出了弯矩-曲率关系非线性梁柱单元的各内力成分的铰特性。

弯矩-曲率单元各自由度成分铰特性

表13-2

成分	弹塑性铰特性	初始刚度(单位)	铰位置
轴力(F_x)	轴力-应变	$EA(N)$	积分点位置
剪力(F_y、F_z)	剪力-剪切应变	$GA_s(N)$	积分点位置
扭矩(M_x)	扭矩-曲率	$GJ(N \cdot m^2)$	积分点位置
弯矩(M_y、M_z)	弯矩-曲率	$EI(N \cdot m^2)$	积分点位置

(3)集中型铰和分布型铰

弯矩-旋转角关系单元的塑性铰可以使用FEMA和多折线(即双折线和三折线)类型的骨架曲线,只能用于集中型铰模型。弯矩-曲率关系单元的塑性铰则只能使用多折线型骨架曲线,可用于集中或分布型铰模型。当选择弯矩-旋转角单元类型时,在构件没有屈服的条件下选择的初始抗弯刚度对分析结果没有影响。当选择弯矩-曲率单元类型时,初始刚度将用于构成结构的弹性刚度矩阵,程序默认使用常规分析的构件弹性刚度。

集中型铰模型用于模拟地震作用下梁两端产生铰的情况,其弯矩铰的骨架曲线使用弯矩-旋转角关系曲线或弯矩-曲率关系定义,集中型铰模型不能精确地表示分布塑性和相关的$P-\Delta$效应。

分布型铰是假设构件内有多个铰,然后对各位置是否进入弹塑性进行判断,对进入弹塑性的铰更新铰的刚度,然后通过数值积分获得单元的刚度。分布型铰模型的骨架曲线使用截面的弯矩-曲率关系定义。

集中型铰相对于分布型铰具有计算量少的优点,但是由于集中型铰需要事先假定铰的分布位置,当实际情况与假设情况不符时(如弯矩最大位置不是在假定位置),计算结果有可能出错。另外集中型铰位于构件的两端,不能考虑非线性区域的扩展(只能通过分割单元后给很多单元分配铰实现)。分布型铰虽然计算量较大,但是可以相对准确地反映铰的实际分布情况,因此可以得到更准确的分析结果。

程序中规定在同一个单元内各位置的铰使用相同的铰特性。因此,在程序中虽然对单元的i、j端可以指定不同的铰特性,程序内部也是取平均值计算的,但是对于变截面构件适当分割后取平均截面模拟时,分析结果也不会有太大差异。

2)非线性桁架单元

如图13-27所示,非线性桁架单元由承受构件轴向(x方向)力的非线性弹簧构成。表13-3给出了桁架单元的非线性铰特性。

图13-27 桁架单元的节点力

桁架单元的非线性铰特性 表13-3

成分	非线性特性	初始刚度（单位）	铰位置
轴力（F_x）	轴力-变形（相对变形）	EA/L（N/m）	单元中心

3）非线性连接单元

非线性连接单元有两个节点和六个方向的弹簧，可以定义初始间隙。进行静力弹塑性分析时，可在一般连接特性值中将非线性连接单元设置为"弹簧"类型并赋予铰特性即可。表13-4给出了非线性连接单元的各成分铰特性。

非线性连接单元的各成分铰特性值 表13-4

成分	非线性铰特性	初始刚度	铰位置
轴力（F_x）	轴力-变形	用户定义（EA/L）	单元中心
剪力（F_y，F_z）	剪力-变形	用户定义（GA_s/L）	单元中心
扭矩（M_x）	扭矩-旋转角	用户定义（GJ/L）	单元中心
弯矩（M_y，M_z）	弯矩-旋转角	用户定义（EI/L）	单元中心

13.3.3　非线性铰特性

1）骨架曲线

静力弹塑性铰的非线性特征由输入的铰的骨架曲线（Skeleton Curve）决定，所谓的骨架曲线就是单元的力和变形之间的关系曲线。对每一个自由度成分，都要定义一个用来给出屈服值和屈服后塑性变形的力-变形曲线，例如弯矩-旋转角关系曲线、弯矩-曲率关系曲线、轴力-轴向变形关系曲线、剪力-剪切变形关系曲线、扭矩-旋转角关系曲线等。

骨架曲线分为多折线型（包括双折线型和三折线型）、FEMA型和滑移型。梁柱单元塑性铰的弯矩-旋转角关系曲线可以是多折线型和FEMA型，而其弯矩-曲率关系曲线只能是多折线型。非线性连接单元的铰可以使用滑移型骨架曲线。

（1）多折线型

图13-28给出了多折线骨架曲线的形状，水平轴为变形轴，竖轴为力轴。K_0为初始刚度（弹性阶段的斜率），P_1和P_2为曲线的转折点，α_1、α_2称为刚度折减系数，$\alpha_1 K_0$为第二段折线的斜率（刚度），$\alpha_2 K_0$为第三段折线的斜率（刚度）。图中的曲线是对称的，即拉压性能相同，实际定义时可以是拉压性能不同的曲线。

图13-28　多折线铰类型的骨架曲线

（2）FEMA 型

根据(美国联邦紧急事务管理局,FEMA)发布的 FEMA-356 报告中建议的模型,将塑性铰的骨架曲线定义为如图13-29所示的有5个控制点 A-B-C-D-E 的五折线。midas Civil 可指定一个对称的曲线,或在正、负方向不同的曲线。点 A 为没有加载的状态,点 B 代表铰的屈服,屈服强度与截面尺寸、形状、配筋和材料强度有关。A-B 段为弹性区段,刚度使用初始刚度,初始刚度可根据情况按表13-1～表13-4取值,也可以自定义。B-C 段为应变强化段,一般来说 B-C 段的刚度为初始刚度的5%～10%,对相邻构件间的内力重分布影响较大。点 C 代表构件的极限承载力。C-D 下降段为构件的初始破坏状态,此时混凝土构件的主筋断裂或混凝土破裂。D-E 段代表残留抵抗状态,一般为极限承载力的20%。点 E 代表极限变形状态,构件无法再继续承受荷载的状态。

图13-29　FEMA 铰类型的骨架曲线

FEMA-356进一步根据工程经验给出了常见类型构件相应的关键段 (a,b,c) 的数值,以及关键点 IO(Immediate Occupancy,直接使用)、LS(Life Safe,生命安全)和 CP(Collapse Prevention,防止倒塌)的位置。这样用户可以根据截面设计数据(配筋、截面形状等),由 FEMA-356 提供的表格直接得到相应构件的非线性行为模型,当然用户也可以自行定义构件非线性模型的关键参数。

（3）滑移型

对普通多折线(双折线和三折线)型定义初始间隙(Initial Gap)就成为滑移型,如图13-30所示。普通多折线型和 FEMA 型骨架曲线可以适用于梁柱单元、桁架单元和一般连接单元,但滑移型仅可适用于桁架单元和一般连接单元,并且只能用于单轴模型。

a)双线滑移型　　　　　　　　　　　b)三线滑移型

图13-30　滑移类型骨架曲线

2）多轴铰模型

静力弹塑性铰根据内力之间的相关关系（即相互耦合关系），可分为单轴铰模型和多轴铰模型。如果允许在相同的位置定义多个内力（如轴力、弯矩、剪力和扭矩等）铰行为，那单轴铰模型就是每一个内力对应的铰行为，各个内力铰之间是互相不耦合的，也就是相互不影响的。比如一个塑性铰区可以同时定义有弯矩塑性铰和剪切塑性铰，且二者是单轴铰，此时两个塑性铰之间不会互相影响，即弯矩不影响剪切强度，剪力也不影响弯曲强度。但是实际当中有的内力成分之间的耦合关系是不能忽略的，比如轴力对弯矩的影响等，此时可以使用多轴铰（平面PM型或空间PMM型，P代表轴力，PM代表轴力和一个方向的弯矩相关，PMM代表轴力和两个方向的弯矩相关）来模拟这种耦合作用。在midas Civil中，用户可以选择定义的铰是多轴铰和单轴铰。

对柱一般定义PMM相关铰，PMM型多轴铰模型主要用于模拟承受轴力和两个方向弯矩的柱构件。由于考虑轴力和弯矩的相互影响，所以屈服不再是一个点，而是由轴力和两个方向弯矩组成的一个三维空间屈服面。

（1）混凝土截面的屈服面公式

对于承受双向弯曲（PMM相关）的钢筋混凝土截面来说，屈服面[图13-31a）]可近似采用一个无量纲相互作用方程（Bresler公式）来描述：

$$\left(\frac{M_y}{M_{y0}}\right)^m + \left(\frac{M_z}{M_{z0}}\right)^n = 1.0 \tag{13-4}$$

式中：M_y、M_z——对水平轴 y-y 和 z-z 的弯矩；

M_{y0}、M_{z0}——轴向荷载 P 下对水平轴 y-y 和 z-z 的单轴抗弯能力。

a）钢筋混凝土截面　　　　b）钢截面

图13-31　屈服面

指数 m 和 n 取决于钢筋混凝土截面的性质和轴向力，可以通过数值计算或试验来确定。一般来说，对中、低轴压，m 和 n 的取值通常在 $1.1 \sim 1.4$ 之间。midas Civil中 m 和 n 用Alpha表示，其屈服面切面曲线的形状可以是椭圆形（$m=n=2$）、折线形（$m=n=1$）或用户定义 m 和 n 的值。

（2）双对称钢截面屈服面公式

双对称钢截面的一般屈服面形状如图13-31b）所示，可用式（13-5）近似地描述：

$$\left(\frac{M_y}{M_{pcy}}\right)^{\alpha_y} + \left(\frac{M_z}{M_{pcz}}\right)^{\alpha_z} = 1.0 \tag{13-5}$$

$$M_{\text{pcy}} = M_{\text{py}}\left[1 - \left(\frac{P}{P_y}\right)^{\beta_y}\right] \tag{13-6}$$

$$M_{\text{pcz}} = M_{\text{pz}}\left[1 - \left(\frac{P}{P_y}\right)^{\beta_z}\right] \tag{13-7}$$

式中:M_{pcy}、M_{pcz}——由于轴向荷载存在而降低的各自轴的弯矩承载能力;

　　　　P——轴向荷载;

　　M_{py}、M_{pz}——对 y-y 和 z-z 两个主轴的塑性弯矩;

α_y、α_z、β_y、β_z——依赖于横截面的形状和分布面积的参数,可按表13-5查取。

双对称钢截面的参数　　　　表13-5

截面类型	α_y	α_z	β_y	β_z
实心矩形	$1.7+1.3P/P_y$	$1.7+1.3P/P_y$	2.0	2.0
实心圆形	2.0	2.0	2.1	2.1
工字形	2.0	$1.2+2P/P_y$	1.3	$2+1.2A_w/A_f$
薄壁箱形	$1.7+1.5P/P_y$	$1.7+1.5P/P_y$	$2-0.5B\geq1.3$	$2-0.5B\geq1.3$
薄壁圆形	2.0	2.0	1.75	1.75

注:表中 B 为箱形截面关于弯曲轴的高宽比。

midas Civil 中 H 型钢的强轴 Alpha=2,弱轴 Alpha=1。

3)midas Civil 中定义铰类型

midas Civil 中定义铰类型及特性值通过命令 Pushover>铰特性>定义 Pushover 铰特性值来完成。图 13-32 为定义铰特性值的对话框。

图 13-32　定义单轴铰和多轴(PMM)铰

(1)梁柱单元单轴铰定义方法

图 13-32 中的单元类型可以选择梁/柱单元、桁架单元、一般连接单元以及点弹性连接单元;材料类型可以选择"混凝土/SRC(包含)"和"钢结构/SRC(填充)","砌体"是灰色的不可用。对梁柱单元可以选择定义弯矩塑性铰特性的方法,包括弯矩-旋转角、弯矩-曲率(集中)和弯矩-曲率(分布)。集中铰输出转角结果,分布铰输出曲率结果。在"交互类型"分组框中选择

"无"表示为单轴铰,选择"状态P-M"或"状态P-M-M"则为多轴铰。在"组成成分"分组框中,先勾选所选择的自由度成分,再选择铰在单元中的位置以及骨架曲线形状(注意对弯矩-旋转角关系和弯矩-曲率关系可选择的骨架曲线是不同的),最后对单轴铰点击按钮 铰特性… 定义铰特性,对多轴铰点击 屈服表面特性值… 定义屈服面。

对梁柱单元的单轴模型,选择弯矩-旋转角关系时[图13-32a)],一定是集中铰模型,所以对弯矩成分铰的位置可选择 I 端、J 端或两端,此时其他成分的铰位置只能是中心。此时的骨架曲线可以选择双线类型、三折线类型和FEMA。

对梁柱单元的多轴模型,选择弯矩-曲率(分布)关系时[图13-32b)],为分布铰模型,对弯矩成分铰默认的铰截面数量是3,其他成分为1,铰截面的数量是可以更改的,铰的数量也是积分点的数量,可指定的数量为1~20。此时的骨架曲线可以选择"双折线"类型和"三折线"类型。

选择"双折线"类型骨架曲线时的铰特性定义对话框如图13-33所示。

a)程序自动计算屈服强度　　　　　　　　b)用户自己计算屈服强度

图13-33　双线类型铰特性定义

如图13-33所示,屈服强度有两种输入方法,自动计算就是按照计算配筋或施工图的实配钢筋计算铰特性,用户输入就是由用户手动输入铰的各特性。定义的曲线类型可选择"刚度折减系数"或"强度-屈服曲率",二者实际是一致的,自动计算时只能为"刚度折减系数"类型。特性值的对称是指正号区的曲线与负号区的曲线是否关于坐标原点对称。选择自动计算时,屈服强度的默认值是不起作用的,可以不用管。刚度折减系数在"Pushover主控数据"中已经定义,此时可以选择使用,也可以重新定义。

初始刚度的选择与弯矩铰特性定义方法以及自由度成分有关,见表13-1和表13-2。图13-33中为定义分布型单轴铰的对话框。选择集中铰模型(弯矩-旋转角关系)时,弯矩成分铰的初始刚度可以选 $6EI/L$、$3EI/L$ 和 $2EI/L$。弯矩铰的弯矩-旋转角的关系曲线不仅受端部弯矩的影响同时也受构件跨中的弯矩影响。因此为了准确定义弯矩铰的弯矩-旋转角关系需要事先假设弯矩在构件的分布状态。表13-6是各种弯矩假设和对应的构件初始刚度。

各种弯曲变形对应的初始刚度(单元长度=L、截面抗弯刚度=EI)　　　　　表 13-6

变形形状	弯矩分布	初始刚度
		$\dfrac{6EI}{L}$
		$\dfrac{3EI}{L}$
		$\dfrac{2EI}{L}$

选择"三折线"类型骨架曲线时的铰特性定义对话框如图 13-34 所示。

a)程序自动计算屈服强度　　　　　　　　　　b)用户自己计算屈服强度

图 13-34　三折线型铰特性定义

图 13-34 中定义的是采用弯矩-旋转角关系的 F_x 单轴铰特性,选择"用户输入"屈服强度时,激活"I 端和 J 端的数值类型"分组框,选择"对称"表示单元的 I、J 两端数值相同,选择"不对称"则要分别输入两端的特性值(包括屈服强度、刚度折减系数和初始刚度等内容)。

选择 FEMA 型骨架曲线时的铰特性定义对话框如图 13-35 所示,图示为选择自定义特性值的情景。该对话框弹出的同时,也弹出给出了一个仅有位图的对话框,位图中给出了骨架曲线各控制点的位置等信息。

为了绘制骨架曲线,需要输入屈服强度 M_Y、屈服位移 D_Y 以及折线各拐点的值(弯矩 M 和位移 D)与屈服强度和屈服位移的比值(即 M/M_Y 和 D/D_Y)。图 13-35 为弯矩/扭矩铰的定义,所以屈服强度用 M_Y 表示,屈服旋转角用 D_Y 表示,下角标 Y 表示屈服。当定义轴力/剪力铰时,屈服强度用 F_Y 表示。

图13-35　FEMA类型铰特性定义

图13-35中的"加速度标准"分组框中要求输入FEMA骨架曲线的IO(Immediate Occupancy,直接使用)、LS(Life Safe,生命安全)和CP(Collapse Prevention,防止倒塌)位置处的横坐标(当前变形/屈服变形,即D/D_y)值。

(2)梁柱单元多轴铰(PMM)定义方法

midas Civil多轴铰模型主要用于模型承受轴力和两个方向弯矩的柱构件,实际的柱构件都应该用多轴铰模拟(分布型或集中型)。轴力和弯矩相关关系构成屈服面,通过计算轴力来计算两个方向的屈服弯矩,两个方向的弯矩与屈服弯矩均满足Bresler公式[式(13-2)~式(13-5)]。

图13-36、图13-37中,当"输入方法"为"用户"时,"类型(Y-轴,Z-轴)"分组框有对称和非对称两个选项,当选择对称时表示两个方向的铰特性值相同,则在"第一和第二P-M相互关系曲线形状"分组框中的弯矩选项变成不可用,此时只填写一个方向的弯矩铰特性值("组成成分"分组框)和一个方向的P-M关系曲线即可。

点击"组成成分"分组框中的按钮,会根据选择的骨架曲线类型弹出图13-33、图13-34或图13-35所示的对话框,分别定义M_y和M_z的铰特性值。其他成分(轴力、剪力和扭矩)还用单轴铰的方法定义。注意在PMM铰类型中,此时点击"Y-轴"或"Z-轴"按钮弹出的对话框中,即使选择了"用户输入"也不能修改屈服强度,修改必须在上一层对话框中。

屈服强度根据骨架曲线的不同输入的数据也不同:①材料类型为钢筋混凝土/型钢混凝土,骨架曲线为双折线、FEMA时输入一个屈服面的特性[图13-38a)];②材料类型为钢筋混凝土/型钢混凝土,骨架曲线为三折线时输入两个屈服面的特性[图13-38b)];③材料类型为钢/钢管混凝土,骨架曲线为双折线、FEMA时输入一个屈服面的特性[图13-38c)];④材料类型为钢/钢管混凝土,骨架曲线为三折线时输入两个屈服面的特性[图13-38d)]。

图13-36　钢筋混凝土/型钢混凝土屈服面特性值定义(双线)

图13-37　钢结构/钢管混凝土结构屈服面特性值定义(双线)

a)钢筋混凝土/型钢混凝土，骨架曲线为双折线、FEMA

b)钢筋混凝土/型钢混凝土，骨架曲线为三折线

c)钢/钢管混凝土，骨架曲线为双折线、FEMA

d)钢/钢管混凝土，骨架曲线为三折线

图13-38　屈服面的切面曲线

"填写方法"分组框中要输入Bresler方程的次数，即Alpha值。选择用户自定义时屈服面仅靠两个方向的P-M曲线和屈服强度的值来确定，该曲线关键点坐标和屈服强度的值是用户填写的。

"第一和第二P-M相互关系曲线形状"分组框中需要填写两个方向(对称时一个方向)的P-M关系曲线的点坐标，横轴为弯矩M(或M/M_{max})，竖轴为轴力P(或P/P_{max})，即填写或显示数值的方式有比值法(与最大值的比值)和实际数值法。只有材料类型为钢/钢管混凝土且为三折线铰时才能激活"一次曲线"和"二次曲线"选项，前者对应第一屈服面，后者对应第二屈服面。对混凝土/型钢混凝土材料且骨架曲线为三折线时，也有两个屈服面，但第一屈服面(开裂面)的切面曲线为直线，仅靠屈服强度即可确定[$P_{C0(t)}$与M_{C0}的值]。"对称"选项是决定曲线是否关于水平轴对称。

在屈服面对话框中有许多符号，其含义见表13-7。

屈服面对话框中特性值符号的含义　　　　　　　　　　表13-7

编号	特性值符号	特性值说明	材料
1	$P_{C0(t)}$	开裂面的受拉屈服强度	混凝土/型钢混凝土
2	$P_{max(c)}$	受压屈服强度	混凝土/型钢混凝土
3	$M_{C0y}(+),(-)$	无轴力状态的抗裂弯矩(y轴)	混凝土/型钢混凝土
4	$M_{C0z}(+),(-)$	无轴力状态的抗裂弯矩(z轴)	混凝土/型钢混凝土
5	$M_{Y0y}(+),(-)$	无轴力状态的极限弯矩(y轴)	混凝土/型钢混凝土
6	$M_{Y0z}(+),(-)$	无轴力状态的极限弯矩(z轴)	混凝土/型钢混凝土
7	$M_{Yy,max}(+),(-)$	极限弯矩(y轴)	混凝土/型钢混凝土

编号	特性值符号	特性值说明	材料
8	$M_{Yz,\max}(+),(-)$	极限弯矩(z轴)	混凝土/型钢混凝土
9	$P_{C(t)}$	第一屈服面的受拉屈服强度	钢/钢管混凝土
10	$P_{\max(c)}$	第二屈服面的受压屈服强度	钢/钢管混凝土
11	$M_{Cy}(+),(-)$	第一屈服面的最大屈服弯矩(y轴)	钢/钢管混凝土
12	$M_{Cz}(+),(-)$	第一屈服面的最大屈服弯矩(z轴)	钢/钢管混凝土
13	$M_{Yy,\max}(+),(-)$	第二屈服面的最大屈服弯矩(y轴)	钢/钢管混凝土
14	$M_{Yz,\max}(+),(-)$	第二屈服面的最大屈服弯矩(z轴)	钢/钢管混凝土

(3)梁柱单元单轴、多轴铰特性查看

程序自动计算的(即默认的,在铰特性定义对话框的左上角选择自动计算)铰特性不能被修改,也不能被查看(看到的灰色不可编辑数值不一定是真值),因为默认的铰特性是依赖于截面和配筋的,在被指定给确定的单元(截面)之前,程序还不能完全定义铰特性。这样,要查看默认的铰特性的效果,应先将定义的铰类型分配给对应的构件并运行了Pushover分析,然后才能查看。选择用户定义铰特性的,也是先定义的规则,分配特性铰后,程序会根据这里的规则以及截面和配筋情况计算最终的铰特性值。

midas Civil中查看最终或实际铰特性的方法如下:

首先,在图13-39所示的"定义Pushover铰类型/特性值"对话框中勾选"显示分配的铰数据",则"Pushover铰名称"栏发生了变化,在所定义的铰名称前加了前缀"B+数字",其中的B表示梁柱单元,数字是所分配单元的单元号。

图13-39 定义Pushover铰类型/特性值对话框

然后,点击 编辑(M)/显示 按钮,弹出的对话框中就有自动计算铰的特性,如图13-40所示。

也可以直接在树形菜单中执行**工作>Pushover分析>分配Pushover铰特性值**,然后点击某一个铰特性值,再点击"特性"就可弹出如图13-40所示的对话框。

(4)桁架单元

如图13-41所示,选择桁架单元时,组成成分只有"轴力"可用,骨架曲线可以选择双线、三折线、FEMA、FEMA填充柱、双线滑移和三折线滑移6种类型。

图13-40　默认铰的特性值

　　以骨架曲线选"滑移三折线类型"为例，点击 铰特性… 按钮弹出如图13-42所示的对话框。与普通的无间隙的类型相比，"特性值"的类型可以选择"双向""受拉"和"受压"，并且可以输入初始间隙的大小。"双向"表示可受压也可受拉，"受拉"表示只能受拉，"受压"表示只能受压。

图13-41　添加桁架单元铰特性值

图13-42　滑移三折线类型铰特性定义

（5）一般连接单元

如图13-43所示，选择一般连接单元时，组成成分6个都可用但不能耦合，每个成分的骨架曲线都可以选择双折线、三折线、FEMA、FEMA填充柱（仅 F_x 方向）、双折线滑移和三折线滑移类型共6种，没有材料类型选项。

以轴力成分、骨架曲线选"三折线滑移"类型为例，点击 [铰特性…] 按钮弹出如图13-44所示对话框。与桁架单元不同的是，此时的铰特性不能自动计算。

图13-43　添加一般连接单元铰特性值

图13-44　三折线滑移类型铰特性定义

（6）点弹性连接（支撑）

选择点弹性连接时，组成成分6个都可用但不能耦合，每个成分的骨架曲线都可以选择双折线、三折线和仅受压类型共3种，没有材料类型选项。

13.3.4　荷载控制法与位移控制法

由于材料和结构的弹塑性行为与加载以及变形的历史有关，在进行结构的弹塑性分析时，通常将荷载分成若干个增量，然后对于每一荷载增量将弹塑性方程线性化，从而使弹塑性分析这一非线性问题分解为一系列线性问题。荷载的增量可以用荷载控制也可用位移控制。若需将结构推覆到下降段，与控制荷载相比，控制位移可以提高求解的稳定性。

1）荷载控制法

荷载控制法一般是指预设一个最大荷载后逐渐加载至最大荷载的分析方法。midas Civil 程序中的荷载控制法不是事先预设最大荷载，而是在逐渐加载后达到结构极限承载力时终止继续加载的方法，即在无法得到稳定解时终止分析的方法。程序中的荷载控制法使用 Full Newton-Raphson 方法，该方法具有速度快的特点。midas Civil 程序中提供三种荷载增量控制方法：自动调整步长方法、等步长控制方法和步长函数控制方法，分别对应图13-45中的三个"步骤控制选项"。

（1）"自动控制步骤"选项

自动调整步长就是在非线性不是很明显的阶段加大步长间距，在非线性比较明显的阶段自动减小步长间距的方法。详细的分析运算法则见在线帮助。

（2）"相同步骤（1/nStep）"选项

将控制荷载或控制位移按总步骤数（nStep）等分作为分析步长，每次施加控制荷载或控制位移的1/nStep。

（3）"增量控制函数"选项

按照用户输入的步长函数计算各步长的荷载因子。定义步长函数的方法如下：

①在Pushover荷载工况定义对话框的"一般控制"分组框中设置总步骤数nstep（图13-45），在"步骤控制选项"分组框中选择"增量控制函数"。

②点击"增量控制函数"右侧的按钮 ▼（图13-45），再点击"添加"就会弹出如图13-46所示的"增量控制函数"对话框。通过导入CSV文件或直接填写表格的方法定义增量控制函数。

图13-45　荷载控制

a)最大步骤号＝总步骤数nStep　　　　b)最大步骤号≠总步骤数nStep

图13-46　荷载增量控制函数

"步骤号"栏中输入每一步骤的步骤数，最后的一个步骤数与总步骤数无关，仅是用于定义函数的水平轴的参数（水平轴的最大值对应的是总步骤数，输入与总步骤数不同的数值时将按比例调整步骤数）。"系数"栏为荷载因子，最后一个系数对应的是100%的控制荷载，可以是1也可是其他数值，为非1时，各个系数将按比例调整。例如，图13-46a)与图13-46b)的效果是一样的。

2)位移控制法

位移控制法是指预设一个控制位移后逐渐加载至最大位移的方法。一般来说控制位移是指控制某个节点的位移，但是在分析过程中发生最大位移的节点可能会发生变化。midas Civil程序中既可以将某个节点作为位移控制节点（主节点控制），也可以控制所有节点的位移不超过控制位移限值（整体控制），如图13-47所示。对位移控制法，每次的位移增量为控制位移的1/nStep。

图 13-47　位移控制

13.3.5　加载模式

在地震过程中,结构高度方向惯性力的分布随地震强度的不同以及结构进入塑性程度的不同而改变。显然,合理的水平加载模式应与结构在地震作用下惯性力的分布一致。在 midas Civil 的 Pushover 分析过程中,施加于结构上的水平侧向力是沿结构高度按某种模式分布并逐级增加的,这种侧向力的分布模式在程序中被称为"荷载模式"。对于荷载分布模式来讲,给出沿着高度方向的各水平荷载的相对比例,比给出荷载绝对大小更能表达荷载间的关系。

midas Civil 在 Pushover>荷载工况中定义加载模式和加载方向,增量控制方法可选择荷载或位移控制法,加载模式有静力荷载工况、加速度常量、模态和归一化模态×质量四种选择。

1)静力荷载工况

使用已定义的静力荷载工况乘相应的比例系数作为荷载模式,可以将静力荷载工况中的荷载定义成均匀分布、倒三角形分布、集中力等荷载形式。因为用户可以随意定义静力工况,所以理论上通过特定的荷载定义可模拟多振型 SRSS 组合分布。静力荷载工况模式也经常会在求解结构极限承载力的分析中使用。

2)加速度常量

将荷载以惯性力的形式分布作用于结构上。提供的侧向力 F_i 是用均一的加速度和相应质量分布的乘积获得的,即 $F_i = m_i \times a$,a 为常量加速度,F_i 与质量 m_i 成正比。因为加速度为常量,作用于墩柱上的荷载仅与墩柱各单元分配的质量有关,质量分布均匀时相当于均匀分布荷载。这种模式适用于刚度和质量沿高度分布较均匀、底部为薄弱部位的结构。

3)模态

模态是由指定特征振型决定的分布荷载。提供的侧向力是用给定的振型位移和该振型下的圆频率的平方(ω^2)及相应质量分布的乘积获得的,可以取任何一个振型,力作用于振型位移方向。当取各加载方向的第一振型时,对规则桥梁的墩柱相当于倒三角形分布。选择该加载模式的前提是需要做特征值分析,用户可以按顺序选择振动模态作为Pushover荷载的分布模式。

4)归一化模态×质量

将振型归一化后乘分配给单元的质量作为水平荷载,图13-48和表13-8以实例的形式给出了该模式加载方式。

图13-48 归一化模态×质量加载模式示例

荷载系数计算方法   表13-8

单元序号	集中质量(kg)	归一化振型	计算法则	荷载比率
4	400	1	(1×400)/(1×400)	1
3	300	0.73	(0.73×300)/(1×400)	0.55
2	200	0.63	(0.63×200)/(1×400)	0.31
1	100	0.24	(0.24×100)/(1×400)	0.06

应考虑用几种不同的横向Pushover工况来代表可能在动力加载时发生的不同顺序的响应,这很重要。特别地,应在X和Y两个方向施加荷载作用于结构,而且实际的荷载作用方向可能与X或Y方向有一定夹角。对于非对称结构,荷载在正、负方向分别作用结构可能产生不同的结果。当在一给定的方向作用结构时,可考虑水平荷载在高度方向上的不同分布,如按在此方向上的第一和第二模态组合加载。

13.3.6　结构抗震性能的评价

通过Pushover分析得到荷载-位移曲线,然后将多自由度体系的荷载-位移曲线转换为以单自由度体系的加速度-位移方式表现的能力谱。同时,将地震作用的响应谱转换为用相应方式表现的需求谱曲线。根据能力谱曲线与需求谱曲线求出结构的性能点,根据是否出现性能点及性能点处的各项参数,从而判断是否达到相应的抗震性能目标。midas Civil中提供ATC-40推荐的两种和依据FEMA440的三种共五种计算性能点的方法,FEMA440的三种方法较ATC-40的两种方法有所改进。这里仅就ATC-40推荐的两种方法加以说明,midas Civil程序中ATC-40推荐的两种方法都是通过计算有效阻尼获得需求谱,并计算需求谱与能力谱交点的方法。

ATC-40 Procedure-A计算性能点的方法如图13-49所示,其步骤如下:

(1)首先获得能力谱的初始切线刚度直线与阻尼比为5%的弹性需求谱的交点,将该交点作为初始性能点。

(2)计算初始性能点上的等效阻尼以及有效阻尼,利用有效阻尼计算弹塑性需求谱,并获得弹塑性需求谱与能力谱的交点,即获得新的性能点。

(3)反复计算上述过程,当性能点上的响应位移和响应加速度满足程序内部设置的误差范围时,将该步骤的性能点作为最终性能点。

图 13-49　ATC-40 Procedure-A 方法计算性能点

ATC-40 Procedure-B 计算性能点的方法如图 13-50 所示,其步骤如下:

(1)首先假设一个位移延性系数,使用位移延性系数计算结构的有效周期和有效阻尼,然后获得有效周期线(直线)与弹塑性需求谱(使用有效阻尼计算)的交点。

(2)这样一系列交点上的连线与能力谱的交点就是最终的性能点。

图 13-50　ATC-40　Procedure-B 方法计算性能点

对结构抗震性能的评价要结合现行规范,比如对建筑抗震规范,根据性能点时的结构变形,对以下两个方面进行评价:

(1)层间位移角:是否满足抗震规范规定的弹塑性层间位移角限值。

(2)结构变形:由结构塑性铰的分布,判定结构薄弱位置。根据塑性铰所处的状态,检验结构构件是否满足大震作用性能水准的要求。

图 13-51 中,在"输出类型"分组框中可以选择输出多自由度体系的"基底剪力-位移"等能力曲线关系,默认是控制点的能力曲线,还可以再最多添加4个节点的能力曲线,同时显示在一个图形中。选择能力谱下的性能点控制方法,然后在"需求谱"分组框中的"各阻尼比需求

谱%"定义分析模型对应的阻尼比,程序给出的默认值分别是5%、10%、15%和20%。最后点击按钮"定义设计谱",在弹出的对话框中选择规范并根据地震需求定义各个参数。这样就可以在图13-51所示的对话框中得到需求谱、能力谱和性能点(图中绿色曲线与能力谱的交点)。

图13-51　Pushover曲线

13.3.7　分析实例1

1)模型建立

一般建立桥梁动力分析模型时,结构类型需要采用3D,主梁、桥墩、支座(边界连接)都需要模拟出来。Pushover分析则往往将实际结构简化。本例模型中只建立了桥墩和盖梁的模型,墩底固结,上部结构的恒载和活载用集中荷载模拟。作为Pushover分析的例子,这样简化的建模会影响特征值分析(周期)的结果。本例摘自北京迈达斯公司资料,计算模型如图13-52所示。

a)结构尺寸(尺寸单位：cm)　　　　b)截面编号

图13-52　结构模型

（1）定义材料

桥墩和盖梁的材料均为C40混凝土。

（2）定义截面

盖梁和桥墩的截面形状和尺寸见表13-9,盖梁截面的偏心均为中上部。

截面数据（单位:m） 表13-9

ID	类型	截面形状	I节点（高度×宽度/半径）	J节点（高度×宽度）
1	变截面	实心矩形	1.2×2.7	1.7×2.7
2	变截面		1.7×2.7	2.7×2.7
3	数据库/用户		2.7×2.7	—
4	变截面		2.7×2.7	2.3857×2.7
5	变截面		2.3857×2.7	1.7×2.7
6	数据库/用户		1.7×2.7	—
7	数据库/用户	实心圆形	2.5	—

（3）边界条件

墩底为固结,盖梁与桥墩之间的连接为弹性连接（刚性）。

（4）初始荷载

因为Pushover分析是非线性静力分析,所以其分析结果和其他线性或非线性分析结果不能直接叠加,这样就必须定义初始荷载来描述施加水平推力前结构的受力状态。如忽略初始荷载将会显著影响Pushover曲线的形状以及塑性铰出现的次序。

对本例,因为地震作用前结构上的自重等竖向初始荷载始终是存在的,所以Pushover分析有必要考虑竖向初始荷载作用下的初始内力状态,这样计算的构件内力才是接近真实的。活荷载也应按初始荷载考虑（本例忽略了活荷载）,其组合系数规范中没有明确的规定时,如前所述可根据实际情况取0.25～0.5。

静力荷载工况以及荷载的大小见表13-10,表中盖梁模型上的数字为有集中荷载作用的节点号,也是支座的位置。上部结构恒载的作用位置如图13-53所示。

荷载数据 表13-10

编号	静力荷载工况	方向	数值（kN）						
1	自重	Z	内部程序自动计算						
2	上部结构恒载	Z	−2102.4	−1600.8	−1600.8	−1600.8	−1600.8	−1600.8	−2086.8
3	活荷载（满载）	Z	−216.1	−836.8	−760.6	−782.6	−826.1	−731.3	−837.3
4	地震荷载（X向）	X	240.0	240.0	240.0	240.0	240.0	240.0	240.0
5	地震荷载（Y向）	Y	240.0	240.0	240.0	240.0	240.0	240.0	240.0

这里的静力荷载工况中包含了两个方向的地震荷载,作用的节点与上部结构恒载的作用节点相同。该地震荷载将在Pushover分析中作为"静力荷载工况"模式加载,目的是与其他加载模式的结果进行比较。

图13-53　上部结构恒载作用在盖梁上的位置(尺寸单位:cm)

2)特征值分析

Pushover分析之前必须进行特征值分析或静力分析,为了得到能力反应谱须先进行特征值分析。

(1)质量数据

在midas Civil中输入质量有两种类型,一种是将所建结构模型的自重转换为质量,另一种是将输入的其他恒荷载转换为质量。对于结构的自重可以在**结构>结构类型**对话框中完成转换,如图13-54所示。而上部结构恒载可使用**荷载>结构荷载/质量>荷载转换为质量**功能来转换,如图13-55所示。因为上部结构恒载是梁以及桥面铺装等自重引起的,是一直作用在桥墩上的,是结构的一部分,所以要转换为质量。

图13-54　自重转换为质量

图13-55　荷载转换为质量

(2)特征值分析控制

执行**分析>特征值**命令,控制数据如图13-56所示,这里选择的振型数量为10个。这里特征值分析的目的是得到X、Y和Z方向的主振型,要求计算振型数应使各方向振型参与质量不小于总质量的90%,至于10个是否足够要查看结果之后确定。

(3)运行特征值分析

点击工具栏中的按钮,运行特征值分析。

特征值分析的结果如图13-57所示,可以看出X方向的主振型为第1振型,Y方向的主振型为第2振型,Z方向的主振型为第8振型。

图13-56 特征值分析控制

图13-57 特征值分析结果

3)输入配筋

如前所述,因为塑性铰的特性与配筋有关,当混凝土铰属性是基于程序计算的默认值时,必须输入配筋。输入配筋的方法有两种,即可以直接利用程序配筋设计的结果和用户自定义配筋。前者可直接将运行设计后的配筋结果赋予构件,后者是通过命令**主菜单>设计>RC设计>混凝土设计参数/材料**和**主菜单>设计>RC设计>混凝土构件设计钢筋**来输入已有配筋。

本例是验算既有结构的抗震性能,截面配筋已设计好,所以可以通过第2种方法输入配筋,方法如下:

(1)执行命令**设计>RC设计>混凝土设计参数/材料**

弹出如图13-58所示的对话框,注意这里不是设计RC(钢筋混凝土)构件,而是定义截面的混凝土和钢筋材料性能,所以要选择"材料性能参数"表单。这里要填写设计规范和混凝土的等级、主筋等级以及箍筋等级,按图13-58填写即可。

(2)执行命令**设计>RC设计>混凝土构件设计钢筋**

在执行命令**主菜单>设计>RC设计**前应该先选择其上面的规范,选择的规范不同,"RC设计"下拉菜单内容也不同。选择设计规范为JTG D62-04时,柱设计的截面必须选择"数据库/用户"或"数值"中的截面。RC柱构件的普通钢筋数据要在**设计>RC设计>混凝土构件设计钢筋**中输入。本例不考虑盖梁的非线性问题,仅考虑桥墩出现塑性铰,所以只输入桥墩的配筋情况。执行命令后弹出如图13-59所示的对话框。

在"柱"属性页的截面列表中,符合默认"柱"特征且已经分配给相应单元的已经定义截面会出现。所谓符合默认"柱"特征是指要符合两个条件:一是柱的单元必须是竖直的(即Z向),二是柱的截面必须是"数据库/用户"或"数值"中的截面。

在图13-59中,先点选截面列表中的柱截面,然后按图输入箍筋和主筋数据,点击 重画 按钮,证实配筋正确输入后,再点击 添加/替换 按钮。数据填写说明请参阅在线帮助手册中的相关内容。

图 13-58 输入混凝土和钢筋的材料性能

图 13-59 输入截面主筋和箍筋数据

4)Pushover主控数据定义

运行命令Pushover>整体控制>整体控制,弹出如图13-60所示的对话框。

图 13-60 Pushover 主控数据

(1)几何非线性类型

高墩应该考虑大变形,本例未考虑大变形,而是在Pushover荷载工况中考虑了P-Delta效应。

(2)初始荷载定义

在"初始荷载"分组框中定义初始荷载信息。本例仅将桥墩及盖梁的自重以及上部结构恒载定义为了"初始荷载",比例系数(即将初始荷载放大或缩小的系数)均为1。

在应用Pushover荷载前,初始荷载就已经作用于结构。这也就是说,当恒荷载被定义成初始荷载,且同时进行一种横向荷载工况的Pushover分析时,我们能够评价在恒载和横向荷载组合效果作用下结构的反应能力。

(3)非线性分析选项

Pushover分析中由于发生裂缝和屈服造成结构的刚度变化,在分析中会产生不平衡力,为了消除不平衡力需要进行迭代计算使不平衡力达到可以忽略的程度(即满足收敛条件)。midas Civil的迭代计算方法使用的是完全牛顿-拉普森法(Full Newton-Raphson Method)。迭代计算的收敛判断采用范数标准,有位移范数、荷载范数和能量范数,可选择其一也可选择多个作为收敛判断标准。默认的收敛标准是位移标准,为使结果更可信需选择多个收敛判断条件,但此时迭代计算的次数要增加,计算时间会延长。

(4)停止分析条件

为了执行梁/柱单元剪力成分屈服时自动终止分析选项需要设置剪力铰,选择梁柱轴力成分破坏时自动终止分析选项时需要定义轴力成分的非线性特性。一般的终止分析的条件包括:

①达到最大计算步骤数(nstep)。

②达到最大位移、最大层间位移角限值(默认0.1rad)。

③初始荷载作用下构件发生了屈服。

④当前刚度与初始刚度的比值小于设定的限值。

midas Civil程序中使用了当前刚度与初始刚度比值(C_s)的概念,用于评价结构目前所处的状态。如图13-61所示,$C_s=100\%$时,结构处于弹性状态;$0\%<C_s<100\%$时,结构处于从弹性状态到极限承载能力之间的状态,荷载-位移关系曲线为非线性的;$C_s=0\%$时,结构处于承载能力的临界状态;$C_s<0\%$时,结构处于承载能力后状态,当前步骤中$C_s<0\%$时,程序自动回退到前一步骤并终止分析。

图13-61 当前刚度与初始刚度的比值

设置当前刚度比C_s的方法:在Pushover荷载工况对话框中,"增量法"选择"荷载控制",在"终止分析条件"分组框中点击当前刚度比(C_s)后面的[...]按钮,然后在弹出的对话框中输入C_s数值。

⑤刚度矩阵中出现负值。

⑥在荷载控制模式下,如果结构在水平荷载作用下的变形能力与倒塌荷载作用下的变形能力的比值达到定义的值(默认值=1)时,将终止分析。

（5）默认骨架曲线的刚度折减系数

骨架曲线就是塑性铰的力和变形之间的关系曲线，在midas Civil中支持双线类型（双折线）、三折线类型和FEMA类型。对梁柱单元，这里仅对双线型和三折线型进行设置。滑动类型可以定义初始间隙，针对非梁柱单元。图13-60中Pushover铰的刚度折减率α_1、α_2的含义如图13-28所示。在此修改默认值后点击"确认"键，则所有铰的刚度折减率都将自动修改，包括运行**Pushover>铰特性>定义Pushover铰特性值**命令定义的刚度折减系数。

（6）强度自动计算选项

自动计算具有分布型铰特性的梁柱单元的屈服强度时，需要参考梁单元某个位置的特性（如配筋）。本例为集中型铰。

（7）计算梁的屈服面时考虑屈曲

此例不勾选。

5）Pushover荷载工况定义

运行命令**Pushover>荷载工况**，弹出"Pushover荷载工况"对话框，点击"添加"，弹出如图13-62所示的对话框。

a)按第1振型（X方向）　　　　　　b)按第2振型（Y方向）

图13-62　添加/编辑Pushover荷载工况（荷载按模态模式）

（1）计算步骤数（nstep）

输入大于1的整数，推荐最小输入20。太大则步骤数太多，需要更长时间；太小则曲线点较粗糙且可能导致能力曲线形状错误。本例中输入100。

因为考虑初始荷载与$P\text{-}\Delta$效应，所以需勾选这两项。

当单元同时受轴力（重力）和横向荷载（或弯矩）作用时，单元上将产生附加内力和附加变形，即重力加剧弯曲变形，产生所谓的重力二阶效应（又称$P\text{-}\Delta$效应）。由于平衡方程参考了变形结构的几何形状,*P-Δ*效应分析属于几何非线性分析,即在单元刚度矩阵中要考虑几何刚度。在Pushover分析过程中刚度矩阵(结构弹性刚度矩阵与几何刚度矩阵之和)行列式应大于0,当刚度矩阵的行列式为0或小于0时将忽略几何刚度的影响。对大跨度、高墩的桥梁,一般都要考虑*P-Δ*效应,而对中小跨度的桥梁则可以不考虑。若整体控制中考虑了大变形,则不应该勾选此项。

(2)增量法

这里选择"位移控制"。

(3)控制选项

选择主节点控制,主节点11在*X*方向的最大位移为0.359m。11号节点为盖梁中心节点,*X*方向为顺桥方向,最大位移为结构总高度(1.25m + 14m + 2.7m = 17.95m)的2%(17.95m×2% = 0.359m)。

初始的目标位移一般可假定为结构总高度的2%~4%。这些数值一般与结构的破坏情况相关。一般认为,整体结构达到该位移时,结构的破坏程度已包含并超过大地震下结构的性能状态点。

(4)荷载模式

荷载模式选为"模态",从特征值分析可知,*X*方向的主振型为第1振型,*Y*方向的主振型为第2振型,所以这里*X*方向按第1振型加载,*Y*方向按第2振型加载,对应的两个Pushover荷载工况名称分别为Model-*X*和Model-*Y*。

为了进行比较,荷载模式还选择了"静力荷载工况"和"归一化模态*质量",并每种模式都对应*X*和*Y*方向的荷载,如图13-63和图13-64所示。这样总共定义了6个Pushover荷载工况,如图13-65所示。

a)*X*方向　　　　　　b)*Y*方向

图13-63　添加/编辑Pushover荷载工况(荷载按静力荷载工况模式)

a)X方向　　　　　　　　　　　　　b)Y方向

图13-64　添加/编辑Pushover荷载工况(归一化模态*质量模式)

图13-65　定义的Pushover荷载工况

6)定义铰类型

在Pushover>铰特性>定义Pushover铰特性值中选择准备使用的铰类型和骨架曲线形状,弹出的对话框如图13-66所示。

图13-66　定义Pushover铰类型/特性值

点击"添加"按钮,弹出如图13-67所示的对话框。

图13-67 添加/编辑Pushover铰特性值

(1)名称

铰名称为PMM_×××,其中×××为单元号。虽然各单元对应的铰是相同的,这里仍然按原资料为每个桥墩单元定义了塑性铰,读者可以自行与只定义一个铰特性值的情况进行比较。

(2)单元类型

选择"梁/柱"单元,本例只有桥墩单元定义塑性铰。

(3)材料类型

选择"混凝土/SRC(包含)",即混凝土/型钢混凝土材料。

(4)弯矩铰特性定义

使用弯矩-旋转角关系定义集中型铰模型。

(5)交互类型

按原资料选择"状态P-M-M",一般来说墩柱构件的轴力和两个方向的弯矩之间是相关的。对此例来说选择"状态P-M"还是"状态P-M-M"计算结果是相同的。

(6)组成成分

选择弯矩成分"My",铰位置在两端,骨架曲线为"FEMA"。屈服表面特性值均采用默认与自动计算。

7)为构件分配铰类型

在 Pushover>**铰特性**>分配 Pushover 铰特性值中将各种铰类型分配给对应的构件。为了确定弯矩塑性铰出现的位置,将桥墩所有单元均分配塑性铰。在此是将铰名称为PMM_×××的弯矩铰指定给对应的单元×××。分配了塑性铰之后,会在单元上显示塑性铰的标志,铰的名称则为B×××_PMM_×××。

为构件分配铰类型后,可以查看屈服面特性值与弯矩铰的特性值,如图13-68所示。

8)运行Pushover分析

在后处理模式下,点击Pushover>**运行分析**,运行Pushover分析。

图13-68 查看钢筋混凝土屈服面特性值

9）查看分析结果

Pushover分析结果比较丰富，此仅列部分结果。

（1）荷载-位移曲线

运行命令Pushover>Pushover曲线。如图13-69所示，荷载-位移曲线即能力曲线，包括基底剪力-位移曲线等，还可以添加其他4个节点的能力曲线。

图13-69 查看能力曲线

（2）性能点查看

选中图13-69中的"性能点控制"，再点击"定义设计谱"按钮，弹出如图13-70所示的对话框,按图示进行设置。点击"确认"按钮后,得到图 13-71 所示的图形。图中性能点位置用绿色的"×"标出。

图 13-70　定义设计谱

图 13-71　性能点

　　要显示屏幕上当前显示的 Pushover 曲线的输出文本,单击图 13-71 中的"文本输出"按钮即可。如果能力谱和需求谱有交点,程序会自动给出此时交点的参数(图 13-71 下方框中的数据),其含义为:

V、D:6718、0.02628——性能点对应的基底剪力(单位:kN)和位移(单位:m)。

S_a、S_d:0.4066、0.02611——性能点对应的加速度谱和位移谱值。

T_{eff}、D_{eff}:0.5085、7.135——性能点对应的等效周期和等效阻尼比。

（3）变形及铰性能

运行命令 Pushover>Pushover 结果>变形>变形形状，选择荷载工况和步骤，勾选"Pushover 铰"，选择"性能（FEMA，EC8）"，可得到图 13-72 所示的图形。图 13-72 右上方给出了铰性能状态，可用来进行构件抗震性能的评价，查看不同步骤可以知道铰出现的顺序。

图 13-72　变形形状及铰状态

在 midas Civil 中采用塑性铰状态来表示构件的性能。如图 13-73 所示，铰状态分为下列阶段：

A 点：未加载状态。

AB 段：弹性阶段，具有初始刚度。

B 点：公称屈服强度状态。

BC 段：强度硬化阶段，刚度一般为初始刚度的 5% ~ 10%，对相邻构件间的内力重分配有较大影响。

对 *BC* 段做更细致的划分如下：

IO：直接居住极限状态（Immediate Occupancy）。

LS：安全极限状态（Life Safety）。

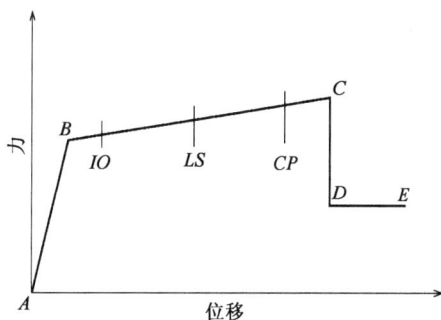

图 13-73　力-位移曲线

CP：坍塌防止极限状态（Collapse Prevention）。

C 点：由公称强度开始，构件抵抗能力下降。

CD 段：构件的初始破坏状态，钢筋混凝土构件的主筋断裂或混凝土压碎状态，钢构件抗剪能力急剧下降区段。

DE 段：残余抵抗状态，公称强度的 20% 左右。

E 点：最大变形能力位置，无法继续承受重力荷载的状态。

对构件层面而言，铰的状态与性能水准的对应如下：

①构件完好、无损伤：构件性能铰处于 *AB* 段，此时构件完全处于弹性阶段；

②构件轻微损坏，出现轻微裂缝：构件性能铰处于 *B-IO* 阶段，此时构件刚进入塑性，塑性程度较浅。

③构件中等损坏,出现明显裂缝:构件性能铰处于 *IO-LS* 阶段,此时构件已进入屈服阶段。

④构件严重损坏,但不发生局部倒塌:构件性能铰处于 *LS-CP*、*CP-C* 阶段,此时构件塑性承载力充分发挥,接近破坏。

运行命令 Pushover>铰状态结果,可以查看铰的较详细结果,包括的结果类型有延性比(D/D_1 和 D/D_2)、变形、塑性变形、内力和屈服状态等。

13.3.8 分析实例2

通过设置塑性铰,利用 Pushover 分析功能可用来求解结构的极限承载力。结构可以是墩柱,也可以是梁或框架结构。在结构稳定分析一章就有用 Pushover 分析功能求解双非线性稳定的例子,实际上就是求解结构的极限承载力。

本例为一跨径 L = 10m 的简支梁,截面尺寸为 0.1m × 0.1m,跨中承受集中荷载。梁材料为 Q235 钢,弹性模量 E = 2.06×10^8kPa,屈服应力 σ_s = 235000kPa。该梁极限承载力理论解为:

$$P = \frac{bh^2\sigma_s}{L} = \frac{0.1 \times 0.01 \times 235000}{10} = 23.5(\text{kN})$$

1)建立模型

首先定义截面与材料,再建立有限元模型,如图 13-74 所示,1m 一个单元,整根梁共分为 10 个单元,端部简支,跨中 6 号节点处承受 1kN 集中力荷载。为了施加跨中集中荷载,需先定义一个静力荷载工况。

图 13-74 实例2有限元模型

2)Pushover 分析控制

设置 Pushover 主控数据,如图 13-75 所示。本例仅考虑一个集中荷载的作用,该荷载从很小逐渐加大,没有"初始荷载"。非线性分析选项中,最大子步数为20,每步最大迭代次数10,收敛标准中位移标准为0.001。"Pushover 铰数据选项"分组框中为默认,铰数据可以在定义塑性铰时修改。"强度自动计算选项"分组框中的设置按图示进行。

3)Pushover 荷载工况定义

显然在跨中承受集中荷载作用的简支梁,其挠度的最大值应发生在跨中 6 号节点处,采用位移控制法,其 Pushover 荷载工况设定如图 13-76 所示。

计算步骤数选择了200,采用位移控制,跨中节点竖向的控制位移为0.8m(这里选取了一个大值以保证得到极限承载能力),荷载模式为"静力荷载工况"。静力荷载工况中定义的静力荷载可以是任意的,对墩柱为了得到极限承载能力,可以定义竖向的轴向荷载。

4)定义塑性铰

显然在跨中承受集中荷载作用的简支梁,其最大内力弯矩发生在跨中 6 号节点处,也就是塑性铰最先出现在跨中 6 号节点处,所以应在 6 号节点两侧设置塑性铰。又因为本例题求解的是抗弯极限承载力,所以铰属性选择弯矩铰,组成成分仅为 M_y,铰类型选择分布型(Moment-Curvature,$M\text{-}\phi$ 分散)。骨架曲线为双折线类型,自动计算屈服强度,如图 13-77 所示。值得注意的是,在图 13-77 右侧图中的"输出方法"分组框中经常选择为自动计算(对屈服强度而言)。此例的"刚度折减系数"分组框中将 α_1 定义为0,表示理想弹塑性。

图 13-75 Pushover 主控数据

图 13-76 Pushover 荷载工况定义

图 13-77 Pushover 铰特性值定义

5）分配塑性铰

将上面定义的铰特性分配给跨中的两个单元。

6）执行 Pushover 分析

点击 按钮或 F5 按钮先进行静力分析，然后再执行 Pushover 分析。此时会弹出如图 13-78 所示的提示框，因为不能使用能力反应谱，所以直接点击"确定"即可。

7)查看结果

（1）查看极限荷载

荷载系数-控制位移曲线如图13-79所示，因为施加的是单位力，这里的荷载系数实际上就是施加的实际荷载。

（2）查看文本输出结果

点击图 13-79 下方的按钮 文本输出 ，可以得到如图13-80所示的文本输出结果界面，以便查看精确的分析结果。在定义铰特性时，将骨架曲线定义成理想弹塑性的形式，主要是为了方便查看屈服点对应的荷载。最后对应屈服应力的极限荷载系数结果（图 13-80）为 23.4994，因为初始的荷载为 1kN，所以最后的极限荷载为 23.4994kN，与理论值非常接近。

图13-78　没有运行特征值分析的提示信息

图 13-79　荷载系数-位移曲线

图13-80　荷载系数-位移关系文本

13.3.9　静力弹塑性分析注意事项

Pushover分析需要时间和耐心,每一个非线性问题都是不同的。其目的在于理解结构的行为,特别是屈服后行为。要采用Pushover法进行设计,必须有足够的时间来查看和理解分析结果。可能的话,先进行没有几何非线性的初始分析,随后加上P-Δ效应,以及可能出现的大变形和其他变形。若非线性静力分析困难加大,建议将其转变成一个直接积分时程分析,且拟静力施加荷载(非常慢)。属性或荷载的小变化可能引发非线性反应的较大变化,所以要考虑多种不同的荷载工况,且对于结构属性变化的敏感性进行分析,这是十分重要的。

当性能点不存在时,可以使用以下方法:

(1)提高结构能力,如增大强度或刚度、提高结构延性或者同时采用前两种措施。

(2)折减地震需求,如增加阻尼、采用隔震器等。

Pushover分析虽然在我国的抗震规范中有所提及,但由于参考资料与实验数据的匮乏,设计人员在运用此方法时容易步入误区,下面列出应注意的几点:

(1)不要低估加载或位移形状函数的重要性。

用户控制的荷载或位移形状表示结构承受的地震力模态形状。通常可以使用倒三角形荷载表示规范定义侧向荷载的竖向分布。加载函数对高墩桥梁很重要,因为地震反应不是单一振型起决定性作用。对此类结构,基于第一振型的加载函数可能在中间层处大大低估地震反应。

(2)做设计之前不能进行推覆。

结构的弹塑性特性完全取决于各个构件和连接的弹塑性特性,因此仅仅给出结构的弹性模量、惯性矩、面积等是不够的,必须能确定构件屈服特性。如果具体构件的特性未知,则Pushover分析也无意义。如:①钢筋混凝土和钢筋的力-位移特性有很大的不同,必须特别留意它们的初始刚度、开裂弯矩、屈服弯矩和屈服后特性。②钢结构的弯矩曲率主要为双线性或三线性。

(3)不要忽略重力荷载。

重力荷载显著影响Pushover曲线的形状及构件屈服和失效的次序。如随着重力荷载的增加,结构的极限承载能力通常会减小。竖向构件轴力作用对PMM铰的影响也不能忽略。

(4)除非要模拟失效,不要推到破坏之处。

Pushover是对结构性能进行分析,是结构破坏前综合指标的评定,不是模拟结构的倒塌破坏过程。

(5)不要忽略剪力破坏机制。

如果结构构件的抗剪能力不足以支持弯曲塑性铰的形成,则在形成塑性铰之前,构件端部将先出现剪切破坏。即使钢筋混凝土构件有充分的抗剪能力,但如果在塑性铰区域的箍筋间距不够密,混凝土也可能在约束不够充分的情况下破碎。如果上述情况发生,塑性承载力立即下降到由纵筋单独提供。

(6)P-Δ效应比想象的重要。

在实际的变形状态下,随着侧移和柱(桥墩)轴力的增大,P-Δ效应也明显增强,柱的抗弯能力可能大幅下降。因此在Pushover分析中,应该考虑P-Δ效应。

(7)不要混淆Pushover和实时地震加载。

Pushover分析中荷载是单调增加的,而地震作用的幅值和方向在地震地面运动过程中是不断变化的。Pushover荷载和结构的反应是同向的,而地震激励和结构反应不一定是同向的。

（8）不是所有桥梁都适合进行Pushover分析。

因为Pushover分析是把一个多自由度体系的结构，按照等效的单自由度结构来处理。因此，它主要反映结构第一周期的性质，当较高振型为主时，如漂浮体系斜拉桥除了平动振型主要参与结构地震响应外，以扭转振型为主的高阶振型对结构地震响应贡献也比较显著，不能忽略。此时，采用Pushover分析方法要受到限制。

对于平面严重不对称的结构，或存在大量非正交构件的结构，平面的Pushover分析并不适用。这种情况下，需要建立空间模型来进行Pushover分析。三维结构可分别沿主方向推覆，也可以在两个正交方向同时进行推覆。

在结构产生侧向位移的过程中，结构构件的内力和变形可以计算出来，观察其全过程的变化，判别结构和构件的破坏状态，Pushover分析比一般线性抗震分析提供更为有用的设计信息。在大震作用下，结构处于弹塑性工作状态。Pushover分析可以估计结构和构件的非线性变形，结果比承载力设计更接近实际。Pushover分析相对于非线性时程分析，可以获得较为稳定的分析结果，减少分析结果的偶然性，同时可以大大节省分析时间和工作量。

但Pushover分析也有自身的一些缺点，如：Pushover分析中荷载是单调增加的，而实际地震产生的力的幅值和方向是不断变化的；Pushover分析中荷载和结构的反应是同向的，而实际地震激励和结构反应不一定同向；结构进入非线性阶段，刚度变化，振型也会发生变化，而Pushover分析的过程中假定振型不变，这样结果就会出现差异；Pushover分析采用静力非线性方法，忽略了质量所产生的惯性力的因素，这与时程分析有较大差别，尤其是铰的加载与卸载路径，时程分析的真实惯性效应限制了结构响应路径；从数学上讲，Pushover分析并不能保证唯一解。因此，不能将Pushover分析当作抗震验算的唯一校核方法，其不能替代时程分析，即使是线性时程分析。

比较静力Pushover分析与动力时程分析结果可知：对于振动以第一振型为主、基本周期在2s以内的结构，Pushover方法能够很好地估计结构的整体和局部弹塑性变形。但对于形状严重不规则、受高振型作用显著的结构是不适用的，它对结构的动力响应、阻尼、地震动特性以及结构刚度退化等方面则无法深入详细分析，因此静力弹塑性分析需要进一步改进。

13.3.10　多模态Pushover

由于传统静力Pushover方法在计算高柔结构时存在不足，在近似的振型叠加法和等效侧向力原理的基础上，Chopra等人发展了Pushover方法，提出了MPA（Modal Pushover Analysis）的方法，试图解决高阶振型参与工作的建筑结构，并将其扩展到计算扭转中心和质量中心不重合的非对称建筑结构。但是对于具有高柔墩柱的桥梁结构而言，类似的研究较少，也很难应用于形状十分复杂的非规则桥梁结构及大跨桥梁。

在midas Civil中实现桥梁结构MPA的方法可参考以下步骤近似进行。

（1）进行特征值分析，分别找出桥梁结构模型线弹性条件下的各方向的各阶重要振型，一般要求各个方向上的累计振型参与质量达到90%即可，重要振型是指剔除参与质量系数小于1%的振型后剩余的振型。

（2）利用各振型荷载加载，即在Pushover荷载工况定义的"荷载模式"中依次选择各个重要模态分别定义荷载工况，并计算求得对应于各自振型的层间剪力。

（3）通过SRSS方法组合得到的结构层间剪力，并以此作为加载模式重新进行Pushover分析，从而对桥梁结构的抗震性能进行评价。

13.4 线弹性时程分析

13.4.1 地震波选取

1)国内外现状

地震波的选取对结构时程分析的结果影响极大,所以对地震波的选取非常重要。国内外大量资料认为地震动的确定应以地震动记录的峰值、频谱特性、持续时间与规范的规定相接近作为选波的控制条件,多数条件下需要采用比例调整以使其满足控制指标。但是由于地震动的复杂性,即使是依此三项作为控制指标,不同输入的结果仍然具有很大的离散性,过大的离散性难以指导设计,在小样本输入时尤其如此。近年来,美国、日本、澳大利亚及新西兰等国家新修订的抗震规范代表了时程分析法作为规范方法的最新趋势。美国UBC-94将时程分析法作为振型分解法的并行方法加以规定,输入地震波应近似基于地理、地质、地震学及场地特征确定的特定场地反应谱,对于输入地震波的样本容量未做明确规定,结构计算模型应能代表结构质量和刚度的空间分布,以在一定程度上能够反映结构动力响应的主要特征。欧洲规范对于时程分析法的规定相对详细一些,地震动输入可选用人工加速度记录、实际地震记录或模拟加速度记录。人工加速度记录的反应谱应优于规范弹性反应谱,持时应与地震大小及其他相关参量一致,实际地震记录应足以适合震源发震机制特征和现场场地条件,模拟加速度记录应根据震源机制和传播途径进行物理模拟。地震波的数量应能对所考察的反应量给出一个稳定的统计量(平均值和方差),地震波的振幅和频率应使其使用结果在总体可靠水平上与使用弹性反应谱的结果相当。

我国《公路桥梁抗震设计规范》(JTG/T 2231-01—2020)第5.3节规定:

(1)已做过地震安全性评价的桥梁工程场地,设计地震动时程应根据专门的工程场地地震安全性评价的结果确定。

(2)未做过地震安全性评价的桥梁工程场地,可根据本规范设计加速度反应谱,合成与其匹配的设计加速度时程;也可选用与设定地震震级、距离大体相近的实际地震动加速度记录,通过调整使其反应谱与本规范设计加速度反应谱匹配,每个周期值对应的反应谱幅值的相对误差应小于5%或绝对误差应小于0.01g。

(3)考虑到地震动的随机性,选择的地震加速度时程曲线不应少于三组,并且应该保证任意两组间同方向时程的相关系数的绝对值不小于0.1。

我国《建筑抗震设计规范》(GB 50011—2010)规定,对结构进行动力反应分析时要进行"三波检验",其中一条必须是人工波。

2)根据设计反应谱合成地震波

人工地震生成器就可以将设计反应谱拟合成人工地震波,详见本书第6.7.2节。设计反应谱在长周期部分精度不高,拟合出来的地震波也因此会失真,因此按这种方法得到的地震波以前一般仅用来做结构动力比较分析。

3)调整加速度时程曲线的持续时间

输入的加速度时程曲线的持续时间应包含地震记录最强部分,并要求选择足够长的持续时间。持续时间的概念不是指地震波数据中总的时间长度,持续时间T_d的定义可分为两大类:一类是以地震动幅值的绝对值来定义的绝对持续时间,即指地震地面加速度值大于某值的时间总和,即加速度绝对值$|a(t)| > kg$的时间总和,其中k为系数,常取值为0.03~0.05;另一类为以相

对值定义的相对持续时间，即最先与最后一个 ka_{max} 之间的时段长度，k 一般取值为 $0.3 \sim 0.5$。

输入的地震加速度时程曲线的有效持续时间，一般从首次达到该时程曲线最大峰值的 10% 那一点算起，到最后一点达到最大峰值的 10% 为止；不论是实际的强震记录还是人工模拟波形，有效持续时间一般为结构基本周期的 $5 \sim 10$ 倍，即结构顶点的位移可按基本周期往复 $5 \sim 10$ 次。一般建议选择的持续时间取不少于结构基本周期的 10 倍，且不小于 10s。

4）调整地震记录加速度时程曲线强度

为了与设计时的地震烈度相当，对选用的地震记录加速度时程曲线应按适当的比例进行放大或缩小。

设计加速度峰值 PGA 等于设计加速度反应谱最大值 S_{max} 除以放大系数，即：

$$PGA = \frac{S_{max}}{2.5} = \frac{2.5C_iC_sC_dA}{2.5} = C_iC_sC_dA \tag{13-8}$$

式（13-8）中参数的含义请参阅《公路桥梁抗震设计规范》（JTG/T 2231-01—2020）中式 5.2.2 的说明。调整后的加速度曲线可用式（13-7）表示：

$$\dot{a}(t) = \frac{a(t)\dot{A}_{max}}{A_{max}} = \frac{a(t)PGA}{A_{max}} \tag{13-9}$$

式中：$\dot{a}(t)$、$\dot{A}_{max}$——调整后的加速度曲线和峰值；

$a(t)$、A_{max}——原记录的加速度曲线和峰值。

在 midas Civil 的地震波数据生成器中，每种地震记录都给出了加速度峰值（Peak）。通过执行命令**工具>数据生成器>地震数据生成器>Generate>Earthquake Record**，可以将程序中自带或用户自己输入的实际地震波进行比例调幅，也可以按比例调整持续时间。在时程函数定义时可以将地震波按比例进行放大或缩小。

5）实际地震波的特征周期计算方法

在 midas Civil 程序中提供将实际地震波转换为绝对加速度反应谱和相对速度反应谱的功能（**工具>数据生成器>地震数据生成器>Generate>Earthquake Response Spectra**，如图 13-81 所示可以选择谱类型，生成后保存为 SGS 文件），用户可利用保存的 SGS 文件（文本格式文件）中的数据计算特征周期 T_g。首先确定有效峰值加速度 EPA 和有效峰值速度 EPV，然后计算 T_g。有效峰值加速度 EPA 是加速度谱中加速度值比较大的区域，即能量分布比较大的区域的加速度的平均值，是代表地震波强度的指数，该值与结构的破坏程度直接相关，一般来说该值越大结构的破坏程度也越严重。

有效峰值加速度：$EPA = S_a/2.5$。

有效峰值速度：$EPV = S_v/2.5$。

特征周期：$T_g = 2\pi EPV/EPA$。

在计算 EPA 时将平均值除以 2.5 的原因：Newmark 认为结构具有 5% 的阻尼时加速度响应会有 2.5 倍的增大，所以计算 EPA 时应将已经增大的地震波响应除以 2.5。

S_a 和 S_v 的确定方法有固定频段法和不固定频段法，分述如下：

（1）固定频段法

1978 年美国 ATC-3 规范中将阻尼比为 5% 的加速度反应

图 13-81　选择谱类型

谱取周期为 $0.1 \sim 0.5s$ 之间的值平均为 S_a，将阻尼比为 5% 的相对速度反应谱取周期为 $0.5 \sim 2s$ 之间的值平均为 S_v（或取 1s 附近的平均速度反应谱），上面公式中常数 2.5 为 0.05 阻尼比加速度反应谱的平均放大系数。该方法为 midas Building 中默认的方法。

（2）不固定频段法

1990 年的《中国地震烈度区划图》采用了不固定频段的方法分析各条反应谱确定其相应的平台频段。具体做法是：在对数坐标系中同时做出绝对加速度反应谱和拟速度反应谱，找出加速度反应谱平台段的起始周期 T_0 和结束周期 T_1，然后在拟速度反应谱上选定平台段，其起始周期为 T_1（即加速度反应谱平台段的结束周期 T_1），结束周期为 T_2，将加速度反应谱在 $T_0 \sim T_1$ 之间的谱值求平均得 S_a，拟速度反应谱在 $T_1 \sim T_2$ 之间的谱值求平均得 S_v，加速度反应谱和拟速度反应谱在平台段的放大系数采用 2.5，按上述公式求得 EPA、EPV、T_g。

6）选择与调整实际地震波步骤

在 midas Civil 中提供了近 40 种实录地震波，也可以自定义地震波或导入人工地震波。正确选择输入的地震加速度时程曲线，要满足地震动三要素的要求，即频谱特性、有效峰值和持续时间要符合规定。一般情况下，根据同时考虑地震动三要素的原则，选择与调整实际地震波可按以下步骤进行。

（1）查出桥址特征周期值。

《公路桥梁抗震设计规范》（JTG/T 2231-01—2020）的第 5.2.3 条中规定，设计加速度反应谱的特征周期 $T_g(s)$，按桥梁工程场地所在地区在《中国地震动参数区划图》（GB 18306—2015）中表 5.2.3 取值。取值后，根据场地类别进行调整。

（2）初选实际地震波。

让频谱特性符合规定可依据所处的场地类别（场地条件）和设计地震分组（震中距离、震级大小）确定，即按实际地震波的特征周期尽量与设计场地特征周期值相接近（一般要求相差不大于 10%）的原则，初步选择数个实际地震波。特征周期是地震影响系数下降段的起始点，以此周期将地震影响系数区域分为短周期和长周期区域。

（3）确定实际地震波。

时程分析结果受选取的地震波影响较大，能否正确地选取适宜的地震波是时程分析结果准确与否的关键，所以用户判断选取地震波的适宜性是必须的。应该对初步选择的每个实际地震波，通过调整使其反应谱与规范设计加速度反应谱匹配，每个周期值对应的反应谱幅值的相对误差应小于 5% 或绝对误差应小于 $0.01g$。

按《公路桥梁抗震设计规范》（JTG/T 2231-01—2020）规定，选择的地震加速度时程曲线不应少于三组，并且应该保证任意两组间同方向时程的相关系数的绝对值不小于 0.1。

13.4.2 分析实例

1）实例桥梁概况

某公路桥为三跨预应力混凝土悬臂梁，跨度为 30m + 50m + 30m = 110m，其中中跨为挂孔结构，挂孔梁为普通钢筋混凝土梁，梁长 16m。T 构的主梁为预应力混凝土箱梁，桥墩两侧的悬臂长度均为 17m，墩梁固结。墩为钢筋混凝土双柱桥墩，截面为 1m×1m 矩形，墩高 15m。主梁截面如图 13-82 所示。主梁材料采用 JTG3362-18（RC）规范的 C50 混凝土，桥墩采用 JTG3362-18（RC）规范的 C40 混凝土。预应力钢材采用 JTG3362-18（S）规范，在数据库中选 Strand1860。该桥位于某二级公路上，抗震设防烈度 7 度，Ⅲ类场地，水平向基本地震峰值加速度值 0.15g。按《中国地震动参数区划图》(GB 18306—2015)附录 B 查得场地特征周期为 0.40s,调整后为 0.55s。

a)墩顶截面

b)跨中截面

图 13-82　实例桥梁横截面(尺寸单位:cm)

2)建模

动力分析模型与静力分析模型的区别在于不必精细地模拟,重点是要真实、准确地反映结构质量、结构及构件刚度、结构阻尼及边界条件。本桥建模时将主梁、桥墩全部用空间梁单元模拟,未考虑桩-土-结构之间的相互作用,而仅将桥墩底用固结边界条件模拟。

首先定义材料和截面,T 构上的主梁截面定义为变截面。本桥为墩梁固结,在建立墩梁之间的连接时采用如图 13-83 所示的方法,需要在墩顶节点 115 和 117 之间连线的中点上建立一个辅助节点 113,113 和主梁节点 81 之间用刚性连接,113 和 115 与 117 之间都用弹性连接中的刚性连接。全桥的边界条件如图 13-84 所示,挂梁和 T 构主梁之间的连接通过释放 F_x 和 M_y 自由度模拟(挂梁一端释放 F_x 和 M_y,另一端仅释放 M_y)。

定义"自重"和"二期恒载"静力荷载工况,施加自重荷载和二期恒载(铺装)。体内预应力对结构的动力特性的影响忽略不计。

3)输入质量

在 midas Civil 中输入的质量一般有两种类型,一个是将所建结构模型的自重转换为质量,另一个是将输入的其他恒荷载(铺装及护栏荷载等)转换为质量。对于结构的自重不需另行输入,即可在**结构>结构类型**对话框中通过勾选"将自重转化为质量"完成转换(图 13-85)。而二期恒载一般是以外部荷载(梁单元荷载、压力荷载、节点荷载等)的形式输入的,可使用**荷载>荷载转换为质量**功能来转换(图 13-86)。对于没用荷载表示的附属构件,如路灯等,可在节点上施加相应的节点质量荷载。

图 13-83　墩梁的连接

a)全桥总体模型

b)主梁梁高的变化

图 13-84　实例桥梁模型

图 13-85　将自重转化为质量

图 13-86　将荷载转化为质量

4)设置特征值分析数据

本例拟用振型叠加法进行动力分析,这里采用Ritz向量法进行结构的振型分析。图13-87给出了特征值分析的设置,如果分析后振型参与质量达不到规范所规定的90%,则需适当增加初始向量数量,重新进行分析。

图13-87　特征值分析控制

运行特征值分析,查看分析后振型参与质量是否达到规范所规定的90%。从图13-88可以看出特征值分析控制中的数据是满足要求的。

模态号	TRAN-X		TRAN-Y		TRAN-Z		ROTN-X		ROTN-Y		ROTN-Z	
	质量(%)	合计(%)	质量(%)	合计(%)	质量(%)	合计(%)	质量(%)	合计(%)	质量(%)	合计(%)	质量(%)	合计(%)
1	54.14	54.14	0.00	0.00	0.00	0.00	0.00	0.00	0.01	0.01	0.00	0.00
2	42.95	97.08	0.00	0.00	0.00	0.00	0.00	0.00	0.01	0.02	0.00	0.00
3	0.00	97.08	81.56	81.56	0.00	0.00	1.48	1.48	0.00	0.02	0.00	0.00
4	0.00	97.08	0.00	81.56	8.43	8.43	0.00	1.48	0.00	0.02	0.00	0.00
5	0.00	97.08	0.00	81.56	0.00	8.43	0.00	1.48	4.57	4.60	0.00	0.00
6	0.00	97.08	0.00	81.56	0.00	8.43	0.00	1.48	0.00	4.60	64.00	64.00
7	0.00	97.08	0.00	81.56	64.09	72.52	0.00	1.48	0.00	4.60	0.00	64.00
8	0.00	97.08	0.00	81.56	0.00	72.52	0.00	1.48	70.06	74.65	0.00	64.00
9	0.00	97.08	8.36	89.92	0.00	72.52	0.10	1.58	0.00	74.65	0.00	64.00
10	0.83	97.91	0.00	89.92	0.01	72.52	0.00	1.58	0.27	74.93	0.00	64.00
11	0.86	98.77	0.00	89.92	0.00	72.53	0.00	1.58	0.30	75.23	0.00	64.00
12	0.00	98.77	0.36	90.28	0.00	72.53	62.13	63.71	0.00	75.23	0.00	64.00
13	0.00	98.77	0.00	90.28	16.48	89.01	0.00	63.71	0.00	75.23	0.00	64.00
14	0.00	98.77	0.00	90.28	0.43	89.44	0.00	63.71	0.00	75.23	0.00	64.00
15	0.00	98.77	0.00	90.28	0.00	89.45	0.00	63.71	2.94	78.17	0.00	64.00
16	0.00	98.77	2.98	93.27	0.00	89.45	0.14	63.85	0.00	78.17	0.00	64.00
17	0.00	98.77	0.00	93.27	3.55	93.00	0.00	63.85	0.02	78.19	0.00	64.00
18	0.00	98.77	0.08	93.35	0.00	93.00	0.71	64.56	0.00	78.19	0.00	64.00
19	0.01	98.77	0.00	93.35	2.38	95.38	0.00	64.56	0.04	78.23	0.00	64.00
20	0.53	99.30	0.00	93.35	0.02	95.41	0.00	64.56	0.12	78.34	0.00	64.00
21	0.00	99.30	1.94	95.29	0.00	95.41	0.50	65.07	0.00	78.34	0.00	64.00
22	0.00	99.30	2.77	98.06	0.00	95.41	1.77	66.84	0.00	78.34	0.00	64.00
23	0.38	99.68	0.00	98.06	0.36	95.77	0.00	66.84	0.29	78.63	0.00	64.00
24	0.07	99.75	0.00	98.06	2.20	97.98	0.00	66.84	0.03	78.66	0.00	64.00

图13-88　振型参与质量

运用里兹向量法求出的是与三个平动地震动输入直接相关的前24阶振型,X平动、Y平动和Z平动三个方向的振型参与质量分别是99.75%,98.06%和97.98%。满足规范上振型参与质量达到总质量90%以上的要求。从图13-89中可以看出,振型1是顺桥向的第一阶振型,振型3横桥向第一阶对称振型,振型4是竖向的第一阶振型。

5)定义时程荷载工况

执行命令**主菜单>荷载>地震作用>荷载工况**,在弹出的对话框中点击"添加"按钮,然后按图13-90定义时程荷载工况。

模态号	TRAN-X	TRAN-Y	TRAN-Z	ROTN-X	ROTN-Y	ROTN-Z
	Value	Value	Value	Value	Value	Value
1	99.97	0.00	0.00	0.00	0.03	0.00
2	99.98	0.00	0.00	0.00	0.02	0.00
3	0.00	98.22	0.00	1.78	0.00	0.00
4	0.00	0.00	100.00	0.00	0.00	0.00
5	0.01	0.00	0.00	0.00	99.99	0.00
6	0.00	0.00	0.00	0.00	0.00	100.00
7	0.00	0.00	100.00	0.00	0.00	0.00
8	0.00	0.00	0.00	0.00	100.00	0.00

图13-89　振型方向因子

图13-90　定义时程荷载工况

在桥梁动力分析时,一般取成桥阶段分析,此时自重等恒载已经对结构变形及内力产生了影响。线性时程分析中,自重等的初始效应结果可以和时程结果直接叠加。在程序中,做时程分析时通过图13-90对话框中的"加载顺序"分组框考虑恒载效应,当前时程荷载工况可在前次荷载工况(可以是时程荷载、静力荷载、最后一个施工阶段荷载、初始内力状态)作用下的位移、速度、加速度、内力状态下继续分析。静力荷载工况只能选择一个,若想将多个静力荷载工况中的荷载都作为前次荷载,可以再定义一个静力荷载工况,然后将这些荷载定义在该荷载工况下。

6)选择地震波

如前所述,考虑到地震动的随机性,选择的地震加速度时程曲线不应少于三组。这里作为实例仅给出一组实录地震波。该桥址场地特征周期为0.50s,实录波特征周期也应该与之接近。

启动**工具>数据生成器>地震数据生成器**>Generate>Earthquake Response Spectra,分别按图13-91和图13-92所示的设置生成绝对加速度反应谱和相对速度反应谱,分别另存为

SGS格式的文本文件(在图13-91和图13-92中点击"OK"按钮,然后再点击工具条中的 ◼ 按钮),并将加速度反应谱取周期为0.1~0.5s之间的值平均为S_a,将速度反应谱取周期为0.5~2s之间的值平均为S_v。

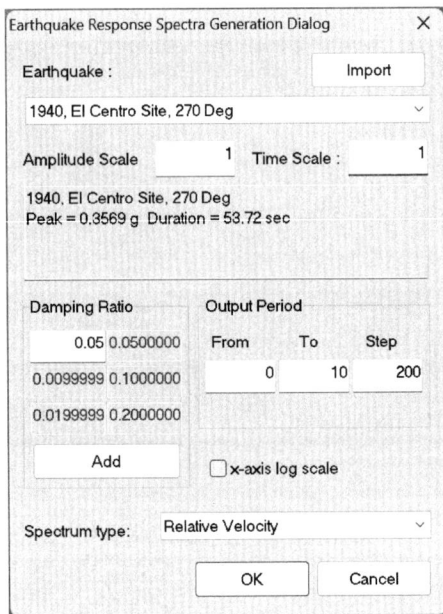

图13-91　绝对加速度反应谱设置　　　　图13-92　相对速度反应谱设置

求得S_a为7.2m/s²,S_v为0.6m/s,则:

$$T_g = 2\pi\frac{\text{EPV}}{\text{EPA}} = 2\pi \times \frac{S_v/2.5}{S_a/2.5} = 2\pi \times \frac{0.6/2.5}{7.2/2.5} = 0.52\text{s}$$

实录波特征周期为0.52s,与该桥址场地调整后特征周期0.55s比较接近,实录波的特征周期符合要求。

7)实录地震波调幅

这里仅考虑E1地震作用,根据式(13-6)计算设计加速度峰值:

$$\text{PGA} = C_i C_s C_d A = 0.34 \times 1.15 \times 1 \times 0.15 \times 9.8 = 0.5748\text{m/s}^2$$

上面选定的程序自带实录地震波"1940, El Centro Site, 270 Deg"原始计算度峰值为0.3569g,则PGA调整系数为:

$$\frac{\text{PGA}}{0.3569g} = \frac{0.5748}{0.3569 \times 9.8} = 0.1643$$

8)定义时程荷载函数

执行命令**主菜单>荷载>地震作用>时程函数**,弹出图13-93a)所示的"时程分析函数"对话框,点击"添加时程函数"按钮,弹出如图13-93b)所示的对话框。点击"地震波"按钮,在弹出的对话框中选择"1940, El Centro Site, 270 Deg",其他参数默认,然后点击"确认"。在图13-93b)所示的对话框中将"放大系数"填写为0.1643,点击"确认"按钮,完成时程荷载函数的定义。

动力设备如发动机、齿轮和空压机等对结构中某节点的振动作用一般是持续且随时间变化的谐振,可以在图13-93a)所示的"时程荷载函数"中选择"添加谐振荷载"函数来进行模拟。

a)时程分析函数对话框   b)显示时程函数

图13-93　定义时程荷载函数

9)定义地面加速度

地面加速度为一致激励,即将加速度时程同时作用于每个质点。本例这里仅考虑顺桥向的地震作用。执行命令**主菜单>荷载>地震作用>地面**,选择"X-方向时程分析函数"为上面定义的时程函数,点击"添加"按钮,如图13-94所示。

在"水平地面加速度的角度"分组框中输入地面加速度水平方向的成分绕整体坐标系 Z 轴旋转的角度,以 X 轴为准,逆时针为正值,顺时针为负值。进行直线桥梁地震反应分析时,可分别考虑沿顺桥向和横桥向两个水平方向的地震动输入;进行曲线桥梁地震反应分析时,可分别考虑沿一联两端桥墩连线(割线)方向和垂直于连线水平方向进行多方向地震动输入,以确定最不利的地震响应。

10)运行分析

11)查看时程分析结果

时程分析位移、内力、应力等的云图等在**结果>时程图表/文本>时程图形**中查看,时程分析位移、内力、应力等的数据表格在**结果>时程图表/文本>时程文本**中查看,查看方法和静力荷载工况分析结果类似。

(1)时程分析图形

图13-94　定义地面加速度

下面通过定义1号节点的 X 方向位移的时程结果函数,并将其图形显示来说明时程分析图形的用法。

执行命令**结果>时程图表/文本>时程图形**,在图13-95所示的左侧对话框中,点击按钮 定义/编辑函数 ,然后在弹出的图13-95所示的中间对话框中选择"图形函数",再点击按钮 添加新的函数 ,最后按图13-95所示的右侧对话框中的数据及参数进行填写或设置,就定义了1号节点 X (顺桥)方向位移的结果函数。在图13-95所示的右侧对话框中点击"确定",在图13-95所示的中间对话框中点击"退回"。在图13-95所示的左侧对话框中,先勾选函数列表中的刚才定义的函数,然后在"竖轴"分组框中点击按钮 从列表中添加 。横轴选择为"时间",填写"图形标题";其他默认。最后点击按钮 图表 ,即可得到如图13-96所示的时程图形。用类似的方法还可以图形显示墩底剪力的时程(图13-97)。

图13-95　定义时程结果函数

图13-96　节点1的顺桥向位移时程图形

（2）时程分析文本

执行命令**结果>时程图表/文本>时程文本**，可以用文本文件的形式输出节点和单元的分析结果。

12）与设计反应谱结果比较

时程分析法的计算结果，依赖于地震动输入以及阻尼参数的选取，如地震动输入选择不好，或者阻尼参数选取不恰当，均可能导致计算结果偏差。因此，线性时程分析法的计算结果应与反应谱法计算结果相互校核，以保证选取合适的地震波和阻尼参数。

图 13-97 墩底剪力时程图形

根据《公路桥梁抗震设计规范》(JTG/T 2231-01—2020)6.4.3条规定:在E1地震作用下,线性时程法的计算结果不应小于反应谱法计算结果的80%,《建筑抗震设计规范》(GB 50011—2010)条文说明中也有类似的说明。

13.5 用弯矩-曲率曲线评价截面性能

弯矩-曲率曲线作为评价截面抗震性能的重要指标,被广泛应用于钢筋混凝土的抗震分析中。在非线性抗震分析中经常要使用截面的非线性滞回特性,弯矩-曲率关系可描述非线性抗震分析中梁或柱截面的非线性滞回特性。与Pushover分析和动力弹塑性分析相比,利用截面尺寸和实配钢筋获得截面的弯矩-曲率曲线,使用该曲线评价截面的抗震性能的方法,不仅简单而且节省分析时间。

13.5.1 基本假定

弯矩-曲率分析可以考虑横向约束对混凝土受压的应力-应变关系及纵向钢筋应变硬化的影响。在弯矩-曲率分析中一般有如下的假设:

(1)平截面假定。

(2)剪切变形和扭转变形可以被忽略。

(3)已知钢筋和混凝土的应力-应变关系,其中混凝土的应力-应变关系应当考虑约束混凝土的影响(例如Mander模型),混凝土的抗拉能力一般被忽略。

(4)钢筋和混凝土之间存在完全的黏合。

(5)混凝土和钢筋的合成轴力与合成弯矩与施加的外部荷载平衡。

图 13-98 为一般截面的弯矩-曲率分析,其中图 13-98b)和图 13-98c)为开裂截面上任意曲率ϕ对应的应变、应力分布。任意位置处的应力可根据图示的几何关系以及已知的应力-应变关系确定。用平衡条件,可确定对应于曲率ϕ的受压区高度c以及相应的弯矩。

极限破坏状态的曲率能力ϕ_u应通过考虑最不利轴力组合的P-M-ϕ曲线确定,通常是满足下面条件之一,就认为钢筋混凝土构件塑性铰区达到极限曲率:

①被箍筋约束的核心混凝土达到极限压应变值ε_{cu}。

②约束钢筋达到折减极限应变ε_{su}^R($\varepsilon_{su}^R = 0.09$)。

③纵筋达到折减极限应变ε_{lu}(纵筋折减极限应变取值0.1)。

④截面抗弯能力下降到最大弯矩值的85%。

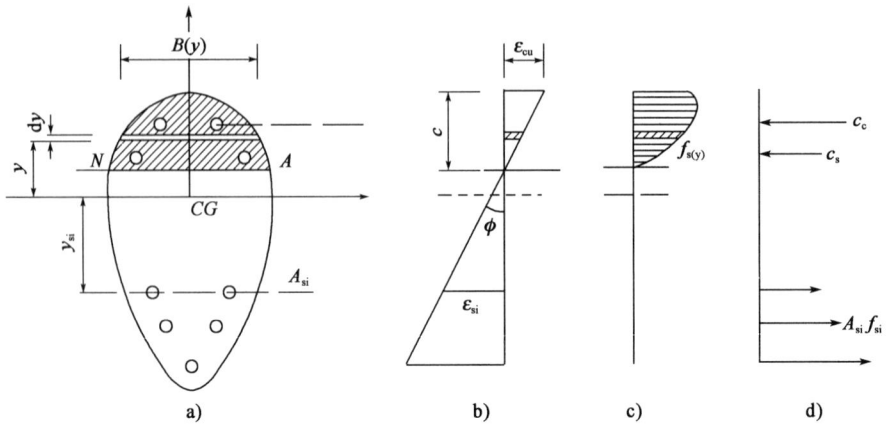

图13-98　弯矩-曲率分析

13.5.2　材料本构模型

midas Civil程序中提供了9种混凝土材料本构模型和6种钢材材料本构模型。用户定义了截面尺寸并输入钢筋后,选择相应的材料本构模型,程序就会提供理想化的截面弯矩-曲率关系,并提供截面的一些关键特性,例如屈服特性值、极限特性值。

midas Civil程序中提供的混凝土和钢材的材料本构模型如下:

(1)混凝土

①Kent & Park模型。

②日本混凝土标准规范模型。

③日本公路细则(H.24)模型。

④日本公路细则(H.14)模型。

⑤名古屋高速公路社团模型。

⑥三折线混凝土模型。

⑦《混凝土结构设计规范》(GB 50010—2010)。

⑧Mander模型。

(2)钢材

①Menegotto-Pinto模型。

②双折线模型。

③非对称双折线钢材模型。

④三折线钢材模型。

⑤Park模型。

⑥日本公路细则模型。

进行弯矩-曲率分析时需要定义材料的弹塑性本构关系,midas Civil程序的在线帮助手册(弹塑性材料特性值)中有较详细的本构关系说明,这里仅作简单的介绍。

1)混凝土Mander本构模型

混凝土材料的非线性用非线性应力-应变关系来考虑,在单轴压缩下无约束和有约束混凝土的理想应力-应变曲线如图13-99所示。实验表明,由间距紧密的横向钢筋提供的约束,能充分提高混凝土的极限压应力和极限压应变。约束钢筋阻止了纵向受压钢筋的过早屈曲,具有提高构件抗剪能力的作用,同时也提高了混凝土的延性。

图13-99　Mander等建议的约束与无约束混凝土本构关系

　　1988年Mander针对横向约束混凝土提出的本构模型,直接提供了约束混凝土的应力-应变关系,故适用于任意形状的截面。模型考虑了纵向、横向约束钢筋的配筋量以及屈服强度、配筋形状等,能够正确计算出混凝土的有效约束应力。Mander模型适用于任意截面形状,对于导入的钢筋材料和截面数据(仅支持圆形、矩形截面)能够自动计算其强度;对于其他任意截面,用户可手动输入材料以及截面数据后,也可自动计算强度。

　　使用Mander本构模型前,要先定义截面,并对截面进行配筋设计或输入已有配筋,程序就可以根据材料和截面以及配筋自动生成相应的约束混凝土本构。

　　这里定义的截面可以是"数据库/用户"或"数值"表单中的截面,不能是变截面。对"数据库/用户"表单中的截面配筋,通过命令**设计>RC设计>混凝土设计参数/材料和设计>RC设计>混凝土构件设计钢筋**来输入已有配筋。"数值"表单中的截面一般只用在任意截面(SPC导入截面)的定义与配筋设计中,任意截面配普通钢筋的方法下面会介绍。需要注意,选择的规范不同,**设计>RC设计**下拉菜单的内容是不同的。

　　(1)截面配筋

　　定义好"数据库/用户"截面后,先选择设计规范为"JTG/B02-01—2008",再执行命令**设计>RC设计>混凝土设计参数/材料**,在如图13-100所示对话框中的"设计参数"表单中内容根据实际情况选取。在"材料性能参数"表单(图13-101)中选择混凝土材料的设计规范和强度等级,选择钢筋材料的设计规范以及主筋和箍筋的等级。最后点击"编辑"按钮,完成参数的设置。

　　执行命令**设计>RC设计>混凝土构件设计钢筋**,在弹出的对话框中点击"柱"表单,如图13-102a)所示。此时符合"柱"特征(参见第13.3.7节内容)并已经赋给柱单元的截面会在图中显示出来,在此对话框中定义箍筋类型和主筋数据。该对话框中需要填写内容的具体说明请参见程序的"在线帮助手册"中相关内容,此不赘述。

　　桥墩截面配筋也可以这样输入:执行命令**特性>弯矩-曲率曲线**,在弹出的"弯矩-曲率曲线"对话框的右上角位置先选择截面的名称,然后点击"截面钢筋数据…",就会弹出如图13-102b)所示的对话框。

图13-100　定义截面钢筋步骤一

图13-101　定义截面钢筋步骤二

a)设计用截面配筋

b)柱截面配筋

图13-102　定义截面钢筋步骤三

对任意截面的配筋,可以通过下面的方法来定义:执行命令**特性>弯矩-曲率曲线**,在弹出的"弯矩-曲率曲线"对话框的右上角位置先选择从SPC导入的自定义截面的名称,然后点击"截面钢筋数据...",就会弹出如图13-103所示的对话框。对主筋的定义需要输入主筋的位置坐标,输入方法可以选择"点""直线"和"圆环"。钢筋数据也可以在Excel中生成,然后粘贴进来。

(2)Mander本构关系定义

点击**特性>弹塑性材料>非弹性材料特性值**,在弹出的对话框中点击"添加"按钮,选择混凝土材料,在滞后模型下拉条中选择Mander模型,此时的对话框如图13-104所示。在"混凝土的类型"分组框内可选择无约束混凝土和约束混凝土,如选择前者则图13-104所示对话框的右侧与约束混凝土有关内容变成不可操作的灰色。对一个柱截面来讲,箍筋外的混凝土应该是无约束的,而箍筋内的混凝土则应是有约束的,所以对一个柱截面应该定义两个本构关系。

图13-103　定义任意截面的配筋

图13-104　定义Mander本构

点击按钮 导入钢筋材料和截面数据 ，在弹出的对话框中选择材料和截面，那么图13-104中的其他数据就会自动计算。这里的自动计算对从SPC导入的任意截面是不适用的，只能由用户自行填写参数数据。注意"无约束混凝土抗压强度"的数值要在自动给出的数值（即混凝土强度等级）上乘0.85，因为在中国混凝土强度等级采用的是立方体试块强度，而Mander本构用的是圆柱体抗压强度，其间存在换算关系（约0.85）。

描述约束混凝土应力-应变关系的Mander模型，取决于横向约束钢筋的类型（如环形箍筋、螺旋箍筋）以及截面形状（如圆形或矩形）。目前程序只能进行圆形截面和矩形截面的约束混凝土本构关系定义。对从SPC导入的任意截面，定义其约束混凝土本构关系时，可参考下面步骤进行操作。

①填写图13-104左半侧的无约束混凝土相关数据。

②在"截面和约束钢筋类型"分组框中选择"用户定义"。

③点击 [截面数据] 按钮,在弹出的对话框中输入截面的约束钢筋布置情况的数据,当前版本的 midas Civil 中,对上步选择"用户定义"的情况,弹出的对话框同矩形截面,即只能采用先按矩形截面定义然后再修正的方法。

④点击 [钢筋数据] 按钮,在弹出的对话框中输入截面的约束钢筋数据。

⑤修正"约束有效系数 K_e"分组框中的数据,可点击其中的"?"按钮查看所用公式以及参数含义。

⑥修正"混凝土有效侧向应力"分组框中的数据,可通过点击其中的修正项按钮,然后在弹出的对话框中填写数据。

⑦填写"约束混凝土强度和应变"分组框中的数据,可点击其中的"说明"按钮查看所用公式以及参数含义。

2)混凝土 Kent-Park 本构模型

该模型是 Scott(1982) 在 Kent 和 Park(1971) 提出的混凝土的本构模型基础上提出的修正模型。该模型使用了如下包络曲线公式并忽略了混凝土的受拉强度。该模型在概念清晰和准确性均较好,且可以考虑混凝土强度的横向约束(Confinement Effect),是使用较为广泛的混凝土本构模型。

对于任意截面的情况,混凝土的本构关系也可以用 Kent-Park 模型,这样也可以考虑横向约束对核心混凝土的影响效果。填写方法可以参考图13-105。

图13-105　定义混凝土本构关系(Kent-Park)

在图13-105中：

f_c'——混凝土抗压强度（MPa），按规范取混凝土抗压强度标准值；

ε_{c0}——发生最大应力时的应变，$\varepsilon_{c0} = 0.002K$；

K——横向约束引起的强度提高系数，$K = 1 + \dfrac{\rho_s f_{yh}}{f_c'}$，$K = 1$ 表示不考虑横向约束；

Z——应变软化时的斜率，$Z = \dfrac{0.5}{\dfrac{3 + 0.29f_c'}{145f_c' - 1000} + 0.75\rho_s \sqrt{\dfrac{h'}{s_k}} - 0.002K}$，表示混凝土在受压

屈服后，软化区间刚度的系数；

ε_{cu}——混凝土压碎时的极限应变，无约束混凝土一般为0.004，约束混凝土在0.004到0.01之间；

f_{yh}——横向钢筋（箍筋）的屈服强度（MPa）；

ρ_s——横向钢筋的配筋率=横向钢筋的体积/核芯混凝土体积，对保护层混凝土 $\rho_s=0$；

h'——核芯混凝土的高度（矩形的长边），混凝土的核心区指横向钢筋外缘围成的区域；

s_k——横向钢筋的间距。

3)《混凝土结构设计规范》(GB 50010—2010)模型

该模型考虑了混凝土的抗拉特性，考虑了残留塑性变形，在卸载和再加载时使用初始刚度。

4)三折线混凝土本构模型

可定义第一、第二受压屈服和受拉区应力-应变关系，是用户自定义型的本构关系。考虑了残留塑性变形，在卸载和再加载时使用初始刚度

5)钢材 Menegotto-Pinto 本构模型

该模型是在 Menegotto 与 Pinto(1973)建立的模型基础上由 Filippou(1983)提出的修正模型，具有计算效率高、与试验结果吻合较好的特点。本构模型形状为逐渐逼近按随动硬化(Kinematic Hardening)准则定义的双折线的曲线，即本构模型在卸载路径和应变硬化区段之间的两个渐近线之间的转换区段为曲线。两个渐近线的交点和卸载方向的最大变形点之间的距离越远，转换区段的形状越光滑。可利用这样的特性模拟包辛格效应。

6)双折线钢材本构模型

钢材常用双折线本构模型，该模型屈服前加载和卸载时使用弹性刚度，屈服后加载时使用屈服后刚度，屈服后卸载、再加载时使用弹性刚度。

7)三折线钢材本构模型

可定义第一屈服和第二屈服刚度折减率，受拉区和受压区的刚度折减率可以不同。屈服前的加载和卸载使用弹性刚度，屈服后加载时使用折减的刚度，屈服后的卸载和再加载使用弹性刚度。折线形状也可以通过输入应力-应变来定义。

8)非对称双折线钢材本构模型

该本构模型可以模拟钢筋的非线性特性，在受拉区可考虑屈服和拉断，在受压区可考虑屈服和失稳后的破坏。下面是非对称双折线钢材纤维滞回模型的路径移动规则介绍，路径序号对应图13-106上的直线编号。

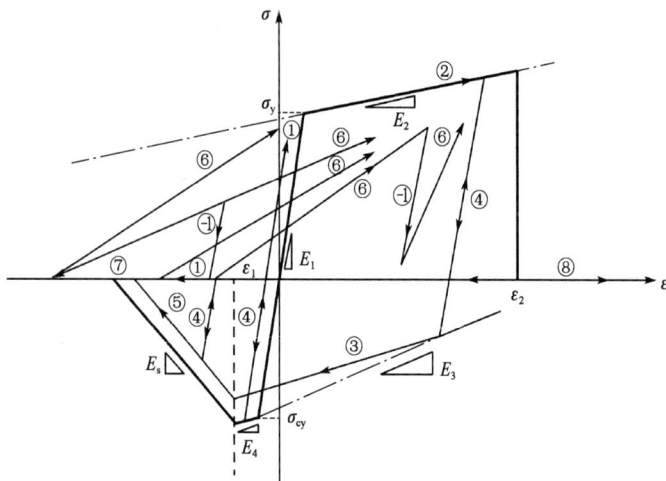

图 13-106　非对称双折线钢材纤维的滞回模型路径移动规则

图13-106中各直线编号含义说明如下：

①表示弹性状态。

②表示屈服后状态，按斜率为E_2或E_4的直线移动。

③表示受拉屈服后卸载时与斜率为E_3的直线相交发生受压屈服，斜率为E_4。

④表示屈服后卸载状态，斜率为E_1。

⑤表示受压应变超过失稳应变ε_1的状态，斜率为E_5。

⑥表示受压失稳后再加载的状态，之前发生过受拉屈服时指向受拉屈服点，之前没有发生过受拉屈服时指向发生过的最大受拉应变点。

⑦表示发生完全受压失稳无法继续承载的状态。

⑧表示发生拉断无法继续承载的状态。

⊖表示受压屈曲后，再次加载过程中发生卸载的状态，按照弹性刚度E_1移动；①~⑥卸载时的斜率为E_1。

13.5.3　操作方法与实例分析

在midas Civil程序中，利用弯矩-曲率关系曲线计算截面性能的过程如图13-107所示。

图 13-107　利用弯矩-曲率关系曲线计算截面性能的过程

下面利用弯矩-曲率关系曲线计算截面性能并予以评价。

1)实例说明

某桥梁的桥墩如图13-108所示，墩高21m，桥墩截面为圆端形，等截面。本例不考虑承台及桩基,仅对桥墩(等截面)的截面性能进行评价。

2)建立模型

(1)定义桥墩截面

本例桥墩截面采用"数据库/用户"中的"实腹轨道型"截面。模型如图13-109所示,共21个单元。

图13-108　实例桥墩外形尺寸

图13-109　实例桥墩模型

(2)定义桥墩材料特性值

桥墩混凝土材料为C30,从JTG 3362-18(RC)规范数据库中选择。

(3)施加边界条件

将墩底固结。

3)输入钢筋

对桥墩截面进行配筋设计,方法参见上节相关内容。图13-110给出了桥墩截面的钢筋定义。

4)混凝土材料本构模型

在主菜单中点击**特性>弹塑性材料>非弹性材料特性值**,在弹出的对话框中点击"添加"按钮,此时会弹出如图13-111所示的对话框,选择"Mander模型",按图选择和填写参数数值来定义无约束混凝土本构。然后再定义核心混凝土的Mander本构关系,如图13-112所示。

点击图13-112中的 **钢筋数据**,弹出如图13-113所示的对话框,会发现纵筋和箍筋的数据并没有和图13-110中的数据联动,这里需要手工输入。

5)钢筋材料本构模型

本例题中钢筋的材料本构模型使用了Menegotto-Pinto模型。该模型不仅分析效率高而且与试验数据吻合较好。钢筋的材料特性见表13-11。

图13-110　实例桥墩截面钢筋定义

图13-111　保护层混凝土Mander本构定义

图13-112　核心混凝土Mander本构定义

图13-113　核心混凝土钢筋数据

钢筋材料特性   表13-11

钢筋种类	项目	取值	单位
HRB400	钢筋的屈服应变 ε_{c0}	0.0015	—
	钢筋的极限应变 ε_{cu}	0.01	—
	钢筋的屈服强度 f_y	400	MPa
	钢筋的极限强度 f_u	540	MPa

定义钢筋的本构关系的对话框如图13-114所示。

图13-114 钢筋本构定义

Menegotto-Pinto模型中的参数说明如下:

f_y——钢筋的屈服强度;

E——钢筋的初始弹性模量;

b——钢筋屈服后刚度与初始刚度的比值,$b = (f_u - f_y)/[(\varepsilon_{cu} - \varepsilon_{co})E]$;

R_0、a_1、a_2——定义钢筋屈服后应力-应变变化形状的常数,R_0、a_1、a_2可通过试验得出,midas程序根据梅内戈托与平托在1973年建议默认取用18.5、0.15、20。

6)计算弯矩-曲率曲线

执行主菜单中的命令**特性>弯矩-曲率**,弹出如图13-115所示的对话框。

首先点击图13-115右上角的 ⋯,定义极限曲率评估条件,默认时按图13-116确定。该评估条件对应《公路桥梁抗震设计规范》(JTG/T 2231-01—2020)中的第7.4.8条,对计算结果影响很大,ε_{cu}的值最好按此规范中式7.4.8-1计算,然后按用户定义输入。

图13-115　弯矩-曲率曲线计算

其次填写某截面对应的弯矩-曲率曲线的"名称"，然后选择"截面"及其在单元中的"位置"（"位置"适用于变截面，选择 I、M、J 截面的钢筋计算截面特性），以及混凝土及钢筋的本构关系。混凝土选择 Mander 本构时，要在左边的下拉条中选无约束混凝土本构，右边的下拉条（左侧选择无约束混凝土 Mander 本构后自动弹出）中选择约束混凝土本构。

点击"截面"后面下拉条会出现符合要求的截面，进行弯矩-曲率曲线分析的截面需要符合以下要求：

①材料必须是混凝土材料。

②必须配筋（**设计>RC设计>RC设计截面配筋**）。

图13-116　默认的极限曲率评估条件

③截面仅可以是"数据库/用户"截面中的箱形截面、管形截面、实腹长方形截面、实腹圆形截面、八角形、实腹八角形截面、轨道形截面、实腹轨道形截面、"数值"截面中的任意截面，以及由这些截面定义的变截面。

"轴力"中输入初始轴力或分析中的轴力。"点号"为绘制弯矩-曲率曲线的点数，点数越多计算精度越高。在"中和轴角度"中输入要计算 M-ϕ 曲线的方向，默认 0° 为 Z 方向，90° 为 Y 方向。

"显示理想化模型"选项用于生成理想双折线模型。根据计算的 M-ϕ 曲线，自动输出理想化的等效弯矩-曲率曲线。如图13-117所示，图中曲线（对应图13-115中 M-ϕ 曲线的绿色线）指的是当前截面的 M-ϕ 曲线，双折线（对应图13-115中 M-ϕ 曲线的蓝色线）指的是理想化的等效 M-ϕ 曲线。等效 M-ϕ 曲线按经过首次屈服点，且使两个灰色区域面积相等的原则来画图。图13-117可以与《公路桥梁抗震设计细则》（JTG/T B02-01—2008）中的图7.4.4（即图13-118，图中符号含义请参见该规范）进行比较。

点击"计算"按钮完成截面弯矩-曲率曲线的计算。点击"添加"按钮可以将刚才定义的截面弯矩-曲率曲线添加到图13-115左侧的栏内。

图13-117　等效 M-Φ 曲线

图13-118　等效屈服曲率

图13-118中各个参数的含义如下：

M_u——极限状态时的弯矩；

ϕ_u——极限状态时的曲率；

M'_y——初始屈服时的弯矩；

ϕ'_y——初始屈服时的曲率；

M_y——等效屈服弯矩；

ϕ_y——等效屈服时的曲率。

7）查看结果

从图13-115中的"曲线类型"下拉工具条中选择，可查看弯矩-曲率、中和轴-曲率、混凝土应变-曲率、钢筋应变-曲率、混凝土受压-曲率、钢筋受压-曲率和钢筋受拉-曲率关系曲线。

可以按Word格式输出计算书。方法如下：

（1）在弯矩-曲率曲线对话框（图13-115）左侧曲线列表中选择相应曲线名称。

（2）点击"计算选择的截面"栏。

（3）确认列表中该曲线名称后面的结果栏中显示为"O"。

（4）点击"输出选择截面的详细结果"栏。

在计算书中可确认截面尺寸、钢筋面积、混凝土面积、理想屈服应力和理想屈服曲率、极限应力和极限曲率，并按输入的点数输出弯矩-曲率数值。

利用弯矩-曲率曲线，在桥梁抗震中可按简化方法验算E2地震作用下墩顶的位移，还可以按非线性分析方法验算桥墩塑性铰区域的塑性转动能力。

13.5.4　弯矩-曲率曲线在桥梁抗震中的应用

1）验算E2地震作用下单墩和双柱墩、排架墩顺桥向墩顶的位移的方法

（1）利用弯矩-曲率曲线计算等效（理想）屈服弯矩［Yield(Ideal.) Moment］、等效（理想）屈服曲率［Yield(Ideal.) Curvature］、极限曲率（Ultimate Curvature），其数值可在程序提供的弯矩-曲率曲线计算书中或图13-115中找到。理论依据可参考《公路桥梁抗震设计规范》（JTG/T 2231-01—2020）中的第7.4.7和第7.4.8条。

（2）利用截面屈服弯矩、等效屈服曲率计算截面有效刚度。理论依据可参考《公路桥梁抗震设计规范》（JTG/T 2231-01—2020）中的第6.1.9条。

（3）采用截面有效刚度计算E2地震作用（E2反应谱或E2时程）下的墩顶的位移δ。

（4）按《公路桥梁抗震设计规范》（JTG/T 2231-01—2020）中的第7.4.2条修正墩顶位移，获得修正后的墩顶位移Δ_d。

（5）按《公路桥梁抗震设计规范》（JTG/T 2231-01—2020）中的第7.4.5条计算塑性铰区域最大容许转角θ_u，公式7.4.5中的等效屈服曲率和极限破坏状态的曲率由程序提供的弯矩-曲率曲线提供。

（6）单墩和双柱墩、排架墩顺桥向的容许位移按《公路桥梁抗震设计规范》（JTG/T 2231-01—2020）中的第7.4.4条计算Δ_u。

（7）按《公路桥梁抗震设计规范》（JTG/T 2231-01—2020）中的第7.4.3条验算E2地震作用下的墩顶位移。

2）双柱墩、多柱墩横桥向墩顶容许位移的计算方法

对于双柱墩横桥向，由于很难根据塑性铰转动能力直接给出计算墩顶容许位移的计算公式，《公路桥梁抗震设计规范》（JTG/T 2231-01—2020）建议按其中的第7.4.6条采用推倒（Pushover）分析方法，计算墩顶容许位移。

如图13-119所示，在盖梁处施加一个水平力（力的大小可以任意），然后通过位移控制，不断增加盖梁中心节点的横向位移量，随着横向位移的增加，桥墩出现塑性铰，墩顶（底）的曲率增大。但是对于双柱墩和多柱墩桥梁（含有系梁双柱墩和多柱墩桥梁），在横桥向地震作用下，会在墩柱中产生较大的动轴力。在推倒的整个过程

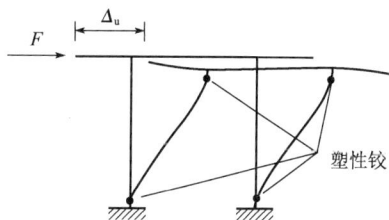

图13-119　双柱墩的容许位移

中轴力在不断变化，而墩柱极限弯矩和极限曲率是通过计算桥墩的$M\text{-}\phi$曲线得到的，极限弯矩和极限曲率与轴力直接相关，即墩柱轴力的变化会引起钢筋混凝土墩柱极限弯矩和极限曲率的改变，故需要通过迭代的方法才能得到最终的允许位移值。

计算方法的主要思路是：首先施加恒载（包括自重和上部结构传递下来的荷载）轴力，计算极限曲率。再从Pushover（铰特性定义要选择弯矩-曲率关系的分布型多轴铰模型）计算结果的曲率（Pushover铰状态结果中选择变形，方向R_3或R_2；查找的是最先达到该曲率的单元）中找到与此极限曲率最相近曲率对应的步骤，从而查阅此步骤下的轴力值（Pushover>内力），用此查到的轴力重新计算极限曲率，继续查阅新的步骤，直至Pushover计算的某一步骤曲率和对应轴力与$M\text{-}\phi$计算得到的极限曲率和对应轴力都正好匹配（即数值非常接近）停止迭代。Pushover分析中各墩柱水平剪力的和即为墩顶水平力大小，具体的收敛标准可以定为前后两次墩顶水平力相差在某一个数值以内，如10%。最后的最大极限曲率为极限破坏状态的曲率能力除以安全系数（安全系数取2），找出该最大极限曲率对应的墩顶水平位移（Pushover>变形）即为所求。

3）双柱墩和多柱墩塑性铰区域截面横桥向超强弯矩和剪力设计值计算

对于双柱墩和多柱墩桥梁（含有系梁双柱墩和多柱墩桥梁），在横桥向地震作用下，会在墩柱中产生较大的动轴力，而墩柱轴力的变化会引起钢筋混凝土墩柱极限弯矩的改变。因此，《公路桥梁抗震设计规范》（JTG/T 2231-01—2020）建议采用静力推倒分析方法（Pushover方法），通过迭代计算出各墩柱塑性铰区域截面超强弯矩，可按下列步骤计算：

(1)假设墩柱轴力为恒载轴力。

(2)按截面实配钢筋,采用材料强度标准值进行弯矩曲率分析,得到各墩柱各自轴力下的横桥向极限弯矩,按《公路桥梁抗震设计规范》(JTG/T 2231-01—2020)中式(6.7.2)计算出各墩柱塑性铰区域截面超强弯矩。

图 13-120　相应于墩柱达到超强弯矩时的
轴力计算模式

(3)计算各墩柱相应于其超强弯矩的剪力值之和 Q(kN)。

(4)将 Q 施加于盖梁质心处,计算各墩柱所产生的轴力(图 13-120)。

(5)将合剪力 Q 产生的轴力与恒载轴力组合后,采用组合的轴力,重复步骤(2)~(4)进行迭代计算,直到相邻2次计算各墩柱剪力之和相差在10%以内。

(6)采用最后得到的轴力组合,按《公路桥梁抗震设计规范》(JTG/T 2231-01—2020)中式(6.7.2)计算出各墩柱塑性铰区域截面超强弯矩。

(7)按第 3 步计算双柱墩和多柱墩塑性铰区域剪力设计值。

13.6　动力弹塑性分析

与弹性设计法不同,弹塑性设计法是允许截面应力在地震时进入塑性范围的抗震设计方法,主要是通过提高结构极限变形能力来改善它的抗震性能,而不是简单地增加截面尺寸、提高截面强度来加强结构的抗震能力。

在较强的地震作用下,结构出现塑性,发生损伤,桥梁已经进入非线性工作范围,因此只有进行结构非线性时程地震反应分析才能比较真实地模拟结构实际反应。在需要精确分析结构动力特性的重要结构上,近年因为计算机硬件和软件技术的发展,动力弹塑性分析的计算效率有了较大的提高,使用计算更为精确的动力弹塑性分析进行大震分析正逐渐成为结构非线性分析的主流方法。

对于弹性分析,所有的刚度和内力都无关;但对于非线性分析,则构件每个截面的刚度都和它当前的内力相关。内力大的截面可能已经屈服(出现塑性铰,此时切线刚度为0),而有的截面还是弹性的。如能大致判断塑性区的位置,则在建立模型时仅将可能的塑性区用非线性梁柱(即分配弹塑性铰)单元模拟,而弹性区仍然用普通的弹性单元模拟,这样会大大节省计算时间内。

midas Civil 可用于动力弹塑性分析的非线性单元包括基于柔度法的梁柱单元、非线性一般连接单元和非线性桁架单元。梁柱单元的弹塑性可以采用 Bresler 建议的屈服面来表示,也可采用非线性梁柱纤维单元模拟。程序提供的非线性动力时程分析是一个全三维有限元分析,能够考虑计算结构在整个地震作用过程中每一时刻的内力和变形状态,可以给出结构在罕遇地震作用下构件屈服顺序,发现应力和塑性变形集中部位,给出整个结构的屈服机制,对结构的设计提出相应的调整意见。

13.6.1　概述

1)动力弹塑性分析的运动方程

包含了非线性单元的结构运动方程,即式(13-10)。单元的非线性特性反映在切线刚度的计算上,且非线性连接单元的单元类型必须使用弹簧类型的非弹性铰特性值定义。

$$M\ddot{u} + C\dot{u} + K_{S}u + f_{I} + f_{N} = P \tag{13-10}$$

式中:M——质量矩阵;

C——阻尼矩阵;

K_S——非线性单元和非线性连接单元以外的弹性单元的刚度矩阵;

u、$\dot{u}$、$\ddot{u}$——节点的位移、速度和加速度响应;

P——节点上的动力荷载;

f_I——非线性单元沿整体坐标系的节点内力;

f_N——非线性连接单元上的非线性弹簧上的沿整体坐标系的节点内力。

弹塑性动力分析属于非线性分析,不能像线弹性时程分析那样使用线性叠加的原理,所以应使用直接积分法进行分析。程序中提供的直接积分法为Newmark-β法,Newmark-β是通过计算各时间步骤上位移增量并进行累加的方法。在各时间步骤上产生的残余力使用Newton-Raphson法通过迭代计算消除。

2)非线性单元

动力弹塑性分析中的非线性单元与静力弹塑性分析中的非线性单元相同,可参考前面部分的叙述。动力弹塑性分析中的非线性单元分为非线性梁柱单元、非线性一般连接单元和非线性桁架单元。

非线性梁单元根据塑性铰的位置分为集中铰模型和分布铰模型。集中型铰相对于分布型铰具有计算量少的优点,但是集中型弯矩铰和剪切铰位于单元的两端,不能考虑非线性区域的扩展,只能通过细分单元来达到精度要求。分布型铰虽然计算量较大,但可以相对准确地反映铰的实际分布情况,因此即使单元数量少也能得到较准确的结果。

集中铰模型只能是骨架模型,定义铰特性值时,轴力铰使用轴力-位移关系定义,弯矩铰使用弯矩-旋转角关系定义。分布型铰模型的各铰可以使用纤维模型,也可以是骨架模型,定义铰特性值时,轴力铰使用力-应变关系定义,弯矩铰使用弯矩-曲率关系定义。

程序中可以考虑非线性梁单元的初始几何刚度矩阵的影响,但是不考虑几何刚度矩阵在分析过程中的变化。考虑初始几何刚度矩阵的方法是在**荷载>初始荷载>小位移>初始荷载控制数据**对话库中勾选"考虑初始轴力对几何刚度的影响"选项。

一般连接单元由沿单元坐标系三个平动方向和三个旋转方向的六个弹簧构成。程序中在定义一般连接单元的特性值时,选择作用类型中的"弹簧"类型后可定义弹簧的铰特性值。此时一般连接单元具有各方向的弹性刚度,其弹簧的非线性特性由其铰特性值决定。非线性一般连接单元可以用于模拟结构的特定部位的塑性变形或者地基的塑性变形。因为一般连接没有具体的截面形状,因此需要用户直接输入各成分的刚度值,这些刚度值将作为非线性分析时的初始刚度。

非线性桁架单元只有轴向的刚度,因此仅具有轴向的非线性特性。单元的轴向刚度由单轴铰模型的滞回曲线的状态决定。非线性桁架单元与非线性梁柱单元一样可以考虑初始轴力对其几何刚度的影响,此时在初始单元内力中输入初始内力后在"初始荷载控制数据"对话框中勾选"考虑初始轴力对几何刚度的影响"的选项即可。动力弹塑性时程分析过程中将不更新初始的几何刚度。

3)非线性结构的初始内力状态

根据在桥梁动力分析时,一般取成桥阶段分析,此时自重恒载已经对结构变形,内力产生了影响。在动力非线性分析时,必须考虑自重恒载的初始效应。与线弹性时程分析一样,在程序中,做时程分析时通过"定义时程荷载工况"对话框考虑恒载效应,当前时程荷载工况可在前次荷载工况(可以是时程荷载、静力荷载、最后一个施工阶段荷载、初始内力状态)作用下的位移、速度、加速度、内力状态下继续分析。

当前次荷载工况为ST(静力荷载)、CS(最后一个施工阶段荷载)或初始单元内力表格,且定义了非弹性铰要进行时程动力分析时,如果静力荷载本身的大小超出了致使结构产生弹性变形的范围,会造成当前的时程荷载工况分析的结果不准确。因为静力荷载的分析是弹性分析,其内力结果是弹性分析的结果,但是这个内力结果实际上超出了产生弹塑性铰的内力,即这时的内力状态是不真实的。所以要注意ST、CS的荷载和初始单元内力表格中的内力值要使结构处于弹性范围内。当前次荷载工况为时程荷载时,无须要求前次时程荷载工况的结果处于弹性阶段,因为前次时程荷载分析的非线性结果是准确的。

前次荷载工况中,选择的静力荷载、施工阶段荷载和平衡单元内力不适用于纤维模型。

若前次为静力荷载工况,也可以在时程整体控制(**荷载>地震作用>时程分析数据>整体控制**)将其设为初始荷载,然后在时程荷载工况对话框中的加载顺序分组框内选择"初始荷载(整体控制)"。若接续的前次分析工况为其他类型荷载工况的,则在加载顺序分组框内选择"按加载顺序进入"。

程序根据选择的荷载条件,得到位移、速度、加速度、内力、铰的状态参数、非线性连接单元状态参数,以此作为初始条件进行分析。不过,对于时程荷载,需要勾选保持最终步骤荷载不变,先行分析条件最终状态的荷载才会接续到当前的分析条件。

若当前荷载工况设置为非线性振型叠加法,那么接续的前次荷载工况可以是静力荷载工况也可以是非线性振型叠加法对应工况。若当前荷载工况设置为非线性直接积分法,那么接续的前次荷载工况可以是静力荷载工况、非线性静力法荷载工况或非线性直接积分法工况。弹塑性动力分析属于非线性分析,不能像线弹性时程分析那样使用线性叠加原理,所以一般使用直接积分法进行分析。

程序中考虑重力荷载等恒载作用下的初始内力状态的方法有以下几种:

(1)接续非线性振型叠加法。

使用振型叠加法进行接续非线性分析可采用下面的方法。

①定义一个斜坡类型的无量纲加速度时程函数,命名为"RAMP",如图13-121所示。在相对结构第一周期较长的时间段上(如10倍周期),从0到1线性增加,然后保持恒定。其目的是实现避开结构基本周期的长时间加载,时间长度要使静力荷载转换为动力荷载后具有足够的衰减时间达到可以忽略其动力效果的程度。

②定义一个非线性振型叠加法分析工况,如图13-122所示。分析时间为"RAMP"函数持续时间,"所有振型阻尼比"输入高阻尼比0.999,其他默认。高阻尼使结构后续振动迅速衰减。

③用命令**荷载>地震作用>时程分析数据>时变静力荷载**定义时变静力荷载,选择要参与组合的静力荷载工况、前面定义的时程函数、对应的时程荷载工况名称。

④按与图13-90类似的方法,设置刚才定义的时程荷载工况为被接续的分析工况,但是当前荷载工况要设置为非线性振型叠加法。

图13-121 定义斜坡类型的加速度时程函数

图13-122 定义时程荷载工况

（2）非线性直接积分法。

方法基本与上面振型叠加法时一样，仅在时程分析工况定义中改为直接积分法。

(3)通过"静力法"非线性时程分析获得恒载作用下的非线性内力状态。

①定义一个斜坡类型的无量纲函数(图13-123)。

图13-123　定义时程函数

②定义非线性静力法分析工况(在图13-122中,"分析方法"设为"静力法",分析时间为1s,其他默认)。

③将该分析工况作为下次动力非线性直接积分法分析工况的前次分析,即通过将恒载定义为时变静力荷载的方法实现初始内力状态(见下节实例)。

上述三种方法中都是通过时变静力荷载实现初始荷载的施加的,但这三种方法在定义时程荷载工况时采用的分析方法不同。

(4)通过初始内力表格输入初始内力。

在时程荷载工况定义对话框中的"分析类型"中选择"非线性",在分析方法中选择"静力法",选择"按加载顺序进入"后勾选"接续前次",然后选择"初始单元内力(表格)"按钮,并在初始单元内力中输入相应数据。初始单元内力可通过勾选初始荷载控制数据中的"初始内力组合"选项自动生成,操作命令为**荷载>静力荷载>初始荷载>小位移>初始荷载控制数据**。也可以通过操作命令**荷载>静力荷载>初始荷载>小位移>初始单元内力**,选取表格中的内力作为前次荷载工况。

(5)直接接续静力荷载工况。

关于接续分析结果的说明:

①接续时变静力荷载,进行全过程的非线性分析,可以输出接续内力和位移结果。塑性铰、一般连接可接续时变静力轴力。

②接续"静力工况""CS合计""CS恒载"或"初始单元内力(表格)",进行地震作用非线性分析,可以输出接续内力结果,内力结果为静力结果与地震作用结果的叠加,位移不能接续。塑性铰可接续轴力,一般连接不能接续轴力。

③接续"初始力和几何刚度",需勾选几何非线性"大位移"才能勾选此选项,可以接续"轴力"内力结果并考虑"轴力"初始几何刚度,内力结果为静力结果与地震作用结果的叠加,位移不能接续。塑性铰可接续轴力,一般连接不能接续轴力。

④时程分析对CS合计等结果进行线性叠加,相对于全过程非线性分析影响不大,因为静力计算是否进行非线性分析影响不大。

⑤规范要求支座计算考虑温度作用,需要时程荷载接续温度作用,但是时变静力无法考虑温度作用,目前的做法是将温度作用产生的支座位移等效为静力荷载,将静力荷载定义为时变静力荷载进行接续。

4)静力法

在时程荷载工况中选择"静力法"时表示在动力弹塑性分析中排除质量和阻尼的影响。该方法可用于计算初始荷载作用下初始状态分析或Pushover分析。非线性分析与静力法的组合应用等同于进行Pushover分析。

动力弹塑性分析中必须要考虑重力荷载等作用下的初始状态的作用,而重力荷载等作用下的初始状态也需要考虑非线性效果。midas Civil程序中可以考虑初始内力作用下结构构件的非线性状态。

静力法接续动力非线性直接积分法分析工况的问题上面已经介绍,在后面也有分析的实例。静力法中的增量控制方法有荷载控制法和位移控制法,如静力法接续的仍然是静力法时程荷载工况,那么必须注意的是不同的静力法虽然可以采用不同的增量控制法,但是在下列两种情况下会产生不正确结果:

(1)两个荷载控制法的静力法时程荷载工况的接续分析,即前次静力法用了荷载增量法,后面接续的静力法仍然采用荷载增量法是错误的。

(2)位移控制法的静力法时程荷载工况后面接续荷载控制法的静力法时程荷载工况是不正确的。

用静力法时程荷载工况定义的荷载可以使用时变静力荷载(Time Varying Static Load)加载,此时时程函数的数据类型要选择"无量纲"。荷载增量法中的荷载因子由0到1线性增加。位移增量法中通过位移增量自动计算荷载因子。

第12.3.4节有静力法的应用。

5)滞回曲线

构件在单向内力下的荷载-变形关系曲线叫作骨架曲线,基于骨架曲线并考虑往复荷载作用下的卸载和加载时的荷载-位移关系称为滞回曲线模型。动力弹塑性分析中一般使用滞回模型模拟构件的恢复力特性。滞回曲线反映结构在反复受力过程中的变形特征、刚度退化及能量消耗,是确定恢复力模型和进行非线性地震反应分析的依据,又称恢复力曲线。在强烈地震作用下,结构进入非线性变形状态,要经受有限次周期反复荷载的作用。但此时每种构件的荷载变形过程很难记录下来,为了模拟地震作用下构件的受力性能,常常要进行低周反复荷载试验。从第一次加载到峰值,从峰值卸载到0,反向加载到谷值,从谷值反向卸载到0,形成了第一个滞回环。如此,进行第二次加载→卸载→反向加载→反向卸载,形成第二个滞回环,依次可形成第n个滞回环。滞回环的对角线斜率反映构件的整体刚度,滞回环包围的面积反映结构吸收的能量的能力,滞回环饱满者有利于结构的抗震。动力弹塑性分析中一般使用滞回模型模拟构件的恢复力特性。

结构或构件滞回曲线的典型形状一般有四种:梭形、弓形、反S形和Z形。梭形说明滞回曲线的形状非常饱满,反映出整个结构或构件的塑性变形能力很强,具有很好的抗震性能和耗能能力。弓形具有"捏缩"效应,显示出滞回曲线受到了一定的滑移影响,其形状比较饱满,但饱满程度比梭形要低,反映出整个结构或构件的塑性变形能力比较强,节点低周反复荷载试验研究性能较好,能较好地吸收地震能量。反S形反映了更多的滑移影响,滞回曲线的形状不饱满,说明该结构或构件延性和吸收地震能量的能力较差。Z形反映出滞回曲线受到了大量的滑移影响,具有滑移性质。

表13-12列出了程序提供的滞回模型的类型。

程序提供的滞回模型的类型　　　　　　　　　　　表13-12

分类	滞回模型	适用构件	内力相关关系	主要用途
简化模型	随动硬化三折线模型(Kinematic hardening)		PMM	钢材
	指向原点三折线模型(Origin-oriented)		PM	桥梁上部结构
	指向极值点三折线模型(Peak-oriented)		PM	
	标准双折线模型(Normal Bilinear)		PM	钢材
退化模型	克拉夫双折线模型(Clough)		PM	钢筋混凝土构件
	刚度退化三折线模型(Degrading Trilinear)		PM	
	武田三折线模型(Takeda)		PM	
	武田四折线模型(Takeda Tetralinear)		PM	
	修正武田三折线模型(Modified Takeda)		PM	
	修正武田四折线模型(Modified Takeda Tetralinear)	梁、柱和支承	PM	
非线性弹性模型	弹性双折线模型(Elastic Bilinear)		PM	桥梁上部结构
	弹性三折线模型(Elastic Trilinear)		PM	
	弹性四折线模型(Elastic Tetralinear)		PM	
滑移模型	滑移双折线模型(Slip Bilinear)		PM	钢材、橡胶支座
	滑移双折线只受拉模型(Slip Bilinear/Tension)		PM	
	滑移双折线只受压模型(Slip Bilinear/Compression)		PM	
	滑移三折线模型(Slip Trilinear)		PM	
	滑移三折线只受拉模型(Slip Trilinear/Tension)		PM	
	滑移三折线只受压模型(Slip Trilinear/Compression)		PM	

钢筋混凝土构件混凝土发生裂缝、钢筋发生屈服时,其刚度会退化;另外在往复荷载作用时,截面屈服后卸载过程中刚度也会发生退化,且加载方向发生变化时,荷载-位移曲线具有指向过去发生的位移最大点的特性。钢筋混凝土的滞回曲线的具体特点有:①每次加载过程中,曲线的斜率随荷载的增大而减小,且减小的程度加快;比较各次同向加载,后次曲线比前次曲线斜率减小,表明反复荷载下构件的刚度退化。②刚开始卸载时,恢复变形很小;荷载减小后曲线趋向平缓,恢复变形逐渐加快。曲线斜率比随反复加载次数而减小,表明卸载刚度退化。钢筋混凝土构件的恢复力模型有很多,但考虑刚度退化和指向最大值的两个特性是必须考虑的。钢筋混凝土的滞回模型中最具代表性的是武田模型、克拉夫模型、刚度退化三折线模型。

钢材具有在某个方向发生屈服后卸载,且反向加载时反向的屈服应力有降低的特性,同时正向的屈服应力会加大,这样的特性被称为包辛格效应(Bauschinger Effect),当某个方向屈服强度提高的值和相反方向降低的值相等时,被称为理想包辛格效应;另外钢材还具有应力随应变增加而增加的特性,即应变硬化(Strain Hardening)特性。常用的钢材滞回模型有随动硬化型的标准双折线模型,也有可以使用标准三折线模型。

型钢混凝土的滞回模型使用武田模型的较多,也有使用在屈服点刚度会发生变化的随动硬化型标准双折线模型的,标准双折线模型不能考虑刚度退化。

6)梁单元的屈服强度(面)

动力弹塑性分析中,可以用"零长度"浓缩的塑性铰考虑材料的非线性。传统的塑性铰被定义为一个沿着结构构件的零长度点,该点不但保持塑性弯矩能力而且能自由转动。当截面达到它的塑性能力时(达到屈服面上的屈服强度),则塑性铰形成,并且调整单元刚度来反映塑性铰的形成。对于构件中离开塑性铰较远的区域,仍假设为弹性行为。动力弹塑性分析中一般使用滞回模型模拟构件的恢复力特性,即力和位移关系。铰的滞回模型由屈服强度和屈服后刚度折减率定义。

屈服强度(面)的计算方法有用户输入和自动计算,在没有相关试验结果的情况下,一般采用自动计算。考虑轴力和弯矩的相关作用时,需要考虑轴力变化引起的中和轴的变化带来的屈服面的变化,程序会自动考虑轴力的影响。

非线性梁单元的屈服强度标准为:

(1)钢材截面

第一屈服强度的标准为最外侧纤维的弯曲应力达到钢材的屈服强度;第二屈服强度的标准为全截面都达到钢材的屈服强度。

(2)钢筋混凝土截面

第一屈服强度的标准为边缘混凝土纤维的弯曲应力达到混凝土抗拉强度;第二屈服强度的标准为混凝土的受压端最外侧纤维达到混凝土抗压强度,假设此时的钢筋的应力不大于钢筋的屈服应力。

(3)钢管混凝土截面(方钢管、圆钢管)

屈服强度标准与钢材截面相同。

(4)型钢混凝土截面

屈服强度标准与钢筋混凝土截面相同。

7)骨架模型(单轴、多轴铰滞回模型)

对于以弯曲破坏为主,轴力变化不大或轴力影响可以预测的问题,可以采用塑性铰骨架模型。由于塑性铰模型的滞回曲线有的可以包含钢筋滑移、塑性内力重分布等影响,且计算过程简单,因此应用比较广泛。塑性铰特性分为集中型、分布型、弹簧型和桁架型。梁柱单元(集中型、分布型塑性铰,可参考第13.3.2节)一般定义除扭转外的其他5个内力成分的非线性特性,一般连接单元(弹簧型塑性铰)可以定义6个内力成分的非线性特性,桁架单元(桁架型塑性铰)只能定义轴向的非线性特性。根据内力成分的相互关系,滞回模型可分为单轴铰模型和多轴铰模型。

单轴铰模型是指3个平动和3个转动方向的内力成分相互独立,不相互影响。单轴铰模型主要适用于受轴力影响较小的梁、支撑构件。

多轴铰模型不仅可以像单轴铰模型那样分别定义各方向的非线性特性,还可以考虑轴力和弯矩以及两个弯矩之间的相关性。一般来说柱构件的轴力和两个方向的弯矩之间是相关的。程序中提供随动硬化型多轴铰模型。

受弯矩和轴力同时作用的梁柱单元,因为受内力相关关系影响,其屈服强度与各自独立时的屈服强度值会不同。特别是三维分析中轴力和两个方向的弯矩之间的内力相关关系非常复杂,对动力分析结果影响也较大。多轴铰模型分为P-M相关型和P-M-M相关型。

P-M相关型的弯矩成分由PM屈服面决定,屈服弯矩由初始轴力决定,且不随轴力的变化更新屈服弯矩,轴力、剪切、扭矩成分各内力成分互相独立,互不相关。P-M-M相关型的弯矩成分由PMM屈服面决定且与轴力相关,屈服弯矩随轴力的变化而变化,M_y-M_z的关系使用布瑞斯勒(Bresler)模型,轴力的刚度折减系数与弯矩相关,剪切、扭矩成分互相独立,互不相关。

一般认为对于较高的墩柱采用PMM铰,虽然对PMM铰midas Civil程序只能选择随动硬化三折线模型(Kinematic hardening),并且铰的位置不在中间。随动硬化型滞回模型初期加载时的效应点是在3条骨架曲线上移动的,卸载刚度与弹性刚度相同,随着荷载的增加强度有增加的趋势,适用于金属材料,它考虑了金属材料的包辛格效应,对于混凝土材料这样会过高的评价其耗能能力。因为PMM型相关关系中只支持随动硬化型铰特性,故适合于钢结构。钢筋混凝土墩柱使用P-M相关来考虑轴力-弯矩相关关系,滞回关系主要用武田模型。这里注意与pushover分析的区别。

8)纤维模型

在地震作用下的钢筋混凝土结构构件的截面行为是非常复杂的,即使使用多轴铰骨架模型可以考虑轴力和弯矩以及两个方向弯矩间的相互影响,也很难反映复杂受力时的实际情况。为此,很多情况下需要将截面行为再细分成很多小区域(称为纤维),根据轴向变形、弯曲变形以及在构件截面上的位置,按平截面假定,计算出每个纤维的应变,然后再由材料单轴应力-应变滞回关系,计算出纤维的应力和弹性模量,积分得到整个截面的内力和刚度。这种恢复力模型称为纤维模型。平截面假定对于可以不考虑剪切与扭转变形影响、由理想均质材料构成的梁柱单元是足够精确的。

纤维模型不仅可以准确模拟受弯构件的力学特性,而且可以考虑截面内纤维的局部损伤状态及轴力引起的中和轴的平移。纤维模型属于多轴铰模型,同样可以考虑轴力和弯矩、两个弯矩之间的相互影响,特别适用于轴力变化较大的情况,但是因为不能反映剪切破坏,所以一般用于剪切变形不大的情况。如果构件的剪切变形很大,或者钢筋和混凝土之间的相对滑移很大,那么使用纤维模型很难模拟准确。另外,由于每次计算都要对截面的各个纤维受力进行分别计算并积分迭代,因而计算工作量较大。

截面划分纤维一般根据截面不同部分的材料受力性能差别按一定规则进行。对于钢筋混凝土杆件,混凝土受力特性的差别主要与混凝土受到的侧向约束有关,比如柱子的保护层和核心约束区混凝土的应力应变关系有所不同,需分别加以模拟,即需要分别划分出不同的纤维。同样混凝土和钢筋也应划分在不同的纤维中。图13-124a)给出了一个矩形截面钢筋混凝土柱截面的纤维划分情况。

截面纤维的划分还应根据截面受力特点,对非线性变化很剧烈的部分要有一定的细化,但是具体的细化程度要有效把握,不可过大或过小。图13-124b)给出了一个截面纤维细化的例子。因为在荷载后期,伴随着钢筋滑移、混凝土开裂和大的塑性变形以及外围混凝土的脱落,非约束混凝土在后期所起的作用是不大的,边缘纤维有向中间纤维逐步卸载的趋势。于是,对非约束混凝土可以选用较大的纤维面积,而对约束混凝土区域的外缘要细化,再逐步过渡到中部适当放大。

各纤维可以选择不同的材料模型(**主菜单>特性>弹塑性材料>非弹性材料特性值**),同一截面内可定义6种不同的材料,程序支持任意形状截面。纤维模型中单元的非线性特性表现在纤维的非线性材料本构关系上,钢筋和混凝土的纤维本构模型参见第13.5.2节。

纤维模型只能是用弯矩-曲率关系定义的分布型铰模型。

a)截面纤维的粗划分   b)截面纤维划分的细化

图 13-124　钢筋混凝土截面纤维分区

9)midas Civil 非弹性铰特性值定义

执行命令**特性>非弹性铰>非弹性铰特性值**,在弹出的对话框中点击"添加"按钮,弹出如图 13-125 所示的对话框。

图 13-125　定义非弹性铰特性值

首先定义塑性铰特性值的名称,用来在分配非弹性铰时使用。

"定义"分组框有"弯矩-旋转角(M-Theta)""弯矩-曲率(M-Phi分布)",用来指定梁柱单元荷载和变形的关系。前者为集中铰模型,铰类型只能使用"骨架模型",定义铰特性值时,轴力铰使用轴力-位移关系定义;后者为分布型铰模型,各铰可以使用"纤维模型",也可以使用"骨架模型",定义铰特性值时,轴力铰使用力-应变关系定义。集中铰通过转动和平移弹簧把结构的非弹性性能集中在单元的两端和中心,结构的其他位置假定为弹性。分布铰假定整个构件均为非弹性。

相关类型有"无""强度P-M""P-M-M相关"及"P-M参数(多曲线)"。骨架模型对应全部这些相关类型;纤维模型仅对应"无"和"P-M参数(多曲线)"。

"无"是不考虑轴力与弯矩的相互作用。

"强度P-M"即PM铰,考虑轴力(只能考虑初始轴力P,即初始重力荷载或用户输入的初始轴力,程序使用该初始轴力计算屈服弯矩)对铰的弯曲屈服强度的影响,在分析过程中,各时刻的屈服面不考虑轴力变化的影响,同时对于两个方向弯矩间的相互作用也是不考虑的。考虑初始荷载引起的轴力的方法可使用时变静力荷载功能并定义为时程荷载工况后进行连续分析,也可以在初始荷载>小位移>初始单元内力中输入单元内力,然后在时程分析工况中勾选考虑初始单元内力(表格)。

"P-M-M相关"即PMM铰,反映轴力和两个方向上弯矩的相互作用,轴力P是可变的,即可以考虑变化的轴力对屈服面的影响。所谓变化的轴力是指在地震作用下产生的附加轴力引起的轴力的变化。选择PMM铰后,一般只要定义F_x方向的铰特性值,但这时只能选择kinematic hardening滞回模型(随动硬化模型),M_y、M_z方向的铰和F_x方向的是相关联的,所以不用定义。

"P-M参数(多曲线)":适用于弯矩-曲率分布铰,可以是骨架模型也可以是纤维模型。梁单元的弯曲行为通过多线性(多曲线)弯矩-曲率曲线来描述。考虑轴力的变化,弯矩与曲率的关系是轴力的函数(图13-126)。注意当构件处于压缩状态时,轴向力为正;而当构件处于拉伸状态时,轴向力为负。梁单元的弯曲行为由两个弯曲与曲率关系定义,每个主惯性平面一个,不考虑两个弯矩(M_y和M_z)之间的相互作用。

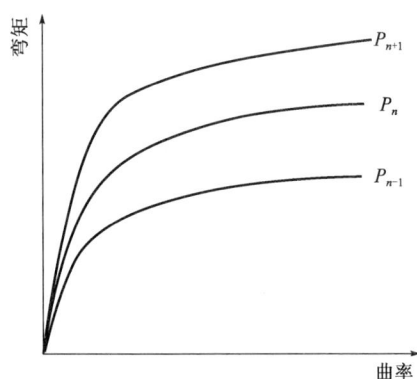

当轴力的变化对屈服的影响较大时(例如对墩柱或跨度较大的情况),或者需要考虑M-M之间的影响时(例如弯桥的情况),可以采用PMM铰;当轴力的变化不大且对屈服的影响比较小时,如跨度较小且桥墩的长细比不是很大时(不需要考虑P-Delta效应),采用PM铰更好一些。

图13-126 弯矩-曲率关系随轴力变化 P-轴力

铰特性值包括成分、铰位置(铰数量)、滞回模型等。对PM铰,成分一般输入一个轴向和两个弯矩成分的数据,然后"屈服面特性值"选择自动计算;对PMM铰,成分一般仅输入一个轴力成分数据,"屈服面特性值"选择自动计算。铰位置选择集中类型时被激活,一般轴力成分选择单元中间,弯矩成分选择I端、J端或者IJ两端。铰数量选择分布类型时被激活,输入积分点的数量,最多可输入到20个,最少3个,根据输入的个数计算各个截面的力-位移或变形的关系。

滞回模型的说明与选择请参见在线帮助手册。

特性值中的"延性系数"(点击铰特性值对话框中主曲线位图下的"变形指数"按钮),是选择计算延性的基础。当选择D/D_1时延性系数是当前变形除以第一屈服变形,当选择D/D_2时延性系数是当前变形除以第二屈服变形。程序中采用集中铰时,D/D_1是桥墩的非线性响应最大转角除以桥墩的第一屈服转角,不是直接和《公路桥梁抗震设计规范》(JTG/T 2231-01—2020)式(7.4.3-2)对应的,但是可以直接用于按《铁路工程抗震设计规范》(GB 50111—2006)第7.3.3条进行的验算。

特性值中的"铰状态"(点击铰特性值对话框中主曲线位图下的"变形指数"按钮),输入参考延性系数,即将铰的状态划分为5个不同的状态。对于非对称铰,程序会取各时间步骤中铰在正(+)、负(−)两个方向上较大的状态值来确定其状态。Lever-1(0.5)表示铰还处于弹性阶段,Lever-2(1)表示铰已达到屈服状态,Lever-3(2)、Lever-4(4)、Lever-5(8)表示各构件不同的延性。在分析结果中对于上述5个状态分别以蓝色、深绿色、浅绿色、黄色和红色来表示。

点击"屈服面特性值"按钮(只有骨架模型并选择PM铰或PMM铰之后才可用)会弹出钢材或钢筋混凝土屈服面特性值对话框。如前所述,选择多轴铰并定义各成分的(单轴)铰特性值后,可以在此对话框中设置成自动计算。如没有定义各成分的(单轴)铰特性值,那么在此对话框中只能选择用户输入的方式来定义屈服面。屈服面的解释可参考静力弹塑性部分。

10)模型建立注意事项

与静力分析模型的区别:不在精细地模拟,而重点是要真实、准确地反映结构质量、结构及构件刚度、结构阻尼及边界条件。关于动力弹塑性分析模型的建立原则可参见第13.1节以及《公路桥梁抗震设计规范》(JTG/T 2231-01—2020)第6.2条。

(1)刚度

构件刚度在地震往复作用下一般会降低,理论上应使用各个构件的相对动刚度,但选择静刚度满足工程要求。

(2)阻尼

一般使用阻尼比来反映整个桥梁的全部阻尼。钢筋混凝土、预应力钢筋混凝土梁桥阻尼比一般选择0.05;钢桥阻尼比一般选择0.02;钢混凝土组合梁桥分别定义钢构件组阻尼比和混凝土构件组阻尼比,程序计算各阶振型阻尼比;钢混凝土组合梁桥可使用介于0.02～0.05之间的阻尼比。

(3)连接边界条件

各个连接构件(支座、伸缩缝)及地基刚度的正确模拟是动力弹塑性分析的关键。在连接构件中,普通板式橡胶支座可用弹性连接输入刚度,固定盆式支座可以使用主从约束或弹性连接,活动盆式支座应该用理想弹塑性连接单元(从主菜单中选择**边界>一般链接>一般连接特性值**)。预应力拉索用一般连接中的钩单元,伸缩缝和橡胶挡块用一般连接的间隙单元,摩擦摆隔震支座、钢阻尼器、液体阻尼器在程序中有专门的模拟单元。

(4)地基边界条件

地基刚度的模拟可以在墩底加上弹簧支承,但需事先算出各个方向上的弹簧刚度。真实模拟桩基础,可利用土弹簧准确模拟土对桩的水平侧向力、竖向摩阻力,一般可用表征土介质弹性的 m 值法。

(5)地震波

定义动力弹塑性分析中使用的地震波时,因为动力弹塑性分析一般使用罕遇地震作用进行分析,所以需要将地震波的有效峰值加速度调整到罕遇地震作用等级。有关地震波的选择请参见线性时程分析中关于地震波的说明。

13.6.2 使用骨架模型做桥梁的动力弹塑性分析实例

1)桥梁资料

本例桥梁资料摘自北京迈达斯技术有限公司的技术培训资料。

某桥梁是高速公路上的一座大桥,属于规范中的B类桥梁。桥墩高18m,墩截面是2m×2m

的矩形截面。墩上面有变截面盖梁,盖梁的截面高度从3m变化到1.5m,盖梁宽度2.5m,盖梁中间等截面部分长度2.5m,两边变截面长度均为4.6m。桥墩和盖梁均采用C30混凝土材料。基础为桩基础。静力分析模型如图13-127所示,图中桥墩和盖梁均用梁单元模拟。

图13-127　实例的静力分析模型(尺寸单位:m;力单位:kN)

进行弹塑性动力分析的地震荷载应该考虑场地等桥址的实际情况,其选取与调整方法可参见线弹性动力分析部分。在此直接选取了一个实际的地震波1940 El Centro Site 270 Deg,直接施加。B类桥梁验算内容一般需要按照《公路桥梁抗震设计规范》(JTG/T 2231-01—2020)中第7.3与第7.4节验算大地震E2作用下桥墩的强度、潜在塑性铰区域转角、墩顶位移等。

2)建立模型

(1)定义材料

桥墩和盖梁的材料为C30混凝土。

(2)定义截面

桥墩的截面形状均为矩形,盖梁的截面为变截面矩形截面,需给墩顶两侧截面分别定义变截面组,盖梁截面的偏心均为中-上部。

(3)建立模型

使用梁单元建立如图13-127所示的模型。

(4)边界条件

边界条件包括墩底的约束以及桥墩和盖梁之间的连接。这里简化了约束条件而将墩底固结,盖梁与桥墩之间的连接为弹性连接(刚性)。

3)输入质量

在midas Civil中输入质量有两种类型:一种是将所建结构模型的自重转换为质量,另一种是将输入的其他恒荷载(铺装及护栏荷载等)转换为质量。

为此,这里需要定义两种静力荷载工况并施加荷载:一种静力荷载工况命名为"桥墩自重",施加桥墩及盖梁自重;另一种静力荷载工况命名为"桥梁上部结构自重",以节点荷载的形式施加桥梁上部结构(梁体)以及二期恒载(桥面铺装、护栏等)的重量(图13-124)。

对于结构(此处为桥墩及盖梁)的自重不需另行输入,即可在**结构>结构类型**对话框中完成转换。而梁体自重及二期恒载这里是以外部荷载(节点荷载)的形式输入的,然后再使用**荷载>将荷载转化为质量**功能来转换。

4)特征值分析

为了取得结构的主振型及对应振动周期,需进行特征值分析,采用子空间迭代法,详细步骤这里从略。得到结构的第一阶和第二阶振型为主振型,它们的周期分别是2.25s和1.80s。

5)柱截面配筋

为了输入塑性铰的非线性特性,首先要在**设计>RC设计>混凝土构件设计钢筋...**中输入柱截面钢筋(如图13-128所示,图中Pos1和Pos2分别指矩形截面的宽边和高边)。然后在**设计>RC设计>混凝土设计参数/材料...**中编辑混凝土、主筋以及箍筋的特性值(图13-129)。当用户要确认塑性铰的延性系数时,要定义构件的屈服强度。配筋截面的屈服强度,可使用程序中的设计功能自动计算。

图13-128　设计用截面配筋

图13-129　设计截面材料

6)定义非弹性铰特性值

仅在桥墩中定义非弹性铰。运行命令**特性>非弹性铰>非弹性铰特性值**,在弹出的对话框中选择"添加"按钮,然后在弹出的对话框中按图13-125填写或选择数据。

点击轴力F_x成分后面的"特性值"按钮,按图13-130全部选择默认,需要改变时其中数据的填写可参考"静力弹塑性分析Pushover"部分的实例和上节的相关内容。分别点击弯矩M_y和M_z成分后面的"特性值"按钮,在弹出的对话框中全部选择默认。

图13-130　铰特性值定义

关于钢筋混凝土桥墩柱的屈服面计算，点击图13-125中下部的按钮 屈服面特性值... ，弹出如图13-131所示的对话框。若上面各成分特性值中选择了"自动计算"，这里也要选择"自动计算"，这样图13-131所示的对话框中所有数据就计算好了，计算的结果与截面及配筋情况相关。如果想对自动计算的结果加以修正，此时可以选择"用户输入"，对话框中的数据没有改变，但是可以编辑。

图13-131　钢筋混凝土屈服面特性值定义

混凝土截面的屈服面公式仍然采用Bresler公式，请参考第13.3.3节内容。需要说明的是在动力计算时，指数Alpha的取值一般为1.4，即图13-131中默认的值。

7）分配非弹性铰

仅对桥墩分配上面定义的非弹性铰。运行命令**特性>非弹性铰>分配非弹性铰特性值**，在图13-132中选择"非弹性铰特性值"为上面定义的PM，然后选择"单元类型"，再点击"适用"按钮，完成非弹性铰的分配。

图13-132　分配非弹性铰

8）定义初始内力状态

定义的塑性铰作用类型是PM铰，也就是考虑初始轴力对屈服弯矩的影响，所以将桥墩自重和上部结构自重都要按初始内力状态来考虑，并在此基础上做地震动作用下的非线性时程分析。

本例题的分析是在恒荷载作用已存在的情况下做的地震时程分析，因为在非线性分析中不能将各荷载的效果线性累加，所以可以使用"时变静力荷载"功能首先对恒荷载进行时程分析，将恒荷载已经存在的状态作为初始状态进行后续的地震时程分析。这里采用静力法非线性时程分析获得恒载作用下的非线性内力状态。其步骤为：①定义一个静力荷载工况；②定义一个斜坡类型的无量纲时程函数；③定义非线性静力法分析工况，并在定义接续的动力非线性直接积分法分析工况时将其设置为前次荷载工况；④定义"时变静力荷载"来包含前面定义的时程荷载工况（静力法）和静力荷载工况。下面为本例的操作步骤：

（1）定义静力荷载工况

前面定义质量时已经定义了两个静力荷载工况："桥墩自重"和"桥梁上部结构自重"，这里也使用这两个静力荷载工况。

（2）定义时程函数

定义方法如图13-123所示，仅将函数名称改为"Ramp"。

（3）定义时程荷载工况

运行命令**荷载>地震作用>时程分析数据>荷载工况**，按图13-133填写数据，定义的时程荷载工况命名为"Gravity"。

（4）定义时变静力荷载

运行命令**荷载>地震作用>时程分析数据>时变静力荷载**，按图13-134填写数据。与前面定义的两个静力荷载工况对应，这里也定义两个时变静力荷载。

图13-133　定义静力法时程荷载工况　　　图13-134　定义时变静力荷载

下面定义地震作用的时程荷载工况时，要将这里定义的静力法时程荷载工况作为前次荷载工况。

9）定义地震作用的时程分析数据

（1）涉及的问题就是地震波的选取与调整，该内容在第13.4节线弹性时程分析中已经说明，这里仍然采用其方法。作为实例，这里直接使用地震波，定义两个水平方向地震作用时程函数Elcent_h（对应地震波1940，El Centro Site，270 Deg）和Elcent_t（对应地震波1940，El Centro Site，180 Deg）。Elcent_h对应时程函数定义如图13-135所示（在图中点击"地震波"按钮，然后再用弹出的对话框中的下拉条即可选择程序自带的地震波，也可导入自定义的地震波或其他已有的地震波）。

（2）定义时程荷载工况，如图13-136所示。地震作用的时程荷载工况名称定义为"Quake"，分析类型为"非线性"，分析方法为"直接积分法"，时程类型为"瞬态"，分析时间设为20s，步长为0.02s。

在加载顺序分组框内，选择前面定义的时程荷载工况"Gravity"为前次分析，勾选"累加位移/数度/加速度结果"和"保持最终步骤荷载不变"。

累加位移/数度/加速度结果：累计前次荷载工况的位移、速度、加速度输出结果，不会对分析有影响。只适用于当前为时程荷载工况情况。

保持最终步骤荷载不变：维持前次荷载工况的最终步骤荷载。只适用于当前为时程荷载工况情况，若接续的前次也是时程荷载工况则应该勾选此项。

图13-135 定义时程函数

在"阻尼"分组框内,阻尼计算方法选择"质量和刚度因子",即阻尼的计算方法采用瑞利阻尼,取结构的两个主振型即第一阶和第二阶振型,它们的周期分别是2.25s和1.80s,阻尼比都取0.05。关于阻尼的详细说明请参见第10章相关内容。"时间积分参数"和"非线性分析控制参数"两个分组框中的数据选择默认。

（3）将地震波按地面加速度输入。运行命令**荷载>地震作用>时程分析数据>地面**,按图13-137填写数据。

图13-136 定义地震作用时程荷载工况

图13-137 定义地面加速度

10）运行结构分析

输入完上述数据后,运行结构分析。

11)查看分析结果

查看分析结果所用命令在结果菜单的时程分析结果中,也可以在图形显示区点击右键,然后在图13-138所示的浮动菜单中找到时程分析结果相关内容。

图13-138　时程结果浮动菜单

查看时程分析内力、位移等结果的方法可参考第13.4.2节。这里主要查看非弹性铰的地震响应,为了以图形方式输出时程分析结果,需要使用命令**荷载>地震作用>时程分析数据>定义**来定义结果输出函数。

如图13-139a)所示,选择"图形函数",在下拉框中选择"非弹性铰变形/内力",然后点击"添加新的函数"按钮,会出现图13-139b)所示对话框。在图13-139b)所示对话框中定义函数名称,选择单元类型等,然后点击"确认",然后就会在图13-139a)所示对话框的"函数列表"中出现刚定义的函数。

为了查看墩底(1号单元)的内力-位移关系曲线,这里定义了2个函数,分别对应1号单元的I端位移R_y和内力M_y。下面介绍如何查看墩底截面的弯矩-转角关系曲线。

执行命令**结果>时程图表/文本>时程图形**,在图13-140中依次按下面说明操作:

(1)选择"函数列表"中的"1-M_y"。

(2)在"竖轴"分组框中点击"从列表中添加"按钮,则"1-M_y"出现在竖轴列表中。

(3)在"横轴"栏选择"1-R_y"。

(4)填写图形标题。

(5)点击"图表"按钮,得到如图13-141所示的图形。

通过命令**结果>时程分析结果>非弹性铰状态**来查看"铰状态""延性系数""变形""内力"和"屈服状态"来判断结构的状态。图13-142和图13-143分别给出了时间步骤为3.22时的铰状态和R_y成分的延性系数。

通过命令**结果>时程分析结果>位移/速度/加速度**来查看结构在某时刻的位移,图13-144为在X方向地震作用下时间步骤为3时的D_x位移。

a)定义时程结果函数步骤1   b)定义时程结果函数步骤2

图13-139 定义时程结果函数

图13-140 定义时程分析图形数据

图13-141 墩底截面弯矩-转角关系图形

13.6.3 使用纤维模型做桥梁的动力弹塑性分析实例

如前所述,纤维单元是将梁单元截面分割为许多只有轴向变形的纤维的模型,使用纤维模型时可利用纤维材料的应力-应变关系和截面应变的分布形状假定较为准确的截面弯矩-曲率关系,特别是可以考虑轴力引起的中和轴的变化。但是因为使用了几种理想化的骨架曲线(见13.5.2节)计算反复荷载作用下梁的响应,所以与实际构件的真实响应还是有些误差。

图 13-142　铰状态　　　　图 13-143　延性系数 D/D_2　　　图 13-144　时间步骤为3时 D_X
　　　　　　　　　　　　　　　　　　　　　　　　　　　　　　　　　　　位移(单位:mm)

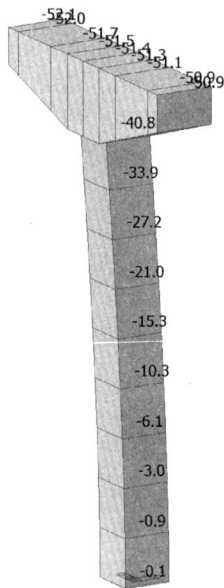

　　midas Civil中使用纤维单元做动力弹塑性分析的步骤与上节大致相同,只是增加了定义纤维模型的材料特性以及定义纤维模型的截面特性,同时定义并分配构件的非弹性铰特性与第13.6.2节也稍有不同。下面通过例题,介绍使用纤维单元做动力弹塑性分析的步骤。为了做一下比较,结构模型仍然采用上节的。

　　1)建立模型

　　同第13.6.2节。

　　2)输入质量

　　同第13.6.2节。

　　3)特征值分析

　　同第13.6.2节。

　　4)墩柱截面钢筋输入

　　因为墩柱截面核心混凝土(约束混凝土)的弹塑性本构拟用Mander本构,需要输入截面钢筋数据。另外,为了输入纤维单元的非线性特性,当用户要确认纤维单元构件的延性系数时,要定义构件的屈服强度,配筋截面的屈服强度自动计算需要给定截面的配筋。这里按图13-128所示定义。

　　5)定义纤维单元的材料特性

　　在纤维单元截面上最多可以定义6种不同的材料,一般钢筋混凝土构件的截面包括钢筋纤维、核心混凝土纤维和保护层混凝土纤维,三种纤维对应的材料本构关系分别定义。

　　(1)钢筋纤维本构

　　运行命令**特性>弹塑性材料>非弹性材料特性值**,在弹出的对话框中点击"添加"按钮,然后按图13-114所示的对话框填写数据,定义名称为"钢筋"的本构。

　　(2)保护层混凝土本构

　　按图13-111定义。

（3）核心混凝土本构

按图13-145定义核心混凝土本构,因为是标准的矩形截面,可以点击"导入钢筋材料和截面数据"按钮快速定义,但需注意无约束混凝土抗压强度的修正。

图13-145　核心混凝土本构定义

核心混凝土本构一般采用比较具有代表性的Mander模型或Kent-Park模型。Mander模型,能对应无约束混凝土和箍筋约束混凝土的本构关系,并且对箍筋的约束作用考虑得比较细致,所以应用最多最广泛。

6）定义纤维单元的截面特性

运行命令**特性>弹塑性材料>纤维截面分割**,在弹出的对话框中点击"添加"按钮,然后按图13-146填写数据。

"名称"定义为"桥墩","截面名称"在其后的下拉框中选择定义的"墩柱截面",然后点击工具条上的🏛导入刚才选择的墩柱截面。设定纤维材料特性值,"类型1"对应保护层混凝土,"类型2"对应核心混凝土,"类型3"对应钢筋。

下面生成纤维:

（1）生成保护层混凝土纤维

①建立保护层区域:选择"生成纤维"表单,点击"建立对象",选定"从边界偏心距离",在其后的编辑框内输入0.1(保护层为0.1m),次数填1→在视图区域选择墩柱截面的外框→点击"添加"按钮,这样就建立了内框线。

②分割保护层区域并赋给其材料:点击"选择对象"按钮→在视图区域选择内、外正方形

边框后点击"选择对象"后面的"确认",内外框线变成蓝色表示选择好了内外框所围城的区域→点击"设定区域"后再选择内、外正方形边框,再点击"设定区域"后面的"确认"→点击"分割截面",然后选择类型为"矩形",分割数量中的两个方向均为20,材料号选择保护层混凝土对应的"类型1",再点击"分割"按钮。这样就完成了保护层混凝土纤维的分割。

图13-146　纤维截面分割

（2）生成核心混凝土纤维

点击"选择对象"按钮→在视图区域选择内正方形边框后点击"选择对象"后面的"确认"按钮→点击"设定区域"按钮后再选择内正方形边框,再点击"设定区域"后面的"确认"→点击"分割截面",然后选择类型为"矩形",分割数量中的两个方向均为18,材料号选择核心混凝土对应的"类型2",再点击"分割"按钮。这样就完成了核心混凝土纤维的分割。

（3）生成钢筋纤维

选择"生成钢筋"表单,对应的输入截面主钢筋的方法有"点""线"和"圆弧"。这里的钢筋为正方形布置,所以可以选择"点"的方法,也可以选择"线"的方法。选择"点"就是直接输入各个钢筋位置的坐标(点击"中心点"后面的编辑框进入鼠标编辑状态,然后可以在视图区用鼠标选取钢筋点),输入速度比较慢,适合于复杂、无规律钢筋位置的输入。选择"线"就是先用两个点定义一条线,再给出分割线的份数,那么分割点处就是钢筋的位置。选择"圆弧"与选择"线"的方法类似。注意钢筋对应的"材料号"和单根钢筋的直径要输入正确,点击"建立"按钮就可依次建立钢筋纤维。

7）定义非线性铰特性值

运行命令**特性>非弹性铰>非弹性铰特性值**,在弹出的对话框中点击"添加"按钮,然后按图13-147填写数据。在"特性值"分组框中,通过点击 特性值…… 按钮分别定义 F_x、M_y 和 M_z 成分的特性值,图13-148为 F_x 成分的特性值定义对话框。

图13-147 非弹性铰特性值定义

图13-148 非弹性铰F_x成分特性值定义

　　注意,混凝土截面要考虑钢筋后才可在这里选择自动计算屈服特性,但当配筋率过低时,第二屈服强度会小于第一屈服强度,而这会导致midas Civil程序报错。

纤维模型在假定整个截面符合平截面的同时假定每根纤维处于单轴应力状态,故无须借用屈服面假定,直接采用比较成熟的单轴材料恢复力模型。根据相应纤维材料的单轴应力-应变关系计算整个构件截面的力和变形的非线性关系。通过对单轴应力-应变关系的适当修正可达到更好地考虑截面实际受力的目的,如箍筋对核心混凝土的约束效应等。

8)分配非弹性铰

同第13.6.2节。

9)定义初始内力状态

同第13.6.2节。

10)定义地震作用的时程分析数据

同第13.6.2节。

11)运行分析

12)查看分析结果

查看结果的方法与第13.6.2节基本相同,这里仅给出了部分结果,如图13-149~图13-152所示。

图13-149 墩底截面弯矩与转角关系

程序还提供专门查看利用纤维单元时程分析结果的后处理工具(图13-138),可查看利用纤维单元的非弹性梁的多样内力和纤维截面各块的应力-应变结果和破坏程度。运行命令**结果>时程分析结果>纤维截面分析结果**,弹出如图13-153所示的对话框。

图13-153中的对话框有两个表单,第二个表单可直接通过运行命令**结果>时程分析结果>纤维截面屈服强度评估**得到,将在第13.6.4节介绍,这里仅介绍第一个表单。

首先填写单元号,然后点击其后的按钮 ![En],就会在视图区下方显示截面纤维的划分情况。选择荷载工况、输出对象及位置和图形类型等,点击"输出图形"按钮,就会在视图区的上方显示滞回曲线。点击▶就可在视图区的下方动画显示截面的开裂和屈服等情况。

图13-150 铰状态

图13-151 延性系数 D/D_2

图13-152 结构在时间步骤为3时 D_x 位移(单位:mm)

图13-153 墩底截面分析结果

13.6.4 使用纤维模型求解屈服弯矩

在第13.5节中介绍了用弯矩-曲率曲线求解屈服弯矩和屈服曲率的方法,还可以用动力弹塑性模块中的纤维模型或骨架模型来求解屈服弯矩 M_y 和屈服曲率 ϕ_y。下面仅通过实例来介

绍用纤维模型计算 M_y 和 ϕ_y 的方法，该方法首先得到弯矩-曲率曲线，然后根据弯矩-曲率曲线利用"等能量法"求等效屈服弯矩，等效屈服曲率。

为了方便这里仍然采用上节的桥梁模型，仅改变了截面的配筋和荷载大小。

1）墩柱截面钢筋输入

对于墩柱不同的箍筋配筋，由于影响其约束性能及本构模型，应进行不同的纤维截面分割。本桥墩顶及墩底 2m 范围内箍筋间距为 10cm，墩身中部箍筋间距为 20cm，所以建立 2 个纤维截面。桥墩两端截面命名为"墩柱截面 1"，桥墩中间截面命名为"墩柱截面 2"。

可以使用命令**设计>RC设计>混凝土构件设计钢筋…**中输入柱截面钢筋，如图 13-154 所示，主筋布置为间距 12cm 的直径为 32 的 HRB400 钢筋，箍筋材料为 HPB300，混凝土标号为 C30。材料用命令**设计>RC设计>混凝土设计参数/材料…**输入（图 13-129）。

图 13-154　墩柱截面配筋

2）定义纤维单元的材料特性

（1）定义钢筋纤维本构

运行命令**特性>弹塑性材料>非弹性材料特性值**，在弹出的对话框中点击"添加"按钮，然后按图 13-114 所示的对话框填写数据。

（2）定义保护层混凝土纤维本构

采用 Mander 本构，定义无约束混凝土本构，见图 13-111。

（3）桥墩两端截面混凝土纤维本构

采用 Mander 本构，定义约束混凝土本构，数据的填写见图 13-155。

（4）桥墩中间截面混凝土纤维本构

采用 Mander 本构，定义约束混凝土本构，数据的填写见图 13-156。

3）纤维截面分割

定义方法同上节，这里仅给出了分割后的结果，如图 13-157 和图 13-158 所示。

4）定义非线性铰特性值

定义按图 13-159 和图 13-160 进行，这里 F_x、M_y 和 M_z 三个成分的特性值全选择"自动计算"。

图 13-155　桥墩两端截面 Mander 本构

图 13-156　桥墩中间截面 Mander 本构

591

图13-157　桥墩两端截面纤维分割

图13-158　桥墩中间截面纤维分割

5)分配非线性铰

6)定义初始内力状态

按时变静力荷载施加轴向荷载,包括桥墩和盖梁自重以及上部结构通过支座传递的竖向荷载。定义方法同前,包括定义静力荷载工况、对应时程荷载工况、时程荷载函数和时变静力荷载。

7)施加单调递增弯矩

(1)定义一个单调递增的弯矩时程函数,如图13-161所示,注意"时间函数数据类型"为"弯矩"。

图13-159 桥墩两端铰定义   图13-160 桥墩中间铰定义

图13-161 自定义弯矩时程函数

（2）定义时程荷载工况，如图13-162所示。注意之前要进行特征值分析以求得两个主振型的周期。

（3）施加顺桥向节点动力弯矩荷载，如图13-163所示。命令为**荷载>地震作用>时程分析数据>动力**，施加位置在盖梁的中间节点。

注意节点动力荷载是一种荷载类型，所以必须要表现为力的形式。因此，用于定义"节点动力荷载"的时程函数必须是力或弯矩的数据类型，而不能是加速度或无量纲的类型。

8）运行分析

9）查看分析结果

运行命令**结果>时程分析结果>纤维截面分析结果**，查看墩底单元结果，如图13-164所示。根据保护层混凝土初始开裂时对应弯矩查看墩根部顺桥向开裂弯矩，根据最外层受拉钢筋屈服时对应弯矩查看墩根部顺桥向截面屈服弯矩，根据受拉纵筋应变达到极限拉应变找到顺桥向截面极限曲率。

图13-162　定义时程荷载工况　　　　图13-163　施加节点动力荷载

图13-164　截面屈服状态

墩根部单元开裂弯矩为7472kN·m,对应曲率为0.0002578rad/m;截面屈服弯矩为7960kN·m,对应曲率为0.0002925rad/m;截面达到极限曲率时弯矩为13070kN·m,对应曲率为0.005767rad/m(程序中表现为截面曲率不再增加)。图13-164给出了截面屈服对应截面状态。

10)等效屈服弯矩和等效屈服曲率

根据 $M\text{-}\phi$ 曲线利用前述"等能量法"求等效屈服弯矩和等效屈服曲率(图13-117和图13-118)。

13.6.5 用动力弹塑性分析功能中的静力法进行Pushover分析简介

静力弹塑性分析(Pushover)方法是通过对结构逐步施加某种形式的水平荷载,用静力推覆分析计算得到结构的内力和变形,并借助地震需求谱或直接估算的目标性能需求点,近似得到结构在预期地震作用下的抗震性能状态,由此实现对结构的抗震性能进行评估。

显然,13.6.4节中用动力弹塑性分析功能中的静力法模拟初始静力荷载,然后再"缓慢"施加某种形式的单调递增荷载的思路是可以应用到Pushover分析中的。上节施加的仅是一个弯矩荷载,实际上还可以用"节点动力荷载"的形式施加任意的单调递增荷载。另外一种思路是仅用静力法,即先定义静力荷载工况,施加合适的静力荷载,再定义合适的时程荷载工况(静力法,并设定多步长)及时程荷载函数(能实现单调递增荷载施加,而不是一步就施加完成),最后施加时变静力荷载。

采用动力弹塑性分析功能中的静力法进行Pushover分析的原因是程序中提供的梁、柱截面的纤维模型只支持动力弹塑性分析。

使用分析方法中的"静力法"选项进行Pushover分析的参考步骤如下:

(1)定义静力荷载(恒荷载、活荷载)。

(2)定义时程荷载函数(无量纲,0s时值为0,1s时值为1即可)。

(3)定义非弹性铰并赋给相应构件。

(4)将静力荷载作用定义为初始的时程荷载工况,分析类型选择为"非线性",分析方法选择为"静力法",静力加载控制选择为"荷载控制"。

(5)定义一系列连续的时程荷载工况,分析类型选择为"非线性",分析方法选择为"静力法",静力加载控制选择为"位移控制",此时的控制位移指相对位移值。

(6)注意,所有的时程荷载工况都要定义为时变静力荷载(使用相同的时程荷载函数),接续的时程荷载工况要一直采用位移控制(否则不容易收敛)。

13.6.6 动力Pushover(IDA)简介

1)概述

逐步增量动力分析(IDA)方法是近年来发展起来的用于评估地震动作用下结构性能的一种参数化分析方法。它的基本思想是1977年由Bertero等人提出的,但由于当时数值计算手段不发达,一直未引起研究人员的注意。近年来这种方法在国外地震研究领域得到了进一步的应用,成为一种极具潜力的进行地震计算的方法。

逐步增量时程分析(IDA),也可称为动力推覆分析(Dynamic Pushover),该方法对一条地震动记录(或多条地震动记录)递增式地调整其强度幅值,从而生成一组(或多组)具有递增强度的地震动记录,针对每一强度的地震动记录进行一次非线性动力时程分析,直至结构倒塌。具体分析方法是,对结构进行IDA分析,记录下每次荷载幅值作用下结构的特征响应,然后绘制荷载幅值与结构特征响应之间的关系曲线,通过该曲线就能全面了解结构的动力性状不断变化直到倒塌的全过程。利用该曲线,可以确定结构的地震需求或抗震能力。对于大跨度桥梁,墩顶处的节点位移在全桥结构中一般是最大的,能作为反映结构整体响应的指标,因此可以将墩顶节点的位移选为特征响应。

地震作用下结构的倒塌本质上属于动力失稳问题,如何确定结构倒塌的极限状态点是结构倒塌分析中一个非常重要的问题。当荷载幅值的微小增量导致桥梁结构特征响应指标的较大变化时,结构可视为动力失稳,此时所对应的荷载为结构的临界加速度幅值。当结构临近倾覆时,必然已发生了很大的塑性变形,构件的截面反应也能反映这一特征。

IDA分析的优势在于可以充分抓住体系的动力特征,它本质上是一种参数分析方法,能够了解不同程度地震作用对结构的影响,了解结构响应特性随地震动强度增长的变化情况。该方法能够反映结构在同一地震的不同强度作用下的抗震性能,可对结构的抗震能力作出较为全面的、真实的评价。虽然因不同特性地震动输入引起的非线性动力响应结果的离散性较大,但对许多结构,即使单一地震动记录的非线性动力分析就可以较静力推覆分析更可信地反映动力响应特征。根据所采用的地震动记录个数,IDA方法可分为单地震动记录IDA方法和多地震动记录IDA方法,前者本质上是一种确定性的参数化非线性动力分析方法,而后者则可以考虑地震动的"记录对记录"不确定性,是一种宽范围向量化的参数非线性动力分析方法。

总之,IDA分析有以下几个突出的特点:

(1)彻底了解地震动水平范围与反应或需求范围之间的关系。

(2)深入了解结构在罕遇地震和多遇地震水平作用下的反应。

(3)深刻理解地震动强度增加时,结构反应特性的改变。

(4)可实现对整体结构系统抗震能力及动力稳定性的评估。

(5)通过多条地震记录的IDA分析,可了解参数在不同地震动下的变化规律,有效地规避单条时程曲线动力时程分析结果的不确定性、片面性。

(6)思路与静力Pushover非常相似,继承了其优点,但基本解决了静力Pushover方法中不能考虑高阶振型、不适应不规则结构等问题。

2)基本操作步骤

(1)选择地震动记录,确定地震动强度参数,如峰值加速度PGA。

(2)确定调幅原则和调幅系数。

地震动调幅原则一般可分为等步调幅和不等步调幅。等步调幅如果固定的调幅增长步长过小,会造成IDA分析过程中时程分析次数过大,计算效率低下;如果固定的调幅增长步长过大,则会造成IDA分析过程中时程分析次数过少,忽略一些主要性能变化点。不等步调幅中,可以针对结构性能变化较为明显的过程,减小调幅增长步长;针对结构性能变化不明显或变化规律较为一致的过程,相应增大调幅增长步长。

调幅增长步长通过调幅系数来实现,不断调整地震动强度,得到一系列不同强度的地震动记录。

(3)选取结构响应的参数,如前述的墩顶最大位移等。

(4)针对得到的一系列调幅后的地震动记录进行一系列时程分析,绘制IDA曲线,如峰值加速度-墩顶最大位移曲线。根据IDA曲线,可以观察在地震动强度逐渐增强的情况下,结构所体现出的性能变化特征,如软化和强化现象。

(5)单地震动记录IDA方法按照步骤(1)~(4)进行即可,对于多地震动记录IDA方法,则需要选取不同地震动记录,重复步骤(1)~(4)进行分析。

利用midas Civil可以实现IDA分析,调幅的方法可参考图13-165,可以改变地震波的"放大系数",也可以改变"增幅系数"。

图13-165　地震波调幅

13.7　多点激励地震响应分析

13.7.1　概述

大跨度空间结构具有跨度大、空间性强的特点。大跨度桥梁的跨度与地震波的波长都可能达千米量级,所以大跨桥地震反应分析中考虑地震波的空间变异非常有意义,此时采用一致地震动输入方法过于粗糙,而应该用多点激励或非一致的地震响应分析。1995年发生于日本的阪神大地震,位于震中附近的明石海峡大桥正处于施工过程中,神户方向的主塔和锚台位置都没有发生改变,而淡路岛方向的主塔和锚台位置都分别向外移动了1m左右,迫使原来设计长度由1990m增加至1991m。这说明多点激励更加符合实际的地震动输入方式。

由于结构各支撑点受到的地震波激励经历不同的路径、不同的地质条件,必然存在差异。这种差异包括行波效应、部分相干效应、波的衰减效应和局部场地效应等。其中衰减效应的影响很小而可以忽略,其他三种效应都应该在多点激励地震响应分析中要加以考虑。

在行波效应的影响下,地震波到达不同支撑点会有一定的时间差,因此,考虑行波效应是假设地震波在地表以一定的速度传播,各点的波形及频率成分不变,只存在时间迟滞和振幅衰减,是一个各支点运动完全相干情况下的相位差模型,以此模拟行波效应对结构的影响。

部分相干效应是指,地震波在传播过程中将会产生复杂的反射、折射和散射,同时场地不同位置处地震波的叠加方式不同,从而导致了相干函数的损失。

局部场地效应是由于基底各支点处局部土层不同,造成由基岩到地表的地震波中各种频率成分的含量不同。

随机过程理论是目前解决大跨结构抗震分析问题的一种较为科学的方法,该法建立在地面运动统计特征的基础上,提供了对响应的度量,而不受任意选择的某一输入运动的控制,但由于其计算复杂性太高,在处理非线性问题时可能出现较大的误差,同时也难以被工程人员所接受,还不能在工程设计中被有效地应用。对于大跨度桥梁地震反应分析,现在一般还是以实用合理的确定性分析方法为主导,即多点激励线性或非线性时程分析。多点激励分析就是给不同的支撑输入不同的地面运动的分析方法,其考虑行波效应、部分相干效应和局部场地效应的主要方式包括给不同的桥墩以不同的地震波、给予地震波到达时间的延迟(或者相位差)。比如要考虑行波效应,可将地震波到达桥墩基础的时间定义一下,一种简单的做法就是到达时间=跨长/视波速。

大跨度桥梁结构多点激励动态时程分析的方法主要有相对运动法(RMM,Relative Motion Method)和大质量法(LMM,Large Mass Method)。

(1)相对运动法(RMM)

相对运动法把位移分成动力位移和拟静力相对位移,因此可以得到一些重要的附加信息,即动力反应和拟静力反应,有助于我们理解结构在多点激励下的性能。采用此方法进行动力计算的优点在于只需要根据支承点处的加速度时程就可以进行计算得到非支承点处的动力响应,而不需要知道速度向量和位移向量。该方法求解比较简单,应用很广泛。但相对运动法是基于准静态响应和动力响应的叠加,因此不能用于对结构的非线性分析。

(2)大质量法(LMM)

大质量法是对结构模型进行动力等效的一种分析方法,实质上是通过对质量矩阵主对角元充大数的方法实现的,数学表达比较简单,可以得到精确的结果。该方法在有限元程序中实现起来较为简单,就是在地基节点上附加很大的质量 m_0(1×10^5 或 1×10^6 倍于结构总体质量即可,质量并不是越大越好)来带动结构的响应。地基节点在激励方向取消约束,在质量单元上施加相应的力 $P=m_0\ddot{u}_g$,$\ddot{u}_g$ 为地基所需的加速度。

采用大质量法的前提是获得地面运动的加速度记录。在地基节点上附加大质量目的是使结构的质量相对于附加质量来说,可以忽略不计,则施加于基础上的加速度近似等于施加到整个结构上的加速度。

由于大质量法在求解过程中不涉及位移的分解,因此采用大质量法求解结构在多点激振下的动力响应,可以通过直接积分的方法得到结构的总体地震反应,即相对位移法中准静态响应和动力响应的和,大质量法可以适用于非线性分析。

13.7.2 多点激励的线性时程分析

midas Civil 中进行多点激励分析采用相对运动法,并且只适用于线性动力分析。模型中的非线性特性将被忽略,不能直接考虑初始荷载效应(因为是线性分析,可通过分别计算再利用叠加效应的方法间接实现)。

多点激励线性时程分析的步骤如下:

(1)建立模型

包括节点单元的建立、材料与截面定义、边界条件输入以及质量数据输入等。

(2)选择或自定义合适的地震波

除了按第13.4.1节选择地震波外,还应兼顾部分相干效应和局部场地效应,为每个桥墩设定合适的地震波数据。

(3)定义时程荷载工况

注意不能有"前次"分析,即不要定义"加载顺序",其他与一致激励线性时程分析相同。

(4)定义时程分析函数

将选择的地震波输入。

(5)多支座激振数据输入

运行命令**荷载>地震作用>时程分析数据>多点**,弹出如图13-166所示的对话框。

a)左桥墩数据 b)右桥墩数据

图13-166 多支座激振数据输入

首先选择刚定义的时程荷载工况名称,然后选择 X、Y 或 Z 方向的时程分析函数,即地震波数据,填写地震波数据的"到达时间",选择要施加激励的墩底节点(这些节点在地震波方向上的自由度应该先被约束,因为多支座激振数据只能加载在约束了的自由度方向上),最后点击"适用"按钮。图13-166a)和图13-166b)分别定义了两个桥墩的墩底节点,两个桥墩激励地震波的到达时间相差0.8s。定义到达时间的目的是反映几个时程荷载作用在同一结构上,且各荷载发生作用的时间不同时的结构反应。在"到达时间"之前的时间,地面加速度的数据为零,对结构不发生作用。图中的两个桥墩的地震波数据相同,只是到达时间不同,考虑了行波效应。

(6)运行分析并查看结果

查看方法同一致激励。多支座激励的计算结果可能比一致激励的计算结果放大或缩小,结果有可能相差一个数量级。

13.7.3 多点激励的非线性时程分析

在midas Civil中进行多点激励的非线性时程分析可以采用大质量法实现,下面通过一个实例来说明操作过程。

1)建立模型

包括节点单元的建立、材料与截面定义、边界条件输入、质量数据输入、桥墩截面配筋等,模型如图13-167所示。

2)定义并分配非弹性铰

定义及分配的方法请参见13.6.2节。

3)输入地基约束处的大质量块

首先用**查询>质量统计表格**命令查询结构的总质量。表格中荷载转化为质量是指被转换成质量的外部荷载,结构质量指的是被转换的自重。在表格右下端合计里的数值为被转换的所有质量的合计,这里采用质量的合计值,本例约为302t。将结构总质量乘以倍数1×10⁶,得大质量块的质量。

其次,用命令**荷载>静力荷载>节点质量**输入墩底节点的节点质量。首先选择节点,再填写各个方向的质量数据,然后点击"适用"按钮,如图13-168所示。集中质量的单位等于重量除以重力加速度,转动质量惯性矩的单位等于质量乘长度的平方。在米-千克-秒(m-kg-s)制或英制单位系统中,必须用重量除以重力加速度后输入质量数据。采用命令**结构>结构类型**定义重力加速度。

图13-167　多支座激振桥梁模型　　　　图13-168　节点质量定义

4)修改边界条件

前面已经提到,在用大质量法做结构地震响应的时候,当施加某方向地震波时,必须释放各支承点在该方向上的约束,即释放该方向自由度。中间两个桥墩原来的边界条件为6个自由度全部固结,因为要在顺桥向,即 X 向施加地震荷载,所以这里要将 X 方向的平动约束去掉。

5)初始内力状态定义

请参见第13.6.2节相关内容。

6)定义多点激励时程荷载工况

如图13-169所示,在加载顺序中指明其前次分析为自重等静力荷载。

7)定义时程荷载函数

(1)为每个桥墩选择合适的地震波,这里以对模型中左桥墩定义的地震波(图13-170)为例说明操作方法。

图 13-169　时程荷载工况

图 13-170　时程荷载函数

(2) 将加速度函数转换为力的函数,将加速度荷载中的所有加速度值复制进 Excel 表格中进行转化,如图 13-171 所示。如第一个加速度荷载值的转化方法为:

$$0.0052 \times 0.18 \times 9.806 \times (3.0 \times 10^{11}) = 2753524800(\text{N})$$

图13-171　荷载转换

（3）将加速度全部转换成力后，定义力的时程函数，如图13-172所示。

图13-172　力的时程函数

8）施加节点动力荷载

运行命令**荷载>地震作用>时程分析数据>动力**，分别选择要施加的节点，然后按图13-173填写数据。图中是两个中间桥墩的动力节点荷载施加的对话框，这里两个桥墩的时程荷载函数相同，仅地震波到达时间不同。图13-174为施加节点动力荷载后的显示图。

图 13-173　节点动力荷载施加

图 13-174　节点动力荷载施加后的模型

9）查看结果

方法同前,图 13-175 为某一时刻的铰内力状态结果。

图 13-175　铰内力状态云图

LMM 的缺点在于求解方法并没有经过严格的数学推导,仅通过在力学意义上对结构模型进行等效来求得结构的总响应,且大质量的取值应根据实际的结构模型分析结果来确定,当大质量的数值大于某个数值时,结构的数值分析结果会出现不稳定的现象。但 LMM 的优点恰恰表现在它能够克服 RMM 中出现的缺点,运用 LMM 并采用通用有限元程序来求解,可以更加方便快捷地得到结构的总响应,且求解结果接近于地震作用下的结构真实总响应。

13.8 结构耗能减震装置的模拟

midas Civil程序中减隔震支座和耗能装置是用边界非线性连接(一般连接)单元模拟的。进行抗震分析时,线性时程分析不能够考虑非线性连接单元的非线性属性,所以当结构中设置了隔震或消能装置后,应该进行所谓边界非线性时程分析。

边界非线性主要是指结构中考虑附加的阻尼器和隔震器等装置的非线性属性,这类结构单元不仅表现为非线性的属性,而且还可以通过滞回曲线的定义考虑单元往复加载过程中的塑性发展和能量耗损的特性。

midas Civil的一般连接单元主要用于结构的消能、隔震的边界非线性动力分析中。非线性连接单元只有在做边界非线性动力分析时才体现其动力非线性特性,当进行线性和非线性静力分析或线性动力分析时,非线性连接单元将作为等效连接单元参与计算。非线性连接可用于连接结构的两个节点,也可用于模拟支座。在定义一般连接特性(**边界>一般连接>一般连接特性值**)时,可选单元型和内力型,用来模拟减隔震支座和耗能装置。

单元型一般连接是在分析过程中,用更新单元刚度矩阵直接反映单元的非线性;内力型一般连接是在分析过程中,不更新单元刚度矩阵,而是将根据非线性的特性计算出来的内力置换成外部荷载,间接地考虑非线性。

在实际项目中,有需要同时考虑结构构件发挥非线性性能的情况。此时,可以通过"直接积分法"非线性时程分析功能,同时完成非弹性铰构件的时程分析及减隔震支座的边界非线性分析。构件的非线性特性根据滞回曲线计算。

13.8.1 单元型一般连接

单元型一般连接又分为"单元1"型和"单元2:减隔震装置"型。

单元1型包括三种类型:"弹簧""线性阻尼器"以及"弹簧和线性阻尼器"。其中"线性阻尼器"以及"弹簧和线性阻尼器"已在第10.3.5节介绍。特性值类型选择为"弹簧"时,初始刚度在第3.2.2节已经介绍,点击 非弹性铰特性值... 按钮,再点击"添加"得到图13-176所示对话框,选择滞回模型并定义其特性值即可完成其塑性铰的定义。单元1型一般连接单元一般用于动力弹塑性分析中,边界非线性分析用"单元2型"或"内力型一般连接"。

图13-176 弹簧型一般连接塑性铰定义

单元2型定义减隔震装置,其中包括黏滞阻尼器/油阻尼器、黏弹性阻尼器、钢阻尼器、滞回阻尼和隔震器。

单元2型减隔震装置定义方法:首先执行命令**边界>一般连接>一般连接特性值**,点击"添加"按钮,如图13-177所示,填写名称,选择作用类型为"单元2:减隔震装置"。填写"总重量"或"总质量"。前者输入一般连接单元的总重量,该重量将等分给两个节点,并按静力荷载计算或换算为节点质量;后者由用户直接输入一般连接单元附加的质量。

图13-177 单元2型特性值定义

单元2型一般连接需要时在"线性特征值"分组框内输入某个自由度成分对应的"有效刚度",该刚度在动力非线性直接积分时将被忽略,其他分析中按线性弹簧考虑。

在"单元2:减隔震装置"下面的作用类型中选择黏滞阻尼器/油阻尼器、黏弹性阻尼器、钢阻尼器、滞回阻尼和隔震器中的一个类型,接下来定义其"减隔震装置特性",可以在图13-177中点击┈,也可以执行**边界>一般连接>减隔震装置属性**然后点击"添加"按钮。减隔震装置特性或属性仅在非线性动力时才适用。

1)黏滞阻尼器/油阻尼器

黏滞阻尼器是由缸体、活塞、黏滞材料等部分组成,利用黏滞材料运动时产生黏滞阻尼耗散能量的减隔震装置。黏滞阻尼器是速度相关型阻尼器,类型主要有"单黏壶模型""Kelvin模型"和"Maxwell模型",恢复力模型即阻尼力与速度的关系有线弹性、弹性双线性和指数函数三种类型。

图13-178为定义黏滞阻尼器/油阻尼器属性对话框。注意一般厂家提供的阻尼器阻尼(Ce)的单位为(力/速度),与程序的单位体系不同。

图 13-178　黏滞阻尼器属性定义

2）黏弹性阻尼器

液体黏弹性阻尼器外观一般与液体黏滞阻尼器相同但稍长一些，其液压缸分成阻尼和弹簧两部分。阻尼器部分与传统的液压黏滞阻尼器完全相同，而弹簧部分是一个双向作用的液体弹簧。在缸内运动的是串在一根轴上的两个活塞，这两个活塞各在一部分液压缸内工作。阻尼器部分活塞往复运动产生阻尼，另一个活塞引起液体弹簧的弹簧力。

在"添加/编辑黏弹性阻尼器属性"对话框的右上方有其力学模型。

3）钢阻尼器

钢阻尼器是利用其材料进入屈服阶段后的延性来消耗外部输入能量的。多数软钢阻尼器的荷载-位移曲线可由双线性来近似，不同的类型，其模型参数均需通过试验获得。输入数据包括屈服强度和初始刚度等参数，其中屈服位移=屈服强度/初始刚度。

4）滞回阻尼

为多向受剪弹簧模型，受剪弹簧的数量可以自定义但须是偶数。滞回模型可以是退化双线性模型或常规三线性模型。

5）隔震器

隔震支座类型分为铅芯橡胶支座、天然橡胶支座和滑动支座。天然橡胶支座和铅芯橡胶支座的水平向和竖向力学模型可参考《建筑隔震橡胶支座》（JG/T 118—2018）以及《公路桥梁铅芯隔震橡胶支座》（JT/T 822—2011）。

（1）铅芯橡胶支座

如图 13-179 所示，铅芯橡胶支座的属性定义需要输入有效橡胶横截面面积、橡胶板的总厚度、竖向受压和受拉刚度、水平初始刚度、水平二次刚度、LRB特征强度以及调整系数。τ_k 为温度修正系数，用于修正铅芯橡胶支座的水平刚度设计值；τ_q 为水平屈服剪力调整系数，用于修正铅芯橡胶支座的屈服剪力。

（2）天然橡胶支座

如图 13-180 所示，天然橡胶支座的属性定义需要输入有效橡胶横截面面积、橡胶板的总厚度、竖向受压和受拉刚度、水平刚度以及调整系数。τ_k 为温度修正系数，用于修正天然橡胶支座的水平刚度设计值；τ_q 为水平屈服剪力调整系数，对于天然橡胶支座不可用。

a)铅芯橡胶支座属性　　　　　　　　　　b)铅芯橡胶支座水平属性定义

c)铅芯橡胶支座竖向刚度定义

图13-179　铅芯橡胶支座属性定义

a)天然橡胶支座属性

b)天然橡胶支座水平刚度定义　　　　　　c)天然橡胶支座竖向刚度定义

图13-180　天然橡胶支座属性定义

（3）滑动支座

如图13-181所示,滑动支座的属性定义需要输入滑动头面积、竖向刚度、水平刚度、动摩擦系数以及调整系数。τ_k为温度修正系数,对滑动支座取默认值;τ_q为水平屈服剪力调整系数,用于修正弹性滑板支座的屈服剪力。

a)滑动支座属性

b)滑动支座水平刚度定义

c)滑动支座竖向刚度定义

图13-181　滑动支座属性定义

13.8.2　内力型一般连接

内力型包括:黏弹性消能器、间隙、钩、滞后系统、铅芯橡胶支座隔震装置、摩擦摆隔震装置以及三重摩擦摆隔震支座等7种类型。

下面简要介绍7种内力型的非线性连接特性(在程序的在线帮助中有较详细的说明)。

1)黏弹性消能器

黏弹性消能器同时拥有黏性(与变形速度成比例而产生的力)和弹性(与变形成比例而

产生的力),主要用于增大结构的消能能力,减小由地震、风等引起的动力反应,从而提高结构的安全性和适用性。具有代表性的黏弹性阻尼器的数学模型有Maxwell模型(线性弹簧和阻尼器串联)和Kelvin模型(线性弹簧和阻尼器并联)。midas Civil程序中提供Maxwell模型、Kelvin(Voigt)模型以及阻尼-支撑组合模型(Maxwell+Kelvin)等三种黏弹性阻尼器。

定义方法是运行命令**边界>一般连接>一般连接特性值**,在弹出的对话框中点击"添加"按钮,然后在"添加/编辑一般连接特性值"对话框中依次按下操作:填写"名称",选择作用类型为"内力"型,选择特性值类型为"黏弹性消能器","总重量"和"总质量"为选填且二选一,在"线性特性值"分组框勾选某个DOF,再填写"有效刚度"及"有效阻尼"数据,在"非线性特性值"分组框中点击对应的DOF的"特性值"按钮,即可弹出如图13-182所示的对话框,在此对话框中可以选择"阻尼类型"并填写"非线性特性值",具体数值含义请参考帮助文件,数值输入应由厂家提供实测数据。

图13-182 三种黏弹性阻尼器定义对话框

实际中常用的有液体黏弹性阻尼器(Fluid Viscoelastic Device,FVD)和固体黏弹性阻尼器(Solid Viscoelastic Device,SVD)。Maxwell模型是线性弹簧与阻尼器串联的模型,主要用于模拟流体黏弹性装置,比如液体黏弹性阻尼器。Kelvin模型是线性弹簧与阻尼器并联的模型,用于模拟固体黏弹性装置,比如固体黏弹性阻尼器。阻尼-支撑组合模型(Maxwell+Kelvin组合模型)是Keivin模型与弹簧并联的模型,一般用于模拟减震斜支撑。

液体黏弹性阻尼器一般由缸体、活塞和流体组成,缸内充满硅油或其他黏滞流体,活塞在缸体内可做往复运动,活塞上有适量小孔。图13-183为美国泰勒公司(Taylor公司)生产的一种典型的液体黏弹阻尼器。因为液体黏弹性阻尼器表现出了较强的依赖频率的性质,所以在midas Civil中,液体黏弹性阻尼器可由Maxwell模型来模拟。

固体黏弹性阻尼器是由两块T形约束钢板与一块矩形钢板所组成,T形约束钢板与中间钢板之间夹有一层黏弹性材料,在反复轴向力作用下,T形约束钢板与中间钢板产生相对运动,使黏弹性材料产生往复剪切滞回变形,以吸收和耗散能量。因为固体黏弹性阻尼器表现出了一定的刚度特性,所以在midas Civil中,固体黏弹性阻尼器可由Kelvin模型来模拟。如图13-184所示为美国3M研制的固体黏弹性阻尼器。

图13-183　液体黏弹性阻尼器构造图

图13-184　固体黏弹性阻尼器构造图

下面说明一下线性特性值中的"有效刚度"和"有效阻尼"的概念:

(1)有效刚度

midas Civil程序中的每个非线性连接单元由6个方向的弹簧(轴向、两个剪切方向、扭转、两个受弯方向)构成,弹簧的特性由线性特性和非线性特性两部分组成。用户可以选择方向输入线性和非线性特性,没有输入特性的方向认为该方向上没有刚度,只输入线性特性未输入非线性特性时认为该方向只具有弹性刚度,非线性连接单元并非所有的自由度方向都需要指定非线性属性。

当非线性连接单元的某个自由度方向不需要指定非线性属性,而仅输入了线性属性时,那么在所有线性和非线性分析中,这一自由度使用线性有效刚度。线性有效刚度在程序中简称有效刚度,代表用于所有从零初始条件开始的线性分析的一般连接(支座)单元的总弹性刚度。有效刚度值一般输入大于0小于或等于非线性特性值中的弹性刚度。

在输入了非线性特性的弹簧中也需要输入线性特性。对于设置阻尼器和隔震器等非线性连接单元的结构,并非所有的分析工况都是非线性分析,比如说线性静力分析、模态分析、反应谱分析和一般线性动力分析等,这些线性分析工况中显然是不能够考虑单元中的非线性属性的,这时就需要使用非线性单元的线性属性。也就是说,对于所有线性分析工况,非线性单元所表现的是线性属性,所使用的刚度是在线性属性中定义的有效刚度。动力非线性分析时,有效支承刚度值过大会引起发散,所以必须输入恰当的值(一般取非线性弹性支承的刚度值即可)。

(2)有效阻尼

与线性有效刚度相对应,在非线单元中需要定义线性有效阻尼。线性有效阻尼的使用与线性有效刚度完全相同,主要用于非线性单元中线性自由度方向阻尼属性,以及所有自由度在线性分析工况的阻尼属性。非线性时程分析不使用有效阻尼值(建议输入0),因为其直接考虑了单元能量消散,且正确地考虑了振型交叉耦合的效果。对于具有能量消散装置的桥梁结构,特别建议非线性时程分析,因为一个基于有效阻尼属性的线性分析可能高估了结构中存在的阻尼量。注意有效阻尼处输入的不是阻尼比。非线性连接单元的有效阻尼的计算方法为:

$$C_{\text{eff}} = \frac{2\xi_{\text{eff}}}{\omega_{\text{eff}}} K_{\text{eff}} \tag{13-11}$$

式中:C_{eff}——有效阻尼;

K_{eff}——非线性连接单元的有效刚度;

ξ_{eff}——非线性连接单元的阻尼比;

ω_{eff}——非线性连接单元的固有圆频率。

在图13-182中的非线性特性中,s 为黏弹性阻尼器的非线性阻尼指数,$s=1.0$ 时为线性阻尼,模拟非线性阻尼时 $0.0 < s < 1.0$。非线性阻尼指数 s 一般为 $0.35 \sim 1.00$,midas Civil 程序容许输入的 s 值范围为 $0.20 \sim 1.00$。

另外,需要注意的是消能器阻尼 C_d 的单位原来是 N·s/m,参考速度项 V_0 归一化后的单位变为 N、kN,因此参考速度 V_0 要输入1.0。当在程序中,变换单位体系时程序会随着长度单位的变化自动转换 Vs_0 的值,这点在使用程序时要注意。

2)间隙

间隙由6个弹簧构成,在单元坐标系的6个自由度上 N_1 和 N_2 两个节点间缩小的相对位移的绝对值超过了间隙单元内部的初始间隙时,该方向的刚度就将开始发生作用。只使用轴方向弹簧时,即成为只受压单元。只受压单元主要应用于类似基础与地面相接触问题的建模,在第2.2节中有介绍。

3)钩

钩是由6个弹簧构成的,在单元坐标系的6个自由度上 N_1 和 N_2 两个节点间增大的相对位移的绝对值超过了间隙单元内部的初始间隙时,该方向的刚度就将开始发生作用。只使用轴方向弹簧时,即成为只受拉单元。只受拉单元主要应用于建立横向支撑或钩单元等的建模,在第2.2节中有介绍。

4)滞后系统

滞后系统(图13-185)是由拥有单轴塑性(Uniaxial Plasticity)特性的6个独立的弹簧构成的。该系统用于建立利用滞后效应达到消能目的的消能装置(Energy Dissipation Device)的模型。图13-186为midas Civil中定义滞后系统的对话框。

图13-185 滞后系统(方框内为恢复力模型)

图13-186 滞后系统定义对话框

滞后系统力与变形的关系采用 Park，Wen and Ang(1986)建议的公式，即：

$$f = rkd + (1 - r)F_y z \tag{13-12}$$

式中：k——初始刚度，即弹性刚度，应该大于等于有效刚度；

F_y——屈服强度；

r——屈服后刚度折减率，即屈服后刚度与弹性刚度之比；

d——两节点的相对变形；

z——反应滞回响应的内部参数。

反应滞回响应的内部参数 z 可使用 Wen(1976)建议的微分方程计算：

$$\dot{z} = \frac{k}{F_y}\left[1 - |z|^s\left\{\alpha\,\mathrm{sgn}(\dot{d}z) + \beta\right\}\right]\dot{d} \tag{13-13}$$

式中：α、β——决定滞回曲线形状的参数，需满足 $|\alpha| + |\beta| = 1.0$；

s——决定屈服点的转移区域(transition region)大小的常数；

$\dot{d}$——两节点间变形的变化率。

α 和 β 决定了屈服后的响应特性，当 $\alpha+\beta>0$ 时，为软化系统(softening system)；当 $\alpha+\beta<0$ 时，为硬化系统(hardening system)。滞回系统中的耗能能力由滞回环的面积决定，面积越大，耗能能力越强。在软化系统中 $\beta-\alpha$ 值越小，耗能能力越强。

s 值决定了弹性阶段和塑性阶段之间的变化区域，即发生屈服的区段的形状的常数，该值越大屈服点越明显,滞回曲线越接近于理想双折线弹塑性系统。s值一般小于30,程序中输入的范围为1.0～50.0。

滞后系统比较典型的应用是对金属屈服型消能器(Metallic Yield Damper)的建模。金属屈服型消能器具有比主体结构相对大一些的刚度和小的屈服强度,因此会比周围其他的构件率先发生塑性变形,从而起到保护主体结构的目的。目前比较成熟且国内应用较多的金属屈服型消能器是软钢消能器中的防屈曲消能支撑、剪切钢板消能器和加劲消能器。

滞后系统还可以用来模拟活动盆式支座与滑板支座,这两种支座一般可认为是理想弹塑性连接单元,其恢复力模型如图13-187所示。当计算模型中有,midas Civil程序没有直接提供的非线性连接单元时,首先确定模型中构件的恢复力模型,然后找到与其类似的程序中已有的非线性连接单元的恢复力模型,调整部分参数来模拟相应构件。对活动盆式支座与滑板支座可选择滞后系统来模拟,根据式(13-10)和式(13-11)中r与s的含义,可以通过调整r与s的值来达到将恢复力模型调整为如图13-187所示理想弹塑性的形状,方法是调整r为一极小的值,调整s为一极大值,这样就可以模拟活动盆式支座与滑板支座。

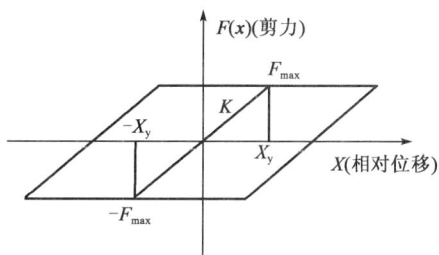

图13-187　理想弹塑性恢复力模型

5)铅芯橡胶支座隔震装置

隔震装置是将地面与结构隔离开来,使地面的振动不致传递到结构,从而达到保护主体结构的目的。一般安装在桥墩和上部结构之间或者建筑物上部结构和基础之间。铅芯橡胶支撑隔震装置是利用铅屈服后的低刚度将建筑物的固有振动频率和地面的振动频率相隔离,并利用其滞后效应来消散振动能量。铅芯橡胶支承隔震装置中的两个剪切弹性支承具有二轴塑性(Biaxial Plasticity)相关特性(双轴的滞回系统),其余四个自由度具有线性弹性特性。图13-188为一种铅芯隔震橡胶支座结构示意图,图13-189为一种铅芯隔震橡胶支座产品实物照片。图13-190为铅芯橡胶支座的构成图。

图13-188　一种铅芯隔震橡胶支座结构示意图

图13-189　一种铅芯隔震橡胶支座产品实物照片

图13-190　铅芯橡胶支座的构成

　　铅芯橡胶支座是目前桥梁隔震设计中应用比较多的一种减震支座,对大量的实验进行统计分析后可知,其滞回曲线一般为梭形,图形呈反对称(图13-191)。一般情况下,准确地按实验所得结果建立滞回模型十分困难,为简化起见,可以根据滞回曲线中正反向加载时的初始刚度与卸载时的刚度基本平行以及正反向屈服后刚度也基本互相平行的特性,将支座的滞回曲线简化为双线性曲线(图13-192),从而建立起铅芯橡胶支座滞回曲线的等价线性化模型。

图13-191　铅芯橡胶支座的滞回曲线

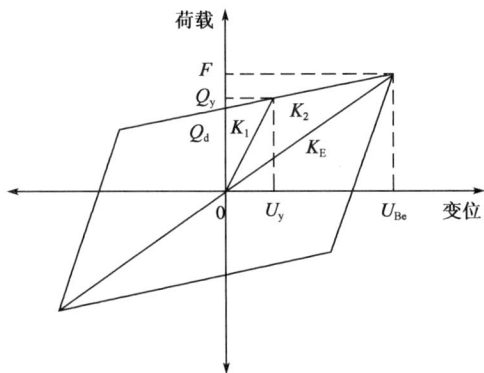

图13-192　铅芯橡胶支座滞回曲线的等价线性化模型

　　midas Civil对铅芯橡胶支座也是采用双线性力学模型来模拟其非线性特性的。一般建议对轴向变形和3个弯曲变形自由度属性定义为线性弹簧。如要模拟的是单自由度的塑性单元,而对另外一个没有非线性属性的剪切变形,也可以使用线性属性进行定义。所有线性自由度使用的都是对话框中定义的有效刚度和有效阻尼的线性属性,当然有效刚度和有效阻尼也可能为0。下面通过一个实例来介绍一下程序中各参数的含义以及应该怎样输入。

　　某厂生产的LRB600铅芯橡胶支座,支座直径600mm,高度172mm,铅销直径52mm,铅销的根数4。试验测得的竖向刚度2932000kN/m,水平等效刚度2407kN/m,等价阻尼比为0.216,屈服后刚度为1550kN/m,屈服力为94.2kN,质量为180kg。

运行命令**边界>一般连接>一般连接特性值**,在弹出的对话框中点击"添加"按钮,然后在"添加/编辑一般连接特性值"对话框(图13-193)中依次按下操作:填写"名称"为LRB600,选择作用类型为"内力"型,选择特性值类型为"铅芯橡胶支座隔震装置","总质量"填写铅芯橡胶支座实际质量0.18kN/g,集中质量系数保持默认即可,在"线性特性值"分组框勾选D_X、D_Y和D_Z三个DOF,再填写有效刚度及有效阻尼数据。在"非线性特性值"分组框中点击对应的DOF的"特性值"按钮,即可弹出对应的对话框,在其中填写非线性特性值,如图13-194所示。

图13-193　铅芯橡胶支座的特性值定义

a)D_X成分非线性特性值　　　　b)D_Y和D_Z成分非线性特性值

图13-194　铅芯橡胶支座的非线性特性值定义

轴向 D_X 方向为单线性力学模型,线性特性值中的有效刚度的输入即为支座的轴向刚度,非线性特性值的弹性刚度的输入应与线性特性值中的有效刚度的输入为同一值。非线性直接积分法,有效阻尼无须输入(输入0),程序仅调用非线性特性值中输入的信息。

《公路桥梁铅芯隔震橡胶支座》(JT/T 822—2011)附录A表格中参数与程序输入参数的对应关系为:水平等效刚度→程序线性特征值 D_y、D_z 向有效刚度,屈服前刚度→程序非线性特征值剪切弹性刚度 k,铅芯屈服力→程序非线性特征值中剪切屈服强度 F_y,屈服后刚度/屈服前刚度→程序非线性特征值中的屈服后刚度与弹性刚度之比(r)。

铅芯橡胶支座各剪切成分与滞回系统的剪切成分中 $s=2$ 的情况相同,其参数的意义也与滞回系统相同,此处不再赘述。水平剪切方向因为是双轴塑性,也就是 D_Y 向与 D_Z 向都是双线性力学模型,两个方向上的输入一般是完全一样,这里以 D_Y 向为例。

有效刚度即为图13-192中的 K_E;有效阻尼不是阻尼比 ζ,而是支座的阻尼系数 C,两者的关系按下式计算:

$$C = 2\sqrt{km}\,\zeta \tag{13-14}$$

式中:k——支座水平等效刚度;

m——单个橡胶支座承担的上部结构质量。

进行反应谱分析和线性时程分析时,有效阻尼值应该按照实际值正确输入;进行非线性时程分析时,有效阻尼值推荐输入0。

非线性特性值中的弹性刚度 K 即为图13-192中的 K_1,屈服强度就是图13-192中双线性模型中拐点处的荷载值 Q_y,需要注意的是屈服后刚度与弹性刚度之比按新西兰规范一般取0.1,国际上大多也这么取,而其余取值由厂家做相应的试验后提供实测数据。

高阻尼隔震橡胶支座相对铅芯橡胶支座,仅输入参数发生变化,程序中采用同样方法处理,所以可用程序中铅芯橡胶支座隔震装置功能模拟高阻尼隔震橡胶支座。《公路桥梁高阻尼隔震橡胶支座》(JT/T 842—2012)附录A中表格与midas Civil程序中铅芯橡胶支座隔震装置特征值(特性值)对应关系为:竖向压缩刚度对应程序线性特征值 D_x 向有效刚度,水平等效刚度对应程序线性特征值 D_y、D_z 向有效刚度,初始水平刚度对应程序非线性特征值剪切弹性刚度 k,水平屈服力对应程序非线性特征值剪切屈服强度 F_y,屈服后水平刚度/初始水平刚度对应程序非线性特征值中的屈服后刚度与弹性刚度之比(r)。

6)摩擦摆隔震装置

当承受地震激励时,摩擦摆隔震支座减小从上部结构传向下部结构的力,它利用了简单摆能够延长隔离结构固有周期的特性。摩擦摆隔震支座是一种圆弧面滑动摩擦系统,具有较强的限、复位能力、耗能机制和良好的稳定性,其竖向承载能力很大(可以达到130000kN)。摩擦摆的工作性能受到诸如摩擦系数、滑面半径等参数的影响。

摩擦摆隔震支座的典型组成如图13-195所示,它基本上由两部分组成:滑块(具有承压球面)和一个经过处理的球形滑动凹面(放置在铸钢轴承槽中)。这个凹面和滑块的表面具有相同的半径,以使二者可能很好地吻合且在竖向荷载作用下具有较为均匀的压力。支座尺寸主要由最大设计位移来决定。这种隔震器的周期不依赖于被支承结构的质量,可以通过仅改变凹面的半径来使周期发生变化,这是摩擦摆隔震支座相对于橡胶支座的一个优点。对于橡胶支座,为了在不改变平面尺寸的情况下来延长其周期,不得不增加支座的高度,而这受到稳定性要求的限制。

图13-195 摩擦摆隔震支座构造示意图

当地震作用力超过静摩擦力时,摩擦摆隔震支座开始滑移,隔震支座所产生的恢复力等于动摩擦力和结构由于沿球面升高竖向重力分量所产生的侧向恢复力之和,这种恢复力与隔震支座所支承的重力和滑动的位移大小成比例,其力学模型可如图13-196a)所示,弯曲的滑动面可以使结构自重帮助上部结构回到中心。

midas Civil中摩擦摆隔震支座的等效力学模型如图13-196b)所示,这是一个双轴摩擦摆,对于两个剪切变形,沿摆滑移面的径向滑移后刚度,在轴向的缝行为和对于3个弯矩变形的线性有效刚度具有耦合的摩擦属性。此单元还可模拟在接触面的缝和摩擦行为。

a)摩擦摆隔震支座力学模型   b)程序摩擦摆隔震支座的等效力学模型

图13-196 摩擦摆隔震支座力学模型

摩擦摆隔震支座的恢复力由摩擦和摆效果平行作用,其恢复力模型如图13-197所示。因支座的摩擦力远小于重力恢复力,支座滑动时的刚度 K 可近似得到,即 $K \approx P/R$。图13-197中 $F = P\mu_s$ 是摩擦摆隔震支座的屈服力,μ_s 表示速度为0时的摩擦系数,F 即隔震支座发生滑动时的最小水平荷载,也即静摩擦力。K_1 为滑移前刚度,理论上该值应该为无穷大,可是实际中,虽然滑移没有发生,可是摆本身仍然有变形,所以 K_1 为一个极大值。K_2 为滑移后刚度,即 $K_2 \approx \dfrac{P}{R}$。$K_{有效}$ 为支座等价线性刚度,即弹性刚度。

下面举例说明。某厂生产的摩擦摆隔震支座,轴向刚度为2500000kN/m,剪切等效刚度为40kN/m,滑移前刚度2000kN/m,静摩擦系数 μ_s 为0.04,动摩擦系数 μ_f 为0.02,控制摩擦系数随滑动速度变化程度的参数(摩擦系数变化参数)r 为20s/m,质量为2000kg。

图 13-197　摩擦摆隔震支座恢复力模型

图13-198中定义了该摩擦摆隔震支座的质量、有效刚度和有效阻尼,图13-199定义了其非线性特性。与铅芯橡胶支座一样,一般建议对轴向变形和3个弯曲变形自由度属性定义为线性弹簧。考虑3个弯曲变形时,仅输入线性有效转动刚度即可。轴向成分的非线性特性中还可以输入初始间隙。

图 13-198　摩擦摆隔震支座模型例子

7)三重摩擦摆隔震支座

三重摩擦摆隔震器(TFPI)的刚度和强度随位移幅度的增加而发生多次变化。与传统的隔震技术相比,TFPI提供了更好的抗震性能、更低的支承成本和更低的施工成本。三个摆中每一个的特性都被选择为在不同的地震强度下依次激活。当地面运动变得更强时,轴承位移增加。在较大的位移下,有效摆锤长度和有效阻尼增加,从而导致较低的地震力和轴承位移。TFPI在局部xy平面上是对称的。剪力特性中只有D_y成分的输入被激活,D_z特性将与D_y

特性相同。

a)D_X成分非线性特性值   b)D_Y和D_Z成分非线性特性值

图13-199　摩擦摆隔震支座的非线性特性值定义

图13-200为三重摩擦摆隔震支座的剪力特性定义示例,其中各参数含义如下:

图13-200　三重摩擦摆隔震支座的剪力特性定义示例

刚度(k):滑动前的初始剪切刚度。

摩擦系数,慢(μ_s):位移速度慢时,摩擦面的摩擦系数。

摩擦系数,快(μ_s):位移速度快时,摩擦面的摩擦系数。

摩擦系数需满足条件:μ(外顶部)>μ(外底部)>μ(内底部)=μ(内顶部)。

速度参数(r):摩擦系数相对于变形速度的变化率。

滑移面的半径(R):滑动面的曲率半径。

停止距离(d):决定剪切弹簧滞回曲线形状的参数。停止距离(d)需满足以下条件:

d(内底部)>[μ(外底部)-μ(内底部)]×R(内底部);

d(内顶部)>[μ(外顶部)-μ(内顶部)]×R(内顶部)。

13.8.3 快速非线性分析(FNA)

1)使用振型叠加法做边界非线性时程分析

振型叠加法本是一种线性的求解方法,在非线性分析中运用振型叠加法时,程序其实采用了一种比较快速的计算方法——快速非线性分析(Fast Nonlinear Analysis Method),简称FNA方法,使得刚度的非线性问题转换成了刚度线性的问题,然后再利用振型叠加法来进行求解。

工程结构设计常见的做法是将非线性行为限制在结构内的少量预定义位置,快速非线性分析方法就是针对此类结构系统提出的。该方法是一种非线性分析的有效方法,在这种方法中,非线性被作为外部荷载处理,形成考虑非线性荷载并进行修正的模态方程。该模态方程与结构线性模态方程相似,因此可以对模态方程进行类似于线性振动的分解处理。然后基于泰勒级数对解的近似表示,使用精确分段多项式积分对模态方程进行迭代求解。最后基于前面分析所得到的非线性单元的变形和速度历史计算非线性力向量,并形成模态力向量,形成下一步迭代新的模态方程并求解。关于快速非线性分析的详细解释可以参考Edward L. Wilson的《结构静力与动力分析》一书。

理论上在做动力非线性分析时,有效刚度可以任意取值(当取0时,结构可能变成机动体系。但当只考虑减隔震支座的消能时,有效刚度和有效阻尼处可全部输入0),可是如果在进行快速非线性分析时对有效刚度进行较好的估计,收敛速度会加快,所以,此时建议一般取非线性弹性支承的刚度值。

2)特征值分析时的注意事项

非线性振型叠加法(快速非线性分析)是基于振型分析的分析方法,所以要保证足够的振型数量参与分析,振型数量一定要保证非线性弹簧的位移计算精度。特别是摩擦摆隔震装置中的轴力直接影响剪切方向的非线性特性,因此,要保证竖向振型的振型质量参与系数要保证足够的精度。

因为使用Ritz向量法可用较少的振型数量就反映出高阶振型的影响,所以特征值分析一般采用Ritz向量法,但需要注意的是Ritz向量法有可能会丢失一些振型。

3)静力荷载的考虑方法

非线性分析中不能适用线性叠加原理,即不能将静力荷载结果与动力荷载结果线性叠加。要获得静力荷载与动力荷载同时作用的效果,需要将静力荷载转换为动力荷载而进行时程分析。即通过定义两个时程荷载工况后,通过时程分析工况的连续分析功能获得组合的效果。考虑静力荷载的方法已在第13.6.1节中进行介绍,此处不再赘述。

13.8.4 直接积分法分析实例

在设置了减隔震支座的桥梁、建筑结构中,抗震分析方法主要分为以下三种:

(1)不考虑除边界非线性连接单元外其他构件的弹塑性性能的动力分析。

(2)考虑除边界非线性连接单元外其他构件的弹塑性性能的动力分析。

(3)包含边界非线性连接单元的Pushover分析。

这每一种分析方法其对应的单元参数的选取、计算模式的确定(直接积分或振型叠加)都是不同的。在不考虑除边界非线性连接单元外其他构件的弹塑性性能的动力分析中,根据计算原理的不同又分为"振型叠加法"边界非线性动力分析和"直接积分法"边界非线性动力分析。既要考虑边界非线性又要考虑构件的弹塑性性能时,只能用直接积分法。

这里主要讨论第一种情况,即不考虑除边界非线性连接单元外其他构件的弹塑性性能的动力分析。为了比较,下面的实例分别用"振型叠加法"和"直接积分法"进行边界非线性动力分析。

1)实例资料

如图13-201为某三跨连续梁桥的模型,主梁为双钢箱形式,两钢箱之间由钢横梁连接。桥墩和盖梁为钢筋混凝土结构。桥面仅用均布荷载代替。图13-202给出了钢箱梁、横梁与中间桥墩及盖梁的对应关系,其中:横梁与钢箱直接共用节点,但考虑了横梁的梁端刚域效应;节点60和64之间,以及节点59和63之间都用一般连接模拟支座;支座顶节点与钢箱对应节点之间、支座底节点与盖梁对应节点之间以及桥墩顶节点与盖梁对应节点之间都用主从节点连接。两侧桥台也设立了支座,但支座底节点直接固结,墩底也为固结。

图13-201 实例模型　　　　　　图13-202 实例模型中各构件的连接说明

支座采用某厂生产的铅芯橡胶支座,其中桥墩顶与两侧桥台顶支座是不同的型号,但支座高度均为200mm。桥台支座试验测得的竖向刚度为4791000kN/m,等效刚度为3300kN/m,等价阻尼比为0.216,屈服后刚度为10800kN/m,屈服力为152kN,质量为800kg。桥墩支座试验测得的竖向刚度为12640000kN/m,等效刚度为6886kN/m,等价阻尼比为0.216,屈服后刚度为21616kN/m,屈服力为329kN,质量为800kg。

本例中的所有梁单元均为线弹性特性,建立模型的过程、质量的输入以及刚性连接定义等从略,这里直接从铅芯橡胶支座的定义开始说明。

2)定义一般连接特性值

在第13.8.2节中给出了一个铅芯橡胶支座的定义实例,已经有的数据填写说明这里不再赘述,请参考前面的例子以及程序的在线帮助手册,这里仅就特别注意的内容加以说明。图 13-203 与图 13-204 为桥台支座特性值的定义,桥墩支座的定义与之类似,仅数据不同。

图 13-203　铅芯橡胶支座的特性值定义

图 13-204　铅芯橡胶支座 D_Y 和 D_Z 成分非线性特性值

因为是动力分析,其对整体模型质量输入的准确性要求是非常高的,所以建议此处一定要填写使用质量,因为该支座质量为800kg,所以图13-203中输入0.8kN/g。

支座轴向X向的非线性特性中也仅有弹性刚度,所以可以不勾选图13-203中非线性特性值分组框中的D_X。

3)建立一般连接

一般连接单元需要连接两个节点,即支座的上下节点。运行命令**边界>一般连接**,先选择刚定义的"一般连接特性值"名称,再点击一下"两点"后面的编辑框使其底色变成淡绿色,然后依次点选要连接的两点即可。

4)初始内力的考虑

在第13.6.2节中给出了一种考虑自重等引起初始内力的方法,这里稍有不同,具体说明请参考第13.6.1节。

(1)定义一个静力荷载工况,命名为"恒载",施加自重及桥面重力两种荷载。

(2)定义如图13-205所示的时程荷载函数,命名为Ramp。

(3)定义时程荷载工况,命名为Dead Load,如图13-206所示。这里的分析时间与上述定义的时程荷载函数一致,阻尼比很大。

图13-205 恒载的时程函数

图13-206 恒载的时程荷载工况

(4)定义对应的时变静力荷载,如图13-207所示。

5)时程荷载工况定义

定义地震作用的时程荷载工况,如图13-208所示。这里接续了恒载对应的"时程分析",这两个时程荷载工况中的分析方法要一致,比如此处都是直接积分法。

图 13-207　恒载对应时变静力荷载

图 13-208　地震作用对应时程工况

关于全桥阻尼输入作如下说明:

(1)全桥能量耗散

因为结构的阻尼矩阵使用振型阻尼方法计算,midas Civil 程序中所有的阻尼输入都和振型阻尼有关。在加入了减隔震器的混凝土桥梁各阶振型阻尼显然不是传统意义上的0.05,但有一点要注意的是:减隔震器的耗散能 W_σ 已经由它的非线性特性值所决定的滞回曲线决定了,而不需要再去单独地定义组阻尼,这个时候用户再只需要求解全桥其他构件的能量耗散就可以了。所以我们完全可以忽略掉所有的减隔震器对其振型阻尼的影响(因为可以自动计算、自动计入),而求其振型阻尼仍然是0.05时混凝土桥梁耗散的能量 W_ξ,则全桥能量耗散为:

$$W = W_\xi + W_\sigma \tag{13-15}$$

具体到程序中就是不管减隔震器对其振型阻尼的影响,仍然定义各阶振型阻尼比为0.05,如图13-208所示。

当然,也可以通过定义全桥结构组阻尼比为0.05,再通过定义阻尼计算方法中选择应变能因子来计算全桥阻尼耗能(**特性>组阻尼>组阻尼比:应变能因子**,选择"边界组")。

(2)有效刚度和有效阻尼

对于非线性直接积分法分析,因为其能直接考虑单元能量耗散,且正确地考虑了振型交叉耦合的效果。不像振型叠加法那样需要结构的振型数据,所以,在采用直接积分法分析的时候,实际上是没有采用到任何的线性分析的(包括线性静力分析、模态分析等),那么,非线性直接积分法是不使用"有效刚度"和"有效阻尼"值的,所以,可以将线性特性中的"有效刚度"和"有效阻尼"的值均输为0。这样的话就完全依靠"非线性特性值"中各参数的输入来考虑其阻尼耗能效果。

但是,根据振型阻尼比来确定阻尼矩阵的时候,是需要知道结构的每一阶的频率,即还需要做特征值分析。而如前所述,模态分析是需要有效刚度的,那么在有效刚度处就必须输入,本次分析输入有效刚度如图13-203所示。有效阻尼仍然输入0。

6)选择地震波

即定义时程荷载函数,这里输入两个地震波,一为顺桥向,另一为横桥向。

7)地面加速度输入

8)定义特征值分析

时程荷载工况中阻尼计算方法为直接振型法、应变能因子方法时应事先设置特征值分析数据,这里按图13-209设置。

图13-209 特征值分析控制数据

9)运行分析

10)查看结果

定义时程结果函数,如图13-209所示。这里定义了三个结果时程函数:

(1)墩顶顺桥向即 X 方向的位移,命名为Disp-Pier-Top。

(2)桥墩上铅芯橡胶支座的横向位移,命名为NL3-Disp-y。

(3)桥墩上铅芯橡胶支座的横向内力,命名为NL3-Shear-y。

图13-210~图13-212给出了计算结果。

图13-210 定义三个时程结果函数

图13-211 墩顶顺桥向位移时程

图13-212 墩顶支座横桥向剪力-位移关系

13.8.5 振型叠加法分析实例

仍然采用上面的例题,这里仅需要将图13-206和图13-208中的分析方法改为振型叠加法,并在特征值分析控制对话框中勾选"考虑一般连接的荷载向量"(参见第10.2.3节说明),其他不变。分析时长较直接积分法快了很多。

图13-213和图13-214给出了与第13.8.4节对应的计算结果。

图13-213 墩顶顺桥向位移时程

图13-214 墩顶支座横桥向剪力-位移关系

第 14 章

斜拉桥分析

14.1 概述

斜拉桥是由索、塔、梁三种基本构件组合而成的缆索承重组合结构。斜拉索对梁是一个多点的弹性支承,使主梁受力类似于多跨的连续梁,大大减少了主梁弯矩。在恒载作用下,索的张拉力使梁塔处于合理的受力状态;在活载和其他附加荷载作用下,索起到弹性支承和力的传递作用。由于斜拉索的存在,索将主梁荷载以轴压力的方式传递给桥塔,而主梁承受着由斜拉索传来的竖向支承反力与斜拉索水平分力产生的轴向压力,一般来讲,主梁和桥塔均处于偏心受压的受力状态。斜拉索的索力具有可调性,在恒载作用下,主梁的弯曲内力可通过斜拉索索力来调整。

14.1.1 成桥合理状态

斜拉桥的计算内容较多,静力计算是其他各项计算的基础,图14-1为斜拉桥静力设计的流程图。根据最不利荷载组合下斜拉桥合理受力的要求,主要通过调整索力确定成桥恒载合理状态。斜拉桥合理成桥状态必须包括力的状态和线形状态。力的状态包括梁、塔、索以及墩台的受力状态,取决于结构的恒载分布、斜拉索索力和支座反力。线形状态主要指主梁的成桥高程,可以通过立模高程(悬臂浇筑施工)或制作放样线形(悬臂拼装施工)来满足要求,在成桥状态计算时可不考虑。斜拉桥合理成桥状态应满足以下两个控制目标:一是保证成桥状态下桥梁结构受力合理,使主梁和主塔在恒载作用下的弯矩较小且分布均匀;二是保证成桥状态下桥梁结构线形合理,使成桥后主梁和主塔的变形达到理想值。

确定斜拉桥的成桥恒载受力状态,不能简单地通过一次落架计算获得,而要通过试算和结构调整(包括恒载分布调整与索力的调整)才能获得,其计算步骤可参考下面步骤进行:

(1)初拟结构尺寸。包括桥型布置,主要截面尺寸,边、中跨配重,二期恒载大小,钢材型号,混凝土强度等级,以及施工过程中需配置的前期预应力等基本数据的拟定。

(2)确定成桥状态。根据成桥恒载分布,用一定的方法(如弯曲能量最小法)得到一个主梁和塔弯矩均较小,且索力也基本均匀的成桥状态。

(3)索力调整。对上步获得的成桥状态进行调索,使索力匀称、主梁与主塔弯矩较小。

(4)计算主梁内力包络图。根据上步得到的成桥状态和索力,并考虑活载效应,将恒载索力放大一定倍数(如1.2倍)后作为设计索力,计算出索的面积并替代原面积,进行后期内力计算。此时荷载包括车辆荷载、温度和风等其他可变荷载,以及运营过程中的混凝土收缩、徐变影响力。由于上步获得的成桥状态并非最终结果,并且也未计施工过程的影响,所以混凝土的收缩、徐变计算是近似的。

(5)预应力混凝土斜拉桥的预应力设计。对预应力混凝土斜拉桥,先根据第(3)获得的成桥状态主梁恒载轴力N,并根据第(4)步获得主梁内力包络图;计算主梁合理预加力N_y;然后布置主梁中的预应力束。

(6)塔、梁成桥恒载弯矩可行域。在第(3)步获得的成桥状态基础上,加入配置好的预应力,获得一个新的成桥状态,相应的主梁轴力$N+N_y$。根据$N+N_y$并结合第(4)步得到的塔、梁活载应力包络图,计算塔、梁弯矩可行域。

(7)塔、梁弯矩调整。在上步获得的成桥状态基础上通过对成桥索力的调整,使塔、梁成桥恒载弯矩落在弯矩可行域内,并且尽量在域内居中,或根据设计要求居于有利位置。

(8)成桥状态检验。根据第(7)步的计算结果,计算新的主梁弯矩可行域,并检查调整后的主梁成桥恒载弯矩是否落在弯矩可行域内;另外,还需对主塔、斜拉索、边墩与辅助墩的受力进行检查,如果都满足要求,则说明第(7)步确定的成桥状态是可行的,否则根据检验情况,对不满足要求的部分进行调整,转入第(7)步。如果需要修改基本数据(如梁、塔和索的几何尺寸,材料参数等),则需转入第(2)步。

开始

结构总体布置

初拟构件尺寸

决定恒载、活载集度

恒载分析,初步确定恒载索力

修正斜拉索截面积

活载、附加荷载计算

荷载组合,梁体配索

索力优化

修改截面参数

否

强度、刚度验算是否通过?

是

构件无应力尺寸计算

对施工阶段循环倒退分析

计算斜拉索初张力

斜拉桥预拱度

修改索张拉方案

强度验算是否通过?　否

是

前进分析验算

结束

图14-1　斜拉桥静力设计流程图

一旦斜拉桥结构体系被确定,总能找到一组斜拉索索力,它能使结构体系在确定荷载作用下,某种反映受力性能的指标达到最优。这组索力对应的成桥状态就是该目标下最优的成桥内力状态。求解这组最优索力,并在斜拉桥中加以实施,也就实现了斜拉桥的恒载受力优化,即达到成桥恒载合理状态。在不改变结构参数的前提下,斜拉桥恒载状态的优化就是斜拉索索力的优化。

常用的合理成桥状态分析方法,主要包括刚性支撑连续梁法、弯曲能量最小法、零位移法、刚性吊杆法、内力平衡法(弯矩可行域法)及影响矩阵法等。

14.1.2　施工合理状态

斜拉桥要经历一个分阶段施工的过程,结构在施工过程中刚度远比成桥状态小,几何非线性突出。结构的荷载(自重、施工机具、预应力等)是在施工过程中逐级施加的,每一个施工阶段都可能伴随结构构形变化、构件材料的收缩与徐变、边界约束增减、预应力张拉以及体系转换。后期结构的受力状态和力学性能与前期结构有着密切联系。因此施工阶段的结构分析一般采用有限位移理论。施工分析的最终结果就是斜拉桥成桥时的理论受力状态。

根据施工逆过程,可以确定满足成桥合理内力状态下,各施工阶段的内力状态与位形,即各施工阶段的理想状态。但在实际施工时,由于构件自重、刚度、施工精度、索力张拉误差、温差等方面因素影响,可使施工阶段实际状态严重偏离理想状态。对索力的优化调整是施工阶段纠偏的重要手段。一个合理的施工状态首先在施工过程中结构应该有一定的安全储备,即结构应力、变形应该满足规范规定的要求;其次在安全性的前提下,应以最少的调索次数使斜拉桥达到合理成桥状态。

目前常用的施工阶段分析方法主要有倒拆分析法、正装分析法、正装迭代法、倒拆-正装迭代法及无应力状态法。

14.1.3　计算模型

一般来讲,采用有限元程序计算时,斜拉桥的计算模型分为空间杆系模型和空间板壳、块体以及梁单元组合模型。空间杆系模型要特别注意实际结构与计算模型间的刚度等效性,空间组合单元模型要注意不同单元结合部的节点位移协调性。大跨度斜拉桥是柔性结构体系,非线性影响较为突出,非线性主要体现在材料和几何非线性两个方面。

全桥模型受到计算规模的限制常采用空间杆系模型。空间杆系模型常根据主梁的模拟情况分为单主梁模型、Π形模型、双主梁模型和三主梁模型。采用梁、板壳和块体单元组合建立的模型在刚度与质量分布等方面与实际结构的差异较小,但是这种方法工作量较大,在处理混凝土徐变、预应力等方面比较麻烦。

单主梁模型的中间轴线通过主梁截面的扭转中心,主梁的拉伸刚度、竖向抗弯刚度、横向抗弯刚度、自由扭转刚度和质量(平动质量和转动惯量)都集中在中间轴线上。双索面斜拉桥的主梁则通过短刚臂和斜拉索连接形成"鱼骨"式,如图14-2所示。这种模型的优点是主梁的刚度系统和质量系统是正确的,缺点是横梁的刚度和主梁的翘曲刚度不能充分考虑。如采用刚臂的连接方式则杆件数增多,另一方面,若刚臂的刚度取值不当则对自振频率的值会有所影响。

a)整体模型　　　　　　　　　　　　　b)主梁

图14-2　斜拉桥单主梁模型

Π形模型把桥面系的刚度系统和质量系统分开处理,刚度集中在中间节点上,节点布置在截面的剪切中心处,而质量分散在左右两个质点上,质点的横向间距取两片边主梁的中心距,质点的竖向位置设置在通过截面质心的水平线上,节点和质点之间用水平刚臂和竖向刚臂连接,形成Π形,如图14-3所示。这种模型由于质量分布在两侧,因而能自动形成转动惯量。该模型把刚度系统和质量系统放在各自的位置上,能比较正确地反映截面实际受力状况,但节点数和杆件数太多,计算工作量大,且同时由于刚度集中在一个节点上,无法考虑翘曲刚度的影响。这种模型适用于Π形主梁或由分离式主梁和桥面板组成的组合截面。

a)整体模型　　　　　　　　　　　b)主梁

图14-3　斜拉桥Π形主梁模型

双主梁模型由两根主梁组成,中间用横梁联系,主梁间距取两索面距离,横梁的间距取索距。每片主梁的面积和竖向弯曲惯性矩分别为全断面值的一半,横向刚度采用挠度相等原理计算等代刚度。横梁刚度采用实际刚度(包括桥面共同作用的部分),桥面系质量分布在两侧主梁和中间横梁上,通过调整它们之间质量分布的比值,使平动质量和转动惯量满足全截面值的要求,如图14-4所示。这种模型的横梁刚度与实际相符合,可以由两根边梁提供一定的桥面约束扭转刚度。但这种模型的缺点是用刚性横梁连接的平面框架对横向而言是一种剪切型结构,由于有强大的桥面板作用,实际截面基本为弯曲型,因而无法正确描述桥面的横向抗弯刚度,引起桥面横向弯曲变形的失真。双主梁模型适用于具有分离边箱梁的半开口主梁截面。

a)整体模型　　　　　　　　　　　b)主梁

图14-4　斜拉桥双主梁模型

三主梁模型是为了克服上述三种模型的缺点而提出的,这种梁模型是由位于桥轴线上的中梁和位于索面处的两根边梁共同组成一个构架式主梁模型,三根主梁之间通过刚性横梁连接,该模型根据一定等效原则把桥面系的刚度和质量合理地分配到中梁和两根边梁上,并据此原则,确定模型中每根主梁的截面性质和质量分布。三主梁模型是目前较完善的一种桥面系模型,它克服了上述三种模型的缺点,正确地考虑了约束扭转刚度的贡献,这种模型比上述其他模型能较精确地计算出斜拉桥的扭转频率,对于自由扭转刚度较小的主梁截面有着重要的意义,但这种模型的节点数和单元数较多。三主梁模型适用于带分离边箱的半开口主梁截面,特别是自由扭转刚度较小的开口截面,如带实心边梁的板式截面以及I字形边梁和桥面板相结合的开口主梁截面。斜拉桥三主梁模型如图14-5所示。

a)整体模型   b)主梁

图14-5　斜拉桥三主梁模型

斜拉索的模拟一般有三种方法，即等效弹性模量法、多段直杆法和曲线索单元法。

等效弹性模量法即用恩斯特（Ernst）公式计算索的等效弹性模量来代替其自身的弹性模量，这样就将由于索的垂度引起的非线性问题线性化。索的拉力太小、索太长都会使索的垂度影响不可忽略。

多段直杆法就是将斜拉索模拟成包含一系列无质量、铰接的直线连杆，其轴向刚度采用 Pugsley 提出的重力刚度，斜拉索的质量集中在连杆的节点上。合适数量的连杆就能较精确地模拟斜拉索的自然状态。

曲线索单元法是将斜拉索划分成一个或多个曲线单元，其单元刚度矩阵由多项式或拉格朗日插值函数通过考虑斜拉索在共同节点位移和可能变位的连续性进行计算。在建立这种模型时，假定索单元只在其横截面上产生法向应力，并且该法向应力在横截面上分别均匀，在索变形时其横截面面积保持不变。

14.2　斜拉桥建模助手

用 midas Civil 提供的斜拉桥建模助手可自动生成平面单梁型的杆系斜拉桥模型，图14-6 为斜拉桥建模助手对话框，其填写说明可参见程序的在线帮助。使用该建模助手前需先定义拉索、主梁和索塔的材料和截面，按图14-6 填写数据后可生成如图14-7 所示的斜拉桥单梁单索面 2D 模型。

图14-6　斜拉桥建模助手

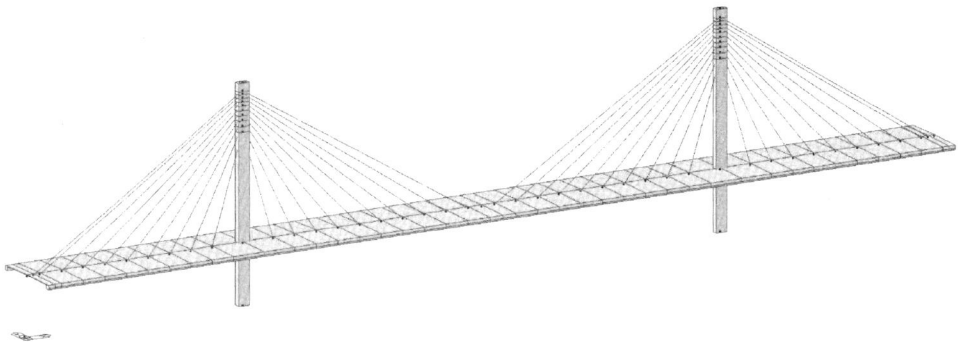

图14-7 用建模助手建立的斜拉桥模型

14.3 用midas Civil分析斜拉桥

14.3.1 索的模拟

在midas Civil中,定义索单元的对话框如图2-9所示。可以采用普通桁架单元、只受拉桁架单元、只受拉钩单元和只受拉索单元模拟实际索。模拟不同结构中实际索的单元使用建议如下:

(1)悬索桥的主缆和吊杆:建议使用考虑大变形的索单元。

(2)大跨斜拉桥的斜拉索:对于跨度近千米或者超过千米的斜拉桥,建议使用考虑大变形的索单元。

(3)中小跨斜拉桥的斜拉索:建议使用考虑恩斯特(Ernst)公式修正的等效桁架单元。

(4)拱桥的吊杆:建议使用桁架单元或只受拉桁架单元。

(5)系杆拱桥的系杆:建议使用桁架单元。

(6)体内预应力或体外预应力的钢索(钢束):与索单元无关,使用预应力荷载功能,按荷载来模拟即可。

(7)进行细部分析时,对于钢束可以按桁架单元来模拟。

在midas Civil中,定义只受拉索单元后其分析方式根据分析类型不同而异,只受拉索单元的不同分析方式如下:

(1)静力线性分析:按考虑恩斯特公式修正的等效桁架单元进行分析。

(2)静力非线性分析(需设置非线性分析控制):按考虑大变形的悬索单元进行分析。

(3)施工阶段考虑时间依存性效果(线性):按考虑恩斯特公式修正的等效桁架单元进行分析。

(4)施工阶段考虑非线性分析:按考虑大变形的索单元进行分析。

(5)移动荷载分析或支座沉降分析:按桁架单元(或考虑成桥时的几何刚度)进行线性分析。

(6)对完成了施工阶段分析后还要进行进一步分析的情况,将在施工阶段分析控制对话框(如图14-8所示,使用命令**分析>施工阶段分析控制数据**)中是否勾选选项"在PostCS阶段将索单元转换为等效桁架单元"会产生的不同影响列于表14-1中。

图 14-8　施工阶段分析控制数据对话框

索单元在施工阶段分析后续分析中的分析方式　　　　　　　　　　表 14-1

成桥状态荷载工况	不勾选"在 PostCS..."	勾选"在 PostCS..."
移动荷载	按桁架单元考虑(线性叠加)	考虑成桥状态的索单元和梁单元的几何刚度
支座沉降		
动力分析(特征值分析等)		
温度荷载	按等效桁架单元考虑,基于恩斯特公式进行反复迭代计算	
其他静力荷载	按等效桁架单元考虑,基于恩斯特公式进行反复迭代计算	

14.3.2　程序的斜拉桥分析功能及流程

midas Civil 程序主要可以对斜拉桥进行如下分析:

(1)利用未知荷载系数法求解成桥平衡状态索力。

(2)利用倒拆分析或未闭合配合力正装分析方法求解施工阶段索力。

(3)结合考虑施工阶段的未知荷载系数法进行二次调索。

利用 midas Civil 程序进行斜拉桥的常规分析方法步骤如下:

第一步:进行成桥状态分析,即建立成桥模型,考虑结构自重、二期恒载、斜拉索的初拉力(单位力),进行静力线性分析后,利用"未知荷载系数"的功能,根据影响矩阵求出满足所设定的约束条件(线形和内力状态)的初拉力系数。此时斜拉索需采用桁架单元来模拟,这是因为斜拉桥在成桥状态时拉索的非线性效应不是很大,而且影响矩阵法的适用前提是荷载效应的线性叠加(荷载组合)成立。初始索力的计算流程如图 14-9 所示。

图14-9　斜拉桥初始索力计算流程图

第二步：倒拆施工阶段分析，利用算得的成桥状态的初拉力（不再是单位力），建立成桥模型并定义倒拆施工阶段，以求出在各施工阶段需要张拉的索力。此时斜拉索采用只受拉索单元来模拟，在施工阶段分析控制对话框中选择"体内力"。求在各施工阶段需要张拉的索力大小的方法，也可采用"考虑未闭合配合力的正装分析"。

第三步：正装（前进）施工阶段分析，根据上步得到的各施工阶段拉索的内力，将其按初拉力输入建立正装施工阶段的模型并进行分析。此时斜拉索仍需采用只受拉索单元来模拟，但在施工阶段分析控制对话框中选择"体外力"。

midas Civil提供的最基本功能是"未知荷载系数"和"未闭合配合力"。而实际上，前述常用的合理成桥状态分析方法和合理施工状态分析方法都可以在程序中直接或间接实现。

14.4　斜拉桥成桥合理状态分析

如前所述，在不改变结构参数（结构构形、重量分布、刚度分布等）的前提下，斜拉桥恒载状态的优化，就是斜拉索索力的优化，成桥恒载合理状态也即成为计算成桥阶段初始索力的问题。

在结构布置确定的情况下，斜拉桥成桥合理状态仅与恒载分布、索力及支座反力（成桥状态3要素）有关，与结构刚度分布、结构非线性、施工过程无关。只要保证其成桥索力、支座反力与优化状态的索力、支座反力一致，则相应内力状态就是成桥合理状态。

14.4.1　用未知荷载系数法求成桥合理状态

这里通过实例来说明如何在midas Civil中用未知荷载系数法计算成桥初始索力。

1）例题模型介绍

如图14-10所示，一座100m+220m+100m = 420m的三跨混凝土主梁斜拉桥，墩塔固结，主梁用支座支承在桥墩横梁上，其模型如图14-11所示。模型为单主梁立体模型，主梁和桥墩、塔均为梁单元。索以主梁为基准对称配置，用桁架单元模拟。主梁支座用弹性连接模拟，所有支座竖向及水平刚度均相同。

a)桥跨布置

b)墩塔布置

图14-10 例题斜拉桥孔跨及墩塔尺寸(尺寸单位:m)

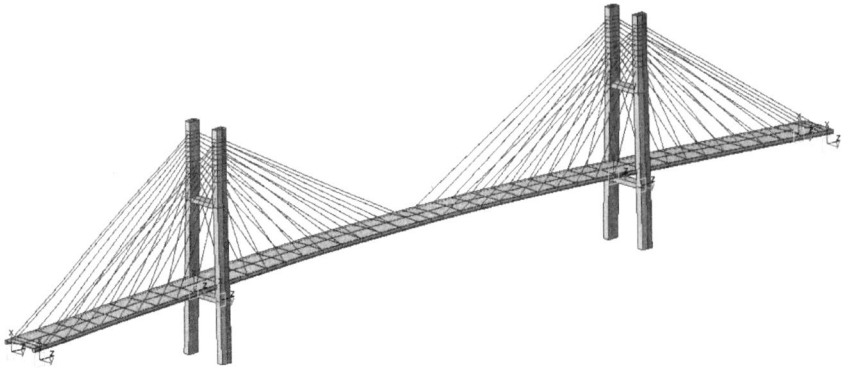

图14-11 斜拉桥初始索力计算实例模型

如图14-11所示模型的建立是用斜拉桥建模助手建立平面模型,按图14-6填写数据,然后再按图14-10修改。修改的内容包括施加边界条件(墩底固定)、桥墩和桥塔细化和斜拉索拷贝等。斜拉索和主梁之间的连接用刚性连接模拟。桥墩横梁上支座节点和主梁相应节点之间建立弹性连接来模拟支座,支座的刚度如图14-12所示,弹性连接的上节点用刚性连接与主梁相连,下节点为桥墩横梁上对应节点或固定(边跨端部桥台位置)。

号	节点1	节点2	类型	角度 ([deg])	固定	SDx (kN/m)	SDy (kN/m)	SDz (kN/m)	SRx (kN·m/[rad])	SRy (kN·m/[rad])	SRz (kN·m/[rad])	剪力弹性支承位置	距离比 SDy	距离比 SDz	组
1	161	157	一般	0.00	000000	199736032.	73373.0000	73373.0000	0.00	0.00	0.00	□	0.50	0.50	弹性连接
2	159	155	一般	0.00	000000	199736032.	73373.0000	73373.0000	0.00	0.00	0.00	□	0.50	0.50	弹性连接
3	162	158	一般	0.00	000000	199736032.	73373.0000	73373.0000	0.00	0.00	0.00	□	0.50	0.50	弹性连接
4	160	156	一般	0.00	000000	199736032.	73373.0000	73373.0000	0.00	0.00	0.00	□	0.50	0.50	弹性连接
5	149	153	一般	0.00	000000	199736032.	73373.0000	73373.0000	0.00	0.00	0.00	□	0.50	0.50	弹性连接
6	147	151	一般	0.00	000000	199736032.	73373.0000	73373.0000	0.00	0.00	0.00	□	0.50	0.50	弹性连接
7	150	154	一般	0.00	000000	199736032.	73373.0000	73373.0000	0.00	0.00	0.00	□	0.50	0.50	弹性连接
8	148	152	一般	0.00	000000	199736032.	73373.0000	73373.0000	0.00	0.00	0.00	□	0.50	0.50	弹性连接

图14-12 模拟支座的弹性连接的刚度取值

斜拉索材料为Strand1860,截面用实心圆模拟,直径0.16m,全桥斜拉索截面相同。主梁材料C50,截面特性如图14-13所示。墩塔材料C35,截面特性如图14-14所示。桥塔横梁和桥墩横梁截面为1.8m×4m矩形截面,材料为C35。

图14-13 主梁截面特性

图14-14 墩塔截面特性

2）荷载施加

荷载包括结构自重、二期恒载（36.578kN/m的均布荷载，沿整体坐标系-Z方向施加）。为了便于荷载组合，将自重和二期恒载分别定义在不同的静力荷载工况中，另外还需要为40对斜拉索建立名为 $T_1 \sim T_{20}$ 的20个静力荷载工况，所有荷载类型均为用户自定义类型，如图14-15所示为斜拉索与张拉荷载工况的对应图。给所有斜拉索施加单位初拉力荷载（**荷载>温度/预应力>初拉力荷载**），同一个荷载工况中包含4根斜拉索的初拉力荷载。

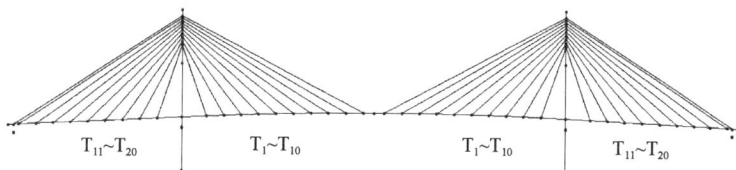

图14-15 斜拉索单位初拉力荷载工况对应示意图

至此可以执行"运行"命令，完成线性静力分析。

3）荷载组合

将自重、二期恒载和 $T_1 \sim T_{20}$ 共22个荷载工况进行如图14-16所示的荷载组合。命令为：**结果>荷载组合**，填写荷载组合的名称为"LCB1"。

图14-16　荷载组合

4）未知荷载系数

midas Civil的未知荷载系数功能对应命令为**结果>索控制>未知荷载系数**。利用未知荷载系数功能，可以计算出最小误差范围内的能够满足特定约束条件的最佳荷载系数，可利用这些荷载系数计算斜拉索合理索力。通过指定位移、反力、内力的"0"值以及最大最小值作为"约束条件"（即目标函数），将拉索初拉力作为变量（未知数）来计算。计算未知荷载系数适用于线性结构体系，为了计算出最佳的索力值，必须要输入适当的约束条件，比如：主塔不受或只受较小的弯矩作用；主塔弯矩均匀分布且都小于某个限制；主梁的变形最小（零位移法假定拉索与主梁锚固点的位移为零）；最终索力不集中在几根拉索，而是均匀分布在每根拉索上。

若按零位移法需将拉索与主梁锚固点的位移设为零，但这样的约束条件过于严苛，很难求得符合条件的最优解，故一般是将这些位移约束在比较小的范围内。本例的优化目标或约束条件为：上述荷载组合中，拉索与主梁锚固点的位移在±5mm以内。具体操作步骤如下：

（1）运行"分析"。未知荷载系数功能在后处理模式的"基本"或"PostCS"阶段（考虑施工阶段计算未知荷载系数的方法）中才能使用。

（2）未知荷载系数设定。运行命令**结果>索控制>未知荷载系数**，在弹出的对话框中点击 添加 按钮，此时会弹出名称为"未知荷载系数的详细内容"的对话框，如图14-17所示。

"项目名称"为用户给定，这里填写为"合理索力"。

"荷载组合"中选择包含未知荷载系数荷载工况（这里包含所有单位索力的荷载工况）的荷载组合。每个荷载组合最多可以包含150个荷载工况，当要计算的未知荷载系数（即未知荷载工况）的数量大于150个时，可以定义两个荷载组合，然后将这两个荷载组合再进行荷载组合。本例通过下拉条选择上述定义的"LCB1"。

图14-17　未知荷载系数设定

"目标函数的类型"中选择形成目标函数的方法,共有三个选项,即线性、平方和最大绝对值。目标函数由未知荷载系数组成。线性:(荷载系数×权重)绝对值的总和;平方:(荷载系数×权重)的平方的线性总和;最大绝对值:(荷载系数×权重)的绝对值的最大值。本例选择"平方"。

"未知荷载系数的符号"指定要计算的未知荷载系数的正负号。斜拉索以受拉为正,所以本例选择"正",即指定计算的值的范围为正数区间。如选择"正负"表示允许出现负的索力,即允许斜拉索受压。

"约束条件"分组框内输入该荷载组合的计算结果需要满足的约束条件。对桁架或梁单元而言,可以约束位移(零位移法)、反力及构件内力(内力平衡法)等。约束条件可以通过点击该分组框中的"添加"按钮一个一个地输入,也可以先用电子表格按确定格式输入多个后导入(通过点击该分组框中的"表格"按钮完成)。

点击"约束条件"分组框内的"添加"按钮后弹出图14-18所示的对话框。所有的拉索与主梁锚固点的位移都控制在±5mm以内,图14-18是一个锚固点(节点编号164)的约束条件设置。

点击"约束条件"分组框内的"表格"按钮后弹出如图14-19所示的对话框。可以按图14-18所示的方法定义一个约束条件,然后将其拷贝到电子表格中,按统一的格式填写好后再拷贝回来。注意在拷贝到电子表格时,一定要选择全表格(即点击图14-19中"名称"栏左侧的空白按钮)再粘贴到电子表格中,否则格式可能会不同。

图14-18　一个约束条件

图14-19 全部约束条件

需要说明的是,由于对称性,不必将所有拉索与主梁锚固点的位移都作为约束条件,考虑一半即可。

在图14-17的下方表格中,将索力对应荷载工况的系数全勾选为"未知",即将索力作为变量。

"联立方程法"含义:选择的约束条件全部为等式时,未知荷载与约束条件个数相同的话,可以选择这个选项。这时不是应用优化方法,而是通过解联立方程式来求未知荷载系数。

(3)求解未知荷载系数。点击图14-17最下方的 求未知荷载系数 按钮,会得到图14-20所示的结果对话框。

图14-20 未知荷载系数结果

图14-20所示对话框中,左下角默认为"结果"选项,用户也可以通过选择"影响矩阵"来查看应用荷载的影响矩阵,如图14-21所示。可以通过点击 生成Excel文件 按钮将结果导出到Excel文件中。

点击按钮 生成荷载组合 可以生成考虑了合理索力的新的荷载组合(索力的荷载组合系数

为求出的未知荷载系数),本例生成一个名为"零位移法"的新的荷载组合,如图14-22所示。从图14-20和图14-22中可以得到各斜拉索对应的荷载"系数",因为原来施加的是单位力,所以实际上这个荷载系数即是要求的合理索力。名为"零位移法"的新的荷载组合下的结果即是在合理索力、自重和二期恒载作用下的结果。

图14-21 包含影响矩阵的未知荷载系数计算结果

图14-22 根据求得索力进行新荷载组合

利用"未知荷载系数"功能求得的未知荷载系数,由于约束条件增加或者是结构体系复杂时,可能无法得到设计者所希望的未知荷载系数。无法求得未知荷载系数时,可修改约束条件后再查找。

5)索力调整功能

即使找到了满足约束条件的索力,但却不是设计者所希望的最优的索力时,利用索力调整功能,可以有效地进行操作。比如,可以结合"影响矩阵"(图14- 21)找出影响较大的索力(数据越大影响越大),对此索力做优先考虑的微调。这里的索力调整功能仅适合对索力进行微调,如按上述方法得到的索力与设计者的期望相差较大,应该用更改设计或增加或放宽约束条件的方法调整索力。

索力调整对应命令:**结果>索控制>索内力调幅**。下面开始对索力调整功能以及利用该功能进行合理索力计算的过程进行说明。

(1)定义结构组。如图14-23所示,共定义了三个结构组:加劲梁、主塔和斜拉索。

图14-23　定义结构组

(2)执行命令**结果>索控制>索内力调幅**,如图14-24所示。

图14-24　索力调整

在图14-24中,"荷载组合"选择刚才定义的"零位移法"。

勾选图14-24上方的一排按钮中的"显示结果2""显示影响值",这样就会在图14-24下方的"结果"分组框内显示"结果1"和"结果2"。在这两个结果图形中,绿色的线就是根据影响矩阵得到的影响值趋势。红色的虚线是用户定义的"显示范围",只有定义了"显示范围"按钮左侧的数据,再点击该按钮才会显示红色虚线。蓝色的线为随索力变化的结果(通过点击 ⋯ 按钮定义)。

在"结果1"的右侧点击 ⋯ 按钮,得到如图14-25所示的对话框,按图定义"加劲梁截面弯矩",然后在"结果1"右侧选择;在"结果2"的右侧点击 ⋯ 按钮,得到如图14-26所示的对话框,按图定义"主塔位移",然后在"结果2"右侧选择。

图14-25 加劲梁截面弯矩 图14-26 主塔位移

(3)根据影响矩阵系数调整索力。

将求出的合理索力以及自重和二期恒载施加在结构上,塔顶的顺桥向水平位移为4mm。假设还要求塔顶位移的范围控制在-3~3mm,可以通过影响矩阵系数法满足要求。

如图14-27a)所示为塔顶位移(即前面定义的主塔位移,用蓝线表示)、用户指定塔顶位移范围[用红色虚线表示,图14-27a)中显示蓝线超出了红虚线,说明塔顶位移不符合要求]以及荷载组合中的某一项对该位移的影响[用绿线表示,图14-27a)中以荷载组合中的T_{20}为例,即T_{20}对该位移的影响,点选荷载组合系数中的某个系数即选择某个索力]关系图。从图14-27b)可以看出,改变T_{20}索力[图14-27a)为调整前的3005.87kN,图14-27b)为调整后的3500kN]会对蓝线产生影响,即可通过调整索力来微调塔顶位移。微调的幅度(或正负增量)=索力增量×影响值,影响的大小可以参考图中的绿线的走势,其具体数值要看影响矩阵[通过点击图14-27a)中的 矩阵 按钮得到,如图14-27c)所示],再根据横轴位置查看(如图14-26所示,横轴就是主塔的+Z坐标轴,T_{20}对应4根索,所以每个坐标都有4个,最右4栏Z=90000mm,即墩顶),T_{20}对塔顶位移的影响值为0.013312,其值是带正负号的。从图14-27b)可以看出,调整T_{20}为3500kN后,塔顶位移减小,且在红线以内,符合塔顶位移要求。

索力

荷载组合： 零位移法　　　缩放　　－　＋　Full　　□显示结果2　■显示影响值　　散调　重赋

荷载组合	自重	二期恒	T1	T2	T3	T4	T5	T6	T7	T8	T9	T10	T11	T12	T13	T14	T15	T16	T17	T18	T19	T20
系数	1	1	1254.96	2046.97	2094.49	2041.00	2094.24	2195.28	2253.36	2413.04	2753.23	2802.92	1741.76	1883.93	1985.96	2091.95	2245.23	2356.27	2623.40	2674.89	2870.10	3005.87

结果

结果 1　主塔位移　…　矩阵　线型　－3　3　显示范围　搜索

红虚线　　蓝线

绿线

保存荷载组合　更新当前模型　适用给新模型　关闭

a)调整前

索力

荷载组合： 零位移法　　　缩放　　－　＋　Full　　□显示结果2　■显示影响值　　散调　重赋

荷载组合	自重	二期恒	T1	T2	T3	T4	T5	T6	T7	T8	T9	T10	T11	T12	T13	T14	T15	T16	T17	T18	T19	T20
系数	1	1	1254.96	2046.97	2094.49	2041.00	2094.24	2195.28	2253.36	2413.04	2753.23	2802.92	1741.76	1883.93	1985.96	2091.95	2245.23	2356.27	2623.40	2674.89	2870.10	3600

结果

结果 1　主塔位移　…　矩阵　线型　0　0　显示范围　搜索

蓝线上移

保存荷载组合　更新当前模型　适用给新模型　关闭

b)仅调整T$_{20}$索力为3500kN后

图　14-27

	85100.0	85100.0	86300.0	86300.0	86300.0	86300.0	90000.0	90000.0	90000.0	90000.0
T1	0.000307	0.000307	0.000295	-0.000295	-0.000295	0.000295	0.000256	0.000256	-0.000256	-0.000256
T2	0.000139	0.000139	0.000135	-0.000135	-0.000135	0.000135	0.000122	0.000122	-0.000122	-0.000122
T3	0.000072	0.000072	0.000073	-0.000073	-0.000073	0.000073	0.000076	0.000076	-0.000076	-0.000076
T4	0.000060	0.000060	0.000061	-0.000061	-0.000061	0.000061	0.000061	0.000061	-0.000061	-0.000061
T5	0.000047	0.000047	0.000046	-0.000046	-0.000046	0.000046	0.000041	0.000041	-0.000041	-0.000041
T6	0.000008	0.000008	0.000006	-0.000006	-0.000006	0.000006	0.000001	0.000001	-0.000001	-0.000001
T7	-0.000035	-0.000035	-0.000044	0.000044	0.000044	-0.000044	-0.000069	-0.000069	0.000069	0.000069
T8	0.000008	0.000008	-0.000002	0.000002	0.000002	-0.000002	-0.000026	-0.000026	0.000026	0.000026
T9	0.000281	0.000281	0.000285	-0.000285	-0.000285	0.000285	0.000310	0.000310	-0.000310	-0.000310
T10	0.000935	0.000935	0.000983	-0.000983	-0.000983	0.000983	0.001106	0.001106	-0.001106	-0.001106
T11	-0.000244	-0.000244	-0.000230	0.000230	0.000230	-0.000230	-0.000186	-0.000186	0.000186	0.000186
T12	-0.000066	-0.000066	-0.000061	0.000061	0.000061	-0.000061	-0.000043	-0.000043	0.000043	0.000043
T13	0.000140	0.000140	0.000143	-0.000143	-0.000143	0.000143	0.000154	0.000154	-0.000154	-0.000154
T14	0.000380	0.000380	0.000389	-0.000389	-0.000389	0.000389	0.000417	0.000417	-0.000417	-0.000417
T15	0.000477	0.000477	0.000489	-0.000489	-0.000489	0.000489	0.000526	0.000526	-0.000526	-0.000526
T16	-0.000059	-0.000059	-0.000059	0.000059	0.000059	-0.000059	-0.000062	-0.000062	0.000062	0.000062
T17	-0.001908	-0.001908	-0.001945	0.001945	0.001945	-0.001945	-0.002062	-0.002062	0.002062	0.002062
T18	-0.005537	-0.005537	-0.005656	0.005656	0.005656	-0.005656	-0.006030	-0.006030	0.006030	0.006030
T19	-0.010439	-0.010439	-0.010679	0.010679	0.010679	-0.010679	-0.011431	-0.011431	0.011431	0.011431
T20	-0.012050	-0.012050	-0.012365	0.012365	0.012365	-0.012365	-0.013312	-0.013312	0.013312	0.013312

c)影响矩阵

图14-27　利用影响矩阵系数微调索力的结果

　　在荷载组合的系数中点选即选择某个索力,即可看到绿线的变化,表示各索力对塔顶位移的影响趋势。这里选择微调T_{20}是因为这个索力对蓝线影响最大。从$T_1 \sim T_{10}$的索力之和大于$T_{11} \sim T_{20}$的索力之和也可知,塔顶的位移是偏向跨中的,增大$T_{11} \sim T_{20}$的索力有利于改善这种情况。

　　采用上面的方法微调索力需要一个一个地调整,这种调整仅考虑了塔顶位移,这可能使得主梁的弯矩超出了预设范围,为此需要继续调整。此时在结果2中查看主梁弯矩,若超过预设范围,需要再重新调整各个索力值。经过依次点击图14-28上方各荷载组合的系数,搜索确定哪些索力对哪些位置的加劲梁的弯矩影响最大,那就调整那些索力的值使超限的蓝线下降或上升,基本可以得到满意的结果。

　　图14-28下方曲线的水平轴是单元号及位置,数字代表单元号,后面的I代表I节点,C代表单元中间,J代表单元的J节点,比如第一个274I代表274号单元的I节点。水平轴上从左至右单元号就是模型中从桥左端至右端的单元号。

　　(4)利用"搜索"功能调整最优索力。

　　上述这种手动调整效率低,下面介绍"搜索"功能调整。为了将主梁单元295C处的弯矩调整到规定的范围内,首先通过影响矩阵查找对其影响最大的索力(也可以用上面的依次点取荷载组合系数的方法)。点击图14-28中"加劲梁截面弯矩"右侧的 矩阵 按钮,弹出如图14-29所示的影响矩阵对话框。从图中可以看出,对单元295C处弯矩影响最大的是T_{11}和T_{12}索力,数值分别为-0.633997和0.961091。找到后点击 关闭 按钮关闭影响矩阵的对话框。

图14-28　弯矩超限搜索

	293 I	293 C	295 I	295 C	295 J	297 I	297 C	299 I	299 C	301 I	
结果	-1890.15064	817.966608	-1731.04400	889.570713	-6793.78518	-2893.92574	3984.622703	560.783813	1287.114894	-3241.61258	-6
自重	-1451.07875	1371.436468	-147.583823	197.274400	-7967.27698	-15627.3868	-3946.50734	-773.729955	1248.138023	-1069.82060	5
二期恒载	-336.265157	240.855664	-97.615863	87.655885	-1521.63337	-2941.30864	-682.445043	-217.866696	214.916717	-267.531825	
T1	-0.098896	0.027272	0.153440	0.983744	1.814048	2.623914	-0.657842	-3.939598	-1.763562	0.412474	
T2	-0.034891	0.006505	0.047900	0.327437	0.606973	0.902147	0.940062	0.977977	1.160303	0.000600	
T3	-0.001934	0.000028	0.001990	0.017175	0.032361	0.094469	0.644001	1.193532	1.025049	0.856567	
T4	0.005836	-0.001311	-0.008458	-0.055615	-0.102772	-0.095514	0.242746	0.581006	0.923279	1.265553	
T5	0.005706	-0.000871	-0.007447	-0.052010	-0.096573	-0.070837	0.047114	0.165065	0.442973	0.720880	
T6	0.005121	0.000100	-0.004921	-0.040399	-0.075877	-0.007812	-0.006794	-0.005776	0.129641	0.265057	
T7	0.001724	-0.001554	-0.004831	-0.029678	-0.054525	0.028335	-0.007945	-0.044226	-0.003314	0.037598	
T8	0.001751	-0.001290	-0.004332	-0.028094	-0.051857	0.053057	0.008368	-0.036321	-0.040466	-0.044610	
T9	0.006658	0.002606	-0.001447	-0.031042	-0.060637	0.070450	0.023877	-0.022696	-0.043878	-0.065060	
T10	0.015228	0.010006	0.004783	-0.028929	-0.062640	0.070584	0.026504	-0.017576	-0.042950	-0.068323	
T11	0.315478	-1.828920	-3.973318	-0.633997	2.705323	1.889319	1.013956	0.138593	0.013595	-0.111403	
T12	-3.918391	-1.485250	0.947890	0.961091	0.974292	0.682640	0.364296	0.045952	0.001741	-0.042471	
T13	0.803533	1.021469	1.239406	0.682461	0.125517	0.069225	0.036268	0.003310	-0.000831	-0.004973	
T14	1.297103	0.970297	0.643491	0.277970	-0.087550	-0.104981	-0.056667	-0.008353	-0.001321	0.005710	
T15	0.782864	0.494596	0.206329	0.068415	-0.069498	-0.116001	-0.061903	-0.007804	-0.000308	0.007188	
T16	0.316755	0.163109	0.009463	-0.016147	-0.041757	-0.061651	-0.031469	-0.001288	0.002391	0.006069	
T17	0.074698	0.011222	-0.052253	-0.092474	-0.132696	0.092342	0.051288	0.010235	0.003602	-0.003032	
T18	-0.009679	-0.039803	-0.069542	-0.222989	-0.376051	0.369357	0.200034	0.030712	0.006343	-0.018025	

生成Excel文件　　关闭

图14-29　主梁弯矩影响矩阵

　　点击图14-28中"加劲梁截面弯矩"右侧的 搜索 按钮,在弹出的"搜索"对话框(图14-30)中进行如下操作:勾选图14-30上方chk栏中的"T12","对象函数类型"选为"平方",其他默认,然后点击 计算 按钮,此时会在"计算结果"分组框中的"调整前"和"调整后"中出现计算结果,最后点击 适用 按钮。为了寻找目标函数收敛的解,"搜索"功能要反复执行。所以再执行几次上述操作,直到"调整前"和"调整后"中的计算结果不再变化。

图14-30　搜索对话框

　　因为应用的是"零位移法",加劲梁的位移很小,弯矩也应该在可承受范围内,所以最后仅按照主塔顶位移不偏离预设目标范围,对索力进行最后的微小调整和分组,并考虑到对于施工有利,将索力调整为整数,最后的结果如图14-31所示。因为开始定义的索力为单位力,所以图14-31中上方的索力系数即为最终的索力优化结果。

图14-31　最后调整结果

(5)应用最终索力。

在图14-31中点击 保存荷载组合 按钮,此时在以前生成的名为"零位移法"的荷载组合的组合系数发生变化,如图14-32所示。

图14-32 "零位移法"荷载组合系数发生变化

最后在图14-31中点击 更新当前模型 按钮,程序提示是否删除原来的分析/设计结果,点击"是",这样所有索的初拉力就从以前定义的单位力更新成上面调整的结果。

(6)重新计算。

执行运行分析命令,检查计算结果是否满足主梁位移和塔顶位移要求的成桥恒载合理状态,如不满足还需索力调整。注意 $T_1 \sim T_{20}$ 荷载工况中施加的斜拉索初拉力荷载是体内力(关于体内力和体外力请参见第8.1.3节),最终的成桥合理索力并不等于这个初拉力,而应该从相应荷载组合的结果中提取索力,对应命令为**结果>内力>桁架单元内力**或**结果>结果表格>桁架单元>内力**。

零位移法假定拉索与主梁锚固点的位移为零,从而得到成桥索力,它们主要考虑了主梁的内力状态和位移,不能很好地兼顾索塔的内力状态和位移,并且采用该方法得到的索力存在不均匀的现象,部分索力值可能过大。

14.4.2 用弯曲能量最小法求成桥合理状态

最小弯曲能量法是一种常用的无约束优化方法,该方法是将斜拉桥主梁和主塔的弯矩应变能设为目标函数,求出一组索力值使目标函数取到最小值,那么这组索力值即是合理成桥索力。使用最小弯曲能量法求得合理成桥状态下的主梁弯矩一般较小,但求得的成桥索力值可能会分布不均。

若 $EI \to 0$ 或 $EA \to \infty$,则斜拉桥一次落架的内力状态与调索目标为弯曲能量最小时的内力状态一致。操作方法有两种,一是主梁、桥塔、拉索的轴向刚度取极大值(截面面积放大 $10^4 \sim 10^5$ 倍),而梁和塔的弯曲刚度按实际取值,不设拉索初张拉力,在成桥结构模型上加全部恒载,这样得出的索力即为所求的合理索力。二是缩小主梁、桥塔截面抗弯惯性矩到 $10^{-5} \sim 10^{-4}$ 倍,截面面积不变,不设拉索张拉力,查看恒载作用下的斜拉索内力。注意截面刚度的放大或缩小不能通过缩放材料弹性模量来实现,因为这样截面的弯曲刚度和轴向刚度同时缩放了。

下面以上节的实例桥为例说明最小弯曲能量法在程序中的操作方法,并将计算结果与上节结果对比。实际应用中,改变弯曲刚度比改变轴向刚度的效果好,索力、内力更加均匀。

1)仅将主梁、桥塔、拉索的截面面积放大

(1)将上节的计算模型换名另存。

(2)删除静力荷载工况 $T_1 \sim T_{20}$,荷载组合LCB1保留,但此时仅为自重+二期恒载,组合系数均为1.0。

(3)执行命令**特性>截面管理器>刚度**,如图14-33所示,在左侧列表中任意选择一个主梁截面下的单元,然后将右侧"面积"对应的调整系数改为100000,点击 添加/替换 按钮,这样就完成了所有主梁截面的刚度系数调整。若不想将所有截面相同的主梁截面均调整刚度系数,那么需另定义不同截面ID号,然后将这些截面至于该ID号下。同样将斜拉索截面、塔柱截面的截面面积放大100000倍。

图14-33 将主梁、索和墩塔截面面积放大100000倍

(4)执行运行命令。

(5)在后处理中查看LCB1组合下各个斜拉索的合理索力,对应命令:**结果>内力>桁架单元内力**。

2)仅将主梁、桥塔截面抗弯惯矩缩小

将上面的计算模型另存一文件。执行命令**特性>截面管理器>刚度**,将主梁截面、塔墩

截面和斜拉索截面对应单元的截面"面积"对应的调整系数改回1。如图14-34所示,将主梁截面、塔墩截面对应单元的截面抗弯惯性矩I_{yy}改成0.00001。执行运行命令后,查看LCB1荷载组合下斜拉索的索力即为所求的成桥恒载合理索力。

图14-34　将主梁和墩塔截面抗弯惯性矩I_{yy}缩小到0.00001倍

图14-35为主梁及斜拉索的分组编号。表14-2列出了上面三种方法计算的成桥恒载合理索力,由于自重的原因,斜拉索上下两端的索力是不同的,表中给出的是平均索力。表14-2中的"初拉力荷载工况"仅对应"零位移法"。斜拉索的编号靠近桥塔编号小,远离桥塔编号大。从表14-2可以看出,斜拉索的成桥恒载合理索力不均匀,而且没有考虑除自重和桥面荷载之外的其他荷载的影响,所以往往还需人工干预调整。

图14-35　主梁和斜拉索分组

斜拉索成桥恒载合理索力(单位:kN)   表14-2

斜拉索	单元号	初拉力荷载工况	弯曲能最小		零位移法	斜拉索	单元号	初拉力荷载工况	弯曲能最小		零位移法
			放大截面面积	缩小抗弯惯性矩					放大截面面积	缩小抗弯惯性矩	
跨中 T_1	11 121 30 140	T_1	1299	1311	959	边跨 T_1	10 120 31 141	T_{11}	1407	1400	1189
跨中 T_2	12 122 29 139	T_2	1110	1080	1386	边跨 T_2	9 119 32 142	T_{12}	1222	1199	1297
跨中 T_3	13 123 28 138	T_3	1292	1316	1359	边跨 T_3	8 118 33 143	T_{13}	1417	1437	1413
跨中 T_4	14 124 27 137	T_4	1431	1423	1399	边跨 T_4	7 117 34 144	T_{14}	1556	1549	1539
跨中 T_5	15 125 26 136	T_5	1582	1585	1563	边跨 T_5	6 116 35 145	T_{15}	1701	1701	1715
跨中 T_6	16 126 25 135	T_6	1734	1735	1749	边跨 T_6	5 115 36 146	T_{16}	1849	1854	1855
跨中 T_7	17 127 24 134	T_7	1909	1905	1871	边跨 T_7	4 114 37 147	T_{17}	1997	1978	2138
跨中 T_8	18 128 23 133	T_8	2090	2108	2077	边跨 T_8	3 113 38 148	T_{18}	2213	2237	2210
跨中 T_9	19 129 22 132	T_9	2220	2188	2462	边跨 T_9	2 112 39 149	T_{19}	1570	1797	2363
跨中 T_{10}	20 130 21 131	T_{10}	2747	2768	2572	边跨 T_{10}	1 111 40 150	T_{20}	3356	3147	2575

14.5 斜拉桥施工阶段分析

完成斜拉桥成桥恒载内力的优化计算后,斜拉桥的设计和施工都应以优化结果为目标进行操作。从方便施工的角度考虑,斜拉索的施工采用一次张拉法比较方便,但是对大跨度斜拉桥往往由于受到各种施工因素的影响,需要在施工中对斜拉索进行二次或三次张拉,以使主梁在施工中满足合理性要求。这需要计算每次张拉的索力大小和主梁预拱度。对新安装的斜拉索按事先确定的张拉力进行张拉,并对主梁的预拱度进行设置,成桥时的索力和线形就能自动满足设计要求。问题的关键是如何来确定每次的张拉力和预拱度。

在 midas Civil 中可以通过"倒拆分析"和"考虑未闭合配合力正装分析"的方法确定施工时的张拉索力,也可以使用无应力状态法或正装迭代法。

14.5.1 倒拆分析

按照施工的逆过程,对结构进行倒拆分析,计算每拆除一个施工段对剩余结构的影响,就能得到各索的初始张拉力和梁的安装预拱度。首先,激活结构中成桥状态的所有单元、约束和索力,并将外荷载作用于结构进行初态的计算,然后在此基础上,逐阶段对结构进行倒拆分析。每一个阶段得到的位移和内力状态,即是按正装施工时应该具备的状态。

倒拆分析在 midas Civil 中的分析方法就是定义施工阶段,以上面得到的成桥状态为第一施工阶段,然后依次按施工的逆过程钝化斜拉索和主梁节段。下面以上节的零位移法实例为基础,进行倒拆分析以得到施工中的张拉索力。

实例桥边跨跨度较小,也没有采取配重措施,桥台处支座为拉压支座。正装施工过程为:①施工桥墩桥塔;②在临时支架上浇筑边跨主梁;③悬臂浇筑中跨主梁段 1;④张拉边跨斜拉索 T_1 和中跨斜拉索 T_1;⑤重复 3、4 步直至张拉边跨索 T_{10} 和中跨索 T_{10};⑥中跨合龙段施工;⑦二期恒载即桥面荷载施工;⑧调整索力达到目标索力。倒拆分析按上述步骤的逆序进行。将上节零位移法对应的模型另存为一个新文件,然后执行下面操作。

1)定义结构组、荷载组和边界组

定义施工阶段前应该定义结构组、荷载组和边界组。定义的结构组及其包含的结构单元如下:

(1)全桥,包含所有的单元。

(2)合龙段,包含中跨合龙段的两个单元,如图 14-35 所示。

(3)桥墩桥塔。

(4)边跨主梁单元,两个边跨主梁单元在一个结构组内。

(5)中跨主梁段 1~中跨主梁段 10,如图 14-35 所示,各中跨主梁段结构组包含 2 个单元。

(6)边跨索 T_1~边跨索 T_{10},每个组内包含 4 根边跨斜拉索。

(7)中跨索 T_1~中跨索 T_{10},每个组内包含 4 根中跨斜拉索。

建立一个新的"索力张拉"荷载工况,将所有索的初拉力荷载修改到该荷载工况下,然后删除原索力对应的荷载工况 T_1~T_{20}。荷载组包括自重、索力和二期恒载,其中的索力的钝化可以通过索单元的钝化达到,所以没必要为每一根索的张拉力建立荷载组。注意这里施加的初拉力索力已经是上节优化后的结果,不是单位力。

边界组是逆序施工中需要钝化的边界,也可以通过相应结构组(组内含定义了边界条件的节点)的钝化达到钝化边界的目的。边界组包括:墩底及桥台固定边界、模拟支座的弹性连接、连接支座上节点与主梁的刚性连接、临时支架(临时支架用只受压节点弹性支撑模拟)以及各斜拉索与对应主梁间的刚性连接(边跨 $TB_1 \sim TB_{10}$ 和中跨 $TB_1 \sim TB_{10}$,也可以仅定义一个边界组包含所有的斜拉索在主梁上的锚固,因为钝化斜拉索相应的锚固刚性连接也钝化了)。

2)定义施工阶段

倒拆分析不能直接模拟与时间相关的混凝土收缩徐变,本例忽略材料的时间依存性即不考虑混凝土的收缩、徐变,这样施工阶段的持续时间没有实际意义,可以全部定义成0。按表14-3定义施工阶段。

倒拆分析施工阶段定义

表14-3

序号	施工阶段名称	结构组	荷载组	边界组
1	成桥阶段	全桥	自重、索力、二期恒载	所有
2	拆桥面铺装	—	钝化二期恒载	—
3	拆合龙段	钝化合龙段	—	激活临时支撑(变形前)
4	拆中跨索 T_{10}	钝化中跨索 T_{10}	—	—
5	拆边跨索 T_{10}	钝化边跨索 T_{10}	—	—
6	拆中跨梁段10	钝化中跨梁段10	—	—
7	拆中跨索 T_9	钝化中跨索 T_9	—	—
8	拆边跨索 T_9	钝化边跨索 T_9	—	—
9	拆中跨梁段9	钝化中跨梁段9	—	—
...	......	......	......	......
31	拆中跨索 T_1	钝化中跨索 T_1	—	—
32	拆边跨索 T_1	钝化边跨索 T_1	—	—
33	拆中跨梁段1	钝化中跨梁段1	—	—

3)施工阶段分析控制数据

运行命令**分析>施工阶段**,在弹出的对话框中确认"索预应力控制"分组框中选择的是"体内力",其他全部默认。在施工阶段分析中,预应力索选择为体内力和体外力的区别,请参见8.1.3节。

4)将斜拉索的单元类型改为索单元

前面例题中斜拉索用普通桁架单元模拟。在斜拉桥施工阶段的分析中,应进行索单元的几何非线性分析,考虑斜拉索的垂度效应,桁架单元应转换为随张拉力大小刚度发生改变的索单元。因为在"施工阶段分析控制"中按默认选择为线性分析(不考虑几何非线性的小位移分析),定义索单元时输入的初始刚度属性数据(无应力索长 L_u、初拉力和水平力)和几何刚度初始荷载均没有意义,实际上应用的是索的等效桁架单元。索的等效桁架单元的随张拉力而变化的等效轴向刚度由一般弹性刚度和下垂(sag)刚度组成,程序会根据索单元所受荷载的大小,考虑垂度影响利用恩斯特公式对轴向刚度进行一次性修正,而非迭代求解。

执行命令**节点/单元>修改参数**,按图14-36修改单元参数,这里的"初拉力"可以不输入或拷贝前面的成桥最终索力(索两端的索力大小不同,此取平均值)作为索单元定义时的初拉力（注意不是成桥合理状态确定时的荷载系数）。索所受的初始张拉力荷载在钝化斜拉索单元时也会被钝化，相当于反向加载。

图 14-36　修改斜拉索单元参数

　　为了突出垂度的影响，本例开始就将斜拉索的有效直径定义得偏大，即重量重垂度大。通过比较用桁架单元和索单元分别模拟斜拉索，可以看出计算结果差别很大，即垂度影响不能忽略，倒拆分析中用索单元模拟斜拉索更合适。但若实际的斜拉索重量较轻，则线性倒拆分析中用桁架单元模拟斜拉索也不会造成较大的误差。

5）运行分析

6）索力查看

图 14-37～图 14-39 为倒拆分析中几个工况对应的索力，由于结构对称，故仅显示一半。

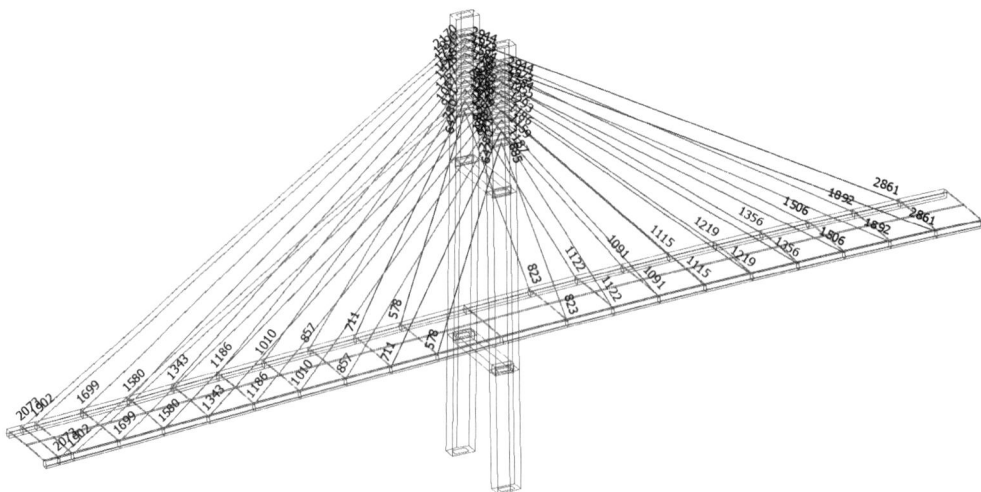

图 14-37　拆除中跨 T_{10} 后的索力（单位：kN）

图 14-38　剩余两对索时的索力(单位:kN)

图 14-39　剩余一对索时的索力(单位:kN)

图14-39即为正序施工时张拉第一对索时的张拉力,注意由于索的重力的影响,索的两端张拉力是不同的。同样,图14-38给出了张拉第二对索时的张拉力以及对应阶段第一对索的实存索力。依次类推,即可知道所有索施工时的张拉力。

必须注意,按上面倒拆分析给出的各个施工阶段索力施工,最终的结果肯定与前面计算的最优状态索力是偏离的,或者说是不闭合的。但是,如索力和支反力的偏离值较小,采用这样的施工方案又能够简化施工,所以可以使用按这种方案施工得到的成桥内力状态代替原来计算的成桥内力状态。如果偏离值较大,则应该在结构合龙后进行二次调索。偏离值很大时,就不能将按倒拆分析直接得到的张拉索力用于施工,一般采用前进、倒拆分析交互迭代法消除不闭合因素。

7)倒拆分析的不闭合因素

倒拆分析与实际施工(正装分析)存在着诸多不闭合因素,主要有三点:

(1)计算状态的不闭合(即未闭合配合力因素)。

很明显,按实际施工的正装法施工到合龙段前,合龙段两端的已施工主梁节点上是没有荷载的,当合龙段安装以后,这两个节点才承受合龙段一半的重力荷载。而按倒拆法计算到同一阶段时,因为成桥状态在合龙截面处一般都有一定的弯矩,拆除合龙段必然在其两端节点上施加反向的弯矩。因此,按倒拆分析结果进行每根索的一次张拉的正装分析和施工无法达到预期的合理成桥状态。

要改变这种不闭合现象,必须调整施工方法,比如在施工中对合龙截面加预弯矩或对索力重复张拉。对索力重复张拉时,最好使调索的索数最少。

(2)结构徐变、收缩引起结构倒拆分析内力与实际施工内力的不闭合。倒拆分析是逆序的,因此无法计算与加载历史有关的因素引起的内力。如需加上由于混凝土收缩、徐变引起的内力和位移,就必须按前进分析的方法得到这些值。

(3)斜拉索垂度效应和结构大位移效应等几何非线性引起的倒拆分析内力与实际施工内力的不闭合。

上述三种不闭合因素的考虑方法将在下面的各节中予以讨论与解答。

14.5.2 考虑未闭合配合力正装分析

1)未闭合配合力的概念

一般通过按施工的正序进行的正装分析(即实际施工)验算各个施工阶段的应力和位移,检查施工方法的可行性,最终找出最佳的施工方法。上节通过倒拆分析求出了正序施工时各斜拉索的初始张拉力(施工阶段索力),利用求出的初始张拉力进行正装分析。但是如前所述,正装分析与倒拆分析的张力是不闭合的,产生上述张力不闭合的原因上节已经介绍。

从斜拉索的基本原理上看,倒拆分析就是以初始平衡状态(即合理成桥状态)为参考计算出索的无应力长,再根据结构体系的变化计算索的长度变化,从而得出索的各阶段张力。一个可行的施工阶段设计,其正装分析同样可以以成桥阶段的张力为基础,求出索的无应力长,然后考虑各施工阶段的索长变化,得出各施工阶段索的张力。目前,以上述理论为基础的程序都是大位移分析为主,其原因是悬臂法施工在安装拉索时的实际长度取值是按实际位移计算的。一般来说新安装的构件会沿着之前安装的构件切线方向安装,进行大位移分析时,因为切线安装产生的假想位移是很容易求出来的,但是小位移分析要通过考虑假想位移来计算拉索的张力是很难的。midas Civil 能够在小位移分析中考虑假想位移,以无应力长为基础进行正装分析。这种通过无应力长与索长度的关系计算索初拉力(即施工阶段张拉控制力)的功能叫作未闭合配合力功能。利用此功能可不必进行倒拆分析,只要进行正装分析就能得到最终理想的设计桥形和内力结果。通过未闭合配合力的分析方法,可以得到最终合龙后的阶段与成桥目标函数完全闭合的结果。因为按未闭合配合力方法,通过正装模型就可以计算拉索张拉控制力,所以不需要再建立一个倒拆模型来求得施工阶段索力。

2)未闭合配合力的计算原理

未闭合配合力具体包括两部分,一是因为施工过程中结构位移和结构体系的变化而产生的拉索的附加初拉力,二是为使安装合龙段时达到设计的成桥阶段状态,合龙段上也会产生的附加内力。进行正装分析时,把计算的拉索与合龙段的未闭合配合力反映在索张力和合龙段闭合内力上,就能使初始平衡状态和施工阶段正装分析的最终阶段的结果相同。

(1)拉索的附加初拉力

程序中的计算原理(图14-40)如下。

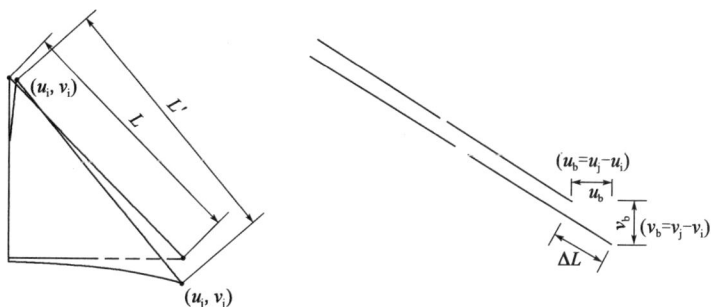

图14-40 拉索的附加初拉力计算

首先,在安装拉索的前一阶段,求出拉索两端节点的位移。

其次,利用拉索两端的位移,求拉索变形前长度(L)与变形后长度(L')之差,即 $\Delta L = L - L' = v_b\cos\beta + u_b\sin\beta$,其中$\beta$为拉索的倾角。

最后,根据差值求出相应的拉索附加初拉力(ΔT),即 $\Delta T = \dfrac{EA}{L}\Delta L$。把求出的附加初拉力($\Delta T$)和初始平衡状态分析时计算得出的初拉力($T$)叠加作为施工阶段的控制张力进行施工阶段的正装分析。

(2)合龙段上的附加内力

如图14-41所示,斜拉桥的中间合龙段合龙时,合龙段与两侧桥梁段之间形状往往是不连续的。为了让合龙段连续地连接在两侧桥梁段上,需求出合龙段两端所需的强制变形值,将其换算成能够产生此变形的内力,并将其施加给合龙段两侧的桥梁段上。

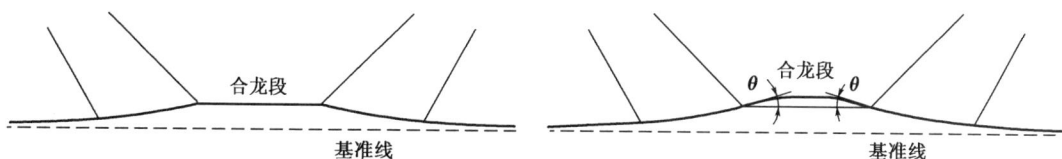

图14-41 合龙段上的附加内力计算

激活斜拉索之前,拉索两端节点因前一阶段的荷载而发生变形。激活拉索时,已输入的体内力还不能把发生变形的节点拉回原位,还需要补一定量的张力,此张拉力即为未闭合配合力。程序不仅可以计算出每根斜拉索的未闭合配合力,还可计算出合龙段的未闭合配合力,使最终阶段的内力以及变形结果与成桥目标完全闭合。

3)未闭合配合力的计算实例

这里仍然采用上一节的实例模型(节点、单元、材料、截面和边界条件等完全相同,仅结构组、荷载组和施工阶段需重新定义),索力按初拉力荷载施加(**荷载>温度/预应力>初拉力**),索力值取14.4.1节零位移法优化的最后结果(更新后的初拉力荷载)。

(1)定义结构组

上节倒拆分析中定义的结构组保留。把要计算未闭合配合力的索单元或梁单元定义为一个结构组,命名为"未闭合配合力",该结构组包含全部主梁与斜拉索。

(2)定义荷载组

将同一批张拉的斜拉索张拉力定义在一个荷载组中,然后再将每个荷载组定义在不同的静力荷载工况中,张拉力为优化后的初拉力荷载。这样除了自重和二期恒载,定义了20个斜拉索张拉的静力荷载工况和对应的20个荷载组。

(3)定义边界组

同上节定义的边界组,但与倒拆分析不同,前进分析时边界条件是分阶段激活的。

(4)定义施工阶段

正装施工过程见上节说明。因为没有考虑混凝土收缩、徐变特性,施工的持续时间没有意义,均定义为0。施工阶段的定义见表14-4。注意安装拉索和输入张力的阶段,不能同时激活和钝化除被张拉索单元外的其他单元、除索张力以外的其他荷载、其他边界条件,此内容详见第11.5.2节说明。

考虑未闭合配合力正装分析施工阶段定义　　　　表14-4

序号	施工阶段名称	激活的结构组	激活的荷载组	激活的边界组
1	墩塔及边跨主梁	墩塔及边跨主梁	自重	桥墩台底固结、永久支座、支座顶节点与主梁间的刚性连接
2	拼装中跨主梁1	中跨主梁段1		
3	安装并张拉边跨索 T_1	边跨索 T_1	边跨 T_1 索力	边跨 T_1 与主梁锚固
4	安装并张拉中跨索 T_1	中跨索 T_1	中跨 T_1 索力	中跨 T_1 与主梁锚固
5	拼装中跨主梁2	中跨主梁段2		
6	安装并张拉边跨索 T_2	边跨索 T_2	边跨 T_2 索力	边跨 T_2 与主梁锚固
7	安装并张拉中跨索 T_2	中跨索 T_2	中跨 T_2 索力	中跨 T_2 与主梁锚固
...	......	......	......	......
29	拼装中跨主梁10	中跨主梁段10		
30	安装并张拉边跨索 T_{10}	边跨索 T_{10}	边跨 T_{10} 索力	边跨 T_{10} 与主梁锚固
31	安装并张拉中跨索 T_{10}	中跨索 T_{10}	中跨 T_{10} 索力	中跨 T_{10} 与主梁锚固
32	中跨合龙	合龙段		
33	桥面铺装		二期恒载	

(5)施工阶段分析控制选项设置

使用未闭合配合力功能时,要在"施工阶段分析控制数据"对话框中的"索预拉力控制"分组框中选择"体内力",勾选"构件沿初始切向位移方向激活",勾选"未闭合力控制"功能(其后面的下拉条中选择的结构组为"未闭合配合力"),如图14-42所示。

图14-42 施工阶段分析控制数据的设置

(6)运行分析

(7)查看结果

通过查看结果可以知道,按"未闭合配合力"功能求解的最后结果,与14.5.1节的倒拆分析结果相比两者有明显差异。如前所述,本例刻意放大了斜拉索的截面面积,致使垂度影响比较大,从而影响了斜拉索的刚度。由于在计算过程中两者计算斜拉索刚度对应的索力不同而导致两者结果的差异。若减小垂度效应的影响,比如逐渐减小斜拉索的截面面积(即通过减重来减小垂度大小),则两者的计算结果会很逐渐接近。若不考虑垂度影响,两者斜拉索都用普通桁架单元模拟,则两者的计算结果完全相同。

注意,因为在"施工阶段分析控制数据"对话框中勾选了"构件沿初始切向位移方向激活"新主梁段,即后续节段是在前段变形后的基础上拼装的,所以要在位移结果查看时勾选"阶段/步骤实际总位移",如图14-43所示。

图14-43 查看位移选项

查看"未闭合配合力"的命令路径为:**结果>结果表格>施工阶段>不平衡内力**。

查看每一根索在实际施工时的张拉力,可在对应的施工阶段查看。比如要查看边跨斜拉索1在施工时需要张拉的力,可以先将施工阶段定在这根索的张拉阶段(即施工阶段3),然后用命令**结果>内力>桁架单元内力**查看,可以看出该张拉力与倒拆分析时不完全相同。图 14-44 ~ 图 14-46 为其中几个施工阶段对应的索力,可以与图 14-37 ~ 图 14-39 对比。

图 14-44　斜拉索 5 的索力(单位:kN)

图 14-45　斜拉索 2 的索力(单位:kN)

图14-46　斜拉索1的索力(单位:kN)

4)未闭合力功能使用注意事项

(1)索的初拉力荷载取成桥合理状态分析得到的索力数据。采用未知荷载系数法时,索的初拉力荷载应乘以未知荷载系数,若初拉力输入的是单位力,则未知荷载系数就是索的初拉力荷载。采用弯曲能量最小法时,索的初拉力荷载取后处理提取的索力结果。

(2)拉索采用索单元模拟。施工阶段线性分析累加模型,用索单元可以考虑垂度效应,用桁架单元则不能考虑垂度效应,所以一般考虑用索单元模拟斜拉索。但若跨度不大,斜拉索较短,索的垂度效应不明显时也可以采用普通桁架单元模拟斜拉索。超大跨度斜拉桥应该用非线性分析累加模型。

(3)在施工阶段分析控制对话框中索初拉力选择为"体内力"。

(4)在施工阶段分析控制对话框中,施工阶段初始位移分组框中勾选"构件沿初始切向位移方向激活"。对悬臂拼装应该勾选该项,但对悬臂浇筑的情况是不适合的,因为悬臂浇筑的梁段不是沿着已经浇筑梁段的切线方向激活,而是有"抛高"。

(5)勾选"未闭合配合力控制",并选择相应结构组,该结构组包含的单元可以是仅斜拉索、斜拉索+合龙段、斜拉索+合龙段+支撑体系在施工中发生变化的主梁或者是斜拉索+全部主梁,这些选择在新版本的程序中计算结果都是一样的,不影响求解的索力值。

(6)未闭合配合力功能可以考虑混凝土收缩徐变效应,需在施工阶段分析控制数据对话框的分析选项选择"考虑时变效应(累加模型)",设定混凝土构件激活时的龄期与各阶段施工持续时间,并定义混凝土材料的时间依存性。

(7)对主梁为钢混凝土组合梁结构的情况,因为施工过程中主梁的刚度发生变化,未闭合配合力功能是不适用的。但若混凝土桥面板施工前就完成斜拉索的张拉与调索,以后不再调整索力,即对斜拉索而言桥面板相当于二期恒载,这种情况下是可以应用的。

14.5.3 使用未知荷载系数功能进行斜拉桥调索分析

在利用"倒拆分析"或"考虑未闭合配合力正装分析"的方法确定施工时的张拉索力后，就可以进行最后的正装分析计算了。但是实际的斜拉桥还有其他的不闭合因素需要考虑，比如混凝土的收缩徐变、结构几何非线性以及合龙段未闭合配合力的影响等。midas Civil 可以使用施工阶段未知荷载系数法做斜拉桥正装分析，来消除这种不闭合。一般情况下，求解的是索力的未知荷载系数，此时实际上就是二次调索。所求未知荷载系数也可以不是索力的，比如支座顶起或下沉，即求解顶起或下沉支座的荷载大小来满足理想状态。

1)考虑混凝土收缩徐变的方法

首先要定义混凝土材料的时间依存性，这与前面章节考虑混凝土收缩徐变的方法相同；其次在"施工阶段分析控制数据"对话框中的"分析选项"分组框中勾选"包括时变效应"，并点击其后的按钮 时变效应控制 (图14-42)，然后在弹出的对话框中进行设置。

如果需要考虑收缩徐变的影响来计算满足最终施工阶段控制条件的索张力时，由于收缩徐变的效应与作用力的大小相关，即在模型上施加荷载的徐变作用效应与反映真实索力后的徐变作用效应可能不同，此时需要进行反复迭代来求未知荷载系数(索力)。

2)几何非线性问题

主要是斜拉索的垂度以及结构的大变形。考虑的方法是斜拉索采用索单元，同时整个分析考虑几何非线性(采用考虑非线性的累加模型)。但采用未知荷载系数功能时应该采用普通桁架单元模拟斜拉索。

3)施工阶段未知荷载系数法调索的步骤

施工阶段一般有两种情况需要调索，一是按求出的施工索力正装分析时发现最终索力与成桥合理索力有不可忽略的误差，需要重新计算施工索力；二是现场索力部分或全部张拉完后发现某阶段的实测索力与理论计算值偏差太大，或影响结构安全，需要调整。对施工阶段分析，只有后处理的阶段中选择"PostCS"阶段才能使用该功能。

第一种情况在施工阶段用未知荷载系数法调索的步骤如下：

(1)建立正装分析模型，斜拉索可以用索单元模拟。

(2)给索施加用倒拆法等计算出的施工阶段初拉力荷载(体外力)。

(3)进行第一次施工阶段分析。

(4)判断是否需要调索，若需要则确定调整策略，如调整哪些索、一次调整几根、分几次调整以及调整的目标索力。

(5)建立新的施工阶段分析模型进行第二次施工阶段分析，并将第一次施工阶段分析的最终内力状态作为本次分析的初始状态，即保证本次第一个施工阶段的计算结果为上次施工阶段分析的最终内力状态。因为调索时可能是需增加索力也可能是减少索力，即存在斜拉索拉压问题，此时斜拉索必须用桁架单元模拟。建立新的施工阶段，分几次调整就需要增加几个施工阶段，每个施工阶段仅包含索力的施加。给需要调整的索施加单位初拉力(体外力，添加)，同时调整的索力要放在同一个施工阶段中。

(6)运行分析。

(7)在PostCS阶段使用未知荷载系数功能。如图14-47所示，设定约束条件、步骤名称(新定义的最后施工阶段)、未知荷载系数符号(选正负，索力可能增加也可能减小)以及勾选哪些是"未知"(将新定义的调索施工阶段全部勾选)，最后点击"求未知荷载系数"按钮。

图14-47 施工阶段未知荷载系数调索

（8）因为新增施工阶段都是施加的单位索力，求出的未知荷载系数就是索力的增量，叠加到原来的初拉力荷载即可。

（9）必要时进行迭代分析。

因为收缩徐变的影响、临时支撑的增加和拆除引起的结构体系变化以及其他施工因素等的影响，一般很难通过一次分析得到较为理想的索力。此时可使用反复迭代计算方法，迭代流程如图14-48所示。用迭代分析功能时，斜拉索必须用普通桁架单元模拟。

图14-48 程序内部迭代计算流程

点击图14-47中的 求未知荷载系数 按钮，然后在弹出的对话框中点击 迭代分析 按钮输入迭代计算次数和收敛条件后点击确定，即可进行自动迭代分析。

第二种情况在施工阶段用未知荷载系数法调索的步骤如下：

（1）建立正装分析模型，让第一个施工阶段的计算结果提取的索力（梁端与塔端索力的平均值，按体外力添加）等于实测索力，即保证初始状态与实桥一致。

（2）确定调索策略。

（3）根据调索策略建立新的施工阶段，每个施工阶段仅包含单位索力的施加。

（4）运行分析。

（5）在PostCS阶段使用未知荷载系数功能，确定索力增量并叠加到原来的初拉力荷载。

4)根据计算出的施工索力进行正装分析实例

这里仍采用上节的斜拉桥实例,施工方法为悬臂拼装法。施工过程中没有考虑混凝土的收缩徐变的影响以及结构几何非线性的影响。因为仅是根据计算出的各施工阶段张拉索力做正装分析,目的是检验倒拆分析(或未闭合配合力正装分析)与正装分析是否闭合,没有涉及未知荷载系数功能,所以斜拉索仍用索单元模拟。将第14.5.2节的"考虑未闭合配合力正装分析"计算模型拷贝出来,然后对模型做如下更改:

(1)将斜拉索索力改为体外力

在"施工阶段分析控制数据"对话框中,将"索预拉力控制"分组框中原来勾选的"体内力"改为勾选"体外力",不选择"未闭合力控制"功能(不勾选),其他内容不变,如图14-49所示。

图14-49 施工阶段分析控制数据更改

(2)更改各斜拉索的初始张拉力

上面章节中讲的倒拆分析和考虑未闭合配合力的正装分析,其目的就是得到施工阶段的各根索的实际施工时的张拉力,现在要做的就是按实际施工顺序的正装分析,所以应该将倒拆分析或考虑未闭合配合力的正装分析得到的施工索力按体外力直接施加在对应索上(荷载组不变,仅置换荷载),施加的方式仍然是初拉力荷载。

(3)运行分析,查看分析结果。

从计算结果来看,倒拆分析(或未闭合配合力正装分析)与正装分析是不闭合的,有个别索的误差还比较大。按"考虑未闭合配合力的正装分析"求得的施工索力比"倒拆分析"求得的施工索力更优些,按前者正装施工最后的成桥索力更接近成桥状态合理索力,多数索力误差在5%以内。

5)施工阶段未知荷载系数法调索分析实例(二次调索)

从上面的计算结果可知,按求得的施工索力进行正装分析,最后的成桥索力与目标索力(即合理索力)之间有误差(或者说不闭合),现在对成桥状态(或桥面施工前的状态)进行二次调索,所用的方法为"施工阶段未知荷载系数法",针对的模型是按未闭合力求施工阶段张拉力的正装模型。

(1)确定二次调索前的初始状态。

拷贝前面正装分析模型,删除所有施工阶段,施工阶段需重新建立。荷载工况与荷载组按下面的加载说明调整。将索单元改为桁架单元。

二次调索前(一般是所有斜拉索安装张拉完毕,桥面施工前)的索力状态作为其初始状态,仍然分两种情况:一是真实施工时有索力实测值;二是有该施工阶段理论计算的索力值。无论哪种情况,调索前所有斜拉索的索力值是已知的。

建立第一施工阶段,将调索前这些已知的所有索力值按"体外力"添加(施工阶段分析控制数据)的方式同时施加到相应斜拉索上,荷载类型为初拉力荷载。同时作用在模型上的荷载还有自重等其他实际作用在桥上的荷载。激活的结构组为全桥(桥面为荷载),激活的边界组为全部实际存在的边界条件,钝化掉实际拆除的临时边界。本例将桥面施工前状态作为调索前初始状态,为此需要提取(或实测)该施工阶段所有的索力值。

(2)确定调索策略。本例拟将全部索力调整一遍,边跨索和中跨索分开调整,每个施工阶段中的索力同时调整。这样需增加20个施工阶段,在每个施工阶段中分别对该施工阶段内所有斜拉索都施加单位初拉力荷载,注意在这20个索力调整的施工阶段中仅有索力的施加,没有结构组和边界组的变化以及其他荷载的施加与钝化。为此需要事先定义对应的荷载组和荷载工况。

(3)建立最后一个施工阶段,施加桥面荷载。

(4)运行分析,在计算结果中检查第一施工阶段索力状态或大小是否正确。

(5)在后处理中的PostCS阶段,运行命令**结果>索控制>未知荷载系数**。

前面新定义了20个调索的施工阶段,每个施工阶段都可以调整斜拉索。如图14-47所示,首先给出项目名称,步骤名称选择为最后一个施工阶段,添加约束条件(图14-50给出了一根索约束条件的定义,共需定义80个),然后勾选20个调索施工阶段/步骤为"未知",再点击求解未知荷载系数按钮即可。图14-51为索力调整结果,其中的系数就是索力增量(因为在每个调索施工阶段都是的施加的单位初拉力荷载)。

图14-50 将索力范围定为约束条件

图 14-51　索力调整结果

（6）迭代分析。点击图 14-51 中的"迭代分析"按钮,在弹出的如图 14-52 所示的迭代分析条件对话框中输入重复次数和收敛误差,点击确认即可进行自动迭代分析。

图 14-52　迭代分析条件

使用该功能反复迭代计算过程中,每次都会生成新的模型文件,当未知荷载系数接近于 1 时将停止计算。生成的最后一个文件中的索力就是获得的施工阶段的优化索力,该优化索力替代了原来输入的单位索力,也是需要在第一施工阶段初始索力状态的基础上需要调整的索力增量。对实际施工情况,将该优化索力叠加到实测索力上,就是调索时千斤顶的控制张拉力。

14.5.4　正装迭代法

按多种方法求出的施工索力进行正装分析,实际上内力和位移不可能一次满足要求,此时可采用正装迭代法进行大循环计算,来确定各个施工阶段的张拉索力和主梁预拱度。

颜东煌提出的正装迭代法运用影响矩阵,根据最小二乘法原理调整各施工状态的张拉索力和立模高程。正装迭代法的基本思路为:先假定一个安装索力,且节点安装坐标假定为成桥设计高程,进行一次正装计算,得到一个成桥状态。将该成桥状态与事先定好的合理成桥状态进行比较,求出差值。利用索力影响矩阵,根据最小二乘法原理,通过使两个成桥状态的控制量差值最小来计算安装索力的调整量,得到新的安装索力;坐标的差值通过节点安装坐标调整。再进行新的一轮正装计算,直至收敛为止。该方法只需作正装计算,且将不闭合原因造成的影响通过最小二乘法原理减小到最低限度。该迭代能很快收敛,且位移比内力收敛快。

还有一种被业界戏称为"简单粗暴"的基于差值的正装迭代法,虽然收敛速度不如基于影响矩阵法的正装迭代,但最大的优点是简单且有效,而且容易使用 midas Civil 结合 Excel 表格实现。其基本流程如下:

首先假定一组施工索力 $\{T_0\}$,按照已拟定的施工步骤进行正装分析,到最后一个施工阶段(即成桥状态)的索力为 $\{F_0\}$,成桥合理索力为 $\{N\}$。$\{N\}$ 与 $\{F_0\}$ 之间存在一个差值 $\{\Delta F_0\} = \{N\} - \{F_0\}$。为消除这一差值,在下一轮正装分析中使用新的一组施工张拉索力 $\{T_1\} = \{T_0\} - \{\Delta F_0\}$ 计算到最后一个施工阶段对应索力为 $\{F_1\}$。$\{N\}$ 与 $\{F_1\}$ 之间存在一个差值 $\{\Delta F_1\} = \{N\} - \{F_1\}$,此时 $\{\Delta F_1\}$ 将小于 $\{\Delta F_0\}$。再使用新的一组施工张拉索力 $\{T_2\} = \{T_1\} - \{\Delta F_1\}$ 重新计算。按此方法循环迭代计算,每次使用新的施工张拉索力 $\{T_i\} = \{T_{i-1}\} - \{\Delta F_{i-1}\}$ 计算,直到 $\{F_i\}$ 与 $\{N\}$ 非常接近且满足精度要求。可假设精度要求为 $p =$

$\dfrac{1}{n}\sum\limits_{i=1}^{n}\dfrac{|\Delta F_i|}{T_i}<[p]$，一般$[p]$取为0.005。为了尽快收敛，$\{T_0\}$最好取用倒拆或其他方法求得施工索力。

上述正装迭代法可以结合midas Civil程序及电子表格用手工迭代的方法实现，且可以考虑混凝土收缩徐变以及斜拉索的几何非线性。上节使用"未知荷载系数法"调索时，也用到程序自带的"迭代分析"功能，所以理论上也可以用程序直接进行正装迭代，具体步骤如下：

(1)用倒拆或其他方法求得施工索力。

(2)根据施工顺序建立各正装施工阶段，在张拉斜拉索的阶段按求得的施工索力张拉。

(3)建立各个调索施工阶段，施加单位索力。

(4)建立最后一个施工阶段，施加桥面荷载。

(5)在施工阶段分析控制数据中将索预应力控制设为体外力添加模式，其他默认，运行分析。

(6)在后处理中的PostCS阶段，运用"未知荷载系数法"，勾选所有调索施工阶段/步骤为"未知"(注意不要勾选其他的施工阶段)，步骤名称选择为最后一个施工阶段(桥面施工)，添加约束条件，点击求解未知荷载系数按钮。

(7)执行"迭代分析"。

上述步骤实际是将上节的两个分析合并为一个，就可以实现自动迭代而不需要借助电子表格人工干预。但由于使用的是桁架单元模拟斜拉索，不能考虑斜拉索的几何非线性。虽然理论上可以考虑混凝土的收缩徐变，但因为混凝土徐变与主梁应力大小相关，而索力又影响主梁应力，所以若调索前的施工索力偏差太大，仍然需要修正施工索力后从头计算(正装迭代法的目的就是求解施工合理索力)。

14.5.5 无应力状态法

1)无应力状态法概念

对于结构本身，外荷载、边界情况给定，不论施工过程如何，只要保证构件激活时是以无应力状态量进行，最终结果与一次落架结果相同。对于斜拉桥结构，在施工过程合理的前提下，不管中间过程如何施工，拉索如何张拉调整，只要其最终状态的无应力状态量与一次落架无应力状态量相同，则两者最终内力与位移一致。

以上介绍的求解施工阶段张拉索力的方法都具有一个严重弱点：斜拉桥架设各阶段的控制参数与施工密切相关，施工中若遇施工方案有较大的改变、施工荷载有较大的变化或温度与设计平均气温不符，则需重新进行计算。例如，如果改变吊机重量，为了达到相同的成桥状态，则需要重新计算拉索初始张拉力和安装高程。气温的影响特别是日照造成的主梁、桥塔和斜拉索非均匀升降温尤其复杂。另外，逐阶段前进或倒退计算，不能直接计算某阶段的状态，误差可能积累。

索力并不是一个内在变量，单元无应力尺寸才是内在变量，它是一个相对稳定、比较独立的量，与施工方案、施工荷载无关，这是无应力状态法的显著优点。根据单元无应力尺寸才能建立斜拉桥施工阶段与成桥状态之间的联系。

无应力状态法对误差很敏感，实际使用时要慎重。一般斜拉索的永久应变范围约为

$2.5×10^3 \sim 3.5×10^3$,100m的拉索的弹性伸长约为0.3m。而经验表明,拉索制作精度大约为±10mm/100m。所以,在不考虑锚固点坐标误差的情况下,用无应力索长控制索力的精度应≤0.01/0.3=3.3%。对现浇的混凝土斜拉桥,这个误差也将达到厘米级。所以,可以得出以下结论:对短索用无应力索长控制张拉要慎重;对长索,由于索长改变绝大部分由张拉力和垂度变化引起,只要计算精确,用无应力索长控制张拉的精度很高。

由于最终构形对索长非常敏感,必须考虑理论拉索锚固点与现场锚固点之间的差别,必须仔细检查预制主梁和拉索之间的连接以及主塔内拉索锚固点。根据这些实测数据,下料安装前要对拉索作出索长修正,计算得到的无应力长度也必须调整。

2)在程序中应用无应力索长求解施工阶段索力

(1)用桁架单元确定成桥合理状态(零位移法、最小弯曲能法、刚性支撑连续梁法等),确定成桥合理索力。

(2)拷贝前面成桥模型,用索单元替代桁架单元,索力用初拉力方式输入。具体步骤是:首先执行命令**节点/单元>修改单元参数**,如图14-36所示,初拉力暂按0值输入;其次选择所有斜拉索单元,然后点击图14-36中"适用"按钮;第三,在单元表格中,将索的调整后的初拉力(即计算成桥合理索力时施加在斜拉索上的初拉力荷载,见14.4.1节零位移法)替代修改单元时的0初拉力(张力),如图14-53所示。

单元	类型	辅助类型	材料	截面	β角([deg])	节点1	节点2	节点3	节点4	节点5	节点6	节点7	节点8	种类	初始间隙(mm)	Lu(mm)	张力(kN)
1	只受拉桁架单	索单	1	1	0.00	24	2	0	0	0	0	0	0	初拉力	0.0000	0.0000	3100
2	只受拉桁架单	索单	1	1	0.00	25	3	0	0	0	0	0	0	初拉力	0.0000	0.0000	2870
3	只受拉桁架单	索单	1	1	0.00	26	4	0	0	0	0	0	0	初拉力	0.0000	0.0000	2675
4	只受拉桁架单	索单	1	1	0.00	27	5	0	0	0	0	0	0	初拉力	0.0000	0.0000	2620
5	只受拉桁架单	索单	1	1	0.00	28	6	0	0	0	0	0	0	初拉力	0.0000	0.0000	2360
6	只受拉桁架单	索单	1	1	0.00	29	7	0	0	0	0	0	0	初拉力	0.0000	0.0000	2245
7	只受拉桁架单	索单	1	1	0.00	30	8	0	0	0	0	0	0	初拉力	0.0000	0.0000	2090
8	只受拉桁架单	索单	1	1	0.00	31	9	0	0	0	0	0	0	初拉力	0.0000	0.0000	1985
9	只受拉桁架单	索单	1	1	0.00	32	10	0	0	0	0	0	0	初拉力	0.0000	0.0000	1880
10	只受拉桁架单	索单	1	1	0.00	33	11	0	0	0	0	0	0	初拉力	0.0000	0.0000	1740
11	只受拉桁架单	索单	1	1	0.00	35	11	0	0	0	0	0	0	初拉力	0.0000	0.0000	1255
12	只受拉桁架单	索单	1	1	0.00	36	10	0	0	0	0	0	0	初拉力	0.0000	0.0000	2045
13	只受拉桁架单	索单	1	1	0.00	37	9	0	0	0	0	0	0	初拉力	0.0000	0.0000	2095
14	只受拉桁架单	索单	1	1	0.00	38	8	0	0	0	0	0	0	初拉力	0.0000	0.0000	2040
15	只受拉桁架单	索单	1	1	0.00	39	7	0	0	0	0	0	0	初拉力	0.0000	0.0000	2095
16	只受拉桁架单	索单	1	1	0.00	40	6	0	0	0	0	0	0	初拉力	0.0000	0.0000	2195
17	只受拉桁架单	索单	1	1	0.00	41	5	0	0	0	0	0	0	初拉力	0.0000	0.0000	2250
18	只受拉桁架单	索单	1	1	0.00	42	4	0	0	0	0	0	0	初拉力	0.0000	0.0000	2410
19	只受拉桁架单	索单	1	1	0.00	43	3	0	0	0	0	0	0	初拉力	0.0000	0.0000	2750
20	只受拉桁架单	索单	1	1	0.00	44	2	0	0	0	0	0	0	初拉力	0.0000	0.0000	2800

图14-53 用调整后的初拉力替代零初拉力

(3)删除初拉力荷载。

(4)定义一次落架的施工阶段,在该施工阶段激活成桥对应结构组、边界组和荷载组。其中荷载组包括自重和二期恒载,没有索力的施加,因为斜拉索单元以无应力长度激活时"自带"索力荷载。

(5)在施工阶段分析控制数据中设置为非线性分析累加模型(线性分析在结果中不能查看索单元内力和信息),索力为体内力。注意作线性分析时,定义的索单元将转换为等效桁架单元,索单元定义时输入的初拉力等初始刚度属性对于线性分析不起作用。非线性分析时荷载又不能直接组合,所以这里定义一次落架的施工阶段,用非线性累加模型实现非线性分析的荷载组合,即索力和结构自重、二期恒载的组合。

(6)运行分析。

(7)后处理模式下查看无应力索长,在一次落架施工阶段(不是PostCS)执行命令:

结果>结果表格>索单元内力>信息,如图14-54所示。

单元	节点I	节点J	荷载	阶段	步骤	总长(mm)	长量(mm)	无应力长度(mm)	垂度(mm)	水平距离(mm)	竖向距离(mm)	梯度	倾斜角([deg]) I端	倾斜角([deg]) J端
1	24	2	合计	一次落架	001(最后)	114611.1099	23.9141	114587.1958	3166.7246	96738.2225	61148.7698	0.6321	26.7884	37.3973
2	25	3	合计	一次落架	001(最后)	111362.2504	22.0020	111340.2483	3157.5911	93742.7405	59799.8020	0.6379	26.8888	37.7478
3	26	4	合计	一次落架	001(最后)	101922.5196	16.7073	101905.8123	3188.9115	83749.8415	57769.9524	0.6898	28.4745	40.1783
4	27	5	合计	一次落架	001(最后)	92638.1944	12.1019	92626.0925	3307.1467	73758.2607	55716.6380	0.7554	30.2265	43.1812
5	28	6	合计	一次落架	001(最后)	83573.3573	8.4207	83564.9366	3492.5393	63766.5129	53666.9262	0.8416	32.2936	46.8548
6	29	7	合计	一次落架	001(最后)	74450.4797	5.8149	74444.6648	3580.0586	53775.6586	51136.9046	0.9509	34.9218	50.8253
7	30	8	合计	一次落架	001(最后)	65679.1999	3.9556	65675.2443	3621.1294	43783.4102	48633.6223	1.1108	38.6577	55.5513
8	31	9	合计	一次落架	001(最后)	57418.2631	2.6536	57415.6095	3619.4446	33789.8416	46156.6258	1.3660	44.0852	61.2357
9	32	10	合计	一次落架	001(最后)	49660.2461	1.7314	49658.5147	21699.578	23796.4497	43399.1561	1.8238	51.7902	68.0468
10	33	11	合计	一次落架	001(最后)	43022.8491	1.0907	43021.7584	20324.552	14194.8142	39227.4864	2.9450	63.1321	76.4850
11	35	11	合计	一次落架	001(最后)	41750.0711	1.7500	41748.3211	2110.3271	14194.8142	39227.4864	2.7635	65.6580	73.5749
12	36	10	合计	一次落架	001(最后)	47684.8388	1.7130	47683.1258	3222.5614	24193.7637	40913.6639	1.6911	50.2353	66.1636
13	37	9	合计	一次落架	001(最后)	54919.8927	2.1162	54917.7765	3977.1638	34190.2593	42587.2799	1.2456	39.2384	60.1812
14	38	8	合计	一次落架	001(最后)	62795.2739	2.7370	62792.5369	4583.2000	44185.1183	43977.1908	0.9953	31.3828	55.1781
15	39	7	合计	一次落架	001(最后)	71273.2067	3.5827	71269.6240	5106.3213	54181.0737	45407.8776	0.8381	25.8875	51.0503
16	40	6	合计	一次落架	001(最后)	80165.8614	4.6773	80161.1840	5555.1624	64179.2254	46899.9821	0.7308	22.0261	47.5884
17	41	5	合计	一次落架	001(最后)	89074.8839	6.0502	89068.8336	5882.6136	74178.1930	47970.6225	0.6467	19.0787	44.3576
18	42	4	合计	一次落架	001(最后)	98231.7505	7.8025	98223.9480	6112.1471	84179.9757	49133.5366	0.5837	17.0508	41.5056
19	43	3	合计	一次落架	001(最后)	107570.2557	10.0672	107560.1885	6217.0043	94184.1769	50399.1782	0.5351	15.7515	38.9152
20	44	2	合计	一次落架	001(最后)	116926.8369	12.8873	116913.9495	6234.9163	104188.8716	51474.6499	0.4941	14.7687	36.4839
21	46	13	合计	一次落架	001(最后)	116926.8369	12.8873	116913.9495	6234.9163	104188.8716	51474.6499	0.4941	14.7687	36.4839
22	47	14	合计	一次落架	001(最后)	107570.2557	10.0672	107560.1885	6217.0043	94184.1769	50399.1782	0.5351	15.7515	38.9152
23	48	15	合计	一次落架	001(最后)	98231.7505	7.8025	98223.9480	6112.1471	84179.9757	49133.5366	0.5837	17.0508	41.5056
24	49	16	合计	一次落架	001(最后)	89074.8839	6.0502	89068.8336	5882.6136	74178.1930	47970.6225	0.6467	19.0787	44.3576
25	50	17	合计	一次落架	001(最后)	80165.8614	4.6773	80161.1840	5555.1624	64179.2254	46899.9821	0.7308	22.0261	47.5884
26	51	18	合计	一次落架	001(最后)	71273.2067	3.5827	71269.6240	5106.3213	54181.0737	45407.8776	0.8381	25.8875	51.0503
27	52	19	合计	一次落架	001(最后)	62795.2739	2.7370	62792.5369	4583.2000	44185.1183	43977.1908	0.9953	31.3828	55.1781
28	53	20	合计	一次落架	001(最后)	54919.8927	2.1162	54917.7765	3977.1638	34190.2593	42587.2799	1.2456	39.2384	60.1812
29	54	21	合计	一次落架	001(最后)	47684.8388	1.7130	47683.1258	3222.5614	24193.7637	40913.6639	1.6911	50.2353	66.1636
30	55	22	合计	一次落架	001(最后)	41750.0711	1.7500	41748.3211	2110.3271	14194.8142	39227.4864	2.7635	65.6580	73.5749

图14-54　查看无应力索长

(8)在如图14-53所示的单元表格中,将"种类"栏由"初拉力"改成无应力长度 L_u ,然后输入每个索单元的无应力长度,或借助电子表格批量完成修改。

(9)将模型另存,删除以前定义的一次落架施工阶段,根据实际施工过程建立正装分析各个施工阶段,在张拉斜拉索的施工阶段,斜拉索以无应力长度激活,不需再给斜拉索施加初拉力荷载。在施工阶段分析控制数据中的设置不变,仍为非线性分析累加模型,索力为体内力。

(10)运行分析。

(11)后处理模式下,在某斜拉索张拉施工阶段,用结果>内力>桁架单元内力命令查看在该施工阶段刚激活的斜拉索的索力就是它在施工时的张拉控制索力。

若考虑主梁和桥塔混凝土的收缩徐变,构件无应力状态量会随施工过程发生变化,那么斜拉索的无应力长度需要结合正装迭代的方法进行修正。即用每次修正后的索单元初拉力按上面方法重新计算斜拉索的无应力长度并替换,进行迭代计算直至前后两次结果在规定的误差范围内。

参 考 文 献

[1] 邱顺冬.桥梁工程软件midas Civil常见问题解答[M].北京:人民交通出版社,2009.

[2] 汉勃利 E C.桥梁上部构造性能[M].郭文辉,译.北京:人民交通出版社,1982.

[3] 徐栋,赵瑜,刘超.混凝土桥梁结构实用精细化分析与配筋设计[M].北京:人民交通出版社,2013.

[4] 陈宝春,陈友杰.钢管混凝土肋拱面内受力全过程试验研究[J].工程力学,2000(2):44-50.

[5] 范立础,王君杰,陈玮.非一致地震激励下大跨度斜拉桥的响应特征[J].计算力学学报,2001,18(3):358-363.

[6] 潘旦光,楼梦麟,范立础.多点输入下大跨度结构地震反应分析研究现状[J].同济大学学报,2001,29(10):1213-1219.

[7] 胡聿贤.地震工程学[M].北京:地震出版社,1988.

[8] LADISLAV F.铁路桥梁动力学[M].齐法琳,孙宁,等,译.北京:科学出版社,2007.

[9] 克拉夫 R,彭津 J.结构动力学[M].2版.王光远,等,译.北京:高等教育出版社,2006.

[10] ANIL K C.结构动力学理论及其在地震工程中的应用[M].5版.谢礼立,吕大刚,等,译.北京:高等教育出版社,2023.

[11] 陈惠发,段炼.桥梁工程抗震设计[M].北京:机械工业出版社,2008.

[12] 爱德华 L 威尔逊.结构静力与动力分析:强调地震工程学的物理方法[M].北京金土木软件技术有限公司,中国建筑标准设计研究院,译.北京:中国建筑工业出版社,2006.

[13] 北京金土木软件技术有限公司,中国建筑标准设计研究院.SAP2000中文版使用指南[M].北京:人民交通出版社,2006.

[14] 王振清,何建.钢筋混凝土结构非线性分析[M].哈尔滨:哈尔滨工业大学出版社,2010.

[15] 宋一凡.公路桥梁动力学[M].北京:人民交通出版社,2000.

[16] 曹雪琴,刘必胜,吴鹏贤.桥梁结构动力分析[M].北京:中国铁道出版社,1987.

[17] 彭俊生,罗永坤,彭地.结构动力学、抗震计算与SAP2000应用[M].成都:西南交通大学出版社,2007.

[18] 燕斌.桥梁桩基础抗震简化模型比较研究[D].上海:同济大学,2007.

[19] 谷川,王丽华,赵元一.桥梁撞击问题研究的新方法[J].公路交通科技,2008,25(9):112-115.

[20] 项海帆.高等桥梁结构理论[M].北京:人民交通出版社,2001.

[21] 葛耀君.分段施工桥梁分析与控制[M].北京:人民交通出版社,2003.

[22] 蔺鹏臻,刘世忠.桥梁结构有限元分析[M].北京:科学出版社,2008.

[23] 中华人民共和国交通运输部.公路桥梁抗震设计规范:JTG/T 2231-01—2020[S].北京:人民交通出版社股份有限公司,2020.

[24] 颜东煌.斜拉桥合理设计状态确定与施工控制[D].长沙:湖南大学,2001.